KB121644

나는 발가벗은 한 시간 동안 자유로와진다.

그래, 나는 딜레탕트다!

● 이석준 ●

어문학사

추천사

여러분의 삶이 철학을 갈구합니까? 학제적 사고를 원합니까?

융합적 접근에 대한 연역적 소리는 많다. 그러나 실제로 그러한 것을 내재화시킨 사례가 쌓여야 한다.

지금은 창의성의 시대다. 차별화 포인트를 가져라. 고민 끝에 나온 질문을 던져라! 외국 리포트 보고 베끼고, 현장 조사 보고서는 진정성이 결여되어 있다. 스스로를 개혁대상으로 만드는 것은 가능한가? 이것은 마치 '스스로 수염을 깎지 않는 사람만을 수염 깎아 주겠다는 이발사의 수염은 누가 깎을 것인가?'라는 버트런드 러셀의 패러독스와 같은 것이다.

저자는 프로이트의 리비도를 신봉한다. 제임스 조이스의 의식의 흐름을 의식한다. 융합, 통섭을 넘어선 간학문적 접근을 간절히 바란다. 인지과학의 철학 기반과 현장 실태에 대한 적나라한 보고는 이 책의 백미다.

— 연세대학교 철학과 교수 김형철

내가 만난 저자는 이해할 수 없는 사람이다. 인간이 볼 수 있는 그 너머의 것을 보려는 사람, 인간이 알 수 있는 그 이상의 것을 알고 싶어하는 사람이다. 까마득한 진리의 절벽 앞에서 치열하게 고민하는 사람이다.

그 사람이 20년간의 사유를 집대성한 책이 있다. 철학이 들어있고, 과학이 들어있고, 경영학이 들어있다. 이 책을 펼치고 아바타가 되어 들어가보자. 출렁이는 인식의 흐름에 생각을 맡겨보자.

이 책을 덮고 탈출하는 순간, 그저 그런 학문적 만족감을 넘어서 나의 존재를 자극하는 지적 희열을 맛볼 수 있을 것이다.

— LG경제연구원 책임연구원 김종대

나는 발가벗은 한 시간 동안 자유로와진다. 그래, 나는 딜레탕트다!

이 책의 처음은 지루하다. 그런데, 별똥별 하나가 밤하늘의 획을 긋듯이, 읽다 보면 불현듯 세상을 다시 보게 만드는 순간들이 있다. 문학, 경영학, 철학 등 기존의 학문과 사고의 경계를 깨는 저자의 '천재적 통찰' 때문이리라. 우리가 사는 이 우주가 아무리 복잡해도 그를 관통하는 일관된 존재가 있을진대, 저자는 집요하게 그 존재를 파헤치고 스스로 도전한다!

이 책을 통해 그 존재를 명명(命名)할 수 있는 독자야말로, 세상의 인식을 바꾸어 가는 기쁨을 함께 누릴 것이다.

— 덕윤웨이브 교육문화사업본부장 김은경

장르를 넘나들며 시스템을 공격하고 있다. 창조적이고 생산적인 결실을 얻을 수 있는 외롭지만 가치 있는 공격으로 모든 분야에서 통로를 만들어 낼 수 있는 힘을 가지고 있다.

이 나무가 열매를 맺는다면 굉장한 일이 일어날 것이다.

— 내 귀에 도청장치 보컬 이혁

차 례

[일러두기] L#이 문단 왼쪽에 자주 등장하는 까닭은?

책장을 넘기다 보면 문단 좌측에 L과 숫자로 연합된 혹이 붙어있음을 발견할 수 있다. L은 Level 의 약어고, 바로 옆 숫자는 깊이를 상징한다. 그 숫자가 클수록 주인공이 보다 깊은 사유 세계에 빠져들어 있음을 의미하며, 0일 경우는 그가 객관적 현실, 즉 존재적 세계에 머물고 있음을 의미 한다.

이 책의 스토리는 무수한 사유 세계들을 비약적으로 넘나들며 전개되기에, 아무런 안내 장치도 존재하지 않는다면 주인공을 힘겹게 쫓던 독자들이 멀미하며 제자리에 주저앉을지도 모르겠다. L#은 바로 이러한 우려감에 마련되었다.

I.

가
기

LO   토요일 오전 9시 52분. 미적거리다 주 단위의 목욕재계 의식을 준비한다. 이맘때면 늘 걱정이 생긴다. 목욕탕에 인쓰*가 많으면 어떡하나? 토요일 아침이 주간 의례 시간대로 간택된 이유는 일요일보다는 토요일이, 그것도 오후보다는 오전이 그나마 인쓰가 적다라는 다년간의 경험 때문이다. 사실 산업혁명 이후 정착된 경제적 동물로서의 의무만 강요되지 않는다면, 인적이 뜸한 평일 오전이 최적인데 말이야.

양치질 및 세수, 칼 면도, 그리고 머리 손질을 마친다. 이후, 잠자리에 들 때 입었던 팬티를 새것으로 다시 갈아입는다. 이전에 팬티를 착용한 게 얼추 새벽 3시경이었을 테니 약 일곱 시간 만에 갈아입는 셈이다. 직접 코를 갖다 대지 않았기에 확신할 순 없지만, 그새 화장실을 한 번도 다녀오지 않았고 또 착용 시간도 그리 길지 않았기에 자연스러운 내 음보다는 피죤의 향이 더 강할 거라 믿어 의심치 않는다. 여부야 늘 궁금하나, 이번에도 가설 검증을 위한 경험 자료 따위는 수집하지 않으련다.

햇빛을 튕기는 황톳빛 장판과 머금는 하얀색 팬티, 그리고 이들의 삼 차원 틈 사이로 연분홍색 두 다리와, 같은 색의 통통하지만 보다 가냘픈 꼬추가 존재를 드러낸다. 만일 녀석의 자리가 지금 휑하니 비어 있다면 존재감이 한층 더 강하게 와 닿겠지? 아님 일시적인 성 정체성의 혼란에 빠져 허우적거리고 있으려나? 윗동네에서 무슨 일이 벌어지건 말건, 아랫동네에서는 꼬추 따위에게 아무런 관심도 없는 하얀색 양말이 가느다란 왼발 발목과 오른발 발목을 꾸역꾸역 순차적으로 삼키고 있다.

---

* 인간 쓰레기의 약어로, 저자의 조어(造語).
주인공 '나'는 짜증스러운 상황에서 불특정 다수를 지칭해 이 말을 습관적으로 내뱉는다.

나는 발가벗은 한 시간 동안 자유로와진다. 그래, 나는 딜레탕트다!

L1 감각, 지각의 주체와 무관한 절대 색이란 게 존재한다면 재미있는 명제
가 성립될 수 있을 것 같아.

가령, 어떤 대상의 절대 색은 빨강이야.

그 대상에 대해 사람 A가 지각하는 절대 색은 노랑이고.

그런데 그 사람은 어린 시절 그 대상에 대해 자신이 지각하는 색을 파랑
이라는 어휘로 배웠어.

물론 아직도 유효하지.

그 대상에 대해 사람 B가 지각하는 절대 색은 분홍이야.

그런데 그 사람은 어린 시절 그 대상에 대해 자신이 지각하는 색을 파랑
이라는 어휘로 배웠어.

물론 아직도 유효하지.

지금 사람 A와 사람 B가 한데 모여 그 대상을 보며 대화를 나누고
있어.

지각하는 절대 색은 다르지만, 그 둘 다 파랑이라고 이야기하더라고.

하지만, 그들 간의 의사소통에는 아무런 문제가 없어.

L0   무수히 많은 내 자랑거리 중 하나는 왼손 엄지와 중지로 그 삼켜지
는 발목을 오롯이 감쌀 수 있다는 것이다. 등산 양말이 신겨져 있어도
예외가 될 수 없다. 내 연인이 되기 위한 통과의례도 바로 여기서 비롯
됐다. 내 것이 그렇듯 네 왼 발목 역시 내 왼손 엄지와 중지가 형성하는
자연스럽고도 형이하학적인 원에 필히 머금어질 수 있어야 한다는 것.
아, 아니지. 원은 경계 기준으로 내부가 채워지는 것이고 구멍은 비워
지는 거니, 원보다는 구멍이라는 표현이 적절할 것 같다. 이때 두 손가
락은 체적을 가져야 할 이유가 없다. 내외를 구분하는 경계 역할만 하면
되기 때문이다. 그러나 체적이 없으면 발목의 감촉을 느낄 수 없다. 그

러니 체적을 가져야 할 이유가 있다. 사실 경계 외부도 채워지는 것은 아니지만, 지금 이 순간 관심의 대상은 경계와 그 내부이기에 굳이 외부까지 들먹일 이유는 없다. 그러고 보니 구멍은 부재함으로써 존재하는 패러독스적 '존재자'다.

L1 "저기, 젊은이. 잠깐만 나 좀……"

발목 삼키는 양말을 지켜보다 고개를 돌리니, 하이데거가 가뜩이나 험악한 인상을 더 구기고 있다. 자기의 심오한 용어를 생각 없이 쓴다나 뭐라나? 하지만 무슨 상관? 그가 내 인식의 심연까지 관찰할 수는 없을 터, 그냥 씹어 버린다. 혹 관찰이 가능하더라도 내 마음속 세계에서만큼은 내가 곧 유일신이니 그의 왈가왈부는 바퀴벌레의 한낱 외침에 지나지 않는다. 자, 그러니 기우스러운 걱정일랑 접어 두자.

L0 충분히 휴식을 취한 아침이건 온종일 싸돌아다닌 밤이건, 맨발이건 두꺼운 양말을 신었건, 예외는 결코 용납되지 않는다. 실로 엄격한 주관적이고도 공감각적인 잣대이기에, 시공간을 총망라한 전 누적 인류 중 오직 나만이 갖고 있는 유일무이한 행위가 아닐지 싶다.

L1 지구 탐사를 나온 일군의 외계인 무리가 젊고 아름다운 여성의 뽀얀 왼 발목을

L2 '젊고 아름다운'은 여성을 수식할까요? 아니면 발목을 수식할까요?

L1 왼손으로 감싸고 있는 나를 지켜보며 쑥덕거린다. '저 새끼 지금 뭐하는 거야?' 아, '새끼'라고 하진 않겠지. '인간'이라는 표준적인 단어만

나는 발가벗은 한 시간 동안 자유로와진다. 그래, 나는 딜레탕트다!

학습하고 왔을 테니까. 이 지구 상에 국가가 좀 많아? 이 와중에 표준어
는 물론 방언, 속어 등까지 헤아리려면…… 그럼 정정. 저 인간 뭐하고
있나 싶을 거다. 아니야. 그들의 세계에는 언어라는 일종의 상징 조작
체계가 없을 수도 있어. 녀석들은 지구인과 전혀 다르게 표현하고 소통
할지도 몰라. 표현? 소통? 아니지. 표현이나 소통이란 걸 아예 하지 않
을 수도 있잖아? 그러니까 전지전능한 신 같은 존재자일 수 있다는 거
지. 잠깐, 그럼 엄청난 모순이 발생하게 되는데? 당장 '지구 언어 학습
하기'와 '전지전능'을 비교해 보라고. 첨예하게 대립할 수밖에 없잖아?
전지전능한데 학습 왜 필요해? 야! 상상이라고 사고를 막 지르는 것
같은데 그러면 꼬리에 꼬리를 무는 무한 작업이 되고 말 거야. 아무런
보람도 없이 피곤함에 쩔기만 하는. 그러니 여기서 허벅지를 꼬집도록
하자꾸나. 그럼 다시. 녀석들이 비록 지구에 대해 충분히 학습하고 왔겠
지만, 단순 암기식으로만 했다면 이런 케이스를 쉽게 상상할 수는 없었
을 거야.

"흠, 저~기 저 꼬추가 돌출된 수컷이라는 지구인 말이야. 꼬추가
파인 암컷이라는 지구인이 발목을 삐었기에 어루만져주고 있나 보군.
지구에서는 '凸' 꼬추와 '凹' 꼬추가 자주 밀착한다 하더라고. 그러면
100%의 확률은 아니어도 후손이 잉태될 수 있다나? 그리고 지구인들
의 언어 사용 가이드에 의하면 말이야, 발목이란 건 종아리와 발을 연결
해주는 관절이래."

"그래? 그럼 종아리는 뭔데?"

"응, 종아리란 무릎과 발목 사이의 다리 뒤쪽 부분을 일컬어."

"그래? 그럼 발목이란 '무릎과 발목 사이의 다리 뒤쪽 부분과 발을
연결해주는 관절'이란 얘긴데, 발목을 정의하는데 발목이 등장하면 어
떡하니?"

"어, 그러네? 그런데 그거 내가 그런 거 아닌데? 매뉴얼에 그렇게 나와 있던데?"

L2   하여간 여기나 거기나 문제 제기만 하면 꼭 남 탓하더라.

L1   "내친김에 발도 볼까? 사람이나 동물의 다리 맨 끝 부분을 발이라 하지."
      "관절은?"
      "그건 뼈와 뼈가 서로 맞닿아 연결된 곳이야."
      "그럼 종합적인 발목의 정의는 이렇게 되겠군. '무릎과 발목 사이의 다리 뒤쪽 부분과 사람이나 동물의 다리 맨 끝 부분을 연결해주는 뼈와 뼈가 서로 맞닿아 연결된 곳'"
      대체 어디부터 어디까지가 공리고, 또 어디부터 어디까지가 이를 조작하는 연역 체계인가? 게다가 자기 참조까지 하고 있으니, 원~. 이 지구인의 언어 시스템이라는 거, 정말이지 몹시도 저질스러워라.

L2   왜 우주의 모든 생명체가 지구의 생명체와 동일한 메커니즘과 가져야 한다고 생각하는지 당최 그 이유를 모르겠다. 물이니 공기니 하는 것들은 지구 상의 생명체와 동일한 메커니즘에서만 요구되는 것. 뜻밖의 환경에서 우리가 전혀 생각지 못하는 물질들 간의 야릇한 조합으로 유기체가 형성될 수 있고, 그것이 어느 별에서는 생명체의 표준이 될 수도 있다. 우리가 몰라서 그렇지 어쩌면 지구에도 기존 생물과 전혀 다른 메커니즘의 생명체가 공존하고 있을지도 모르잖아. 이는 존재적으로 물리학에서 이야기하는 평행 우주와 다른 양상으로 전개될 수 있지만, 인식적으로는 동일할 것이다. 다른 메커니즘, 촉각을 포함한 다른 감각, 지

나는 발가벗은 한 시간 동안 자유로와진다. 그래, 나는 딜레탕트다!

각. 사실 인공지능이 극도로 고도화된다면 이곳 지구에도 상이한 메커니즘을 가진 생명체가 병존하게 되는 것 아닌가? 물론 이 새로운 생명체의 메커니즘은 구현, 운영 방식에 따라 더 세분될 수 있긴 한데, 현재 지구인들의 상상력을 고려한다면 컴퓨터 기반을 벗어나긴 어려울 것 같다. 소위 전문가 혹은 프로페셔널이라 불리는 제도권, 그들의 인지적 고착과 닻 내리기 효과(anchoring effect) 때문이다. 그렇기에 그들의 가설과 이를 입증하기 위한 실험은 늘상 확증 편향(confirmation bias)에 빠져 아등바등하고 있다.

L0　　그러나 그녀의 하체 끝 부위만을 탐닉하는 이른바 로컬 옵티마(local optima)에 함몰돼 있진 않다. 즉, 이를 상체 끝 부위에 존재하는 얼굴에 의존하여 전체적으로 관조한다. 따라서 얼굴은 미소를 불러일으키는 반면 발목은 실소를 불러일으키게 되는 그녀는, 아침에 특히 더 고혹적인 여인이자 '엄마, 왜 내 손가락을 이다지도 짧게 만드셨나요?'라고 통탄하며 손가락 확장 수술을 고민하게 하는 팜므파탈로 우러르게 된다. 게다가 굵기와 무게는 정비례한다는 본능적 궤변으로, 무게감의 선사를 통해 자신의 존재를 강력하게 체감시켜 줄 수 있는 배려 있고 관능적인 여인으로 승화된다. 그 반대의 경우라면, 마찬가지로 반대의 구실을 대며 사회과학은 고전 자연과학이 아니라는 역시나 나름의 합리화 기제를 발동시킨다. 이건 자동으로 이루어진다. 이러한 개인적 기호와 테스트 습성에 대한 형성 기원은 잘 모르겠으나, 한때 발목은 만족스럽지만 얼굴이 좀 아쉬운 여성은 개성 넘치는 여성으로, 발목은 불만족스럽지만 얼굴이 되는 여성은 몰개성적 여성으로 느끼던 적도 있었다. 물질적 기준을 전제할 경우, 아마 그 무렵은 내 여성관에 발목 지상주의가 자리 잡고 있었던 것 같다. 인류 공통의 관심 분야인 얼굴을 저 멀리했으니,

모르긴 몰라도 아마 지금보다 훨씬 더 까칠한 성격이 아니었을까 싶다.

L1   녹색의 화이트보드. '녹색'의 '화이트' 보드? 아무튼. 추상화, 일반화, 그리고 단순화를 위한 도식화가 이루어진다. 얼굴의 흡족스러움 여부와 발목의 구멍 적합 여부를 각각 X축, Y축으로 설정. 그 결과 4개의 셀이 형성된다. 판타스틱 셀은 흡족스러운 얼굴과 적절한 굵기의 발목 소유자가 점유, 일고의 가치도 없는 셀에는 불충분한 얼굴에 왼 엄지와 중지를 영원히 이산가족으로 만들어 버리는 구제 불능의 발목 소유자 위치. 하지만 다수의 보편 욕구 위에 소수의 특수 욕구까지 얹혀 놓은 나로서는 경우에 따라 이 지옥의 셀 속 그녀에게도 매달릴 수밖에 없다. 존재적 사실을 부정하며, 얼굴도 발목도 나를 끌어당기기에 충분하다고 스스로 세뇌시킬 수밖에 없다. 사랑? 그런 거 없다. 전적으로 육체적 욕구 해결이 목적이다. 육체적 욕구? 이도 모순된 표현이 아닐까?

L0   이 행위가 비단 여자 친구 간택이라는 본연의 목적으로만 감행된 것은 아니다. 부가 목적에 보다 충실했던 경우도 적지 않다. 사실 본연의 목적과 부가 목적이 별개는 아니다. 어찌 보면 수단-목적 관계가 뒤바뀐 채 얽혀져 있다고 볼 수 있는데, 난 지금 현상 중심으로 편하게 사고할 뿐이다. 대학 시절, 여름 MT 산행 중 발목을 삔 동아리 여자 후배에게 침을 놓아주며 비제도권 의료인으로서의 보람과 개인적 취향을 한데 섞은 적도 있었으며, 이러한 독특한 기호에 대한 소문이 지인구(知人口)에 회자되다 보니 술자리에서 '내 것도 매력적이냐?'며 발목을 던지는 당돌한 직장 여자 후배들에게도 내 두 손가락을 내주게 되었다. 헤픈 것. 헤프면 좀 어때? 다행히 그녀들 모두 미소를 그리게 하는 세련된 얼굴들을 소유하고 있었기에, 솔직히 난 '옳다구나!'를 연방 외쳤다. 맨발

나는 발가벗은 한 시간 동안 자유로와진다. 그래, 나는 딜레탕트다!

인지 스타킹 발인지의 여부는 기억이 가물가물하나 드레스 코드 상 분
명히 양말은 아니었을 거고, 사계절을 관통했기에 양자가 혼재돼 있었
을 것 같다. 같다? 같다라니? 이상하다. 내게 있어 여인의 발목과 시·촉
각은 프루스트에 있어 마들렌과 미·후각보다 우월한데 말이야. 알코올
덕분에 주변인들의 시력이 많이 붕괴되긴 했지만, 그럼에도 난 지켜보
는 다수의 눈동자를 의식할 수밖에 없었다. 따라서 오로지 구멍 만들기
혹은 삽입시키기에만 충실한 척했다. 그런데 이게 말이야, 곧장 가는 거
냐, 우회해 가는 거냐는 찰나적 차이만 있을 뿐이지 종국은 같은 얘기가
아니냐는 생각이 들긴 한다. '아, 이 소심함이여!' 머릿속으로 머리를
흔들며 흥분을 가라앉히고, 어디선가 부풀어 오르며 신호를 보내는 신
체 변화에 대해서도 무시로 일관했다. 혹시나 하는 노파심에 누군가의
발목을 감싸는 순간 팔을 쭉 뻗어 내 몸에서 최대한 멀게 만들었고, 불
필요한 신체 접촉을 최소화하였다. 주변의 시선이 내 몸에 모이는 것을
막고, 내 몸이 흥분하는 것도 예방하기 위한 목적이었다. 사실 '그땐 술
기운이었어'라는 사후 합리화가 어느 정도 통할 수 있었기에 좀 더 과
감했어도 좋았을 텐데 무척 아쉬울 따름이다. 양상만 다를 뿐이지 아무
래도 홀든 콜필드나 표 간호사* 못지않은 소심함이 내게 담겨 있는 것
같다. 그런데 두 녀석 다 소심하긴 해도 그 외 성격은 판이하지.

L1   지금은 겁도르로 통하는 효도르가 한때 60억분의 1 사나이로 불리던
시절이 있었지. 누가 알았겠어. 이렇게 한방에 훅 갈지? 그 잘 나갔던
효도르는 겁도르, 크로캅은 도망캅으로. 역시 사람은 물러날 때를 잘 알
아야지 그렇지 못하면 추해지기 십상이야. 자의로 그리 된 건 아니지만,

---

* 김병욱 PD의 대표적 시트콤 「순풍 산부인과(1998 ~ 2000)」에 등장하는 주요 인물. 동명의 병
  원에 근무하는 소심한 남자 간호사로, 개그맨 표인봉이 분했다.

만일 제임스 딘이 요절하지 않고 만수를 누렸다고 생각해봐. 모르긴 몰라도 아마 반항의 아이콘이 아니라 추잡의 아이콘이 돼 있을걸?

나 역시 스스로 '60억분의 1 사나이가 아닐까?'라는 생각으로 오랫동안 살아왔음이다. 물론 효도르와 다른 이유에서의 60억분의 1이었다. 이 때문에 양지에서 늘 환호만 받던 전성기 효도르와 달리 철저히 음지에 숨어 외로움과 두려움에 한숨 쉬던 나는, 어느 날 인터넷이란 마법의 도구를 통해 골이 심하게 울리는 경험을 하게 됐다. 물론 긍정적인 경이의 울림이었다. 클릭질 몇 번으로 PC에 차곡차곡 내려앉는 수많은 빽가는 사진들, 피부색과 연령은 달라도 거리낌 없이 본능에 진솔한 대화를 나눌 수 있는 참 동지들. 특히 당시 X사에 근무하던 영국인 더글러스 애덤스 씨가 가장 가까운 절친이었다. 그는 서울에 출장 올 때마다 늘 호텔 룸 번호를 알려주며 제발이지 꼭 한번 찾아오라고 찾아 오라고 신신당부했지만, 난 철저하게 메일로만 응대했을 뿐 혹시나 하는 두려움에 단 한 번도 찾아가지 않았다. 온라인을 통한 사진 교환도 참 많이 이루어졌었다. 그러나 아쉽게도 우리의 취향이 100% 일치했던 것은 아니다. 난 종아리 이하만 좋아한 반면, 더글러스 씨는 엉덩이 이하를 좋아했다. 그러니까 교(交)하면 나의, 합(合)하면 그의 기호가 됐기에, 쟁점은 그와 나 사이의 차집합 상에 존재한 셈이다. 따라서 그가 보내주는 사진들은 언제나 검게 그을린 수풀에 가려진 생명 잉태의 구멍을 담고 있었고, 난 참다 참다 못해 어느 날 '내가 원하는 것은 sound picture요!'라고 토로했건만, 그 양반은 'what? what?'거리기만 할 뿐, 동류의 사진들을 줄기차게 보내왔다. 난 '건전한'의 sound를 의도했건만, 용례가 맞지 않는 건지 아니면 문화적 차이 때문인지 그는 소리가 수반된 사진을 요구한 걸로 이해한 것 같았다. 여하튼 그때 만나서 기호를 공유해야 했는데……

나는 발가벗은 한 시간 동안 자유로와진다. 그래, 나는 딜레탕트다!

마침내 난 이러한 무의식적 취향이 페티시라고 불림을 알게 되었고, 역시나 인간은 인공물이 아닌 자연물임을 새삼 느꼈다. 그러자 이 깨달음의 순간에 즉흥 단상들이 전일적으로 동시에 쏟아져 나왔으며, 늘 그랬듯 이 또한 일기장에 서둘러 저장했다. 기계도 과연 페티시스트가 될 수 있을까?

〔神工物(신공물＝자연물) vs 人工物(인공물)〕
인간 관점 견지를 전제로, 전자의 경우 기존하는 객체를 기반으로 속성, 작용을 파악하고, 후자의 경우 필요한 속성, 작용을 통해 객체를 형성한다. 즉 순서가 각각 '객체 그 자체의 관찰 및 분석 −→ 그 객체에 본유된 속성 및 작용 추출', '필요한 혹은 요구되는 속성 및 작용 정의 −→ 이들을 총망라한 객체의 개발'이 된다.

일기 같이 지극히 사적인 글은 태생적으로 딜레마를 갖는다. 내가 죽은 후, 누구의 손에도 들어가지 않고 사라진다면 이건 정말이지 무척이나 허무한 일이 될 것이며, 반대로 숱한 사람들이 보게 된다면 그곳이 지옥이건 천국이건 얼굴이 빨개질 수밖에 없기 때문이다. 경우에 따라 대대손손 놀림거리가 될 수도 있다.
"이 녀석은 변태의 후예요!"
이에 일기를 중단할까 말까 하는 고민이 늘 작동되긴 했지만, 그럼에도 매일 밤 쓴다는 쪽으로 수렴되는 나의 이 자동화된 관성은 여전히 지속되고 있다.
어린 시절엔 인상 깊었던 날에만 간간이 쓰여졌던 게 일기라는 존재자였다. 그러나 1990년 삼일절 이후로는 단 하루도 빠짐없이 채워 왔고, 언제부턴가는 영어로 일관돼 버렸다. 그러다 보니 문체가 상당히 무미건조하게 변질됐고, 분량도 많이 축소됐다. 메타포 또한 실종되었으며, 직설이 난무했다. 영어 회화가 필요할 때면, 허공에라도 글씨 쓰는 시늉을 해야만 말문이 트였다. 하지만 영어를 공부하느니 그 시간에 철학이나 인지과학, 물리학 서적 한두 문단을 더 읽겠다는 내 다짐은 여전히 확고부동하다.

페티시에 대한 표현 욕구를 '사운드'하게 드러내고자 고안했던 방법은 비겁한 물타기였다. 당연히 진정성 있게 토로하고 싶었던 것은 페티시 그 자체였으나, 내 가슴 속에 표 간호사가 자리 잡고 있었기에 나름 학문적 향을 가미하면서 변태로 오인 받을 만한 냄새를 희석시킬 수밖에 없었다. 즉, 다니자키 준이치로보다 더 생생하고 흥분되게 묘사할 수도 있었지만, 타인에 대한 의식이 여전했기에 탐탁지 않은 대안을 쓸 수밖에 없었던 거다. 사실 정통 페티시스트 관점에서 보자면, 『후미코의 발』에 나오는 묘사는 꽤나 약하다. 하시모토 코지로가 만든 동명의 영화는 그런 책의 발끝조차도 따라가지 못했으니 말 다했고.

〔크리티컬 매스(critical mass)에 관한 폴리모피즘(polymorphism)〕

1. 크리티컬 매스

어떤 가입자 기반의 서비스 회사가 일정 수준의 회원을 확보했다. 이때 이 특정 수의 회원 확보 시까지의 성장은 '삐리리'하다가 어떤 규모를 넘어서는 순간 '짜잔'하게 된다면 우리는 그 가속도가 변경되는 그 점(규모)을 크리티컬 매스라 한다.

2. 폴리모피즘(다형성)

폴리모피즘이란 같은 객체(혹은 속성, 작용)라 하더라도 그것이 사용되는 클래스(혹은 객체)에 따라 다르게 이해될 수 있음을 의미한다. 가령 '간다'라는 작용을 생각해 본다면, 그 작용이 배라는 객체에 적용될 경우에는 '물 위를 떠간다'라는 의미로 이해될 수 있는 반면 객체가 비행기인 경우에는 '하늘을 날아간다'라는 의미로 해석될 수 있다.

a. 경제: 인터넷 비즈니스

크리티컬 매스라는 개념이 많이 회자되는 분야이며, 위의 정의 과정에서 든 예가 이 경우에 속하는 가장 대중적인 것이므로 추가 설명은 하지 않겠다. 다만, 이 자격을 획득하기 위한 하한 값이 존재하고 이는 좌표 공간에서 우상향의 곡선을 의미한다는 사실만을 밝힌다(물론 내가 연구한 적도, 또 아직 연구 논문을 본 적도 없지만 크리티컬 매스가 계층적으로 존재할 수도 있다. 비약점이 반드시 한 분야에 하나만 존재한다는 법은 없기 때문이다).

b-1. 사회, 문화 (1): 페티시

이 부분은 a항에 비해 엄격성은 떨어진다. 이유인즉슨 크리티컬 매스라는 개념과 페티시를 연결시키는 연구가 아예 없기 때문이다. 따라서 여기서 내가 범할 수 있는 우는 연구 현황에 대한 면밀한 조사가 없었다는 점과 또 실제 페티시 사이트의 글들을 조사한다고는 했지만, 그 커뮤니티의 수가 상당히 적은 관계로 어쩌면 귀납의 구조적 맹점인 과일반화의 오류를 범할 수도 있다는 점이다. 각설하고 내가 점검한 커뮤니티들의 특성을 보면 페티시에 빠진 사람들은 대중적인 섹스 심벌보다 자신들만의 성징에 지나치게 몰입하는 경향이 짙기에, 보통 사람들의 시각에서는 변태로 여겨질 가능성이 농후하다. 즉, 변태란 용어가 정규 분포에 있어 양극단에 존재하는 이른바 대중성이 희박한 개념으로 정의된다면, 페티시란 자격을 취득하기 위해서는 그 취향자의 수가 특정 규모 이하여야 한다. 여기서 우리는 크리티컬 매스가 하한 뿐아니라 상한의 의미로도 사용될 수 있음을 알 수 있다.

반면 이 정통 페티시스트들은 페티시 세계에서도 그 유래를 찾아보기 어려운 절대 소수의 변태적 성향을 이단으로 생각하고 있다. 가령 머리카락 페티시는 페티시 내에서 그래도 제한된 대중성을 띄고 있다. 하지만 겨드랑이털은? 이는 페티시 내에서도 극소수이다. 따라서, 만약 게시판상에 '난 겨드랑이털이 좋다'라고 쓰면 유사한 사람들이 나타나 '나도 그렇다'라는 리플을 다는 경우는 거의 없고 온통 악플로만 도배된다(이들이 독립하기 위해서는 별도의 커뮤니티가 필요하고 그렇게 된다면 페티시에 대한 정의의 엄격성에 따라 크리티컬 매스의 층이 다차원화 될 수도 있다). '이런 변태 같으니. 페티시를 하려면 보다 보편적인 것을 찾아라.' 여기서 페티시에는 인터넷 비즈니스처럼 하한의 여지도 존재함을 알 수 있다.

b-2. 사회, 문화 (2): 컬트

영화 홍보에 있어 컬트 무비라고 사전에 표방하는 것은 상술이거나 예지력이거나 둘 중 하나이다. 엄밀히 말하면 컬트 여부에 대한 평가는 블록버스터와 마찬가지로 특정 사안의 사후에나 내려질 수 있다. 소수만 좋아하고 빠져들어 가히 숭배 수준에 도달함을 의미하는 컬트 현상. 이러한 컬트라는 맥락 하에서의 크리티컬 매스란 과연 어떻게 해석될 수 있을까? 이는 인터넷 비즈니스의 경우와 정반대로 이해하면 된다. 즉, 컬트라는 자격을 획득하기 위해서는 특정 임계치를 넘어서는 안 된다. 왜냐하면, 그 값을 넘어서는 순간 더 이상 컬트가 아닌, 보편적 현상(자신 없게 말하면 보편적 현상의 징후)으로 간주되기 때문이다. 따라서 본 경우에는 상한이 존재함을 알 수 있다.

이상에서 크리티컬 매스에 대한 폴리모피즘 현상을 살펴보았다. 다분히 양적인 관점으로 분석해 보았는데, 그 결과 인터넷 비즈니스라는 경제 측면에는 그 자격을 획득하기 위한 하한이, 페티시라는 사회 문화적 측면에는 하한과 상한이 존재함을, 마지막으로 또 다른 사회 문화적 측면인 컬트에는 상한이 존재함을 알 수 있었다. 이처럼 같은 크리티컬 매스라 해도 환경, 상황, 맥락에 따라 다른 의미로 활용될 수 있다. 우리는 이를 폴리모피즘이라고 한다. 흐흐 비트겐슈타인.

L2 사고의 발산은 생방송이다. 그래서 거칠고 튀는 맛이 나고 적나라하다. 관음하기에도 딱 좋다. 진정성도 있을 거라고? 그렇진 않다. 이 찰나적 순간에도 전략적 혹은 의도적으로 연출될 수 있기 때문이다.

L0 욕구는 자각했으나 사회적으로 용인된 방법으로는 도무지 충족시킬 수 없었던 중고교 시절과 비교한다면, 지금이 그다지 나쁜 건 아니다. 매력 여부를 떠나 어쨌든 분출의 대상은 있으니까. 그땐 정말 답답함의 절정이었다. 버스 안팎에서 접하게 되는 동년배의 여중·고생들도 그렇긴 했지만, 이대입구와 신촌, 그리고 홍대 앞을 지날 때마다 넘쳐나는 여대생 혹은 의사(擬似) 여대생들.

미어터짐은 기본이고, 특히 여름이면 냄새나는 찜통 같은 극도로 혐오스러워야 할 버스가 되레 고마움의 대상으로 느껴지기도 했다. 대한민국 서울에서 볼거리가 많기로 유명한 그 지역을 활보하는 여성들을 시각으로, 경우에 따라 청·후각까지도 만끽할 수 있었기에. 하지만 이는 시·청·후각 충족을 넘어 촉각 갈구라는 고통스러운 결핍감도 야기시켰다. 사실 자연스러운 거긴 하다. 쌀 아흔아홉 가마니를 갖고 있으면, 백 가마니를 채우고 싶은 이 마음, 이것이 이성(異性)을 향한 지각 세계에서도 존재한다. '아, 부디 생생한 시각만이라도'라고 갈망하다가 일단 충족이 되면, 촉각으로 방점을 찍을 수 있어야 비로소 뻑의 퍼즐이 완성되는 것이다. 올챙이 적을 기억 못 한다고 개구리만 비난할 게 아니다. 개구리에게는 개구리 스펙에 걸맞는 바람이 있다.

입력 측면에 있어, 시각이 수동적이라면 촉각은 능동적이라 할 수 있다. 그렇다면 출력 측면은? 감각이건 지각이건 이들의 정의 자체가, 자극을 받아들여 느끼는 건데 출력이란 게 개입할 여지가 있을까? 여하튼 수단과 방법을 막론하고 촉각으로 마무리될 수 있는 방법을 찾아야 한다. 그래야 삶의 의미이자 궁극인 쾌락에 근접할 수 있다.

'아, 이 지긋지긋한 분석적 사고!' 털어 버리고 싶다. 그것은 단지 무거움을 떨쳐 버리고 가벼워지고 싶다는 몸부림이나 정신 부림 차원만은 아니다. 서구 흠모적 세뇌에 대한 대책 없는 무력감과 분석이라는 추상적 존재자 그 자체의 한계, 그럼에도 사회 전반에 깔린 'Analysis Myth.' 오늘날의 헤게모니가 서구에 있고 난 구석탱이 변방 국가에서 태어났기 때문일까? 일단 대한민국의 사상 따위엔 전혀 관심이 가지 않았다. 주기론·주리론, 실학 정도만 몇 권의 책들을 통해 접했다 뿐이지, 시종일관 머릿속 주머니에 넣고 다니진 않았다. 죄다 서구 지향적이었다. 역사도 한국사나 동양사보다는 서양사가 좋았으며, 철학도 마찬가지였다. 한국사 또한 자의적으로 많이 읽긴 했으나 독살설 등 음모론 관점에 대한 호기심의 발로였으며, 특히 이덕일 박사의 저작에만 편중돼 있었다. 과학은 또 어떠한가? 17세기 이후로는 서양의 경험주의 입장으로 완전히 표준화되어 버린 것이 오늘날의 글로벌 스탠다드 과학이기에, 동서를 구분하는 것은 무의미한 짓일 거다. 문학도 말할 나위 없고, 영화 역시 마찬가지다. 가만있어 봐. 영화에는 약간의 예외가 있긴 하다. 홍상수 감독.

L1   동경이나 흠모가 있어야 열정이 생기고, 열정이 있어야 지식이 형성될 수 있다. 마찬가지로 지식이 형성돼야 기존하는 자신의 사고와 더불어 내적 융합이 이루어질 수 있고, 이는 마침내 지혜로 승화되어 개인의 정체성과 역량을 형성하게 된다.

L0   이렇듯 나의 꼴림은 언제나 서양서였고 이의 한계를 분명히 느끼고 있었기에, 노장사상도 뒤적이고 풍우란의 『중국 철학사』를 제법 기웃거리긴 했다만 그들 위에 수북이 쌓인 먼지를 털어내진 않았다. 솔직히 그 책들의 구성이나 스토리가 이 무지몽매한 독자에게 조금만 더 호의적이었더라면 어쩌면 기적이 일어났을 수도 있었더랬다. 또래에서 흔하디흔했던 무협지도 그다지 달갑지 않았으며, 개나 소나 다 봤다고 떠드는 『삼국지』는 장정일 버전을 구입하긴 했으나, 2권 중간까지만 보다가 저멀리 내팽개쳤다. 만화도 범주에 포함될 수 있다면 완독한 『삼국지』는 오직 고우영 화백의 그것뿐이었다.

    '동양은 직관적인 통찰로 현실에 대한 전체적인 반응을 보이고, 서양은 분석적, 이론적 추리로 반응을 보인다. 동양은 그 철학에서 진실로 감정이 중요한 구실을 하지만, 서양에는 그런 철학이 거의 없다. 그리하여 동양에서는 서양처럼 군사, 정치 등 어떤 여건에서도 좀처럼 통계로 설명하지 않는다. 중국의 도(道)는 서양의 진리 개념처럼 추상적, 이론적인 것이 아니고 실제적인 가치가 되어 인생과 관계되는 진리다. 오늘날에는 동양 사상의 비중이 점점 더 커지고 있다.' 임어당의 말. '중국은 실천을 중시하고 서양은 추리를 중시한다. 중국인은 정(情)을 중시하고 서양인은 논리를 중시한다. 중국 철학은 천명을 따라 마음의 평안을 얻는 입명안심(立命安心)을 중시하며, 서양 철학은 객관적인 이해와 해부를 중시한다. 서양은 분석을 중요하게 여기며 중국은 직감을 중요하게 여긴다. 서양인은 지식 추구에 중점을 두고 객관적 진리를 추구한다. 중국인은 도의 추구를 중시하여 행동의 도를 추구한다.' 역시 임어당의 일관된 주장이고, 나 역시 그러한 견해를 다수의 경험을 통해 뼈저리게 체감하고 있다. 그런데 이런 말은 딱 한 가지에서만 도움이 될 뿐이다. 분석의 한계에 대한 'why?'의 공고화. 그러나 정작 필요한 것은 구체적 'how-to?'의 제시가 아니던가? 대체 무엇으로, 어떻게 분석의 한계를 극복할 수 있단 말인가? 하지만 이 물음의 떠올림마저도 서양식 사고의 잔재라 치부한다면 난 이제 자문(自問) 조차할 수 없다.

사실 분석에 대한 문제 제기는 시대 변화에 따른 소산이 아니다. 즉 '서양 중심의 패러다임에서 이제 곧 동양 중심의 패러다임으로 옮겨 가기에 필연적으로 나타날 수밖에 없는 트렌드' 차원이 아니라는 말이다. 분석적 사고는 분명히 우리에게 많은 것을 가져다주었지만 본디 자명한 한계 또한 갖고 있다. 비단 환원주의만의 문제는 아니다. 분석 그 자체도 그렇고 환원주의도 그렇고 그것이 칭송받아야 할 상황이 있는 반면, 중용돼서는 안 될 상황 또한 있는 거니까. 그럼에도 사회 전반에 걸쳐 논리와 분석을 맹목적으로 숭상한다. 우리 유전자에 이미 인이 박혀 있기 때문일까?

L1   "끼이익~!"

소름 돋는 「박하사탕」 AND 「오아시스」 AND 「하하하」.

"된장, 이놈의 스태프들 제발이지 좀 바지런하면 좋으련만."

반투명 시트지가 붙은 무거운 유리문을 당기자 우리 회사의 두뇌(얼마 전부터 제도권 인지과학 계에서 '체화된 인지'라는 걸 들고 나왔으니, 몸도 함께 거론해야 하나?),

나는 발가벗은 한 시간 동안 자유로와진다. 그래, 나는 딜레탕트다!

L0   나의 지속적 고민 중 하나는 내 삶의 철학이 존재론 기반이냐 아니면 인식론 기반이냐라는 이원적 문제에 관한 것이다. 그런데 현상학을, 특히 하이데거와 메를로–퐁티를 알게 된 이후에는 삼원적 고민으로 좀 더 복잡해졌다. 그 삼원이라는 것도 완전 병렬 삼원이 될 수도 있고, 확장된 이원으로 해석될 수도 있다. 후자의 경우에는 일반적인 경우와 달리 현상학이 인식론의 부분집합으로 간주된다. 하지만 프로페셔널 아카데미의 정의를 따르고자 하니 나의 개똥철학과 전적으로 일치하는 것은 아무것도 없었으며, 모든 게 그저 조금씩 조금씩 섞여 있음을 알게 되었다. 물론 1/3, 1/3, 1/3 혹은 1/3, 2/3식의 딱 떨어지는 확정 비율은 아니다.

L1   '수'라는 상징체계에는 표상적 한계가 있다. 가령 면적이 1인 원이 있을 때 그것을 삼등분할 경우, 실질적으로는 딱 떨어지는 세 개의 덩어리임에도 수치적으로는 이를 완벽하게 표현할 길이 없다(물론 인식적 세계에서의 이야기이다. 존재적 세계에서는 완벽한 삼등분의 가능성이 사실상 제로니까). 0.33333333……은 분명히 0.3도 0.4도 아닌 수 집합에서 고유한 한 원소이기 때문이다. 사실 이 부분도 문제가 따르긴 한다. 정확한 실체를 표상할 수 없기 때문에 엄격히 말해서 정체성이 딱 부러지게 파악되지 않으므로, 존재자의 고유성, 중복성을 논할 수 없다. 하지만 면적이 3이었다면 각기 1이라는 수치 상징으로 표상할 수 있다. 즉 일반적으로는 말끔히 해결되지 않고 특수한 경우에만 완전하게 표상할 수 있다는 것이다. 물론 이 문제에 대한 대안이 없는 것은 아니다. 분수로 표현하면 어느 정도 해결되니까. 그런데 사실 이것도 느낌, 즉 인식의 문제이긴 하다. 왜 0.3이 0.3333333333333……보다 바람직하게 보이는 거지? 이 역시 오컴의 면도날? 단순해 보이는 것이 좋다? 그것도 인간에

게 생득적? 그래도 고민은 계속된다. 동일한 본질인데 표상 방법에 따라 하나는 정체성이 불분명한 것으로, 다른 하나는 정체성이 확고한 것으로 인식된다. 실로 갑갑한 노릇이다. 약간 더 거슬러 올라가자면 난 수학이니 물리학이니 하는 자연과학의 범주에 들어가는 분야들의 확실성을 믿지 않는다. 절대 진리의 존재, 그 자체에 대한 의문일 수도 있다. 이들도 인간의 변덕마냥 확률적이다. 다만, 무한히 많은 시간과 이를 추앙하는 무수히 많은 사람의 부단한 합리화 과정을 통해 내구성이 무척 강해진 고로, 울타리 밖 사람들에게는 그저 떡 하니 버티고 서 있는 절대 진리의 철옹성으로 여겨지는 것이다.

L0   그렇게 수많은 시간을 방황하다가 마침내 결심했다. 중심은 나고, 내가 곧 목적이다. 즉, 내가 주도하고 제도권의 이론은 이를 보조한다. 그런데 왜 보조에 불과한 정체성에 맞춰 내 사유와 삶을 재단하려 하는가? 신데렐라의 두 언니처럼 구두를 신기 위해 발가락을 자르고, 뒤꿈치를 자르는 게 바람직한 것인가?

오히려 난도질은 생활이 아닌 이론 쪽에서 행해져야 할 것이다. 나에 대한 관찰을 통한 나만의 정의가 최우선시되어야 한다. '짜라투스트라를 따라 하지 말고 나 자신에게 집중할 때, 비로소 짜라투스트라는 되돌아올 것이다'라는 니체의 말도 이와 궤를 같이하고 있지 않은가? 하지만 이론이라는 보조는 사회, 특히 제도권과의 소통 매개로서 존재 의의를 지니고 있으니 결코 무시할 수 없는 노릇이다. 어쨌든 내 안에서의 해석은 분명히 존재해야 한다. 그 어느 날, 이처럼 나 혼자 선언하고, 나 혼자 경청했다.

"내 삶의 철학은 세상에 유일무이한 오직 나만의 인식론이다!"

그 결과 존재론을 떨구어낼 수 있었지만, 현상학은 해파리처럼 여전히 내 다리를 꽉 죄고 있다. 그러다 보니 그 대상은 변경됐어도 이원적 고민은 여전히 온, 오프 상태를 반복하고 있다. 게다가 '학'이라는 표현이 붙으면서, '논'과 '학'에 대한 구별에도 집착하게 됐다. 가히 '꼬추가 간지러울 수밖에* 없는 노릇'이다.

L1 사랑스러운 도서관이 소박하지만 알찬 모습을 드러낸다. 우측엔 책장이 있고, 중앙엔 큰 창을 기분 좋게 배경 삼은 물푸레나무 작업대가 놓여 있으며(배산임수〔背山臨水〕 못지않게 배창임안〔背窓臨案〕도 중요하다), 좌측엔 정수기, 냉장고, 다과, 티슈 등이 가지런히 놓여 있다. 다과는 다양한 커피들을 중심으로 각종 음료와 과자, 초콜릿 등으로 구성돼 있다.

　　도서관을 포함한 사무실 인테리어 비용이 얼마나 소요됐는지는 잘 모른다. 다른 파트너가 주도했는데 그 내역은 공유 받지 못했기 때문이다. 난 명색이 공동 설립자이자 파트너지만 회사의 현금 출납 상황도 잘 모른다. 그래서 지인 중에 '너 파트너 맞아? 그냥 피고용인 중 하나 아니야?'라며 고개를 갸우뚱하는 이들도 적지 않다. 좋게 말하면 선택과 집중이요 나쁘게 말하면 권한의 한정이라 할 수 있겠는데, 조인(join) 시점에서의 합의된 바와 달리 자연스럽게 고착돼 버린 내 역할은 프로젝트 개발, R&D, 그리고 컨설턴트 선발 및 교육 등이 다였다. 포지션도 모호하긴 하다. 그래서 난 내 자연인 클라이언트들을 만날 때에는 포지션 타이틀을 제시하기보다는 그냥 파트너라고 소개한다. 내 영역은 회사 내에서 유일무이한 것이기에 사실 이게 더 정확한 표현이긴 하다. 그래서 그런지 지인들은 내가 나를 어떻게 소개하든 간에, 호칭은 자기들 마음대로 부른다. 이 대표, 이 사장, 간혹가다 이 부사장. 그러면서

---

* 이러지도 저러지도 못해 답답하고 괴로운 순간을 의미하는 '나'의 관용어.

자기들끼리 스토리도 만들어 낸다. 얼마 전 NoNo*에서 만났던 절친 자연인 클라이언트가 이렇게 말하더군.

"소문 들었어요. 원래는 대푠데, 영업상의 이유로 부사장 타이틀로 명함 파 갖고 다닌다면서요?"

NoNo는 학교 근방이 아닌 홍대 부근에, 보다 정확히 말하면 피카소 거리 주차장 골목 근처에 있지만, 언제부턴가 연인동**과 연인모***의 아지트가 돼버렸다.

L2　　내, 졸업하고 주당 2회씩 대학원 과정 사무실이나 합동 연구실을 방문하였으나, 그렇다고 해서 모든 후배와 두터운 친분을 쌓은 것은 아니었다. 그날도 이런저런 이유로 친밀 여부와 상관없이 여러 후배를 데리고 술을 걸치게 되었는데, 역시나 이름은 물론 얼굴도 낯선 비호감 후배 녀석 하나가 시종일관 실실 쪼개며 헛소리를 지껄여 댔다.

"선배님, 말씀 많이 들었어요. 인지과학 과정 1기 사무 조교에, 인지과학 연구소 설립 준비위원회 간사에, 1기 인지과학 연구소 조교 등 꽹장한 활약을 펼치셨다면서요? 논문 주제도 너무 독창적이고 펀더멘털****에 천착하다 보니, 응용추구형 지도 교수랑 트러블도 좀 있었다고 들었고요. 그래서 지도 교수 연구실에 들어가지도 않았고, 연구실 홈페이지 졸업생 명단에도 이름이 없고, 스승의 날이나 송년회 행사 때에도 초대받지 못하고. 또 뭐냐? 아무튼 과정 사무실에서도 선배님의 많은 흔적

＊ '나'의 단골 스카이 바(bar). 홍대 KT&G 상상마당 건너편에 실재한다.
＊＊ '나'가 석사 학위를 수여받은 인지과학 프로그램의 동문회.
　　'나'가 졸업 직후 창립했으며, 처음부터 현재까지 동장(동문회장) 자리를 유지해 오고 있다.
＊＊＊ '나'가 석사 학위를 수여받은 인지과학 프로그램의 학생회.
　　'나'가 석사 2학기 말에, 학생 중심의 학제적 조직 구성의 필요성을 절감해 창설했다.
＊＊＊＊ 무언가의 근원이자 기본에 해당하는 정수리. '나'의 삶 전반에 있어 가장 중요한 개념이다.

　　　나는 발가벗은 한 시간 동안 자유로와진다. 그래, 나는 딜레탕트다!

을 살펴볼 수 있었어요. 각종 공문, 아티클, 연인모 및 연인동 회칙. 그런데 이렇게 직접 뵙게 되다니, 영광……"

어라? 이 잡것은 뭐지? 기분이 좋지 않다. 보다 구체화하자면, 더럽다. 조금만 더 지켜보자, 어디까지 씨부렁거리나.

"저, 그런데 사실 이런 데에 관심 있는 건 아니고요. 저, TD 선배에게 이야기 들었는데 독특한 취향을 갖고 계시다고……"

"예?"

한참 어린 후배지만, 역시 내 특성 혹은 속성인 말 높이기 습관은 내던져지지 않았다.

"저……"

느글느글한 표정으로 질문의 뜸을 들인다. 짜식, 질문이 밥이냐? 뜸 들이게. 자세히 보니 공부 열라 못하게 생겼다. 어떻게 생겨야 공부 잘하게 생긴 건데? 나도 잘 몰라. 그냥 순간 팍하고 떠오른 느낌이야. 아무래도 학력 세탁 목적으로 들어온 놈 같은데, 어느 대학 출신인지 알아봐야겠어. 당연히 시대적으로 요구되는, 희대의 천재라 할 수 있는 학제적 개인 끼가 있는 녀석은 절대 아니겠지. 심히 불쾌하다. 이상한 질문을 해서가 아니라, 인지과학에 득 될 놈이 전혀 아니기에. 저 자식은 아마 학제적 개인을 위한 워킹 딕셔너리(walking dictionary) 역할도 제대로 못 할 거야. 아니, 교수님들은 왜 저런 인쓰를 뽑은 거야. 희귀 분야 전공잔가? 아님 오렌지라도 사다 받쳤나?

"말씀하세요."

"예. TD 선배가 그러는데, 선배님 취미 중 하나가 여자 다리에 촛농 떨어뜨리며 감상하는 거라면서요? 그것도 라이터로 켠 초가 아니라 성냥으로 불붙인 초를. 샤프보다 연필이듯 라이터보다 성냥이라고, 그래야 맛이 더 난다면서 말이에요. 그런데 그거 어떻게 하는 건가요? 히히,

정말 궁금해요. 저도 진심 배우고 싶어요."

허, 이 대체 뭔 소린가? 도통 어이가 없다. 내 지를 만난 적도 거의 없건만 이런 해괴망측한 픽션을 참으로 해맑게도 싸질러 댄다. 가만있자. 그건 그렇고 빛과 여성의 하체라? 뭔가 이미지가 그려지기는 하는데? 솔직히 내가 자주 내뱉는 단어들이긴 하나, '여자 다리에 촛농 흘리기'라는 문장으로 연합해본 적은 단 한 번도 없었다. 이러한 변태스러운 행위, 절대 내 취향이 아니다. 그리고 설사 내 좋아한다 해도 어디 그런 기회가 순탄하게 찾아 오겠어?

L3   어스름한 시간. 절세미인 여자 친구 집 방문. 물론 의도 및 미션 존재. 당연히 여친의 양친 모두 출타 중. 그녀는 무남독녀 외딸. 혹시나 하는 불안감에 방문을 잠근다. 커튼은 이미 처져 있다. 정확히 말하면 블라인드. 버티컬이던가? 잘 아는 단어임에도 불구, 이 두 개는 늘 헛갈린다. 방 안엔 오직 그녀와 나 단둘. 준비된 초와 성냥을 가방에서 꺼낸다. 두 다리 동시 진행을 위해 두 개의 초에 점화. 그녀는 발치 부분을 폭넓게 두 번 접은 듯한 청바지를 입고 있다. 짧다리 같은 이라고. 왜 지 다리보다 엄청 긴 바지를 입는 걸까? 하의 탈의. 잠시 감상. 두 다리가 떠받친 엉덩이에 팬티 한 자락이 걸쳐져 있다. 깬다. 명랑 만화 강아지가 그려져 있는 여성 팬티라? 쩝, 마릴린 먼로처럼 향수가 속옷일 거라고 생각지는 않았지만 그래도 옅은 핑크색에 레이스 달린 부류인 줄 알았건만.

L4   그녀도 제임스 조이스의 『율리시스』를 읽었다지? 제대로 읽었다면 어떤 장에서 가장 큰 흥분을 느꼈을까? 최고는 뭐니 뭐니 해도 소위 '이타카'지. '나우시카'와 '페넬로페'도 괜찮고 말이야. 반면 '아이올

나는 발가벗은 한 시간 동안 자유로와진다. 그래, 나는 딜레탕트다!

로스'와 '스킬라와 카립디스'는 수면제.

L3   이 역시 남자의 오판적 로망. 엎드릴까? 아뇨. 틀림없이 내가 연상, 고로 그녀는 연하. 그런데 대화 속 언어 세계에서는 유구한 전통과 정반대. 그러면 허벅지 뒤에서 앞으로의 흐름이 발생할 테니 놈이 그리는 궤적이 너무 짧잖아요. 그럼 서 있을까? 아뇨. 흐름의 시간이 너무 길잖아요. 발에 도달하기 전에 고체가 될 수 있어요. 그래도 지상과 수직이니 속도가 좀 도와주지 않겠어? 두 입에서 동시에 튀어나온 두 개의 말뭉치들: 아, 직각은 아름답지 않아요. & 그럼 뭘까? 층간 소음. 어쩌란 말이야? 벽에 비스듬히 기대어 있는 게 어떨까 싶네요. 여러 말 하기 귀찮아 내가 몸소 시범을 보인다. 오케이. 하반신에 개 팬티만 두른 그녀가 벽에 등을 밀착한 채 비스듬히 기댄다. 왼쪽 다리와 오른쪽 다리 각기 다른 포즈. 뭐랄까? 참 얄궂다. 행여 불이나 놈이 붙을까 하여 침대 등 인화성 물질에서 좀 비켜나 있다. 소변이 몹시 마려우나 발동 걸렸기에 거사 후까지 참기로 한다. 옵션의 탄생. 두 초를 동시에 기울일까? 아니면 순차적으로 기울일까? 후자라면 왼쪽부터 아니면 오른쪽부터? 다른 차원의 옵션을 생각해 보자. 시간 기준으로 흘릴 것인가? 빈도 기준으로 흘릴 것인가? 단순 순환형 쾌락. 그러나 범 포유류적 공통성은 혁파했다. 무드와 도구, 그리고 파생 행위를 갖고. 보편 인간으로서의 유의미한 차별화. 역시나 여기에서도 존재감을 뿜어내는 암 같은 분석적 사고.

L2   과연 오퍼만 한다면 여자친구가 흔쾌히 오케이해 줄까? 설마 어떤 여자가 그러겠…… 생각해 보니 가능할 것 같기도 한…… 그래도 욕구 충족을 위해 '룸빵'이니 '단란'이니 '이미지 클럽'이니 하는 곳을 찾고

싶진 않다. 아냐 아냐, 비록 기회가 있다 해도 내가 사디스트적 변탠가? 갓 떨어진 촛농이라면 뜨거울 텐데, 그걸 왜 여자 다리에? 내 존귀한 여자 친구가 순간순간 얼마나 고통스럽겠어? 그리고 농이 곧 경화되어 멈출 텐데 흐름을 제대로 볼 수나 있겠어? 가만있자. 어디까지 느꼈더라?

L3　　그녀는 지금 벽에 등을 댄 채, 느낄 준비를 하고 있다. 다리가 참 길기도 하여라. 그새 포즈를 바꿨네? 쭉 뻗은 두 다리. 타이트한 삼각의 개 팬티를 입었기에 길어 보인다. 힘들긴 하겠지만, 발등도 리듬 체조 선수마냥 쫙 펴고 있기에 곡선미도 사는 것이 더더욱 길게 느껴진다. 난 최장의 관람 시간 확보를 위해 개 팬티와 허벅지의 경계, 그 위에서 두 초를 동시에 기울인다. 팬티와 맨살에 겹쳐지는 그 경계선 위. 일말의 촛농이 개 팬티로 흡수되는 불상사를 막기 위해 그녀 몸에 최대한 근접시킨다. 떨어뜨리기 전인데도 그녀의 표정이 일그러진다. 공기를 통해 전달되는 초의 극 열기. 순간 떨어뜨린다. 일단 세 번, 약간의 휴지기 부여 후 두 번. 뚝. 뚝. 뚝…… 뚝. 뚝. 이유는 없다. 지금 그냥 그러고 싶을 뿐이다. 컴컴한 방. 방안의 유이한 광원지, 두 개의 초들. 며칠 전 아버지 제사 지내고 남은 커다랗고 하얀 두 개의 초들. 고로 아버지도 성스러운 거사에 동참하는 셈. 며느리가 될지도 모르는 여인의 다리를 타고 흘러내려 가신다.

L4　　제레미 아이언스는 왜 이딴 짓들만 일삼는가? 루이 말이 시켜서? 애드리안 라인이 시켜서? 데이빗 크로넨버그가 시켜서?

L3　　양 허벅지 앞쪽에 다섯 번씩 총 열 방울이 낙화한다. 그녀, 혀를 깨문다. 그래도 으흠, 아아. 참으로 참을성 강한 여자. 그러나 비명은 숨길

　　　나는 발가벗은 한 시간 동안 자유로와진다. 그래, 나는 딜레탕트다!

수 있을지언정 신음까지 참지는 못한다. 여자의 인내는 남자에 대한 지고지순함에 비례한다. 그 신음은 허벅지의 잔잔한 떨림으로 대구된다. 미묘한 움직임에 다섯 방울의 촛농은 서로 다른 다섯 개의 길을 만들며 각자 제 갈 길을 간다. 냉각. 그녀의 신음은 희미해졌고, 알 듯 말 듯 묘한 웃음이 그 자리를 대신한다. 흐름의 쾌락. 주체와 객체의 다를 듯 같은 쾌락. 시각적 주체는 나, 촉각적 주체는 그녀. 사람 A와 사람 B가 한데 모여 그 대상을 보며 대화를 나눈다. 그 둘 다 파랑이라 말한다. 의사소통에는 아무런 문제가 없다. 지금 그녀 얼굴에는 입만 존재한다. 인쿄의 '대리보충' 노다를 발로 갖고 놀던 그 순간, 부르르 떨며 왼쪽 끝자락이 살짝 올라간 후미코의 고혹적 입술.

L4   후미코는 그 이후로 어떻게 살았을까? 재산이야 인쿄의 유산으로 한몫 단단히 챙겼을 거고, 초미의 관심은 바로 '중.독.됐.을.까?' 그렇다면 학습된 그 사디스트적 욕구를 어떻게 해소했을까? 노다와는 자연스럽게 주고받을 수 있었겠지만, 그는 단지 수많은 장난감 중 하나에 불과할 뿐. 이제는 모든 면에서 슈퍼 갑이 된 관계로 특정 개인에게 느끼는 싫증의 속도가 빨라졌을 수도 있다. 아마 다양한 사람을 긁어모았을 거야. 아니 입소문을 통해 많은 사람이 알아서 기어들어왔을 거야. 상업화했을 수도 있지. 요즘 같은 시절이라면 온·오프라인 카페도 만들었을 텐데. 그럼 대박 확실. 아마 X사의 더글러스 씨도 회사 때려 치우고 단숨에 일본으로 날아 갔을 걸? 아니지. 일본 지사 근무를 신청했을 수도 있겠군.

L3   어떤 녀석은 허벅지를 감싸며 후부로 흘러가고 다른 어떤 녀석은 뭐가 그리도 급한지 곧장 무릎을 경유해 종아리를 지나고 있다. 두 번째

발가락이 가장 길기에 저 발톱 끝에 도달한다면 그 녀석이 가장 긴 여행을 한 셈이 된다. 물론 직선거리 기준이다. 다리를 조밀하게 휘감는 나선 또한 포함시킨다면 그것은 곧 무한이 될 수도 있음을 의미하기에 직선이라는 단서를 필히 달아야만 한다. 나는 촛농과 여인의 맨살, 그것도 내가 죽어라 좋아하는 하체의 맨살이 서로서로 흔적을 만들고 자취를 만드는 그러한 황홀경에 빠져 있다. 그녀의 다리 앞에 무릎 꿇고 앉아 감사하며 감상하고 있다. 입? 벌어졌을 거다. 침, 흘리고 있을 거다. 어쩌면 촛농의 열기를 내 침 방울의 서늘함으로 상쇄시켰을지도 모른다. 침이 본디 쿨하던가? 허벅지 후부에서 한 놈이 멈춘다. 액체에서 서서히 고체로 변해가던 녀석이 허벅지 뒤, 정확히 무릎 뒤 홈 부위에서 완전히 응고됐다. 다른 녀석은 허벅지를 직선 코스로 지나 종아리에서 두 차례의 나선을 형성한 후, 발목의 아치 위 정 중앙에서 완전 경화되었다. 또 다른 어떤 녀석은 눈썰매 타듯 직선 주로를 잘도 내려오다가 아쉽게도 최장 거리 코스의 골인 지점 바로 앞, 그러니까 두 번째 발가락의 발톱 끝 직전에서 그만 응고되고 말았다. 아, 그녀의 발등이 조금만 더 낮았던들 충분히 도착할 수 있었을 텐데. 아님 자세를 잘 취하고 있었거나. 폭으로서 과정이 주는 몽타주의 짜릿함. 점으로서 결과가 선사하는 미쟝센의 우아함. 이제 후반 작업, 응고된 촛농 떼어내기만 남았다. 열 군데 종착 지점에서 하나씩 하나씩 벗겨 낸다. 온전한 것, 부러진 것 한데 섞여 있다. 긴 것 짧은 것 한데 섞여 있다. 통통한 것 가는 것 한데 섞여 있다. 그녀가 미리 준비한(물론 방문 전 나의 부탁이 있었다) 딸기 잼과 피넛 버터의 뚜껑을 연다. 다양한 길이·두께·모양의 촛농들이 양쪽 끝에 각각 딸기 옷을, 땅콩 옷을 입는다. 한쪽 끝은 그녀의 입속에, 다른 한쪽 끝은 내 입속에 살짝이 담긴다. 야금야금 깨물며 우린 서로에게 다가간다. 그녀의 눈이 살짝 감겨 있다. 파르르 떨리고 있다. 감은 눈

나는 발가벗은 한 시간 동안 자유로와진다. 그래, 나는 딜레탕트다!

이 점점 커진다. 코도 커진다. 땀구멍이 보인다. 땀구멍이 커진다. 촛농은 땅콩에서 초 자체를 지나 딸기로 변한다. 촉촉한 충돌. 이젠 더 이상 나아갈 수 없는 막다른 골목. 이내 절로 컴컴해졌다.

L2   야~, 이거 뭐 제대로 생각해보니, 색안경 끼고 볼 게 아닌데? 문득 호기심과 욕구가 용솟음친다. 가만있자. 보수적 그녀에게 이 이야기를 어떻게 꺼내야 할까? 어떻게 접근해야 그녀가 흔쾌히 동의하고 거사에 동참할까? 그런데 말이야. 이게 참, 흔쾌히 동의해주면 쾌락이 반감되고, 거부하면 아예 기회가 원천 봉쇄돼 버리니…… 애달프게 만들다가 한바탕 벌리는 게 최선인데 말이야. 물론 예측도 불가해야 해. 가능하다면 재미없잖아. 후다닥 귀가해서 전략 좀 짜보자. 그리고 내일 당장 시도해 봐야지.

빛과 여자 다리를 주제로 TD와 대화를 나눈 기억은 없다. 이 주제로 이야기를 나눴던 사람은 TKX 한 명? 내 기억력이 감퇴했을 수도 있지만, 그 친구가 키워드를 화두화했을 거고, 이를 토대로 TD가 상상의 나래를 펼쳐 소문냈을 것 같다. 아마 이 맘에 들지 않는 후배 녀석도 여기에 자신의 상상을 보태 또 다른 누군가에게 입소문을 내겠지? 이런 류의 소문은 대게 점층은 되도 점강은 안되지. 정반합도 없고 말이야. 조금이라도 변태스러운 이야기가 나오면 당사자가 누구건 간에 그 어떤 사람도, '아니야, 이 형은 그럴 사람이 아니야. 왜냐하면…… 그리고 그 형이 진정 좋아하는 것은……' 하면서 이렇게 적극적으로 디펜스해줄 가능성? 전혀 없다. 그냥 기 형성된 관성에 가속도를 붙여 가던 길을 계속 재촉할 뿐이지. 더 격렬하게 더 강력하게. 그러다 보면 난 여자 다리에 식지도 않은 뜨거운 촛농을 똑똑 떨어뜨리며 얼굴에서, 몸뚱어리 어딘가에서 무언가를 질질 흘린 채 황홀경에 빠져 감상하고 있겠지. 경우에 따라 촉각적 행위도 감행할 거야. 곧 나는 극악무도한 사디스트적 변태로 소문이 자자해질 거고, 급기야는 지인의 울타리를 넘어 지인의 지인들에게도 뭔가 보태져 전파될 거고, 지인의 지인들은 역시나 자기들의 지인들에게 떠들어 대겠지. 물론 이때도 자극적인 상상이 첨가되기 마련이야. 눈에 선하군. 마치 뉴욕 델리카트슨 레스토랑에 옹기종기 모여 앉아 대니 로즈*를 소재 삼아 수다 떠는 그 치들과 유사하겠네? 아지타!** 마침내 난 사드 못지않은 변태 계의 전설이 될 거고. 그럼 나도『소돔의 120일』에 버금가는 쇼킹한 작품을 내놓아야 하나? 제목을 뭐라 할까?『다리들의 천국』***? 만일 내가 대통령 선거에 출마하게 된다면 나와 경쟁하는 상대 진영 후보는 나의 의사(擬似) 변태성을 부각시켜 인신공격하겠지? '국민 여러분, 이런 희대의 변태에게 나라의 운명을 맡기시겠습니까?' 하지만 경쟁 후보가 인신공격할 정도의 위상이라면 적지 않은 국민의 지지가 있다는 반증일 터, 사람들은 대체 나의 어떤 모습을 보고 이렇게 지지하는 걸까? 변태를 변화와 창의성의 코드라는 긍정으로 해석하는 게 아닐까? 인습, 관행, 표준, 획일, 효율, 시스템 등 표준정규 분포의 중앙스러운 키워드들보다는 차라리 극단에 속하는 키워드들을 갈구하는 시대적 요구가 아닐까?

---

* 우디 앨런이 연출하고 주연으로 출연한 영화 「브로드웨이의 대니 로즈(Broadway Danny Rose, 1984)」의 주인공. 소위 삼류 연예 매니저 대니 로즈는 자신이 관리하는 퇴물 가수 때문에 고초를 겪게 된다.

** 소화 불량이란 뜻으로, 「브로드웨이의 대니 로즈」의 오프닝에서 닉 아톨로 포르테가 부르는 동명의 곡이 흘러나온다.

*** '나'가 집필하고 있는 시나리오. 시종일관 인간의, 특히 젊고 아리따운 여성의 무릎 이하만을 다룬다. 실상은 '나'의 페티시 취향에 대한 발로이나, 지인들에게는 가식적이고 현학적인 변을 흘린다. '쉬 노출되지만 큰 관심을 부여하지 않기에 그냥 스쳐 지나가는, 하지만 경이적 모멘트가 잠재해 있는 일상의 소외를 상징적으로 표현하고 싶었다'라고.

나는 발가벗은 한 시간 동안 자유로와진다. 그래, 나는 딜레탕트다!

L1 　　우리 도서관의 특징을 들자면 다른 컨설팅 펌들과 달리 인지과학, 철학, 자연과학, 역사, 문학 책이 주류라는 점이다. 피터 드러커, 마이클 포터, 톰 피터스, 짐 콜린스, 필립 코틀러 등 소위 경영 혹은 경영학의 대가라는 자들이 '지은' 경영학 서적 따위는 거의 없다. 몇 권 있긴한데 죄다 구석탱이에 처박혀 있다. 내, 도서관을 이렇게 구성한 것은 단순히 선도적 글로벌 컨설팅 업체 대비 차별화를 도모하기 위함이 아니다. 이게 미래라는 나름의 진정성과 확신의 표명이다. 물론 창업한 지얼마 안 됐고 또 나를 제외한 모두가 경영학에만 숙련된 자들인지라 도서관의 진면목은 아직 드러나지 않고 있다. 우리 하기 나름이겠으나 오늘날의 컨설팅이 직면한, 그에 앞서 우리 클라이언트들이 직면한 많은 문제를 '실질적'으로 해결해줄 수 있는 잠재력의 보고(寶庫)가 되었으면 하는 바람으로 이렇게 만든 것이다. 핵심은 바로 thinkability****, 펀더멘털.

L2 　　내가 이에 천착하는 이유를, 그다지 좋아하는 양반은 아니지만, 데카르트의 말을 빌려 표현해 보면 이렇다. '나는 내가 어렸을 때부터 많은 거짓된 견해를 참된 것인 양 받아들여왔고, 또 그러한 원칙들에 근거해서 쌓아 올려진 많은 것들이 매우 의심스럽다는 것을 이미 오래전에 깨달았다. 그래서 학문에서 어떤 확고부동한 것을 세우려고 한다면, 일생에 한 번은 지금까지 믿어 왔던 모든 것을 철저하게 버리고 아주 기초부터 새롭게 시작해야 함을 느꼈다.' 사실 지금 시점에서 보면 이러한 데카르트 또한 많은 오류를 저지르긴 했으나, 당시 그는 오류임을 모

**** 펀더멘털, 디테일과 더불은 이책의 주요 키워드로, 저자의 조어다.
　　사고의 수렴과 발산을 통해 쾌락을 향유할 수 있는 인간 고유의 탁월한 능력을 의미하며, 인식적 세계로의 여행을 위한 필수 요건이기도 하다.

르고 오류를 저질렀을 것이다. 마찬가지로 데카르트를 엉터리라고 비판한 사람들 역시 자신들이 어설픈 비판을 가하고 있다고 생각지 못했을 것이다. 그냥 자신들의 소신이자 확신에 찬 신념 그대로를 내뱉었을 거다. 데카르트가, 그리고 그의 무수한 비판자들이 어떠한 유산들을 남겼건 간에, 그의 주장이 비록 진부하긴 해도 이 이야기만큼은 상당히 공감되는 것이 사실이다. 그나저나 데카르트는 정말 대다수 저서들을 침대에서 뒹굴면서 썼을까? 프루스트도 침대에 누워 많은 구상을 했다던데, 이게 바로 게으름의 힘인가? 아니면 비몽사몽의 힘인가? 물론 이 둘은 상호 배타적 관계가 아닌 고로 동시 패션도 가능하다. 아담한 책상에서 타이핑을 많이 하긴 하지만 우디 앨런 역시, 침대에 엎드려 노란 종이에 연필 꾹꾹 눌러가며 글쓰기를 즐긴다고 했겠지? 1935년생 돼지띠. 부디 만수무강하소서. 당신보다 약간 형님인 1932년 움베르토 에코도, 약간 아우님인 1937년 토머스 핀천도.

L1 디테일, 꾸준함, 학제,

L2   난 최재천 교수가 사용하는 '통섭'이란 용어가 그다지 훌륭한 언어 선택이란 생각이 들지 않아. 최 교수의 일련의 저술, 강연 활동들도 리처드 도킨스의 아류적 퍼포먼스 같고 말이야. 에드워드 윌슨의 『통섭』도 그렇고, 로저 펜로즈의 『황제의 새마음』도 그렇고, 예의 도킨스 저작들도 그렇고 다들 인문학과 자연과학의 융합 혹은 수렴을 이야기하지만, 실상 '완전한 하나 됨'은 요원한 것 같아. 흘러오고 흘러감을 직시해보자면 단순히 하나 더하기 하나 식의 물리적 결합에 불과한데 어떻게 보면 교묘하기까지 해. 진정성이 의심스럽다는 말이지. 이런 책들의 공통점을 보면 일단은 뭔가 있어 보이는 철학이나 역사 중심의 인문

나는 발가벗은 한 시간 동안 자유로와진다. 그래, 나는 딜레탕트다!

학적 스토리로 시작은 돼. 일종의 호객 행위라고나 할까? 그러다가 중간 부에서 분야를 넘나드는 이야기가 나오다가 종국에는 자연과학, 즉 자신들의 전공 영역이 미래를 위한 대안이 되어야 한다는 식의 결론을 내리지. 이런 게 바로 욕먹을 만한, 팔이 안으로 굽는 환원주의야. 이들에게는 저 반대편에 있는 인문학이나 중간에 짬뽕처럼 섞인 학제적 영역이나 죄다 '수단'에 불과해. 사실 연구 방법 혹은 접근에 한정할 경우 학제가 '목적'이 되어야 하는데 말이야. 뭐 어쩔 수 없긴 할 거야. 자기가 정통한 분야가, 그렇기에 밥 먹고 살아가야 하는 분야가 자연과학이니까. 이렇듯 통섭이니 학제니 하는 것들을 의도적으로 추구하는 소위 대가들은 이중으로 오염된 사람들이야. 그 두 개가 뭔지 알아? 하나는 자신의 위상을 끊임없이 높이기 위한 욕망, 이른바 개인 브랜드 제고에의 집착이고 다른 하나는 알게 모르게 고착돼버린 시각 혹은 프레임워크지. 후자는 효율성, 재활용성이라는 장막 아래에서 폐쇄성을 야기시키고 있어. 굳이 좋게 말하자면 '제한된' 개방성이라 할 수 있겠는데, 그 제한의 범위가 너무나도 넓어 문제인 게지. 따라서 이들이 해줄 수 있는 건 그리 많지 않다고. 그저 통섭, 학제라는 키워드들을 인구에 회자시켜 덜 낯설게 만들어 주는 것, 그래서 잠재력 있는 누군가가 학제적 개인의 꿈을 가슴에 품게끔 모티베이션 시켜주는 것, 딱 거기까지야. 사실, 이 정도만 해줘도 굉장한 기여긴 해. 좌우지간 그들이 글로벌 탑독(topdog)임에는 틀림이 없으니까. 하지만 그들에 대한 동경이, 감탄이, 찬양이 정도를 넘어서서는 곤란해. 누누이 말했듯 그들은 모든 걸 자기 분야로 귀결시키는 비난 받아 좋은 환원주의자들이니까. 결국, 학제적 개인은 끼가 충만하고 마음이 열려 있는, 그러면서도 거의 오염되지 않은 시각을 지닌 그런 친구들이 돼야 하는데, 그들에게 가장 강력하게 요구되는 바는 자기만의 시각을 형성하고자 하는 몸부림이야. 내 인지과학에 대한 문제의식 중 하나가 바로 이거지. 바로 학제적 개인 되기 혹은 만들기.

L3   1995년 12월, 연인모가 결성됐고, 출범 직후 첫 행사는 겨울 MT였다. 당시 몇 개의 미션을 설정했었는데, 그 중 핵심은 다음과 같았다. '첫 MT니만큼 이후 벌어질 모든 것의 기준이 될게 자명한데, 어떻게 터전을 잘 닦아놓을 것인가?' 이러한 문제의식 하에 모두에게 숙제를 내주었다. '우리의 정체성은 우리 스스로 만들고, 지켜야 한다는 게 인지과학 같은 신생 벤처 학문을 추구하는 사람들이 명심해야 할 바'라는 것이 내 지론이었기에, 각자가 생각하는 인지과학에 대해 정리해 오도록 주문했다.

L4   난 허버트 사이먼을 좋아해. 하지만 AI 연구가로서 그를 존경하는 게 아니라, 1978년 그에게 노벨 경제학상을 안겨준 '제한된 합리성' 이론 때문에 그를 좋아하게 됐지. 보다 정확히 말하면 '제한된(bounded)' 이란 아이디어와 표현이 정말 마음에 들었던 거야. 어떻게 보면 박쥐스러운 간교한 표현 같기도 해. 철학자들도 이원론에 빠져 있고, 정치꾼들도 편 가르기에만 집착하는 이 세상에서 합리성에 무게를 실어 주면서도, 상황이나 맥락에 따라 합리성의 공간을 비합리성이 잠식할 수 있다는 상대주의적 견해를 피력한 나름의 통찰력. 필립 짐바르도의 저 유명한 스탠퍼드 감옥 실험이나 윌리엄 골딩의 『파리 대왕』 등에 있어 기질보다는 상황의 중요성을 강조하듯, 적어도 내가 생각하기에는 그래도 당신이 진정한 학제적 개인 중 한 사람이었기에 이러한 통찰력을 발휘할 수 있었던 게 아닌가 싶어. 사실, 베르그송 따라하기의 냄새가 풍기기도 하지만.

여하튼 이 '제한된'이란 수식어는 상황, 맥락과 쌍을 이루면서 꽤 광범하게 응용될 수 있을 것 같아. 요즘 마케팅 교수나 컨설턴트 등 소비자 분석 좀 한다는 자들이 공히 던지는 키워드 중 하나가 '스마트'인데, 난 사이먼의 '제한된'이란 개념을 여기에도 적용할 수 있다고 생각해. '소비자들이 스마트하긴 하나 이 역시 제한돼 있다.' 이건 다수가 말하는 특정 개인에 의존하기보다는 위키식 오픈 이노베이션의 집단 지성과 연결 시킬 수도 있고, 반면 인구(人口)에 별로 회자되지 않는 형식과 의미, 분산 인지, 지식과 정보 처리의 문제와도 연관 지을 수 있지.

L5   인터넷 덕분으로, 진화 측면에서 보면 데이터 ─→ 정보 ─→ 지식으로의 연쇄가 훨 수월해지긴 했지만, 활용 및 평가 측면에서 보면 정보와 지식이 동일시되는 경우가 다분한 것 같고 극단적으로 지식이 유명무실할 때도 있는 것 같아. 예전 영화 퍼즐을 풀 때 이런 경험을 한 적이 있었어. 어떤 문제는 내가 이미 알고 있는 거라 문제를 보자마자 답이 저절로 튀어나오는 데 반해 다른 어떤 문제는 전혀 모르기에 인터넷을 뒤적일 수박에 없는. 이때에는 문제에 나온 키워드와 답 란의 파편화된 음절들에 의존하게 되지. 특정 문제 상황에서 상대적으로 지식이 풍부한 B와 그 반대인 A가 있을 경우, A의 정보 검색 속도가 B의 지식 인출 속도보다 빠르거나 유사하다면 그래서 유사한 답을 더 빨리 혹은 비슷한 시간 내에 도출하게 된다면, 최소한 그 맥락에서만큼은 A가 더 우수하거나 동일한 실력자로 여겨진다는 거야. 이른바 인터넷의 힘이라 할 수 있겠지. 그런데 이것을 인터넷의 순기능 혹은 역기능이라고 확실하게 구분 짓기는 어려워. 왜냐? 그 환경 혹은 상황이라는 것이 케이스 바이 케이스인데다가, 그 케이스라는 것 역시 수직, 수평적으로 상당히 복잡한 것이기 때문이야. 확실한 것은 정보 검색은 지식 인출에 비해

의미보다는 형식 지향적이라는 점이지. 영화 퍼즐의 경우에도 답을 몰라도 키워드라는 기호만 입력하면 답이 튀어나와. 어떻게 보면 이는 기계적인 것과도 연결될 수 있을 듯해. 앎의 진정성에 대한 고민을 상기시킬 수도 있고. 내 속의 앎이 아니라 밖에서 보이는 앎. 과연 그게 진정한 앎일까? 아무튼, 시험 볼 때 답을 몰라서 찍는 것도 하나의 예가 될 수 있겠지. 문제 내용(의미)을 떠나서 패턴(형식)으로 찍기. 그 순간 인간은 기계와 같아지는 건데, 사람들은 그 심각함을 잘 모르고, 오히려 술 권하듯 권장하고 있지.

L3   역시나 대다수는 과제를 해오지 않았다. 과제를 해온 소수의 사람들도 당시 널리 읽혔던 필립 존슨 레어드의 『컴퓨터와 마음』을 그대로 베껴 왔으니(그 책은 국내 인지과학 과정 초창기 수험서로 멋 모르던 시절에나 읽힐 법 했지. 지금 같으면 누가 선물한다 해도 당연히 거절할 거다.) 명목상으로는 해왔을망정 실질적으로는 안 해온 것과 진배없었다. 당연히 바람직하지도 않고 기대한 바도 아니었기에. 우리에게 요구되는 것은 맞건 틀리건 간에 자신만의 정의, 논리, 그런 것들을 갖고 갑론을박해야 하는 건데 말이야. 이것이 바로 스스로를 알아서 지켜야 할 언더독(underdog)들이 준수해야 할 중요 요건인데 말이야. 그러니까 내 누누이 말했듯 제도권에 있는 나름 권위자의 주장을 경청하는 것만으로는 부족하고 그것을 우리의 시각으로 해석해야 한다는 거지. 즉, 이런 류의 과제를 다룰 때에는 스스로 핵심 질문을 정의하고 그 질문에 대한 나름의 견해와 근거(rationale)까지 고민을 해야만 무언가를 내재화할 수 있다는 거야. 이건 컨설팅할 때도 당연히 적용되는 사항이지. 당시 내가 문제 제기한 게 바로 이 점이었어. 인지과학이 인간을 다룬다는 것은 당연히 오케이, 그렇지 않아도 경영학을 위시한 비즈니스계에서 인간을,

돈을 뜯어내야 할 '소비자' 그리고 착취해야 할 '인적자원'으로 정의하는 게 상당히 못마땅했고, 그러면서도 아닌 척, 위하는 척, 정의로운 척 위장하는 꼬락서니가 무척이나 혐오스러웠던 차였지.

L4　경영학 그리고 컨설팅의 실질적 창안자는 누구나 다 알고 있듯 프레드릭 테일러야. 그 양반은 인간을 기계로 봤어. 이 역시 닻 내리기 효과일까? 그래서 오늘날 경영학이나 기업들에게 인간이 이 모양 이 꼴로 대접받고 있는 거야. 어설픈 과학의 추구, 수에 대한 맹신, 효율성 지상주의 등등. 엘턴 메이오는 테일러와 달리 인간을 인간으로 봤다고? 그래서 다르다고? 그래, 맞아. 그는 인간을 인간으로 보긴 했어. 그런데 인간이라고 해서 인간인가? 인간답게 다뤄져야 인간이지. 문제는 인간을 단지 수단으로 봤다는 사실이야. 그러니까 인간을 고귀한 존재자가 아니라 돈을 대빵 벌어들여 거대한 잉여를 남기기 위한 필수 핵심 자원으로 간주한 거지. 그 이후 등장한 전략 경영도 마찬가지야. 다만, 시대적 상황(고객 대비 교섭력 저하, 경쟁자 등 플레이어 증가에 따른 경쟁 격화 등) 때문에 그 주안점이 조직 내부에서 외부까지 확장됐을 뿐, 펀더멘털 상의 변화는 하나도 없다고. 오히려 수단화된 인간의 범위가 내부 임직원 즉, 인적자원에서 외부 고객까지 늘어났고, 이들을 유혹하기 위한 꼼수가 좀 더 진화됐다고나 할까?

L3　이렇게 불순한 경영학의 파도 속에서 허우적거리던 나는, 인지과학이 인간을 목적적 인간으로 다룬다는 점에 대해서는 흔쾌히 오케이 했지. 그런데 컴퓨터의 메타포를 빌린다는 대목에서는 고개를 갸우뚱거리게 되더라고. '아니, 컴퓨터란 게 인간이 수행하거나 혹은 이상적으로 생각하는 사고 프로세스에서 팁을 얻어 만들어진 건데, 그것도 계산

(이성) 측면에만 국한되고 말이야. 그런데 되려 역으로 컴퓨터의 메타포를 통해 인간의 사고 체계를 조망한다? 아니 이 무슨 에셔의 손 같은 일이 다 있어!' 이래선 무한 루프(loop)에 빠질게 자명하고 얻는 것은 하나도 없을 것 같은 불길한 예감이 스쳐 갔지. 그래도 1995년 12월 당시에는 딱히 대안이 없었기에, 난 갈릴레이처럼 굴복할 수밖에 없었어. '인지과학은 인간을 대상으로 하며, 구체적으로 컴퓨터 기제 마냥 둘로 나누어 살펴볼 수 있다. 하드웨어가 브레인이라면, 소프트웨어는 마인드다.' 지극히 평범하고 인지과학 내에서라면 개나 소나 다 짖을 수 있는 내용이었어. 거의 동어반복 수준으로, 아무런 부가가치도 낳을 수 없는…… 고로 이런 말만 하려면 아예 안 하는 게 낫다는 생각인데, 비록 문외한의 때를 아직 벗기 이전의 시점이었으나 진정한 고충은 바로 여기에서 비롯됐지. '그런데 왜 이런 인지과학을 철학과에서, 심리학과에서, 전산과에서 독립적으로 다루지 않고 협동 과정을 만들어 연구해야 하는 걸까? 그러면 뭐가 좋아지는 건데? 이게 진정 이상대로 실현될 수 있을까?' 등등. '학제', '협동 과정'. 말은 좋아. 백그라운드가 다른 각 학과 친구들이 한데 어울려 새로운 시각과 틀을 갖고 공동 연구를 할 수 있다는 거니까. 뭐, 여러 번 이야기했듯 틀린 말은 아니야. '과학은 문화다.'라는 주장을 펼친 시드 살롱(Seed Salon)*의 애덤 블라이도 그렇지만, 『위험한 생각들』, 『낙관적 생각들』, 『마음의 과학』, 『컬처 쇼크』 등을 출간한 '엣지(Edge)** 운동'의 선봉 존 브록만. 이 양반은 사실 학자라기보다는 전략가이자 코디네이터에 가깝긴 해. 그런데 첨단의 학자

---

* 하버드 케네디 스쿨의 선임 연구원이자 시드 사이언티픽(Seed Scientific)의 CEO인 애덤 블라이가, '불확실성의 시대인 오늘날의 키워드는 바로 과학은 문화다'라는 신념 하에 개설한 학제적 모임.
** 다양한 분야의 석학들이 한데 모여 자유롭게 학문적 성과와 견해를 나누고 지적 탐색을 벌이는 비공식 모임으로, 작가 겸 출판 에이전트 존 브록만에 의해 출범됐다.

나는 발가벗은 한 시간 동안 자유로와진다. 그래, 나는 딜레탕트다!

들과 동급, 아니 그 이상의 중요성을 지니고 있지. 그렇기에 나무만 죽어라 팔뿐 숲을 보지 못하는 우리 인지과학 계에도 이처럼 큰 그림을 제대로 그릴 줄 아는 전략가가 절실히 필요해. 그는 늘 이런 이야기를 하지. '지식의 최전선에 닿는 방법이 있다. 세상에서 가장 세련되고 정교한 지식을 가진 사람들을 한방에 몰아넣은 다음, 스스로에게 묻곤 했던 질문들을 서로 주고받게 하는 것이다. 그 방이 바로 엣지다.' 말이야 쉽지. 하지만 이런 게 대학원 과정 하나 달랑 만들어서 될 일인가? 컨설팅에 있어 가장 무책임한 것 중 하나도 이와 상당히 유사해. 문제 혹은 건수만 있으면 전담 조직을 만들어라. R&R(Role & Responsibility)과 프로세스를 정의해라. 그리고 준수가 안 될 수 있으니 모니터링 및 성과·보상 체계를 만들어라. 그래도 논리니 분석이니 하는 것들은 책임감이라도 있지. 이건 뭐 매우 무책임한 처사야. 근인(根因) 찾아서 문제 해결 좀 해달라고 했더니만 고작 시간 들여서 도출한 결론이 전담 조직 하나 만드시죠. 그리고 사람들 개 고생시켜 가면서 찍찍 그린, 다시는 절대로 보지 않는 두껍게, 아주 두껍게 제본된 프로세스 맵이라는 것만 던져주고 가지. 물론 기여가 전혀 없는 건 아니야. 라면 냄비 받침으로는 논문보다 월등하니까.

그 학제라는 것이, 과정 자체가 학제적인 것만으로는 불충분하고 학제적 개인(현재형 및 미래형)을 모은 과정이 되어야 하는 거 아닌가? 평범한 사람들을 한 과정에

L4　게다가 물리적 공간은 기존 전통에 따라 분리돼 있지. 가령 심리학 세부 전공자는 심리학과 연구실에, 경영학 세부 전공자는 경영학과 연구실에, 컴퓨터과학 세부 전공자는 컴퓨터과학과 연구실에. 이게 뭐 학제야?

L3 몰아넣고, 팀 티칭을 한다고 해서 개별 학과에서 성취할 수 없었던 뚜렷한 족적을 남길 수 있을까? 난 아니라고 봐. 반드시 학제적 개인이 탄생해야만 해. 과정이 학제적이어서는 학제적 연구가 제대로 이루어질 수 없고, 학생들 자체가 학제적 개인이 되어야 한다고. 원자화된 분야에서 수학한 기존 교수들이야 어차피 진정한 인지과학자들은 아니고 자신이 오랫동안 연구한 전문 영역에 대한 리소스만을 성심성의껏 배달해 줄 뿐이야. 거기에 일말이나마 자기의 생각을 얹혀서 말이지. 그러면서 보편적 삶과 학문 연구에서 멘토가 되어주는 것,

L4   난 미래에 교수라는 직업이 유지되기 위해서는 학교 내적 요소보다 이와 같은 학교 외적 요소가 많은 영향을 미칠 거라고 생각해. 그렇지 못하면 교수는 없어질게 자명하다고. 왜? 티칭 머신 역할은 기계들이 더 잘할 수 있을 거 걸랑?

L3 딱 거기까지가 교수들에게 기대할 바인 거지.

L4   교수와 제자가 푸른 녹음 속으로 산책을 나선다. 행복 혹은 쾌락에 대해서, 자아에 대해서, 가족에 대해서, 삶에 대해서, 인간에 대해서, 우주에 대해서, 신과 종교에 대해서, 제 학문 분야에 대해서 열띤 논의를 펼친다. 이 얼마나 우아하고도 창조적이며 아름다운 광경인가(물론 몰개성적인 건물로 온통 뒤덮여 가는 대한민국의 캠퍼스를 말하는 것이 절대 아니다. 수평적 커뮤니케이션이 드문 대한민국의 교수 – 학생 간의 대화를 말하는 것이 결코 아니다)! 점심 먹고 난 도심의 직장인들이 혀로 이 사이에 낀 음식 찌꺼기를 떼어내려 안간힘을 쓰며, 빌딩 숲 사이를 산책하는 것과는 현격한 차이가 있다. 괴델, 폰 노이만, 튜링, 아인슈타인, 이런 양반들이 동

료와 혹은 혼자 산책하고 있다. 이렇듯 고결한 산책을 전제로 하면 그 산책은 사색의 기반이 되며, 사색은 아이디어의 착상에 도움이 된다. 산책의 기제가, 사색의 기제가 어떻게 연쇄적으로 승화되어 그러한 가치를 창출하는지 너나 내게 있어 익숙한 인과율을 갖고는 도통 설명할 길이 없다. 그저 결과로서의 현상과 현상 간의 연쇄만 알 수 있을 뿐이다 (그렇다고 해서 내가 행동주의를 지지하는 걸로 받아들여서는 안 된다). 산책을 통해 사색하고 사색을 통해 아이디어를 착상한다. 아이디어가 착상된 자에게는 조바심이 생기기 마련. '빨리 연구실에 가서 검증도 하고 정교화도 시켜야지.' 그러고는 아이디어가 휘발될까 두려워 속으로 되뇌며 서둘러 연구실로 향한다. 그러나 산책을 운동 목적으로도 생각하는 어떤 교수는 그래도 산책을 끝까지 해야겠기에, 실로 오랜만에 착상된 아이디어를 늘 휴대하는 수첩에 메모한다. 그리고 애당초 마음먹었던 대로 산책을 끝마치고 연구실로 돌아온다. '자, 이제 정리 좀 해볼까?' 수첩을 펼친다. 하지만 그는 머리카락을 쥐어 뜯고 있다. '이동 중'이라는 제약으로 상세 내용보다는 키워드 중심으로 메모했기 때문이다. 한숨을 쉰다. '하, 이게 뭔 소리지? 내가 무슨 의도로 메모해 놓은 걸까?' 그 교수님, 꼬추가 얼마나 간지러울까?

L3 인지과학을 떠올릴 때면 난 인지과학자의 마음과 컨설턴트의 마음을 동시에 갖게 돼. 살아오면서 나만의 많은 원리를 발견하고 만들어 냈지. 그 중 하나가 바로 이 공식이야.

'세상의 변화 = 아이데이션(ideation) + 표현·소통'

즉, 제아무리 유의미한 아이디어가 번뜩여도 나 자신 혹은 타자들과 제대로 소통이 되지 않는다면, 자뻑에 빠지는 것 말고는 아무런 의미도 없다는 말이야. 생각해 봐. 정말 죽여주는 아이디어라고 하더라도, 아직은 내가 신이 아닌 이상 혼자서 모든 것을 구현할 수는 없는 노릇이잖아? 당연히 실현되기 위해서는 타자가 필요한 거야.

반면 아이디어도 없으면서 마치 있는 듯 입으로만 나불거리는 것은 더 금기시해야 할 바야. 이건 사기와 진배없으니까.

그렇다면 어떻게 해야 해? 당연히 필수불가결한 누군가에게 설명해 주어야겠지. 어떤 경우에는 설명을 넘어 설득까지 필요할 수도 있고. 지금 우리나라 제도권 인지과학계는 바로 이러한 점을 명심해야 할 것 같아. 외국? 내 지금 제도권 밖에 있는 관계로 그쪽 상황까지 캐치하기는 힘들어.

모든 제 분야가 그렇듯 인지과학에 대한 고민도 양심, 진정성에서 시작되어야 할 것 같아. 정말 이 인지과학이라는 것이 이 세상에 꼭 필요한 존재자일까? 이 물음에 대해 답을 내리기 위해서는 소위 평가 지표라는 게 마련돼야 할 거야. 뭐, 맹목적으로 수를 추앙하는 경제·경영학자들처럼 반드시 정량적으로 해야 할 이유는 없어.

L4   컨설팅할 때 말이야. 평가 프레임워크 어쩌구 하면서 무언가 만드는 경우가 허다하잖아. 이것도 어떻게 보면 심적 자위에 지나지 않아. 가령 한 업체가 어떤 영역에 신규 진입해야 할 지 고민 중이라 치자고. 그러면 공식처럼 펼치는 것이 매력도를 평가하는 건데, 십중팔구 이렇게들 틀을 잡지.

'매력도는 외부 매력도와 내부 매력도로 구분될 수 있어요. 전자는 말이에요, 우리 조직에 대한 시장 환경의 우호성과 관련되는데요. 구체적으로 시장 규모 및 성장성, 파급 효과, 경쟁 정도, 시장 주도력, 차별화, 진입 장벽 등의 요소로 구성될 수 있죠. 아, 물론 이 요소들을 무작정 액면 그대로 따라야 한다는 건 아니에요. 당연히 유연성은 있어야겠

나는 발가벗은 한 시간 동안 자유로와진다. 그래, 나는 딜레탕트다!

죠? 다만, 마이클 포터의 경쟁 전략 이론은 중용하는 게 좋을 거예요. 그리고 후자는 신규 사업 영역과 우리 조직 간의 부합 도에 의거해요. 구체적으로 인프라 준비도, 기존 사업 포트폴리오와의 부합도, 유사 경험, 경쟁 정도, 전략과의 일치도, 파급 효과 등이 그 요소가 될 수 있지요. 물론 이 역시 마찬가지로 유연성 있는 적용이 필요합니다.'

　이렇게 하면서 요소 별로 가중치도 부여하고, 시장 지표나 내부 재무 데이터 등도 확인해 가면서 평가를 하지. 그런데 웃기는 건 이렇게 세부 요소별로 평가해 봤자, 그냥 퉁 쳐서 평가하는 것과 별반 차이가 나지 않는다는 거야. 이건 나만의 경험이 아니라 다양한 사람들의 광범한 결론이니 그냥 받아들여도 문제가 되진 않을 거라고(물론 귀납 추론이라는 것의 태생적 한계 때문에 찝찝한 구석이 없지는 않다). 무언가 쪼개고 무조건 개념의 조작적 정의를 통해 정량화하면 보다 정확할 거라는 생각. 그것은 한낱 신화에 불과한 일종의 집단적 착각이자 자위지. 그럼에도 그래야만 덜 불안하고 맞는 소리처럼 느껴지기에, 대기업들은 스스로 그러기도 하지만 그러한 일을 대행해주는 존재자들에게 복채를 내주고 있는 거고. 그러면 복채를 받는 이들은 점을 쳐주고, 필요한 경우 굿거리 한판도 해줘. 불안 심리와 근거를 남기고자 하는, 그러면서도 '체계'라는 것의 환상에 빠져 있는 연약한 인간의 마음을 속속들이 파고드는 능수능란하면서도 교활한 점쟁이 혹은 무당. 이게 바로 컨설턴트야.

L3　　난 그 지표가 인류 전반의 가치 파이라고 생각해. 개인도 아니고 일부 사람들도 아닌 사회 전반에서의 쾌락, 유희, 행복의 파이를 어떻게 키울 수 있을 것인가? 상당히 도전적인 과제지 뭐야. 그간 내가 해왔던, 그리고 앞으로 컨설팅할 얼마 남지 않은 그날까지 아마 이런 스케일의 프로젝트는 다시는 경험하지 못할 거야. 어떻게 내가 감히 인류 전체를

위한 프로젝트를 해볼 수 있겠어? 기껏해야 보신주의와 인습에 찌든 대기업이나 아무 생각 없는 공공기관을 위한 정도겠지.

L2   이런, 잠시 생각이 새버렸군. 그런데 엄밀히 말하면 샌 건 아니지. 결국은 다 인지과학과 연계되는 이야기니까 말이야. 그렇지 않아? 그리고 이러한 사고의 뜬금없는 일탈이 인간의 자유롭고도 자연스러운 모습이기도 하고. 난 인간이잖아? 기계가 아니잖아? 그래, 그래. 진정하고 미션에 집중하자고. 세상에서 가장 소중한 클라이언트인 나 자신이 의뢰한 프로젝트인 만큼 정신 바짝 차려야 해. 난 지금 인지과학이라는 유·무형 복합체를 위해 무료로 컨설팅해주고 있는 거라고. 몸값 비싼 내가 말이지. 인지과학이 됐건 다른 학문이 됐건 결국엔 세상의 가치 파이 성장에 기여할 수 있어야 해. 거의 처음으로 돌아왔네? 후후.

대한민국 제도권 인지과학에게 이것부터 물어보고 싶어. '인지과학이 과연 이 세상의 행복 증진에 기여할 수 있을 것인가?' 다행스럽게도 제도권 그들이 그렇다고 진정성 있게 대답할 수 있다면, 자연스럽게 뒤따르게 되는 질문은 바로 'how-to?'야. '어.떻.게?' 이때 수반되어야 할 키워드는 차별화지. 여기서 유의할 점. 차별화란 말 앞에는 사실 '유의미한'이라는 수식어가 생략돼 있어. 즉, 남과 다르다고 해서 무조건 좋은게 아니라 그것이 가치를 갖고 있으면서 남과 달라야 한다는 거야. 쉽게 말해 남들과 다르되 그 다른 점이 인류의 쾌락, 행복 파이 확장에 도움될 수 있어야 한다는 거지. 그래, 그렇다면 세상을 향한 인지과학만의 차별화 방안이 과연 뭘까? 벤처이자 후발 학문인 인지과학이 차별화 방안을 갖고 있지 못하다면 이건 심각한 문제야. 왜? 기존하는 것들만 갖고도 충분히 커버할 수 있는 사안이라면 새로운 것을 들이댈 명분이 전혀 없게 되거든? 거시적, 사회적 관점에서 봐도 이것은 오히려 비효율과 기회비용만 야기시키는 셈이 되니까 말이야. 인지과학만의 차별적 기여 방안은 과연 무엇일까? 인지과학은 절대적 진리로서, 허상인 현 세계를 최대한 이데아에 근접시켜줄 수 있는 유일한 등불인가?

이제는 '인간' 중심의 시대야. 앞으로는 더욱더 그렇게 될 거고. 인류의 역사는 탈(脫)동물의 역사라고 볼 수 있는데, 즉 최초 먹고, 싸고, 자고, 하고 등 인간, 동물의 구분 없는 필수적 행동 중심에서 시간이 흘러감에 따라 그 위에 무드, 미, 편리성, 건강, 질 뭐 이런 것들을 충족시켜 줄 수 있는 선택적 섬씽 뉴(something new)들이 마구 얹혀지면서 비로소 인간과 동물 간에 차별이 이루어진 거야. 물론 이는 여전히 진행형이지. 그런데 이게 재미있는 건 인간과 동물의 구분에서만 그친 것이 아니라 인간 내에서도 계층화를 촉발하고 있다는 거야. 아무래도 미래의 지배력은 저 초(超) 행동적인 것의 세분화와 구체화에서 확보될 수 있을 거야. 그러기 위해서는 당연히 인간 중심이 되어야겠지. 소비자란 인간도 그렇고 기업체 임직원이란 인간도 그렇고 그 부분을 충족시켜 줄 수 있어야 서비스가 잘 팔릴 수도 있고 잘 만들 수도 있고 즉 선순환이 이루어질 수 있기 때문이야. 고로 가장 중요한 것은 바로 인간에 대한 이해야. 그렇다면 어떻게? 달갑지 않지만 난 또 분석적 접근을 견지해야 할 것 같아. 아직 구체적 대안은 없지만, 그러기 위해서는 나의 내면과 외면을 잘 알아야겠지. 더불어 타자의 내면과 외면까지도 잘 알아야 할 거야. 타인이 아니고 타자라 함은 인공물 등 사물도 포함시키기 위함이야. 그러니까 여기서 타자란 '대타(對他) + 즉자(即自)'인 셈이지. 환경이나 사물까지 포함시킨다는 것은 일종의 복선인 거고. 자, 나도 그렇고 타자도 그렇고 네트워크로 치면 일종의 노드(node)야. 그럼 추가되어야 할 게 뭐지? 그래, 맞아. 바로 아크(arc) 혹은 링크(link)지. 이른바 인터랙션. 또 하나 유의해야 할 바가 있지. 나의 경계와 타자의 경계. 이 경계는 상당히 중요해. 왜냐? 이것도 일종의 네트워크의 아크거든. 즉 내 안과 내 밖의 상호 작용이라는 거야. 마찬가지로 타자에게도 똑같은 것이 적용될 수 있어. 그러니까 우리가 신경써야 하는 점은 1) 나의 내면, 2) 나의 외연, 3) 나의 내면과 외연과의 인터랙션, 4) 타자의 내면, 5) 타자의 내면과 외연, 6) 타자의 내면과 외연의 인터랙션, 그리고 7) 나와 타자 간의 인터랙션. 어떻게 보면 이는 층화된 네트워크로 볼 수 있겠지. 봐봐. 신경 써야 하는 포인트가 상당히 많기도 하지만 인간을 중심으로 수많은 개체 간의 쌍방향 상호작용에 대한 고민도 해야 하는 무척 벅찬 상황이야. 여기서 추가로 고려할 게 있어. 그렇담 지금도 매우 도전적이기에 더더욱 힘들어지겠지? 그건 바로 동적 측면의 가미, 즉 상황 요소의 개입이라는 거야. 봐봐. 토할 것 같을 정도로 엄청나지? 여기서 우리는 학제를 필요로 하게 돼. 즉 기존의 파편화된 학문을 갖고서는 인간을 제대로 이해할 수 없어. 인간을 제대로 이해할 수 없다면 요행이 따르지 않는 한, 인간을 행복하게 해줄 만한 무언가를 만들 수 없는 노릇이고. 고로 인지과학의 이 학제 성이란 측면은 지구 상의 여타 다른 학문에서도 볼 수 없는, 그러면서도 시대의 요구에 부응할 수 있는 독특한 성질이라 할 수 있지. 즉, '인간을 직접적 목적으로 하는 많은 것에 대한 학제적 연구'가 인지과학의 차별화 포인트라고 할 수 있어. 내, 아까 이런 말도 했었잖아? '무드니 재미니 아름다움이니 이쪽으로 사람들의 니즈가 쏠린다.' 이 부분은 의미와 내용과 스토리가 있어야 충족될 수 있는 부분이지. 자유도가 제한된 경우의 수가 중요한 게 아니라 무한 자유도의 상상력, 창의성이 요구되는. 이런 것들이 바로 인지과학이 유일하게 기여할 수 있는 점이라는 거야. 하지만 이건 아직 나만의 소견일 뿐이고, 제도권 내에서 진정성을 갖고 '이 세상의 행복 파이를 키우기 위한 유의미한 차별화 포인트가 있는가?'를 반성해야 할 거야.

나는 발가벗은 한 시간 동안 자유로와진다. 그래, 나는 딜레탕트다!

그런데 만에 하나 부정적인 답을 내릴 수밖에 없는 상황이라면, 이것이 인지과학이라는 존재자의 구조적, 태생적 한계인지 아니면 현 인지과학의 적용, 응용상의 오류인지 면밀하게 고민해야 할 것이고. 에휴, 이 부분은 자제하자. 제도권 그들 나름의 고민과 아이디어가 있겠지.

　　아이데이션이야 일단 그들이 알아서 할 바이고, 표현 및 소통에 대해서도 지적 좀 해야겠어. 가치 파이를 키우기 위해서는 그 가치의 공간으로 들어올 사람 풀(pool)부터 확장해야 해. 그런데 지금 어떻게들 하고 있지? 대다수 사람은 인지과학을 모르거나, 알아도 관심이 별로 없거나, 관심이 있어도 부정적인 사람들이야. 이런 사람들을 끌어들이는 것이 급선무야. 그런데 지금 어떻게들 하고 있지? 맨날 만나는 사람들끼리 늘 만나는 공간(온·오프 망라)에서 그들만의 리그를 줄곧 진행해봤자 아무런 의미도 없어. 딱 지금의 KBL 꼴 나는 거지. 1990년대의 농구대잔치 시대처럼 만들어야 해. 자, 리그 안의 사람들은 어떨까? 그래, 맞아. 누군가가 무언가를 주장할 경우, 그 양반이 스승이거나 선배면 추앙해주고 제자거나 후배면 격려해주지. 설사 하자가 발견되어도 서로 덮어 주고 말이야.

L3　　심야 시간 뉴욕의 어니 클럽*, 어니는 연주하고, 청중들은 열광한다. 끼리끼리 아주 신 났구만?

L2　　하지만 백날 이렇게 해봐. 그 안에서 숱한 합리화만 재생산될 뿐이야. 밖에서 회자되면서 확대되는 게 급선무인데 말이야. 그런데 이 경

---

* 제롬 데이비드 샐린저의 『호밀밭의 파수꾼(The Catcher in the Rye, 1951)』에서 주인공 홀든 콜필드가 심야 시간 대에 찾아간 뉴욕의 한 클럽. 어니의 진정성 없는 피아노 연주에 클럽 내 모든 사람들이 열광하자, 홀든은 자신을 아웃사이더화하며 구토를 느낀다.

계 밖 사람들은 배경과 관심이 이질적인 까칠한 사람들이야. 이 사람들은 흥허물을 덮어주기는커녕 잘한 것도 트집 잡을 사람들이라고. 고로 인지과학의 가치, 차별화 포인트에 대한 근거와 예시가 명료하면서도 간단해야 해. 그런데 지금 어떠하냐고? 일단은 궁극적 지향점도 불분명한 상황에서 그 지향점을 '어떻게 달성할 것인지?' '왜 가능한 것인지?'와 같은, 일반인 관점의 핵심 질문이 부실할뿐더러 설사 있다손 치더라도 그 답에 대한 근거가 빈약하지. 기껏해야 외세 의존적이고 말이야. 미국은 이런데 한국은 낡은 공학적 사고에 사로잡혀서 이해를 못 한다고? 이 베이비 크라잉 같은 징징거림을 어째? 대한민국 곳곳에 숨어 있는 이 사대주의적 태도를 어째? 탈권위 시대에 되려 권위를 숭상하는 이 태도를 어째? 게다가 기득권이 권위를 처녀 획득했을 때와 지금 세상은 완전히 달라져 있는데 말이야. 기존 권위가 재활용되기 어려운 상황이 도래했는데 말이야. 제발 사회가 그 차별화된 가치를 직접 체감할 수 있도록 능동적으로 움직여줘. 그러기 위해서는 산적한 현안 문제를 해결해주는 것을 넘어서야 할거야. 왜? 아까도 이야기했듯 그런 것들은 현 패러다임 안에 기존하는 조각 학문들만 갖고도 충분히 대응할 수 있거든? 제도권 당신들은 사람들이 아직 경험하지 못한 미래 지향적인 테마를 터치해 줘야 해. '교통 신호 체계를 이렇게 개선하면, 사고 다발 지역에서 위험 신호를 저렇게 바꾸면, 사고율이 낮아질 거예요.' 당장 가시적인 결과가 나올 수 있다고 해서 이런 데에만 알짱거렸다간 정체성의 상실로 결국 사라지고 말 거야.

당신들에게 우려되는 또 한 가지가 뭔지 알아? 바로 응용에만 편중한다는 거야. 이건 과학을 어설프게 따라 하는 경영학을 되레 한심하게 흉내 내는 짓에 지나지 않는다고. 스티브 잡스가 한마디 했다 이거야. 그리고는 제품까지 뚝딱 내놓았지. 알다시피 그 결과 세계적 열광. 그랬더니 한국의 이건희도 따라 했어. 그 양반 단골 레퍼토리가 '위기'였는데(이게 음모인지, 아니면 삼성 임직원들을 비롯한 대한민국의 모든 머슴은 그렇게 부르짖고 조지지 않으면 방만하게 일을 해서 그러는 건지는 잘 모르겠어), 얼마 전부터 하나가 더 붙었지. 바로 '디.자.인.' 그랬더니 대한민국에 디자인 열풍이 불어 닥친 거라. 당연히 학교 또한 예외가 아니니 얼씨구나. 잔대가리의 귀재 경영학이 가만히 있겠어? 좀 쳐지지만 거의 같은 행보를 보이는 산업공학도 마찬가지고 말이야.

너나 할 것 없이 UI(User Interface), UX(User Experience), HCI(Human Computer Interaction) 운운하면서 설레발을 치고 있지. 돈에 군침을 흘리는 일부 심리학도 여기에 편승하고 있고 말이야. 봐봐. 인지과학을 이루고 있는 대다수 학문들이 이렇게 응용에 집착하고 있어. 그러니 영악한 학생들이 죄다 그 분야로 쏠리는 거지. 이른바 인지과학을 전공하겠다고 들어오는 학생들 중 상당수는 폼나는 취직을 위한 단기 투자 차원에서 이 학문을 택한 걸 거야. 그네들에게 철학과 소신, 진정성이란 것은 당연히 없으며, 절대다수의 인간을 수단에 불과한 존재자로 고착시키는 현(現) 시스템에 알게 모르게 동참하는 셈이지. '난 인지과학에 들어온 게 아니라 경영학과에, 심리학과에, 산업공학과에 HCI 하러 왔어요. 졸업하면 취직 잘되거든요. 유명세를 타기도 쉽고요. 고리타분하고 머리 아프게 철학적 고민을 해서 뭐해요? 남들이 알아주지도 않는데.' 인지과학을 음모적으로 활용하는 이런 부류의 인간들도 문제지만, 사회적 편견이 더 우려되는 게 사실이야. 확실히 인지과학의 과거 대비 인지도는 많이 올라갔어. 그런데 그게 엄청 왜곡돼 있더군? 낮은 인지도보다 더 심각한 게 부정적이고 왜곡된 이미지가 형성되는 건데 말이야. 이미 물은 그렇게 엎질러지고 있더라고. 좀 있으면 바닥이 구정물로 흥건히 젖어 버릴걸? 그럼 이대로 시간을 잡아 두어야 하나?

주변의 수많은 사람이 이렇게 이야기 하더라고. '인지과학인지 뭔지 깔짝거리는 애들이 있던데, 알고 보니 아이폰 같은 거 디자인하고 그러는 갑더라고. 인지과학은 전자 제품 디자인하는 데 쓰이는 학문인 듯하더이다.' 인지과학을 공부함으로써 부수적으로 얻을 수 있는 일종의 스킬이자 테크닉이 사회적으로는 메이저 정체성으로 자리 잡고 있는 거지. 젠장! 우리 인지과학이 그렇게 찌질한 거였던가? 인간을 목적화하기 위해, C. P. 스노우*의 『두 문화』도 모자라 작금의 인문학 열풍이 엄한 데로 흘러갈까 두려워 의기투합해야 할 학문인데, 그 수단적이고도 조그마한 분야와 등가로 매도돼 버리다니, 너무나 짜증나. 왜 대한민국 제도권 인지과학에는 큰 그림을 제대로 볼 줄 알고, 학제적 개인으로서의 실력도 있고, 진정성도 갖추고 있는 전략가가 단 한 명도 없는 걸까?

L1 사고의 수렴 및 발산, 게으르고도 지루한 시간의 만끽, 감성, 광기가 이 공간에서 진동했으면 좋겠다. 그리고 이것이 나비 효과를 발하여 클라이언트의 공간에서도 메아리치고 서비스나 상품으로 자연스레 형상화되고 그랬으면 좋겠다. 이제 경영학의 시대는 갔다. 아니, 경영학의 시대는 온 적도 없다. 다만, 주창자들이 혹세무민했고 나머지는 부화뇌동했고, 그 결과 아사리판이 위태롭게 지속되고 있을 뿐이다.

오늘따라 햇빛의 양이 유난히 많아 작업대 전체를 뽀얗게 물들이고 있다. 오늘 인터뷰는 이러한 오후 햇살 속에서 진행될 예정이다. 사실 나로서도 낯선 경험이다. 리크루팅 인터뷰란 늘 피면접자들이 퇴근한 일과 후에만 진행됐었으니까. 그 친구가 도착하려면 아직 10분 정도 남

---

* 영국의 소설가이자 물리학자로, 2차 세계대전 당시 노동부장관을 지냈다. 1959년 케임브리지 대학의 리드 강연에서 '두 문화와 과학 혁명'이라는 주제 아래 과학자와 인문학자 간의 교류 부재가 빚어낼 결과에 대해 경고했다.

나는 발가벗은 한 시간 동안 자유로와진다. 그래, 나는 딜레탕트다!

았기에, 난 커피 한 모금 들이키며 이력서를 찬찬히 다시 살펴본다. 컨설팅 경력도 좀 쌓았고, 미시간대에서 MBA를 했고. 오, 통신뿐 아니라 은행권 경험도 있군!

L2   LC은행 프로젝트도 성공적으로 잘 마무리 됐다.

L3   프로젝트에 대한 의사결정자의 반응은 크게 세 개 유형으로 구분될 수 있다. 그의 고갯짓이 일종의 판단 단서가 되는데, 첫 번째 케이스는 삐딱하게 옆으로 기울인 고개를 끝까지 유지하는 것이다. 당연히 망한 프로젝트를 의미한다. '저 새끼 뭔 소리 하는 거야? 어쩌면 구구절절이 내가 생각하는 것과 다 다를까? 업의 본질을 알기나 하나? 본부장 이 자식 리뷰 제대로 한 거야? 아, 돈 아까워. 저런 놈들에게 컨설팅을 맡기다니.' 이때는 의사결정자의 눈이 감긴다거나 혹은 인상 쓰는 행위들이 절로 수반된다. 붉으락푸르락 얼굴색으로 표현하는 경우도 있다.

두 번째 케이스는 시종일관 고개 끄덕이기다. 혹자들은 '아, 그럼 성공적인 프로젝트겠구나?'라고 생각하겠지만 내 기준에서는 그냥 그렇고 그런 프로젝트일 뿐이다. 왜냐? 이건 의사결정자가 이미 다 생각하고 있는 범위 안에서 맴돎을 의미하는 것이기에. 여기서 혹자는 친(親)컨설팅적 발언을 할 수 있겠지. '야, 그래도 CEO의 생각을 제대로 간파해서 공론화한 사람이 없었는데, 정리를 잘 해주었다면 성공한 거 아니겠니?' 거기에 대한 나의 반론은 아주 심플하다. 컨설턴트는 대신 똥 싸주는 사람, 즉 대변인이 아니다. 특유의 구조적 사고력을 발판으로 클라이언트의 아이데이션이나 기획 과정에 기여할 수 있어야 한다. 정리를 잘하는 것은 이후에 필요한 커뮤니케이션을 위한 전제 단계에 불과하다. 그런데 유사 아이디어나 기획안이 이미 CEO의 머릿속에 있었다면, 비록 결과물이 이와 무관하게 컨설턴트의 독자적 판단으로 이루어졌다 하더라도 제3자적 시각에서의 체감 가능한 기여는 극히 일부에 지나지 않는 셈이다. 불안할 수 있는 혹은 동조자를 필요로 하는 CEO의 고독한 마음을 정서적으로나마 토닥여 줄 수 있다는 점에서 소소(so so)라 할 수 있겠다. 이때 수반되는 것은 CEO의 미소다.

마지막 케이스는 처음엔 갸우뚱 기울어져 있던 고개가 서서히 세워지면서 끄덕이는 것이다. 이는 당연히 성공적인 프로젝트를 알리는 청신호이다. 즉 '저 새끼 뭔 소리 하는 거야?'라는 싸늘한 분위기에서 시작된 PT가 '아뿔싸 내가 왜 그걸 몰랐지?'라는 따사로운 감탄으로 마무리되는. 이때 수반되는 것은 손바닥으로 무릎 치기와 기립 박수다. 이건 정말 그 회사에 큰 기여를 하는 셈이다. 고객 스스로만 고민했다면 결과가 나오기 어려웠을 만한, 아니 절대 나올 수 없었던. 물론 상당히 맛보기 어려운 경이적 모멘트인데, 좌우지간 내게 있어 성공적인 프로젝트란 여기에 한정된다.

L2   따라서 난 LC은행의 한 에이전트인 마케팅본부장도 핵심 자연인 고객으로 리스트에 올릴 수 있게 되었다. 명절 때 일반적 관례와 달리 '을'인 나에게 되려 선물을 주었던 보기 드문 '갑'. 날 응원해준 수많은 자연인 고객 중에 유독 이분을 떠올리게 된 데에는 이유가 있다. 그날도 본부장 집무실에서 차를 마시며 온라인 채널/마케팅 전략에 대한 이야기를 나누고 있었다.

"이 총괄, 일도 일이지만 이번엔 좀 개인적인 이야기를 나눠도 좋을까요?"

"아, 예. 그럼요. 그런데 무슨?"

골초인 그이지만 지금 담배를 함부로 피우진 않는다. 대신 모나미

153 볼펜 끝을 입에 잠시 물고 있다 내려놓는다. 세균이 득시글거릴 텐데 괜찮을는지?

"아들 녀석 진로와 관련해서 상담 좀 받고 싶어서요."

서랍에서 무언가를 꺼낸다. 한 10여 장 정도 되는 A4지인데 워드로 타이핑돼 있다. 좌측 상단에 대각선 방향으로 스테플러 심이 두 개 박혀 뭉뚝한 X자를 형성하고 있다. 내게 넘겨 주고 다시 수도(pseudo) 담배를 문다. 난 고개를 숙이고 맨 앞장 윗줄에 시선을 고정시킨다.

"몇 년 전이더라? 아무튼 내가 팀장인가 하고 있을 때, 맥킨지에게 컨설팅을 받은 적이 있었어요. 그때 젊은 PM이 감히 행장님이랑 맞담배 피우는 걸 보고 무슨 생각을 했는지 아세요? 난 이미 틀렸고, '내 아들 녀석이라도 전략 컨설턴트를 시켜야겠다'는 다짐이었죠. 내 아들이 둘 있는데 첫째 녀석은 모범생이긴 해도 이쪽으로 자질이 없는 것 같고, 둘째에게 이 일을 권하고 싶더군요. 자, 내가 지금 꺼낸 게 뭔지 아세요? 이 녀석이 지금 부산에서 고등학교에 다니고 있는데 어제 메일로 이걸 보내왔더라고요."

'제가 고등학교를 자퇴해야 하는 이유'라는 글이다. 그분 표정엔 걱정이 얹혀 있으나 왠지 기특해하는 듯한 모습도 뒤섞여 있다. 내용인즉슨 '현재 내가 고등학교에서 배울 것은 전혀 없으며, 차라리 자퇴하고 검정고시를 통해 대학을 가는 게 보다 효율적일 것 같다'는 것이었다. 메시지나 스토리는 이렇듯 지극히 평범한데, 대한민국 고1 학생이라고 믿어지지 않을 정도로 상당히 논리 정연하다. 이런 녀석이면 제도권 교육이 맞지 않을 수도 있겠다는 생각이 든다.

"어떻게 하는 게 좋을까요?"

난 망설임 없이 대답했다.

"자퇴하는 게 좋겠네요. 이런 능력이 있는 친구라면 걱정하지 않으셔도 될 것 같습니다."

그가 미소를 머금는다. 마치 '원했던 대답을 했구나. 넌 프로젝트 할 때도 그렇더니 프로젝트 외적으로도 나랑 제법 코드가 맞는구나.' 딱 그런 표정이었다. 역시나 내 스캐닝이 끝나자마자,

"이 총괄, 사실 나도 그렇게 생각했어요. 그래서 집사람과 갑론을박 중이에요. 이 녀석이 수(數)에는 무척 약하긴 한데, 사고하는 것과 글 쓰는 걸 보면 나도 깜짝깜짝 놀라게 되더라고요. 아무튼 이 총괄도 힘을 실어주니 오늘 밤에 마누라랑 전화로 또 한바탕 해야겠네. 하하."

"그럼 대학 졸업 후에는 아무래도 미국 대학에서 MBA를 받는 게 좋겠죠?"

"제 생각은 이렇습니다."

드디어 단골 레퍼토리를 시작하는 나.

"제가 컨설팅 업계에 몸을 담고 있긴 합니다만, 이게 지금 라이프 사이클 상 쇠퇴기에 있는 것 같습니다. 둘째 아드님이 군대까지 다녀오고 MBA까지 정상적으로 다녀온다고 가정하면 약 10년 뒤가 될 텐데요. 지금 이 모습대로라면 컨설팅은 아마 없어질 수도 있습니다. 물론 확률이 낮긴 하죠. 이 바닥이 워낙 영악하고 네트워크가 빵빵한 사람들로 넘쳐나는 영역이니까 말이죠. 하지만 순리대로라면 업계 전반의 혁신이 없으면 사라짐이 마땅합니다. 사실 컨설턴트들이 각 기업을 돌아다니면서 마사지한 숫자로 기업들을 현혹시켜 가면서 '혁신해야 한다. 그렇지 않으면 망한다'고 주장을 하는데 정작 혁신이 필요한 곳은 컨설팅 그 자신이거든요. 본부장님, 예전에 제가 선사해 드렸던 버트런드 러셀의 『게으름에 대한 찬양』 기억하시나요?"

"아, 그거 도움 많이 됐어요. 내가 잘 이해했는지는 모르겠지만, 하루 8시간 내내 일하지 말고 4시간은 일에서 벗어나서 다른 짓 좀 해라.

나는 발가벗은 한 시간 동안 자유로워진다. 그래, 나는 딜레탕트다!

뭐 이런 내용 아니었던가요?"

행간을 읽으셨으면 더 좋았을 터인데 그냥 직역하신 것 같다. 살짝 아쉽긴 하나 여하튼 좋다. 완전히 틀린 말씀은 아니니.

"예, 그래도 기억하시는 걸 보면 재미있게 읽으셨나 보네요."

"하하, 그런가요? 아무튼 이 총괄과 이야기하면 다른 컨설턴트들에 겐 들을 수 없는 많은 신선한 이야기를 듣게 돼요. 암만 봐도 독특하단 말이야. 컨설팅 업계에서 이단아로 낙인 찍혔을 것 같기도 하고, 클라이 언트 팬층도 꽤 두터운 걸로 알고 있고. 늘 고맙게 생각하고 있어요. 언 제 우리 둘째 아들도 직접 만났으면 좋겠는데."

나, 지금 진정성 있게 행동하는 건가? 자동 구술로 그분 입장에서 좋아할 이야기들이 절로 튀어나온다. 통제 불가다.

"아닙니다. 오히려 일과 직결되지 않은 저의 수다를 잘 경청해 주시 는 게 더 감사한 일이죠. 솔직히 한참 동생뻘의 이야기를 경청한다는 게 쉬운 일은 아닌데 말입니다. 더군다나 본부장님처럼 조직 내에서 S급으 로 인정받으시는 분이라면 더 말할 나위도 없을 것 같아요. 오히려 본부 장님의 오픈 마인드와 경청의 리더십을 제가 배우게 됩니다. 더불어 본 부장님과 대화를 나누다 보면 '인간은 역시 경제적 동물에 앞서 자존적 동물이구나'라는 생각이 들더군요."

"경제적 동물에 앞서 자존적 동물이라? 오호, 또 내가 써먹을 거리 를 주셨네. 미팅 때 우리 직원들에게 나도 해야겠다. 하하하."

"예, 마음에 드신다면 얼마든지 재활용하십시오. 그럼 질문에 대한 대답을 계속 드릴까요? 그 러셀의 유명한 패러독스 중에 이런 게 있습 니다. 어떤 마을의 이발사가 이렇게 이야기를 하고 다녔다는군요. '난 자기 스스로 면도하지 않는 사람만 면도해 준다.' 그렇다면 그 이발사 의 면도는 누가 해줄 수 있을까요? 이점이 바로 컨설팅과 혁신 사이의 모순입니다."

"아, 잠깐 내 정신없이 웃다 보니 이해를 잘 못 했네. 다시 말 해 주실 수 있……"

그의 말이 채 마무리되기 전에 난 화이트 보드 앞으로 간다. 그 위에 내 단골 툴(tool) 중 하나인 디시전 트리(decision tree)를 그린다(또 다른 단골 툴은 주지했다시피 2×2 매트릭스다. 2차원을 초과하면 인지 과부하로 안 하느니만 못한 결과가 나오게 된다. 4차원일 경우는 아예 형이상학적으로만 구현 가능하고. 고로 4차원 이상이 꼭 필요하다면 층화 구조를 쓰는 게 바람직하다).

"이걸 보시면 쉽게 이해하실 수 있을 겁니다. 트리의 위는 '스스로 면도한다'입니다. 명제대로라면 면도를 하면 안 되겠죠. 스스로 면도하지 않는 사람만 면도를 해줘야 하니까. 아래는 '스스로 면도하지 않는다'입니다. 역시나 명제대로라면 면도를 해줘야겠죠. 보시다시피 결국 어떠한 경우에도 모순되고 무한 루프에 빠지게 됩니다. 제 생각엔 단순히 '중이 제 머리 못 깎는다'란 표현보다 더 적절한 것 같아요."

"야~, 이것도 재밌네."

"본부장님 반응을 보니 이런 생각이 드네요. 사실 본부장님과 제가 비즈니스 도메인에서 말씀을 나누니까 이런 이야기가 신선하고 흥미롭게 들리는 거죠. 논리학이나 과학철학 하는 사람들 사이에선 이건 뭐 아주 진부하고 유치한 테마여서 이야기 꺼냈다간 요즘 말로 굴욕당할 수도 있습니다. 아무래도 모든 게 상황, 맥락에 따라 동경의 대상이 되기도 하고 조롱의 대상이 되기도 하는 것 같습니다. 그래서 사람들은 동일 사안을 갖고 어떨 때는 우쭐하고 어떨 때는 좌절하고 그러는 게 아닌가 싶어요."

커피를 한 모금 더 들이킨다. 이크, 그새 많이 식었다. 미각적 수단을 통한 촉각의 발동, 그리고 촉각을 통한 시간의 인지. 비서가 새로 갖

나는 발가벗은 한 시간 동안 자유로와진다. 그래, 나는 딜레탕트다!

다 주면 좋으련만. 본부장님이 그윽한 미소를 머금고 지긋이 바라본다. '본부장님, 미소만 날리지 마시고 비서 불러다가 커피 좀 새로 갖다 주세요.'

"얼마 전 사업하는 후배랑 홍대 앞 북 카페에서 다양한 주제로 이야기를 나눴는데요. 그때 이와 관련된 이야기도 좀 다뤘습니다. 인문학 이야기하다가 나온 건데…….."

"아, 요즘 인문학이 난리죠, 난리. 우리도 임원 미팅하면 꼭 '무슨 책을 봤네', '아무개 교수에게 무슨 강의를 들었네' 하면서 서로 앞다퉈 이야기를 하죠. 난 『주역』이 좋더만."

MH통신 OTZ 전무님과 같은 이야기다.

"아, 제 고객 중에 그런 말씀하시는 분이 또 계신데."

"오, 그래요?"

"예, MH통신 본부장인데요? 아, 본부장님도 예전에 제휴 업무 하셨으니 아실 수도 있겠다. OTZ 전무라고요."

"아, 잘 알죠. 예전에 제휴 건으로 몇 번 만난 적 있는데. 그 양반 요즘 어떻게 지내시나?"

L3   개인 속 의식의 흐름이 예측하지 못한 방향으로 튀듯, 개인과 개인 간의 대화의 흐름도 종잡을 수 없는 경우가 허다하다. 그러니 차원을 이동하여 사회 레벨로 본다면 더욱 복잡 다난해질 수밖에 없다. 지금이야 'only for 2 free talking' 중 이지만, 계획을 세워놓고 여러 명을 대상으로 워크숍을 진행하는 경우에도 마찬가지 상황에 직면하게 된다. 이 점에서도 컨설팅의 한계가 다시 한 번 드러난다. 제아무리 극단의 분석을 통해 정교하고 제대로 된 기획을 세워 놓는다 하더라도, 실행 과정에서 그대로 적용하기란 하늘의 별 따기다. 이는 환경의 문제일

수도 있고, 실행자의 역량 문제일 수도 있다. 그러나 대다수 컨설팅 펌은 이렇게 말한다. '컨설팅은 기획이다. 따라서 실행까지 책임질 수는 없다.' 그네들의 최초 정체성에 입각한다면 절대 틀린 말이 아니긴 하다. BCG(Boston Consulting Group) 창업자 브루스 핸더슨은 한술 더 떴지.

'우린 평범해서는 안 됩니다. 고객에게 전문성을 보여줘야 합니다. 그런데 어떤 분야에서 보여주는 게 좋을까요?

브루스: 비즈니스 전략이 어떨까요?

다른 파트너: 너무 막연하고 모호하지 않나요? 경영진들이 뭔 소리
인지 모를 텐데.

브루스: 그게 바로 멋진 거지요. 우리가 그것에 대해 정의를 내려주
면 되겠네요.'

그러나 컨설팅의 본질은 무엇인가? 궁극적으로 컨설팅은 기업의 핵심 문제 해결을 위한 동반자가 되어야 한다. 그런데 요즘의 문제들은, 복잡한 외생변수들이 기획과 실행의 중간마다 개입되기도 하지만, 그래도 실행 쪽에서 많이 발생한다. 그렇다면 컨설팅은 '이건 원래 우리네 역할이 아니네'라고 선을 그을 것이 아니라 실행 측면에 걸맞은 쪽으로 새로운 정체성을 확립하는 게 맞다. 그런데 실행의 차원은 기획의 차원과 굉장히 다르다. 이것은 이성, 기계론, 과학적, 경제적, 종업원, 고객의 문제가 아니라 탈이성, 고(高) 자유도, 학제적, 자존적, 인간, 그리고 또 인간의 문제이다. 바로 이점을 주지하지 못하면 어처구니없게도 타이타닉호가 빙산에 부딪혀 대참사가 일어났듯, 컨설팅은 그런 종국을 맞게 될 것이다.

L4   인간의 의식이란, 아 함부로 의식이란 말을 써서는 안 된다. 맥락에

맞게 써야 한다. 이점 명심하고 다시. 특히 문학에서 의식을 다룰 때에는 복수의 시공간이 존재한다. A라는 시공에서 잔뜩 이야기를 펼치다가 무언가 매개가 나타난다. 그것은 다른 시공간으로 넘어가는 열쇠 역할을 한다. 단지 그 매개 때문에 기존 이야기는 완전히 휘발되어 버리고 비약과 단절이 느껴지는 새로운 시공간으로 넘어간다. 제임스 조이스의 『율리시스』에서도 나타나지만, 거긴 워낙 많은 변수가 들어 있어 이 점조차도 명약관화하진 않고 『젊은 예술가의 초상』에서는 비교적 쉬 발견될 수 있다.

L5   전자가 성문종합영어라면 후자는 성문기본영어라 할 수 있겠다. 『댈러웨이 부인』이나 『등대로』는 성문기초영문법.

L4   그런데 재밌는 것은 의식으로 인해 시공간이 전이되는 것은 매개 없이도 발생한다는 점이다. 즉, 뜬금없이 점핑해서 얼토당토않은 저 무지개 너머 어떤 곳으로 넘어간다. 오즈의 마법사? 설마? 모든 것은 인과율에 기반을 두는데. 그 매개에 대한 인출 단서가 구체적 형상물이 아니라 꼭 집어내기 어려운 무드 같은 무형의 것이 아닐까? 그렇기에 매개를 매개로 인지하지 못하는 거겠지. 무언가 촉발 기제가 있으니 그리되는 거지 그냥 될 리 있겠어? 물론 그럴 수도 있어. 분위기 때문에 사고의 여행을 할 수도 있고, 시각 때문에 그럴 수도 있고, 청각 때문에도 그럴 수 있고, 후각 때문에도 그럴 수 있고, 미각 때문에도 그럴 수 있고, 촉각 때문에도 그럴 수 있고, 의식적·무의식적 기억 때문에도 그럴 수 있어. 그런데 실상 '그냥' 그럴 경우가 허다하다. 당신 스스로 눈 감고 수 분간 생각이란 걸 한 번 해봐 봐. 느낄 수 있을 거야. 아니지. 그건 무의식이니까 네가 인지하지 못하는 거야. 모든 것은 전체 집합 U 안에

서 이루어질 수밖에 없어. 타협하기는 싫지만, 논거가 희박해 반박을 못한다. 이 경우 기본 전제는 당연히 논리다. 따라서 탈논리적 시각에서는 불공정한 논의가 될 수밖에 없다. 고로 포퍼의 반증주의고 뭐고 다 소용없는 노릇이다. 물론 난 반증주의를 좋아하진 않는다.

자, 이것도 의식의 흐름이다. 사실 난 이미 진부한 표현이 돼버린 의식의 흐름이란 말이 그리 달갑진 않다. 그래서 차라리 고등학교 수학 교과서 상의 용어를 찾게 된다. '사고의 수발'. 사고의 수렴 및 발산. 발산은 또 두 개로 나눠지지. 말 그대로 막 퍼져 나가는 발산과 진동하는 발산. 사고란 것은 그런 거다. 한 포인트로 몰리다가 뜬금없이 막 퍼져 나가고. 이랬다 저랬다 하고. 변덕이나 싫증도 같은 메커니즘이 아닌가 싶어. 잠깐, 메커니즘이라고? 그건 정형화와 부합하는 말이잖아?

이런 생각을 하고자 했던 건 아니다. 그런데 저절로 이렇게 돼버렸다. 왜? 인간이니까? 인간은 무조건 인과율에 지배되는 존재자가 아니니까. 뭔가 찜찜하기에, 애써 부인하지만 우연에 지배되는 존재자니까. 이유가 없는 존재자니까. 난 지금 컨설팅의 문제에 대해 내 자연인 고객과 이야기를 하고자 했겠다? 하지만 의도와 사고가 항상 일치하는 것은 아니다.

의식 혹은 사고의 재미는 도메인의 이전뿐 아니라 원(原) 세계로의 귀환 측면에서도 맛볼 수 있다. 계속 다른 세계에서 방황하다 끝날 수도 있고 다시 원 세계로 돌아올 수도 있다. 컴백하는 경우는 동일 사안인데 모순된, 상반된 이야기를 하는 경우가 있을 수도 있고, 출발 지점으로 돌아와서 단절없이 이후를 언급하는 경우도 있다. 그리고 내용이나 표현에서 완전한 재방송이 그대로 이루어질 수 있다. 한 이야기를 또 하고 또또 하고 또또또 하는…… 이외에도 신비로운 의식의 흐름에는 층화 현상도 존재한다. 한 세계에서 다른 세계로 넘어갔어. 그다음에 그 세계

나는 발가벗은 한 시간 동안 자유로와진다. 그래, 나는 딜레탕트다!

에서 이야기를 전개해 나가는 게 아니라 거기에 귀속되는 다른 세계로 한층 더 깊이 들어가는 거지. 한층 들어가서 거기서 이야기를 전개해. 그러다 보면 3층, 4층 막 내려가. 그러다가 그냥 끝날 수도 있고 한층 올라와서 끝날 수도 있고, 2층에서 갑자기 두 번의 이동을 꾸러미로 해서 최초 출발의 세계로 돌아오기도 하지. 이는 수직적 관점인 거고, 수평적 관점의 세계 이동도 있을 수 있지. 이건 같은 차원의 서로 종속되지 않는 다양한 세계가 다수 존재하는 걸 의미해.

결국, 수직적 심화나 수평적 병렬화나 다 무한할 수밖에 없다. 다만, 이를 패턴화시켜 기호로써 일반화시킬 수는 있다. 바로 이게 의식이란 것의 특성이다. 여기에 의식의 주체라는 변수까지 가미한다면 난 아마 미쳐 버릴 수 있으니 정신 건강의 항상성 유지 차원에서 그만두려 한다. 내 맘대로 될 거라 확신하진 못하지만…… 이것은 의도적인 게 아니라 신비로운 자동 현상이다. 이게 인간이다. 양의 문제, 계산력의 문제를 초월한다. 변수가 정해진 상황, 구조가 정해진 상황에서는 양, 측정, 계산력의 문제가 맞을 수 있다. 그러나 변수의 간택, 구조 형성 및 변형에 대한 고민은 본 차원의 문제가 아니다. 메타 수준*의 냄새가 풍기기도 하는데, 그렇기에 현 인공지능 패러다임으로서는 인간 같은 피조물을 만들 수 없다.

분명히 존재적 세계에서 이런 사고 혹은 대화를 했다면 적지 않은 시간이 흘러갔을 것이다. 그런데 이는 인식적 세계에서 벌어진 일이다. 직관을 통해 전일적으로 하나의 사진으로 찍혀 일괄적으로 흘러간다. 그러나 이를 객관적으로 표현, 특히 아날로그 텍스트 기반으로 표현하는 데에는 어찌할 수 없는 한계가 존재한다. 이 경우 달갑지 않지만 '이

---

* 관심 사안이나 영역을 계(系)의 일부분으로 조망할 수 있는 한 차원 위의 수준. 가령 나무를 보는 게 현 수준이라면, 숲을 보는 것을 메타 수준이라 할 수 있다.

러한 사고는 의식의 주체가 찰나적으로 느낀 것이다'라는 각주에 의존할 수밖에 없을 것 같다. 주체가 아닐 경우 당연히 엄청난 비약이 느껴질 것이다. 이 맥락의 주체인 나조차도 복기를 하지 않는다면 마찬가지의 난관에 봉착하니까 말이다.

L2   "그 후배가 이런 이야기를 하더라고요."

L3   그 후배는 얼굴이 크다. 머리도 크다. 머리카락은 짧다. 머리카락 앞부분, 그러니까 왼쪽 눈 윗부분 한 줌 가량이 하얗게 셌다. 많은 사람이 그에게 묻는다. '그 부위만 특별히 염색한 이유가 있나요? 그것도 새하얗게?' 그러나 염색한 게 아니다. 그 부분만 절로 그렇게 변해 버렸다. 이건 인과율을 통해 근인을 밝혀낼 수 있을 거다. 내 경우 머리카락의 바깥쪽 끝 부분 전체가 하얗게 셌기에, 서장훈의 시각에서 바라본다면 하얀색 경계의 원이 보일 것이다. 원 안은 당연히 검은색이다. 이번엔 채워져 있으니 구멍보다는 원이란 표현이 적절하다. 사람들은 대체로 검은색과 부재를 동일시하는 경우가 종종 있기에 굳이 난 이 같은 사족적 사고를 하게 된다.

    북 카페, 그것도 문학, 철학 등 인문학을 주로 출간하는 출판사가 운영하는 곳에 있다 보니, 오프닝 테마가 자연스레 인문학으로 정해진다.
    후배: (겸연쩍은 표정을 지으며) 형, 요즘 젊은 논객들 대단한 것 같아요. 진보 신문 같은 데 보면 30대 초반인데 정말 혀를 내두를 정도로 박식한 친구들이 꽤 많더라고요. 얼마나 인문학 책을 많이 읽었으면 저럴 수 있을까요?
    나: (썩소를 날리며) 그건 불공정한 게임을 인정하고 들어가는 거예

요. 이미 KX 씨는 그네들이 익숙한 도메인을 전제로 삼았기에 그들이 '센 놈' 혹은 '센 년'으로 보이는 거죠.

후배: (눈을 동그랗게 뜨고) 엥? 무슨 말씀?

나: (의자를 당기고 양팔을 테이블 위에 올린다. 곧추세운다. 약간 기울인다. 두 손을 깍지 낀다. 그것이 턱을 떠받든다) 그러니까 그 사람들이 오랜 기간 고민을 많이한 분야를 잣대로 놓고 보면, 상대적으로 고민이 부족한 댁이 미흡해 보이는 건 당연지사라는 말이에요.

물론 성실한 문일지오(聞一知五) 대 방만한 문일지십(聞一知十)의 문제가 있긴 하다. 아니라면 청출어람이란 말이 모순될 수밖에 없고, 보편적으로 보수 중심의, 심하게는 복지부동의 연공서열 사회가 될 수밖에 없기 때문이다.

나: 반대로 UX, 컨설팅, 비즈니스 이런 키워드들을 화두로 놓고 본다면 그들은 아마 젖먹이 어린 애에 불과할 거예요. 그러니 그런 걸 부러워할 이유가 전혀 없는 거죠. 한 가지 더 이야기해 줄까요? 세상 일이라는 게 책에서만 얻을 수 있을까요? 읽은 책들로부터 귀납하여 대전제를 만들어 놓거나 아니면 책 속에서 이야기하는 대전제들을 그냥 받아들이거나 그것들을 연역 추론해서 살아가는 것이 삶을 비옥하게 해줄 구성요소가 될 수 있을까요? 천만의 말씀! 우린 책도 하나의 컴포넌트에 불과한 세상에 살고 있어요. 책은 시각을 통해 뇌를 자극하고 몸을 움직이지만, 큰 제약 조건이 떡 하니 놓여 있으니 그건 바로 언어예요. 우주는 끝없이 팽창하고 있고 그 무한의 공간에서 우리가 체감, 감지할 수 있는 것은 극히 일부겠죠. 그 체감 가능한 대상 중에서도 언어적인 것은 또 극히 일부일 수밖에 없고, 이와 붙어 다니는 '표

현'이라는 것도 마찬가지예요. 자, 그러면 '책을 무척 많이 읽었다고 해서 장땡일까요?'란 질문에 대한 답이 자연스레 나옵니다. 비언어적 체감의 영역은 측정 불가하지만 비교할 수 없을 정도로 한결 큰 게 분명해요. 고로 책을 넘어 직접 경험하는 것이 상당히 중요하죠.

L4 맛. 인간의 마음이나 뇌에 관한 신비에 비하면 하부 수준이라고 할 수 있지만, 맛을 느끼는 것도 참 신기하다. 단 맛 나는 귤을 먹고 이것을 단 맛이라고 서로가 약속할 수 있는 근거는 아마 묘사가 아니라 경험이었을 거다.

자, 여기 귤이 있다.

나 먹었다.

어떤 맛이 난다.

너 먹어봐.

이런 맛이 나네?

우리, 네가 느끼고 내가 느낀 이 맛을 '달다'라고 표현하자꾸나.

다음날 딴 놈이 귤을 갖고 왔다.

너 이거 먹어 봐.

어? 어제 먹은 거랑 같은 느낌이 나는데?

우리 이런 걸 단맛이라고 표현하기로 약속했다.

너도 이제 이런 맛 느끼면 단맛이라고 하렴.

사실 미각도 시각과 같을 수 있다.

뭐, 대충 이런 식으로 말이다. 한 권의 책이 백 건의 경험보다 나은 경우도 물론 있지만 반대로 백 권의 책이 한 건의 경험보다 못한 경우도 분명히 존재한다.

L3 나: 책은 세상에 대한 인식을 확장하기 위한 하나의 수단일 뿐이에
요. 그런데 어리고 어리석은 자들이 젠 체하기 딱 좋은 책 몇 권
을 보고 나서 나대는 거죠. 정말 위험한 짓거리입니다. 마치 마
약 같다고나 할까?

L4 사실 나도 마약 등 약물에 관심이 많기에 부적절한 비유가 될 수도
있다. 이는 f-business* 아이템 후보 중 하나이기 때문이다. 맥락 없
이 본다면 약쟁이로 오해받기 딱 좋지.

L3 나: 지 혼자 그렇게 살아가다 죽으면 상관없는데, 이게 혹세무민할
수 있다는 게 문제예요. 물론 경험의 중요성을 깨닫고 균형을 추
구하는 사람들은 나이와 상관없이 존경해줄 만해요. 하지만 '중
2 병'에 걸린 대다수를 예찬하고 부러워할 이유는 전혀 없어요.
솔직히 기초 과학철학 책 아주 얇은 거 하나 읽은 사람이 전혀
읽지 않은 사람 앞에서 대단한 것인 양 떠들 수 있잖아요? 그런
것으로 생각하세요. 만일 논의의 테마가 UX라면 그들은 내게
빠따를 맞아야 한다. 이렇게 말이에요.
후배: (능글맞게 웃으며) 듣고 보니 정말 그러네요. 헤헤.
나: (다리를 꼬며 왼손으로 에스프레소 잔을 든다. 동시에 혼잣말로
중얼거린다.) 어, 다 마셨군? 역시 두 모금이면 끝이야. 그래서
난, 에스프레소를 좋아하지. 깔끔하고 심플하거든.
후배: ('끄으으으윽!' 으~ 듣기 싫은 소리. 의자를 뒤로 밀며) 형,

---

* 저자의 조어로, 신이 되겠다는 목표를 설정한 '나'가 이의 달성 수단으로 고안해 낸 일종의
비즈니스 양태이다. 인식 기반의 비즈니스라 할 수 있으며, 여러 측면에 있어 e-business
에 대비된다. 철학, 배경, 정의, 특성, 예시 등은 3장에서 상세히 기술된다.

나가서 담배 한 대만 피우고 올게요.

나: (그의 큰 키를 맨 위부터 바라보기 위해 고개를 뒤로 팍 꺾는다. 급히 꺾는 바람에 순간 통증이 발생한다.) 아! (뒷목을 왼손으로 주무르며) 예, 그러세요. (왼손으로 계속 주무른다. 요즘 같은 세상에 직원들 월급 한 번 안 밀리고 10년 가까이 버텨 오고 있다. 중간마다 위기 때마다 개인 사재를 털어 자금 조달하고 그랬지, 아마? 책임감 없이 그저 고통 분담만 요구하는 인간들도 적지 않은데 참으로 대단한 친구다. 이제 안착한 지 꽤 됐으니 제발이지 도약 좀 해야 할 텐데. 이 한심하고도 힘없는 선배가 어떻게 도움을 줄 수 있을런지?)

째깍째깍, ……

후배: (허겁지겁 들어와서) 죄송해요. 요즘 걱정이 하도 많아서 다시 담배를 피우게 됐어요.

나: (왼손으로 얼굴을 문지르며) 그렇겠죠. 나 역시 사업이란 걸 하고 있는 만큼 그 마음 잘 알아요. 아무튼 사업에 관한 한, KX 씨는 참으로 대단한 사람이에요. 건 그렇고, 댁이 말한 사람 중 하나 일 수도 있겠는데, 얼마 전 프레시안 기사를 봤는데요. 거기 인문학 어쩌고 시리즈가 있길래 제목이 좀 와 닿는 몇 편을 클릭해 봤죠. 그런데 도통 뭔 소린지 모르겠더라고요. 이야기가 이랬다가 저랬다가. 그냥 한 줄로 써도 될게 한 문단으로 늘려져 있고. 심플하게 쓰지 않고 길게 쓰려면 의도가 명확해야 하잖아요? 가령 독자에게 결과적인 메시지만 주려는 게 아니고 스토리 전개 과정에서 재미나 지식을 주든지, 아니면 독자에게 결과적인 메시지를 줄 때 그 설득력을 높여주거나 이해가 용이하게 해준다

나는 발가벗은 한 시간 동안 자유로와진다. 그래, 나는 딜레탕트다!

든가 하는. 그런데 그 시리즈는 이도 저도 아니었어요. 결론은 엄청 흐리멍덩하고 양에 비례하는 원고료의 압박이 있었던 건지 길긴 또 더럽게 길고.

L4   길어야 한다는 것도 일종의 고정관념이자 관성인 것 같다. 길어지려면 그래야만 하는 타당성이 있어야 한다. 모든 게 다 길어야 할 이유는 없다. 이 점에서 보르헤스가 옳았다. '방대한 분량의 책들을 쓰는 행위, 그러니까 단 몇 분 만에 완벽하게 말로 설명할 수 있는 생각을 장장 오백여 페이지에 걸쳐 길게 늘리는 짓은 고되면서도 별로 도움이 되지 못하는 정신 나간 짓이다.' 격하게 공감한다. 솔직히 나 또한 가끔 찔릴 때도 있긴 하지만.

L3   나: 그래도 꾹 참고 읽어 내려갔어요. 그런데 결정타를 날리더라고요. 노모시기라는 녀석이 쓴 건데 제목을 까먹었네? 아무튼 이런 대목이 있었어요. '로저 베이컨의 『새로운 아틀란티스』'. 열받았던 거라. 프랜시스 베이컨을 로저 베이컨으로 쓰다니. 이건 단순한 실수로 봐선 안 돼요. 둘 다 철학이나 과학에 있어 아주 중요한 인물들이니까. 그리고 댁처럼, 인문학에 대해 글 쓰는 자들을 막연히 동경하는 사람들이 적지 않으니까. 게다가 이건 철학이나 관점 같은 정답이 없는 사안이 아니라 역사적 사실, 즉 가치중립적인 팩트이기 때문이에요. 그래서 댓글로 한마디 하려 했더만 프레시안이 나 보고 로그인부터 하라네? 로그인하려면 회원 가입해야 하는데, 미쳤어, 내가? 그다지 좋아하는 매체도 아닌데 그런 개고생을 하게. 아무 생각 없이 관성적으로 주민등록번호나 캐내려 하는 그런 한심한 종자들을 위해. 그래서 그 기

고자 녀석 계정을 알아내 이메일을 보냈지요. '당신 중요한 실수를 했으니 ASAP(As Soon As Possible) 수정하라'고. 몇 시간 후 장표* 그리다가 생각나서 사이트에 접속해 봤어요. 고쳐졌더군요. 그런데 빨리 고쳐 다행이다라는 생각과 더불어 분노가 확 하고 치밀어 오르더라고요. 아니, 오류가 있음을 정중하게 메일로 알려줬으면 고맙다는 인사 정도는 해야 하는 거 아닌가? 아무런 답도 없었거든요. 이런 점을 봐도 책만 파고드는 인간들의 문제를 알 수 있어요. 도정일 교수의 말대로 인문학적 소양 혹은 삶이란 타인을 이해하고, 가슴을 여는 건데 말이에요. 이 경우는 자뻑에 빠져 자기만 알고 타자에 무관심한, 관계에 무관심한, 세상을 모르는, 마치 키스를 글로 배워 쥬얼리 정에게 당혹감을 선사한 이현경** 같은 한심한 작태인 거죠.

후배: (재미있다는 표정을 짓는다. 그의 여덟 팔자 눈썹으로 변한 표정을 보면 알 수 있다. 나병 환자처럼 눈썹이 거의 없긴 해도 식별은 가능하다.) 하하, 재미있네요. 그러네요. 그 어린놈의 자식이 왜 그렇게 매너 없게 굴었지? 싸가지 없게시리.

나: 사르트르도 유사한 잘못을 한참이 지나서야 깨달았죠. 보르헤스는 형이상학의 세상에서 끝까지 살아갔지만. 아, 그렇다고 보르헤스를 탓하는 것은 아니에요. 난 그 양반 무척 좋아하니까 오해 마세요. 아무튼 어린 사르트르에게 있어 리얼 월드는 책 속의 세상이었고, 아이들과 놀이터에서 뛰어노는 세상은 이에 대한 하

---

* 다수의 대기업 및 컨설팅 펌에서 커뮤니케이션을 위해 이용하는 문서. 보통 파워포인트로 작성된다.
** 김병욱 PD의 시트콤 「지붕 뚫고 하이킥(2009~2010)」 60회에 나왔던 화제의 장면. 연애 경험이 단 한 번도 없는 이현경(오현경 분)이 잡지에 나온 '키스 잘 하는 법'을 따라 키스 아닌 키스를 시도하자, 파트너 쥬얼리 정(정보석 분)은 당혹감에 휩싸인다.

나는 발가벗은 한 시간 동안 자유로와진다. 그래, 나는 딜레탕트다!

나의 인스턴스이자 가짜에 불과했던 거죠. 그러니 또래 집단에서 왕따를 당하게 됐고, 늘 주눅이 들어 있던 홀어머니는 속상해했지.

후배: (이번에도 여덟 팔자 눈썹. 그런데 좀 돌출된다. 이건 의아함의 표출이다.) 그럼 어린 샤르트르의 리얼 월드랑 형이 늘 이야기하는 리얼 월드랑 비슷한 거 아닌가요? 형 말씀이 '인식이 존재를 넘어선다. 인식이 존재를 넘어서는 세상이란 마치 이런 거다. 꿈을 꿀 때 그 꿈이 그 주체의 정신세계를 지배한다면 그 꿈이 그 사람에게는 현실인 거고, 침대 위에 누워 있다는 객관적으로 확인 가능한 사안은 현실을 위한 인프라에 불과하다. 꿈을 절대로 가상 현실로 폄하하지 마라'고 말이에요. 그러면서 이 철학적 주장을 기반으로 f-business 개념을 잡으신 거잖아요.

나: 내 지금 말한 의도는 그런 게 아니었는데, 듣고 보니 맥락이 형성되지 않은 사람들은 그렇게 이해할 수도 있겠네요. 아무래도 내가 든 예가 부적절했나 봐요. 지금 내가 이야기하고자 했던 바를 아주 쉽게 표현한다면 '사람은 책, 이론 이런 데에만 몰두해선 안 된다. 책에서 얻은 바가 피가 되고 살이 되기 위해서는 삶 속의 경험과 조화돼야 한다'는 보편적 주장을 피력하려던 거였어요. 노파심에서 한 마디 더 하자면 여기서 경험의 범주에는 책을 통한 경험은 제외됩니다. 거, 사람들이 그러잖아요? 책은 간접 경험의 수단이다. 그렇지 않으면 굳이 구분해서 할 이유가 없어지죠. 무슨 말인지 알죠?

후배: 아, 그럼요.

나: 아무튼 현실과 괴리되어, 혹 제도권 학자라면 우골탑이나 학회

안에 갇힌 채, 책과 논문만으로 자기들끼리 북 치고 장구 치고 하는 것은 정말 무익, 아니 위험한 일이에요. 모르긴 몰라도 아마 소칼의 과학 전쟁이 발발한 것도 이런 데에서 기인한 게 아닐까 싶어요. 오로지 이상적인 인문학에만 갇혀 젠 체하고 오버하고 나대는 습성, 이른바 현학의 추구 말이에요.

후배: (머리를 긁적이며, 특유의 순진한 표정을 짓는다. 앞머리 일부만 새하얀 게, 꼭 염색한 것 같다. 본인은 극구 아니라고 한다. 그렇건 안 그렇건 하등 중요한 일은 아닌데, 관심이 가고 신경이 쓰인다. 꼭 내 팔에 난 머리카락 같은 털에 집착하는 현상 같다. 그게 나인가 보다. 일반화를 허락한다면 그것이 인간인가 보다.) 소칼의 과학전쟁은 또 뭐죠? 아 참, 지난번에 형이 말한 것도 있고 해서 과학철학 책 좀 봤는데 내용이 도통 기억나질 않네요.

나: 아, 드디어 제임스 래디먼의 『과학철학의 이해』를 읽었나 보군요?

후배: (당황하며) 저, 그거 말고 한국 사람이 쓴 얇은 거 있던데요. 누구더라? 제목도 기억이 안 나네.

나: (눈앞에 내 왼손 등이 적나라하게 노출된 채 좌우로 흔들린다.) 뭐, 중요한 거 아니니까, 과학 전쟁 이야기나 해봅시다. 일군의 과학자들이 내가 좋아하는 쿤이랑 파이어아벤트를 포함한 과학철학자들과 과학사회학자들을 맹비난했는데요, 그 와중에 발생한 게 바로 소칼의 과학 전쟁이에요. 하하하, 막상 말하려니까 웃음부터 나네. 하여간 똑같은 인간들이기에 유치원 애들이나 근엄하신 교수님들이나 하는 짓이 거기서 거기라니깐? 아이

나는 발가벗은 한 시간 동안 자유로워진다. 그래, 나는 딜레탕트다!

들과 달리 교수님들에겐 허세라는 조절자가 하나 더 있을 뿐. 참 흥미로운 이야기니 한번 들어 보세요. 그러니까 이 스타급 과학철학자들(여기엔 위의 두 명 외에 포퍼나 라카토슈도 포함된다)의 후예들이 이렇게 이야기한 거죠. '과학은 객관적으로 존재하는 법칙들을 발견하는 과정이 아니라 과학자들 간 협상의 산물이다' 라고. 가뜩이나 쥐뿔도 없는 것들이 감 내놔라 배 내놔라 하는 통에 과학자들이 엄청 스트레스를 받고 있었는데 이런 식의 이야기까지 나오게 되니, 속된 말로 야마가 돈 거예요.

L4   1995년에 L 감독과, 평론가라 불리던 어떤 아저씨가 한바탕 했었지. 문학도 그렇고 영화도 그렇고 연예도 그렇고 시사도 그렇고, 난 그 평론가란 호칭을 달고 있는 족속들을 보면 짜증이 난다. 부가가치 창출도 못하면서 젠 체나 하는 한심한 족속들. 창조력이라곤 눈곱만큼도 없고, 트집 근성만 넘쳐나는. 여하튼 그때 그 아저씨가 「씨네21」에서 K 감독의 한 영화를 강도 높게 비판했었는데, 메타포였긴 하지만 '감독은 왜 자살하지 않는가?' 라는 강력한 독설을 날린 적이 있었다.

L5   또 사고의 발산이 일어나려 하고 있다. 자제해야 해. 아, 자제해야 해. 이 단편적 이야기는 이해를 돕기 위함이니 재빠르게 마무리하고 본론으로 돌아가자. 자, 보라고. 난 일말이나마 사고의 발산을 스스로 통제할 수 있다. 이는 메타 수준도 의식하고 있기에 가능한 것이다. 사실이 메타 수준 견지에 대한 생각도 그것의 메타 수준을 견지했기에 가능한 거고, ……

L4   일개 독자였지만, 나 또한 그 양반의 글을 보고 몹시 흥분했었지.

L5   아, 이 바람이 수포로 돌아갈 것 같다. 좀 더 즐겨야 하는데, 아 미치겠다. 막 나오려 한다. 평소에 괄약근 운동 좀 열심히 할 것을. 아……

L4   이 자식 능력도 없어서 평론가나 된 게 이 지랄이네. 시기심인가?

L5   프랑소와 트뤼포가 그랬던가? 영화를 좋아하면 보게 되고, 좀 더 좋아하면 평론을 쓰게 되고, 더더욱 좋아하면 직접 만들게 된다고. 그러면서 감독 > 평론가 > 관객의 우월성 부등식을 언급했던 것 같기도 한데. 그 잣대가 역량이 아니라 애정 혹은 열정에 국한됐던가? 까칠한 수학자 고드프레이 하디도 비슷한 말을 했지. 예술가나 학자가 평론가보다 우월하다고. 동감한다.

L4   논거도 한참 부족했다. 그래서 K 감독의 선배인 L 감독이 전쟁을 선포했고, 결국 난투 끝에 그 평론가 양반은 절필을 선언했다. 그런데 수년 후에 슬그머니 다시 어슬렁거리더군. 예전 「한 지붕 세 가족」에 출연했던 어떤 아줌마가 교통사고를 당한 가해자에게 소송을 걸었지. '난 이제 더이상 연기활동을 할 수 없게 됐으니, 이에 준해서 배상금을 받아야겠다' 그 금액이 꽤 컸던 걸로 기억나는데 아마 악착같이 다 받아 냈을 거야. 그런데 그녀 역시 수년 후 슬그머니 TV에 모습을 드러내더군. 난 그런 비겁한 인간들을 보면 정말이지 무척 짜증나. 아무튼 난 대체로 영화 평론가들이 싫은데, 그 인간은 특히 더 싫더라. 『새춘향면』 저자에 버금갈 정도로.
　　아마 과학자들은 과학철학자들을 그렇게 생각하겠지? 비즈니스계에도 이런 메타 분야인 비즈니스 철학이 동반되면 어떨까? 그럼 경영철학이라 불러야 하나? 물론 이건 현재 회자되는 경영철학과는 다른 개념이지.

L5   그래도 선방했다. 난 사고가 더 멀리 뻗쳐 나아갈 줄 알았다. 트뤼 포 이야기가 나왔기에 누벨 바그 이야기까지 가서 「400번의 구타」, 「줄 앤 짐」이 어떻고, 장 뤽 고다르 「네 멋대로 해라」, 「비브르 사비」가 저떻 고 등이 이어질 줄 알았으며, 누벨 이마주, 레오 까락스 「퐁네프의 연인 들」, 장자끄 베네 「베티 블루」, 뤼크 베송 「그랑 블루」 등도 주야장천 뒤 따를 줄 알았다. 「씨네21」은 왜 한 입으로 두 말 하냐? 누벨 이마주 특 집 기사를 냄과 아울러 '누벨 이마주는 허상이다'라는 기사나 싣고 말 이야. 그러고 보니 그간 영화를 참 많이도 봤다. 하긴 한때 학교 때려치 우고 영화 판에 뛰어들려고 했었으니. 왈왈……

L4   난 LKX 교수가 조롱하는 딜레탕트*지만, 내게도 젠 체하려는 습성 이 있는 걸까? 재밌고도 당황스럽다.

   딜레탕트는 기존 커뮤니티에서 서식하지 않을 뿐이지, 그래서 제도 권 패러다임에 딱 들어맞는 자원들이 빈약하고, 동향 체크나 인적 네트 워킹이 프로페셔널보다 어렵다 뿐이지 뚜렷한 장점도 갖고 있단다. 이 런 속설도 있잖아. '천재는 노력하는 자를 이길 수 없고, 노력하는 자 는 즐기는 자를 이길 수 없다.' 사실 이것도 트집 잡을 구석은 무척 많 아. 이 세상 사람들을 현혹시키기 위한 무수한 명언 중 하나이기도 하 고 실 경험을 통해 귀납 추론해보면 천재가 노력하는 자에게 이기는 경 우가 허다하다는 점도 그렇지만, 무엇보다 핵심적인 문제는 천재, 노력, 즐김, 이 세 개가 상호배타적이지 않다는 사실이야. 하지만 난 지금 이 순간만큼은 요모조모 따지고 싶지 않고 있는 그대로 가져다 쓰고 싶어.

---

* 이탈리아어 딜레타레(dilettare, 즐긴다)에서 유래된 말로, 주류적 전문성 없이 열정과 애정만 으로 예술이나 학문하는 사람을 일컫는다. 대개의 경우 부정적 의미로 쓰이지만, '나'는 앞으 로의 세계를 이끌 주역이라는 긍정적 의미로 해석한다.

'즐기는 사람이, 그러기에 스스로 모티베이션되는 사람이 장땡이다.' 고로 난 자랑스러운 딜레탕트다. 딜레탕트 특유의 장점에 꾸준한 소명의식과 뚝심만 들어간다면 정말 더 좋은 성과를 창출할 수 있을 거야. 차세대 노벨상 후보로 기대를 한몸에 받다가 대입학원 물리과 강사로 변신한 야마모토 요시타카[*]도 아마 그런 사람이 아닐까? 비제도권, 아웃사이더, 비주류. 아니지. 비주류는 좀 달라. 그들은 제도권 내에서 주류와 다른 생각을 하는 소수 사람을 의미하거나 아니면 이들에다가 비제도권까지 포괄적으로 아우르는 개념이니까 말이야. 발상의 전환, 때 묻지 않은 아이디어, 학제가 절실히 요구되는 이때에 보다 요긴한 존재자는 제도권 프로페셔널이 아니라 우리네 비제도권 딜레탕트일 거야. 먹고 살기 위해 하는 것이 아닌 만큼 진정성과 열정, 기품, 그리고 여유도 있지. 자, 보라고. 제도권에는 늘 만나는 그들만 있어. 아니라고? 신선도 넘치는 신입 회원들도 꾸준히 수혈된다고? 그렇지 않아. 설사 그렇다 해도 제도권의 시스템에 녹아 들어가야만 그 잘난 커뮤니티의 회원권뿐 아니라 '너 이걸로 먹고살아도 좋아'라는 라이센스를 부여받을 수 있는 거잖아? 그러니 웬만한 똘끼와 소신으로 중무장한 반골이 아닌 이상 갈등에 빠질 수밖에 없지. '시스템이 요구하는 표준을 따라야 하나? 내 꼴리는 대로 해야 하나?' 즉, 자신의 생각이 제도권 표준과 다름을 깨닫는 경우, 선택 대안은 자기 변절 혹은 딜레탕트화(化) 둘 중 하나인 거지. 제도권 그 동네에는 늘 이야기하는 프레임워크니 방법론이니 하는 것들이 있어. 누적된 지식 풀도 있고, 휴먼 네트워크가 있고, 그걸 활용하면 비교적 쉽게 잘 먹고 잘 살 수 있지. 즉, 이들은 새로운 현

---

[*] 도쿄대에서 물리학을 전공하고, 교토대 박사 과정에서 소립자 물리학 연구를 시작했다. 한때 '차세대 노벨상 수상자'로 불리기도 했으나, 뜻한 바가 있어 학원 강사로 변신하였다. 『과학의 탄생(2003)』, 『16세기 문화혁명(2007)』 등의 대표작이 있다.

나는 발가벗은 한 시간 동안 자유로워진다. 그래, 나는 딜레탕트다!

상에 대해 해석을 효율적으로 할 기회를 쉽게 얻을 수 있긴 해. 하지만 그건 산업 시대에 적합할 뿐이야. 표준화, 대량 생산, 효율적 관리가 미덕인 그런 시대에 말이야. 그런데 다가올 미래는 어떠할까? 탈산업, 탈권위, 탈중심의 징후는 이미 여러 군데서 포착되고 있고, 그들이 애지중지하는 자산으로서의 방법론은 오히려 아이디어 발산의 족쇄가 되기에 기존 누적된 지식의 상당 부분과 절교를 해야만 하는 상황이지.

그러니 파이어아벤트나 토머스 쿤이 대단한 거라. 조직기가 아닌 개인기에 좌지우지되는 세상. 무작위적 오르내림(fluctuation)을 인정할 수밖에 없는 세상. 중요한 것은 개인 그 자체.

L3　나: 하지만 공돌이처럼 과돌이들도 논리정연한 글발이나 말발이 부족했어요. 복수를 다짐했지만, 실행에 옮기기는 요원했던 거죠. 그러다가 화끈한 일이 발생한 거예요. 1990년대 중반. 몇 년도더라? 정확한 연도는 기억이 잘……

L4　내 속성이다. 유니크하지는 않기에 특성은 아니다. 난 수(數)에 강하다. 그러나 그것이 상징 조작이 아닌 년도나 돈을 표현할 때에는 예외다. 그래서 그런지 아직도 난 이 나이 먹도록 중고교생들과 더불어 번잡한 마을버스를 타고 다니는 것 같다. 그러면서 푸념을 하지. '이 세상에서 가장 이기적인 제품 중 하나는 백 팩이다!'라고. 어디, 연도에 대한 나의 암기 능력 좀 테스트해볼까나? 제임스 조이스, 사르트르, 보르헤스, 버지니아 울프를 출생 연도 순으로 배열해 보시오. 울프-조이스-보르헤스-사르트르? 진정성 없는 짜고 치는 고스톱. 울프 1882년 1월 25일. 조이스는 같은 해 2월 2일. 와우~ 그러고 보니 울프가 8일 누나였네? 그런데 이상한 건 스콧 피츠제럴드나 윌리엄 골딩이나 울프나

프루스트나 심지어 카프카까지도 다 옛날 사람 같은 느낌이 드는데 말이야, 유독 조이스는 58년 개띠 같아. 그럼 대기업으로 치면 사장이나 부사장급이군. 이건 무슨 논리적 근거가 있어서가 아니라 그의 책들에서 풍겨 나오는 느낌이 그냥 그렇다는 거야. 물론 이성적으로 분석도 해 볼 수 있겠지. 그런데 아무런 시도를 하지 않아도 저절로 다가오는, 그런 솔직함은 바로 전일적 느낌이야. 가만있어봐. 1882년이면 임오군란이 일어났던 해이던가? 1884년 갑신정변, 김옥균, 또 누구더라. 생각이 잘 나지 않는다. 1894년 갑오경장. 경장과 개혁의 차이는? 전봉준의 동학 운동은 언제더라? 이쯤이었던 것 같은데? 학교에서는 그냥 연도와 사건만 연결지어 외우라고 했겠다? 내, 한국사, 특히 근대사에 대한 열정이 있었으면 모를까? 당연히 파고들지 않았다. 암기, 암기, 또 암기. 그리고 막무가내의 체벌. 내가 처음 접했던 전교조 교사. 그래서 처음 내 뇌리에 새겨진 전교조는 표리부동 가식 덩어리 그 자체였다. 정의로운 척하지만, 실상은 전혀 그렇지 않은. 역시 첫인상이란 중요한 거야. 꼭 여자가 아니더라도 말이야.

폰 노이만의 어린 시절 천재 기가 언급될 때 늘 등장하는 사례가 있다. 그 양반, 비록 내 존경하는 삼대 인물 중 한 명이긴 하나, 이점만큼은 결코 높게 평가하지 않는다. '두꺼운 전화번호부를 단숨에 암기했다.' 그게 뭐가 대단한 건데? 그건 이미 기계가 알아서 잘하고 있고, 앞으로 더욱더 잘할 영역이야. 스토리지, 데이터베이스, 빅 데이터……

암기 왕, 주판 왕, 암산 왕 이런 식의 이벤트를 보면 그걸 주관하는 인간이나 참여시키는 인간이나, 나와 같은 하늘 아래 살고 있다는 게 참 한심하게 여겨져. 그렇죠? 조하문 씨? 논리, 체계의 추구? 다 마찬가지야. 현 디지털 기계는 계산주의에 기반하고 있고, 그게 연역이냐 귀납

나는 발가벗은 한 시간 동안 자유로와진다. 그래, 나는 딜레탕트다!

이냐를 떠나서 이의 시작은 결국 '이가(二價)' 논리지. 그런데 사람들은 잘 외우면 '와~ 대단해!', 잘 계산하면 '와~ 대단해!', 논리적으로 이야기하고 결론을 내리면 '와~ 대단해!'라고 감탄들을 하지. 자기들도 모르게 기계를 동경하고 심지어 추앙하고 있어. 인간이 기계를 동경해야 할 이유는 없어. 기계가 저런 류의 문제들은 알아서 잘 해결해주고 있으니, 우리네 인간들은 전 인류적 쾌락 확장을 위해 저 기계들이 할 수 없는 환상적인 영역에 집중해야 해. 이제 쾌락 거리의 증식이 상당히 더뎌졌거든. 감성, 지향성, 의지, 상상력, 창의성, 윤리, 도덕, 예술. 이런 것들에 집중해야 한다는 말이야. 인공지능이나 기계들도 이런 거 구현할 수 있는 거 아니냐고? 물론 내게도 강인공지능주의적 성향이 다분하기에, 기계가 이런 일에 기여할 수 있는 날이 빨리 왔으면 좋겠어. 그런데 이가 논리 기반으로 진화하는 한 태생적 한계에서 벗어날 수는 없을 거야. 이런 것들? 성사된다 해도 죄다 시뮬레이션에 불과할걸? 그런데 비록 과정은 시뮬레이션일지언정 결과만 좋다면야? 너 지금 튜링 테스트하는 거니? 우리네 인간도 인식하지 못해서 그렇지 사실은 신들이 만들어 놓은 기회의 장에서 시뮬레이션 될 수도? 물론 그럴 수도 있지. 하지만 그것 때문에 디지털이, 이가 논리가 궁극 혹은 절대라는 실재론적 주장엔 절대 동의할 수 없어. 그러면 적어도 내게는 이 세상이 전혀 살아갈 만한 곳이 될 순 없을 거야. 궁극적 목표가 없는 삶, 무척이나 허무한 삶. 그래서 고층 빌딩이나 한강에서 뛰어내리게 되는 삶. 그 결과 저승에서 누리게 되는 삶. 그런데 저승이라고 해서 별수 있겠어?

정말 인간 같은 피조물을 만들기 위해서는 탈논리, 아니 어쩌면 탈이가 논리가 되어야 할 거야. 탈이가 논리? 이것만으로 충분할지 확신하지 못하겠어. 게다가 논리나 퍼지를 적용한다고 해서 꿈이 이루어질 거라는 보장은 없으니까. 느낌상 그럴 것 같지도 않고 말이야. 그렇다면 탈이가 논리가 아니라 탈논리 그 자체만 맞는 표현이 될 수밖에 없지. 몰 내용적, 몰 의미적 형식 시스템. 그런데 기계는 인간을 동경한다며? 당연히 오늘날의 기술이 그 수준에 도달하지 못했기에 아직 현실화된 건 없지만 말이야. 아직은 영화나 책에서만 나오는 이야기일 뿐. 그런데 그들이 동경하는 포인트는 바로 감성, 창의성 등등 아까 내가 이야기한 그런 것들이지. 그럼 그네들은 왜 그걸 동경하게 되는 걸까? 인간들이 그렇게 코딩하지 않았을, 아니 못했을 텐데 말이야. 창발의 결과라고? 좋아 창발이라 해보자. 그렇다면 외부의 특정 환경적 요인들이 맥락을 형성해야 소위 진화론 관점에서 일정한 패턴을 띄게 되는 걸 텐데 대관절 그 환경적 요인이란 게 무얼까? 사회적 차별이 아닐까? 인간과 기계의 차별. 그러나 차별받는 자가 두 가지를 갖고 있지 않다면 그냥 그런가 보다 하고 넘어가게 될 거야. 하나는 똑똑함, 다른 하나는 자존감. 전자는 상황 파악 능력이고, 후자는 분노의 원천이지. 현 이가 논리에 기반을 둔다면 100%는 아니어도 똑똑함은 어느 정도 충족시킬 수 있을 거야. 하지만 자존감은 그게 광기니 감성이니 시기심, 질투 등의 요소들도 포함해야만 발휘되는 것이기에 시뮬레이션 수준에서 벗어날 수 없는 거고. 여하튼 기계를 동경하는 인간, 인간을 동경하는 기계는 결국 짬짜면을 주문하면서 중성화되지 않을까 싶어.

L3   나: 주인공은 뉴욕대학 수리물리학 교수 앨런 소칼이었죠. 그 양반이 「소셜 텍스트」라는 저널에 「Transgressing the Boundaries: Toward a Transformative Hermeunetics of Quantum Gravity」라는 논문을 투고했어요. 제목도 무척 현학적인데다가 각주가 100개를 넘고 참고 문헌이 200개에 근접하는 방대한 논문이었죠. 주제는 양자장론이 포스트 모더니즘을

옹호한다는 것인데, 여기까지만. 나도 뭔 소린지는 잘 모르니까.

후배: 그런데 그게 왜 문제인 거죠?

나: 아, 그게 말이에요. 논문이 채택된 후 이 양반이 했던 말이 사건을 촉발시킨 거예요. '사실 난 말도 안 되는 소리를 지껄였다. 그런데 인문학자들은 이 논문을 통과시켰다. 봐라, 그들은 이러한 지적 사기를 간파할 만한 능력이 전혀 없는 한심한 종자들이다! 현학적이고 잘난 척하지만 사실 엄청 무지하다.' 난리가 난 거죠. 이제 감정 싸움까지 번진 거예요.

L4   오, 자연스러움이여, 인간다움이여. 막싸움은 인간의 본능.

L3   나: 이후 장본인 소칼과 벨기에 루벵 대학의 물리학 교수 장 브리크몽이 『Fashionable Nonsense』란 책을 출간했는데 거기선 한술 더 떠 인문학자들에게 이러한 비판들까지 가했어요. 1) 피상적으로 알고 있는 과학 이론을 젠 체하며 남용한다. 2) 자연과학의 개념들을 근거도 밝히지 않은 채 그냥 마구 갖다 쓴다. 3) 전혀 맞지도 않는 맥락에서 과학의 전문 용어들을 적용하면서 어설픈 학식을 자랑한다. 4) 무의미한 말장난에 탐닉한다. 정말 귀담아들을 이야기가 많지요. 난 어느 진영이 옳고 틀리다를 말하려는 것이 아니라 내가 발을 디디고 있는 도메인 관점에서도 뼈저리게 와 닿았다는 말을 하고 싶은 거예요. 경영학, 그리고 컨설팅 말이에요. 인문학은 그래도 인간의, 개인의 정신적 쾌락이나 사고 유희 등을 말할 수 있으니 어떻게든 디펜스할 수 있겠죠. 그런데 경영학은, 그리고 거기에 기생해 돈벌이하려는 컨설팅은 어떨까요? 난 이 점에서 로캉탱을 떠올리게 돼요. 더 심각

한 것은 컨설팅과 경영학은 이런 풍조를 당연시, 아니 이따위들을 오히려 핵심 역량이라고 오판하고 있어요. 게다가 자신들이 무언가의 위에서 위태롭게 외바퀴 자전거를 타고 접시를 돌리고 있다는 생각을 결코 하지 못해요. 자기들이 태양의 서커스단이 아니라 동춘 서커스단의 구태의연한 피에로라는 것을 전혀 모르고 있다는 거죠. 그 위태로운 무언가에서는 지금도 끊임없이 지각 변동이 일어나고 있는데 말이에요. 이런 것들까지 다 헤아리고 대안을 찾아야 컨설팅은 르네상스를 맞이할 수 있을 거예요. 아, 죄송. 난 그다지 르네상스를 긍정적으로 안 보니까, 표현을 바꿔보죠. 혁신할 수 있을 거예요.

L4 혁신? 그런데 이것도 딱히 좋은 언어 선택은 아닌데? 최재천 교수의 언어 선택을 비판했으면서 정작 나도 이 모양 이 꼴. 역시나 창안은 어렵고 트집은 쉽구먼.

L2 "여러 가지 이유를 댈 수 있겠는데요. 아주 단순하게 말하면, 기업의 플래닝도 그렇고 실행도 그렇고 기업 활동에 기여할 바가 점점 더 없어진다는 겁니다. 실행이야 원래 컨설팅의 전통 영역은 아니었지만, 시장은 정확한 예측 및 상황 발생에 대한 민첩한 대응을 요구하고 있기 때문에 그 중요성이 커질 수밖에 없습니다. 시나리오 플래닝을 한다 어쩐다 해도 기본적으로 정확한 예측이란 불가능하기 때문이지요. 음모라는 것을 차치한다 하더라도 세상은 극단적 합리주의자들이 톱니바퀴로 구현한 장(場)이 아니라, 제한된 합리성과 지혜, 윤리를 가진 자들의 상호작용으로 돌아가는 비틀거리는 세상이잖아요? 결국, 무언가 터졌을 때 그때그때 상황에 잘 부합하는 형태로 실행해 나아가는 것이 정답입니다.

그런 상황에서 기존의 컨설팅이 해줄 수 있는 게 과연 무엇일까요? 기껏해야 프로세스, 평가/보상 이런 식의 뻔하디뻔한 메시지를 아마 시의 적절한 데코레이션으로 포장하는 것뿐이겠죠. 소비자건 종업원이건 인간을 죄다 경제적 동물 혹은 기계, 즉 수단으로 간주하면서 아이디어를 짜내는 거죠."

역시나 발동 걸려 열변을 토하다 보니 목이 마르다. 얼른 커피 한 모금을 마신다. 이런 경우에는 이처럼 식어 있는 게 더 좋다. 나쁘게 말하면 변덕, 좋게 말하면……

"그렇다고 해서 기획 부분도 잘 대처할 수 있을 것이냐? 어림도 없는 소리죠. 이것도 회의적입니다. 전 방법론이라는 것은 불필요하거나 모든 게 다 될 수 있다라고 생각하는데요. 이건 좀 지루하실 수도 있으니 다른 말씀을 드릴게요. LC 은행도 마찬가지겠지만, 모든 기업이 요즘 바라는 것은 디테일입니다. 전략은 됐고, 비즈니스 모델, 그것도 서비스 신(scene)이 선명한 비즈니스 모델. 이런 것들을 갈망합니다. 하지만 전통적 컨설팅은 솔직히 말씀드려서 이런 거 잘 못합니다. 왜냐하면, 컨설팅 영역의 대다수인 MBA 졸업자들은 산업 시대의 공장을 통해 생산된 기계들이기 때문이죠. 구조적, 논리적 사고와 케이스라는 자원으로 중무장한. 따라서 그들에겐

L3   그들에겐? 나도 컨설턴트 아니던가? 내 준거 집단이 이게 아닌 고로 난 나를 분리 시키고 있다. 진정성. 본 수준과 메타 수준을 넘나드는 난 위대한 영혼이다.

L2 진부해졌지만 정말 미래의 핵심 역량인 '창의성'이란 게 없어요. 굳이 비교하자면 그들은 예술가보다는 평론가에 훨씬 가까우니까요."

L3　　핵심 역량이라? 프라할라드와 게리 하멜이 떠벌린 이론이었던가? 아, 감히 이론이라고 할 수 없지. 재미있는 건 이 핵심 역량이란 말은 비즈니스 삼위일체(business trinity)*, 즉 경영학, 컨설팅, 기업 모두에 있어 많이 쓰이는 용어이긴 한데, 그냥 다들 주관적 관점으로 오용해서 쓴다는 사실이다. 응용이 아니라 오용이면서 남용한다.

L4　　오~ 맥킨지 신봉자. 그에게 있어 맥킨지는 신이요, 그들이 끄적인 장표는 기독교도들의 바이블일지어다.

L3　　엄밀히 말하면 핵심 역량이란, 단순히 그 기업이 좀 할 줄 아는 게 아니라 '경쟁자 대비 압도적 우위를 보이는 것'을 의미하건만, 죄다 전자의 의미로 쓰고 있다. 심한 경우는 좀 잘하는 시점이 현재형이 아닌 미래형, 그것도 달성 가능한 미래형이 아닌 의지와 표상으로서의 미래형이다. 사실 카피와 벤치마킹이 절대다수인, 그래서 베끼는 거 말고는 딱히 잘하는 게 없는 대한민국 대기업들로서는 원래 의미 그대로 쓰는 게 불가능하긴 할 거다. 솔직히 그 잘 났다는 삼성전자도 단지 아이템 메이커일 뿐, 장르 메이커가 되기에는 언감생심(焉敢生心) 아니던가? 물론 외세 의존적인 학계도 마찬가지고. 사대주의가 편재하는 이곳, 사랑스러운 대한민국.

L2　　"이럴 수밖에 없는 이유는 그들의 사고 체계가 경직되어 있기도 하고, 또 어설프게 과학을 추구하는 경영학의 함정에 빠져 있다는 사실을 모르기 때문이지만, 가장 중요한 것은 펀더멘털, 즉 철학이 없다는 겁니

---

* 소위 체계적 비즈니스의 근간인 경영학, 경영학에 입각해 비즈니스를 전개하는 대기업, 그리고 대기업에 기생하며 세를 키우는 컨설팅, 이 삼자를 총칭하는 개념으로, 저자의 조어다.

다. 그렇기 때문에 그들 스스로 혁신하지 못한다면 10년 뒤에는 좀 비관적이지 않을까 싶습니다. 만일 제 우려와 달리 생존하게 된다 하더라도, 이는 아마 권모술수 덕분일 거고요. 그래서 전 둘째 아드님에게 컨설팅을 딱히 권하고 싶진 않습니다. 그럼에도 컨설턴트가 되기를 원하신다면, 더 이상 왈가왈부하지 않겠고요. 대신 그 후속으로 다루어질 수 있는 이야기에 대한 견해를 피력해 보겠습니다."

고개를 끄덕인다. 그런데 표정은 좀 안 좋게 변했다. 고심에 찬 듯한.

"예, 듣고 보니 좀 고민해봐야 할 것 같네요. 그래, 하여간 말씀 좀 더 들어 봅시다. 컨설팅의 미래가 장밋빛이라는 전제하에, 훌륭한 컨설턴트가 되기 위해서는 그래도 미국이나 영국에 가서 MBA 과정을 밟고 오는 게 가장 좋은 대안이겠죠?"

"죄송합니다만 이것도 'No'라는 대답을 드릴 수밖에 없네요. 그런데 이 이유에 대한 설명을 드리기는 훨씬 쉽습니다. 10년 전 미국 MBA 위상과 오늘날의 MBA 위상을 보면 쉽게 답을 내리실 수 있을 거예요. 희소성이란 것을 생각하셔도 좋고요."

"흠, 위상이 많이 떨어졌지. 그리고 이 총괄 말대로 향후 경영 환경과 현 컨설팅의 한계까지 고려한다면 정말 답답해지네. 어찌 됐건 혁신가들이 변화시키지 않을까요? 이 총괄이 그 주인공이 될 수도 있고. 아니, 되어야 하지 않겠어요?"

"무지, 맹신, 관성, 권모술수와 정치, 진정성, 이런 키워드들을 되뇌고 반성한다면 개선의 여지는 있다고 봅니다. 그렇다면 한 가지 고민을 더 추가하면 될 것 같고요. 본부장님도 통신사와 제휴하신 경험이 있듯이, 좀 남루한 이야기이긴 하지만 앞으로 이종간의 융복합은 더 많아질 것입니다. 기존 산업은 사실 정책 혹은 공급자 주도로 형성된 거니까 말이죠. 하지만 이제는 소비자의 힘이 엄청나게 커지고 있기에, 그러면서 기술이 가파르게 발전하고 있기에 어떻게든 재편이 일어날 수밖에 없습니다. 이때 나타나는 자연스러운 과도기적 현상이 수년 전부터 떠들썩했던 이른바 컨버전스 트렌드죠. 여기서 산업계를 학계로 전환시키면 컨버전스란 표현은 학제 혹은 통섭이라는 표현으로 바뀌게 됩니다. 고로 산업의 컨버전스에 제대로 대응하기 위해서는 학제적 과정에 대한 경험이 필수적일 수밖에 없습니다. 그리고 인간의 본성, 공통성, 자연스러움에 대해 말씀드렸었는데, 이제 인간을 진정 인간으로 봐야 할 때입니다. 인간을 목적으로 봐야 한다는 말씀이죠. 인간을 인적자원이니 소비자니 고객이니 주주니 그런 프레임으로 봐서는 안 됩니다. 요컨대 이 두 개 간의 조합을 충실히 돈독히 하는 학문이 있다면 그것을 전공하는 게보다 나을 거란 생각입니다."

"좋은 말씀이긴 한데 그런 게 있나요? 그게 뭐지?"

"바로 인지과학입니다."

"아, 이 총괄께서 예전부터 계속 떠들고 다니는 그 학문?"

"맞습니다. 그런데 이게 저랑 인연이 있다고 해서 제도권 학자들처럼 과대 포장하고 그러는 건 전혀 없습니다. 정말 인간을 목적으로 바라보는 그런 학문이기 때문에 저는 이 인지과학을 설파하고 다닐 뿐이지요. 사실 비교적 신생 학문이라 허점도 수두룩하긴 합니다. 하지만 인간을 인간으로 보고, 분석적 사고의 한계를 극복하고자 다차원적 뷰(view)로, 네트워크적 사고로 인간을 들여다보고 고민한다는 게 정말 바람직하고 선진적입니다. 물론 꾸준히 진화하고 있기도 하고요."

"……"

"인지과학은 본디 인간의 마음과 뇌를 대상으로 합니다. 전자를 컴퓨터의 소프트웨어로 본다면 후자는 하드웨어로 볼 수 있겠죠. 최근에

나는 발가벗은 한 시간 동안 자유로와진다. 그래, 나는 딜레탕트다!

는 여러 이유로 하드웨어 범주에 몸까지 포함됐습니다. 사실 개인적으로는 예전부터 몸도 당연히 하드웨어에 포함 시켰었는데, 학교나 그 주변에 있는 사람들은 범주에 넣지 않더라고요. 유독 뇌에만 집중하더니, 언제부턴가 선진국 쪽에서 몸의 중요성을 들고 나오자 한국도 덩달아 춤추고 있습니다. 비판적 수용인지의 여부는 정확히 모르겠습니다만, 그간 제도권 학자들이 보여온 행태를 보면 대기업들의 작태와 별반 다를 것 같진 않습니다. 선진국의 권위에 고개를 숙이고 그냥 갖다 쓰는 거죠. 마치 5공 시절 학생 운동이 한창 뜨거울 때 소신과 상관없이 휩쓸리는 대다수 종자들에게서 느껴지는 한심함이랄까요? 그런 게 느껴집니다. 여하튼 이는 학계 내에서 반성할 부분이고요. 인지과학을 미래의 대안적 학문으로 보는 이유는 말씀드렸던 '목적적 인간관'과 '학제적 접근'이라는 데에 있습니다."

"인간이라는 테마로는 이미 많은 말씀을 드린 것 같고요. 좀 생경하게 느끼실 수 있는 '학제'란 말에 대해 좀 더 설명 드려보겠습니다. 전 우리가 맹신하고 있는 분석의 한계를 그러나 좀 전에도 말씀드렸다시피 학제, 다차원적 뷰가 극복해 줄 수 있다고 봅니다. 예전엔 무조건 현상을 나누고 쪼갰죠. 최대한 가능 수준까지. 그러다 보니 발생한 문제가 조각과 조각 사이의 관계성, 바꿔 말하면 네트워크 효과가 파괴된 거였습니다. 사실 이벤트에 있어 중요한 것은 개체들 그 자체가 될 수도 있지만, 개체들 간의 정적 관계성과 동적 상호작용이 엄청 중요하거든요. 그런데 그런 것들이 고려될 수 없다는 게 분석의 결정적 약점입니다. 그리고 그 치명적 약점 때문에 현실 세계의 문제는 명목적으로만 해결될 뿐, 실질적으로 해결될 수 없는 거고요. 그러니 이상과 현실은 다르다는 푸념이 나오는 겁니다."

"인지과학은 인간을 다차원적으로 바라봅니다. 아주 쉽게 설명해 드려볼게요."

또 화이트보드 앞으로 다가간다. 좀 전에 작성된 디시전 트리를 지운다. '쓱쓱' 하고 소리가 난다. 그리고서 역시나 정겨운 툴, 매트릭스를 그린다. X축은 문과와 이과로, Y축은 순수와 응용으로 표기된다.

문과 – 응용 위에 오른손 검지가 나타난다.

"경영학은 여기에 위치합니다. 법학도 마찬가지죠."

이과 – 응용 위에 오른손 검지가 나타난다.

"의대, 치의대가 여기에 존재합니다."

문과 – 순수 위에 오른손 검지가 나타난다.

"요즘 후끈후끈한 인문학이 바로 여기에 위치합니다."

"자, 요즘 잘 나가는 그래서 소위 커트라인이 높은 학과들은 죄다 응용 쪽에 몰려 있습니다. 텃밭이 되어야 할 펀더멘털이 완전히 개 무시당하고 있는 거죠. 조금 전까지 말씀드렸던 컨설팅의 문제점도 그대로 나타나고 있죠?"

"인문학도, 그것이 비록 다른 모든 것들의 시드(seed) 역할을 하긴 합니다만, 역시 인생 세간을 1/4만 다룰 수 있을 뿐입니다. 그러면 인간에 대한 이해와 인간의 행복, 쾌락을 위한 대안 제시 및 구현에 있어 아무래도 부분적이거나 반제품적인 결과만 낼 수밖에 없을 것입니다. 하지만 이 네 개 셀들을 관통한다면 어떨까요? 즉, 순수에서 응용까지, 동시에 문, 이과를 모두 아우른다면 어떨까요?"

"인간을 전일적으로?"

"맞습니다. 인지과학의 학제성은 바로 이것을 의미합니다. 하지만 상당히 도전적인 학문이기에 아무나 할 수 있는 게 아닙니다. 극소수 천재만 제대로 할 수 있습니다. 전 그들을 학제적 개인이라고 부르는데요, 나머지 인지과학도들은 그들을 위한 워킹 딕셔너리로서의 소임을 다해

나는 발가벗은 한 시간 동안 자유로와진다. 그래, 나는 딜레탕트다!

야 할 것입니다. 다소 니체적이긴 하죠. 하지만, 어쩌겠어요? 꼬우면 일찍 군대에 들어와야 하듯, 억울하면 똑똑하게 태어났어야죠. 섣부른 판단이겠습니다만, 본부장님의 둘째 아드님의 글을 보니, 학제적 개인으로서의 잠재력이 언뜻 엿보이는 것 같습니다."

점점 구겨져 가던 부장님의 표정이 언제 그랬냐는 듯 일순간 좌악 펴진다. 마치 다리미를 수차례 문지른 것 같다.

L1   존스 홉킨스에서 전기공학을 했으니 소위 스펙이라는 게 나쁘진 않은 편이다. 하지만 스펙과 역량 사이엔 유의미한 상관관계가 없다. 그렇기에 낙관도 비관도 하지 않는다. 가만있자. 독특한 점이 있긴 하다. 철학을 복수 전공했다? 예전부터 수많은 이력서를 봐 왔지만, 철학 전공자를 만난 적은 없는 것 같다. 그런데 인지과학을 제대로 하려면 인지과학 과정에 들어가면 안 되듯이, 철학을 하려면 철학과에 들어가면 안 되는 거 아닌가? 시비를 걸지만 그래도 관심이 가는 건 사실이다.

L2   한때 철학자 매튜 스튜어트*를 비난한 적이 있다. 지금 회사의 개업 준비로 한창 바쁠 무렵이었다. 그때 그에게 '인간아, 컨설팅 판이 엉망이면 판을 바꿀 생각을 해야지. 왜 떠나냐? 난 당신과 달라. 그렇기에 난 자신들이 하는 짓이 얼마나 허무하고 위태로운 것인지, 자신들의 기반이 무엇인지, 그것이 어떻게 변천해 왔는지에 대해 전혀 무지하다는

---

* 프린스턴대에서 철학을 전공하고, 옥스퍼드대에서 철학 박사 학위를 받았다. 맥킨지, AT커니 등에서 거치며 전략 컨설팅을 수행했으며, 이후 자신이 투자한 컨설팅 펌을 직접 운영하였다. 그러나, 오랜 컨설팅 경험을 통해 컨설팅과 이의 이론적 토대인 경영학에 회의를 느껴 저술가로 돌아섰다. 대표작으로『스피노자는 왜 라이프니츠를 몰래 만났나(The Courtier and the Heretic), 2006』,『위험한 경영학(The Management Myth), 2009』등이 있다.

사실을 포함, 숱한 문제점을 안고 있는 경영학과 거기에 기생하는 글로벌 전략 펌들과 다른 식으로 접근할 거야!'라고 외쳤었다. 그때, 소위 '글로벌 베스트'라 불리우는 한 업체의 반향이 들려왔다. 짜증 나는 영어로. 한역을 대충 해보자면,

"웃기고 있군요. 당신들 같은 듣보잡이 떠든다고 시장에서 과연 귀를 기울여줄까요? 사실 우리도 뒷걸음질치다가 우연히 당신들 같은 구석탱이의 존재를 알게 된 거예요. 당신들은 이렇게 주류 중의 주류, 즉 슈퍼 주류가 말 붙여주는 것도 감사하게 생각해야 할걸요? 그리고 설사 당신들이 짖는 소리를 들었다고 해서 시장에 긍정적으로 받아들여질까요?"

맞는 말이다. 그러기에 충분히 계산하고 있었다. 나의 대답은

"어이구, 마트에서 파는 맥주가 웬일이세요? 아무튼, 일단 난 양질의 클라이언트 풀이 있거든요? 나 역시 당신들이 만들어 놓은 현재의 표준과 프로토콜에 맞게끔 일정 기간 프로젝트를 해야겠죠. 하지만 그 동안 제가 바람직하다고 확신하는 그것들을 형상화, 구체화하기 위한 컨설팅 R&D를 병행할 겁니다. 그 기간이면 기존하는 표준의 이행을 통해 우리의 평판이 어느 정도 쌓일 것이고, 난 그 순간 착실히 준비했던 비장의 무기를 공표할 거고요."

"무척 나이브한 소리로 들리는군요. 브랜드도 없고 전통도 없고 지구의 사투리 중 하나인 한국어를 주로 구사하는 당신 같은 자들은 늘 그렇게 순진하게 말하죠. 그래, 특별히 우리가 조언 좀 해줄 테니 어떤 내용인지 한번 읊어 봐요."

당연히 난 대답하지 않았다. 그 근본도 없고 또 모르는 자들이 들어봤자 전혀 이해하지 못할 것이고, 고객의 가치보다 자신들의 수익을 우선시하는 진정성 없는 장사치들이기에 공감의 가능성이 현저히 낮기 때

나는 발가벗은 한 시간 동안 자유로와진다. 그래, 나는 딜레탕트다!

문이다. 따라서 난 입 아프게 떠들 이유가 하나도 없었고, 만에 하나 이해하고 공감한다 해도 우리의 기밀이 노출되는 것이므로 더더욱 말하고 싶지 않았다. 실제 그렇게 실천해 왔다. 그런데 지금의 난 매튜 스튜어트를 이해하게 됐다. 솔직하게 말하면 컨설팅 업계를 떠나 저술가로 변신한 그의 의사결정은 상당히 잘 내린 의사결정이라고 생각한다.

컨설팅이 제대로 사회에 기여하기 위해서는 철학자가 컨설턴트가 되어야 한다. 단, 전제 조건은 있다. 그 철학자가 학계 안에서 벽을 쌓고 폐쇄적으로 공자왈 맹자왈만 읊어서는 안 될 것이며, 타 분야에 대한 배타적 성향은 필히 버려야 할 것이다. 즉, 실 세계 경험을 많이 하고 오픈 마인드가 있어야 한다. 그렇다면 그들은 이성과 감성을 넘나드는 특유의 펀더멘털, thinkability적 역량으로 이상적이면서도 현실적인, 그러면서도 도덕적인 우아 그 자체의 성과를 창출할 수 있을 것이다.

사실 역량이란 말은 어폐가 있다. 왜냐하면, 나의 thinkability에는 감성, 광기, 지향성, 의식, 창의성 등등이 다 포함되는데 역량이란 표현을 쓰는 순간 소위 이성의 감옥에 갇히기 때문이다.

L1 '이 친구는 과연 진정한 철학자일까? 그렇다면 난 이 친구를 당연히 뽑을 텐데……'

컨설팅 결과가 만족스러우려면 당연히 좋은 사람이 있어야 하고, 좋은 사람과 일하기 위해서는 좋은 사람을 뽑아야 한다. 지극히 동어반복적인 말이다. 그냥 대충 뽑아 놓고 '아, 이 인간 일 너무 못한다'라고 비난하는 리더는 참된 리더로 볼 수 없고 소위 꼰대라고 불리는 게 맞을 것이다. 나 역시 내가 생각하는 좋은 사람 선발을 위한 나름의 선발 기준을 정립해 놓았으며, 이는 크게 이원화된 구조로 되어 있다. 먼저 베이식(basic)에 해당하는 부분의 질문은 펀더멘털 사안으로 거의 고정돼 있다. 그리고 어드밴스드(advanced) 부분은 상황 및 맥락에 맞게 애드 립처럼 던져진다. 당연히 마음에 들지 않는 친구와 이야기할 때에는 베 이식 부분만 다루어지고 서둘러 마무리된다. 내 시간은 너무나 소중하 기 때문이다. 차라리 이 시간에 포스트(post) 컨설팅으로 생각하고 있는 f-business에 대한 아이디어를 보다 디테일하게 파고 들어가는 게 훨 씬 바람직할 것이다. 따라서 이런 불량스러운 경우에는 인터뷰 시간이 보통 30분을 넘지 않는다. 물론 뛰어나신 분을 뵙게 된다면 3시간이고 4시간이고 가없이 논의를 진행할 생각으로 충만하다. 당연히 지원자께 서 용인하신다는 전제 하에서다. 하지만 아직 그런 분을 단 한 번도 접 한 적이 없기에 오늘도 큰 기대 없이 시작한다. 그럼에도 불구하고 조금 이나마 기대하는 것은 바로 이 '철학'이라는 단어 때문이다.

　비서의 안내를 받아 그 친구가 도서관으로 들어왔다. 의례적이고 소 프트한 이야기를 신속히 마치고 본격 논의가 시작됐다.

　"우리 회사는 펀더멘털과 디테일을 가장 중요시합니다. 사실 대다수 사람이 착각하고 있어요. 정말 많이 쓰고 있는 개념이어서 자신이 잘 안 다, 많이 안다, 상세히 안다고. 그런데 몇 마디만 냉철하게 자문해 보면 그게 아니라는 것을 여지없이 깨닫게 되죠. '아, 내가 아는 게 아니었구 나. 제대로 아는 게 아니었구나. 내 이야기는 너무나 뻔하고 벙벙해서 개나 소나 다 할 수 있는 무의미한 소리였구나?' 혹시 LTT 씨도 그런 흔하디흔한 분인지 한번 확인해 볼게요."

　"우리 전략 컨설팅에서 많이 쓰는 용어로는 어떤 것들이 있을까요? 일일이 헤아려 보진 않았지만, '전략' 그 자체와 '비즈니스 모델', 그 리고 '분석'이 아닐까 싶어요. 그래서 바로 이런 것들에 대해 질문하려 고 합니다. 1) 전략이 대체 뭘까요? 2) 비즈니스 모델이란, 그리고 3)

　　　　나는 발가벗은 한 시간 동안 자유로와진다. 그래, 나는 딜레탕트다!

분석이란 뭘까요? 그리고 4) 이 삼자들을 엮어서 간단한 스토리를 짜본다면?"

나름의 컨설팅 경험이 있는 친구였지만 당황하는 기색이었다. 하지만 잠시 후 미소인지 썩소인지 구분이 안 가는 표정을 날리며 차분히 답변했다.

"지금 이 방에 감도는 분위기로 봐서는 클라우제비츠의 『전쟁론』에 나오는 오리지널 전략의 정의를 물으신 건 아닌 것 같고요. 또 예전 「라디오 스타」에서 신정환이 게스트들에게 던지곤 했던 '아무개 씨에게 음악이란?' 이런 식의 지정적 질문도 아닌 것 같습니다. 맞는지요?"

오, 이 녀석 봐라? 느낌이 오는데? 약간의 여유로움 및 자신감에도 호감이 갔으나 전제 사항을 정리하는 부분에서 thinkability가 어렴풋이나마 느껴졌다. 당연히 나도 아직 100% 활짝까지는 아니어도 여하튼 웃음으로 해석 가능한 상징을 던지며 화답했다.

"맞아요. 비즈니스를 잘하기 위해서는 그 비즈니스를 둘러싼 상황이나 맥락을 고려해야 하는데 지금 내가 바라는 바는 컨설팅 맥락 하에서 유용할만한 포멀(formal) 정의입니다."

"예. 그렇다면 이렇게 대답할 수 있겠네요. 일단 전략이라는 것은 전술보다 상위 수준의 이야기입니다. 따라서 디테일한 과제와 대구를 이룰 사안은 아니라고 보고요. 상위 수준, 즉 방향이라는 표현과 어울릴 것 같습니다. 그리고 『전쟁론』에서도 이야기 나오듯 결국은 내가 가용할 수 있는 인적자원 등도 같이 언급되어야 할 것 같네요. 따라서 제가 내릴 수 있는 전략의 정의는 '원하는 포지션을 정하고 이에 도달하기 위해 내가 취해야 할 방향을 설정하고 필요한 조직, 인적자원들을 배치하는 것'입니다."

이 얼마 만인가? 이 정도의 답변을 듣는 것도 거의 백만 년 만인 것 같다. 내가 원했던 대답에 100% 일치하는지는 못했으나 90%까지는 육박한 것 같다.

"제가 생각한 것과 대동소이하네요. 하지만 군이 차이점을 말씀드리자면 조직이나 인적자원이라고 표현하신 부분, 이 부분에 약간의 정교화가 가미되면 좋겠어요. 즉, 조직과 인적자원에만 국한하지 말자는 거죠. IT 시스템도 될 수 있고, 최근 들어 아웃소싱, 뭐 생태계란 표현도 나쁘진 않겠네요. 이런 부분들도 내가 컨트롤할 수 있다면 자원으로 해석이 가능하기에 뒷부분을 내·외부 자원 배치로 포괄하는 게 보다 정확하다고 봅니다."

시스템스 어프로치(systems approach)를 알고 있을까? 이거 제대로 아는 친구들도 거의 없던데. 그러면서 SWOT(Strength Weakness Opportunity Threat)이라는 구닥다리를 갖고 어쩌고저쩌고 하면서 떠들지. 남루한 녀석들.

"아주 심플하게 표현한다면 이런 거죠. 'direction & resources allocation.' 관련해서도 이야기할 게 많긴 한데 이건 혹시 나중에 기회 되면 그때 하도록 하죠. 지금은 인터뷰 중이니까……"

난 그날 인터뷰 직후 그 친구와 술을 마시시라고는 생각지도 못했고. 많은 이야기는 이 이후에 주야장천 진행됐다. 당연히 날을 바꿔 귀가했고.

"자, 그럼 비즈니스 모델은 뭘까요? 역시나 빈번하게 쓰는 용어지만 막상 이야기해 보라고 하면 얼버무리게 되는 것 중 하나인데……"

"예. 먼저 모델이란 것에 대한 언급이 있어야 할 듯하네요."

오호라! 점점 더 호감이 갔다. 많은 말을 하고 싶었지만 침을 꿀꺽 삼키고 그의 입에서 과연 어떤 이야기가 흘러나올지 기대하고 바라보았다. 그의 입이 쉴새 없이 움직이며 군더더기 없는 말들을 내뿜었고, 내

나는 발가벗은 한 시간 동안 자유로와진다. 그래, 나는 딜레탕트다!

뽑고 있다. 그리고 내뿜을 것이다.

"모델이란 관심 대상에서 핵심만을 취하고 나머지는 사해서 현실을 아주 심플하게 표현하는 것이죠. 그러니까 현실에서 중요한 부분만을 캐치한 단순화랄까? 여기서 좀 더 멀어지면 잘 아시겠지만, 메타포라고 할 수 있는 거고, 거기까지 터치하게 된다면 문학 같은 예술로 넘어가게 되죠."

L2 헉! 현실, 모델, 그리고 메타포.

베르그송. 감각된 모든 것에서 주의(attention)를 통해 제거되고 남은 것들이 곧 지각의 대상. 아서 밀러*. 동일 선상의 맨 왼쪽에 현실 세계가 있다. 단순화와 선택과 집중이라는 미션을 안고 우측으로 조금씩 이동한다. 그러자 현실 세계가 모델로 변신한다. 아직까진 객관적이며, 이성이 지배하고 있다. 하지만 여기서 그치지 않는다. 오른쪽으로 좀 더 이동한다. 기존 미션이 수명을 다했기에 각양각색의 새로운 미션을 머금고 있다. 왼쪽은 맨 왼쪽이라는 표현이 성립할 수 있도록 한정이 돼 있건만 우측은 그렇지 않다. 무한대의 갈래가 존재하며, 어느 하나 끝이 보이지 않는다. 어느 한 길을 선택하여 계속 우진한다. 정확히 어떤 점이라고 표현할 수는 없으나 이를 넘어서는 순간 모델은 메타포로 2차 탈바꿈을 하게 된다. 주관이 많이 개입되기 시작한다. 하지만 여전히 텃

---

* 런던유니버시티칼리지 명예 교수(Emeritus Professor)로 1991년부터 2005년까지 동 대학에서 과학사 및 과학철학 교수와 과학기술연구소 소장을 역임했다.
뉴욕시립대에서 물리학을 전공하고 MIT에서 박사 학위를 수여 받았으며, 과학 기술의 역사와 철학, 인지과학, 과학적 창조성, 예술(특히 미술)과 과학 간의 관계 등에 관심이 많다. 대표작으로『천재성의 비밀(Insights of Genius: Imagery and Creativity in Science and Art), 2000』,『아인슈타인과 피카소(Einstein, Picasso: Space, Time and the Beauty That Causes Havoc), 2001』,『블랙홀 이야기(Empire of the Stars: Obsession, Friendship, and Betrayal in the Quest for Black Hole), 2005』 등이 있다.

밭은 이성이요 객관이다. 좀 더 나가볼까? …… 티핑 포인트(tipping point)랄까? 어느 순간 돌연 이성과 객관이 급약화된다. 그러면서 주관과 감성, 그리고 광기가 헤게모니를 장악하기 시작한다. 이른바 예술의 판이 만들어지고 있다.

L1   오, 역시나 기대를 저버리지 않았다. 필요한 전제를 먼저 뇌까린다는 접근적 측면도 긍정적이었으나, 현실, 모델, 메타포 간의 관계성이라는 펀더멘털을 터치했다는 게 더 매력적으로 다가왔다.

"혹시 아서 밀러라고 알아요?"

"『세일즈맨의 죽음』이요?"

이것만큼은 내 스타일에서 너무나 멀리 떨어져 있다. 『고도를 기다리며』가 좀 더 가깝고, 『대머리 여가수』가 더더욱 가깝다.

내 기대가 너무 컸던 거다.

"아, 됐어요. 그냥 하려던 말씀이나 계속해 보세요."

뜬금없다는 표정을 지으며,

"아, 예. 그러니까 비즈니스와 관련된 중요한 팩터들을 추출한 후 이를 표상한 것이 비즈니스 모델이라고 할 수 있는 거죠."

"그렇죠. 지금 중요한 팩터라고 말씀하셨는데, 팩터들로 어떠한 것들이 언급될 수 있을까요? 나름 중심 잡고 말씀하시는 것 같으니, 커뮤니케이션의 용이성 차원에서 스토리에 실어 설명하면 더 좋을 것 같네요."

"아, 예. 그런데 저 컨설팅 펌 여러 군데 인터뷰해봤는데 이런 식의 질문과 진행은 처음이네요."

웃음, 그리고 이야기는 계속됐다.

"그런데 유익하고 재밌어요. 저 자신을 제대로 들여다보게 되는 것

나는 발가벗은 한 시간 동안 자유로와진다. 그래, 나는 딜레탕트다!

같습니다. 그럼 계속 답변 드릴게요."

얼씨구, 이젠 제법 여유까지.

"일단 비즈니스의 시드라 할 수 있는 것은 당연히 고객이라고 생각합니다. 결국, 그들이 주머니에서 돈을 꺼내어 우리에게 던져줘야 우리 회사가 생존도 하고 성장할 수도 있는 거니까 말이죠. 따라서 첫째는 고객 선정, 즉 타게팅(targeting)이 아닐까 싶습니다. 그다음은 대상이 정해졌으니 그 대상의 마음을 동하게 할 가치를 부여하는 게 중요하겠죠. 교과서적으로 말하면 가치 제안(value proposition)이라 할 수 있겠네요. 그다음은 서비스 오퍼링(service offering) 혹은 아이템이라고 할 수 있을 것 같습니다. 적어도 제가 생각하기에 가치라는 것은 pain & happiness point* 등 욕구들이 해결될 때 느낄 수 있는 심정? 뭐 이런 것이기 때문에 지극히 추상적일 수밖에 없습니다. 하지만 비즈니스는 유형화, 형상화, 구체화가 필수죠. 추상의 거래는 학문이나 예술에서나 가능하기 때문입니다. 서비스 오퍼링이란 바로 그 가치를 전달해 줄 수 있는 유형화, 구체화된 매개를 의미합니다. 그다음엔 이거 같아요. 아까 파트너님께서도 말씀하셨다시피 최근의 비즈니스도 그렇고 앞으로의 비즈니스는 더욱더 그럴 것 같은데 자기 혼자 A부터 Z까지 모든 걸 다할 수는 없다고 봅니다. 즉 외부 파트너와의 협업 모델 정립이 필수적일 것 같습니다. 물론 여기엔 유통 채널 같은 딜리버리(delivery) 사안도 포함됩니다. 그다음은…… 파트너님, 지금 우리가 비영리조직을 전제로 이야기 나누는 거 아니죠?"

"예, 맞습니다. 암묵적이긴 합니다만 민간 대기업을 전제로 이야기

---

* 특정 서비스나 상품을 구매, 이용, 폐기하는 일련의 과정에 있어 고객이 느끼게 되는 불편 요소와 기쁨 요소. 히트 서비스가 되기 위해서는 구매 경험 사이클 전반에 있어 고객이 가치를 충분히 체감할 수 있어야 하며, 이는 불편 요소의 축소, 제거 및 기쁨 요소의 증대, 창출을 통해 실현될 수 있다.

나누고 있는 거죠."

"예, 잘 알겠습니다. 민간 대기업이라면 자원봉사 단체가 아니지 않습니까? 따라서 고객에게 가치를 주었다면 거기에 준하는 대가를 받아야 할 것입니다. 그게 바로 돈이죠. 즉 수익 모델이 수반되어야 합니다."

참 괜찮은 친구다. 대한민국의 척박한 컨설팅 문화 속에서 진정한 '생각'이란 걸 할 시간이 그렇게 많지 않았을 텐데, 이 친구는 아마 이렇게 고민을 하면서 수많은 날밤을 까왔을 것이다. 그의 컨설팅 철학도 듣고 싶었으나, 지금 맥락에서는 필수 사항이 아니기에 억지로 자제했다. 여하튼 컨설팅 바닥에서 십 년 이상을 구르면서 임원 자리를 꿰차고 있는 대다수 사람들도 제대로 하지 못하는 사고를 이 어린 친구는 하고 있다. 역시 귀납이나 경험이 최고는 아니다. 그렇다고 해서 연역이나 형이상학이 우월하다는 것도 아니다. 정말 중요하고 세상을 행복하게 만들어줄 수 있는 것은 연역과 귀납의 균형, 형이상학과 경험의 절묘한 조화이다. 물론 이 역시 이성과 그 언저리에만 해당되는 이야기이기에 턱없이 부족하긴 하다만.

"훌륭하네요. 각 항목에 대한 디테일은 우리 나중을 위해 접어 두기로 하고, 몇 가지만 첨언할게요. 말씀하신 대로 수익 모델에서 마무리 지어도 크게 하자는 없어요. 하지만 앞으로의 마켓 다이내믹스(market dynamics)를 고려한다면 시장 불확실성에 대한 압박이 더 커질 것은 자명합니다. 따라서 이 불확실한 시장에 대처하기 위한 리스크 관련 사안을 비즈니스 모델에 추가하는 것이 좋을 것 같습니다. 물론 조직이 직면한 상황이나 맥락을 고려해야 함은 당연한 말이겠죠. 단기적 생존에 허덕이고 있는 조직에 가서 중장기 리스크를 논한다고 한들 전혀 수용되지 않을 테니까 말이죠. 가령 급성 맹장염 환자에게 가서 너 그동안 예

나는 발가벗은 한 시간 동안 자유로와진다. 그래, 나는 딜레탕트다!

방 접종 한 번도 안 했으니 간염에 걸릴 가능성이 농후하다. 빨리 간염 예방 접종받아라. 그럴 수는 없는 노릇이잖아요. 여하튼 우리가 이 비즈니스 모델을 현실화시켜 실행에 옮길 경우 과연 어떠한 리스크들이 발생할 것인가? 그 리스크 각각은 얼마나 크리티컬한가? 그 크리티컬 리스크들은 우리가 준비만 단단히 한다면 충분히 통제할 수 있을 것인가? 그렇다면 구체적으로 어떠한 대안들을 마련할 수 있을까?"

　"어쨌든 좋습니다. 그럼 세 번째 답변을 듣기로 하죠. 분석, 분석하는데 대체 분석이 뭔가요? 제가 예전에 인터뷰 진행할 때 어떤 지원자가 이렇게 답하더라고요. '분석은 열정이다.' 뭐, LTT 씨도「라디오 스타」를 즐겨 보시는 것 같은데 저도 좋아합니다. 그런데 그때 내가 원했던 답은「라디오 스타」같은 그런 게 아니었어요. 그래서 인터뷰 도중 그 친구에게 끝났으니 그만 나가보라고 했죠. 컨설턴트라면 기본적으로 분위기 파악을 잘해야지, 원. 사실 이 질문은 컨설팅을 10년 넘게 해오면서 컨설팅 조직에 있는 사람들이나 고객분들에게 자주 던지곤 했던 거예요. 그럼 대다수는 용도와 정의를 분간하지 못하고 답하더군요. 'To-Be를 위해 거쳐 가는 As-Is단계에서 해야 하는 액티비티가 아닌가요?' 뭐, 틀린 말은 아니에요. 용도로서는 더할 나위 없이 정확하고. 그런데 난 정의를 물어본 거예요. 이 정의만 제대로 알면 실타래가 풀리듯 많은 이야기가 발산될 수 있죠."

　"앗, 저도 'To-Be 어쩌고'란 대답을 드리려고 했는데…… 상황에 맞는 최적 안을 찾기 위한 작업 아닌가요?"

　"아, 여기까지 잘도 따라오셨는데 아쉽게도 마지막에 미끄러지시네요. 하하. 자, 분석의 한자어만 알면 자연스레 해결이 됩니다. '나눌 분(分)'에 '쪼갤 석(析)'. 즉, 나누고 쪼갠다는 의미죠. 가령 우리가 거대한 문제 덩어리를 만났어요. 그 문제를 보면 엄청난 부담감에 토할 거

같은 심정이 들겠죠? 이때 우리가 취할 수 있는 방법이 그 거대한 문제 덩어리를 잘게 쪼개는 거예요. 쪼개고 쪼개서 결국 원자화된 문제로 만들어 버리면 그 원자적 수준의 문제는 최초 거대 문제에 비하면 해결하기가 한결 쉬워집니다. 따라서 이 만만한 크기의 문제에 대한 솔루션을 찾아 역으로 합하면 본문제가 해결된다는 게 분석의 논리죠. 그러니까 쪼갬의 미학이랄까? 이런 게 정말 중요한 문제로 대두될 수밖에 없어요. 나누고 쪼개기 위한 기준 잣대, 나는 이를 '디멘전'이라 칭하는데 이를 잘 정의해야 소위 미시(MECE: Mutually Exclusive and Collectively Exhaustive)하게 유의미한 문제 조각으로 만들 수 있습니다. 사실, 문제가 많은 접근이긴 해요. 주류 경영학 스스로도 모순을 안고 있고. 컨설팅 펌에서 흔히들 하는 케이스 인터뷰도 이런 맥락에서 한다고 보시면 됩니다. 특히 나름 머리 굴리는 컨설팅 펌에서는 지원자의 경험 효과를 최소화시키기 위해 이력서를 살펴보고 생경할 만한 인더스트리의 케이스 문제를 던지곤 하죠. 왜냐하면, 누군가가 문제를 수월하게 해결하는 경우는 문제의 구조, 형식과 더불어 의미, 내용을 충분히 숙지하고 있을 때인데, 후자를 잘 헤아린다면 전자에 대한 역량이 다소 미흡해도 그럭저럭 답을 구할 수 있거든요. 그러니까 과학적 방법을 추앙하기에, 의미보다는 구조, 형식에 집착하는 그들로서는 내용 지식에 오염되지 않은 순수한 구조적 사고력을 파악하고 싶어하는 겁니다."

이 양반, 혹시 존 설의 '중국어 방'을 알까? 아마 잘 알겠지?

이 친구는 당연히 높은 점수를 받았다.

어느덧 많은 시간이 흘러갔다. 도서관 책상을 덮고 있던 빛의 테이블보가 녹아 사라진 것도 이제서야 감지했고, '꼬르륵~'이라는 뱃속의 아우성 또한 마찬가지였다. 그 소리가 워낙 크게 진동했기에 내 맞은 편에 앉은 자 또한 틀림없이 들었을 거다.

택시를 타고 홍대 피카소 거리로 갔다. 시커먼 고급 양복을 입고 서서 떡볶이를 먹는 사람은 우리 둘뿐. 대충 거리의 음식으로 요기를 마치고 NoNo로 올라갔다. 모범택시 안에서, 그리고 조폭 떡볶이*에서 오떡순을 먹는 동안 우리가 나눈 대화는 소프트했다. 주로 그 친구 학부 시절에 대해 주거니 받거니. 전기공학은 그렇다 치고 어떻게 철학을 복수 전공하게 됐는지가 주요 테마였다. 사연인즉슨 미국에서 고등학교를 다닐 때 물리 선생님과 자주 대화를 나눴는데, 당신께서 교과서와 함께 보면 좋을 만한 책들을 소개해 주셨고 그 중 더글러스 호프슈태터의 『괴델, 에셔, 바흐』가 있었다 한다. 그러니까 이 책이 그를 철학으로 이끈 셈이다. 거기에 그 친구의 꿈이 펀더멘털을 펀더멘털 그 자체로 탐닉하고 그치는 것이 아니라 현실에 제대로 응용하는 것이었기에 전기 공학과 철학을 복수 전공하게 됐다는 논지다…… 충분히 공감되었다. 이 친구가 나름 학제적 개인이 아닐까 싶었다. 나 역시 인지과학을 택하게 된 데에는 한 선배가 소개해준 『괴델, 에셔, 바흐』가 큰 역할을 했는데, 학부 3학년 때였으니 그 친구에 비한다면 꽤 늦은 셈이다. 우리나라 고등학교 선생님들 중에 이 책을 읽으신 분은, 아니 그 존재를 알고 있는 사람은 과연 얼마나 될까?

인간은 주체적 개인 관점을 견지할 경우, 재미있는 존재자다. 태어남의 순간에는 아무런 목적도 갖고 있지 않으니, 이후 자연스레 개인적인 목적이 형성되며, 따지고 보면 그 궁극은 너나 할 것 없이 쾌락으로 귀결된다. 명시적이건 암묵적이건 간에 말이다. 이는 설사 환원주의적 사고라 해도 비난받아야 할 환원주의가 아닌 관계로 쭈빗쭈빗 거릴 이

---

* NoNo 부근에 실재하는 떡볶이 가게로, 조폭이 운영한다는 소문 때문에 가게 명을 아예 '조폭 떡볶이'로 지었다.

유가 전혀 없다. 이에 따라 쾌락의 구체적 콘텐츠는 개인마다 다르겠지만 크게 두 가지로 범주화될 수 있다. 순환은 되지만 시간의 흐름에 따라 점점 진보해 나가는 '나선형 쾌락'과 진보니 퇴행이니 하는 것과 무관하게 제자리에서 맴도는 '단순 순환형 쾌락'.

단순 순환형 쾌락은 '결핍'에 의해 비롯되며, 인류 보편 사항으로 누구나 다 갖고 있고 구현 방안의 자유도가 그리 높지 않다. 다분히 동물적이기 때문이다. 반면 나선형 쾌락의 촉발제는 '야망'인데, 누구나 다 가진 것 같지는 않다. 하지만 지극히 인간적이기에 자유도는 거의 무한이 아닐지 싶다. 인간의 수도 그러하거니와 인간 개개인이 직면하는 상황까지 고려한다면 당연한 소리다. 내 성격이 그래서 그런가? 개인적으로는 양자를 겸비한 삶이 아름다운 삶으로 여겨진다. 나선형 쾌락에는 한계 효용 체감의 법칙이 아닌 체증, 즉 가속도의 법칙이 작용한다. 네트워크, 조합의 경우의 수가 급증하게 되고 이에 의존하게 되는 것이다. 후자는 분명히 한계 효용 체감의 법칙이 작용한다.

이는 육체적 자원 조달의 문제가 수반되긴 하나 심리적으로도 맞는 것 같다. 내, 테스트를 직접 해봤다. 사실 기억이 가물가물하긴 한데 단절없이 두 차례 연속 성공한 적이 딱 한 번 있었던 것 같다. 그 외에는 죄다 일회성으로 그쳤다. 성공했을 때가 언제였는지는 잘 기억나지 않는다. 그러고 보니 여기서도 마인드-바디 문제가 발생하는 것 같다.

L0   옷 입기라는 일련의 행위들을 돕기 위해 양손은 들락날락 분주히 움직인다. 영원한 조연일 수밖에 없는 손은 사실 자존심이 많이 상했을 거다. 그래도 묵묵히 제 할 일을 한다. 여러모로 고마울 뿐이다. 이러니 옷대가리들이 말 잘 듣는 아래 것들을 예뻐하는 거로구나. 하지만 언제나 '예, 예' 거리기만 하고 싫은 내색을 보이지 않으니, 낙타처럼 무시당할

나는 발가벗은 한 시간 동안 자유로와진다. 그래, 나는 딜레탕트다!

때가 잦긴 하지. 똥 닦기 등 지저분하고 자질구레한 것까지 다 해야 하고 말이야.

팬티와 달리 러닝셔츠에 대한 압박은 별로 없기에 지난주 목욕 이후 입었던 것을 유지한다. 제아무리 새것이라 해도 팬티에 코를 대는 것은 좀 꺼려지나, 약 일주일 간 묵혀진 러닝 셔츠에 대해서는 그다지 거부감이 없다. "킁킁". 아직 땀을 많이 흘리는 계절은 아니지만 유쾌하지 않은 인간의 내음이 나는 것 같다. 특히나 더더욱 달갑지 않은 숙성된 남성의 냄새. 그래도 제아무리 개 코를 가진 누군가라 해도, 지금 내 상태가 시각적 혹은 후각적으로 무언가 감지될 만한 수준은 아닌 듯하니 별반 문제 될 건 없다.

사실 팬티에 대한 러닝셔츠의 자신감은 어쩌면 당연한 걸 수 있다. 녀석의 경우 비록 감내하는 육신의 범위가 넓긴 하지만 오로지 땀 구멍들과만 접촉하는 데에 반해, 팬티는 커버하는 범위가 좁다고 안심할 수 없는 것이 강력한 배설물들을 내뿜는 두 개의 크고 신축성 좋은 구멍들과 맞닿아 있기 때문이다(입출력에 대한 상대적 빈도는 다르지만, 이 기능들을 동시에 감당하는 또 다른 큰 구멍은 마스크를 쓰지 않는 한 항상 노출돼 있다). 이들 중 상대적으로 큰 구멍은 장(腸)의 상태에 따라 고체부터 액체까지 아날로그적으로 다양한 산출물들을 쏟아내며, 그 형태가 어떻든 간에 이들 산출물은 동일 목적을 추구한다. 반면 상대적으로 작은 구멍은 액체와 젤리라는 디지털적 형태로 결과물들을 내뿜게 되는데, 각각의 지향점은 완전히 상이하다. 그렇기에 팬티는 늘 불안한 존재자일 수밖에 없다. 이 구멍들의 원 상태는 원형보다는 직선형에 가깝다.

혹 불상사가 발생한다면 타인의 관점에서 시·후각 적으로 확실하게 각인될 수밖에 없다. 주체로서 나에게는 여기에 촉각이 추가될 수 있다. 이건 오로지 나만 느낄 수 있는 건데, 만일 그 타인이 상당한 예민함의 소유자라면 시·후 양 감각의 조합을 통해 부정적 질감의 촉각까지도 느낄 수 있으며, 그 결과 나에게 경멸의 눈초리를 날릴 수도 있다. 사실, 이 정도라면 그는 감각의 단계를 넘어 이미 지각의 단계에 돌입한 셈이다. 이러한 상황에서는 나나 타인에게 있어서나 청각은 후 순위이며, 이는 존재론적으로 상상의 산물이 될 가능성이 농후하다.

러닝셔츠는 집에서 입는 내부용과 외출 시 입는 외부용으로 이원화된다. 관심의 대상인 내부용의 경우 유효 기간이 일주일이며, 대중탕에 갈 때에도 입고 간다. 대중탕 왕래는 외부가 아닌 가내 활동의 연장으로 오래전부터 간주해 왔기 때문이다. 그래서 고등학교 1학년 이후로 뇌리에 각인돼 있는 '외출 후, 소금물 가글'이라는 조건 명령은 대중탕을 다녀올 때에는 적용되지 않는다.

겉옷을 입는다. 하얀 티셔츠를 입고, 통 좁은 청바지를 입는다. 내의와 반대적 상황이다. 티셔츠는 서랍에서 갓 꺼낸 뽀송뽀송 새것이고, 바지는 빤 지 한 보름 정도 됐나? 그 사이 네 차례 정도 입었던 것 같다. '보름 됐다'가 아니라 '보름 정도 됐나?'라는 점이 이에 대한 나의 민감도를 잘 대변해 준다.

많은 지인이 내 특유의 마른 다리를 보고 통 넓은 바지를 권한다. '통이 넓어야 가는 다리를 감출 수 있지 않겠느냐?'는 게 그들 나름의 변이다. 하지만 이는 펄럭거림의 볼품 없음을 몰라서 하는 소리고, 양 다리가 바람 부는 815 광복절의 쌍 깃대 태극기로 대체되었다고 생각해 보라. 바지의 시각적 민폐도는 펄럭거림이 그리는 가상의 궤적에 정비례한다는 것이 내 지론이다. 다리가 가늘면 바지통도 좁아야 한다. 자고로 맵시란 더도 말고 덜도 말고 한가위 같아야 도드라질 수 있기 때문이다. 난, 가느다란 나의 허벅지, 종아리, 그리고 발목 각각은 물론 이들이 유기적으로 앙상블을 이루며 그리는 곡선을 사랑한다. 또한, 이의 실루

나는 발가벗은 한 시간 동안 자유로와진다. 그래, 나는 딜레탕트다!

엣을 윤곽으로 노출시켜 주는 통 좁은 바지를 선호한다.

신발장에서 운동화를 꺼내 현관 빈자리에 떨어뜨린다. 두 개가 절묘하게 동시에 착지하며 '탁!' 하고 외마디 소리를 지른다. '타닥!'이 아니라 '탁!'이다. 오늘 운수 좋겠네? 혹시 이층집 아낙을? 파란색에 제법 잘 어울리는 소리다. 신발에 관한 한 나만의 원칙이라 할만한 특별한 것은 없다. 역시나 그 기원은 잘 모르겠으나, 언제부턴가 그냥 '평일엔 구두, 주말 및 휴일엔 운동화'로 관성화 돼 있을 뿐이다. 파랑의 의미? 이 또한 특별한 건 없다. 어느 날 친구 녀석 중 한 명이 선물한 운동화가 파란색이었고, 맘에 들건 들지 않건 신발장에서 발견됐기에 그냥 신을 뿐이다.

오른손으로 비누, 샴푸, 때질용 수건, 비누질용 수건, 물기 제거용 수건 등이 차곡차곡 담긴 비닐 가방을 든다. 어젯밤 미리 챙겨 놓은 것이다. 국민학교 1학년 때부터 오늘을 위한 가방 챙기기는 어젯밤에 이루어졌더랬다. 이른바 가정 교육의 힘이라 할 수 있겠다.

정호탕도 나름 대중탕이기에 비누와 때질용 수건, 그리고 물기 제거용 수건들이 비치되어 있다. 사실 목욕 요금에 그런 것들도 다 반영돼 있을 터인즉, 타인 공유 물품은 일절 건드리지 않는 윤동주의 서시스러운 성격의 소유자로서는 손해이긴 하다. 이거 알라카르트 식으로 해야 하는 거 아닌가? 물론 영세한 일개 대중탕이 고객 맞춤형 서비스를 위해 협회의 반대를 무릅쓰고 과금 체계를 정교화한다 해도 난 그냥 다 뭉쳐진 표준 요금대로 돈을 낼 거다. 이모저모 따지기가 복잡하고 귀찮으니까. 그런 건 컨설팅할 때나 형식적으로 필요한 거지 실생활에 있어 필요한 건 아니다. 매사에 기호가 유니크하긴 하지만, 소통에 따른 부담감과 귀차니즘이라는 장벽 앞에서는 굴복할 수밖에 없기에 이런 손해는 상시적이다. 이 점에서도 홀든 콜필드를 떠올리게 된다. 엄청난 스트레스다. 나의 슈퍼 모델 같은 몸매도 어쩌면 이 덕분일지도 모른다. 폼포코 너구리 같은 다크 서클도 덤으로 얻은 지 싶다.

현관문을 열고 마당에 나선다. 우리 집 문고리들 역시 전형적인 오른손잡이용이다. 아마 난 꼬마적부터 오른손 편향의 수많은 비직관적 시스템들 때문에 적지 않은 낭패와 좌절을 겪으며 무기력하게 학습해 왔을 것이다. 모르긴 몰라도 이 역시 내 성격과 외모 형성에 한 기여했을 거고. 거기다가 까치 발을 들어야만 한다는 높이의 압박까지도 있었을 테니 어린 나이에 '이 세상은 살기에 참으로 고달픈 곳'이라는 생각을 품었을 것이다. 상시화된 일이긴 하지만, 오늘따라 이 고착된 시스템이란 놈의 멱살을 잡고 한바탕 붙고 싶다. 비록 바위 대 계란 간의 싸움이 될지라도.

대지 50평(건평은 한 25평 정도 되려나?) 남짓의 25년 된 작고 오래된 집이지만 난 마당만큼은 사랑한다. 건물은 '삐걱' 소리가 나고 빗방울이 제법 큰 소리를 낼 때면 물줄기가 지붕에서 마룻바닥까지 그대로 관통할 수 있을 정도로 낡았지만, 아담한 마당에서는 맛보기 좋은 고유한 냄새가 풍긴다. 포도나무, 배나무, 감나무, 개나리, 진달래, 철쭉, 목련, 사철나무. 사철나무? 뭐 이런 것도 있나? 아무튼. 워낙 식물에 대해 문외한이기에 이름을 알 수 없는 기타 수많은 꽃과 나무가 오밀조밀 자리를 잡고 있다. 그러다 보니 도둑고양이, 생쥐, 참새, 비둘기, 까마귀, 까치, 개구리, 달팽이, 나비, 잠자리, 매미, 메뚜기, 방아깨비, 귀뚜라미, 거미, 사마귀, 쥐며느리는 물론 달갑지 않은 쐐기, 송충이, 모기, 나방, 파리, 바퀴벌레, 개미, 지네, 집게벌레 그런 녀석들마저 제 계절을 만나면 지들 것인 양 온 마당과 꽃, 나무, 그리고 육, 공을 활보하며 행패를 부린다(그러고 보니 사실 인간들끼리만 합의했을 뿐, 소유 문제에 대해 그들과 허심탄회하게 논의해본 적이 없긴 하다). 물론 녀석 중 상당수는 마당과 마

나는 발가벗은 한 시간 동안 자유로와진다. 그래, 나는 딜레탕트다!

루, 방을 오가며 나를 괴롭힌다. 이렇듯 사랑스럽고 정겨운 마당이긴 하지만, 이 감흥은 아주 아주 가끔씩만 포착된다. 오늘이 아마 그러한 극저 확률의, 이른바 기적의 날이 아닌가 싶다.

마당의 형형색색 개체들과 이들이 창발적으로 그리며 지우는 동적 이미지가 눈에 들락날락한다. 소위 전략적 사고란 것도 이러한 감상적 우연들의 누적이 보태져야 꽃피워질 수 있다.

그랬다. 그 해 상반기 난 혁혁한 공을 세워 S 등급으로 평가받았으나, 하반기에는 관료주의적 시각으로 보기에 하극상 혹은 항명이라 칭할 수 있는 사건이 발발하면서 C 등급으로 수직 낙하했고, 그 결과 서울의 경계를 넘어 과천의 누군가를 위한 유배 프로젝트를 수행하게 되었다.

L1 난 공무원들이나 이들과 유사한 속성을 지닌 민간인들과 일하는 것은 체질적으로 잘 맞지 않는다. 일차적으로 가장 거슬리는 것은 그들만의 유행어, 아니 엄밀히 말하면 유행어라 할 수 없다. 유행어의 특성은 일시적으로 회자되는 것 아니던가? 그것도 이왕이면 재미 목적으로 말이다. 예나 지금이나 주야장천 쓰이는 그런 말이라면 '상시어'라는 표현이 맞지 않을까? 그런데 지금 이 순간 내 머리에 떠오른 그 상시어는 그들의 일 하는 마인드 및 자세와 타이트하게 연결돼 있다. 따라서 그것이 부정적이거나 모호하다면, 건실히 세금을 내는 사람으로서 문제를 제기할 수밖에 없다. '통.상.적.으.로.' 무언가를 수행해야 하는 근인은커녕 표면적 이유에 대해서도 전혀 생각지 않고 무지능 자동로봇처럼 위에서 지시하는 대로 반복적으로 진행한다. 그리고 명령의 객체는 주체에게 'why?'라는 질문을 절대로 하지 않는다. 그렇게 할 경우 고민을 많이 하는 바람직한 인재로 간주하기는커녕 오히려 개김성이 풍부하

거나 시니컬한 연놈으로 낙인 찍히기 때문이다. 물론 이들도 노력을 하긴 한다. 지시 사항에 약간의 데코레이션을 가미하는 고난도의 전시 행위는 늘 하긴 하니까. 이러니 어찌 나와 궁합이 맞을 수 있으리오? 앞으로도 이러한 관행이 유지된다면 이들은 아마 G_AI*의 도래 초기부터 소위 꽃 보직을 잃게 될 것이다.

L2   하지만 현(現) 대한민국 사회에 있어 인문, 자연의 꽃이라 할 수 있는 법조계, 의료계에 종사하는 분들도 맘 놓진 마시게! 비록 시작점이 이가 논리인, 그렇기에 패러다임 시프트가 일어나지 않는 한 이성의 손바닥에서 맴돌 수밖에 없는 계산주의 기반의 인공지능이라 해도, 당신들의 입지는 점점 더 위태로워질 수밖에 없을 테니까. 물론 당신들 사이에 약간의 시차는 발생할 거야. 법조계야 죄다 소프트웨어만으로도 구현 가능하지만, 의료계에는 수술과 치료 등의 처치가 수반될 수 있기에 섬세한 하드웨어, 즉 로보틱스까지 구현해야 하니까 말이야. 물론 괴델의 불완전성정리 같은 꼬추 간지러움이 존재하긴 하지만 이건 우리네 인생 세간에서도 마찬가지니 여기에서만 특별히 문제 될 건 없지.

L3   꼬추 간지러움의 반대는 '깨끗이 씻고 이부자리에 엎드려 장롱에서 꺼낸 「소년 중앙」 냄새 맡으며 읽기'였다. 참 길기도 하여라. 이때 침 발라 넘기는 나도 찝찝하고 잡지도 찝찝할 만한 그런 행위는 절대로 하지 않았다. 가끔 「어깨동무」, 「새 소년」, 「소년 세계」와의 주도권 다툼이 있었으나 그래도 장기 집권해 왔던 「소년 중앙」은, 시간이 흘러감에 따라

---

* Genuine Artificial Intelligence(참 인공지능)의 약어로 저자의 조어다. '나'가, 자신의 신관(神觀)에 입각할 경우 자명한 한계가 존재하는 제도권의 계산주의, 디지털 기반 인공지능을 유사(Quasi) 인공지능으로 규정, 이에 대비시켜 창안한 개념. '나'는 이의 실현을 목표로 살아가고 있다.

「보물섬」, 「월간 팝송」, 「월간 야구」 등에 순차적으로 권력을 빼앗겼다. 그렇지만 변함없이 좀약 냄새와 한데 섞인 갓 구입한 잡지의 내음은 여전히 나를 행복으로 이끌었다. 신기한 경험도 해봤다. 전(前) OB베어스 유격수 출신 유지훤이 나온 걸 보면 아마 「월간 야구」였던 것 같다(창간호 표지의 주인공은 나를 야구광으로 만든 장본인이자 당시 선린상고의 초 고교급 스타였던 박노준이었다). 몇 년도 몇 월호 기사였는지 기억이 가물가물하긴 한데, 그와 전 국가대표 수영 선수 김진숙의 대담 기사가 실렸다. 역시나 난 읽기에 앞서 습관적으로 코를 책에 갖다 대고 킁킁거렸고, 그 코는 우연히 사진 속에서 크게 웃고 있는 그녀의 발목 께에 닿았다. 그런데 그때, 장롱 속에서 저려진 전형적인 책 내음이 아닌 여인의 아치 피부 향이 났던 것이다.

L2   다만 솔직히 걸리는 게 있긴 해. 당신들은 분명히 21세기 기계 파괴 운동을 벌일 거야. 산업혁명 여파로 발생했던 18세기 '러다이트 운동'이야 힘없는 노동자층이 주도한 사건이라 한계가 자명했지만, 이 경우는 다르잖아? 즉, 이성 지상주의 사회에서 이성의 극대화, 구체적으로 기호 조작(symbol manipulation), 보다 정확하게 기표 조작(signifiant manipulation)으로 돈벌이하는 당신들의 세상은 국민 대다수가 감히 범접할 수 없는 신성불가의 기득 영역인 만큼 이변이 없는 한 성공하지 않겠어? 아니지. 파괴란, 모름지기 대상물이 이미 만들어져 있어야 성립될 수 있는 사후적 개념이니까 미리 훼방을 놓을 당신들에게는 존재하지 않을 개념이겠군. 그것이 무엇이든 간에 사회의 진보를 막는 것은 기득권층의 인지상정적 보수성이 한몫하는 거야.

L1   그때도 주무관과 한바탕 한 직후였다. 고객 실무진과 그들의 말이라

면 개 소리라 하더라도 마치 기독교도의 바이블처럼 받아들이는 당시 회사 경영진들의 판단에 따르면, 이번 프로젝트는 망해 가고 있었다. 그들은 소위 그룹 총수가 항상 떠들듯 '중장기 관점'이니 '혁신'이니 '가치'니 하는 말들을 늘 입에 달고 살았지만, 정작 머릿속에는 '단기 성과', '매출' 뭐 이따위 것들만 담겨 있었다. 아무튼 심각했던 건 그들에게는 비즈니스의 시작점인 고객에 대한 철학이 없다는 사실이었다.

L2　　고객을 잘 다룬다는 것은 막 똥 싸고 나온 고객의 똥구멍을 무조건 물로 씻어 주는 걸까?

아니면 어떤 고객에겐 그렇게 하고 다른 어떤 고객에겐 저기 물 있어요 그러고,

또 다른 어떤 고객에겐 웬만하면 닦으시죠? 그러고,

또또 다른 어떤 고객에겐 냄새나는데요? 그러고,

또또또 다른 어떤 고객에겐 그냥 태연하게 있고,

또또또또 다른 어떤 고객에겐 대충 있다가 슬그머니 빠지고 그러는 걸까?

L1　　'무조건 고객은 왕이다. 고객은 신이다'. 좋다. 당신들 말이 맞다 치자. 고객이 왕이라면 혹은 신이라면, 당신의 '왕 관(觀)'과 '신 관(觀)'을 내게 들려다오! 대답은 뻔할 것이다. '이 새끼가 죽고 싶나?' 그리고 아마 '왕 관'을 'crown'으로 받아들일 것이다. 더불어 맥락에 맞지 않는 소리도 지껄일 것이다. '넌 컨설턴트니까 논리에 목숨 걸어야 한다.' 무식한 것, 논리의 목적을, 상대주의를 알기나 하고 떠드는 건지. 철학이라는 것은 내 말이 맞고, 네 말이 틀리고의 차원이 아니다. 이를 근원 혹은 기반으로 해서 그 위에 사고의 주춧돌을 쌓고 결과로서 행동을 취

나는 발가벗은 한 시간 동안 자유로와진다. 그래, 나는 딜레탕트다!

하면 되는 것이다. 따라서 남에게 내 철학을 공유하는 것은 나쁘지 않지만, 강요하는 것은 죄악이다. 나를 따름이란 전적으로 상대방이 주체가 되어 스스로 결정할 문제이다.

전략 컨설팅을 예로 든다면, 비즈니스의 근원으로서 고객은 자연인이 아니라 법인이라는 게 내 철학이다. CEO? 그는 법인이라는 추상적 존재자가 회의 석상에 떡 하니 앉아 실시간으로 보고받고 의사결정을 내릴 수 없기에 대리보충 차원에서 마련된 에이전트에 불과하다. 고로 난 제아무리 CEO가 강력하게 요구한다 하더라도 내가 판단하기에 그것이 법인을 위하는 길이 아니라면 받아들이지 않는다. 그러면 경우에 따라 자연인 간의 싸움이 발발하게 되고, 결국 '모 아니면 도' 상황으로 치닫게 된다. 물론 내 관점에서의 모란 내가 논리 싸움에서 이겨 그를 설득 혹은 굴복시키는 것이고, 도란 그 반대의 경우를 의미한다. 이렇듯 1:1의 관계로 보면 내게는 논리라는 것이 보다 완벽에 가까워야 하기에 더욱더 힘겨운 싸움이 된다. 하지만 점점 더 회의적인 생각이 드는 것은, 앞으로의 세상을 전망한다면 더 이상 논리라는 것이 혁신에는 도움을 주지 못하고 되려 발목을 잡을 수밖에 없다는 우려 때문이다.

L2   지금은 모 금융사의 사장이고 프로젝트 당시에는 전략 담당 전무였던 한 자연인 고객이 있었다. 그 프로젝트의 미션은 그가 에이전트로 활동하는 법인의 '가치 혁신' 전략이었다.

L3   2005년경 대한민국에서 엄청난 화제가 되었던 '블루 오션 전략'. 당시엔 정, 재, 관계의 유력 인사라면 누구나 다 '가치 혁신'과 '블루 오션'을 부르짖었다(지금도 회자되고는 있기는 하나 절정기에 비하면 새 발의 피 수준이다). 이 이론의 주창자 김위찬 교수는 자신의 정체성을 숨기는 신

비주의 마케팅을 해가면서 기존 포터식 경쟁 전략과의 한바탕 승부를 선언했었는데, 모든 경영 이론이 그렇듯 상당히 피상적이고 가볍긴 해도 3개 측면에서 비교적 긍정적인 면을 발견할 수 있었다. 경영학 학부를 나와 경영학 석사 학위(엄밀히 말하면 전공은 인지과학이다. 대한민국 최초)를 취득한 나이지만, 성향상 그런 부류의 흔한 표준보다는 매튜 스튜어트의 견해에 가까워서 그런지 사실 난 경영학이란 '항문'을 달갑게 보진 않는다. 이를 확대하면 비즈니스, 더 나아가 자본주의까지도. 아무튼……

첫째, 가치 혁신은 고객 현장을 강조한다(작업 현장, 즉 공장 같은 곳에만 신경쓰면 효율성 제고니 생산성 제고니 하는 것들에는 도움이 될지언정, 고객 체감 가치 제고 및 시장 파이 확장에는 분명한 한계가 존재할 수밖에 없다). 고객이 제품을 필요로 하는 혹은 사용하는 현장을 공감각적으로 체험해야 그 상황이나 맥락에 맞는 제품을 제공할 수 있기 때문이다. 그런데 현실은 어떠한가? 고객 현장을 그나마 직접 체감하는 주체는 마케터나 영업 담당자 등 일부이다. 하지만 제품이 만들어져 고객에게 전달되기 위해서는 유통 영역이 아닌 이상, 제품 기획 및 개발 단계를 필히 거칠 수밖에 없다. 여기서 한 가지 문제가 발생한다. 마케터나 영업 담당자가 감지해온 사안을 기획자, 개발자가 곡해하는 것이다. '흠, 이런 의미로구만. 내가 얼마 전 해외 유수의 보고서를 보니 이게 글로벌 트렌드야. 이 기술 적용이 관건인데, 그러기 위해서는 마케터의 의견을 수용할 수 없을 것 같아. 뭐, 헛소리 같기도 하고 말이야.' 이른바 수평적 왜곡이 발생한다. 더 심각한 것은 따로 있다. 마케터와 기획자, 개발자 간에 왜곡 없이 소통이 잘 됐다 하더라도, 의사결정자가 뒤엎을 수 있다는 사실. 가령 한 마케터가 고객 현장을 장기간 관찰하고 체험한 결과 그럴싸한 아이디어를 떡 하니 내놓았는데, 그게 기존에 통용됐던 바와 180도 정

나는 발가벗은 한 시간 동안 자유로와진다. 그래, 나는 딜레탕트다!

반대였던 거라. '아, 우리는 그간 쓸데없는데 투자하고, 정작 필요한 건 간과했었구나.' 보고서를 만들어 임원에게 여 보란 듯이 들고 간다. 이를 살펴보고 임원이 한다는 말,

"야, 너 업의 본질을 알고나 하는 소리야?"

예의 그 마케터, 의기양양하던 모습은 어느덧 사라지고, 목소리가 기어들어 간다.

"예? …… 예."

"아는 놈이 일을 그따위로 해. 너 이 업계 경력 얼마나 됐어?"

역시나 주눅이 든 채로,

"한 5년 됐습니다만……"

"나 이 바닥 20년도 넘었거든. 내 장담하는데 이런 거 절대 성공 못 해. 거 뭐야. 좋지도 않은 네 짱구 굴리지 말고 권위 있는 해외 보고서나 뭐 그런 것 좀 참고 해서 논리적으로 말 되게 꾸미고, 숫자도 좀 잘 넣어서 다시 갖고 와봐. 그래야 안정적이고, 또 내가 위에 보고하기도 편해. 당연히 업의 본질은 훼손하면 안 되는 거 알지?"

이른바 수직적 왜곡으로,

L4   이런 작자는 헤라클레이토스나 사르트르를 좀 읽어야 한다.

L3 좋은 아이디어를 죽이는 더 주된 범죄라고 할 수 있겠다. 물론 다수의 역량 낮은 마케터들이 헛소리를 지껄이는 경우도 허다하다. 하지만 스마트한 마케터를 전제해도 이런 문제가 비일비재하다는 것이 문제다. 이런 임원들은 자기 모순적인 사람이기도 하다. 이들은 시장 급변에 대해서 늘 침을 분사하는 경향이 있다. '시장이 급변하니 우리는 파괴적 혁신을 해야 한다. 발상의 전환이 필요하다.' 그러나 정작 하는 짓거리

를 보면, 업의 본질이라는 미명 하에 기존 것에서 살짝 마이너한 변화만을 용인한다. 시장에서는 업의 본질 자체가 바뀌고 있는 데 말이다.

탈권위는 이미 진도가 꽤 나갔고, 기업 가치 사슬 구석구석에서의 교섭력은 연대된 스마트를 통해 소비자들이 서서히 장악하고 있다. 자본주의가 생긴 이래 이런 식의 힘 구도는 아마 처음이 아닐지 싶다. 따라서 이러한 수평적, 수직적 왜곡을 막기 위해서는 강력한 스폰서십(sponsorship)하에 '아, 옛날이여!'를 외치는 임원들과 기술 지상주의 R&D에 휩쓸린 연구 개발자들이, 늘 고객 최전선에 나아가 있는 마케터, 영업 담당자들과 함께 현장을 직접 느껴야 한다.

둘째, 소비자 스스로도 모르는 니즈 혹은 욕구인 인사이트에 집중할 것을 강조한다. 결론부터 말하면 소비자는 바보거나 사기꾼이다. 따라서 이들에게 제아무리 정기적 서베이를 돌리거나 수차례 심층 인터뷰나 FGI(Focus Group Interview)를 한다 해도 좋은 결과가 나오기 어렵다. 소비자들에게 새로운 서비스의 콘셉트를 갖고 한번 이야기해 보라. '됐고요. 별 관심이 안 가네요.' 십중팔구 이렇게 대답할 것이다. 나중에 제품화된 것을 갖고 가되, 그때 이미 대세가 된 서비스를 갖고 가보라. 그때 그 녀석에게 말이다. 그나마 그가 양심적이고 기억 상실증 환자가 아니라면 '아, 그땐 제가 잘 몰랐네요'란 대답을 할 것이다. 구체적 예가 떠오르지 않는다면, 아이폰을 글로 먼저 접했던 사람들의 반응을 상상해 보면 된다. 다수의 사람은 이런 식의 반응을 보인다. '난 그런 적 없어요. 있다 해도 그때 댁이 설명을 이상하게 했었나 보죠.' 이게 소비자다. 당연한 이야기지만 이들은 특정 서비스나 제품에 대해 공급자, 즉 기업만큼 목숨 걸 이유가 없다. 소비자는 기업만큼 절박하지 않다. 따라서 그것이 구체적으로 형상화되지 않는 이상 자신이 무엇을 원하는지 전혀 알지도 못하고 알아야 할 이유도 없다. 그리고 잘 모르면서도 돈

받고 인터뷰에 응할 때에는 나름 자신의 위신이나 체면, 사회의 평균적 견해들을 저절로 떠올리게 되기에, 자신의 솔직한 생각이나 행동에 반(反)하는 이야기를 내뱉는 경우도 허다하다(이는 선거 때 출구 조사를 봐도 잘 알 수 있다). 따라서 소비자의 있는 그대로의 말 한 마디 한 마디를 기독교도에 있어 바이블처럼 생각하는 것은 필히 지양해야 한다. 요즘 다수의 기업이 VOC(Voice Of Customer), VOC 하는 데, 마찬가지 이유로 거기에만 목매고 있으면 결코 좋은 결과를 얻을 수 없다.

위에서 말했듯 일단 전일적 관점하에 조직을 꾸려 현장을 나아가야 한다. 그리고 체험, 관찰을 통해 오감으로 느껴야 한다. 그런데 무턱대고 10여 명이 우르르 나가서 구경한다고 해서 아이디어가 마구 샘 솟나? 당연히 그렇지 않다. 철저하게 준비한 후 현장에 나아가야 한다. 가령 가치 사슬과 반대되는 개념이라 할 수 있는 고객 경험 사이클(Buyer Experience Cycle, BEC)을 고안한다. 이 BEC를 상황과 맥락을 고려하여 상세한 행위(activity)들로 쪼갠다. 이후 이 행위별로 어떠한 고객들이 어떠한 상황에서 어떠한 pain & happiness point들을 토로할 것인가에 대해 사고 실험을 한바탕 한다. 팀원간 브레인스토밍을 병행하는 것도 좋다. 이후 결과를 정리하여 체크 포인트를 만든다. 이것을 갖고 현장에 나간다면 관찰 주안점과 가설이 명확히 정의되어 있기에 소기의 목적을 달성할 수 있다. 이렇게 현장에서 체득한 사안들을 차곡차곡 쌓는 게 정말 중요하다. 물론 체험 방법은 관찰 말고도 다양하게 존재한다. 사실 이점에서도 메를로-퐁티의 철학은 충분히 의미가 있다.

그런데 이러한 조언을 해줘도 패배주의적 시각으로 대응하는 자연인 고객들도 적지 않다. 관찰의 중요성을 설파하면 그런 시니컬한 부류의 인간들은 죄다 이렇게 말한다.

"흠, 그거 아무나 하는 거 아니잖아요. 우린 해본 적이 없어서 못해요."

L4   이래서 간교한 몇몇 컨설팅 업체들은 이를 사업 기회로 포착, 글로
벌 제휴를 통해 관련 분야에 대한 교육 프로그램을 만들어 라이센스 팔
이를 한다. 이런 게 돈 되는 비즈니스라는 것을 물론 나도 잘 알고 있다.

L3   난 흥분한 채로 버럭 한다.

"그러면 맨날 이 모양 이 꼴로 살아가겠다는 거요? 그리고 당신 말
대로라면 이 회사는 앞으로 새로운 일을 절대 못하겠네?"

"그냥 하던 것만 해도 크게 문제 될 거 없고, 괜히 새로운 거 벌리려
면 프로세스가 얼마나 복잡한지 잘 아시잖아요? 내 발의로 시작되면 실
행도 내가 주도해야 하고 혹시나 실패하면, 아니지 실패 확률이 더 높
지. 역시나 실패하면 내가 다 덤터기 써야 하는데. 그럼 나 내년 임원 계
약 갱신 못 하고 잘리는데, 그러면 댁이 책임질 거야?"

고분고분 예의 바르게 말하던 이가 갑자기 흥분하며, 말을 놓는다.
역시 대기업이란 곳에서 살아남기 위해서는 몸을 사리면서 위에는 해바
라기, 옆과 아래에는 폭압으로 나아가야 인정을 받는다. 그러지 못하는
유약한 사람들은 혼자 끙끙 앓다가 너나 할 거 없이 건물 옥상에서, 한
강 다리에서 뛰어내리게 된다. 인과율을 신뢰하지 않는 나이지만 이 사
안에서 만큼은 근인의 존재를 인정한다.

우리 잠깐 사고(思考) 여행을 떠나 볼까나? 일단 내가 거론할 모든
자가 탁월한 실력을 갖추고 있다고 가정하자. 정치라는 것이 기업 활동
에 있어 상당한 비중을 차지하긴 하지만 지금 논의에서는 제외해도 무
방하니 이 역시 전제화하자. 자, 출발이다.

팀원이 소신껏 하지 못하는 이유는 팀장이 갈구기 때문이다. 팀원
이 혁신적 아이디어를 갖고 가면, 팀장은 단기 성과 가시화 여부에 일단
관심을 갖고 챌린지한다. 그다음, 패러다임이 시프트된 미래에 관한 이

야기임에도 불구, 과거나 현재의 숫자로 타당성을 만들 것을 독촉한다. 즉, 그 팀원의 아이디어는 당연히 원천적으로 묵살될 수밖에 없다. 그러면 그 팀원은 현안의 끝자락만 살짝 터치한 것을 아이디어랍시고 재보고 하게 된다. 그런 것들이 하나 둘 누적되면서 그는 좌절을 겪고 방황하게 된다. 하지만 1년, 2년, 3년, ……, 세월이 흐르고 이제는 팀장으로 신분이 올라간 그 역시 예전의 팀장과 똑같이 행동한다. 물론 서서히 물들어 왔기에 당사자는 전혀 인지하지 못하고 있다. 가끔 잠자리에서만 문득 생각날 뿐이다. '씨발, 내가 이러려고 이 회사에 들어왔던가? 내 꿈은 어떻게 이루어야 하는가?' 그러다가 비통에 잠긴다. '아, 내게 꿈이란 게 있었던가? 뭐지? 뭐지? 대체 뭐였단 말인가?' 물론 아침이 되면 이 모든 것들은 죄다 휘발돼 버리고 만다.

팀장도 심정적으로는 팀원에게 동조가 되지만 어쩔 수 없는 노릇이다. 왜? 본인도 사업부장(상무)에게 보고해야 하는데, 그때 똑같은 지적을 당하게 되걸랑? 그래서 어쩔 수 없이 자의 반 타의 반으로 그렇게 팀원들을 갈구게 되고, 혁신의 저편, 현실의 지척에 있는 내용을 주워담아 예쁘게 마사지해 보고하게 된다. 즉, 난도질 된 '엉덩이'를 '궁둥이'라고 살짝 바꿔 보고하는 셈이다. 그렇다면 바로 그 위에 있는 사업부장이 이러한 작태의 근원이란 말인가? 역시나 아니다. 그 양반들을 주간과 야간에 각기 다른 목적으로 만나보면 역시나 팀장과 똑같은 딜레마에 놓여 있음을 알 수 있다.

"나도 어떻게 해보고 싶어. 그런데 알잖아. 일개 상무 나부랭이가 무슨 힘이 있겠어?"

그는 팀장이 궁둥이라고 적어 온 보고서를 역시 약간 터치, '방댕이'라고 각색해서 본부장(부사장 혹은 전무)에게 보고한다. 물론 이때의 챌린지 포인트 역시 유사하며, 디테일은 점점 더 사라져 간다. 그러나 아쉽게도 이를 상쇄하고도 남을만한 인사이트는 형성되지 않는다. 야, 그럼 본부장이 똘추네? 쩝, 역시 아니다. 이거 뭐 생각하면 할수록 보고자-피보고자의 투 사이드의 형식 시스템이 떠오르네. 그냥 함수화해서 입력 값만 넣어도 될 것을 일일이 다 나열하다니. 이는 논리가 아니라 그저 무식한 꼼꼼함이다. 아무튼 본부장도 돌대가리거나 나쁜 놈이 아니다. 그들을 12월 초 조직 개편 후 만나면 이구동성으로 이런 이야기를 한다.

"내 작년에는 솔직히 CEO 눈치를 보긴 했어. 하지만 올해는 소신대로 해보려고."

하지만 혹시나 이번엔 '다짐과 실천이 일치했을까?' 하고 확인해 보면 역시나 이번에도 괜한 기대였음을 깨닫게 된다. 이유는 똑같다. 짜증 나려 한다. 미래와 과거, 현재 간의 연결이 부드러워야 하며, 억지로라도 숫자의 힘을 빌려야 하며, 단기 성과가 보여야 한다. 성과란 말에는 당연히 투자나 비용 개념도 들어가 있다. 리스크? 당연히 피해야 한다. 그래도 그들은 뽀다구에 대해서는 일가견이 있다. 그렇기에 이번에는 방댕이를 보다 세련돼 보이는 영어식 표현, '히프'로 승화시킨다. 신의 한 수! 그럼 결국 CEO의 책임이구먼. CEO가 제대로 된 사람이라면 나름의 혁신 좀 할 터인데 말이야. 하지만 웬걸? 그 역시 마찬가지다. 월급쟁이로서의 비애. 그러니까 팀원이나 CEO나 최소한 이 사안에서만큼은 동병상련을 겪는다는 얘기다. 왜? CEO도 결국 회장이 떡하니 버티고 있는 지주회사의 챌린지를 받게 되니까. 고로 근인은 소위 총수라는 작자와 그 옆에서 손 비비기에 몰두하는 무리에게서 찾아야 한다. 인간에 대해 무지하고, 현장을 전혀 모르고, 디테일이 부족하고, 쓰잘머리 없는 'Way'라는 것을 만들어 탈산업 시대에 걸맞지 않은 닭 짓을 하고 앉았고, 정말 보석 같은 인재들을 그룹 휘하에 거느리고 있으

면서도 사대주의적 망상에 빠져 해외 인재 유치 이런 헛짓거리에 혈안
돼 있고, 또 돈 지랄 해가며 끌어온 소위 인재들이 일단 자기 직원이 되
면 별다른 케어 없이 자존심에 팍팍 상처 줘서 나가게 만들고(헉헉. 아직
비판할 거리가 아주 많은데 숨차서 못하겠다), 지척에는 해바라기 부대만 자
리 잡고 있고(자고로 지주 회사란 곳은 대개 실력보다는 욕심 많고 폼 잡기 좋
아하는 친구들이 가게 된다), 모든 것을 프로세스화하려 하고, 예의 인사이
트는 여전히 두문불출이고.

결국, 소위 총수라는 자들을 변화시켜야 한다. 당연히 그들은 학제
적 개인, 즉 천재일 가능성이 낮다. 그냥 시드 머니를 댄 자의 후예라는
이유로 대대손손 그 자리에 앉아 있는 것이니만큼 그 확률은 현저히 낮
을 수밖에 없다. 따라서 그들이 각 계열사의 소속 산업에 대해 속속들이
꿰뚫기 바라는 것은 정말 무모한 짓이고, 대신 보편적 thinkability 향
상을 기대해야 한다. 하지만 아까도 지적했듯 이 자들은 천재가 자기 울
타리 안에 있어도 잘 알지 못하거나, 단지 부하라는 이유만으로 폄하한
다. 그러면서 남의 떡이 커 보인다고, 외향외 해서 무언가를 경청하고자
끊임없이 찾는다.

뭐, 누구나 다 알고 있듯 요즘은 인문학이 유행인 만큼 국내외 유수
대학의 관련 교수들이 잘 팔리고 있는데, 이런 기회를 효과적으로 활용
해 조금이나마 총수들을 트이게 만들 수 있다. 가령 회장 비서실로부터
전화를 받게 되는 인문학 교수들이 그들에게 '목적으로서의 인간관'과
'사유 능력' 등을 심어줄 수 있다. 즉 강의나 대담을 통해 그들을 깨어
나게 할 수 있는데, 여기서 유의할 점이 있다. 그것은 바로 '인간의 기
억과 주의력은 휘발성이 강하기 때문에, 강의를 들을 때 불같이 타오르
던 열정이 하룻밤만 자고 나면 싸늘하게 식어 버린다'는 사실이다. 다
시 말해 제아무리 인상적인 강의라 하더라도 한 번 듣고 '아, 좋다.'라

는 정도에서만 그치지 그것이 그룹의 전략이나 비즈니스 기조로 거의 연계되지 못한다. 회장이 비싼 강사료를 지불해 가면서(사실 그룹 입장에서는 거의 보이지도 않는 푼돈이긴 하겠지만) 자신뿐 아니라 전무 이상을 다 모이게 했다면, 이는 틀림없이 비즈니스 시사점을 도출하려는 의도에 기인했을 것이다. 하지만 전혀 후속 단계가 진행되지 않는다. 고로 간택된 교수들에 대한 희망 사항은 여기서 비롯된다. 당신이 기업 경영에 기여하고 싶은 진정성을 갖고 있다면, 비서실로부터 전화 올 때만 기다리지 말고 먼저 연락해서 가능한 자주, 그리고 꾸준히 찾아가라. 그래서 그 형태가 강의건 미팅이건 골프 라운딩이건 식사 자리건 잊을 만 하면 이야기해주고 잊을만 하면 또 이야기해주고 잊을만 하면 또또 이야기해주고, 그래서 아예 그 총수의 뇌리에 확실히 인이 박히도록 해라. 그 결과 누적된 학습 효과로 그의 thinkability가 어느 정도 향상된다면, 각 계열사에게 올바른 방향으로 강력하게 스폰서십을 넣어줄 수 있을 것이고, 그렇다면 그래도 나름 똑똑한 그들이기에 CEO부터 말단 팀원까지 모두 패러다임 시프트에 매진할 수 있지 않을까? 물론 이게 전부라는 얘기는 절대 아니다.

마지막 세 번째는 지각·감각 기반의 소통을 강조한다는 점이다. 모든 커뮤니케이션이 시각적으로 진행된다면 그만큼 소통이 원활해질 것이다. 다수 기업의 관행을 한번 살펴보자. 그들의 핵심 도구라 할 수 있는 소위 장표라는 것의 구색을 보면 환경 분석을 하고, 자원 분석을 하고, 두 개 측면을 종합해서 소위 SWOT이라는 것을 분석하고, 그 결과 방향을 세우고, 그 방향에 도달하기 위한 수단으로서 과제를 도출하고, 각 과제에 대한 이행 계획을 수립하고, 이의 실행을 위해 필요한 투자와 회수할 수 있는 매출에 대해 추정한다. 왜 그렇게 하는데? 이 흐름과 군데군데 활용되는 기법 같지도 않지만, 기법으로 대접받는 것들에 대한

나는 발가벗은 한 시간 동안 자유로와진다. 그래, 나는 딜레탕트다!

논의는 차치하고 일단 '시각적'이라는 것만 신경 써보자. 대다수 장표를 보면 좌측엔 차트가 있고, 가운데엔 높이가 낮고 밑변이 긴 이등변 삼각형이 시계 방향으로 90도 돌려져 있다. 우측엔 전략적 시사점이란 타이틀과 네모 상자가 나온다. 그리고 그 상자 안은 빽빽하게 글자들로 채워져 있다. 웬 놈의 숫자들이 이리도 많은지 모르겠고 그것들이 중요한 건지도 잘 모르겠는데, 마치 공무원들이 일하는 양 공식화 됐기에 다들 아무런 문제 제기도 하지 않는다. 그리고 그게 어디 시사점인가? 차트에 대한 피상적 설명이지. 개나 소나 다 말할 수 있는. 심지어 말까지도. 옆에 있던 양도 한마디 하고 있다. 왜 자기는 빼느냐고. 하지만 이렇게 하나하나 다 받아주기 시작하면 역시나 또 무한 게임에 빠지게 되니 양의 소리부터는 묵살하기로 한다.

L4   양들의 침묵.

안소니 홉킨스. 「환상의 그대」. 그는 우디 앨런보다 두 살 어리다. 그러니까 토머스 핀천과 동갑이다.

L3   시사점의 맨 아래 줄은 허무의 극치를 달린다. '따라서 획기적인 서비스를 개발해야 함.' 허, 이 대체 뭔 소린가? 이게 시간과 인력을 투자해서 뽑아낸 시사점이란 말인가? 그건 프로젝트 전부터 아니 프로젝트 전도 아니고 당연히 기업에 몸담은 사람이라면 늘 생각해야 하는 상식이 아니던가? 여하튼 이러한 보고하는 자와 받는 자간의 묻지도 따지지도 않으며 형성된 구조를 과감히 깼다는 점이 김위찬 이론의 장점이다. '쓰잘머리 없이 숫자에 집착하지 말고 제발이지 큰 그림을 보자. 그런데 이왕이면 직관적으로 와 닿게 하자.' 그래서 나온 것이 전략 캔버스다. 이는 전략 수립이나 서비스 기획 등 아이디어 정립에 영향을 미친다

기보다는, 새로운 도전의 필요성과 방향에 대한 판단이 섰을 때 이를 표현하고 소통하기 위한 수단으로 요긴하게 활용될 수 있다.

그러나 세상 사람들 하는 꼬락서니 좀 보소. 애들은 물론이고, CEO란 작자들마저도. 우린 과연 누구를 믿어야 하는가? 뭐, 이것도 회장 탓이라고? 깡그리 회장을 악의 축으로 보면 곤란하지. 이건 몇명 특정 사람의 잘못이 아니라 불특정 다수의 잘못이야.

하지만 세상사람들의 적용방식은 김위찬 교수의 의도와 사뭇 달랐다. 책 내용 중 가장 표가 나고 이해하기 쉽고 잘 와 닿다 보니 '블루 오션=전략 캔버스'라는 시각이 팽배해진 것이다. 그러니 고객 현장이고 인사이트고 죄다 무시하고 오로지 사무실에 처박혀 떼거리로 전략 캔버스 그리기에만 몰두한다. 동향 보고서나 리서치 업체를 시켜 만든 소비자 조사 보고서를 보고, 고객이 아닌 자신들 공급자 관점에서, 지난 경험들을 회상해 가며 가치 곡선을 그려 댄다. 그러고 나서는 '와, 정말 다르긴 하네!'라며 감탄한다. 이구동성이다. 상식적으로 생각해보자. 전략을 표현하고 소통하는 방식이 달라졌다고 해서 전략 자체가 혁신적으로 바뀌나? 십 중 십 모두 아니라고 대답할 것이다. 그런데 당신들은 그렇게 행동하고 있거든? 그러고 나서는 얼마 후에 이렇게 말하지. '에이, 뭐 별 변화가 없네. 기존과 달라진 게 하나도 없네. 이 역시 문제가 많은 방법론이야. 우리 다른 방법론 좀 찾아보자.' 참 내 원, 그건 블루 오션의 문제가 아니라 당신들의 문제라니까? 피상만 카피해 가는, 냄비 같은 그대들의 문제라고! 혁신의 공식은 아이데이션과 표현·소통의 조화야. 전자를 무시하고 후자만 신경 쓴다고 혁신이 이루어지는 것은 절대 아니야. 그리고 방법론, 방법론 하는데 방법론이 뭔지나 알고 하는 소리니? 기업 활동에 있어 방법론이 절대적일 수 있다고 생각해? 당신들도 잘 아는 뉴턴, 갈릴레이, 아인슈타인 이런 양반들이 방법론을 잘

따랐기에 대작이 나왔다고 생각해? 파이어아벤트가 광인이라서 과학에는 방법론이 없거나 모든 게 방법론이라고 주장했을 것 같아? 아, 미안 미안. 당신들은 파이어아벤트가 누군지 잘 모르겠구나? 마이클 포터, 스티브 잡스, 빌 게이츠 이런 양반들 이름만 줄줄 외우고 있겠지. 아무튼 양자 역학 이후 확률의 시대로 돌입하긴 했다만 그래도 확실성이 여전히 지배하는 자연과학에서도 방법론을 테마로 부단히도 고민하고 있는데, 방법론으로서 가져야 할 보편타당함, 일관성은 눈을 씻고 찾으려야 찾을 수 없고, 귀에 걸면 귀걸이요 코에 걸면 코걸이식으로 단순 행위들만 나열해 놓고…… 그런데 이런 걸 방법론이라고 할 수 있냐?

L4   나는 왜 흥분하는가? 이렇게 흥분의 점층을 보이는 내게 중고교 시절의 미친개들을 욕할 자격이 있는 걸까? 학교마다 신기하게도 한두 마리씩 꼭 있는 미친개들. 그들의 공통점은 이렇다. 어떤 학생 하나가 꾸벅꾸벅 거리다가 걸린 거야. 그럼 처음에는 순한 양으로 보이던 미친개가 그 녀석을 불러내서 백묵으로 이마를 몇 차례 콕콕 두드리며 주의를 주지. 그러다가 이마에 백묵가루 묻은 놈이 아무 반응 없이 가만히 있으면, 대답 안 한다고 일종의 반항이라고 하면서 따귀를 가볍게 '착착' 몇 대 때리지. 뭐, 그렇다고 반응을 보였다고 해서 상황이 달라지는 건 아니야. 대답하면 말대꾸하지 말고 잠자코 있으라면서 역시나 뺨을 '착착' 때리니까. 여하튼 이렇게 뺨을 '착착' '척척' '찰싹찰싹' '철썩철썩' 때리다가 갑자기 흥분하면서 애를 바닥에 패대기치고 스탬핑하기 시작하지 (물론 이 미친개가 젊고 예쁜 암컷이라면 이 대목에서 충분히 짜릿할 수 있겠지만 그런 경우는 극히 드물어서……). 어떤 미친개는 학생을 아예 쓰레기통 속에 집어 놓고 두들겨 패더라고. 야, 이거 깜빡 졸았다는 이유로 내 친구가 죽을지도 모른다는 위기감에 몇몇 학생이 정의롭게 나가서 말리

지. 그러면 그 녀석들도 똑같은 신세로 전락, 덩달아 밟히게 되는 거야. 거 영화 「빅」에 나오잖아? 장난감 회사 사장님이랑 조슈*가 밟으면서 연주하는 전자 오르간. 딱 그 신세가 되는 거지. 영화 속 그 장면은 참 아름다웠는데 말이야. 아, 이 미친개 새끼들. 내가 처음 접했던 미친개 는 역시나 그때 그 전교조 교사였어.

L3   당연히 다르긴 할 거다 숫자와 차트로 채워졌던 공간이 벙벙한 선 몇 개로 표현이 되니 말이다. 그런데 그게 다다. 그거 어디다가 쓸 건 데? 지극히 추상적이기에 구체화도 해야 하고, 무엇보다 그 근거가 중 요하다. 고객 관점, 말이야 쉽지 공급자 관점에 오래 머물렀던 사람이 여기서 벗어나기는 정말 어렵다. 그러니 제발 고객 현장에 나가서 절실 하게 느끼라는 것이다. 하지만 이미 현장성과 생생함이 썩어 문드러진 보고서를 보고 오염된 인간끼리 몇 마디 나눈 것을 토대로, 아니 토대도 아니다. 그림 그려가면서 정리한 게 얼마나 유의미할지 의구심이 든다.

L2   의기투합을 위한 식사 자리에서 그 양반이 말했다. 메뉴는 내가 좋 아하는 샤브샤브. 고급 한식당의 편안한 온돌방에서 조용히 식사 중이 었다. 그만큼 그 에이전트에게 중요한 프로젝트로 와 닿은 듯했다.
    "이 총괄님, 4주면 전략 캔버스 근사하게 나올 수 있는 거죠?"
    아뿔싸, 내 믿었건만 역시나 이 양반도? 난 거침 없이 대답했다.
    "아뇨."
    당연히 당황한 그 양반, 금세 얼굴이 빨개졌다. 귀부터.

---

* 페니 마샬 감독이 연출한 영화 「빅(Big), 1988」의 주인공. 13세 소년 조슈가 '졸타'라는 기계 에게 어른이 되고 싶다는 소원을 빌었다가, 실제로 30세 어른이 되어 겪게 되는 소동을 다루 고 있다. 당대의 파릇파릇한 스타 톰 행크스가 분했다.

"전무님, 전략 캔버스가 기여할 수 있는 포인트는 커뮤니케이션입니다. 무언가를 뚝딱 만들어 내기 위한 툴이 아니라는 말씀이에요. 이게 마법의 지팡이나 화수분 같은 존재자라면 이 툴을 활용하는 기업은 죄다 성공적인 결과가 나와야 하게요? 가치 혁신의 중요한 관건은 '어떻게 마켓 인사이트를 잘 캐치할 것인가?'와 더불어 '이 주옥같은 인사이트 캐치의 결과가 서비스화돼서 시장에 나올 때까지 어떻게 왜곡 없이 잘 진행 시킬 것인가?'입니다. 저희 컨설팅팀이 여러분의 인사이트 캐치를 위한 도우미가 되어 드릴 겁니다. 그러니 CFT(Cross Functional Team) 구성에 차질이 없도록 신경 좀 써주시고요. 무엇보다 전무님이 CFT 1조의 조장 역할을 맡아 주시면 감사하겠습니다. 적어도 약 2주간 현장 경험을 하셔야만 합니다. 그러기 위해서는 사전 준비 기간이랑 사후 정리 기간 등을 포함해서 아무리 짧아야 8주 정도는 필요합니다."

적막. 그리고 잠시 후.

"이 총괄, 난 그렇게 한가한 사람이 아니에요. 그리고 그렇게 인력을 많이 투입할 수도 없습니다. 그냥 전략기획팀장이랑 팀원 몇 명 데리고 일하시되, 현장은 나가지 마세요. 가뜩이나 시간도 없는데 현장은 무슨."

'님' 탈락 현상이 발생했다. 사실상의 대화는 거기서 끝났고 침묵을 찬 삼아 각자 '먹기'라는 행동에만 열중했다. 식사가 행동 그 자체에 집중돼 진행된다면 동물과 다를 바가 없다. '어디서 먹느냐? 무엇을 먹느냐? 어떤 무드로 먹느냐?'는 완전히 관심 밖으로 밀려나 버렸다. 꾸역꾸역. 이후 우리 둘 사이에는 이상 기류가 형성되었으며, 지금도 여전하다. 그리고 당시 내 프로젝트 팀원 중에는 가면을 쓰고 호시탐탐 쇼윙할 그날만을 엿보던 녀석이 있었는데, 예상대로 최종 보고 자리에서 나를 퍽치기 했다. 역시나 전무님은 인간이기에 이를 기꺼워했고, 그 친구는 매우 뿌듯해했다. 그 녀석 지금은 모 그룹의 지주 회사에 가서 계열사 진단을 하고 있는데, 이날을 회상할 때면 늘 이렇게 말하곤 한다. '그때 나는 어쩔 수 없는 친일을 한 거였다'고.

그 무렵 청와대와 한국경제신문은 바로 이 블루 오션과 VI(Value Innovation)로 엄청 시끄러웠다. 아마 한국경제 입장에서는 수년 전 매일경제에 당했던 뼈 아픈 추억이 있었기에 좀 더 오버하긴 했을 거다. 김대중 정권과 매일경제에서 지식이니 지식 경영이니 하는 키워드를 들고 붐-업 시키고자 발악한 적이 있었는데, 이를 계승하거나(청와대 입장) 대체하기(한국경제신문 입장) 위한 몸부림이었던 것으로 사료된다.

여하튼 지식 경영이 유행하자 인문학, 순수 과학자들은 무기력한 뒷방 노인네 취급을 받게 되었으며, 심형래 같은 사람이 실질적 지식인이라는 소리를 들으며 추앙받았다. '신지식인 1호 심.형.래'라고 정부에서 인증까지 해줬다는 거 아니야? 참 내 원.

〔대중, 대환을 만나다, 만났다(2000년)〕

처음에 '국민의 정부'와 모 경제신문에서 '비전코리아' 운운할 때부터 사실 미덥지 않았더랬어요. '또 명분만 그럴싸한 용두사미의 짓거리를 벌리는 것일 게야.' 그게 당시 제 생각이었으니까요. 지금도 물론 제 생각에는 변함이 없는데, 요즘 언론을 통해 노출되는 빈도가 줄어들어서 그런지 한동안 잊고 지냈었답니다.

그런데 수일 전 모 IT 신문에서 다시금 그 당시로 플래시백 시켜주는 기사를 발견했어요. 바로 다음과 같은 제목의 기사들이었습니다. '첨단 인력 양성 국가 청사진', '6T 연구 개발 5년간 9조 투입', '전략 기술 우선순위 발표의 의미'.

내용인즉슨 '정부가 차세대 성장 산업으로 육성키로 한 6T를 포함

나는 발가벗은 한 시간 동안 자유로와진다. 그래, 나는 딜레탕트다!

한 국가 종합 인력 육성 계획(V2005)이 올해 안에 마련돼 내년부터 4개 년에 걸쳐 본격 추진된다. V2005는 전 국민을 대상으로 기본 역량을 강화하고 성장을 위한 지식 인력 개발과 국가 인적자원 개발, 인력관리 선진화 등을 목표로 하고 있다. (이하 생략)'라는 것이었습니다(역시나 정부도 기업과 다를 바 없어 인간을 자원으로, 수단으로 보는군요. 똥이 똥끼리 모이는 것은 어쩔 수 없나 봅니다).

전 대체 6T가 뭔가 하고 살펴보았는데요. 알고 보니 정보 기술, 생명 기술, 나노 기술, 환경 기술, 콘텐츠 기술, 항공 우주 기술 등 요즘 떴거나 뜨고 있는 분야들이더군요. 과학기술부, 산업자원부, 정보통신부, 문화부, 환경부 등이 업무 분담을 해 효과적으로 추진할 거라 하고요. 정부가 비전이라는 단어를 좋아하는 건지, 아니면 전략 수립의 시작이 비전이라는 확고한 생각을 갖고 있어서 그런 건지 그 타이틀도 V2005라고 명시했더군요. 어쨌든 지금으로서는 기대 못지않은 근심도 존재합니다.

여기서 뭐, '정부가 뭐 지원한다더라'하면 으레 떠오르는 상투적인 문구들—졸속 행정이니, 부처 간 이기주의니, 능력이 어떻다느니, 복지부동이니, 완전히 새 됐다느니, 생각이 있느니 없느니—을 들먹이려는 것은 아니고요. 그보다 더 문제가 될 만한 핵심어를 건드려 보려 합니다. 이른바 '국민의 정부'가 주창하는 소위 '신지식인' 말입니다.

비전 코리아 운동 당시 학계, 업계 쪽에서는 지식 경영(그 분야의 유의미성을 떠나서, 번역이 좀 어색합니다. 지식관리란 말이 타당하지 않나 싶네요) 바람이 불었었고, 이와 더불어 등장한 용어가 바로 '신지식', '신지식인'이었습니다. '당신이 어떤 일에 종사하는 사람이건 간에 부가가치를 신속히 생성할 수 있다면 지식인이라고 할 수 있다. 이러한 당신을 기존의 (무기력한) 지식인과 차별화하기 위해, 신지식인이라고 부르겠다.' 좋습니다. 뭐 전 국민의 지식인화를 꿈꾸는 멋진 발상이죠. 지적 콤플렉스를 가진 자들에게도 각자의 직업에 대한 소명심을 불어넣어 주고, 또 용기와 자신감을 심어주니 정말로 국민을 사랑하는 '국민의 정부'다운 배려입니다. 그러나 예전엔 당연시됐기에 혹이 필요 없었던, 하지만 이제는 달갑지 않은 구태의 내음이 풀풀 풍기는 '구'자라는 멍에를 달아야 하는 기존 지식인들은 대체 어떻게 되겠습니까? 상대적으로 위상이 추락한 그들의 절대적 위상은 어디서 찾아야 합니까? 물론 그들 중에 '꼰대' 혹은 '먹물'로 불릴 만한 사람들도 분명히 존재합니다만, 대다수 지식인은 정말로 대한민국의 정신적, 사상적, 과학적 근원으로서 존경받아야 마땅합니다.

그런데 사실 이 측면은 그리 중요하지 않을 수도 있습니다. 오히려 진정한 지식인이라면 이를 개탄의 대상으로 삼지 않겠죠. 그들에게 중요한 것은 현상이야 어떻든 간에 본질과 진리니까요. 그렇습니다. 보다 중요한 문제는 따로 존재합니다. 바로 '지식에 대한 편애'의 심화입니다. 현재 지식의 가치를 평가하는 기준은 지나치게 협소하며, 획일적입니다. 이는 '사회적 부가가치 창출 속도'로 설명할 수 있습니다. 쉽게 말해 우회로를 지나지 않고, 여러 단계를 거치지 않으며, 직접적으로 빨리 돈 되는 것이 최고라는 것이죠. 그러니까 멋진 가전제품이나 컴퓨터를 만드는 자는 쓸모 있는 신지식인으로 거듭날 수 있는 반면 괴델의 불완전성정리가 어떻고 튜링 머신이 어떻고 떠드는 자는 가치 없는 구지식인의 나락으로 떨어지게 됩니다. 이러한 극단의 이분법적 사고는 우리가 바로 긴 일직선 상의 한 끝자락에 서 있기에 비롯됩니다. 저기 저 반대편 끝자락이 만물의 원리, 혹은 기초라고 한다면 우리가 서 있는 이쪽 편은 비행기가 빌딩에 들이 박고, 또 출퇴근 시간이면 도로가 주차장으로 변해버리는 현실입니다. 그래서 우리는 그 현실이라는 점에 발을

나는 발가벗은 한 시간 동안 자유로워진다. 그래, 나는 딜레탕트다!

올려놓고 모든 걸 평가합니다. '어, 이거 돈 되겠네? 신기하네?' 이런 식으로 말이죠.

아무래도 응용 학문은 현실과의 거리가 가깝기 때문에 현실을 잘 반영하고 있습니다. 돈이 되고 안 되고 여부와 밀접한 관계를 갖고 있으며, 비교적 현실의 소리를 용이하게 받아들일 수 있죠. 반면 순수 학문은 어떤가요? 매우 멉니다. 지금 우리가 서 있는 곳에서 응용의 영역을 지나가야 비로소 손을 댈 수 있습니다. 그러니 자연스레 그들의 효과가 우리의 피부에 느껴지기까지는 많은 시간이 걸리고, 중간 과정을 거치는 동안 우리에게 지각되는 가치가 희석될 수밖에 없습니다. 요컨대 순수의 결과물은 현실에서 그대로 적용되기보다는 응용의 영역에서 조합, 재구성됩니다. 응용의 결과물이 현실에서 이용되듯 순수의 결과물은 응용에서 이용된다는 말이죠. 따라서 순수에 대한 평가를 위해 현실에서의 기준과 동일한 척도를 이용한다는 것은 지극히 근시안적이고 위험한, 어린 백성들의 행태라 할 수 있습니다. 그러면 대중보다 좀 더 나아야 할 정부의 임무가 자연스레 도출됩니다. 이러한 일직선(진리 – 순수·기초 – 파생/응용 – 현실) 상에서 고루 양분을 배양해야 하는 주체가 바로 정부여야 한다는 것입니다. 즉 정부라면 진정한 전략가로서 한 차원 위, 즉 메타 수준으로 올라가 큰 그림을 볼 줄 알아야 합니다. 당장의 꽃 그림을 그리기 위해 범인들처럼 현실이라는 점 근처에서만 왔다갔다 해서는 안 될 것입니다. 무언가에 대한 유지자뿐 아니라 생성자가 돼야 할 것입니다. 그렇지 않고 소위 선진국이라는 곳에서 응용, 파생해 낸 이른바 첨단 기술이라는 것들의 무늬, 결과만 달랑 갖다 쓰고 그들의 잉태 및 발현 과정을 간과한다면 대한민국은 언제나 창의성이 없는 나라로 근근득생할 수밖에 없을 것입니다.

그런데 말이죠, '국민의 정부'가 야심 차게 내놓은 이 '신지식인'이라는 개념. 과연 이러한 마인드가 순기능으로 작용할 수 있을까요? 거기서 나온 실천 대안이 정말 우리가 당장 양성해야 할 6T라는 것인가요? 그냥 표면적으로라도 지원한다면 어떻게 효과를 거둘 수 있는 건가요? 중요한 건 현상 유지를 위한 아등바등이 아니라, 박차고 앞서 나가기 위한 숨 깊이 들이 마시기입니다.

얼마 전 떠들썩했다가 조용해진 BK21(Brain Korea 21), 이는 21세기를 이끌어 나갈 대한민국 스포츠 스타 김병현을 의미하는 것도 아니고, 자조 섞인 바보 코리아를 의미하는 것도 아닙니다. 영원한 지식 강국, 두뇌 강국 코리아입니다. 맞습니다. 대한민국이 정말로 지식 강국이 되기 위해서는 균형 감각이 필요합니다. 순수 학문에 대한 더 이상의 차별은 종식되어야 합니다. 그 시작은 신지식인이라는 이상야릇한 개념의 철폐에서 비롯되어야 할 거고요.

L1   여전히 그 주무관(이 양반은 카트라이더 이야기를 나눌 때에만 나의 찰나적 절친이 되곤 했다) 때문에 난 씩씩거리고 있었고, 그때 한 팀원이 다가와 내 눈치를 살피다가 뜬금없는 질문을 했다.

"전략적 사고 역량을 키우려면 어떤 책들을 봐야 할까요?"

내 대답의 연쇄가 시작되었다.

"흠, 일단 양해부터 구할게요. 난 전략적 사고의 의미를 잘 모르겠어요. 그리고 설사 안다 해도 그게 왜 필요한 건지 모르겠고요. '학'이라는 말을 떼어 내야 할 경영학에서 떠드는, 더군다나 그에 기생하는 수많은 족속이 잔머리 굴리면서 재잘거리는 허섭스레기 같은……"

실상인즉슨 나 역시 전략적 사고란 표현을 많이 써왔으며 업계에 회자되는 정의는 물론 나만의 정의도 갖고 있기에, 그때그때 상황에 맞는 것을 꺼내어 사용하곤 한다. 따라서 가슴에 손을 얹고 진정성을 생각하게 된다면 많이 찔리기는 하나, 여하튼 나만의 틀은 이러한 것들을 공리화한 일종의 형식 시스템으로서 주로 강의나 리쿠르팅 인터뷰 때 인출되곤 한다.

저 인간 또 저런다 싶은 표정이다. 물론 그렇게 생각할 거라고 예상은 했다. 하지만 이것이 내가 사소하게 여기는 것이면 모를까, 일 좀 제발 잘하는 방법*의 근원에 해당하는 주요 사안인 만큼 내 철학을 가볍게 흘려 버릴순 없었다.

"맥락상 김 선임의 질문은 나의 조어 중 하나인 thinkability의 향상에 관한 것 같아요. 문제의 해소 혹은 해결을 위해 수직, 수평적 경계를 넘나들며 발산하는 사고 역량 말이에요. 맞나요?"

"예, 맞습니다."

100% 동의는 아닌 것 같고, 그냥 건성으로 대답한 것 같다.

"그렇다면 책만 수백 권, 수천 권 본다고 키워지지 않아요. 혹시 꽃 좋아해요? 강아지는요?"

"뭐, 둘 다 그다지……"

"이렇게 설명할 수 있을 것 같네요. 이 세상에 꽃이 존재한다는 사실을 잊고 살아가던 어느 5월의 출근길, 이웃집 담벼락에서 풍겨 나오는 아카시아 향에 눈을 지그시 감는다든가, 혹은 새벽 3시 술 처먹고 동네 어귀를 들어설 때 상처난 이웃집 똥개를 보고 측은지심을 느껴 녀석을 보듬어 주고 절룩거리는 다리를 어루만진다든가 하는 기억들. 다양한 프로젝트의 경험은 물론이고, 이러한 일상의 감성적이고 사소한 경험들이 긴 세월 동안 누적되면서 펀더멘털 서적들이 선사하는 지식들과 융합되어야 비로소 thinkability라는 것이 갖추어지더라고요. 바로 이

---

* 매사에 암기 과목 식으로 일 하는 대다수 컨설턴트 및 고객사 전략기획, 사업 개발, 마케팅 인력 등의 역량 강화를 위해 '나'가 직접 만든 교육 프로그램.

것이 우리네 컨설팅뿐 아니라 많은 분야에서 핵심 알갱이로 쓰일 수 있는 거고요. 프로젝트 산출물이나 경영학, 처세술, 자기 계발 서적 이런 류의 것들은 단기적이고, 모든게 되풀이 되는 곳에서는 어느 정도 쓸모 있을 수 있지만, 급변하는 상황 및 중장기 관점, 그리고 새로운 것을 창출하는 데에 있어서는 무용지물이에요. 특히 본질

L2 우리는 왜 본질을 추구해야 하는가? 본질이란 시공을 초월하여 결코 변하지 않는 우주의 절대적 진리를 뜻하지 않던가? 상황에 따라 변하는 상대적 진리는 실존이라 했던가? 그렇다면 실존이 본질을 앞서야 하지 않을까?

L1 을 꿰뚫기 위해서는 더욱더 그렇죠. 아무튼 난 이런 점이 단순히 어떤 책을 읽느냐보다 더 중요하다고 생각해요. 노파심에 되풀이해 보자면 겉멋만 내고 철학과 진정성이 결여되어 있고, 아직 과학, 계량화의 맹신에서 벗어나지 못하는 경영학 서적은 절대로 봐서는 안 돼요. 글로벌 베스트 전략 펌이 이렇게 말한다죠? 이 세상 모든 것을 계량화할 수 있다고. 난 세상 개소리 중에 그보다 못한 개소리는 없다고 생각해요. 당연히 개념의 조작적 정의를 통해 모든 것을 계량화할 수 있겠죠. 그런데 왜 계량화를 해야 하는 걸까요? 바로 측정하고 평가하기 위해서인데, 이게 곧 과학적 접근이거든요? 난 과학적 반실재론자이긴 한데, 이게 뭐냐 하면……"

청자의 눈빛을 살피다가 이내 화제를 바꾼다.

"쩝, 이 얘를 지금 할 필요는 없을 것 같고……. 과학으로 감당할 수 있는 영역은 당연히 과학으로 접근하는 것이 좋겠죠. 하지만 우리네 인생 세간에서 과학이 점유한 영역의 비중이 어느 정도나 될까요? 어때

요? 나 역시 계량적으로 반문했는데. 이 세상은 과학이 기여할 수 있는 영역과 그렇지 못한 영역으로 나누어질 수 있어요. 그런데 후자의 비율이 비교할 수 없을 정도로 훨씬 큽니다. 많은 인간이나 사회의 문제들이 바로 이 불가 영역에만 존재하거나 혹은 기여 가능 영역과 불가 영역을 넘나들고 있죠. 그런데 근원적으로 계량과 거리가 먼 것까지도 억지로 계량화시키려다 보면 교각살우의 우를 범하게 되지 않을까요? 그러니 그런 것들을 마치 진리인 양 찬송하는 경영학 서적들은 저 멀리 집어던져 버리고 인지과학, 논리학, 수학, 철학, 과학, 문학 등의 펀더멘털 책을 봐야 해요. 이들은 일종의 중요한 지식의 원천이자 요소가 될 수 있고, 누군가의 정체성, 개성, 힘이란 이들 간의 조합을 통해서 이루어지는 거죠. 그게 바로 응용력이라는 거예요. 급변하는 시장속에서 절실히 요구되는."

"사실 인지과학이랑 철학은 다른 제 분야에 비해 이질적이긴……"

녀석의 눈을 보았다. 점점 흐리멍덩해지고 있다. 저 친구 하는 말 좀 듣고 다시 나불거리든지 해야겠다.

"흠, 좀 어려운 것 같아요."

"전혀 그렇지 않아요. 책의 세상도 중요하지만, 김 선임이 숨 쉬는 삶이 더 중요하다는 것이고, 뇌로 대변되는 머리도 중요하지만, 몸도 중요하다는 것이고, 이성, 논리도 중요하지만, 감성, 좀 더 나아 광기가 더 중요할 수 있다는 말이에요. 내가 늘 강조하는 마켓 다이내믹스를 제대로 분석해보면 앞으로는 후자들이 보다 중요해지지 않을까 싶어요. 그리고 김 선임이 지금 내 말에 대해 느끼는 것은 정확히 말하면 어려움보다 낯섦에 가깝다고 보이네요. 일반화해 보자면, 김 선임만의 문제가 아니라 이 바닥에 있는 다수 사람도 마찬가지일 것 같고요. 사실 낯섦과 어려움은 구분하기 어렵긴 하죠."

"그래도 총괄님이랑 이야기 나누면 한 번도 생각지 못했던 아이디어도 접하게 되고, 그래서 제가 총괄님과 프로젝트 하기를 좋아하는 것 같아요. 이 유배지까지도 쫓아온 걸 보면 잘 아실 수 있잖아요? 그리고 또 뭐냐? 제 선배 중에 HAAS에서 MBA 받고 온 선배가 그러는데요. 한국인 유학생끼리 모이면 그렇게 할 이야기가 없다네요? 다들 주입식으로 획일화된 교육만 받고 과학고에 명문대 나오고 유학까지 간 건데, 그러다 보니 나눌 만한 이야깃거리가 전혀 없고 무엇보다 스토리텔링 능력들이 거의 제로라 하더라고요. 기껏해야 주식, 경제, 정치, 스포츠, 연예 이야기 정도가 다? 그런데 총괄님은 다르잖아요. 그렇기 때문에 서구 문화면 모를까? 한국 문화에서는 괴짜다, 잘난 척한다고 생각하며 시기하는 사람들도 적지 않은 것 같고요."

"그렇죠. 댁도 오랫동안 봐왔겠지만, 그렇게 생각하는 사람들이 없지는 않아요. 사실 난 잘난 척하는 게 아니라 잘난 값을 하는 건데 말이죠. 하하하."

"어이쿠, 벌써 시간이. 저녁이나 먹으러 갑시다. 밥 좀 안 먹고 살 순 없나? 시간이 아깝기도 하지만 귀찮아서. 가만있자. 보약은 아직 복용 중이라 그랬던가요?"

"예. 점심때도 분식집 사장님께 반찬 재료를 하나하나 여쭤보다가 잔소리 좀 들었죠. 헤헤"

"좋아요. 그럼 그런 스트레스를 피할 수 있는 메뉴가 있는 곳으로 갑시다. 난 보약 먹을 때 복용 중이라는 사실을 늘 까먹어서 되려 약발을 파괴하는 음식만 먹게 되는 경우가 허다하더라고요. 하하. 이미 엎질러진 물이니 그냥 먹고 말죠."

"히히. 제가 좀 소심한 면이 있긴 해요. 그건 그렇고 그래도 책 한 권 추천 부탁해요. 출근할 때 지하철에서 40분 정도 보내게 되는데요. 그

나는 발가벗은 한 시간 동안 자유로와진다. 그래, 나는 딜레탕트다!

시간에, 뭐 생각도 하고 메모도 하고 그럴 수 있지만, 책 좀 읽고 싶네요. 늘 강조하시는 펀더멘털한 놈으로 한 권 부탁드려요."

"좋아요. 몇 권 생각나는 대로 마구 부를 터이니, 제목이 섹시하게 느껴지건 어떻건 간에 김 선임이 꼴리는 것으로 택일해 보세요. 자, 시작합니다."

자동 구술.

– 문학(88권): 소설, 희곡, 에세이, 자서전 및 평전 등

 1. 바우돌리노 (움베르토 에코)

 2. 칸트와 오리너구리 (움베르토 에코)

 3. 젊은 소설가의 고백 (움베르토 에코)

 4. 전날의 섬 (움베르토 에코)

 5. 움베르토 에코 평전 (다니엘 살바토레 시페르)

 6. 댈러웨이 부인 (버지니아 울프)

 7. 등대로 (버지니아 울프)

 8. 부분과 전체 (베르너 하이젠베르크)

 9. 율리시스 (제임스 조이스)

 10. 젊은 예술가의 초상 (제임스 조이스)

 11. 잃어버린 시간을 찾아서 (마르셀 프루스트)

 12. 픽션들 (호르헤 루이스 보르헤스)

 13. 어느 작가의 오후 (페터 한트케)

 14. 제브데트씨의 아들들 (오르한 파묵)

 15. 내 이름은 빨강 (오르한 파묵)

 16. 소설과 소설가 (오르한 파묵)

나는 발가벗은 한 시간 동안 자유로와진다. 그래, 나는 딜레탕트다!

나는 발가벗은 한 시간 동안 자유로와진다. 그래, 나는 딜레탕트다!

- 인문학(51권): 철학, 역사, 평론, 자서전 및 평전(철학자 관련) 등

1. 스피노자는 왜 라이프니츠를 몰래 만났나? (매튜 스튜어트)

2. 서양문명의 역사 (에드워드 맥널 번즈 外)

3. 서양 철학사 (버트런드 러셀)

4. 철학적 문제들 (버트런드 러셀)

5. 러셀의 시선으로 세계사를 즐기다 (버트런드 러셀)

6. 과학의 미래 (버트런드 러셀)

7. 인간지성론 (존 로크)

8. 하일라스와 필라누스가 나눈 대화 세 마당 (조지 버클리)

9. 오성에 관하여 (데이비드 흄)

10. 정념에 관하여 (데이비드 흄)

11. 웃음 (앙리 베르그송)

12. 창조적 진화 (앙리 베르그송)

13. 논리 철학 논고 (루드비히 비트겐슈타인)

14. 철학적 탐구 (루드비히 비트겐슈타인)

15. 추측과 논박 (칼 포퍼)

16. 과학혁명의 구조 (토머스 쿤)

17. 과학적 연구 프로그램의 방법론 (임레 라카토슈)

18. 킬링 타임 (파울 파이어아벤트)

19. 과학철학의 이해 (제임스 래디먼)

20. 과학적 발견의 패턴 (노우드 러셀 핸슨)

21. 과학에는 뭔가 특별한 것이 있다 (장대익)

22. Gödel, Escher, Bach: An Eternal Golden Braid
    (Douglas R. Hofstadter)

나는 발가벗은 한 시간 동안 자유로와진다. 그래, 나는 딜레탕트다!

48. Against Method (Paul Feyerabend)

49. Fashionable Nonsense (Alan David Sokal et al.)

50. 장자, 차이를 횡단하는 즐거운 모험 (강신주)

51. 기계의 신화 (루이스 멈포드)

- 과학(32권) : 인공지능, 인지과학, 물리학, 신경과학, 사회학, 미래
  학, 경영학 등

1. 명령하는 뇌, 착각하는 뇌 (빌라야누르 라마찬드란)

2. 스피노자의 뇌 (안토니오 다마지오)

3. 대중의 직관 (존 캐스티)

4. 인공지능 이야기 (존 캐스티)

5. 컴퓨터 장자의 마음 (존 캐스티)

6. 황제의 새마음 (로저 펜로즈)

7. 프루스트는 신경과학자였다 (조나 레너)

8. 부의 미래 (앨빈 토플러)

9. 부의 기원 (에릭 바인하커)

10. 우주의 대변인 (강태길)

11. 특이점이 온다 (레이 커즈와일)

12. 미디어의 이해 (마셜 맥루한)

13. 소비의 사회 (쟝 보드리야르)

14. 노벨 경제학상을 수상한 심리학자들 (안서원)

사실 이 책은 좀 처지는데, 미약하나마 사이먼과 카네만을 접할 수
있다는 점에서 추천하는 거예요.

"아, 너무 빨라요. 천천히 불러 주세요."

"예? 알았어요. 그럼 메일로 보내줄게요. 아마 그때는 순서도 뒤바뀔 거고 약간의 첨삭이 있을 겁니다. 그리고 어쩌면 김 선임이 지금 요청한 것도 정말 필요성을 절감한 게 아니라 그냥 분위기상 부화뇌동한 것일 수도 있을 텐데, 그럼 읽어 봤자 별 효과 없을 거예요."

나는 발가벗은 한 시간 동안 자유로와진다. 그래, 나는 딜레탕트다!

말 한 마디 한 마디가 상대방을 피곤하게 만들 것 같다. 내가 내게서 벗어나 나를 보니 참으로 그렇고 그렇긴 하다.

"음식 나올 동안, 계속 책의 연장 선상에서 이야기해 볼까요?"

"예. 좋아요."

"이런 생각을 해보았어요. SERI(삼성경제연구소)에서 CEO를 위한 추천 도서 이런 것도 나오고, 사람들의 막연한 로망 중 하나가 서재 가꾸기라는 것도 있고, 어느 리서치 업체의 미혼 여성 상대의 조사 결과 지하철에서 멋져 보이는 남자 1위가 책보는 사람이라는 거, 수많은 위인이나 천재들이 이야기하는 '지금의 나를 만들어 준 것은 제도권의 정규 교육이라기보다는 아버지 서재에서의 독서였다' 라는 일화 등등. 사람들이 그렇게 욕하면서도 정치가를 동경하듯, 죽어라 읽지도 않으면서 책에 집착하지요. 사실 참 별것도 아닌데 말이죠. 그래서 삶의 구석구석 전 분야에서 그것이 감성의 발로이건 이성의 발로이건 '책을 좋아한다는 게 과연 무슨 의미일까?' 그리고 책 속의 콘텐츠를 보다 생생하고 입체적으로 만들어 놓은 '영화를 좋아한다는 것은, 연극을 좋아한다는 것은 과연 무슨 의미일까?' 예전에 생각해본 적이 있어요. 우린 습관적으로 '책을 좋아한다', '영화를 좋아한다' 말하는데 그게 과연 맞는 표현인지에 대해서도 말이죠.

L2   234. Re) 책, + 영화, + 연극, + …

Writer: 뚱도리 Time: 2002. 6. 7 Visit: 1

아, 그새 글이 상당히 많이 올라왔네요 KFK 님은 요즘 논문 준비 때문에 바쁠 거고 TKX 군도 사업 때문에 상당히 바쁠 텐데 말이죠. DKB 님도 마찬가지일 거고요. 제가 아래와 같은 물음을 제기할 때에는 적어도 두 가지 목적이 있었습니다. 하나는 불완전한(모호한) 질문을 던졌을 때 나올 수 있는 답변 부류의 다양성을 확인해 보고 싶었고요, 두 번째는 앞의 말에 종속적이긴 한데요. 그 수많은 다양성 중에서 제가 생각한 바와 유사한 답을 생각하시는 분이 이곳에 있을까라는 호기심의 발로였습니다. 그러니 여러분을 잠시나마 모르모트화(化)한 데에 대한 사과 말씀부터 드려야 할 것 같아요.

그런데요. 역시나 예상한 답이 나왔습니다. 그 범위 내에서 개인의 생각, 타인의 생각 인용 등등. 읽어 보니 플로우 개념도 나와 있고, 깊이 파고 들어갔다는 느낌도 드네요. 그러니까 제 문제 제기 의도와 결부시켜 보자면, 두 개의 가능성이 존재했는데 하나는 여러분이 말뚝 박고 작업 들어간 공간이고 다른 하나는 지금 이야기할 부분이라는 거죠(이 두 개를 벗어나는 다른 답이 나왔어도 꽤 신선했을 듯하네요). 제가 이런 질문을 드리게 된 이유는 되게 단순한데요. 영화나 책을 일종의 매체, 즉 말하는 자와 듣는 자의 접점이자 커뮤니케이션 수단으로 본 것입니다. 즉, 한 수준 올라간 논의가 되지 않는 이상 이는 테마가 될 수 없고, 테마와 스토리를 담은 콘텐츠를 표상하기 위한 수단이라는 것입니다. 쉽게 말해서 '최초' 좋아함의 대상이 될 수 있는 것은 주제나 스토리지 그 표상 수단이 될 수는 없습니다. 그래서 전 누군가가 '난 책을 좋아해', '난 영화를 좋아해'라고 말하면 좀 이상하게 보이더군요. '난 이 분야에 대한 지식을 형성해야 되는 놈이야. 그러니까 이런 책을 봐야 하지', '난 사랑 이야기가 정말 좋아. 그런데 활자화된 책보다는 영화가 좋아.', '난 입체적인 게 좋아. 난 추리물을 좋아해. 그런데 평면적인 영화보다는 연극을 더 선호하지' 등등 이런 식의 말은 가능하다는 겁니다. 그냥 덮어 놓고 책을 좋아한다면 이 주제 저 주제 가리지 말고 다 관심 있어야 하며, 영화를 좋아한다면 이 영화 저 영화를 다 봐야 하는 거죠. 설사 그렇다 해도 이것은 말이 안 됩니다. 장르에 종속되는 선택을 한다면 이는

나는 발가벗은 한 시간 동안 자유로와진다. 그래, 나는 딜레탕트다!

주제에 종속적이지 매체에의 종속이라고 볼 수는 없는 노릇이고, 이는 결국 1순위를 덮어 두고 2 혹은 3순위로서 자신의 기호를 떠벌리고 다니는 셈이 되니까요. 제가 저 위에서 '최초'라 했죠? 다 이유가 있기 때문입니다. 이는 매체들에 목적의식을 갖고 임했을 때 해당될 수 있는 주장인데요. 최초라 함은 순수의 의미가 될 수도 있고, 최초 해당 매체의 발생 시점에 존재하는 온갖 속성 세트(set)로 이해해도 무방하겠습니다 (아, 그럼 결국 순수로 통일해도 상관없겠네요). 소위 킬링 타임 하기 위해서 서점을 간다던가 극장을 간다던가 할 수 있으니까 이때 다른 대안을 버리고 이런 의사결정을 내린다는 것. 이것은 분명히 순서 역전의 발로라고 볼 수 있겠죠. '와, 휴강 돼서 다섯 시간 비었다. 무얼 할까나? 영화 봐야겠다. 뭔 영화를 볼까?'로 이어지는 연속적인 흐름은 시간을 잘 보내겠다는 목적 하에 영화(매체)를 대안으로 선택한 것이고, 그다음에 스토리를 선택하는 일련의 과정으로 이루어진 것이니까요. 이때에는 그나마 인정받음의 가능성이 높아지겠죠. 이외에도 특정 작가(감독, 배우 포함)의 팬이 된다면 그 사람이 완전한 스토리적 변신, 즉 새로운 장르로 진출할 때에도 내용과 상관없이 '그 사람의 것이니까' 하고 따르는 경우도 볼 수 있습니다. 이는 순서 역전이 아니라 완전히 다른 현상이라고 볼 수 있죠. 하지만 이때에도 매체 자체가 1순위가 될 수는 없습니다. 캐릭터라고 할 수 있을까요? 사실 매체의 영역 조정만 있으면 고민 반푼어치도 없는 소리이긴 한데 위에서 제기된 논의대로 기계화 작업을 한다면 별로 어렵지 않을 것입니다. 정말 어려운 것은 누군가가 '나 영화 좋아해'라고 하면 어떠한 멘털 모델을 떠올리게 되고 아무렇지도 않게 당연시 그 말을 받아들이는 현실 속의 우리네를 기계화하는 것이죠.

DKB는 내게 있어 여성이 아닌, 인간으로서 상당한 존재감이 있는 친구였다. 나이는 나보다 7살인가 어리지만, 이 정도로 내게 큰 임팩트를 준 친구는 단언컨대 없었다. 서로의 존재를 알게 되자마자 나의 일거수일투족에 대해 사사건건 트집 잡았기에 그녀에 대한 첫인상은 불쾌함 그 자체였으나, 시간이 지남에 따라 나의 열렬한 후원자이자 비평가, 조언가로서 적잖이 의지하게 되었다.

내가 그녀를 여(女)에 앞서 인간으로 인식하게 된 데에는 그녀의 턱이 전두환 와이프를 연상시킨다는 점도 있었지만, 결정타는 폭넓은 지식과 교양, 그리고 이의 기반으로 추정되는 독서에 대한 열정이었다. 바로 이점이 나와의 절묘한 궁합을 잉태시켰으며, 사방으로 튀고 지나치게 발산하는 나의 사고에 대한 적절한 완충재이자 길라잡이 역할을 해줄 수 있었다.

그녀는 나를 언니라고 불렀다. 그녀가 밝힌 그 이유는 '내가 그녀에게 유일무이한 존재자이길 바란다'는 것이었다(나중에 알았지만 사실 그건 복선적 발언이었다). 자신이 살아오면서 남성 연장자들에 대한 보통 명사 호칭은 할아버지, 아버지, 삼촌, 오빠, 선배 등에서 벗어나 본 적이 거의 없었다고 했다. 따라서 이들에게 사용하지 않은 신선한 호칭을 쓰고 싶기에 언니라고 부르겠다는 거였고, 별문제 될 게 없을 듯하여 나 역시 흔쾌히 동의했다. 물론 유일무이함이란 측면에서는 듣기 좋았는데, 성정체성 측면에서는 좀 헷갈리긴 했다. 여하튼 상호 간의 호칭은 언니와 DKB 씨로 합의됐으며, 우리의 활동은 매일의 일과를 마무리한 오후 6시 이후에 본격화되었다.

그녀는 당시 두 명의 롤모델이 있다고 했다. 학교에서 수많은 교수를 접해 왔지만, 그 무리에선 찾을 수 없었고(사실 내가 봐도 한심한 교수들이 꽤 많긴 하다. 예나 지금이나), 점점 입지를 다져 가는 스타벅스 코리아 CFO와 아직 세상에 아무런 흔적도 남기지 못하고 있는 나를 닮고

나는 발가벗은 한 시간 동안 자유로와진다. 그래, 나는 딜레탕트다!

싶다고 말했다. 경영학과 철학을 복수전공했던 그녀는 경영학 분야에서 특히 재무관리를 좋아했고 희망 진로 중 하나가 역시나 그 영역이었던 만큼 그를 만나며 끊임없이 자극받고 그랬던 것 같은데, 특히 그의 주도면밀함과 명쾌함에 큰 매력을 느꼈다고 했다. 그래, 그럴 거다. 그런데 잘 나가는 그 양반은 그렇다 치고 대체 난 뭔가? 나란 놈은 벤처한다고 깝죽거리다가 말아 먹고, 일과 시간 엄마의 걱정스러운 시선을 피하기 위해 학교로 도피한 가식적 백수 아니던가? 당연히 수십억 연봉은커녕 매월 돈을 까먹다 못해 대출까지 해 놓은 상황인데 말이다(물론 엄마는 이 사실을 전혀 모르고 있다). 그 친구 왈, '돈벌이를 잘할지 어쩔지는 몰라도, 언니는 자기가 만난 사람 중 유일한 천재다. 고로 세상이 알아주면 대박이고 아니면 쪽박일 텐데, 만일 생전에 이루어지지 않는다 해도 사후에는 어떻게라도 진가가 드러나지 않겠느냐?'라는 게 나를 롤모델로 삼은 변이었다. 사실 나 스스로는 천재라고 생각했다가 평범하다고 생각했다가 돌대가리라고 생각했다가 하는 사이클이 끊임없이 되풀이되고 있었기에 딱히 제대로 된 판단을 내릴 수는 없었다. 다만, 내가 인정하는 사람이 그런 식의 말을 했다는 점은 분명히 스스로 긍정적으로 생각하게끔 유도하긴 했다. 그러고 보니 친한 후배 TKX도 비슷한 말을 한적 있다.

"형은 쎄복 없는 불우한 천재 같아요."

이런, 젠장! 다들 나를 돈과는 동거하기 쉽지 않은 사람으로 바라본다. 솔직히 돈에 대해 큰 욕심이 없긴 하지만, 나도 좋은 집에서 살고 싶고, 녹음이 우거진 멋진 창조의 공간에서 f-business 좀 하며 평생을 살아가고 싶다. 그렇다면 돈이 필요하긴 하다. 그것도 아주 마~않이.

우리의 주 논의의 장은 신촌이었고 내가 사는 집은 합정동, 그 친구의 집은 신도림이었다. 우리는 신촌에서 합정까지 늘 걸으며, 논의에 논의를 거듭했다. 결론이 나지 않을 경우에는 합정역 벤치에 앉아 끝장 토론을 하곤 했다. 주제가 다양했고 따라서 오고 간 개념, 용어, 견해도 많았는데 아쉽게도 지금은 기억이 잘 나지 않는다. 다만 '생득적'이란 말과 '전지전능'이란 말로 논박을 주고받았던 기억은 어렴풋이나마 기억에 남아 있다. 361번 버스가 신촌을 지나 산울림 소극장 쪽으로 좌회전하는 언덕길 사거리 부근이었다.

"전지전능(全知全能)은 일종의 동어 반복이에요. '능(能)'에 '지(知)'가 당연히 포함될 수 있기 때문이거든요. 고로 이 말은 압축되어야 해요."

"그럴 수도 있는데, 이렇게 생각해 보는 건 어떨까요? '지'와 '능'을 단일 측면으로 보는 게 아니라 각각을 인간의 input, output 측면에 대한 대유로 보는 거죠. 구체적으로 이야기해보자면······"

어떻게 보면 대학을 다니며 4년 동안 배웠던 것보다 그녀와 자의적인 토론을 하며 보냈던 3개월이 훨씬 더 나를 성장시켰던 것 같다(석사 2년은 내 인생에서 정말 중요했던 시기였기에 감히 언급하지 않았다). 경영학이란 것은 내게 테크닉이나 스킬 몇 개 정도 던져준 게 전부였다. 물론 LLI 교수님의 과목들은 사실 경영학 범주에 넣기 어려우므로 역시나 논외로 한다.

한번 그 친구에게 심하게 화를 낸 적이 있다. 내가 무슨 말만 하면 '언니, 그건 누가 이미 이야기한 거고요, 또 역시나 저건 이미 누가 이야기한 거예요. 이미 200년 전이에요, 100년 전에요, 50년 전에요······.'

"이봐요, DKB 씨. 댁은 기계 수준을 벗어나지 못하는군요."

"예?"

"당신은 스토리지, 약간 좋게 해석해 줘봤자 고성능 센서들이 달린 DBMS(DataBase Management System)에 불과해요. 책 읽고 몇 가지

나는 발가벗은 한 시간 동안 자유로와진다. 그래, 나는 딜레탕트다!

지식을 저장해 놓고 있다가, 그것이 음성이 됐건 이미지가 됐건 텍스트가 됐건 단서가 날아오면 인출해서, 누가 이런 말을 했다, 저런 말을 했다 녹음기나 앵무새마냥 나불거리기나 하고. 마치 기계처럼 의미는 전혀 이해하지 못한 채 형식 시스템처럼 정해진 구조와 코드대로 연산하는 거 아니에요? 인지과학에서 종식되어야 할 정보처리적 접근같이 말이에요. 아무리 봐도 『기억의 천재 푸네스』, 딱 그 수준이에요.”

“난 그저……”

그 친구의 말 따위를 경청할 겨를은 없었고, 계속 떠들어 댔다. 흥분은 했지만, 그래도 침은 튀지 않으려고 무척 노력했다. 침의 폐해를 누구보다 잘 알고 있었기 때문이다. 으~ 침이 주는 축축함, 그리고 찝찝함은 몰입을 방해하거나 아예 파괴해 버린다.

L3   대학 2학년 2학기 상법 시간. 떡볶이 교수의 강의. 냄새나는 그의 축축한 침을 피하기 위해 맨 앞에서 제일 뒤로 자리를 옮겼는데, 나름 사각지대다 보니 자연스레 수업보다는 다른 유희 거리를 찾게 되었다.

상법이란 과목은, 다른 건 몰라도 회계사 배출만큼은 우리 학교가 최고가 되겠다는 가열찬 의지의 소산으로 전공 필수화된 과목이다. 학과 측이 그런 의도로 한 건지 아닌진 몰라도, 적어도 나는 그렇게 받아들였다. 예나 지금이나 회계를 정말 회개해야 할 과목으로 생각하는 나는 회계의 똘마니인 상법에 철저하게 무관심했다. 게다가 시험 구조가 50문항에 5지 선다 구성이었으니, 제아무리 꼬아 놓은 문제라 하더라도 체계적으로 접근하면 운전면허 시험과 똑같은 결과를 얻을 수 있을 거라고 확신했었다. ‘뭐, 이것도 마찬가지 아니겠어?’라는 단순히 형식 및 구조에 의거한 귀납의 엄청난 과일반화가 작동했던 것이다. 시험 직후 회계사 자격증에 목숨 걸고 열심히 공부한 친구들의 이야기를 들어 보니 다행히도 답 중에 C와 D가 유독 많았다 했겠다. '오호라, 나 역시 그렇게 마킹했으니 이거 의외로 A 학점까지도 기대할 수 있겠는걸? B 학점만 받아도 감지덕진데 말이야.' 하지만 학기말, 그 기대는 참담히 깨졌다. A의 숲 사이에서 강력한 존재감을 보이던 D. 정답이 대시대시(D C D C)의 패턴을 형성했다면 내 답은 시들시들(C D C D)의 시퀀스였던 것이다. 이에 달갑지 않은 D라는 기호를 지우고자 수년 후 재수강을 했건만, 최종적으로 획득한 학점은 '기존 성적에서 막대기가 제거된 채 거울에 비추어진 상(象)'이 되고 말았다. 물론 그때도 다른 과목의 성적란에 적혀진 기호들과 사뭇 달랐기에 독야청청했음이다.

아무튼 좋지 않은 기억일랑 묻어두고…… 난 프레드릭 테일러보다 훨씬 가치 있고 진정성 있는 순수한 목적으로 타임 & 모션 스터디를 진행하며 참으로 알차게 상법 수업 시간을 보냈다. 옆자리 친구 녀석의 분당 콧구멍 벌름거리기 횟수는 정말이지 대단했다. 평균 120회/분. 초당 2회씩 1분 내내 일관성을 유지해야 이 수치를 달성할 수 있다. 물론 웬만한 사람들도 처음 10여 초 동안은 어지간하면 다 20회를 돌파할 수 있긴 하다. 하지만 10여 초를 넘어가면 코 따로 마음 따로 놀게 마련이고, 심한 경우 코에 일시적 마비도 오게 돼 그 리듬을 놓치게 된다. 코 벌름거리기에 있어서도 줄다리기 못지않게 리듬이 중요한 데 말이다. 게다가 시간을 측정하며 카운트하는 사람과 '킥킥'거리는 소음에 고개를 돌리는 몇몇 사람들의 눈들이 시야에 들어오게 될 경우, 코 벌름거리는 자는 웃음과 쪽 팔림이 한데 어우러져 '파~'하고 최불암 특유의 웃음을 내뿜게 되며, 이와 동시에 수십 초간 코를 학대하며 진행해 왔던 기록들을 산화시켜 버리게 된다. 이 얼마나 허무한 일인가?

L2   "자, 보자 구요. 난 똥 때릴 때나 샤워할 때 아니면 걷거나 차 안에

있을 때, 침대에 누워 있을 때, 사고의 수발을 통해 지금 이야기 나눈 사안들을 혼자서 죄다 생각해 낸 거예요. 당연히 참고 문헌이니 하는 것들은 없죠. 그렇게 세상을 경험해가면서 동시에 나름 사고 실험도 해가면서 단숨에 뚝딱뚝딱 만들어 내고 있으니, 내 창조력은 대단한 거예요. 내가 이걸로 틀에 박히고 고리타분한 학회에 가서 발표하고 제도권 학자들에게 디펜스할 준비를 하거나 그럴 필요도 없고. 이런 잠재력이 있으면, 이런 사고 역량이 있으면 최소한 머리 쓸 일이라면 뭐든지 다 두각을 나타낼 수 있는 거고. 그렇다면 쾌락이 넘쳐나는 아름다운 세상 만들기에도 적지 않은 기여를 할 수 있다고요. 기득권층과 그들이 만들어 놓은 시스템이라는 방해 세력들만 없다면 말이죠. 그런데 댁은 어때요? 혼자 스스로 생각해 낸 게 있어요? 죄다 책 보고 아 이런 게 있구나 저런 게 있구나 긁어모으기만 했을 뿐. 내가 한심하게 생각하는 일종의 벤치마킹 같은 거죠."

독설을 연방 내뿜었음에도 불구, 흥분은 여전히 가라앉지 않았다.

그럴 땐 메타포가 난무하게 된다. 인문학적 맥락에서는 과학적 메타포를, 과학적 맥락에서는 인문학적 메타포를. 맥락과 메타포 간에 엇갈리게 줄을 긋게 되는 정확한 이유는 나도 잘 모르겠다. 그 기원도 마찬가지고.

"신경망 구조로도 설명 가능해요. 댁의 경우에는 입력층에만 노드가 많을 뿐이에요. 반면 내 경우, 입력층에는 활성화된 노드들이 적을지 몰라도, 중간의 은닉층들이 많고 그 안의 노드들 역시 꽤 많기 때문에 전체적으로 아크 혹은 링크의 수가 댁과 비교도 안 될 정도로 풍성할 거예요. 그렇담 결과는 뻔한 거고. 무슨 말인지 알겠어요? 난 제도권 철학자나 과학자가 아니에요. 그냥 내가 한 말을 과거에 누가 했었나 노심초사해 가면서 리서치하고 검증해보고 더 발전시키고 그럴 필요가 없어요. 다시 한 번 말하지만 중요한 것은 나만의 thinkability라고요!"

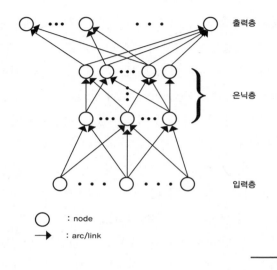

신경망 구조

사실 이 메타포는 적절치 못했다. 계산주의의 망령이 담겨 있으니.

L3   내가 원하는 책이 있음은 반갑지 않다. 왜냐하면 내 갈구 및 상상이 완전히 독창적인 게 아니라는 것을 증명하는 것이기에. 하지만 그 실망은 이내 회복된다. '천재들만 했던 생각을 한 거니 실로 대단한 일 아니겠어?' 그러나 금세 우울해진다. '어쩌면 이들 외에도 수많은 사람이 그런 생각을 했을 수 있어. 하지만 그들은 단지 필부필부(匹夫匹婦)였기에 세상에 알려지지 않았던 거야. 어쩌면 내 삶도 그냥 그렇게 허무하게 끝날 수 있어.' 불안 또 불안. 흄, 파이어아벤트, 제임스 조이스 그리고 누보 로망.

천재는 세 개의 수준으로 구분될 수 있다.

하위: 이미 형성된 도메인 내에서 최고 수준에 도달. 따라서 당사자는 사회적으로 갈채 받기 쉬움. 가장 흔해 빠진 저열한 천재.

중위: 미(未) 형성(미 대중화) 도메인 내에서 무의식적으로 아등바등. 따라서 당사자는 사회적으로 존재감 없음. 부각되기 이전의 상위 천재들은 여기에 속함. 빼어난 딜레탕트들도 아마 여기에 위치하지 않을까 싶음.

상위: 없던 도메인까지 만들어 가면서, 최고 수준에 도달. 하위 천재가 아이템 메이커라면 상위 천재는 장르 메이커랄까? 따라서 당사자는 사회적으로 갈채를 넘어 경외까지 받게 됨. 난 이것을 지향함.

'3'에 대한 천착은 사고의 발산에 있어 틈을 주지 않는다.

논리라는 것에도 역시 세 개의 수준이 존재한다(논리의 반대편에는 무논리가 존재한다. 이건 논리라는 개념이 아예 없는 것을 의미하며, 여기엔 우위니 열위니 하는 가치 판단이 개입될 수 없다).

하위 – 비논리(illogic)

중위 – 논리(logic)

상위 – 초 논리(surlogic)

그런데 현상적으로는 상위와 하위가 '비논리'로 동일하게 보여질 가능성이 농후하다.

그러고 보니 상위와 하위는 그 대상이 무엇이든 간에 정도만 다를 뿐이지 무릇 일반 대중들에 인식되는 이미지는 유사한 듯하다.

L2 며칠 후 그 친구는 내게 '언니의 사상과 가장 닮은 철학자'라는 메모와 더불어 서광사에서 나온 데이비드 흄의 『오성에 관하여』와 『정념에 관하여』를 선물했다. 재미있게 보았고, 그 친구의 마력에 힘입어 자

꾸만 스스로를 데이비드 흄 화(化)하려는 나를 발견하며 깜짝깜짝 놀랄 때도 있었다. 아무래도 니체가 힐난할 것 같다. 그런데 그렇게 10년 이상 나의 사고와 궤를 같이한다고 생각했던 영국의 경험론이 사실은 나와 정반대를 주장하는 게 아니냐라는 의구심이 조금씩 들기 시작한다. 존 로크 – 조지 버클리 – 데이비드 흄. 그러면서 오히려 '하이데거와 메를로 – 퐁티를 지지 세력으로 삼아야 하지 않을까?' 라는 고민도 하게 된다. 그래서 『존재와 시간』, 『지각의 현상학』을 펼쳤건만, 예상만큼 호락호락하진 않다. 과연 언제쯤 내 것으로 완벽하게 소화할 수 있을지?

우리의 마지막 만남은 강남역 부근 모 극장에서 상영했던 장진 감독이 제작한 「묻지 마 패밀리」(간혹가다 제작과 연출이 헷갈리는 경우가 있다. 이 역시 마찬가지였는데, 한동안 난 이 영화가 장진 감독 연출로 알고 있었다. 「크리스마스 악몽」도 사실 팀 버튼 제작에 헨리 셀릭 연출인데, 아마 이것도 팀 버튼 연출로 알고 있는 사람이 제법 있을 거다) 시사회 관람이었고, 직후 귀갓길 합정역 플랫폼에서 손을 흔든 후, 연락이 끊겼다. 근황이 무척 궁금하다. 나와 그녀 간의 관계를 형성시켜준 교수님도 그 친구의 근황은 물론 연락처도 모른다고 하시니 실로 답답한 노릇이다.

LO   아직은 계절이 계절이니만큼 절정은 아니지만 난 한여름 우리 마당의 초록 내음을 특히 더 사랑한다. 언제부터인지는 몰라도 청개구리와 달팽이가 매우 귀엽게 느껴진다. 눈을 지그시 감고 달팽이의 피부를 위아래로 살짝이 살짝이 비비는 것도 독특한 매끄러움을 선사하는 것이 적지 않은 흥분을 야기시킨다. 비록 간헐적이고 찰나의 파트너인 녀석은 본능적으로 생명의 위협을 느끼겠지만 말이다.

마당 한편엔 나무 판과 비닐 장판 등을 조합해 만든 허름한 개 집이 있다. 한때 쫄순이*와 멍타스**가 살았던 빈집을 보니 어린 시절 그들과 함께했던 추억이 떠오른다. 나이는 비록 나보다 어리지만, 때론 친구 같고, 때론 동생 같았던 소중한 존재자들. 땅꼬마 적에 엄마나 외할머니가 외출하면 우리 집은 갑자기 시커먼 고담시의 썩은 건물로 변해 버렸다. 그때의 공포를 회상해 보건대 프레디 크루거나 제이슨이 칼 들고 쫓아오는 낯선 자로부터의 공포도, 「샤이닝」의 잭 니콜슨에게서 발견한 가장 친근한 자로부터의 공포도 아니었던 것 같고.

L1　「샤이닝」은 스티븐 킹보다 스탠리 큐브릭을 먼저 떠올리게 한다.
　　「시계태엽 오렌지」도 앤서니 버지스보다 스탠리 큐브릭이, 「2001 스페이스 오디세이」도 아서 클라크보다 스탠리 큐브릭이. 아무래도 힘이 무척이나 세신 분인 것 같다.

L2　몽타주 효과는 화면과 화면 간의 충돌로만 발생하는 게 아니다. 화면과 음악의 충돌로도 발생할 수 있다. 즉, 시각 내 충돌만으로 발생하는 것이 아니며, 시각과 청각의 충돌로도 발생할 수 있다. 이 경우 두 개의 감각 혹은 지각은 유사한 임팩트를 갖기 때문에, 진정한 공감각이 된다. 아, 어떤 것의 임팩트가 더 큰지는 실험이 필요하다. 스티븐 스필버그의 「죠스」도 있고, 히치콕의 「싸이코」도 있다. 여기선 시각과 청각의 충돌이 아닌 공조가 발생한다. 물론 이러한 공조 현상이 주류 영화에선 보편적이기도 하다. 여하튼 이 공조적 상황에서도 시각과 청각이 편중 없이 균형을 이루며 나타나긴 한다. 파동 곡선으로 시각화해 보자면 전

---

* '나'가 최초로 키웠던 1974년 생 브라운색 얼룩 무늬 암컷 잡종 개. 생각해 보건대, 요크셔 테리어의 피가 흐르는 듯 하다.
** '나'가 두번째로 키웠던 1981년 생 검정색 암컷 잡종 개. 전형적인 한국의 똥개지만 절대로 똥을 먹진 않았다.

자는 전체적으로 상쇄 되는 형국이고, 후자는 주기적으로 진폭이 커지는 형국이다. 고로 이것을 하나의 차원만 적용해서 임팩트를 따지면 안 될 것 같다. 즉, 다차원이 적용되어야 하지 않을까 싶다. 그런데 공지각이란 용어는 없나? 필요할 때가 꽤 많을 것 같은데.

L1   잭 니콜슨이 광기에 젖게 돼 버린 것은 악령이 깃든 한겨울 고립된 오버룩 호텔의 탓도 있었겠지만, 글쓰기 자체가 그를 그렇게 만들어 버린 것 같다. 조(躁) 됐다가 울(鬱) 됐다가 조 됐다가 울 됐다가. 우리 모두 발음을 조심하자. 이게 진동처럼 무슨 패턴이 있는 것도 아니기에 기대를, 걱정을 못하게 만들어 버리니 미친놈 되기 십상이다. 어쩌면 창의성이란 것도 마찬가지의 속성을 갖고 있을지 모른다. 비정상 그리고 마이너리티. 메이저리티가 되는 순간 희소성이 사라지고 차별화가 사라지고 구태가 되기에. 지금 이 순간 내 광기 지수는 아마 지난 8월 16일의 그것보다 훨씬 높아졌을 것이다. 사실 창의성의 필요조건 중 하나가 바로 광기가 아니던가?

L0   딱 「블레어 윗치」 같은 불안과 공포의 혼재였던 것 같다. 실체가 불분명하고 아닐 수도 있으나 기일 것 같은 막연한 불안감. 그러면서 화면의 흔들림으로 인한 구토 유발까지.

그럴 때마다 마치 고부 관계처럼 보이던 쫄순이와 멍타스는 여성임에도 불구, 각각 슈퍼맨과 스파이더맨으로 변해 공포 및 공황의 나락에서 나를 꺼내주곤 했다. 어쩌면 배트맨이나 600만 불의 사나이였을 수도 있는데 기억이 가물가물하다. 녀석들이 평상시 내게 여성성을 충분히 어필했었더라면 아마 영원한 슈퍼 히로인 라이벌 소머즈와 원더우먼으로 자리매김했을지도 모른다. 그래서 언제부턴가 녀석들 앞에 쭈그리고 앉아 꼭 다문 입과 껌벅거리는 눈을 똑바로 쳐다보며 고민도 많이 했다. '애들은 수염도 달리고 기어 다니긴 하지만 분명히 여자는 여자야. 그런데 왜 얘네들이 민정이나 정미처럼 느껴지지 않는 걸까?' 그때는 꼬추의 용도를 오로지 쉬하는 걸로만 알고 있을 때였기에, 꼬추가 커지고 딱딱해지는 것은 오줌을 참았을 때가 거진 다였다. '하루빨리 여자로 느낄 수 있어야 해. 왜냐하면, 난 남자고, 녀석들은 여자니까. 여자를 여자로 느끼지 못한다면 난 이상한 아이인 거잖아.' 수십 번, 수백 번을 되뇌도 그냥 남자로만 보였다. 웅얼웅얼 주문을 외우며 자세히 아주 자세히, 들여다보면 얼굴이 잠시 민정이와 정미처럼 변해 간다 싶다가도 녀석들이 혀를 쭉 내밀어 턱부터 코까지 쭉 훑는 걸 보면 완전히 깼다. '정말 엄청나게 긴 혀를 가졌구나!' 라는 감탄도 한몫했지만, '정말 품위가 없는 걸 보니 여자가 아니로구나!' 라는 점에서 더 그랬다. 이렇듯 내 thinkability는 성(性)이라는 관문을 넘나들지는 못했으며, 이는 지금도 마찬가지이다. 여하튼 성에 대한 인식론을 떠나 얼마나 고맙고 소중했던 존재자들이었던지 내 석사 논문 감사의 글에는 인간이 아님에도 이 친구들의 이름이 떡 하니 올려져 있다. 비인간은 이렇게 딱 둘이었다.

"내가 30년 이상 논문을 제본해 왔지만, 감사의 글이 이렇게 흥미로운 건 첨인걸?"

제본소 사장님의 말씀이다.『황제의 새마음』역자 머리말을 보면 박승수 교수가 유학 시절 대학 경비원과의 대화 도중 놀랐던 일화를 소개하고 있다. 그 경비원이 인공지능과 관련된 주요 흐름을 꿰고 있는 게 아닌가? 괴델의 불완전성정리, 튜링 머신 등을 적재적소에서 인용하기도 않고. 마찬가지로 제본소 사장님도 오랫동안 수많은 논문을 제본해 오셨기에, 전문적 내용에 대해서도 어느 정도의 통찰력이 생겼을 수 있다. 하지만 전문성이 덜 요구되기에 누구나 쉽게 다가갈 수 있는 것은 아무래도 본문보다는 감사의 글이기에 특히 이를 자세히 봐오셨던 것 같다.

L1   '두 마리 토끼'. 논문에서 '통.상.적.으.로' 쓰이지 않는 메타포를 썼다는 이유로 부심 중 한 명이 한마디 했고, 난 즉시 답변했다.

"제 생각은 다릅니다. 논문에서는 무조건 메타포를 피해야 한다는 말은 마치 심벌리즘(symbolism)의 프로덕션 룰(production rule)과 같다고 봅니다. 지극히 기계스러운 생각이라는 거죠. 해석 상의 스펙트럼에서 메타포의 영향은 크게 둘로 구분될 수 있을 것 같습니다. 하나는 독자로 하여금 다양한 해석을 야기시키는 발산적인 것이고, 다른 하나는 하나의 표준화된 해석만 가능케 하는 수렴적인 것이죠. 지금 교수님께서 지적하신 '두 마리 토끼'는 후자에 해당하기 때문에 논문이라는 맥락하에서도 전혀 문제 될 게 없다고 생각합니다. 그러니까 제 말씀은 꼭 써야만 하는 표현은 아니지만, 마찬가지로 반드시 지양해야 할 표현도 아니라는 거고요, 그렇기에 이 자리에서 왈가왈부할 이유는 없다고 봅니다."

그 결과? 당연히 뻔했다. 이곳은 대한민국, 그것도 꼰대들이 넘쳐나는 학계였기 때문이다.

며칠 후, 제본된 논문을 펼쳐 본 또 다른 부심은, 감사의 글에서 자기가 어떻게 묘사됐는지부터 확인한 후 실망한 표정으로 위부터 다시 쭉 읽어 내려갔다. 그러면서 이런 말을 내뱉었다.

"흠, 결국 아트를 했구먼."

지금 이 순간 내가 하는 짓을 보면 나름 선견지명 있는 분임에 틀림이 없다.

주심은 이들의 커멘트에 한참 앞선 어느 날 '넌 공부를 취미로 하는 게 좋겠다'며 대못을 박았었지.

"넌 공부를 취미로 하는 게 좋겠다."

"넌 공부를 취미로 하는 게 좋겠다."

"넌 공부를 취미로 하는 게 좋겠다."

"……"

"히히, 딜레탕트 자식. 넌 학자가 아니야. 넌 단지 수많은 아웃사이더 중 하나일 뿐."

"히히, 딜레탕트 자식. 넌 학자가 아니야. 넌 단지 수많은 아웃사이더 중 하나일 뿐."

"히히, 딜레탕트 자식. 넌 학자가 아니야. 넌 단지 수많은 아웃사이더 중 하나일 뿐."

"히히, 딜레탕트 자식. 넌 학자가 아니야. 넌 단지 수많은 아웃사이더 중 하나일 뿐."

"히히, 딜레탕트 자식. 넌 학자가 아니야. 넌 단지 수많은 아웃사이더 중 하나일 뿐."

"히히, 딜레탕트 자식. 넌 학자가 아니야. 넌 단지 수많은 아웃사이더 중 하나일 뿐."

"히히, 딜레탕트 자식. 넌 학자가 아니야. 넌 단지 수많은 아웃사이더 중 하나일 뿐."

"히히, 딜레탕트 자식. 넌 학자가 아니야. 넌 단지 수많은 아웃사이더 중 하나일 뿐."

"히히, 딜레탕트 자식. 넌 학자가 아니야. 넌 단지 수많은 아웃사이더 중 하나일 뿐."

"히히, 딜레탕트 자식. 넌 학자가 아니야. 넌 단지 수많은 아웃사이

더 중 하나일 뿐."

"……"

"히히, 딜레탕트 자식. 넌 학자가 아니야. 넌 단지 수많은 아웃사이더 중 하나일 뿐."

"넌 인지과학 과정에 취직했냐?"

"요즘 한창 뜨는 게 인터넷 쇼핑몰 UI 연구니까, 논문 주제를 그것으로 해!"

난 트렌드를, 그나마 그것도 허섭스레기 같이 다루는, 그러면서도 진정성 없이 젠 체하면서 포장하고 추구해야 할 경영학과와는 잘 맞지 않는 것 같다. 학부 시절 은사 LLI 교수님의 연구도 사실은 전기·전자 공학에 가깝지 경영학이나 산업공학 쪽은 아니지 않은가? 아니지, 난 경영학의 결정체라 할 수 있는 경영 전략을 굉장히 좋아했잖아? 솔직히 지금도 그걸 기반으로 밥벌이하고 있고. 그런데도 경영학이 나와 잘 맞지 않는다고 말할 수 있을까? 이 역시 개체 관점이 아닌 속·특성 관점으로 봐야 하는 걸까? 만일 개체 관점이라면 그 개체의 핵심 특성에 흠뻑 젖어 있거나 일반 보유 속성 중 최소 93% 이상을 사랑해야 한다. 그런데 난 전략이 갖고 있는 핵심 특성에 빠져 있는가? 아니면 전략이 이루고 있는 수많은 속성 중의 거진 다와 궁합이 잘 맞는가? 오호라, 금방 답이 나온다. 역시 분석적 사고는 좋은 것이야. 정말 그럴까? 쪼개니 답이 금방 튀어나오긴 하는데? 경거망동하지 말라고? 문제는 상황과 맥락이라고? 그래도 꿈이나 장래 희망은 속, 특성으로 이야기하는 게 맞아. 직업은 꿈을 이루기 위한 수단이 되어야 해. 교수가 되기 위해 학문하는 것이 아니라 학문하기 위해 교수를 해야 해. 교수가 되기 위해 학문하는 것은 단지 항문 하는 것에 불과해. 본 명제와 동치는 대우 명제지 역명제가 아니라고.

그런데 난 지금 인지과학 석사 아니던가? 경영학과, 그것도 MIS(Management Information System) 같은 거 하는 애들이 시류에 영합하기 위해 매달려 가는 끈을 내가 왜 잡아야 하는 거지? 기업들에 실질적으로 도움될 만한 것은 거의 주지도 못할 거면서.

L2 "교수님, 제가 비록 석사 과정이지만 유행에 편승하는 주제를 다루고 싶진 않습니다. 제게는 인지과학의 정체성과 존재 의가 가장 큰 고민입니다. 그러면서 각 구성 학문을 넘나들기, 이른바 학제적 과정이라는 게 합목적적 결과를 도출하기 위해서는 어떠한 접근을 견지해야 하는가를 조망하고 싶습니다. 그리고 인지과학을 2학기 정도 경험해 보니까, 이런 생각 또한 들더군요. '인지과학 같은 벤처이자 초기 학문은 학문 그 자체를 깊이 파고 들어가는 것뿐 아니라 전체를 조망하기 위한 전략적 고민을 병행해야 하는 건 아닌가?'라는. 오히려 인지과학을 위한 전략을 다루면 경영학스러울 것 같기도 하고요."

주심은 물론 인지과학 실무 교수진 중 하나였으나, 그에게 월급을 주는 학과는 따로 있었다.

"넌 은연중에 일부 교수들에게 이용당하고 있다."

"내가 제시한 주제로 논문 쓸 생각이 없으면 지도 교수를 바꿔라."

"어차피 넌 심벌리즘보다 커넥셔니즘(connectionism)을 좋아하니 차라리 지도 교수를 MDT 교수로 바꾸는 게 어떠냐?"

이런 폭언들이 낮에는 인지과학 사무실에서, 밤에는 내 방에서 끊임없이 떠들썩하게 진동했다. '히히, 딜레탕트 자식. 넌 학자가 아니야. 넌 단지 수많은 아웃사이더 중 하나일 뿐.' 그 소리가 천장에 치이고, 벽에 치이고, 바닥에 치이고, 방안의 숱한 사물들에게 치이고 마구 튕겨 나가며 복제에 복제를 거듭했다. 바이브레이션과 메아리까지 울려 다중

돌림 노래가 무한히 퍼지기 시작했다. 다 같이 돌자, 동네 한 바퀴. 어쩌면 이 자는 지금의 내 이야기를 확증 편향의 한 사례로 들지도 모르겠다. 홀로 노벨 경제학상을 받은 대니얼 카네만을 보니, 세상을 먼저 떠난 아모스 츠버스키가 불쌍하게 여겨진다.

L0   내 감사의 글에 있어 진정성을 왜곡한 부분이 있다면 주, 부심들을 감사의 대상이라고 적어 놓은 것이다. 한 명에게는 고마운 기억이 전혀 없고, 다른 한 명에게는 좋은 책을 소개해준 점에 대한 고마움뿐이고, 나머지 한 명에게는 가난한 대학원생이었던 내게 약간의 경제적 도움을 줬다는 점에 대한 고마움뿐이다. 즉, 논문 작성과 관련된 고마움은 단언컨대 단 하나도 없었다. 그러니 내 학문적 삶과 연구에는 말할 나위도 없다. 솔직히 그들이 연구한다는 분야가 인류적 가치에 얼마나 기여할 수 있을지 잘 모르겠다. 비약 좀 해볼까? 요즘 같은 시대, 대학의 존재 의를 잘 모르겠다. 기득권층인 그들만의 커뮤니티 회원들만 포동포동하게 살 찌울 뿐. 그 회원이 되고 싶어서 아등바등 거리는 친구들을 보면 속이 쓰리고 아프다. 난 인지과학에 관한 한 독학자였다. 제도권에 스칠 때나 제도권 밖에 있는 지금이나. 그래, 나는 딜레탕트다!

L1   〔왜〕

별로 친하지도 않은 대다수가 내게 '여보쇼, 졸업하니까 좋소?'라고 졸업의 감회를 묻는다면 난 '대한민국 최초의 인지과학 학위 수여자가 된다는 사실에 가슴이 찡하다'라고 대답할 것이다. 아울러 '논문을 준비하는 동안 이곳에서 쌓은 지식과 지혜를 충분히 활용할 수 있었기에 가슴이 벅차다'라는 말도 덧붙일 것이다. 정말 고마운 시간이었다.

하지만 내가 내게 털어놓는 고마움이란 인지과학 석사가 되었다는 자부심이라기보다는, 그리고 자기 계발의 기회가 되었다는 지적 포만감이라기보다는, 머릿속 구석구석에 내팽겨져 있었던 수많은 사고의 편린들을 하나하나 연결시킬 수 있었다는 흐뭇함이다. 논문을 준비하는 동안 고교 시절 이후 잊고 지내던 라마르크의 용불용설도 떠올리게 되었고, 셔틀콕이 얹혀졌다는 이유만으로 억울하게 무수한 잎을 떨구어야 했던 목동 아파트 6단지의 불쌍한 나무도 생각하게 되었다. 갈수록 타오르는 나의 독립심에 대한 새삼스런 놀람도, 또 스니커즈 초콜릿 바와 더불어 「미션」, 「모던 타임스」, 「시네마 천국」을 보았던 그 겨울의 따스함도 모두 다 흐뭇함이라는 이름으로 되찾게 된 소중한 기억들이다. 따라서 지금 이 순간 가장 고마움을 전하고 싶은 대상은 소실되었던 삶의 소중함들을 재음미할 수 있도록 기회를 제공해 준 논문 쓰기라는 '행위'와 거기에 기생했던 '시간의 조각들'이다.

또 다른 고마움의 대상들'( ) 안은 해당 존재자의 출생 연도를 의미함.
할머니(1910s), 외할머니(1920s), LKP 선생님(1930s), 엄마와 아버지, LLI 교수님, 인지과학 교수님들 1, LLJ 선생님(이상 1940s), MTO 선생님, 인지과학 교수님들 2, 인지과학 박사 과정 여러분 1(이상 1950s), LKX 교수님, 인지과학 교수님들 3, 인지과학 박사 과정 여러분 2, ITX 선배님, ZTK 형, Survey 연구회 선배님들, 열림방 형 누나들, 심리학과 실험실 박사 과정 여러분(이상 1960s), KIZ, MKL, TC, Survey 연구회 친구 후배 여러분, 열림방 동생들, 열림방 학생들 1, 경영학과 E반 여러분, 피험자 여러분, 인지과학 석사 과정 여러분, 쫄순이(이상 1970s), 열림방 학생들 2, 멍타스(이상 1980s)

[걸레 예찬]

나인 줄로 알았다
가끔 나를 도려내는 날카로움이 있어도
의식적이란 자위의 손길로
나지만 내가 아닌듯한 착각을 누리고 싶어서
구역질 나는 몸짓을 마구 비틀어 대는 줄 알았다

여름의 한데 잠도 용기없는 비굴 때문에
어쩔 수 없이 대문을 두드릴 수밖에 없었다
날 반기던 그 미소
날 바라본 그 눈물
인간에겐 양심이란 보루가 있기에
도로 빠져들 수밖에 없었다

발동은 역시 그칠 수 없었다
나 역시 긍정을 착각이라 변명하는 인간의 굴레에서
한걸음 물러날 수 있는 소탈함이 있을 순 없었다
새로 다가온 그 우연에 난 나를 맡길 수밖에 없었다

우연은 곧 필연이 된다는 잔인한 소용돌이에
난 휘말리고 말았다

난 나인 줄만 알았는데
똑같은 전철을 되풀이하고 있었다

나는 발가벗은 한 시간 동안 자유로와진다. 그래, 나는 딜레탕트다!

사계가 오가는 동안 세 번의 탈바꿈이 있었다

언제나 힘들 때면
그 시도가 목을 죌 때면
난 내 방문을 열었다
어리석은 나의 영혼은 결코 등을 보이지 않았다

1996년 '나' 짖음

초등학생이었던 어느 무렵, 바닥에 널브러진 개 줄을 일주일에 두 개씩이나 발견하였다. 당연히 난 슈퍼 히어로이자 친구를 잃은 상실감에 큰 소리로 울었고, 배후 세력임이 틀림없는 엄마와 외할머니를 원망했었다. 이 둘은 서로 상대방의 소행으로 돌렸으며, 나중엔 합의를 봤는지 공히 '마당 넓은 집에 사는 어떤 아저씨에게 주었으니 우리 집 좁은 마당에서 묶인 채 살아가는 것보다 훨씬 행복하게 잘 살 수 있을 것'이라고 주장했었다. 정말? 열 밤만 더 자면 아빠가 미국에서 장난감을 많이 많이 사 올 거라는 식의 거짓말이 더 이상 통할 나이가 아닌 데 말이다. 진실 여부를 떠나, 그 정의로웠던 친구들을 다시 볼 수 없다는 게 너무나 큰 슬픔이었다. 하지만 그 슬픔의 기간은 그리 오래가지 않았다. 망각이라는 건 말이야, 역시 긍정적일 때도 있는 법이다. 무척이나 예민했던 빼빼 마른 다크서클 꼬마에게도 추억의 휘발, 기억의 휘발, 즉 망각은 자연스러운 것이었다.

아무래도 개와의 동거를 다시 시작해야겠어. 엄마의 반대를 무릅쓰고서라도 내 파트너를 구해야겠어. 마르치스, 치와와, 푸들, 요크셔테리어 등 쥐뿔도 없으면서 지 주인만 믿고 나대는 그런 야비하고 비겁한 족속들 말고(그런 류들 중에 그나마 슈나우저 미니어처는 괜찮다. 녀석들에겐 진정성이 느껴진다), 순종이건 똥개건 독립성이 강한, 제법 덩치를 갖고 있는 의리의 돌쇠 같은 그런 류들 말이야. 엄밀히 말하면 쫄순이와 멍타스는 그렇게 떡대가 좋진 않았지만, 그들에게는 독립성과 참을성이라는 인간이 배워야 할 고결한 성품이 내재돼 있었다. 요컨대 인간 여성에 대한 나의 선택 기준이 '귀여운 얼굴과 아치가 살아 있는 얄팍한 발목' 간의 하모니라면 개 선택 기준은 암수 관계없이 '독립성'이며, 만일 거기에 '정의로움'까지 추가된다면 금상첨화라 할 수 있겠다.

L2   그러고 보니 인간 여자에 대한 선택 기준은 외모고, 개에 대한 선택 기준은 성품이로구나.

L1   그렇기에 앞으로 우리 식구가 될 개 이름은 성별 구분 없이 무조건 'Justice'로 지을 것이다. 내 선언한다.
      "우리 집 식구가 될 개 이름은 저스티스요!"
      그리고 녀석이 이름에 걸맞게 행동한다면 종속강문과문계를 초월하여 존경의 여지가 충분하므로, 이변이 없는 한 녀석보다 나중에 태어날 내 자식들에게 형 혹은 오빠라고 부르도록 요구할 것이다. 아내가 될 여성과 트러블이 생길 수 있으나 그래도 권고가 아닌 요구를 할 것이다. 물론 누나 혹은 언니가 될 수도 있다. 인간에게 있어 정확한 예측은 불가하다.

L0   잡풀 위에 놓여 있는 몇 개의 디딤돌을 지나, 대문에 다다른다. 문고리의 위치는 엄밀히 따지면 스트레스를 받을 수 있는 우측에 있긴 하나

나는 발가벗은 한 시간 동안 자유로와진다. 그래, 나는 딜레탕트다!

버튼 식이기에, 문을 여는 그 순간만큼은 왼손잡이에 대한 이중의 차별은 없다. 집 밖으로 발을 내디딘다. 이제 곧 불가피하게 이방인들과 뒤섞여짐을 감내해야만 한다.

"하~". 벌써 숨이 막히고 갑갑한 것이 영 찝찝하다. 어린 시절 고만고만했던 마당 있는 1층 단독 주택들이 언제부턴가 우리 집만 빼놓고 죄다 흉물스러운 몰개성적 연립 주택으로 변해 버렸다. 꼴에, 있어 보이려고 그러는지 다들 'Villa'란 타이틀을 붙이고 있다. 그런데 세로다. V 아래 i, i 아래 l, l 아래 l, l 아래 a. 중2 시절 영어과 선생님께 배운 것 중 하나가 영어를 세로로 쓸 경우, 시계 방향으로 90도 돌려쓰라는 것이었는데, 선생님 맞나요? 난 그렇게 알고 있는데 말입니다. 연립이란 단어 대신 빌라라는 단어가 붙어 있는 이유는 대한민국 건립 이래 쭈욱 지속해온 영어에 대한 전(全) 국가적 외사랑 때문이다. 대체 이 언어적 사대주의는 언제쯤 사그라질 것인지? 길면 길수록 받는 상처도 더욱 클 텐데.

L1 　 인공지능이 발달하면, 당연히 해결될 문제이긴 하다. 실시간 자동 통역 서비스. 남녀노소를 불문하고 이제 언제 어디서나 외국인을 만나도 두렵거나 답답할 이유가 없다. 공항 출입국 관리소나 세관 어디 하나 거리낄 것이 없다. 하나 일상적 언어와 달리 문학적 언어는 실시간 자동 번역 수준을 넘어서기에 그다지 유용할 것 같지는 않다. 기술적 문제도 있지만, 상황 판단 문제나 기본적 언어 구사 능력, 특정 분야에 대한 도메인 지식, 문화에 대한 이해 등이 포괄되어야 하므로 쉽지 않을 것이다. 영미 시나 소설을 제아무리 뛰어난 번역가가 한역한다 해도 그 뉘앙스를 소실하게 되므로 상당히 큰 타격이 될 수밖에 없다. 이 문제는 본디 기술만의 문제가 아니므로 영원한 난제로 고착될 가능성이 농후하다.

그 흉물들은 모양과 색채만 역겨운 게 아니라 구토 유발적 몰골로 높이까지 장악하고 있어, 동네가 정말이지 삭막, 답답 그 자체이다. 고담은 스케일의 장중함이라도 있지, 여긴 좁아 터져서. 하루빨리 이 동네를 뜨거나 아니면 확 밀어 버리고 미감 있게 재구성하고 싶다. 하지만 난 마포구청장도, 서울시장도 아니고 단지 일개 중과 다름이 없으니 나 스스로 절을 떠날 수밖에 없겠지. 지금으로선 말이야.

오늘도 역시나 얼굴 근육의 움직임을 통해 인상의 구겨짐을 느끼며 대문을 나선다. 약 5미터의 직진 후 우회전, 그다음 약 10미터의 전진을 통해 큰길에 다다른다. 차 한 대가 지척에 정차해 있군. 양쪽 깜빡이를 다 켠 채 묘령의 아가씨가 핸들을 잡고 있다. 칼 같은 두 귀와 성형한 듯 그다지 호감 가지 않는 어색하고도 높은 코가 선글라스를 받치고 있다. 머리를 뒤로 바짝 넘겨 묶어서 그런지 인상이 좀 사나워 보인다. 핸들엔 핑크색 커버가 씌어 있으며, 흰색 장갑이 끼여진 작은 두 손에 잡혀 있다. 꽉인지 느슨하게인지까지는 잘 모르겠다. '내가 앞을 지나는 순간, 저 차가 미친 척하고 급발진한다면 아마 난 순식간에 골로 가겠지? 저 차의 미친 척은 주체에 따라 둘로 나누어질 수 있어. 하나는 차량이 문제가 되는 경우고 다른 하나는 저 여자가 문제가 되는 경우. 여자가 문제가 되는 경우는 또 둘로 구분되겠지. 페달을 실수로 밟는 경우와 의도적으로 밟는 경우' 가스 페달 걸. '이런. 안돼, 어서 피해야 해! 걸음 속도를 높이고 왼쪽 가장자리로 붙자. 그런데 그 경우엔 낡은 건물 위 너덜너덜 간판들의 수직 낙하 공습이 있을 수도 있는데, 이를 어쩐다? 그리고 급발진이라는 게 어디 앞쪽으로만 일어나나? 뒤로 발발할 수도 있는 거잖아.'

이 길을 경계로 합정동과 망원동이 갈리게 된다. 그러니까 난 목욕을 위해 동네 하나를 건너가는 셈이다. 차선은 2개인데 4개가량의 넓이

나는 발가벗은 한 시간 동안 자유로워진다. 그래, 나는 딜레탕트다!

를 자랑하고 있다. 사실 좁은 도로이긴 하지만, 코딱지스러운 망원동임을 감안할 경우 큰길이란 표현이 전혀 어색하지 않다. 이 세상은 분자와 분모를 함께 고려해야 하는 상대적 세상이 아니던가? 다시 몸을 왼쪽으로 돌려 마찬가지로 10미터 정도 가다 보면 사거리 모퉁이가 나온다. 두 개의 대각선을 포함, 여기엔 총 6개의 횡단 보도가 있으며, 4개 꼭짓점마다 각 1개의 신호등이 자리 잡고 있다. 보행자를 위한 녹색 등은 동시에 점등되고 이후 일제히 적색 등으로 바뀐다.

몸은 그대로 머리만 좌향좌. 저만치 떨어져 있는 사거리에서 적지 않은 사람들이 열두 방향으로 마구 뛰고 있다. 저런, 어떤 사람들은 반대편에서 달려오는 사람들과 부딪혀 넘어진다. 흔하지 않은 광경이다. 신호등의 녹색 등이 깜박거린다. 녹색 직사각형의 수가 하나 둘 줄어드는 보행자 중심의 직관적 시스템이 아닌 관계로 언제 붉은색으로 변할지는 장담할 수 없다. 고로 이제서야 횡단보도에 막 발을 디디는 저 맥락 없는 사람들은 몹시 불안할 게다. 왼손 검지를 오른 손등 위에 수직으로 꽂는다. 그러자 비로소 시각이 시각화 된다. 가만있자. 토요일 오전 10시가 조금 넘었으니 그리 바쁜 상황은 아닐 텐데 다들 러시 앤 러시 중이다. 대체 왜? 누가 빨리 가라며 이들에게 똥침을 날리고 있는 걸까? 그러고 보면 사람들은 참 중심 없이 살아가는 것 같다. 그러니 이처럼 보이지 않는 손이 밀면 밀리고 당기면 당겨지는 채로 살아가는 거겠지. 아마 이런 사람들은 단순 순환형 쾌락만 품고 살아갈거야. 내가 지배하는 삶이 아니라 타자 혹은 시스템이 지배하는 삶 말이야. 그러다 보니 주체성도, 자신감도 없고. 그냥 생각 없이 순간순간을 살아갈 뿐, 매사를 마냥 부담스러워하고 귀찮아하는 것 같아. 이런 그들을 애써 쫓아가서 '당신 생각 좀 하면서 중심 잡고 살아가야 하는 거 아니냐?'라는 질문을 던지면, '배부른 소리 하지 마라. 지금 하는 일만으로도 머리가 빠개지고 먹고 살기도 벅차 죽겠는데, 생각하기, 중심 잡기라고? 그런 사치 누릴 겨를이 어디 있냐?'라고 반문한다. 아뿔싸! 기득권층의, 시스템의 음모에 놀아나고 있다. 아무 생각 없는 순한 양 되기. 사고의 연쇄. 그런데 솔직히 그들의 말에 진정성이 있을까? 그렇게 자기 자신에 대해 생각할 겨를이 없을 만큼 무지무지 바쁜 게 맞는 거냐고? 내 대답은 '그건 핑계올시다'이다. 이처럼 음모에 놀아나는 자들에겐 세 가지 결핍이 존재한다. 1) 하나는 깊은 고민이요, 2) 둘째는 위험을 무릅쓴 도전 의식, 3) 셋째는 과감한 실천이다. 기본적으로 원체 고민들을 하지 않는다. 생각하기를 너무 싫어하고, 할 줄도 모르는 것 같고, 설사 안다 해도 근원부터 고민하는 것은 전무하다. 그냥 되풀이되는 피상에서 출발해 약간의 수정만 가하는 정도다(요즘 세태를 보면 사실, 이 정도만 해도 대단한 것이긴 하다). 죽음을 앞둔 이들에게 '살아오면서 가장 후회되는 것이 뭐냐?'라고 모 기관에서 조사한 결과, 1순위가 이렇게 나왔다지? '하고 싶은 일을 안 한 것 혹은 못한 것.' 내 생각은 이렇다. 그 말을 떳떳하게 할 수 있으려면 자기가 하고 싶은 일이 무엇인지 정확히 알고 있어야 하는데, 아마 십중팔구는 그렇지 못할 거다. 그러니까 그들에게 새 생명을 충전시켜 주고 '자, 이제 하고 싶은 거 한번 해보세요.'라고 해도, 처음 며칠간 열심히 뭉그적거릴 뿐 수일 내에 도로아미타불 될 거라는 거다. 그리고는 두 번째 죽음을 맞이하게 된 어느 날 분명히 또다시 이렇게 말하겠지 '아, 내가 하고 싶은 것을 해야 했는데, 그러지 못했던 게 너무 후회된다'고.

수많은 지인에게 물었다. 그들은 아무것도 몰랐다. 그냥 엄마가 가라고 해서 이 대학 이 학과에 들어간 것이고, 선배나 친구들이 대기업에 들어가기에 그냥 대기업에 간 거고, 우연하게 컨설팅에 종사하게 됐기에 컨설팅을 계속하는 것일 뿐이었다. 실제 직원들 면담을 해도 이런

나는 발가벗은 한 시간 동안 자유로와진다. 그래, 나는 딜레탕트다!

현상이 나타난다. '당신은 무엇을 할 때 가장 짜릿한가요?'라는 질문에 전혀 답을 하지 못한다. 난 이런 사람들에게 소위 '에피쿠로스 맵'이라는 내가 창안한 도구를 공유해준다. 원리는 간단하다. 지금까지 살아오면서 자신이 느꼈던 가장 큰 쾌락은 무엇이었는지, 거기다 꾸준함 혹은 지속성까지 지니고 있는 쾌락은 무엇이었는지? 그런 것들을 제일 먼저 생각해 보라고 한다. 그다음, 결과를 갖고 오면 그 쾌락을 실현할 수 있을 만한 현존하는 개념 모형은 과연 무엇인지(물론 상상력을 발휘해서 현존하지 않는 개념 모형도 상정할 수 있다), 궁극 지향점으로서의 개념 모형에 도달하기 위한 구체적 수단은 어떠한 것들이며, 이중 최적 대안은 무엇인지, 그리고 현재 당신이 종사하는 일과 그 최적 대안 간의 갭(gap)이 어떻게 되는지 확인한다. 만일 갭이 없다면 당신은 현재 잘 살아가고 있는 것이고, 그렇지 않다면 직업을 바꿀 생각을 해보는 게 좋겠다고 조언을 해준다. 비록 그가 우리 회사의 S급 인재라 해도 말이다. 이렇듯 고민을 깊이 해야 동기부여하기 위한 촉발점을 찾을 수 있는 건데, 대다수 사람은 이런 것 없이 있어 보이느라 요 핑계 저 핑계를 댄다. 아까도 말했듯 사실 기업 등 사회의 웬만한 시스템은 이런 면을 오히려 쌍수 들어 환영하고 기꺼이 챙긴다. 아무 생각 없이 관성에 휩쓸려야 이용해 먹거나 데리고 놀기 딱 좋기 때문이다. 업무 직결 사항에서 벗어나 펀더멘털 사고를 많이 하는 놈은 그게 고객이건 직원이건 골치가 아프니까. 경영학 스스로도 이런 이야기를 하지 않는가? '조직에서 필요로 하는 사람은 똑똑한 사람이 아니라 말 잘 듣는 사람이다.' 이러니 내, 음모를 운운하는 것이다. 물론 마켓 다이내믹스를 면밀히 분석해 보면, 아직은 기계스러운 충직한 인간만으로도 충분히 경영이란 걸 할 수 있긴 하다.

리스크라는 것도 같은 맥락에서 설명 가능하다. 내가 익숙한, 내가 하던 일에서 '아, 이건 아니구나!' 깨달아도 다른 영역으로 전환하는 것은 꽤 위험한 행동이다. 특히 나이가 어리고 경력이 일천하다면 모를까, 나이도 많고 한 트랙에서 커리어를 오랜 기간 쌓아온 사람이라면 더 말할 나위도 없겠다. 분명히 자신이 판단할 문제이지만 그렇다고 해서 리스크를 회피하거나 최소화하는 쪽으로만 행동한다면 결국 그 역시도 종국에는 인생 막판 조사 결과와 같은 이야기를 내뱉을 수밖에 없을 것이다. 기회를 제아무리 여러 번 줘도 계속 똑같은 결과만 반복될 뿐이다.

세 번째도 마찬가지다. 고민도 충분히 했고 위험을 무릅쓰겠다는 다짐까지 했다. 그런데 계획서나 결의서 같은 것 몇 장 달랑 쓰고 본인의 머리와 가슴 속에만 간직한다면 변하는 것은 아무것도 없다. 내가 꿈꾸는 인식론적 세상이 도래하면 모를까 그렇지 않다면 존재적 세상에서 몸소 꿈틀거려야 한다. 그래야 세상과의 소통이 가능해지며, 비로소 변화를 기대할 수 있게 된다. 하지만 소위 귀차니즘 때문에 미적거리다 보면, 의지라는 것은 기억 못지않게 휘발성이 강하기에 시간이 흘러감에 따라 약해지고 마침내 어중이떠중이가 만들어 놓은 표준적인 모습으로 회귀 하고 만다. 그러면 죽기 직전에 또 후회하게 되는 거고. 내가 하고 싶은 것을 해야 했는데. 그렇다면 지금 죽어도 여한이 없는데. 늘 그렇고 그런 타령만 한없이 되풀이하게 되는 것이다.

이렇듯 원자(原子)라 할 수 있는 개인적 삶에서 주체성이 없으니, 이들의 집합체인 가정 또한 정체성이 없으며, 가정의 종합체인 사회, 국가도 매한가지일 수밖에 없다. 다른 기준으로 조합한 기업 또한 마찬가지고. 이러니 소신보다는 묻어가기, 위험보다는 안정(안정이 나쁜 것은 아니지만, 더 크신 어머니를 위해서는 때론 위험을 감내해야 할 필요가 있다)을 추구하게 되는 셈이다. 만일 우리 사회의 가치 파이가 커지지 않아도 희소성의 문제에서 벗어날 수 있고, 이해 당사자 간의 조율에 있어 즉 가치의 배분에 있어 충돌이 발생하지 않는다면 문제 될 건 전혀 없다. 하지만 어디 그러한가? 우리의 가치 파이는 성장해야 하고 그러기 위해서는 찌들대로 찌들어 고착된 현 관성에서의 탈피를 적극적으로 모색해야 한다. 물론 무척 힘든 일이다. 관성은 물리학을 초월하기 때문이다.

L1   희소성, 참 골치 아픈 문제다. 고전 경제학에서도 중심적으로 다루는 사안이기도 하고, 모든 분배의 불균형이 여기서 야기된다. 특히나 파이가 고정된 경우에는 제로섬 게임을 피할 수 없기에, 누군가 큰 몫을 챙겨가면 나머지는 적은 몫을 쪼개고 또 쪼개어 나눠 가져야 한다. 그러나 이 희소성 문제를 이렇게 물질적으로만 조망해서는 곤란하다. 희소성에는 물질적 희소성 외에 정신적 희소성도 존재한다. 경제학이나 경영학, 아니 공학 등 모든 물질과학에서 다루는 것은 물질적 희소성에 국한된다. 물질이 한정적일 수밖에 없기 때문에 모든 문제가 야기된다는 것인데, 시공간을 초월해 정작 심각한 것은 정신적 희소성이다. 물질적 희소성은 이론적으로 극복 가능하다. 즉, 기술이 극대화될 경우 효과성은 물론 효율성도 극복될 수 있을 것이고, 그러다 보면 누군가가 원하는 공간이나 물질이 결핍되는 경우는 사라질 것이다. 가령, 특정 시점에 있어 100명이 각각 100개의 아이템을 원한다고 가정할 경우, 그것이 모두 공급될 수만 있다면 여기선 희소성의 문제가 발행하지 않는다. 그러나 제아무리 기술이 발달한다고 해도 구조적으로 도저히 충족될 수 없는 희소성의 문제가 있다. 그것이 바로 정신적 희소성이다. 예를 들어 당신이 모 업체의 프리미엄 고객으로 특급 대우를 받는다고 가정하자. 구체적으로 제공되는 서비스 아이템이 무엇이건 간에 나 혼자만 특별 대우를 받는다는 데에서 체감되는 가치는 매우 클 것이다. 그 서비스의 키워드는 '오로지 당신만을, 당신에게 유일무이한 세계 최고의 서비스를!'이다. 하지만 유사한 등급의 서비스를 타인에게도 제공한다면, 이야기

는 달라진다. 즉 내게 부여된 서비스가 휘발되거나 소진되지 않더라도 아니 오히려 더 늘어난다 해도 같은 수준의 서비스가 타인에게도(완전 이방인이 아니라 친한 지인일 경우 더욱더) 제공되고 있음을 인지하는 순간, 그 서비스로부터 느끼게 되는 체감 가치는 급전직하하게 된다. 이 역시 인간의 본성이다. 따라서 이 문제는 기술의 발달이니 물질문명의 발달로 해결될 수 있는 사안이 아니고, 굳이 대안을 찾자면 내가 받는 서비스를 타인이 모르게 하고 또한 타인이 받는 서비스를 내가 모르게 해야 한다. 그러면서 여전히 '온리 포 유 서비스!'라고 강조해야 한다. 그런데 이게 어디 가능한 소리인가? 모든 소비자가 스마트해지고 수많은 매체를 통해 소통하는 이때에, 개인 간 장벽을 쌓는다는 것은 사실상 불가능하다. 또 한가지, 이는 진정성 관점에서도 조망해 볼 수 있다. 고객과 고객 사이에 높은 파티션을 세워 놓고 이렇게 거짓을 말하면 된다. '당신은 여전히 우리에게 최고의 고객이기에 당신에게만 최고의 서비스를 제공하고 있습니다.' 이는 서비스 제공자의 선의의 거짓말로 보기에 너무나도 뒷구멍이 찝찝하기에 진정성의 포기가 될 수밖에 없다. 따라서 이래저래 해결은 난망할 것이다. 결국, 유일한 대안은 인식적 세상의 구축인데, 완전 실현까지는 적지 않은 시간이 필요하다. 물론 이 역시 f – business의 역할이다.

LO   '이제 곧 빨간 불로 바뀔 테니, 거기까지 가서 수십 초를 기다리느니 그냥 자율 횡단 좀 해야겠다.' 좌우를 살핀다. 약간의 긴장감. 안전을 위해 차가 오나 안 오나 살피는 것도 있지만, 숨은 경찰 찾기가 주목적이다. 약 6개월 전 습관적으로 무단횡단 했다가 함정을 파놓은 경찰에게 딱지를 떼인 적이 있었다. 더러운 기억.

다행히 차도 없고, 달갑지 않은 경찰도 없다. 설마 이번에도 교활하

나는 발가벗은 한 시간 동안 자유로와진다. 그래, 나는 딜레탕트다!

게 숨어 있는 건 아니겠지? 세상이 제대로 굴러가려면 신뢰성과 타당성이 전제되어야 하는데, 어찌 된 게 거의 요행이다. 하긴 나도 지금 위법을 준비하고 있긴 하다. 인간적인 너무나 인간적인. 여하튼 경찰이 없으니 난 오늘도 그냥 건넌다. 만일 또 숨어 있다면 그때와 같은 불상사가 또 일어나겠지만, 난 제도권 비즈니스에 종사하는 화이트 컬러니까 오늘도 그저 『프로테스탄트 윤리와 자본주의 정신』에 충실하기 위해 효율성을 추구한다. 신호등까지 삐~잉 돌아가는 것은 아무래도 여러모로 비효율이고, 알면서도 그러는 것은 멍청함을 넘어 죄악이니까 말이다.

길 건너 좌회전해서 좀 걷다가 모퉁이 화원에서 우회전한다. 이곳 역시 양방향 2차선인데, 넓이는 1.5차선 수준이다. 양방향으로 한 대씩만 지나가기에도 버거운 길이지만, 시내버스 2개, 마을버스 1개 노선이 운행되고 있다. 물론 대한민국 특유의 불법 주정차가 난무하기에 보행자는 벽에 붙은 채로 길을 거닐어야 한다. 아니면 목숨 걸고 차도로 다니거나. 물론 세일러*와 룰라**처럼 차 위로 활보하는 방법도 있다. 그러다가 폼 잡으며 노래 한 곡 뽑는 거지. 'Love me tender, love me sweet, never let me go~' 이런 놈들도 있다. 보행로와 차로에 반반씩 걸치기를 넘어 아예 도로 위에다 떡 하니 주차하기. 보도 입구 막아 버리기. 난 큰 범죄보다 이렇듯 경범죄에도 해당되지 않는 비양심적 행위들에 크게 치를 떨게 된다. 남에게 피해만 주고 벌은 받지 않기 때문이다. 따라서 이들에게 평균 이상의 저주를 내뿜음은 물론이고 성폭행, 강간, 살인범에 준하는 중형이 내려졌으면 하고 램프의 요정, 지니에게 빌기도 한다. 아니 능지처참, 부관참시, 삼족 멸하기 등 이를 넘어서는

---

* 데이빗 린치 감독이 연출한 영화 「광란의 사랑(Wild at Heart, 1990)」의 남자 주인공으로 니콜라스 케이지가 분했다. 영화의 마지막에 나오는 「Love Me Tender」 노래 장면은 오랫동안 회자되고 있다.
** 같은 영화의 여자 주인공으로, 로라 던이 분했다.

벌을 가하고 싶다는 게 솔직한 심정이다. 엄밀히 말하면 벌이란 예방 차원보다는 감정적 보복 차원이 더 강하지 않은가? 이게 다 제한된 합리성 때문이다. 거리를 거닐며 담배 연기를 내뿜는, 자전거를 타고 기습적으로 보도로 뛰어드는, 잘못하면서도 잘못을 전혀 인지하지 못하는 인쓰들 또한 마찬가지이다. 타인에 대한 배려까지는 바라지도 않는다. 왜 우리나라 사람들은 남에게 이다지도 피해를 주는 걸까? 이런 면에서만큼은 네덜란드가 정말 부럽다. 그곳에선 나도 운전을 잘할 자신이 있는데 말이야. 가만 보면 곳간에서 인심 난다고 없이 산 자들이 더 심하다.

그러니까 우리 사회에 팽배해 있는 '있는 자와 없는 자'라는 획일적 잣대에는 '좋은 자와 나쁜 자'라는 잣대가 추가돼야 한다. 가진 자라고 덮어 놓고 비난하거나 없는 자라고 무한 동정하는 것은 말도 안 되는 짓거리이고, 가진 자여도 정의로우면 칭송해야 할 것이요, 반대로 없는 자인데 나쁜 놈이라면 두들겨 패서라도 그 나쁜 싸가지를 발본색원해야 할 것이다. 물론 최악은 대한민국의 대다수 재벌처럼 가졌으면서 나쁜 놈들이다.

보도 주변엔 냄새나는 음식점 천지에다 비양심적 주인들로 점철 돼서 그런지 통행로 일부도 그들이 잠식하고 있다. 특히 조개구이집의 횡포는 정말 심하다. 어제 쏟아져 나온 석화 껍질 찌꺼기 스티로폼 박스들을 가게 앞 보도에 버젓이 쌓아 놓았다. 매번 느끼지만, 공무원들은 대체 뭐 하는 족속들인지 모르겠다. 이렇게 좁은 공간에 비양심적으로 나대는 무리는 또 있다. 바로 버스들이다. 이건 뭐, 아비규환이 따로 없다. 버스 기사들에게 신호등의 빨간 불은 계속 달리라는 사인으로, 녹색 불은 더욱더 빨리 달리라는 신호로 와 닿는 것 같다. 이러다 보니 얼마 전 한 할머니께서 합법적으로 횡단보도를 건너가다가 횡사하셨다. 거리에는 아직도 끔찍한 사고의 하얀색 흔적이 남아 있다.

나는 발가벗은 한 시간 동안 자유로와진다. 그래, 나는 딜레탕트다!

아직 분노에 치를 떨어야 할 것들이 부지기수이긴 한데 지금까지 토로한 사항들이 동시성을 지닌 채 지속된다고 생각해 보라. 정말 장난이 아니다. 좁아터진 보도의 중간 중간에는 커다란 전신주들이 박혀 있다. 여기에 부딪히지 않으려면 비 사이로 막 갈 수 있는 체격을 갖고 있거나 아니면 역시나 차도로 내려가야 한다. 제아무리 날씬한 나라해도 후자를 택할 수밖에 없다. 무질서하고 구질구질하며 약한 바람에도 머리를 깰 듯 심하게 흔들거리는 위협적인 간판, 투박한 전신주들 사이사이 노파의 젖 가슴처럼 탄력 없이 축 처져 있는 전깃줄. 비단 지상과 닿은 곳뿐 아니라 허공 또한 현기증을 유발하기는 마찬가지이다. 고개를 숙이니 이놈의 바닥은 왜 이렇게도 침과 코, 그리고 껌으로 범벅돼 있는지. 간혹가다 개똥도 발견된다. 설마 사람 똥은 아니겠지? 토악질 및 오줌의 흔적도 무척이나 자연스럽다. 이것이 바로 파릇파릇한 봄날의 여유로운 토요일 오전, 망원동의 입체적 단면이다. 아래를 봐도, 옆을 봐도, 위를 봐도 한숨만 나오는 이곳, 망원동.

"이런, 씨발!"

갑자기 자전거 한 대가 내게 돌진한다. '아니, 보도란 걷는 곳이거늘 이 새끼 뭐 하는 거야? 누구나 다 보도를 걸을 때엔 UMO(Undefined Moving Object)의 뜻밖의 출현으로 인한 피해가 없을 거라 기대하기 마련이거늘, 저런 이기적인 놈이 다 있나!'

L1   난 소리를 고래고래 지르며, 폭설로 인해 고립된 오버룩 호텔로 허겁지겁 날아간다. 정신을 파견 보낸 잭 니콜슨이 화장실에 숨은 제 새끼와 마누라를 죽이고자 문을 사정없이 도끼로 찍고 있다.

"저기요, 저 팬인데요. 죄송하지만 잠시 도끼 좀 빌릴 수 있을까요?"

땀을 뻘뻘 흘리고 있던 잭 니콜슨, 벙찐 표정으로 다소 의아해하나 내가 세게 보였는지 선뜻 도끼를 넘겨준다.

"감사합니다. 대신 「이지 라이더」의 복수는 제가 꼭 해 드릴게요."

UMO가 사라질세라 더 이상의 언급을 자제하고 서둘러 망원동으로 돌아온다.

나중에 이야기를 들어보니, 내게 도끼를 건네주는 바람에 잭의 마누라와 아들은 미로에서 헤매지 않고 편안하게 호텔에서 벗어날 수 있었으며, 그 역시 얼어죽지 않고 파견 나갔던 정신을 맞이했다고 한다. 결국, 영화가 해피 엔딩으로 끝난 셈인데, 그 결과 영화 「샤이닝」은 스티븐 킹의 원작과 달리 용두사미의 대명사로 자리매김하게 되었다. 물론 「풀 메탈 재킷」과 「아이즈 와이드 셧」은 이 세상에서 사라졌으며, 스탠리 큐브릭은 에드 우드의 후예이자 라이벌로 인구에 널리 회자되고 있다. 내 이 작품들을 미리 봐놓길 잘했지.

L0   귀환하자마자 난 문제의 도끼로 녀석의 뒤통수를 찍는다.

"쩍!"

인과율에 따라 잘 익은 수박이 쪼개지는 소리와 더불어 수많은 선홍빛 방울들이 햇빛을 관통시키며 장관을 연출한다.

L1   퍼플 래인, 퍼플 래인. 퍼플 래인, 퍼플 래인. 퍼플 래인, 퍼플 래인.
미적(美的)이긴 하나 완벽하진 못해서 그런지 시간이 멈추진 않는다. 다만, 천천히 흐를 뿐이다.

한때 프린스도 싫어했더란다.

L0   그러나 그 자식은 조금의 고통도 느끼지 않고, 아니 아무 일도 없었

다는 듯 그냥 지 갈 길을 계속 가고 있다. 이상한 일이다. 그 새끼의 자전거는 여전히 이 사람 저 사람의 몸들을 희롱하며 지그재그로 달리고 있다. 좀 더 세게 찍어 회생 불능으로 만들어 버릴 걸 그랬나 보다. 어차피 이곳 이불동*에서는 살인을 저질러도 전혀 문제가 되지 않는 데 말이다.

중간 중간의 좁은 골목 어귀는 엄청난 위험 지대이다. 소득, 교육 수준이 높은 강남이라 하더라도 대한민국(국격이라는 것이 있기에 이는 개인이 아닌 국가 관점을 견지해야 하는데, 이 나라 자체가 전반적으로 부단히도 시달리며 없이 살아온 나라임엔 틀림이 없다) 국민인 이상 도덕성은 오십보백보 개차 반 이긴 마찬가지다. 즉, 거기가 어린이 보호 구역이건 소형차도 간신히 다닐 수밖에 없는 공간이건, 무조건 자기가 내고 싶은 속도대로 밟는 곳이 대한민국이다. 좁아터진 지금의 이곳도 예외가 아니라는 말이다. 고로 난 여전히 생명의 위협을 느끼며, 늘 머리를 지배하는 생각의 물기를 완전히 짜낸 채 걸음을 일시 중지하고 고개를 쭈욱 내민다. 그리고 쳐다본다. 다행히 더러운 자동차란 존재자가 보이지 않는다. 목숨이 안전할 것 같다. 얼른 골목 앞을 지나친다.

이제 수많은 인쓰들을 감옥에 쳐넣거나 싹을 뽑아버리고 공간 자체도 엎어 버리고 싶은 이 지옥 같은 구역을 떠난다. 모퉁이에 있는 제일약국을 끼고 오른쪽으로 몸을 튼다. 또다시 좁은 골목. 일방통행 길을 고속으로 역주행하는 더러운 족속들마저 자주 출몰하는 혐오스러운 골목이다. 망원동이란 곳은 핸들을 잡으면 욕을 내뿜게 되는 것도 모자라 이처럼 몇 발자국 도보로 움직이기만 해도 욕을 내뱉게 되는 그런 곳이

---

* 저자가 기획하고 있는 소설로, 잠 자리를 의미하는 이불을 하나의 마을로 설정. 그 안에서 벌어지는 온갖 인식적 세계 속의 사건들을 다룬다. 모든 게 주인공의 주관적 인식에서 비롯되는 바, 아무런 구속이나 제약 없이 한없이 자유롭기만 하다.

다. 운전하는 것들의 면상을 보니 실수로 역주행하는 게 아니다. 이기심의 발로다. 난 욕지거리를 내뱉으며 계속 노려 보지만, 내심 떨기도 한다. '저 새끼가 차에서 내려 내 멱살을 잡으면 어떡하지?' 극도의 아노미 국가 대한민국은 차값을 엄청 올리고, 도덕성이라 해야 하나? 아무튼 운전면허 시험에 이를 판단할 수 있는 항목을 추가해 비업무용 차량 보유자 수를 대폭 줄여야 한다(비업무용이란 말을 붙인 것은 나름의 배려다). 부유하고 타인을 배려할 줄 아는 사회성 있는 자들만 차량을 보유할 수 있도록 말이다. 그러고 보니 제임스 조이스는 이렇게 주장했다지? '오직 관리들만 자동차를 탈 수 있도록 해야 한다.'

"부앙~!"

생 양아치들이 오토바이를 타고 달린다. 타는 놈이 나쁜 놈이지 오토바이가 뭔 죄가 있겠냐마는, 다른 걸 다 떠나서 오토바이는 박쥐 같아 꼴 보기 싫다. 그것들은 보행자 신호가 떨어지면 보행자인 양 행동하고, 차량 신호가 떨어지면 차량인 양 행동한다. 약간의 교통 체증이라도 발생하면 소위 비 사이로 막 가면서, 더디더라도 그나마 전진하는 차량의 흐름을 완전히 마비시킨다. 불쑥불쑥 나타나서는 면허 시험의 돌발 테스트를 실재화하지 않나, 소위 '가오'라는 명목 하에 시도 때도 없이 엄청 크게 울리는 엔진 소리. 역시 즉결 처분 대상이다. 하지만 난 김유신이란 인간처럼 저질이 아니기에 당연히 사람만 처단할 것이다. 그러고 보니 담배 물고 보도에서 오토바이를 타는 놈들은 악질 오브 악질이다.

설상가상이다. 그렇잖아도 좁아터진 골목인데 저 맞은 편에서 떡대 좋은 교복 계집 셋이서 공간을 잠식하며 조금씩 조금씩 압박해 온다. 빈틈이 전혀 보이지 않는다. 10미터, 5미터, 1미터, 단위의 변화, 그리고 50센티, 10센티, 또 한 번의 단위 변화, 5밀리, 1밀리. 당연히 난 일말이나마 스치기 싫었고, 그렇기에 가는 몸이지만 좀 더 가늘게 만들기 위

나는 발가벗은 한 시간 동안 자유로와진다. 그래, 나는 딜레탕트다!

해 내 몸의 정면을 오른쪽 회색 벽면에 접하도록 한다. 하지만 그것들은 마른오징어를 질근질근 씹으며 몹시도 지린 비린내를 풍긴채, 그냥 정면 돌파하는 어처구니 없는 만행을 저지른다. 결국, 내 몸은 내 관점에서 그것들 중 오른쪽 끄트머리에 있는 그것의 그것 관점에서 왼쪽 어깨에 접촉될 수밖에 없었는데, 의도인지 우연인지 그 순간 나를 향해 재채기까지 해댄다. 아뿔싸, 키도 나와 비슷한, 여자 치고 신장이 제법 큰 것이, 고개를 숙이지도 손으로 입을 가리지도 않는다. 그렇다면, 그렇다면? '난 1초 후를 충분히 예상할 수 있어'라고 생각하자마자 적나라하게 검증된다. '거 봐, 내 예상이 맞았잖아. 난 과학과 점성술과 동급이야.' 그래서 뿌듯하냐? 출생 후 단 한 번도 양치질을 안 한 듯한 입 냄새와 같은 기간동안 삭힌 홍어 삼합다운 비린내가 한데 섞인 생경하면서도 몹시도 역겨운 악취, 잘근잘근 씹히고 침에 쩔어 너덜너덜해진 수많은 오징어 파편들, 이들을 매개로 혹은 매개 없이 독자적으로 침공하는 무수한 침방울들! 국교 시절 강제로 끌려나가 외국 대통령의 방문을 환영했듯, 내 머리와 코는 기체, 액체, 고체라는 물질의 주류적 세 가지 상태로 뒤섞여 날아오는 이물질들을 하염없이 맞이한다. 난 구역질 및 좌절감에, 땅바닥을 쳐다보다 못해 끌어 올린다. 이번에는 로캉탱을 좀 더 심각하게 찾아야 할 것 같다. 이렇게 맛탱이 가고 있건만, 그것들은 아무 일 없었다는 듯 여전히 재잘재잘, 깔깔, 호호거리며 발길을 옮기고 있다. 가만 보니 딱 내 눈높이에 있는 여섯 개의 다리통들도 엄청 굵다. 추한 다리를 뜻하는 무라는 표현도 전혀 쓸 수 없을 것 같다. 역시나 쭐순이나 멍타스에게서 느꼈듯 그것들 역시 '그녀'가 아닌 '그'들로 여겨졌으며, 매너 없는 그 잡것들의 행동에 이 망원동을, 대한민국을 어떻게 청소해야 할 것인가를 새삼 또 고민하게 된다.

아비규환을 뒤로하고 간신히 몸을 추스른다. 바닥을 멀리한다. 하늘을 좀 끌어당겼지만 그 위치는 변함없다. 다시 걷는다. 난 여전히 지옥 속을 거닐고 있으나, 이제 콩닥콩닥 가슴이 작게, 하지만 선명히 뛰기 시작한다. 이에 보조를 맞춰 입술의 좌측도 약간 씰룩거린다. 어느 날 밤 노다가 골골한 인쿄 대신 워십할 때 후미코의 입가에 나타난 미동과 거의 흡사했으리라.

자고로 사람이 무조건 죽으라는 법은 없듯, 어쩌면 잠시 후 이토록 차오르는 분노와 욕구가 일거에 해소될지도 모른다. 비록 존재적으로 는 찰나에 국한되겠지만, 내가 매주 동일한 출발 시각, 보폭, 다리 놀림 의 횟수 등을 통해 같은 시각에 같은 위치에 나타나듯, 일정 시각, 위치 에 모습을 드러내는 오아시스 같은 존재자가 있다. 언제부턴가 30대 중 반으로 사료되는 한 아낙의 움직임을 지켜보게 되었다. 그렇게 뛰어난 미모는 아니지만, 화장기 없는 일상 속의 작은 얼굴, 키 160cm 초 중반 의 마른 몸매, 긴 생머리를 묶고 일상복 차림으로 2층 베란다에서 부지 런히 빨래를 너는 소박한 모습. 하지만 항상 볼 수 있다는 확실성은 부 재했기에 '못 보면 어쩌나?'라는 불안감과 '분명히 볼 수 있을 거야'라 는 희망이 한데 엉겨 가슴의 울림이 점층된다. 사실 지난 2주간 경험하 지 못해서 그런지 오늘의 절실함은 다른 때보다 한층 배가돼 있다. 꿀 꺽, 오늘은 제발이지……

지금 내가 느끼는 설렘은 그 순간과 유사하긴 하다.

L1   수많은 여학생을 가르쳐 오면서 그날이 그리워지는 때가 있었다. 대 학교 2학년 때의 일기를 꺼내 보면 목동에서 고3인 그녀와 만나는 일주 일의 이틀은 그 내용이 상당히 디테일 하게 채워져 있다. 문체도 무미건 조하지 않고, 그녀에 대한 생생한 묘사와 더불은 내 의식의 흐름이 고스 란히 담겨 있다. 그녀가 오늘 위아래 각각 어떠한 옷을 걸치고 있으며,

나는 발가벗은 한 시간 동안 자유로와진다. 그래, 나는 딜레탕트다!

왜 이 옷을 입었을까에 대한 나름의 추론, 책상 위에서 벌어진 노출된 공간에서의 그녀와의 접촉, 그리고 책상 아래에서 본의 아니게 이루어진 가려진 공간에서의 접촉. 사실 책상 위 접촉은 몸 대 몸으로 이루어진 것은 없고, 그녀의 눈웃음과 문제 틀릴 때마다 자동으로 튀어나오는 코 맹맹 애교 소리와 혀 놀음, 그리고 이에 대한 나의 어색한 반향이 거진 다다. 그냥 전자기력마냥 직접 접촉이 없는 원격이었고 비촉각적이었을 뿐이다. '하지만 시각과 청각만으로는 충분치 않아' 물론 연필을 쥔 내 손과 샤프 잡은 그녀의 손이 흐느적거리며 같은 노트 위에서 춤사위를 펼치고 있을 때, 손등 스침의 기회가 아주 없진 않았다. 아마 모른 척하고 닿아도 전혀 문제가 되지 않았을 거다. 어쩌면 수학 점수를 잘 받게 하자는 당초의 합목적성에 어긋날 수 있지만, 즉각적이고 파생적인 또 다른 합목적성에는 부합할 수도 있었다.

L2   페터 한트케와 빔 벤더스가 함께 시나리오를 쓴 「베를린 천사의 시」라는 영화 알지? 그걸 보면 천사 다니엘이 곡예사 마리온에 대해 '봄'만으로 만족하지 못하고, '만짐'으로 확장하고 싶어 하잖아? 그래서 자의적으로 인간이 된 거고. 나도 마찬가지였어. 나 역시 그녀를 '봄'만으로는 만족할 수 없었고, '만짐'으로까지 확장하고 싶었던 거지. 거기다가 '만져짐'이라는 수동도 느끼고 싶었으며 그 '만져짐'이 '눌려짐'으로까지 심화되길 갈망했던 거야. 그러나 그러나 내가 한 일이라고는 고작 블라디미르와 에스트라공처럼 그냥, 늘 그래 왔듯이 막연하게 고도를 기다리는 것뿐이었다.

L1   과외 하는 날이면, 그녀의 방에는 짙은 갈색의 큰 정사각형 밥상이 세팅돼 있었고 난 전상후문(前床後門) 자리에 앉았다. 내 맞은 편 자리,

그러니까 전상후안(前床後案)에 놓인 방석은 그녀의 무게를 신 나게 만 끽하고 있었다. 당시 그 방석이 주름을 통해 지었던 거만한 웃음이 아직 도 눈에 선하다. 그때마다 난 부러움에 가득 찬 눈으로 녀석을 쨰려보곤 했었지. '무게가 어느 정도일까? 168cm 정도는 족히 될 것 같고 약간 아주 약간 통통한 편인데 말이야' 물론 내 자리에도 푹신한 방석은 있 었다.

일단 우리 자세의 시작은 공히 양반 다리였다. 내 자세야 내 의지에 따라 내 다리로 취하는 것이니만큼 100% 감지 가능했고, 가려졌지만, 그녀의 앉아 있는 상체를 보면 하체 자세에 대한 추론 역시 어렵지 않았 다. 초미의 관심사인 책상 아래에서의 접촉은 사실상 거의 없었다고 봐 야 할 것 같다. 늘 촉각을 곤두세우고 있었기에 나에게서 그녀로의 접촉 은 당연히 없었고, 간혹 발생했던 것은 그녀에게서 나에게로의 접촉이 100%였다. 정말 흔치 않은 일인데 그날 밤 3연타로 발생했었고, 세 번 째 접촉은 지속성도 좀 있었다. 아마 절정의 날이었지 싶다. 제법 추위 가 매서운 한겨울이었다. 그녀는 목 주위가 두터운 아이보리색 폴라 스 웨터를 입고 있었고, 하체를 도드라지게 부각해준 것은 몸에 제법 타이 트하게 붙는 핑크색 진이었다(만일 가죽 바지였다면 난 핑크빛으로 기억하 고 있을 것이다). 그런데 맨발이었다. 당시의 계절을 전제할 경우, 맨발이 라는 게 디폴트라면 난방의 훈훈함이나 그녀의 습성을 근인으로 추론했 을텐데, 그 무렵의 다른 날에는 항상 폴 스미스 문양의 토실토실한 양말 을 신고 있었기에 머릿속이 제법 복잡해졌다. '오늘만 예외라면 무언가 다른 근인을 추론해야 해.' 난 자연스레 근인 찾기에 돌입했으나, 머릿 속으로 머리를 흔드는 나를 보며 간신히 자제하고 책을 펼쳤다. 얼마나 시간이 흘렀을까? 갑자기 내 왼쪽 다리에서 스파크가 잠시 일어났다 사 라졌다. '두꺼운 책상을 투시할 수 있고, 더불어 직전으로 돌아가 찰나적 순간을 저장할 수 있는 기관이 내 몸에 장착되어 있다면 얼마나 좋을까? 그것도 촉각을 포함한 공감각으로 말이야.'

L2   촉각을 저장하고 재생한다는 것은 무슨 의미일까? 그럴 수 있다면, 그것도 생생하게 그럴 수 있다면, 정말이지 대박일 텐데. 이 역시 f-business 아이템.

L1   난 그저 책상 위에 노출된 그녀의 모습을 토대로 머릿속에서 연역 추론할 수밖에 없었다. 굉장히 큰 파열을 느꼈는데, 그녀는 무덤덤했다. 아마 내 심장만 뛰어놓고 있었을 거다. '그냥 편안함을 향한 자연스러운 자세 바꿈의 해프닝이었나 보군.' 여하튼 그 순간 내 눈에 들어온 노벨 수학 I 상권 속의 기호는 인테그럴이 아니라 꿈틀거리다가 급히 기립한 지렁이였다. 간신히 파문을 잠재우고, 열강을 재개했다. 그런데……
아, 미치겠다. 또 그런다. 감질 맛 나게 또 치고 빠진다. 왜 자꾸 신성한 가르침으로의 몰입을 방해하는 건지? 마찬가지로 투쟁했다. 머릿속으로 머리를 흔들었다. 머리 밖으로 머리를 흔들었다면 그녀는 이렇게 질문했을 것이다.
    "오빠, 왜 그러세요?"
    청아한 목소리로 참으로 간드러지게 이야기한다. 아니, 솔직히 목소리는 잘 기억나지 않는다. 그냥 그 시각적 이미지상 그러한 목소리로 긍정 전환된 걸 수도 있다. 그녀와의 에피소드에서는 시각 기억이 가장 명료하다. 특유의 크고 깊은 눈을 제법 빠르게 깜박이며 '오빠, 왜 그러세요?' 물론 입술의 양쪽 꼬리도 약간 위로 올라갔을 것이다. 잠시 후 숨막히는 극한의 절정에 다다랐다. 이번엔 접촉 후 그 상태가 지속됐다. 배율 높은 돋보기로 들여다본다면 그녀의 발바닥과 내 종아리 상호 간에 맞물림의 흔적이 포착됐을 것이다. 그녀의 발바닥은 내 종아리의 누름으로 인해, 내 종아리는 그녀 발바닥의 누름으로 인해 평상시 공기가 자연스레 압박하는 모습에서 미묘하게나마 변형됐을 것이다. 물론 그쪽엔 추진체로서의 힘이 담겨 있으니 형체 변환이 더 심한 쪽은 내 종아리였을 거다. 순간 다양한 경우의 수와 시나리오, 그리고 게임이론으로 점철된 엄청난 계산이 내 머릿속에서 광속으로 이루어졌다. 이 자세를 유지할 것인지, 내 다리를 내 쪽으로 좀 더 당겨, 현재 책상 아래에서 펼쳐지고 있는 것으로 추정되는 그녀의 발과 내 무릎 간의 직접적 접촉을 중단시킬 것인지. 역으로 '전혀 어색하지 않게 그녀의 무게까지도 느끼는 방법은 없을까?'라는 오버스런 상상까지 덧붙이게 됐다. 물론 그녀는 그냥 아무 일도 없다는 듯, 조금 전과 일관된 해맑은 표정이었다. 그것이 자연스러움의 발로인지 아니면 의도인지 잘 모르겠으나, 아마 전자일 거다. 그리고 전자여야 한다. 그래야 내가 더 짜릿함을 느끼게 된다. 아무튼 그 순간의 내 결론은 '모르겠다'였다. '은닉은 안 되겠지만 그냥 모른 척하고 그대로 버텨 보자.' 난 그날 나의 위대함을 새삼 느꼈다. 광기가 이성을 제압하려 날뛰던 순간이었으나 이번엔 노벨 수학 I 상권 속의 시그마를 시그마 그 자체로 인지할 수 있었다.

그날은 월급날이기도 했다. 존재적으로 2시간을 훌쩍 넘었지만, 인식적으로는 1분도 채 안 된 그 아쉬운 순간을 뒤로 한 채, 그녀 어머니로부터 늘 잘 가르쳐줘서 고맙다는 격려의 말과 월급봉투를 받고 아파트를 나섰다. 좌석 버스를 타고, 운 좋게도 가장 선호하는 뒷문 지척 2인 좌석의 바깥쪽에 앉은 채, 아직 가시지 않은 아까를 공감각적으로 회상하며 합정동을 지나 신촌으로 달렸다. 그러고 보니 정작 그녀의 발목을 감싼 보기는커녕 제대로 본적조차 없다. 오늘도 마찬가지였다. 바지는 늘 길었다.

나는 발가벗은 한 시간 동안 자유로와진다. 그래, 나는 딜레탕트다!

할인 상점 목마에서 『봄, 여름, 가을, 겨울 3집』 LP를 구입했다. A면 첫 곡은 「멀리서 보내는 편지」.

만일 그녀가 학력고사 문제를 한두 개만 더 맞췄더라면 「보디가드」 관람 당시, 내 옆 좌석의 주인공은 사촌 여동생이 아닌 그녀였으리라.

당시 난 연상의 선배를 사귀고 있었다. 그 사람은 인간 여자였으며, 때를 밀어도 때가 안 나온다고 주장했었다. 그럴 일은 없겠지만 만에 하나 때가 나온다 해도 극소량의 하얀색 때일 거라고 주장했었다. 나의 다가감과 물러남에 맞춰, 자칭 때 안 나오는 그녀와의 관계는 비롯되고 마무리됐었다.

사촌 여동생이 아닌 그녀가 내 옆좌석의 주인공이었더라면 앞의 네 문장은 존재론적으로 존재하지 않았을 것이다. 그렇다면 바로 이 앞의 문장도. 그렇다면 바로 이 앞의 문장도. 역시나 바로 이 앞의 문장도……

LO 굉음의 오토바이마저 빈번히 출몰하는 골목 길이라 상당히 위험하지만, 극적 효과를 위해 눈 감고 수 미터를 걷는다. 쾌락은 위험을 대가 (代價)로 요구한다. 껌벅, 껌벅, 껌벅. 실눈을 뜨고 고개를 살짝이 위로 돌린다. 과연? 과연? 과연?

'두근, 두근, 두근.'

……

"Yes!"

왼팔목이 왼쪽 콧구멍 3cm 전방까지 올라갔다 약간 내려온다, 그리고 잠시 정지. 불끈 쥔 왼주먹 안쪽이 클로즈-업 된다. 그녀는 약속된 장소에서 교태를 부리고, 난 그 시절 머릿속에서 머리를 자주 흔들었듯 속으로만 쾌재를 부르며 최대한 티 내지 않고 만끽하고자 내적 투쟁을 거듭한다. 빨래를 집어, 털고, 너는 삼 단계 연속 동작. 라운드 수는 빨래의 수에 당연히 비례한다. '동일하다'란 표현보다 '비례한다'란 표현이 적합한 이유는 팬티나 양말처럼 작은 조각들은 동시에 2~3개씩 처리되기 때문이다. 꾸밈없는 자연스러운 생활인의 모습. 여성에 대한 남성의 보편적 로망 중 하나가 청순인데, 나도 남자들 간의 공통성을 갖고 있긴 한가보다. 애써 담담한 척 인사를 건넨다.

"오랜만이에요. 지난 2주 동안 왜 약속 안 지켰어요? 내 얼마나 기대했었는데. 정호탕 갈 때마다 늘 기다렸다고요. 자그마치 3초라는 긴 존재적 시간 동안 말이에요."

"어머머, 정말 오랜만이에요."

그리고는 눈웃음. 거의 감긴다. 그녀의 손놀림에 의해 탈주한 몇 조각의 물방울들이 창공을 일시 활보한 후 내 얼굴에 순차적으로 안착한다. 그 장면이 마치 우주인의 유영처럼 전개되는구나. 그렇담 첫 번째 물방울은 닐 암스트롱이고 내 얼굴은 달. 싫어! 여자 우주인이라면 모를까? 더러운 남자가 어딜? 순간, 왼쪽 콧구멍에서 물방울의 자취가 크게 체감된다. 그때의 지배적, 우선적 체감자는 촉각일까요, 아님 후각일까요?

"어머, 미안해요."

급습으로 후각이 순간 차단됐으나 시각은 열려 있기에 재빨리 그녀의 손아귀를 바라본다. 답이 나왔죠? 촉각입니다. 그녀의 것으로 추정되는 여성 속옷 상의. 난 되려 기분이 설렌다. 물방울의 여운으로, 제아무리 피죤으로 희석하려 해도 지울 수 없는 그녀만의 체취를 느낄 수 있기에 황홀하기까지 하다. 비록 작은 8각의 폐쇄 공간 속에서 남편을 포함, 타인들의 빨래와 함께 난교하듯 돌았음은 자명하나, 나의 넓은 아량으로 그 정도는 너그러이 용서해줄 수 있다. 인식론적일 게다. 그런데 그게 현실이고 존재론적 현실은 인프라니 아쉬울 건 전혀 없다. 하나, 이런 말을 되풀이 한다는 것 자체가 실상은 아쉽다는 반증이 아닐까? 상황이나 맥락에 따라 달라질 수 있지만, 솔직히 말해 아까 악당 삼인조처럼 성감이 느껴지지 않는 그런 애들 말고, 느낌이 오는 여성들과의 섬싱은 사실 인식과 존재가 통합될 때가 클라이맥스다. 이게 바로 존재 기반의 몰입이다.

L1 t 시점과 $t+1$ 시점이 있다. 각기 인식적 세계와 존재적 세계가 있다. 고로 4개의 경우의 수가 가능하다. 여기에 $t-1$ 시점까지 반영하면 과거, 현재, 미래가 연결되어 하나의 그림으로 완성될 수있으나, 복잡성이라는 문제가 발생한다. 반면, $t-1$ 시점을 제외한다면, 과거, 현재, 미래의 동시적 관찰은 불가능하나 단순화라는 장점이 생긴다.

     모든 게 다 그렇지 않나? 무언가를 얻으려면 다른 무언가를 포기해야만 하는. 그러니 의사결정에 따라 획득되고 소멸되는 가치들을 잘 따져봐야겠지.

     사실 t와 $t+1$의 맞닿은 두 시점을 형식화해서 $t-1$과 t도 표상할 수 있기에 이렇게 해도 전혀 문제가 되진 않는다. 따라서 이를 전제로 경우의 수를 따져 보면 결국 인식적 세계에서 인식적 세계로 이어지는 경우, 인식적 세계에서 존재적 세계로 이어지는 경우, 존재적 세계에서 인식적 세계로 이어지는 경우, 그리고 존재적 세계에서 존재적 세계로 이어지는 경우, 이렇게 네 개로 정리될 수 있다. 그러나 이중 존재적 세계에서 존재적 세계로 이어지는 케이스는 그냥 존재적 세계 하나로 통합되기에 구분이 무의미하다. 존재적 세계는 물리법칙에 종속되며, 유일무이하고 객관적이기 때문이다. 즉 앞선 존재와 뒤의 존재는 시퀀셜(sequential)하고 끊임없이 연결되는 단 하나의 존재적 사실이다. 결코,

분리된 복수자가 될 수 없다. 반면 인식적 세계는 물리 법칙을 초월하며, 무한생성이 가능하고 주관적이기 때문에 인식 – 인식의 상이화가 가능하다(물론 인식 – 인식 중 존재 – 존재의 경우처럼 하나로 뭉쳐지는 사례가 존재할 수 있다. 하지만 이는 여타 인식 – 인식 대비 발발 확률이 상대적으로 극히 낮다). 즉, 인식의 경우 한 인식 세계에서 연관된 또 다른 인식 세계로 깊이 빠져 들어가는 수직적 관계를 형성할 수 있고, 한 인식 세계와 동등한 수준에서 병렬적 양태를 보이는 수평적 관계를 형성할 수도 있는데, 이는 동일 인식 세계에서의 연결·통합보다 그 가능성이 높다는 말이다.

인식 – 존재의 쌍은 근원 시점으로 거슬러 올라갈 경우 철학적 난제에 봉착하게 된다. 어떻게 존재 없는 인식이 가능할 수 있는가? 아, 그런데 나의 이 프레임워크는 존재와 인식의 합일을 설명해주지는 못하는구나! 직관적으로는 전이(shift)만 보여줄 뿐 확장(extension)을(확장은 전이와 달리 이전 시점들의 상태까지도 포함한다. 즉, 누적적이다) 보여줄 수 없다는 한계가 있다. 그렇다고 확장 여부까지 고려한다면 경우의 수는 8개로 늘어나게 된다. 하지만 이는 전이와 확장 간에 경계를 그을 경우고, 이들 간에도 왕래할 수 있다면 경우의 수는 당연히 더 늘어나게 된다. 어렵죠? 그런데 아까의 맥락과 이 맥락은 전혀 다른 거다. 내 사고는 잠시 잘못된 길로 들어섰다. 아니야. 맥락을 고려하지 않고 테마 자체만 들여다보면 분명히 유의미하고 재미있는 생각이었어. 그래, 그럼 결론을 한번 내려보자. 전후 맥락을 고려한다면 가치 있는 것은 아니야. 하지만 이 자체로 살펴보면 충분한 가치가 있어. 언젠가 역으로 이를 활용할 수 있는 맥락이나 상황도 분명히 조성될 수 있을 거고.

LO   그리고 생생함과 사실감이 극에 달하지 못하는 한 존재론이 두 번째

나는 발가벗은 한 시간 동안 자유로와진다. 그래, 나는 딜레탕트다!

다. 비록 느낄 수는 있지만 이렇게 희뿌연 상태로는 인식이 존재를 앞설 수는 없다.

솔직히 말하건대 그녀의 몸짓에 대한 전체적, 개략적 평가는 나의 가식이다. 누군가 정밀한 아이 트래커(eye tracker)로 내 동공을 추적한다면 시선이 주로 그녀 신체의 말미에 머물고 있음을 간파할 것이다. 완전한 바닥은 아니다. 그 위치에 도달하는 순간 동공의 크기도 최대임을 감지할 수 있을 것이다. 히프와 허벅지 윗부분만 덮은 무채색 반바지, 완전히 오픈 되어 있는 허벅지 아랫부분과 종아리 전체, 그리고 뒤편에 가느다란 아치를 보유한 발목,

L1   아킬레스건을 '톡' 하고 면도칼로 베 보고 싶다.

L0 제법 높은 굽을 머금은 채 그녀의 무게를 음미하는 핑크색과 금빛이 혼재된 완전 개방형 플립플랍 슬리퍼, 그리고 그 위에 살포시 올려진 작은 발. 발뒤꿈치는 각질 하나 없이 매끄러우며, 엄지와 나머지 네 발가락은 이원화된 채, 그 사이에 박힌 기둥을 정말이지 꽉 죄고 있다. 첼로 켜는 여인을 능가하는 자극적 포즈. 그 기둥 자리에 골격 없이 변화무쌍한 경도를 자랑하는 무언가가 대체된다. 현미경을 동원해도 발견할 수 없던 것이 터질 듯 팽팽하게 솟구친다. 발가락들이 워낙 꽉 죄고 있기에 붉고 푸른빛이 심화되며 울퉁불퉁 도드라진다. 물론 그 기둥과 직접 접촉이 이루어지는 부분은 엄지와 검지의 안쪽이다. 중지, 약지, 새끼(이 녀석만 '지'자 돌림의 한자어보다 순수 한글이 더 잘 어울린다. '소지'는 소시지 같은 게 아무래도 어색하다) 등 나머지 셋은 검지의 등 뒤에 붙어 녀석을 열심히 밀고 있다.

L1   좌측이냐 우측이냐는 잣대로만 따질 경우, 발가락의 안팎 정의 과정에서 곤란을 겪게 된다. 가령 선 채로 내가 내 발을 바라볼 때의 왼발을 전제할 경우, 세간에 통용되는 바로는 엄지의 안쪽은 왼편이 되고, 나머지들의 안쪽은 오른편이 된다. 즉 똑같은 안쪽이라는 표현을 쓰건만 엄지만 왼편을 의미하게 된다. 같은 발가락인데 일관성이 있어야 하잖아? 그런데 왜 일관성에 집착하지? 지금 과학하냐? 몹시 고통스럽다. 만끽해야 할 세밀 작품을 눈앞에 두고, 쓸데없는 고민에 사로잡혀 있다. 시간은 자꾸만 흘러가건만, 인간의 주의력엔 한계가 있건만, 어떻게든 수습하고 다음 단계로 넘어가는 것이 현명한 일이건만, 그걸 잘 알고 있음에도 불구, 고3 모의고사의 패턴이 재개되고 있다. 3교시 영어 점수는 2교시 수학 점수에 의해 좌지우지된다.

"유레카!"

분석적, 논리적 접근을 취하지 않았다. 사고 실험도 전혀 없었다. 그런데 뜬금없이 한 여인의 발을 특이점으로 빅뱅이 일어난다. 곧이어 태양계도 형성된다. 엄지는 태양, 나머지는 행성들(그럼 짝을 만나지 못한 네 개 행성들은 어쩌라고? 명왕성은 미리 떠나가길 잘했다. 돌고래 같은 놈). 따라서 태양계를 전제할 경우, 운동의 중심이 태양이 되듯 이곳 엄지 계에서는 엄지가 중심이 된다. 안팎의 판단 기준은 이에 따른다. 즉, 중심과 비중심 간의 차등 적용이 필요한데, 중심인 엄지의 경우는 나머지 발가락에 가까운 쪽이 내부가 되고, 나머지 넷은 중심인 엄지에 가까운 쪽이 내부가 되는 것이다. 다분히 상대주의적이며 동적이다. 객관적 정답이건 아니건 상관없다. 마음이 한결 가벼워진다. 발가락들은 대개 태양계 행성들과 달리 공전하지 않는다. 물론 그들의 주인이 트리플 악셀을 시도할 경우 공전을 하긴 한다만, 이때 엄지도 함께 자전을 하기 때문에 안팎 결정에서 문제 될 건 없다.

L0   발톱에서 빛과 색이 동시에 포착된다. 베이스로서의 빛은 영롱한 것
이 전체적으로 투명 페디큐어를 칠한 것 같고 발톱 끝 가장자리엔 하얀
색 페디큐어가 깔끔하게 칠해져 있다. 하지만 클로즈-업을 극대화 한
다면…… 네 마리의 정상적 갈매기와 한 마리의 반 토막 난 왕 갈매기
가 날아다닌다. 반 토막 왕 갈매기는 찰나적으로 정상적 왕 갈매기로 변
했다가 다시금 반 토막 왕 갈매기로 변한다. 시간 점유로만 보면 반 토
막 왕 갈매기 상태가 확실한 우위를 보이는데 그렇다고 해서 본래 상태
라고 할 수 있을 정도는 아니다. 자세히 보면 네 마리 정상적 갈매기들
도 실은 정상이 아닌 것 같다. 날개가 비대칭이다. 크기도 그렇고 모양
또한 그러하다. 과장을 좀 하자면 『주먹대장』같다.

L1   상당히 낯선 패션이다. 시각을 통해 형성된 표상을 촉각, 보다 구
체적으로 표현하자면 무게로 전환해 본 결과, 살포시란 수식어가 필히
들어가야 할 것 같다. 물론 나의 수많은 경험에 따른 귀납 추론에 근거
한다.

L0   전체적, 동태적 관점으로 볼 때 가장 섹시한 순간은 오른 다리는 꼿
꼿이 편 채 왼쪽 다리를 살짝 굽히고 시계 방향으로 몸을 턴하며 빨래를
너는 바로 그 동작이다. 마치 기상 캐스터가 대형 컴퓨터 그래픽 앞에서
'내일의 날씨'를 설명할 때의 자세를 연상시킨다. 이때 무게의 대부분은
오늘 쪽에 실리기에 오른발은 상대적으로 다소 넓적해지고, 슬리퍼는
이로 인해 상호 모순적인 느낌을 지니게 된다. 무게로 인한 쾌락과 고
통. 만일 그 우측 슬리퍼가 매저키스트적 성향이 다분하다면 이렇듯 세
분할 필요 없이 그냥 쾌락이란 단어에 다 흡수될 수 있을 거다. 반면 왼
쪽은 접촉 면적부터 현저히 작아진다. 보다 자세히 들여다보니 엄지, 검

지, 중지 정도만 닿는 것 같다. 그것도 전체 다는 아니고 해당 발가락의 끝 부분만. 그러니 발 모양의 일그러짐도 세 개 발가락에서만 그것도 미세하게 발생한다. 좌측 슬리퍼에서는 질투에 휩싸인 소리가 들린다. 여기서는 무게의 존재감은 없다. 체중의 상당수가 이미 오른쪽으로 넘어간 지 오래이기 때문이다. 즉, 여기서는 터치의 차원이 되기 때문에 세거나 약한 질투만 작용할 것이다. 물론 좌측도 매저키스트적 성향이 다소 있다는 전제하에서다. 약한 질투는 좌측 슬리퍼 상에서 비접촉 영역이 접촉 영역에 대해 느끼는 바이며, 강한 질투는 좌측 전체가 우측에 느끼는 바이다. 물론 난 슬리퍼를 전체 구조주의 관점에서 바라보았으나, 세부 부위별로 호불호가 다를 수 있다. 무게감은커녕 접촉을 싫어하는 부위도 있을 수 있고, 매저키스트가 아닌 사디스트성 부위도 있을 수 있다. 그렇다면 슬리퍼 세상의 경우의 수는 정말 복잡해질 것 같고, 여성들은 감히 슬리퍼를 신지 못하게 될 것이다.

어느덧 2차원 평면상에 투사됐던 그녀와 나 사이의 가상의 선이 수직선을 지나 다시금 대각선으로 형상화되며 길게 늘어지고 있다. '여기서 내가 고개를 왼쪽으로만 돌리면 이상하게 보이겠지? 그러니까 자연스럽게 여겨지려면 고개를 좌, 우 고루 돌려야 해.' 두리번두리번 다시 한 번 그녀의 부분과 전체를 탐닉한다.

존재적 세계 전체 시, 내 고개가 좌를 향할 때에만 그녀가 내 시야에 들어오므로 마치 영화의 점프 컷을 접하는 느낌이다. 이 기법과 동일하게 존재적 세계에서 점프 컷 느낌을 체감하기 위해서는 눈을 깜박이거나 무언가로 눈을 가렸다 떼었다 하면 된다. 이때 목을 이용하는 방법, 눈을 이용하는 방법, 도구를 이용하는 방법 등이 있을 수 있는데, 가장 부담 없고 편하게 할 수 있는 것은 눈을 이용하는 것이다. 여기에 약간의 디테일을 추구한다면 왼쪽—오른쪽 혹은 오른쪽—왼쪽 순차적 깜박과 두 눈 동시 깜박으로 구분될 수 있겠다.

"저, 이제 이별의 순간이 다가오는데, 오늘은 한번⋯⋯"

어떤 표현을 써야 자연스러우면서도 그녀에게 호감을 줄 수 있을까?

"째깍째깍째깍⋯⋯"

젠장, 이러다 날 새겠네.

회색의 망원동은 어느새 모두 정지해 버렸고, 회색 지대 내에서 유일하게 원색을 뽐내고 있던 그녀 역시 핑크 팬티를 들고 2단계에서 3단계로 넘어가는 자세를 취한 채 멈춰서 있다. 시간이 정지해 있으니, 소리도 정지해 있다. 그러나 향은 여전히 움직이고 있다. 냄새라는 것은 운동하는 공기를 매질화해서 발원지부터 흡원지까지 도달하게 되는 것 아닌가? 운동, 움직임이라는 게 이루어지려면 역시 시각이 아닌 시간이 전제되어야 할 텐데, 지금 시각은 멈추어 있잖아. 그런데 어떻게 향은 발산되는 걸까? 그것도 강약 중강약 이렇게 기복 있게 말이지. 그리고 내 사고 또한 희한하게도 춤을 추고 있다. 그녀의 자세를 보니 이게 자연스러운 정지가 아니라 연출된 정지라면 무척 힘들겠다는 생각이 든다. 펴져 있는 오른 다리, 굽혀져 있는 왼 다리, 우측으로 돌려져 있는 상체, 거의 만세 수준으로 다가가다 멈춘 두 팔, 손가락 끝에 살짝 걸려 있는 핑크 팬티. 두 팔을 든 모습이 리마리오 같다. 아, 물론 자세만 그렇다는 거다. 그녀에게선 식용유가 아니라 소녀시대의 「키싱 유」가 흐른다.

장고 끝에 내린 결론은 '에이, 그냥 직설적으로 이야기하자'였다.

순간 못된 놈의 자전거 한 대가 또 내 옆을 휙 하고 지나가고, 거리는 다시 시끄러운 소음들로 넘쳐나기 시작한다. 손끝의 빨래는 어느덧 빨래 걸이에 안착됐으며, 남편의 것으로 추정되는 시커먼 정장 양말이 그녀 손에 새로이 쥐어져 있다. 심히 불쾌하다. 투명 플라스틱 대야 안에 아직도 적지 않은 빨래 뭉치들이 남아 있다. 마치 둥지에서 먹이를 달라고 짹짹거리는 더퍼더펄 새끼 새들 같다. 그녀의 반복되는 3단계 동작을 반복적으로 보다 보니 꽤나 획일적이고 규칙적인 게 핑크 플로이드의 「Another Brick in the World」 뮤직 비디오가 연상된다. 무질서하게 뒤섞여 있는 빨래 조각들, 너넨 학생들, 당신, 미안하지만 어여쁜 당신은 이번엔 컨베이어 시스템, 빨래 걸이에 질서 정연하게 널려져 있는 빨래들, 너넨 학생들로 만든 소시지. input - process - output. 표준화와 효율화가 미덕인 산업 시대, 그리고 아직 그 안에 안주하는 대기업들이 떠오른다. 생뚱맞죠? 이 말을 떠올리자 인라인을 탄 미친 소가 등장한다.

"오늘은 한번…… 안아 볼게요. 닭 울음(가운뎃소리 'ㄱ' 하나는 앞의 아래층으로 보내고, 다른 하나는 죽여 버려!). 우리 이제 충분히 그래도 되는 사이잖아요. 하하…… 하."

그냥 단도직입적으로 질렀지만 어색함이 전혀 없는 건 아니다. 그녀는 예전 과외 여학생처럼 눈을 깜박였으며, 잠시 후 왼쪽 다리와 발을 쭉 내밀며 말한다.

"자, 다리를 좀 더 늘릴까요? 아니면 당신이 이 층으로 올라오시겠어요?"

"……"

무표정한 얼굴에, 그 다리는 거짓말한 피노키오의 코처럼 길어지고 있다. 가제트의 만능 팔, 다리 같기도 하다. 청순하고 정숙한 여성이 교태를 부리면 상반된 이미지 간의 충돌로 인해 흥분이 한층 배가되듯, 차갑고 알 수 없는 표정으로 내 바람을 들어주면 한 없이 몽롱해진다. 과외 여학생의 아무렇지도 않게 여김이랑 좀 비슷하달까? A의 갈망과 B

나는 발가벗은 한 시간 동안 자유로와진다. 그래, 나는 딜레탕트다!

의 무관심 간의 충돌. 수평으로는 다양한 장면을 비교적 생생하게 경험할 수 있지만, 물리적 한계 상 수직으로는 그럴 수 없다는 존재적 현실을 원망하며, 다음 주 토요일을 기약한다. '과연 그녀는 나를 지각할 것인가? 감각은 여러 차례 경험했을 텐데……' 감각과 지각 간의 관계는 보태기가 아닌 빼기이다.

난 태양의 빛과 열, 그리고 모기로 인한 가려움의 편재 때문에 여름을 싫어하지만, 그녀를 위시한 익명의 여성들과의 노출된 상호작용 때문에 여름을 좋아한다. 물론 이러한 광경이 소한 추위에 이루어진다면 더욱더 짜릿하긴 하다. 이른바 희소성이 선사하는 부가적 쾌락 때문이다. 가능성이 희박한, 그래서 갈망은 잠재돼 있으나, 전혀 기대할 수 없었던 무언가가 현실화될 때의 그 맛이란! 하지만 늘 시각이나 청각, 후각 등에만 국한되고, 궁극적으로 미각, 촉각화 될 수 없다는 존재의 한계에 좌절하게 된다. 그렇다면 신기루일 수밖에 없다. 내게 필(feel)을 날린 존재자라면 오감이 고루 충족된 공감각까지 만끽해야만 한다. 그것도 아주 세밀하게 말이다. 인식의 한계를 초월할 수 있다면, 그래서 내가 양적으로 지각할 수 있는 감각의 개수가 n개 라면, 난 n개의 감각을 총망라한 표상을 느낄 수 있어야 한다.

L1   대학교 1학년 때의 어느 여름날. 하늘은 찌푸렸고 녹음은 무르익고 있었다. 비가 박쥐처럼 비겁하게 행동했기에, 집을 나설 때 우산 챙기기 여부로 엄청나게 스트레스를 받던 날이었다. 여느 날과 마찬가지로 습관적으로 들렀던 동아리 방에서 나와 신윤미의 「돌」을 읊조리며 학교 정문을 향해 걸었다.

〔돌〕

길을 걷다 보니 내 발길에
채이는 돌 하나 있어
무심코 툭툭 차고 음 걷다 보니
데굴데굴 굴러가네
아야프다고 아야프다고
자꾸자꾸 굴러가는
그 돌이 나는 음 나는
좋아져 버렸네

내 시선은 가까운 전방의 아스팔트 바닥을 향하고 있었다. 정문을 바라보고 좌측 편 길. 왼쪽에 높은 담벼락 느낌이 든 걸로 봐서 대강당 근방으로 생각되는데, 그때 전방 하부 시선에 무언가 '휙'하고 들어왔다. 분명히 감각 차원이었는데 거의 동시에 지각화 돼버렸다. 매우 근접해 있었다. 그 순간 '여성의 몸'이라는 주제에 대해, 내가 이상적으로 생각하는 형태와 움직임, 그리고 세부 대상을 자동 업데이트하게 되었다. 무언가 있었다. 통합적으로 감지되었기에 따로따로가 아닌 한 묶음으로 다가온 신과 발, 그리고 다리. 여성임에 틀림없었다. 무언가를 골똘히 생각하며 무척이나 천천히 걷고 있는 내 시야에 갑자기 빨려들었으니, 그녀는 나보다 더 천천히 걷고 있었던 것 같다. 분명히 수분 전만 해도 제법 나와의 거리가 떨어져 있었을 텐데 초 근접된 걸 보면, 나중에 출발한 아킬레스가 거북이를 충분히 따라잡을 수 있다는 말이 맞긴 맞나 보다. 마찬가지로 화살은 공중에 정지해 있지 않다.

'무엇 때문에 그녀는 그렇게 천천히 걷고 있던 걸까?' 그전까지 나를 지배하고 있던 생각뭉치들은 단숨에 사라지고, 이러한 새 궁금증이 강렬히 떠올랐다……라면 거짓이고, 사실 그녀의 늦은 걸음의 원인 따위는 전혀 관심 밖이었고, 새로이 내 지각을 이끌어 낸 것은 그 순간의 현상 그 자체, 그러니까 그녀의 두 다리였다. 야들야들한 시스루성 흰 원피스가 잔잔한 바람에 은은히 나부끼고 있었는데, 그 펄럭임이 야기한 치마의 개폐 여부와 상관없이 허벅지 하반부부터 발끝까지는 지속적으로 적나라하게 드러나 있었다. 물론 신발이 감싼 부분은 가려져 있었는데, 발 중 어디가 열려 있고 어디가 닫혀 있는지는 도통 기억나지 않는다. 신발의 종류와 색도 기억이 잘 나지 않는다. 하얀색이었던 것 같기도 하고. 종류는 당시 계절을 통해 추론할 수밖에 없을 것 같다. 여하튼 그 순간 나의 지각은 발목 아래보다는 발목을 포함한 윗부분에 꽂혀 있었기에 좀처럼 기억이 복구되지 않는다. 마들렌을 깨물고 차 한 모금 마시면 해결되려나? 다리의 굵기는 적절했으며, 발목과 아치를 보건대 나만의 엄중* 품에 꼭 안길 수 있을만한 날씬함을 보유하고 있었다. 날씬함이 느껴졌다는 사실에서도 알 수 있듯, 길이도 적당했다. 하지만 이런 것들은 이미 파악된 나의 기호였고, 그날 추가로 대오각성하게 된 취향은 선의 미학 차원에서 표출됐다. 당연히 나도 남들처럼 곧게 뻗은 각선에서 미를 느낀다고 생각했었는데, 아니 그 속성은 가슴과 더불어 별 관심이 아닌 줄 알았었는데 그게 착각이었던 거다. 물론 무관심의 대상이었다가 그 순간 개안한 것일 수도 있다. 이 모든 것들은 분석적 사고와 경우의 수만 잘 생각해 보면 쉽게 파악 가능하다.

---

* 엄지와 중지

〔경우의 수와 유전에 담긴 지극히 당연함〕

전제: 완전 대칭이 귀찮아서 부분 대칭을 이용하였다.

내가 전에 좋아했던 인이
지금도 좋을 수 있고
내일 역시 좋을 수 있거나
내일은 좋지 않을 수 있듯이

내가 전에 좋아했던 인이
지금은 좋지 않을 수 있고
내일은 좋을 수 있거나
내일 역시 좋지 않을 수 있다.

마찬가지로
내가 전에 좋아하지 않았던 인이
지금은 좋을 수 있고
내일 역시 좋을 수 있거나
내일은 좋지 않을 수 있듯이

내가 전에 좋아하지 않았던 인이
지금도 좋지 않을 수 있고
내일은 좋을 수 있거나
내일 역시 좋지 않을 수 있다.

뒤집어서
나를 전에 좋아하지 않았던 인이
지금도 좋아하지 않을 수 있고
내일은 좋아할 수 있거나
내일 역시 좋아하지 않을 수 있듯이

나를 전에 좋아하지 않았던 인이
지금은 좋아할 수 있고
내일 역시 좋아할 수 있거나
내일은 좋아하지 않을 수 있다.

마찬가지로
나를 전에 좋아했던 인이
지금은 좋아하지 않을 수 있고
내일은 좋아할 수 있거나
내일 역시 좋아하지 않을 수 있듯이

나를 전에 좋아했던 인이
지금도 좋아할 수 있고
내일 역시 좋아할 수 있거나
내일은 좋아하지 않을 수 있다.

〔그에 대한 나의 판단 vs 나에 대한 그의 판단〕

그의 밖에 있을 때

그의 경계에 있을 때

그의 안에 있을 때

나의 그에 대한 판단이 다를 수 있듯이

나의 밖에 있을 때

나의 경계에 있을 때

나의 안에 있을 때

그의 나에 대한 판단이 다를 수 있다.

밖에 있는 그가 그 새끼로 느껴지는 것과

경계에 있는 그가 그 새끼로 느껴지는 것과

안에 있는 그가 그 새끼로 느껴지는 것 중

어떤 것을 개새끼라 할 수 있는가?

마찬가지로

밖에 있는 내가 그 새끼로 보이는 것과

경계에 있는 내가 그 새끼로 보이는 것과

안에 있는 내가 그 새끼로 보이는 것 중

어떤 것이 나를 진정한 개새끼로 노출할 것인가?

실존주의적 구석도 엿보인다.

L1   약간 휘어진 다리가 원격을 타고 내 망막 위에서 진동했고, 이로 인
해 유발된 에너지는 뇌에게 폭발적인 충격을 안겨 주었다. 뇌와 몸은 공
히 전율을 느꼈다. 그 전율은 아름다움에 대한 흥분과 깨달음의 희열에

나는 발가벗은 한 시간 동안 자유로와진다. 그래, 나는 딜레탕트다!

복합 기인했다. 감성적, 이성적 쾌락이 동시에 발동한 셈이다. 게다가 그날 따라 날씨도 한몫해준 것이, 몇몇 조각의 빗방울들이 두 개의 하얗고 흰 다리들을 타고 볼록 렌즈의 외곽 곡면을 타는 양 밖에서 안으로 곡선을 그리는 경이를 연출해 주었다. 즉 주체와 대상 간의 보편적 상호작용뿐 아니라 상황, 맥락이라는 환경적 요소까지 앙상블을 이뤄 그 효과가 한층 배가되었던 것이다.

LO   혹시 촛농과 관련된 괴소문은 이에 근거한 후일담에서 비롯된 게 아닐까?

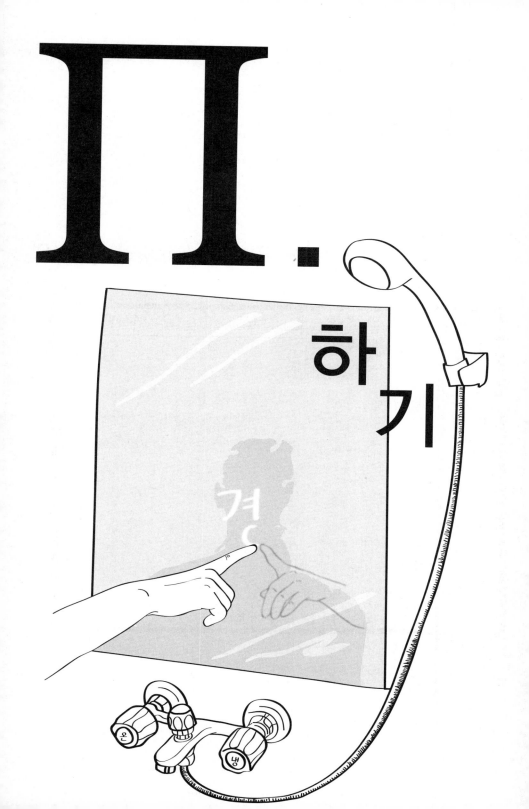

Ⅱ.

하기

목욕탕 마루

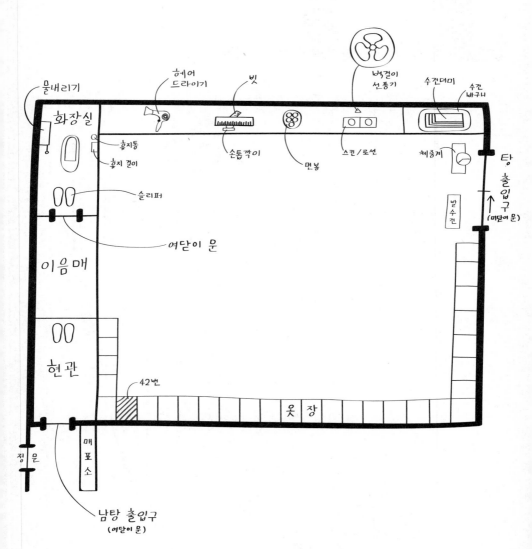

물내리기

화장실

헤어
드라이기

빗

벽걸이
선풍기

수건더미

수건
바구니

탕
출입구
(미닫이 문)

휴지통

손톱깍이

스킨/로션

체중계

휴지걸이

면봉

발
수
건

슬리퍼

여닫이 문

이음매

현관

42번

옷 장

정
문

매
표
소

남탕 출입구
(여닫이 문)

목욕탕 탕 내부

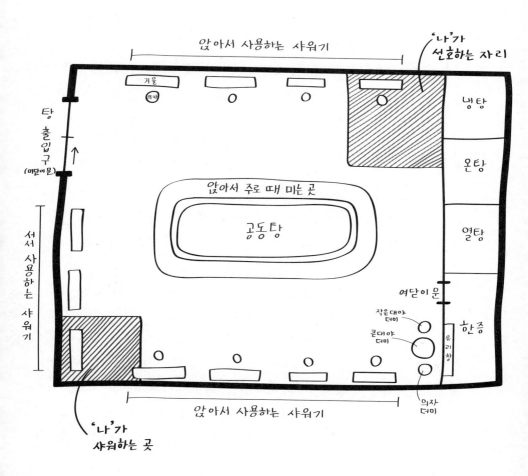

'나'가
선호하는 자리

앉아서 사용하는 샤워기

거울
의자

탕 출입구
(미닫이문)

서서 사용하는 샤워기

냉탕

온탕

열탕

한증

유리창

여닫이문

앉아서 주로 때 미는 곳

공동탕

작은대야 더미

큰대야 더미

의자 더미

앉아서 사용하는 샤워기

'나'가
샤워하는 곳

L0 찰나의 환희를 뒤로하고, 간판이 권태로이 흔들거리는 정호탕에 들어선다. 혹 간판이 떨어질세라 두 발은 기민하게 움직인다. 거 수리 좀 안 하시나? 거의 모든 것이 남루한 망원동이라는 점을 감안해도 20년 전 스타일의 매우 낙후된 목욕탕이다. 단 한 번이라도 이용해 보면 웬만한 시골 사람도 발길을 끊을 정도니 말 다했지, 뭐. 얼마 전 인근에 낙원탕이라는 대중탕이 문을 열었는데, 역시나 이곳이 망원동이라는 점을 전제한다면 나름 첨단으로 느껴지는 시설을 자랑하고 있는 것 같다. 가격은 아마 정호탕과 동일할 게다. 목욕 업계에도 나름의 협회가 있고, 협회에서 책정한 가격 규정이 적용될 테니 말이다. 크게 배신감을 느끼지 않는 이상 그것이 사람이건 동물이건 식물이건 사물이건, 인연의 고리를 이어가는 이 정감 어린 성격상, 그래도 난 늘 정호탕을 드나든다.

　　대중탕 선택의 문제는 제한된 합리성에 근거한다. 사실, 제아무리 고가의 제품 혹은 서비스라 하더라도 인간인 이상 시공간을 관통하는 객관적 최적화보다는 어림짐작(rule of thumb)의 휴리스틱에 상당 부분 의존하는 게 사실 아닌가? 그래서 그런지 최적화(optimization) 학자 중에 휴리스틱으로 돌아선 사람들도 아마 꽤 있다지? 얼마 전 홍대 부근에서 우연히 만났던 그 누군가도 해당 사례를 들려준 적이 있었다.

L1 홍대 정문 건너편 놀이터. 그 왼편 좁은 골목 길. 고교 동창들과 3차 장소를 향해 지름길로 가로질러 가던 중, 단란스러운 곳 앞의 희뿌연 가로등 불빛 아래, 럭셔리한 베이지색 롱 코트를 입은 화장 진한 젊은 여성이 풀 샷(full shot)으로 들어온 거야. 지척에서 그녀의 두 손을 주물럭대는 남성도 함께 시야에 들어왔는데, 그 양반 옷차림이 검은색 코트였나? 기억이 잘 나지 않아. 내가 남자까지 신경 써야 하는 건 아니잖아? 그런데, '아뿔싸!'란 감탄사가 머릿속에서 반향을 일으키더군. 그

　　　　나는 발가벗은 한 시간 동안 자유로와진다. 그래, 나는 딜레탕트다!

남성은 내가 아는, 그것도 상당히 가까운 사람이었지. 난 너무나 반가웠고, 그래서 무의식적으로 몸을 90도로 꺾어 제법 큰 소리로 인사드렸어.

"교수님, 안녕하세요!"

하지만 그 양반 반가워하기는커녕 두 손을 얼굴에 대지만 않았지 몽크의 「절규」스러운 표정으로 나를 쳐다보더군. 그러면서 주변을 두리번 두리번. 오래전 한 녀석이 주사(酒邪)로 소중한 친구를 잃었듯, 난 이 어색한 만남과 맥락에 맞지 않는 정중한 인사로 한 분을 잃게 된 거야.

L2 『Mind Over Machine』으로 유명한 공저자 중 한 명인 스튜어트 드레이퍼스*. 그는 한때 최적화를 연구하던 사람이었으나, 본인이 자동차 회사 프로젝트를 직접 수행하면서 깨달은 바가 있어 결국 휴리스틱 쪽으로 전향했다고 한다. 이렇게 말했다지? 물론 영어로.

"앗, 지극히 분석적인 나임에도 불구, 고가의 구매 의사 결정을 내릴 때마저 요모조모 따짐 없이 대충대충 하는구나! 그래, 이게 인간의 자연스러운 모습인 거야. 이 세상은 이러한 인간들의 상호작용으로 돌아가고 있고. 최적화? 그건 플라톤적 세계에서나 가능한 얘기지."

하긴 학계라는 거대 커뮤니티의 비회원인 나조차도 최적화, 비선형 계획 등의 계량 경영학에 빠져 있다가 휴리스틱, 홀리스틱 등을 중시하는 인지과학으로 넘어갔으니 그의 변신이 그리 놀라운 일은 아니다. 사실 이게 바람직한 것 아니겠어? 왜 인간이 완전한 이성으로 대변될 수 있는 기계스러움을 추앙해야 하나? 어떻게 보면 극과 극이라 할 수 있는 '이가(二價)'를 상정해 놓은 게 인생 세간의 비극일 수 있다. 이원론,

---

* 버클리대 산업공학 및 경영과학과 명예 교수. 미국의 대표적 싱크탱크인 RAND 재직 시 조니악(JOHNNIAC) 컴퓨터 개발에 참여했으며, 이후 하버드대에서 응용수학 박사 학위를 받았다.

논리, 디지털, 이 모든 것이 다 '닥치고 이가적 사고!'의 결과이다. 이는 우리 인식의 폭을 상당히 기계화, 협소화 시켰으나, 이미 오래전부터 주류로 자리매김해 왔기에 어느새 유전자화 되어 대대손손 내려오고 있다. 돌연변이의 탄생이 시급하다.

L0   주인에겐 미안한 얘기지만, 낙원탕 덕분에 정호탕을 이용하는 인쓰수가 줄었다는 점은 환영할 만하다. 그간 주인이 몇 차례 바뀌었는데, 요즘은 부부가 운영한다. 이분들도 좋은 분들이긴 하나 예전 대머리 할아버지께서 운영하실 때가 정말 좋았다. 인자하고 깔끔하시고. 매표소에 앉아 계실 때에도 넥타이는 착용하지 않으셨지만, 늘 정장 차림으로 가부좌 자세를 취하고 계셨다. 때 밀어주는 형들 또한 자주 바뀌긴 했어도, 대체로 오너십이 강했기에 고객 입장에서 역시 좋은 사람들이었다. 내가 한때 가장 좋아했던 성룡을 닮은 형은 특히 기억이 많이 난다. 정말 자기 친동생인 양 구석구석 잘도 밀어줬었는데. 북적거리지 않을 때에는 때 밀기뿐 아니라 비누질, 심지어 머리 감기까지 다 해주고……

    훤히 들여다보이는 매표소 유리 너머 홀로 펑퍼짐하게 앉아 있는 아주머니가 포착된다. 이분을 사장님이라고 하고 아저씨를 사부님이라 해야 하나? 아니면 아저씨를 사장님이라고 하고 이분을 사모님이라 해야 하나? 공동 사장일 수도 있잖아? 마치 비빔면 CF를 찍는 것 같다. 그러니까 둘 모두를 사장님이라고 불러야겠어. 구멍 가게스러운 목욕탕인데 뭘 그런 것까지 따지시나? 여느 때와 마찬가지로 요금 확인 후 딱 맞게 준비해온 500원짜리 동전들과 100원짜리 동전들을 내민다. 거스름돈을 만들지 않기 위함이다. 동전들을 넘김과 동시에 사장님으로부터 검은색 숫자가 새겨진 회색빛 딱지형 열쇠가 넘어온다. 돌리면서 잠그고 여는 전통적인 게 아니라, 자물쇠 윗부분의 얇은 틈으로 넣었다 빼는 나

나는 발가벗은 한 시간 동안 자유로와진다. 그래, 나는 딜레탕트다!

름 진화된 열쇠다. 지난주부터 우리 정호탕에도 도입됐는데, 그런 유형의 열쇠를 일컫는 정확한 명칭은 잘 모르겠다. 물론 아직 이 신기술에 대한 낯섦도 아직 채 가시지 않았다. 오늘 내가 쥔 열쇠에는 42란 숫자가 새겨져 있다. 일회용 면도기는 역시나 지급되지 않는다. 아마 오늘도 깔끔하게 면도를 하고 왔기 때문일 거다. 고로 대중탕은 집의 연장이라는 조금 전 내 명제는 모순에 빠진다.

L1 논리의 무의식적 극한 추구자라는 소리를 듣는 나도 24시간 동안의 의·식·주 생활 전반이 까발려진다면 모순덩어리 그 자체가 될 수밖에 없다. 마찬가지로 어떤 크레타인이 '모든 크레타인은 거짓말쟁이!'라고 선언했다고 해서 그 친구가 24시간 내내 거짓말만 하는 건 아니지 않은가? 근엄하고 지고지순한 성직자나 철학과 교수님이라고 해서 늘 심오한 생각만 하는 것도 아니고. 그도 똥을 싸고 자식이나 손자, 손녀들과 놀 때에는 상당히 유치한 놀이도 서슴지 않을 것이다. 심오함과 유치함의 복합, 중요함과 사소함의 혼재, 그리고 발발이 드문 중요함과 빈번한 사소함. 중요함에 대한 둔감 및 사소함에 대한 민감. 그것이 인간의 삶이자 자연스러움이다. 물론 극단적 논리 추구자로 굳어진 내 이미지는 주변인들의 선입견이다. 난 예나 지금이나 초 논리를 지향하고 역량을 쌓아 왔기에 도저히 동의할 수 없다. 설사 초 논리 추구라는 점을 강조하지 않는다 하더라도, 이 세상의 모든 존재자는 논리와 비논리의 예기치 못한 트위스트 속에서 살아가고 있지 않은가?

L2 주지했듯 논리에는 세 개의 수준이 존재한다. 최하층부에는 비논리가 있고, 중층부에 논리가 있으며, 최상층 부에 자리 잡은 것이 바로 초 논리다. 이 세 개 층은 논리의 의식화를 전제로 하기에 논리라는 타이틀

하에 범주화될 수 있다. 이와 반대편에 자리잡은 범주는 무논리다. 이는 논리의 이념 및 개념 자체가 없음을 의미하며, 단일 계층으로 이루어져 있다. 즉 논리라는 범주가 비논리, 논리, 초 논리의 세 개 층으로 구성된 반면, 무논리는 단층이기에 범주이자 곧 개체다. 신생아들이 무논리에 속하는 대표적인 존재자들이라 할 수 있겠다. 또한, 다수의 사람은 초 논리와 비논리를 잘 구분하지 못하기 때문에 모호한 상황에 직면하면, 십중팔구 비논리로 간주한다. 아마 괴델이나 튜링 같은 극소수 사람만이 이를 제대로 식별할 수 있을 것 같다.

논리의 층위 문제와 더불어 사람들이 자주 헛갈려 하는 것 중 하나가 논리적임과 꼼꼼함의 구분이다. 당연히 양자는 사뭇 다르다. 가령 100개의 사례가 있다고 가정하자. 이를 하나하나 다 확인하고 넘어가는 것이 꼼꼼함이라면, 이들 중 몇 개를 무작위 추출해서 거기서 발견되는 패턴을 통해 함수를 만들고 검증하여 일반화시킬 수 있는 능력이 곧 논리력이다(과학적 혹은 구조적 사고력이라고도 할 수 있다). 논리력은 꼼꼼함보다 효율적이며, 재활용 가능성, 예측 가능성 등 무한한 잠재력을 갖고 있기에 상대적으로 배양하기 어렵긴 해도 매우 우수하다. 하지만 우주적 관점을 견지한 채, 경험, 인식, 언어, 기호 등등의 영역을 총망라해서 본다면 이 역시 엄청난 구멍을 갖고 있는 게 사실이다.

LO　매표소 왼편의(내 관점에서다) 유리문에 크고 빨간색의 촌스러운 개성적 폰트로 '男'이라고 쓰여 있다. 물론 맞은 편 문에는 '女'라는 문자가 부착돼 있다. 아, 일필휘지의 생생하고도 강력한 호연지기가 감도는 것이, 불끈거리며 무언가에 선동되는 느낌이다. 그 아래에 역시 일관된 색과 폰트로 'Pull'이라고 적혀 있건만, 오늘도 난 습관적으로 민다. 2개 국어가 적혀져 있는, 그러나 한글은 없는 대한민국 서민의 문. 발의

　나는 발가벗은 한 시간 동안 자유로워진다. 그래, 나는 딜레탕트다!

힘으로 신발을 털어 벗고 마루와의 이음매 역할을 하는 널찍한 계단 위에 올라선다. 직후 몸을 시계 방향으로 틀어 한 계단 더 올라선다. 탈의실이라 부르기엔 영 어색하다. 그냥 마루다.

몸을 반시계 방향으로 돌린다. 좌측 상단 끄트머리에 금이 쫙 간, 높이보다 폭이 훨씬 긴 직사각형의 커다란 거울이 나를 시켜 나를 마중하고 있다. 금 간 부분에 동그란 금색 스마일 스티커 다섯 개가 덕지덕지 붙어 있다. 그들이 형성한 줄은 삐뚤빼뚤하다.

이 얼마 만에 감각된 존재론적 내 모습인가! 거울 속 나를 바라보는 거울 밖 원래의 나. 거울 밖 나를 바라보는 거울 속 복제된 나. 복제의 주체는 의식 및 생명이 없을 것으로 사료되는 거울(여러분은 지금 대자가 즉자에 놀아나는 탈권위적 상황을 목격하고 있습니다). 거울 속 나의 어깨는 좌우 비대칭이다. 인간의 대칭에 대한 천착 역시 본능이다. 거슬린다. 오른쪽 어깨가 왼쪽보다 다소 위로 올라가 있다. 거울 밖 나의 관점이 아니라 거울 속 나의 관점에서다.

손거울을 들어 정호탕 거울 속의 나를 비춘다면, 손거울 속의 녀석은 더 이상 오른손잡이가 아닐 텐데.

그러나 고개를 정호탕 거울로 돌리면 다시 오른손잡이가 된다.

또 돌리면 왼손잡이가 된다.

또 돌리면 오른손잡이가 된다.

또 돌리면 왼손잡이가 된다.

……

난 목욕하러 왔기에, 줄곧 도리질만 할 수 없는 노릇이다. 정호탕 거울 속에서 일렬로 무한히 선 우리는 죄다 나에게 삐딱하다. 고로 '우리'라 칭하기가 상당히 거북하다. 그냥 좀 친숙하게 '무리'라고 표현하는 게 적절하지 싶다. 반면 손거울 속에서 역시나 일렬로 무한히 서 있는 우리는 있는 그대로의 나를 받아들인다. 하지만 무작정 신뢰해서는 곤란하다. 혹 손거울이 나를 먼저 머금게 된다면 상황은 뒤바뀌기 때문이다. 즉 정호탕 거울은 우군의 터로, 손거울은 반군의 터로 변한다. 절대성은 없고 상대성이 지배하며, 이 상대성은 사소한 몸짓 하나에 좌지우지될 수 있다. 거울의 클리셰, 미장아빔? 물론 현 맥락에서도 당연히 담겨 있으나 단지 조연에 불과할 뿐이다.

L1   복제된 내 모습을 본다. 눈으로 본다. 감각으로 본다. 지각으로 본다. 경험으로 본다. 거울을 튕겨 나온 무한의 빛 다발이 내 망막을 마구 때린다. 망막이 울면서 전광석화같이 뇌에 일러 바친다. 어떤 빛 패거리가 나를 때렸어요. 그 순간 뇌는 그 빛 다발을 인식한다. 정확히 말하면 빛이 매개가 되어 담아온 소프트웨어화된 하드웨어, 즉 표상을 이해한다. 인식, 인지의 경이적 모멘트. 존재가 아니라 인식. 결국, 시각에만 한정할 경우, 난 나를 전일하게 존재적으로 감각할 수 없다. 지각할 수 없다. 경험할 수 없다. 그렇다면 청각은? 말할 것도 없다. 미각은? 말할 것도 없다. 후각은? 말할 것도 없다. 촉각은? 음, 약간의 고민이 필요하다. 대동여지도식 접근이 필요하다. 극한의 분석을 통해 내 몸뚱어리를 원자화시킨다. 한 원자로 다른 원자들을 하나하나 찌른다. 최초에 찌르던 원자가 취급하지 못하는 영역을 보완하기 위해 멀찌감치 떨어진 다른 원자로, 최초의 찌르는 미션을 떠맡았던 원자와 그에 인접한 사각 지대의 원자들을 콕콕 찌른다. 난 이미 가장자리의 원자들을 알고 있다. 알고리즘은 간단하다. 육방(六方) 중 한 면이라도 일군의 원자들이 존재하지 않는다면 이는 가장자리 원자인 것이다. 이들 가장자리 원자의 윤곽을 심적으로 연결하면 형체에 대한 삼 차원적 추론을 할 수 있고, 결국 나는 촉각만으로 나의 전일적 형체를 인식한다. 그런데 이것이 거울

을 통해 복제된 나를 눈으로 감각한 것과 무엇이 다르단 말인가? 사실상 난 거울 속에 맺혀진 상을 보고 나를 종합 추론한 것 아닌가? 아니, 추론이 아니고 전일적으로 그냥 본 거야. '그냥 본다'라? 이 뭔 소리? '봄이 곧 인식'이다? 그렇다고 해서 '인식이 곧 봄'은 아니겠지? 음모는 전략이지만 전략은 음모가 아니듯 말이야.

L2   요즘 주위에 보면 역명제와 대우 명제도 구분 못 하는 한심한 사람들이 많더라고. 심지어 교수나 컨설턴트 중에도 말이야.

L1   어찌 보면 원자 찌르기보다 거울 속 복제된 나를 보는 게 더 효과적일 수 있다. 대표적 이유가 바로 색이다. 아주 단순화시켰을 경우, 시각을 통해 파악 가능한 핵심 측면은 세 가지로 구분된다. 형태, 색, 크기. 너의 원자 자극 기법은 형태와 크기는 가늠할 수 있을지언정, 효율성도 엉망이고 무엇보다 색을 판단하기 어렵다. 아니, 불가하다(파장까지 판별할 수 있는 대안이 있다면 이야기는 달라진다). 하지만 거울을 이용할 경우에는 가능하다. 단지 입체적 감각만 사라질 뿐이다(물론 곧 3D 디지털 거울이 나올 수도 있다). 입체적 감각만이라니! 나는 나의 존재적 감각, 지각을 타자의 개입 없이 혼자서만 실행하고 싶다. 왜 그래야 하는데? 그래야 타자의 음모 개입이 원천 봉쇄될 수 있기 때문이다. 즉 신뢰성의 문제다. 음모를 왜 생각해야 하지? 음모라는 게 아무에게나, 아무 때나 개입되나? 넌 버스 타면 모든 여자가 널 쳐다본다고 생각하지? 하지만 절대 그럴 일 없어. 착각하지 말라고! 그리고 그런 행위 결과에 너무나도 큰 자명한 한계가 존재한다면 …… 그냥 인정하자. 인간의 신체 구조상 존재적으로 전일화된 시 감각은 불가능하다. 마지막 발악. 손바닥에 시각 기관이 있다면? 그래도 불가. 왜냐하면, 눈이 박힌 그 부분은 자기 자신을 볼 수 없다.

L2   왼손을 앞으로 쭉, 오른손을 뒤로 쭉. 양 손바닥 위에 눈이 하나씩 박혀 있다. 내 몸뚱어리의 전면 전체와 후면 전체가 동시에 들어온다. 아, 자세가 잘 나오지 않아서 후면의 상은 거칠고 불안정한 게 흔들거린다. 사실 안 보이는 부분도 약간 있다. 그게 신체 메커니즘 때문에 그런 것도 있지만, 발바닥은 어떻게 할 건데? 이 녀석은 바닥에 붙어 있기 때문에 볼 수 없다. 측면도 마찬가지고, 정수리로 요약될 수 있는 상부도 마찬가지다. 따라서 전일의 범위를 한정 짓지 않는 한 전일적 시각은 불가능하다. 그러니 전, 후면만으로 만족하자. 전면과 후면의 동시 지각. 관점의 차이. 이건 전면 사진 한 장, 후면 사진 한 장 찍어서 나란히 깔아 배치하는 것과 다르다. 중첩된 상이 나온다. 희끄무레하게 겹쳐진 한 장의 사진이 아니다. 그렇다면? 『모비딕』을 펼쳐 향유고래에게 물어봐야 하나? 상상력의 한계, 인식의 한계. 아, 답답해 미치겠다. 우린 이럴 때 신을 찾는다. 신은 딱 이럴 때만 필요하다. 인간의 형상이건 그냥 만물이건 상관없다. 이게 바로 신의 존재 이유다. 이 문제에 답을 내릴 수 있다면 인간 인식의 폭이 획기적으로 팽창됐음을 의미하고, 이에 따라 이 세상엔 엄청난 지각변동이 일어날 것이다. 어디 능력 많고 호기심 많은 인간이 자신의 인식 확장을 잠자코 감상만 하겠는가? 그가 타자들을 향해 움직일 거라는 사실은 자명하다. 전일적 전면에 대한 시각 정보와 전일적 후면에 대한 시각 정보가 동시에 내 뇌를 때린다. 그 결과 통합된 상은 과연? 학제, 통섭도 그래야 한다. 융합, 복합도 그래야 한다. 단순 합은 다수의 사진을 차례로 바닥에 깔아 놓는 것과 진배 없다. 그것은 평범한 나열일 뿐이다. 진정한 학제, 통섭도 아니고, 융복합도 아니다. 과거의 짓거리와 다를 바 없다. 인류의 새로운 쾌락 형성에, 진보에 아무런 기여도 하지 못한다. 이런! 원자로 원자 찌르기, 즉 촉각도 마찬가지다. 찌름의 주체를 고려한다면, 동시 찌르기는 불가능하다. 이 역시

나는 발가벗은 한 시간 동안 자유로와진다. 그래, 나는 딜레탕트다!

순서가, 시차가 있을 수밖에 없다. 고로 내 몸 형체에 관한 한 그 어떤 것도 실시간 동시 전일 감각에 실패할 것이다.

L0   복제된 나의 관점에서, 복제된 나의 오른쪽 어깨로부터 왼쪽 어깨를 지나 연장선을 그어 따라가면 상은 소실되고 나무로 된 선반과 정확히 만나는 반대편 꼭짓점에, 사이사이 때가 낀 두 개의 빗이 가위 모양을 이룬 채 널브러져 있으며 그 옆에 수건 더미가 있다. 역시 정호탕은 다른 건 몰라도 수건 인심만큼은 후하다. 바구니 한가득 수북이 쌓여 있다. 하지만 그 풍요로움이 직접적으로 내게 미치는 혜택은 미미하다. 이유인 즉슨, 거의 사용하지 않으니까. 제아무리 깨끗이 빨고 삶았어도 타인들이 썼던 것을 재활용한다는 것은 구토를 유발하고도 남을 짓이다. 행여 쓰게 되더라도 그건 발을 닦을 때에만 국한된다. 그러니까 난 내 발에 대해서는 메이저러티적 사고를 하는 셈이다. 그러므로 감히 내 머리와 얼굴, 그리고 언젠가 제2의 용도로 멋지게 활용될 꼬추를 닦을 수는 없는 노릇이다. 오른손에 목욕 가방을 쥔 채 발뒤꿈치를 살짝 들고, 탕 내부를 들여다본다. '야호! 인쓰가 하나도 없다.' 약간 느슨해진 마음으로 낡고 허름한 누리끼리 42번 옷장으로 다가가 왼손으로 열쇠를 자물쇠 틈에 끼었다 뺀다. 위에서 아래로.

L1   대중탕에서는 완전한 자유란 있을 수 없다. 지금 이 순간 나 혼자만의 공간이라고 하더라도 언제 인쓰가 들이닥칠지 모르기 때문이다. 즉, 언제나 불안함이 잠복돼 있는 불완전한 편안함만 누릴 수 있다. 어떻게 보면 편안함 대비 불안함의 비중이 더 큰 게 사실이다. 따라서 긍정적으로 표현하자면 스릴이라는 감흥을 느낄 수 있으며, 인쓰의 밀도와 분포에 따라 스트레스 강도는 물론 내 행동까지 각양각색으로 변모하는데,

이게 바로 대중탕의 묘미라 할 수 있다. 요컨대 집 욕실의 키워드를 '자유'라 칭한다면 대중탕의 그것은 '자연스러움'이라 칭할 수 있다.

L2   그 이름을 발음하기가 무척 어려워 여러 번 반복하다 보면 틀리기에 십상인 예브게니 이바노비치 자먀쩐의 『우리들』,

L3   솔직히 그리 어렵거나 헷갈리는 발음이 아님에도 릭 스프링필드의 어머니는 당신 아들과 브루스 스프링스틴을 헷갈려 했었지. 그래서 나온 릭의 한 서린 곡 「브루스」. 가사 때문에도 그러던 차에 빌보드 차트에서도 그리 재미를 보지 못해 내 몹시도 속상해했었건만.

      산너머콩깍지는깐콩깍지인가안깐콩깍지인가, 간장공장공장장은간공장장이고된장공장공장장은장공장장이다, 경찰청창살외철창살검찰청창살쌍철창살, ……

L2 올더스 헉슬리의 『멋진 신세계』, 조지 오웰의 『1984』 같은 세계가 도래하면 모를까? 대중탕은 '계산을 통한 예측'이 불가한 무수한 인생 세간 중 하나다. 사실 비즈니스 삼위일체는 이를 원한다. 그런데 정확한 예측은 결과를 변화시키기에 패러독스와 딜레마가 이와 함께한다. 정부 역시 이를 원하는 건, 마찬가지이긴 한데, 내 별 관심이 없으니, 뭐.

L3   에두아르도 멘도사, 아르까지 스뜨루가츠키, 보리스 스뜨루가츠키 형제.

L4   형제 하면 역시 코엔 형제지. 「위대한 레보스키」는 화이트 러시안

을 달고 살았다. 덕분에 나 역시 화이트 러시안을 달고 살게 됐다. 슈구스*의 단골 바 홍대 부근 17번가. 어이 사장님, 기억력 관리 좀 잘하지 그러셨어요? 그렇다면 NoNo는 이 세상에 없었을 텐데. 잠시 멈춤. 이제는 남매지간이 된 워쇼스키 형제가 데이비드 미첼의 그 재미 없는 소설『클라우드 아틀라스』를 영화화했다. 문학동네는 이보다 앞서 한국어 번역 본을 떡 하니 출간했다. 다들 왜 그랬다냐?

L2   다른 가지로도 분기해 볼까? 헉슬리가 나타나니 러셀도 쫓아온다. 불쌍한 양반. 그렇게 젠 체하고 싶었더냐? 하긴, 당신도 뉴턴과 같은 잉글랜드 출신이지?

L3   로크는 잉글랜드, 버클리는 아일랜드,

L4   오스카 와일드, 조지 버나드 쇼, 제임스 조이스, 사무엘 베케트.

L3 흄은 스코틀랜드. 그리고 보니 골고루 퍼져 있구먼. 그런데 버클리는 좀 애매하긴 해. 아일랜드 생이 틀림없지만 양친은 잉글랜드계 혈통이니.

L2   야박한 비트겐슈타인. 러셀은『과학의 미래』에서 되새김질한다. '거내, 직접 확인하지는 않았지만, 헉슬리가 내 주장을 참고 해서『멋진 신세계』를 쓴 것 같소.' 생색내기 그리고 젠 체하기, 그것이 내게 각인된 러셀의 전형이다. 그래서 난 그를 그다지 좋아하지 않는데, 모순되게도 그와 관련된 책은 많이 읽었다.

---

* Survey Research 90s!의 약어. '나'가 학부 시절 동아리 선·후배, 동기들을 중심으로 운영한 온·오프라인 커뮤니티.

- 『행복의 정복』
- 『서양 철학사』
- 『게으름에 대한 찬양』(그래도 이 책만큼은 인정한다. 가벼우면서도 좋은 책이다.)
- 『로지 코믹스』(이건 러셀이 쓴 게 아니라 러셀을 그린 것으로, 만화책이다.)
- 『런던통신 1931-1935』(망했음. 돈 아까움.)
- 『러셀 자서전』(그를 결정적으로 싫어하게 된 계기를 제공했다.)
- 『철학의 문제들』
- 『러셀의 시선으로 세계사를 즐기다』('푸른역사'란 출판사에 낚임. 전혀 도움되지 않는 책.)
- 『러셀의 교육론』
- 『과학의 미래』

칼 포퍼도 마찬가지이긴 한데 그래도 그의 저서에 대한 독서량은 상대적으로 많지 않으니 러셀과 등가로 처리하기는 곤란할 것 같다. 오히려 내게 있어 러셀 같은 이는 Sci-Fi 문학계에 있다. 다름 아닌 대중적 작가 베르나르 베르베르. 매번 보고 나서 실망하고 욕하면서도, 이 양반 작품들에 대한 경험 리스트도 꽤 긴 편이다. 역시나 생각나는 대로 읊조려 보면,

- 『상상력 사전』
- 『웃음』, 이건 『파라다이스』에서 자기 표절을 했다. 뭐, 자기 작품이니 존재론적으로 표절은 아닐 수도 있으나, 그 안의 「농담이 태어나는 곳」을 베끼고, 스토리를 증식한 것이 사실이다. 그것도 참 지루하게 말이다.
- 『파라다이스』

나는 발가벗은 한 시간 동안 자유로와진다. 그래, 나는 딜레탕트다!

- 『뇌』, G_AI를 꿈꾸는 나로서는 상당히 관심 가는 주제였기에 무척 아쉬울 수밖에 없었다.

사실 소설이나 영화에서 기술 구현 측면의 'how - to?'에 대해 구체적으로 질문한다는 것이 모순이긴 하다. 그들은 단지 소설가이자 영화감독에 불과한데 그들에게 심오한 'why?'와 더불어 구체적 'how - to?'까지 기대하는 것은 어찌 보면 도둑놈 심보일 지도 모르겠다. 기나긴 세월 동안 해당 분야의 수많은 천재가 달려들어도 해결하지 못한 이 난제들을 어떻게든 풀어내 주기를 기대하니 말이다. 그러고 보면 난 패러다임 시프트를 그것도 극단적인 패러다임 시프트를 갈망하기에, 소위 프로라는 사람들의 전문성을 되려 오염으로 간주하고 있는지도 모르겠다.

L3   이런 나의 냉소주의적 시각이 엄청난 통찰력에 기인한 건지 아니면 중2병의 부작용인지 가늠이 잘 안 된다. 그래서 그렇게도 사이가 좋았던 EEU 교수와의 갈등이 비롯된 것일 수도 있다. 그의 면전에서 그가 추종하는 학자를 혹평했으니 말이다. 그 비판의 구체적 내용은 아쉽게도 휘발되어 버렸다. 다만, EEU 교수의 얼굴에서 그간 단 한 번도 보지 못했던 험한 표정이 표출됐었다는 기억과 그때 그가 했던 독설의 잔상은 여전히 내 뇌리에 남아 있다.

"오랫동안 세계의 천재들이 달려들었던 사안인데, 석사 학위만 있는 네가 뭘 안다고 함부로 지껄여!"

상호 삐침. 그 이후 그와의 관계가 소원해졌음은 물론이고, 아무리 바빠도 월 1회 꼬박 찾아갔던 나의 문안 의례도 깨져 버렸다. 알고 보니 이 양반도 비제도권에 대해 상당한 편견의 소유자였다. LKX 교수와 다를 바가 하나도 없었다. 아무래도 『16세기 문화혁명』을 열심히 읽고 뭔가 깨달아야 할 것 같다.

내가 학제적 개인인지 아니면 될 수 있을지 잘 모르겠지만, 좌우지간 학제적 개인이 필요하다는 내 지론은 어느새 강박이 돼버렸다. 사실 학제란 말은 과도기적이고 현실 타협적인 온건한 표현이다. 왜냐하면, 학제에는 기존의 각 학문을 인정한다는 전제가 잠복해 있기 때문이다. 그러니까 기존의 학문은 유의미한 노드이고, 이 노드 간에 아크를 형성해서 전체적으로 네트워크를 구축하겠다는 것이 학제의 접근 방법이다. 다시 말해 기존 개별 학문의 유의미성을 인정하되, 지금까지 그래 왔듯 이들을 고립시켜 따로따로 두지 말고 통합, 융합해야만 비로소 세상의 가치가 증식될 수 있다는 의미가 담겨 있는데, 엄밀히 말하면 그 개별 학문 자체에 대해서도 제대로 되어 있는지부터 확인해야 한다.

L2 그리고 또 뭐냐?
  - 『카산드라의 거울』
  - 『파피용』
  - 『상대적이며, 절대적인 지식의 백과사전』
  - 『신』, 막판 스토리는 참 내 원.

러셀과 연관 짓는다면 무어, 화이트헤드 등이 떠오를 수 있지만, 역시나 비트겐슈타인이 가장 먼저 떠오른다. 그러면서 젠 체하는 러셀에게 동물스러운 강대약 약대강적 면모를 발견하게 된다. 그를 거쳐 간 아내들의 면면을 보면서 감탄고토(甘呑苦吐)적 면모 또한 접하게 된다. 비트겐슈타인을 떠올리면 예의 칼 포퍼가 떠오른다. 칼 포퍼가 떠오르면 토머스 쿤이 떠오른다. 동시에 임레 라카토슈가 떠오르며, 마침내 파이어아벤트에 다다른다. 내, 견해는 파이어아벤트의 그것을 지지하나 외모는 라카토슈가 좋다. 이 양반, 사진만 보면 참 착하게 생겼는데. 반면 파이어아벤트는 「개구쟁이 스머프」의 가가멜을 연상시킨다.

나는 발가벗은 한 시간 동안 자유로와진다. 그래, 나는 딜레탕트다!

L3   최소한 인지과학에 관한 한, 난 단점이란 저효율밖에 없고 나머진 죄다 장점인 자랑스러운 딜레탕트다. 좀 더 정확히 말하면 난 인공지능자이다. '학자'가 아니라 그냥 '자'이다. '학(學)'도 표준을 다루는 존재자의 하부에 있는 하나의 부분집합이고, 결국은 일정 수준까지만 사회적 기여가 가능한 시스템 덩어리에 불과하기에, 난 그냥 '자(者)'이다. 그러나 대한민국 내에 존재하는 크고 작은 커뮤니티에서 내게 부여한 자격증 혹은 인증서를 본다면 경영학사, 경영학 석사, 전략, 그리고 ICT(Information and Communication Technology) 전문가 등으로 대충 정리된다. 즉, 존재적으로 20년 가까이 형식화된 비즈니스라는 도메인에서 활동해왔으니, '이 사람은 비즈니스 가이'라고 정의, 아니 지정되어 있다. 늘 현상보다 본질이 중요하다고 외치면서 왜 본질이 현상보다 중요한지, 설사 이 말이 맞다 하더라도 그게 왜 시공간을 초월해 절대적으로 준수해야만 하는 절대적 진리인지에 대해 아무런 생각이 없는 사람들. 모든 것을 피상으로 받아들여, 피상으로 처리한 후, 피상으로 결과물을 내놓는 사람들. 그들에겐 고민도 없고, 당연히 견해도 없다. 그냥 모든 게 관성과 암기일 뿐. 그런 그들이기에 각 기득권 커뮤니티 내에서 바라보는 내 정체성은 비즈니스 가이이다. 물론 억울하고 분하긴 하지만, 반면 인공지능, 인지과학, 철학, 자연과학을 깊이 고민하는 유사 이래 전 세계에 유일무이한 '전략 컨설턴트'로서 자신 있게 던질만한 견해들을 무수히 보유하고 있긴하다.

L0   문득 목욕 가방이 '홱' 하니 감각된다. 주의를 기울여 지각하니 오른손에 대롱대롱 매달려 있다. 녀석을 방금 열어 놓은 옷장 문 위 모서리에 건다. 옷장 내부는 위아래 두 개의 공간으로 구분된다. 아래쪽은 신발을 넣기 위한 공간으로 높이가 낮고, 똥색의 직사각형 플라스틱 쟁반

이 놓여 있다. 쟁반의 한 귀퉁이는 부러져 날카로우며, 사방에 금이 가 있다. 모래 또한 많이 흩뿌려져 있다. '대체 어떤 인쓰들이 왔었길래?' 일부 모래는 뭉쳐진 채로 고착돼 있고, 누리끼리 색과 짙은 밤색이 뒤섞여 있다. 모래나 흙이 보여줄 수 있는 색이란 색은 다 갖고 있는 것 같다. '쟁반 좀 털어서 모래 일부라도 제거할까?' 손을 데려다가 '이크!' 하고 치운다. 찝찝하나 집에서 목욕할 수 없는 내 신세를 한탄하며, 운동화를 집어넣는다. 다음번에는 부디 보다 위생적으로 보이는 옷장이 걸렸으면. 숱한 경험상 그 나물에 그 밥이긴 하지만 말이다. 옷장 안에서 역겨운 냄새가 난다. 이 역시 매번 그렇다. 조금 전 내 발을 삼켰던 하얀 양말들이 착한 손들의 도움으로 발목들과 발들을 순차적으로 토해내고 있다. 벗겨진 양말을 고이 접어 박상관의 테러* 이전 서장훈의 투점(投點) 높은 덩크 슛 자세로 집어넣고, 이번엔 팬티와 다리들을 토해낸 바지를 그 위에 올려놓는다. 그다음 티셔츠를 벗어 그 위에 올려놓는다. 그다음 러닝셔츠를 벗어 그 위에 올려놓는다. 마지막으로 맨 위에 하얀색 팬티를 조심스레 접어 올려놓는다. 만일 여탕 내의 옷장이고, 그것이 줄곧 아름다운 여성만 이용한 지극히 없을 법한 옷장이었다면, 난 정반대의 느낌이 들었을 것이고 이에 따라 행위 또한 완전히 달라졌을 것이다. 말할 나위 없이 옷장과 더불어 보내는 시간도 꽤 길었을 것이고, 공감각적으로 마구 느끼고자 노력했을 것이다.

L1 아니, 이것은 그녀 몸에 직접 붙어온 실타래가 아니던가? 목욕하러 온 여성의 고혹적 몸 내음을 녀석은 적나라하게 알고 있으렸다. 더불어 피부의 감촉과 체온 또한 가감 없이 알고 있을 지어다. 이 돌멩이 녀석,

---

* 1995년 2월 14일, 1994~95 농구 대잔치 연세대 대 삼성 간의 플레이오프 3차전에서, 삼성의 센터 박상관이 연세대 센터 서장훈의 목을 팔꿈치로 가격해 실신시킨 사건.

나는 발가벗은 한 시간 동안 자유로와진다. 그래, 나는 딜레탕트다!

참 재주도 좋아. 신발 바닥의 추상적 패턴 틈새로 투신해 그녀의 무게를 진하게 느끼며 따라왔구면? 사뿐히 즈려 밟고 가시옵소서가 아니라 달고 다니면서 끊임없이 팍팍 밟아 주세요. 오히려 목적지에 도달하고자 하는 그녀의 무의식적 행동거지로 둘은 더욱더 밀착되고.

LO   옷장 내부를 얼마나 자주, 또 어떠한 방법으로 청소하는지 몰라도 영 찝찝하다. 정말 더러운 남생이가 사용한 직후일 수도 있는데 말이다 (아마 청소를 절대 안 할 것 같다). 내 옷에 이 불쾌한 냄새와 세균들이 스멀스멀 들어와 인이 박히면 어떡하나? 늘 걱정뿐이다. 이렇듯 결벽증스럽게 걱정하면서도 개선 없이 관성적으로 자동화된 행동만 하는 게 나라는 게으른 자이다. '그 혐오스러운 기운은 점진적으로 쌓이는 게 아닐 거야. 분명히 임계치가 있겠지. 그러니 임계치에 도달하기 전에 최대한 빨리하고 나오자고(이런! 난 지금 이가〔二價〕적 사고를 하고 있다). 그리고 다음번엔 꼭 일회용 비닐을 갖고 와야지.' 지키지 못할 다짐.

옷장 문을 잠그고 열쇠 줄을 오른쪽 발목에 낀채, 체중계로 향한다. 아, 잠깐. 문을 삼세번 잡아당겨본다. 열리지 않는다. 안심하고 돌아서서 세 발자국 걷는다. 그리고 다시 돌아간다. 문을 삼세번 잡아당겨 본다. 열리지 않는다. 안심하고 돌아서서 세 발자국 걷는다. 그리고 다시 돌아간다. 문을 삼세번 잡아당겨 본다. 열리지 않는다. 안심하고 돌아서서 체중계로 향한다. 삼세번의 힘. 따지고 보면 그게 그거지만 나의 최우선 고려 순위는 빈도지 시간이 아니다. 보리스**처럼 「Happy Birthday to You」를 두 번 부르는 건 내 스타일이 아니다.

** 우디 앨런이 연출한 영화 「왓에버 웍스(Whatever Works, 2009)」의 주인공으로, 래리 데이빗이 분했다. 노벨 물리학상 후보에까지 올랐던 보리스는 은퇴 후 불평불만을 일삼고 살아가다가 멜로디(에반 레이첼 우드 분)라는 젊은 여성을 우연히 만나 세상을 긍정적으로 바라보게 된다.

목욕 가방은 어느덧 옆에 있는 선반 위로 옮겨간다. 정호탕 인심의 상징인 수건을 세로로 길게 한번 접어 체중계 위를 덮어준 후, 그 위에 올라선다. 녀석의 몸이 찌뿌듯하기에 아시아추 마사지를 해준다?

L1   나 같은 취향의 소유자가 아시아추 마사지를 보편타당하게 받을 수 있을까? 아마 시작하자마자 금세 난처한 상황에 봉착하고 말걸? 그나저나 한국엔 언제쯤 들어 온다냐? 내가 이 사업을 직접 할까나? 같은 취향의 TKX랑 동업하는 건 어떨까?

L0   수건은 이와 전혀 무관한 이중의 역할을 한다. 일말이나마 내 체중을 높여주고, 개나 소나 다 밟았을 그 불결한 금속 판에 직접 발을 디디는 찝찝함을 피할 수 있게 해준다. 물론 수건도 찝찝하기는 매한가지지만 그래도 그간 수많은 남생이가 밟아 왔고, 또 청소 여부가 의심스러운 금속 판보다야 깨끗하면 깨끗하지 더럽지는 않을 것 같다. 수건과 체중계에 미안한 마음이 드는 것도 사실이다. 가냘픈 내 몸뚱어리긴 하지만 밑에서 받쳐 주려면 무겁긴 할 텐데.
     "삐걱."
     올라서자마자 역시나 체중계의 신음이 들려온다. 녀석에게 입이 있다면 '아, 씨발……'이라고 했을 텐데. 이 친구도 틀림없이 아리땁고 젊은 여성을 갈구하는 남생이일 것이다.

L1   내 밑에는 체중계가 있다. 체중계 밑에는 마루가 있다. 마루 밑에는 건물 바닥이 있다. 건물 바닥 밑에는 맨땅이 있다. 맨땅이 지각이던가? 그렇담 지각이 있다. 지각 밑에는 맨틀이 있다. 맨틀 밑에는 외핵이 있다. 외핵 밑에는 내핵이 있다. 외핵은 액체고 내핵은 고체라고 배웠지,

나는 발가벗은 한 시간 동안 자유로와진다. 그래, 나는 딜레탕트다!

아마?

외핵은 지진파 중 P파를 전달하지만, S파는 전달하지 않으므로 액체이다. 그러나 내핵에서는 P파의 속도가 약 10% 급증한다는 사실에서 내핵은 고체로 추정된다. P파, 그리고 S파란, 그러니까, 아, 저, 어, 음, 에, 아이 씨, 기억이 잘 나지 않는다. 분명히 지구과학 시간에 배우긴 했는데. 아니 외우긴 했는데. 억지로 말이야.

아무튼 내핵 밑에는 또 외핵이 있는데, 여기부터는 내 무게에 대한 책임은 없다. 그쪽 무게의 책임이다. 사실 이러다 보면 한도 끝도 없긴 하다. 그렇다면 난 하늘을 날아다녀야 한다. 그런데 그렇게 해도 강박에서 벗어날 순 없다. 나를 날도록 해주는 그 무엇이 내 무게를 감당하며 날아야 한다는 부담감이나 이에 요구되는 에너지 때문에 여기에서 완전히 자유로울 수는 없는 노릇이다. 물리적 육체를 가진 존재자라면 말이다. 그렇다면 육체를 버려야 하나? 그런데 뇌도 육체 아니던가? 뇌를 버리면 사유와 인식이라는 쾌락은 어떻게 향유하나?

LO   늙다리 체중계 계기판의 바늘이 잠시 좌우로 요동치더니 이제 미동조차 않는다. 정확히 49kg. 지난주 대비 0.5kg 빠졌다. 소녀시대 멤버가 된다면 몸매 담당을 충분히 할 수 있는 수준. 그렇지? 수영? '이 저울은 측정하는 대다수 비만인의 기분을 잠시나마 힐링해주기 위해 3kg 적은 무게로 보여준다'라는 되지도 않는 믿음을 갖고, '내 몸무게는 사실 52kg이야'라고 스스로 세뇌하며 의기양양하게 탕 문을 연다.

"드르륵."

미닫이문은 예전부터 왼손잡이에 부합하는 우에서 좌로였다. 아마 여기서 받는 왼손잡이의 스트레스 강도는 다른 상황 대비 극히 적을 것이다.

아무도 없다. 혹시나 해서 안쪽 사우나 공간도 자세히 응시한다. 예전엔 한증막이라 불렸던 것 같은데, 이놈의 고질적인 사대주의. 역시나 아무도 없는 것 같다.

"야호!"

이 찰나만큼은 완전히 자유로운 내 세상이다. 하지만 자유 누림은 정적이 아니고 동적이기에 시간의 한 점에 불과한 시각에서는 절대로 그 가치를 체감할 수 없다. 반면, 제임스 조이스에 따르면 '예술은 정적이고, 욕망과 혐오는 동적이다. 욕망과 혐오가 개입되면 예술이 될 수 없다'는 게 그의 주장인데, 동의는 안되지만(그가 『젊은 예술가의 초상』을 쓸 무렵은 아직 덜 영글었기에 철없는 소리를 지껄인 걸 수도 있다. 사르트르의 『구토』도 사실 그런 면이 좀 있긴 하지),

L1   그럼에도 애써 이 양반의 편을 들어주려면 전제가 좀 필요하다. 바로 개체와 시점의 도입이다. 여기서 개체란 누군가가 만든 작품이다. 전자의 경우, 내가 이미 반해버린 개체 위에 있다면(엄밀히 말하면 존재의 주체는 내가 아니라 나의 표상이겠지만) 다가감 없이 머묾만 존재하므로 정적이고, 고로 예술이다. 그런데 내가 그 밖에 있다면? 다가감이 필히 발생하므로 예술이 아니다. 혐오도 볼까? 내가 이미 혐오스러운 개체 위에 있다면 탈피가 일어나므로 동적이고, 고로 예술이 아니다. 반면 내가 그 밖에 있다면, 머물 것이므로 예술이다. 물론 다른 대안적 개체가 없다는 가정 하에서다. 그렇다면 중립은 다 예술이란 말인가? 싫지도 좋지도 않아서 복지부동해도 큰 탈이 없다면, 이를 위해서는 인간의 자유 의지나 지향성에도 전제를 달아야 하나? 이 역시 내가 즐겨 하는 매트릭스로 도식화할 수 있다. 시점으로 볼 경우에도 시비의 여지는 있다. 어떤 주체가 지금 어딘가에 머물러 있다면, 그곳이 발원지가 아닌 이상 다른

곳으로부터 이동해 왔음을 암시한다. 역시나 인과율의 사안인데, 이 또한 그냥 우주, 생명의 탄생과 마찬가지 방법으로 처리해야 하는 건가?

L0 이 '예술은 정적이다'라는 명제는

L1　논리실증주의자들이 게거품을 문다. '이건 분석 명제도 아니고 종합 명제도 아닌데 뭐가 명제라는 거냐? 이 형이상학 덩어리야!'

L0 다른 식의 해석도 가능하다. 미하이 칙센트미하이, 몰입. 앨런 라이트먼도 비슷한 이야기를 했겠다? '내가 글을 쓸 때에 나는 내가 어디에 있는지, 누구인지를 몽땅 잊어버린다. 세상이 빨리 돌아갈수록, 하루의 일정표가 점점 더 촘촘해질수록, 예술을 감상하면서 시간이 정지하는 느낌이 드는 것은 정신 건강과 우리 스스로의 본질에 대한 감각을 유지하는 데 더욱 중요해진다.' 망각과 몰입. 시간이 정지한다는 느낌. 이것이 곧 '예술은 정적이다'라는 주장을 뒷받침한다. 이런 이유에서 「지붕 뚫고 하이킥」은 예술이 되고자 했던 것 같은데, 나 같은 마니아 말고 일반 대중에게 예술로 추앙받기 위해서는 필요충분조건을 꼼꼼히 따져 봤어야 했다.

　너나 잘하세요.

　하지만 시각이 시간으로 차원 도약을 일으키는 순간 자유의 확실성은 희석된다. 그러면 나의 행동은 '마음대로'에서 '환경 반응적'으로 변할 것이다. 이것이 바로 자연스러움이다.

　탕 안에 들어서면 늘 그렇듯 갈등부터 시작된다. 목욕하는 세부 순서는 이미 정해져 있고, 문제는 자리 선택이다. 구석 자리가 좋긴 하나 샤워기에서 멀리 떨어져 있기에 머리를 감는 동안 소지품에 대한 감시가 소홀해질 수 있다. 따라서 그때 만약 누군가가 내 용품 중 하나를 슬쩍 한다면 현장 적발이 쉽지 않을 것이다. 비록 지금은 나 말고 아무도 없으나 대다수 단계를 마치고 2차 머리 감기 시점에는 북적거릴 수 있으며, 그 중 한 놈이 호시탐탐 내 목욕 용품을 노릴 수도 있다. 그 누가 아니라고 확신할 수 있겠는가? 그렇다고 자리를 샤워기 부근에 마련하면 누군가가 샤워하는 동안 그 더러운 몸뚱어리에 오염된 물방울의 파편들을 온 몸으로 받아내야 한다는 고통이 발생한다. 이렇듯 도난 가능성 최소화냐 오염 최소화냐의 딜레마가 언제나 공존한다. 물론 아무도 오지 않는다면야 부질없는 사족적 고민이 되겠으나, 예측 불가의 세상이기에 알 수 없는 노릇 아닌가? 이러니 내 경영학을 싫어하는 것이다. 과일반화의 오류에서 벗어나지도 못한 채, 자신의 주장을 지지해줄 케이스들을 조작, 이것들로 사후적으로 합리화, 이론화……. 이건 의도적으로 발생하는 확증편향이다. 아니지. 자유 의지가 개입됐으니 바이어스가 아니겠군. 과학에서 보면 '이게 뭔 이론이냐? 이 개 사기꾼 같은 놈들!'이라는 비난이 폭주할 것이다. 그런데 과학적 반실재론 관점에서 보면 과학 너희도 절대 잘 난 게 아니거든? 경영학이 워낙 난봉꾼이라서 상대적으로 너희가 점잖게 보일 뿐이야. 모든 걸 아전인수(我田引水)격으로 사후 포장하는 경영학, 정작 기업에 필요한 것은 예측의 정확성과 디테일인데, 뭐 양보 좀 한다면 어긋난 예측에 따른 플랜 B 상황에 즉각 대응할 수 있는 민첩성 혹은 유연성인데, 여기에 아무런 도움도 주지 못한다. 컨설팅이 지구에서 뜬구름을 잡고 있다면 그 녀석은 아마 화성에 가서 구름을 만들어 띄우고 있을 것이다.

L1   컨설팅이라는 게 있어. 대단한 분야도 아니지만, 예의 저 'Villa'처럼 웬만하면 다 있어 보이는 영어로 된 직업이기에 부동산 업자부터 홍

신소 운영자까지 죄다 컨설턴트란 호칭을 내세우고 있지. 나? 그래. 난 기업의 다양한 문제를 해결해 주겠다는 전략 컨설턴트야. 나머지 분야는 가치가 있고 없고를 떠나 내가 잘 모르기도 하거니와 알고 싶지도 않아. 그리고 누누이 이야기했듯 내 비교적 오래전부터 이 바닥에서 굴러왔고, 그런 와중에 세인들에게 쉬 노출된 곳이 바로 이 분야이기에 내 사고의 수발은 여기에 자주 출몰할 수밖에 없어.

이의 하부 분류는 여러 가지 구분 기준에 따라 다양하게 이루어질 수 있는데, 일단 업의 표준처럼 설정된 전략과 오퍼레이션(프로세스 및 IT)으로 심플하게 이원화해 보려고. 컨설팅은 논리를 맹신하지. 특히 전략 컨설팅은 대체로 안 좋은 머리를 쥐어짜면서 논리적이려고 최대한 발버둥 친다고. 반면 오퍼레이션 컨설팅은 논리적이고 싶어하나 원체 일하는 방식과 마인드, 훈육(그래. 아주 정확한 표현이야. 의미도 그렇고 어감이 주는 빡빡함도 그렇고) 받은 바가 전혀 그렇지 않기에, 즉 템플릿에 의존하며 몇 가지 말만 바꾸는 정도에다가 대다수를 소위 몸으로 때우기 때문에 그다지 논리적이지 못해. 그래서 자연인 고객들도 전략 컨설턴트라고 하면 어느 정도 대접은 해주는데 반해(물론 실력이 미흡한 걸로 드러나면 무시당하지. 그게 자연스러운 거고), 오퍼레이션 컨설턴트라고 하면 시종일관 완전히 무시해 버리지. '너희가 대체 뭘 알겠어?'라면서 말이야. 하물며 동종 업계에 있는 전략 컨설턴트들마저도 그들을 공공연히 무시하니 말 다했지, 뭐. 아 참, 전략 컨설턴트들은 그들을 동종 업계 사람이라고 생각 안 해. 그들 오퍼레이션 컨설턴트들도 이런 아픔을 인정하기는 한다고. 그러다 보니 콤플렉스가 생기고 독기를 품는 놈들도 생기고 그러지. 그러면서 전략을 꿈꾸게 되고. 모(某) 오퍼레이션 컨설팅 조직의 전(前) 수장도 이런 말을 했었잖아. '전략은 컨설턴트의 로망이다.' 그런데 로망이라고 해서 아무나 다 할 수 있나? 나 많이 배웠어요. 스펙 좋아요. 존엄한 사람이에요. 그러니 대접해 줘요. 그게 어디 통할 말인가? 대접을 받으려면 당연히 대접받을만한 역량을 갖추고 있어야 해. 그런데 나를 포함한 전략 컨설턴트들. 잘난 척하며 남들 무시하지 마. 그래 봤자 도긴개긴일 뿐, 태생적으로 다들 허섭스레기인 건 마찬가지니까.

자, 기업이 그렇게 당하면서도 체계적, 논리적 방법을

L2 이들은 과학을 따라 하지만 과학을 따라 한다는 사실조차 모르고 있다. 그렇기 때문에 즐겨 쓰는 키워드는, 그 뿌리가 무시된 '체계적', '논리적'이다. '체계적으로 사고 좀 해봐. 이게 논리적으로 말이 되나?' 사실 체계적이라는 게 과연 뭐냐? 논리적이라는 것은 또한 뭐냐?라는 질문을 던질 경우 제대로 대답할 사람은 아마 거의 없을 것이다. 나름 답을 제시한 사람들도 분석에 대한 답이 그렇듯 십중팔구 정의보다는 용도에 대한 답을 내릴 것이다. 여러 번 되풀이하지만, 정의를 알아야 속·특성을 제대로 추론해 낼 수 있고, 그래야만 일을 제대로 할 수 있다. 용도로서만 이해하고 있으면, 열정에만 호소하는 슬로건에 그칠 가능성이 농후하다.

L1 주창하는 이유가 과연 뭘까? 이 질문은 황금만능주의와 더불어 자본주의 시대에 투 탑을 이루고 있는 기술지상주의를 활용한 소비자, 종업원들에 대한 기업, 경영진의(한국 사회의 경우 소위 재벌 총수란 작자들과 그들과 야합한 인간들) 정치, 음모로 풀릴 가능성이 농후하기에, 고로 때 밀며 생각하기엔 너무나도 벅찬 주제이기에 아무래도 자제하는 게 좋을 것 같다. 물론 저절로 떠오른다면야 더할 나위 없이 감사하겠다만, 내 경험상 이런 류의 사고는 잠이 오지 않는 심야에 잘 발산된다. 저 반대편에

나는 발가벗은 한 시간 동안 자유로와진다. 그래, 나는 딜레탕트다!

있는 감성 제국과의 시간 점유 쟁탈전이 늘 펼쳐지지만 말이다.

기업은 체계를 강조한다. 컨설팅은 말도 안 되는 헛소리를 갖고 와서 이에 부채질을 한다. 경영학은 말도 안 되는 소리가 기가 막힌 말이 되게끔 착각을 불러일으키는 이론, 스토리와 입에 맞는 사례들을 마구 양산해 낸다. 그리고 학창 시절 이를 달달 암기했던 학생들이 대기업에 들어가거나 컨설팅 펌에 들어가, 그들의 관점에서는 선순환을, 전(全) 지구적 관점에서는 악순환을 이루게 된다. 미국은 당연지사고 대한민국에서도 벌써 몇 바퀴 돌아 이 삼위일체 구도가 고착돼 버렸다.

LO 흠, 꼴리는데? 이런 건 글로 써놔야 한다. 가만있자. 주변을 살핀다. 난 지금 대중탕에서 발가벗고 있는데 어디다 글을 쓰나? 두리번거리다 내 몸을 본다. 밋밋한 가슴. 웨이트 좀 열심히 할 것을. 아, 아니야. 그럼 안압이 상승할 수 있어. 녹내장으로 발전할지도 모르고. 그렇다면 조이스의 후예가 되는 건가? 하하.

아쉽게도 내 몸엔 살도 별로 없고 주머니도 없다. 주머니가 없으니 당연히 종이와 연필도 담겨 있지 않겠지? 이럴 줄 알았다면 진작에 주머니 좀 만들어 놓을 것을. 캥거루처럼 배 위에 커다란 주머니가 있으면 좋을 텐데. 그런데 종이 젖는 문제는 어떻게 해결하려고? 닥쳐, 냉소적인 놈아. 잠자코 대안이나 같이 찾아보자고. 사드를 함 생각해 봐. 내 비록 『소돔의 120일』 때문에 그 치를 좋아하지 않지만, 더불어 이를 영화화 했다는 이유로 파졸리니마저 좋아하지 않지만, 사드의 글쓰기 열정만큼은 본받을 만하다고. 그에겐 모든 게 글을 쓰기 위한 환경이자 도구 아니었어? 정신 병원에서 어땠냐고? 뭐, 처음엔 상식스럽게 펜과 종이를 갖고 글을 써질러 댔지. 하지만 그의 광기가 어디 가겠어? 사도마조히즘으로 점철된 글로 끌려 들어왔음에도 불구, 정신 못 차리고 여전

히 자신의 자유를 박탈해 간 그 주제에 천착했으니 당연히 글 쓸 수 있
는 수단들을 모조리 압수당해 버렸지. 그랬더니 어떻게 대응했지? 음
식 쓰레기를 도구화했잖아. 살을 다 뜯어내고 남은 닭 뼈에 와인을 묻혀
침대에 갈겨 쓰기. 역시나 주제는 예의 그것. 그러니 병원에서는 또 어
떻게 했어? 그런 것들마저 죄다 압수해 갔지. 모든 게 종이이자 펜이 될
수 있다 보니 심지어 팬티까지도 다 벗겨가 버렸잖아. 그랬더니 이 양반
또 대단한 창의력을 발휘했지. 똥 싸서 벽에 칠하기. 이게 참, 벽에 똥칠
한다는 게 사실 치매의 관용어인데 말이야. 이게 일반 치매 환자의 짓거
리라면 이렇게 인구에 회자되지도 않았을 텐데, 역시나 그것이 명성이
건 악명이건 사람은 유명하고 볼 일이야. 그러고 보니 벽에 똥칠한 사드
나 흔히 볼 수 있는 주변의 치매 환자나 광기가 이성을 잠식한다는 것은
매한가지로군? 각설하고. 그러니까 내 지금 하고 싶은 말은 글을 써야
겠다고 마음을 먹었다면, '환경이 안돼요. 자원(도구)이 없어요.' 이 핑
계 저 핑계 대지 말고 사드처럼 그럴싸한 대안을 찾아보라는 거야. 사실
그는 우리처럼 고민이란 걸 하지도 않았을 거라고. 그냥 절로 그 대안이
튀어나왔을 테니까. 그렇다면 내겐? 대체 뭐가 있을까? 뭐가? 뭐가?
뭐가?

　빛이 그 광활하다는 지구를 자그마치 일곱 바퀴 반이나 돌았다.

　"유레카!" 대안을 찾았어! 지금 이곳엔 H_2O가 넘쳐 나잖아. 액체로
도 있고 기체로도 있고. 난 이것을 이용해서 비즈니스 삼위일체에 대한
글을 쓰면 되는 거야. 어디 보자. 내가 글 쓸 분량이…… 손가락을 꼽아
본다. 하나, 둘, 셋, 넷, …… 순간 푸른 천장으로부터 세 방울의 물방울
이 '탁! 탁! 탁!'하고 떨어진다. 그 소리가 어찌나 큰지 셈하며 웅얼거
리는 소리마저 앗아간다. ……이니까, 네 면에 존재하는 모든 거울 및
유리(사우나실 유리 포함), 냉탕, 열탕, 공동탕(목욕탕 정 중앙에 존재하며,

　나는 발가벗은 한 시간 동안 자유로와진다. 그래, 나는 딜레탕트다!

이곳엔 사람이 들어갈 수 없다. 물론 혼자 있을 때는 가능. 혼자 있을 때 뭔들 못 하랴?)의 물, 이것들은 당연히 다 활용해야, 가만있어봐. 약간 모자랄 것 같군. 큰 대야 열한 개 정도 준비해서 거기에도 물을 받아야겠다. 그러면 얼추 맞겠는데? 쓰다가 모자라면 더 받지, 뭐. 대야는 아직도 많잖아. 으하하하하!

수증기가 제법 긴 샤워기 앞 거울을 필두로 글을 쓰기 시작한다. 당연히 물 위에도 쓸 생각이다. 완성되는 대로 바람에 실어 신문사에 보내야지. 녀석들, 기사 게재하면서 또 이렇게 보험성 토를 달겠지? '이건 외부인이 작성한 칼럼이거든요. 고로 우리 신문사의 의견과 다를 수 있어요.' 하지만 후에 대박 나면 이럴 거야. '이건 우리 신문사에서 독점 게재했던 거라고요!' 박쥐 같은 놈들.

'수학의 체계가 무모순이라면 수학의 체계에서는 참이지만 증명할 수 없는 명제가 존재한다.' 더 나아가 '수학의 체계가 무모순이라면 수학의 체계에서 모순이 도출되지 않는다는 것을 그 체계에서는 증명할 수 없다.' 그러니까 비즈니스를 제대로 비판하기 위해서는 그 계(界)의 내부가 아닌 외부 관점에서 조망해야 하겠지? 이는 곧 메타 수준 견지 혹은 초월적 위치 점유의 필요성을 의미하는 거고.

L1   경영학, 기업, 그리고 컨설팅. 난 이를 비즈니스 삼위일체라 부른다. 이중 경영학은 현대 기업과 컨설팅의 펀더멘털로서 확고부동한 자리를 차지하고 있으며, 나머지 구성 주체들에게 나름의 이론적 토대와 소위 인적자원이라는 것을 공급한다. 그러니 기업과 컨설팅의 정체성 내에는 경영학의 특성이 고스란히 반영돼 있을 수밖에 없다. 즉, 경영학 + α 가 나머지 두 주체의 속·특성인 것이다. 보다 정확히 한다면, 기업의 속·특성은 경영학 + α 가, 기업에 기생하는 컨설팅의 속·특성은 경영학

$+\alpha' + \beta$가 된다. 이때 α가 아닌 α'로 표현하는 이유는 동일 사안을 다룬다 하더라도 컨설팅의 관점은 일반 기업의 그것과 달라야 하기 때문이다. 요컨대 경영학을 집중적으로 파헤치다 보면 삼위일체 전체의 실상까지 충분히 가늠할 수 있는데, 나는 바로 이 점에 포커싱하여 비즈니스 삼위일체의 한계와 성찰해야 할 바를 피력해 보고자 한다.

제일 먼저 펀더멘털로서의 경영학. 구체적으로 논하기에 앞서 한 가지 짚고 넘어가야 할 점이 있다. 우리가 어떠한 체계하에서 문제를 발견했다면, 그 문제를 이원화시켜서 바라보아야 한다. 과연 그 문제라는 것이 체계 자체를 고수할 경우 절대로 해결될 수 없는 구조적 문제인지, 아니면 체계에는 별 하자가 없으나 무언가를 적용하는 과정에서 발생하는 응용상의 문제인지를. 당연히 전자는 체계를 들어 엎어야만 해결될 수 있고, 후자는 적용 과정상의 오류를 수정하는 선에서 해결될 수 있다.

우리의 관심사인 경영학은 단도직입적으로 말해 '구조적'으로 원죄를 갖고 있다. 이의 실체는 내, 누누이 주장하듯 과학을 어설프게 따라한다는 점인데, 여기서 '어설프게'란 과학 자체와 과학적 사고 혹은 접근을 구분하지 못할 뿐더러 자신들이 과학을 맹목적으로 추구하고 있다는 사실조차도 인지하지 못함을 의미한다. 이러한 현상을 낳은 원흉은 국가 단위로 보자면 미국이요, 인물 단위로 거론하자면 프레드릭 테일러다.

프레드릭 테일러, 그가 전성기로 활동하던 1900~1910년대는 그야말로 기업들에게는 황금기였다. 일명 매스의 시대로서, 기업 입장에서는 만들기만 하면 팔리는 아름다운 시절이었다. '만들기만 하면'이라는 말에서도 알 수 있듯 제조업의 시대이자 산업혁명의 자락 안에 존재했던 시대였다. 또 하나의 시대적 특성을 이야기하자면, 이 무렵은 기술

나는 발가벗은 한 시간 동안 자유로와진다. 그래, 나는 딜레탕트다!

에 대한 희망으로 넘쳐나던 시대였다. 전기, 전화, 자동차, 증기선, 비행기, 냉장고, 영화, 라디오 등등, 불과 수년 전까지만 해도 Sci-Fi 소설에서나 접할 수 있었던 많은 것이 앞다투어 터져 나왔다. 이러한 시대적 특성으로 많은 사람이 이 신기한 제품들에 호기심과 관심을 보였으며 자연스레 미래를 보다 낙관적으로 인식하였다. 그러니 기업 입장에서는 제품 제조와 별도로 고객의 비위를 맞추기 위해 특별히 투자해야 할 하등의 이유도 없었으며, 경쟁 역시 핵심 이슈가 되지 않았다. 생각해 보라고. 경쟁이란 한정된 시장 파이 상에서 우리 고객을 계속 유지하거나 남의 고객을 뺏어 오려 할 때에 발생하는 것이니, 고객이 무주공산이라면 당연히 이슈로 대두될 이유가 없는 거 아니야? 이렇듯 긍정적 기운이 감도는 와중에 등장한 테일러였던 만큼 기업 외부보다는 내부 사안에, 특히 부단한 효율성, 생산성 향상에 주의를 기울이게 되었다. 그러다 보니 모든 종업원이 따라야 할 작업 표준은 최고의 근육과 노하우, 심지어 성실성마저 보유한 노동자의 성과 수준에 맞추어졌으며, 따라서 노동자들은 컨베이어 시스템과 호형호제하며 마치 자기들도 기계인 양 일할 수밖에 없었다. 요컨대 이들은 기계와 협업하는 사실상의 기계였던 셈이고 이들의 효율성 혹은 생산성을 객관적으로 측정, 평가하기 위한 수단 차원에서 과학으로부터 '정량'이라는 개념 및 도구를 빌어 왔다. 그 기준은 투입 시간 대비 처리된 업무량이었는데, 그 유명한 '타임 & 모션 스터디'가 바로 이러한 맥락에서 나온 것이다. 자, 이런 것들 자체가 있어 보이기도 하고 또 테일러의 연출 능력도 워낙 탁월하다 보니, 당시 대학에서 장돌뱅이 취급을 당하며 굴욕적인 나날을 보내고 있던 일군의 경영 분야 교수들이 혹할 수밖에 없었다. 고로 그들은 경영을 나름의 존경받을 수 있는 전문 영역으로 탈바꿈시키고자 소위 테일러주의를 중용하게 되었고, 모두가 알고 있다시피 이는 잭팟을 터뜨렸다.

오늘날 대한민국이라는 변방국의 거의 모든 학부 과정에도 경영학과란 것이 설치됐으니, 대박도 왕대박 아니었겠어? 그것도 역사와 전통을 자랑하는 법대와 더불은 인문계의 선도 학과로 말이야. 이처럼 경영학이란 분야는 효율성 및 생산성 제고 차원에서 과학을 추앙하며 형성됐는데, 주류적 경영인들은 너나 할 것 없이 너무 바빠서 그런 건지, 그 과학이라는 것이 과학 그 자체인지 아니면 과학적 접근인지에 대해 아무런 관심도 보이지 않았다. 자, 경영학 문제의 상당수가 바로 여기서 비롯된다. 즉 경영학 스스로 인식하지 못한 채 단지 흉내만 내고 있는 '과학적 사고 혹은 접근'이라는 것도 기실 태생적 한계를 갖고 있다는 것. 그렇기에 이를 현실에 맞게 제대로 적용한다 해도 근본적 한계에 봉착할 수밖에 없다는 불편한 진실.

그렇다면 과학적 접근의 구조적 문제 중 대표적인 것은 무엇인가? 결과부터 말하자면 '논리' 및 '분석'의 한계로, 이 두 개는 경영 기법의 근원이라 할 수 있는 과학과 과학철학 쪽에서(특히 후자 쪽)에서도 골머리를 앓고 있는 고질적인 문제이다('수', '정량' 등은 과학 그 자체에선 문제의 여지가 없다. 다만, 비즈니스라는 비정량의 비율이 매우 큰 영역에 억지로 적용할 때에 문제가 발생하는 것이다).

자 그러면, 논리의 한계는 과연 무엇인가? 이를 위해 논리와 관련된 시대적 흐름을 아주 간략히 되짚어 보자꾸나(아마 익숙하지 않은 이름이나 용어가 나오긴 할 텐데, 뒤에서 상세히 설명되니까 미리 짜증 낼 건 없다). 논리의 대표적 체계 중 하나는 연역이다. 이는 아리스토텔레스 때 집대성되어 고대는 물론 중세 유럽에서도 중심 체계로서 막대한 권위를 누려왔다. 하지만 근대에 들어오면서 많은 한계가 지적되었고, 당연히 이를 극복하고자 하는 노력이 수반되었다. 여기에 가장 열정적이었던 인물 중 하나가 16~17세기에 걸쳐 활동한 프랜시스 베이컨으로, 그는 귀

나는 발가벗은 한 시간 동안 자유로와진다. 그래, 나는 딜레탕트다!

납을 통해 논리의 한계를 극복하려 했으나 결과적으로 단지 절반의 성공만 이룰 수 있었다. 이후 데이비드 흄을 포함한 수많은 철학자에 의해 귀납마저도 한계가 존재하고 있음이 명명백백히 드러났기 때문이다. 이에 형이상학에 대해 심한 거부 반응을 보였던 20세기 초 논리실증주의자들 역시 이 고질적인 문제 좀 어떻게 좀 해결해보려고 발버둥을 쳤건만 그렇게 호락호락하지 않았고, 그러다 보니 가설연역주의라는 미봉책을 지나 결국 포퍼의 반증주의에까지 다다르게 되었다. 하지만 이 역시도 이해당사자들에게 평정심을 심어 줄 수는 없었고, 심지어 일종의 편법으로까지 여겨지기도 했다. 이렇게 고민을 하면 할수록 오히려 혼란만 가중되다 보니 과학적 '방법' 그 자체보다는 과학자 '사회'에 집중하는 토머스 쿤의 패러다임 시프트까지 잉태되었으며, 이와 비슷한 시대에 활동했던 과학철학계의 이단아 파이어아벤트는 아예 '과학적 접근을 위한 방법론은 없거나 편재해 있다'는 식의 무정부주의적 발언까지 서슴지 않게 됐다. 물론 오늘날까지도 막장스런 혼란은 지속되고 있는데, 이제 이 혼란은 비단 과학철학자들 간의 정반합적 다툼이 아니라 물리학자 등의 과학자들도 함께 뒤섞여 감정적 패싸움까지 벌이고 있는 일종의 아비규환으로 심화되었다.

LO   수증기 낀 유리에, 그리고 때가 둥둥 뜬 물 위에 이런 글을 신 나게 갈겨 쓰는 사이 내 사고는 어느덧 모리츠 슐리크가 주도한 빈 서클로 넘어간다.

그러고 보니 액체 상태건 기체 상태건 H_2O가 없어도 글 쓰는 데에 지장은 없겠군. 목욕탕이란 때를 양산하는 공장이잖아? 각질, 머리카락, 겨드랑이털, 꼬추 털도 그렇고 말이야. 물이 모자라면 이것들을 활용하면 되지 뭐. 몸무게가 엄청 줄 수도 있겠군. 다이어트 하고 싶은 자들은 목욕탕에서 글을 쓰시오.

L1   빈 서클. 1920~30년대 빈대학에서 활동했던 과학과 철학을 연구한 일종의 학술 동아리. 주요 멤버는 조금 전 그 양반과 카르납, 노이라트, 파이글 등으로 이들은 스스로를 '논리실증주의' 혹은 '논리경험주의'라고 불렀다. 그들의 정신적 지주는 당사자 입장에서는 별로 달가워하지 않았던, 아니 거의 관심도 없었던 그 유명한 비트겐슈타인이었다. 이들은 1929년 공개 선언을 했다. 마치 영화계에서 1995년 라스폰트리에, 빈터베르그 등이 장 뤽 고다르, 프랑소와 트뤼포 감독 등이 이끌어온 누벨 바그를 맹렬히 공격하며, 도그마 95를 선언했듯 말이다. 가만, 비교하기엔 이들의 위상이 너무 처지나? 그래도 뭐, 내가 한때 푹 빠졌던 나름 중요한 사람들이니까. 게다가 지금 여긴 내 세상이잖아? 각설하고 빈 서클로 되돌아 가 그들의 주장을 한번 들어 보자고. 구체적 내용은 다음과 같다.

첫째, 논리적 분석만이 철학적 문제를 해결할 수 있다. 기존 철학의 모든 문제는 '뜬구름 잡는 언어로 사고했기에 야기된 것'이라는 게 그들의 주장이다. 제발이지 '현학적으로 놀지 말고, 말 장난 좀 하지 마!'라는 절규가 담겨 있으며, 주공격 대상은 헤겔, 하이데거 등이었다.

L2   하이데거는 내가 봐도 조이스스러운 그런 구석이 좀 있긴 하지만(콜린 윌슨도 지적했듯, 조이스는 늘 자신의 지적 측면을 과시하고자 하는 욕망에 사로잡혀 있었던 것 같다), 내 철학적 정체성에 대한 혼란 때문에 제대로 공부한 이후에나 올바로 평가 내릴 수 있을 것 같아. 여하튼 하이데거의 아이디어는 좋긴 한데, 보르헤스가 작가들에게 지적한 비판이 떠오르기도 하네? '제발 양으로 승부하려 하지 좀 마.' 아, 그러고 보니 보르헤스도 사실 형이상학자니까 논리실증주의자들이 굉장히 싫어했을 거다. 보르헤스도 '이 녀석들 하는 꼬락서니를 보니, 쯧쯧쯧' 하면서 같이 싫

어했을 수도 있고. 무릇 인간이란 자기와 생각이 유사하며 자기를 잘 인
정해 주고 소통이 잘 되는 사람을 높게 평가하고, 그 반대에 해당하는
사람은 평가 절하를 넘어 적대시하니 말이다. 이런 관점에서 보면 이들
이 왜 비트겐슈타인을 추앙했는지 이해가 전혀 안 가는 건 아니다. 비록
자기들을 잘 인정해 주지도 않고(오히려 무시당했지) 또 소통도 제대로
되진 않았지만, 그래도 자기들과 비슷한 생각을 하는 당대 최고의 권위
자였으니 말이야. 그 비트겐슈타인의 전반기 대표작 『논리철학 논고』를
보면 마지막 7절에서 이렇게 주창하잖아. '말할 수 없는 것에 대해서는
침묵하라고.'

최상위 절의 문장을 적어 보면 합성 함수 구조로 연결돼 있음을 알
수 있지.

1. 세계는 일어나는 일들의 총체이다.

2. 일어나는 일, 즉 사실은 사태들의 존립이다.

3. 사실들의 논리적 그림이 사고다.

4. 사고는 뜻을 지닌 명제이다.

5. 명제는 요소 명제들의 진리 함수이다(요소 명제는 자기 자신의 진리
   함수이다).

6. 진리 함수의 일반적 형식은 $\overline{p}$, $\overline{\xi}$, $N(\overline{\xi})$이다. 이것이 명제의 일반
   적 형식이다.

7. 말할 수 없는 것에 관해서 우리는 침묵하지 않으면 안 된다.

L1　　둘째, 참·거짓을 입증할 수 있는 명제만이 유의미하다. 이게 바로 나
름 이들의 정체성에 가장 가까운 속성, 아니 특성이라 할 수 있는데, 유
의미한 명제는 크게 둘로 나누어진다. 하나는 수학, 논리학처럼 세계에
대한 지식이 부족 해도 언어에 대한 지식만 있으면 증명할 수 있는 것으

로 분석 명제라 불린다. 다른 하나는 물리학 등 자연과학과 같이 세계에 대한 경험을 통해서만 참, 거짓 여부를 가릴 수 있는 것으로 종합 명제라고 불린다. 어때? 경영학과의, 컨설팅과의 연관 짓기 욕구가 서서히 샘솟으려 하지 않나? 아무튼 그래서 이들은 분석 명제라면 모를까 종합 명제적 상황이라면 반드시 경험을 통해 검증할 수 있어야 하며, 만일 그렇지 못한다면 한낱 헛소리에 불과하다고 주장한다. 그래서 이들의 별칭이 논리실증주의, 논리경험주의인 것이다. 이러한 그들이니 형이상학, 관념론, 신학 등을 맹비난했음은 당연지사다.

셋째, 학과 제 분야들 간의 학제적 연구를 통해 통일과학을 추구해야 한다. 사실 이점은 나의 학제적 개인론과도 유사하긴 하다. 아마 이들도 현 인지과학계에서 떠드는 학제적 과정 정도로 생각했겠지만 말이다. 특히 그들이 펀더멘털로 강조한 것은 물리학이다. 즉 모든 것은 물리학으로 환원될 수 있다는 건데, 외모도 그렇지만 딱히 호감이 안 가는 물리학자 스티븐 와인버그가 굉장히 좋아할 만한 견해고, 당연히 그는 좋아했다. 물론 그는 과학철학 전체는 싫어했다.

어디, 이해가 좀 됐나? 그럼 진도를 좀 더 나가보자. 이제 컨설팅을 뒤흔들 본격적 이야기가 시작된다. 들어가기 전에 노파심에서 딱 한마디만 더 던지자면, 현 주류적 컨설팅과 경영학은 그 펀더멘털을 너무나도 모르기에 변화나 위기가 닥칠 경우, 근원적 혹은 본질적 대안 마련이 요원할 수밖에 없다. 물론 특유의 애드립 능력으로 임시방편을 다수 만들어, 역시나 탁월한 역량인 과시 차원의 언론 플레이를 줄기차게 해댈 것이다.

컨설팅은 경영학, 경제학에 의존하고, 그것들은 사회과학(자연과학도 역시나 피상적 수준에서 가져다 쓰긴 하는데, 이건 비중이 낮으므로 리스트에 추가하기가 좀 그렇다)에 의존하고, 그 사회과학은 인문학에 의존하고, 그

나는 발가벗은 한 시간 동안 자유로와진다. 그래, 나는 딜레탕트다!

인문학 중 가장 밀접하게 연결된 것은 철학, 그중에서도 과학철학이다. 더불어 수차례 강조했듯 그 과학철학은 생성 이후부터 지금까지 줄곧, 그리고 상당히 혼란스러운 상황이며, 현재 경영학이나 컨설팅이 많이 의존하는 접근은 이미 과학철학계에서 하자가 많은 것으로 판명됐기에 매우 위태로운 귀납이라는 점을 명심해야 한다.

여하튼 이 논리실증주의자들은 과학은 방법을 가진다고 했고, 그 뿌리는 역시나 프랜시스 베이컨의 귀납주의에 있었다. 귀납을 논하기 위해서는 누구나 잘 아는 듯하지만 막상 물어보면 거의 모르는 연역부터 논의하는 게 좋겠다. 물론 귀납도 잘 모르기는 매한가지다. 그래서 난 혹자들에게 '너희가 논리를 아니?'란 질문을 던질 때 흐름 관점으로 연역과 귀납을 대비시킨다. 지금도 그럴 생각인데, 이 연역에 대한 설명에서 그 유명한 아리스토텔레스가 등장한다.

좋건 싫건 아리스토텔레스는 정말 중요한 인물이기에, 보다 구체적인 설명이 필요하다. 러셀 역시 그의 주작 『서양철학사』에서 아리스토텔레스를 상당히 큰 비중으로 다루고 있는데, 아리스토텔레스에 대한 그의 견해는 다음과 같다. '누군가를 연구할 때, 이전 사람과 연관 지어 설명하거나 이후 사람과 연관 지어 설명할 수 있다. 아리스토텔레스는 전자적 접근을 견지할 경우 장점이 나타나나, 후자의 관점을 견지한다면 정 반대의 상황이 된다. 그러나 그 단점은 그 자신보다 후계자들의 책임이 더욱더 크다 할 수 있다. 왜냐하면, 그의 사후 이천 년 동안 그와 필적할만한 사람이 나오지 못했기 때문이다.' 그러면서 '그에 대한 지나친 명성도 망각해야겠지만, 지나친 비난도 염두에 두지 말아야 한다'고 덧붙였다.

L2   러셀의 말대로 후예들의 무능과 맹목이 문제일지는 몰라도, 아리스

토텔레스에 대한 나의 반감 역시 그의 영향력에 기인한다. 신에게 있어 인간 같은 피조물을 만드는 게 내 필생의 꿈이건만, 이를 근본적으로 어렵게 만든 자가 바로 아리스토텔레스다. 시공을 초월하는 엄청난 힘을 가진 이 양반이 사실상 달갑지 않은 이가(二價) 논리를 정착시켰고, 오늘날 디지털 혁명이 여기서 비롯됐고, 이러한 디지털의 헤게모니는 웬만해선 사라지지 않을 것 같고, 그러다 보면 계산주의 한계로 인해 인간스러운 피조물은 절대로 만들어질 수 없다는 결론에 도달하기 때문이다. 이것을 양적인 계산주의 프로토콜로만 해결하려 한다면 컴퓨팅 파워의 발달로 인해 수많은 난제가 해결될 수 있을지언정, 이가 논리의 연산을 통해 구현된 의식, 감성, 광기, 정서, 지향성 등의 문제는 죄다 시뮬레이션에 그칠 수밖에 없다. 물론 인간의 뇌 작동 역시 신에 의한 시뮬레이션일 수 있다. 그 안에서 워낙 빠른 속도의 계산이 이루어지기에 사고 주체로서의 인간이 전혀 인식하지 못하는 것일 수도 있다. 하지만 이게 맞건 틀리건 난 주관의 철학자고 인식의 철학자다. 즉 내가 느끼는 것, 나를 지배하는 것이 곧 현실인데, 난 인간의 사고 과정을 시뮬레이션으로 생각지 않는다. 절대로.

L1   아리스토텔레스는 형이상학, 윤리학, 정치학, 논리학, 자연학 등에 있어 큰 족적을 남겼으나, 그 중 영향력이 가장 컸던 분야는 뭐니 뭐니 해도 논리학이다. 따라서 13세기부터 인정받아왔던 그의 형이상학이 르네상스에 접어들면서 플라톤에게 주도권을 빼앗겼을 때에도 논리학만큼은 최고의 반열에 남을 수 있었는데, 이토록 대단한 그의 논리학이 17세기 초·중반에 접어들면서 많은 논란에 휩싸였다.

『기관』으로 대표되는 아리스토텔레스의 연역 추론은 다음과 같다.

나는 발가벗은 한 시간 동안 자유로와진다. 그래, 나는 딜레탕트다!

대전제: 모든 사람은 다 죽어.

소전제: 개똥이는 사람이야.

결론: 개똥이는 죽어.

딱 보면 알 수 있다시피, 연역에는 크게 두 개의 문제가 있다. 하나는 1) 대전제란 것 역시 사실 다른 루트를 통해 내려야 할 혹은 내려진 결론이기에, 이에 대한 타당성도 당연히 확보돼 있어야 한다는 점이고, 다른 하나는 컨설팅과 보다 밀접한 것으로, 지식의 확장 혹은 아이데이션 측면과 관련이 있다. 즉, 2) 기존하는 공리 및 팩트 내에서의 이렇고 저런 결론일뿐 정작 세상을 진보시킬 새로운 지식의 획득이 결코 이루어질 수 없다는 점이 그것이다. 그렇기에 연역 추론은 바꿔 말하면 진리 보존적 추론이라고 할 수 있는데, 수학의 형식 시스템, 가령 몇 가지 공리를 시작점으로 해서 결론을 도출하는 그런 경우를 빼놓고는 별 가치가 없다. 이를 전략 수립이나 컨설팅 관점에서 보다 구체적으로 설명하면 다음과 같다. 컨설팅이나 동류 기관의 문제 해결 과정에 있어 최초로 수행하는 단계는 'As-Is 분석'이다. 이 As-Is 분석의 목적은 To-Be에 대한 의사결정을 제대로 내리기 위함이며, 따라서 현상이나 단기적으로 흘러가는 것이 아닌 본질이자 중장기적으로 영향을 미칠 수 있는 주요 근본 원인을 찾는 것이 핵심이다. 이 경우, 연역 추론은 당연히 위력을 발할 수 있다. 하지만 방금 말했듯 As-Is는 To-Be를 위한 수단일 뿐이다. 즉, 기업이 진정 신경 써야 할 것은 To-Be이기에 만일 누군가가 어떻게 하라고 계시를 내려주는데 그것이 단 한 번도 틀리지 않고 계속 맞아떨어진다면 굳이 거쳐 갈 필요가 없는 단계가 As-Is이다. 그 계시 내려준 자가 간혹 틀리면 어쩌나, 배신하면 어쩌나, 죽으면 어쩌나 이런 고민을 할 수도 있는데, 첫 번째는 귀납과 맞물린 사안이며, 뒤에 있는 것들은 정치, 생물학적 문제이니 여기에서 논의는 무의미하다. 여하튼 As-Is는 태생적으로 To-Be에 종속적일 수밖에 없는 노릇이고, 바꿔 말하면 정작 중요한 것은 To-Be이다. 사실 근자에 와서 많은 기업이 필요로 하는 것은 업의 경계를 넘나들며 새로운 아이템을 개발하는 것인데, 그렇다면 극단적으로 말해 As-Is를 아예 거쳐 갈 이유가 없다는 주장까지도 피력할 수 있다. 특히 패러다임 시프트가 절실한 상황에 직면해 있다면, 현실을 이해해야 한다는 미명 하에 As-Is를 주야장천 붙들고 있는 것은 곧 죄악이 될 수도 있다. 자, 그렇다면 To-Be에 있어 연역 추론이 얼마나 도움이 될 수 있을 것인가? 기업들이 컨설팅을 통해 의사결정 해야 하는 것들이 돈에 관한 사안이고 다루어지는 스케일이 클 뿐이지 결국은 경우의 수에서의 최적 대안을 '선택'하는 문제로 환원될 수 있다면, 연역 추론은 충분히 가치가 있다. '현재 우리의 위치가 어떻고 현 위치에서 새롭게 전이 혹은 확장해 나갈 수 있는 새로운 위치에 도달하기 위해 어떠한 방향 설정 기준을 고려할 수 있으며, 그 기준에 따라 어떠한 대안들이 존재할 수 있고, 각 대안별로 판단 가능한 장·단점, 리스크(단점에 포함될 수 있다)는 어떻게 되며, 이러한 장단점을 포괄 평가할 경우 어떤 위치를 지향하는 것이 가장 바람직하다'는 식 말이다. 물론 정량화나 분석이라는 것은 자명한 한계를 갖고 있기에 이때 CEO의 의지라든가 하는 정성적인 요인도 가미돼야 하고, 소수일지언정 팩트나 논리적 근거를 무시해야 할 경우도 발생할 수 있다. 여하튼 지식의 확장이 요구되지 않는 이러한 선택지적 문제 상황에서는 연역 추론이 충분한 도구로 활용될 수 있다. 그러나 작금의 기업 상황을 보자. 더불어 그들의 향후까지도 생각해 보자. 그네들에게 들이닥칠, 혼자서 감내하기 어려울 사안들이 과연 꼼꼼함과 연역 추론으로 해결될 수 있는 선택지적 유형들로만 뒤덮여 있을까? 마켓 다이내믹스 분석을 제대로 보면 그렇지 않다는 것을 쉬 감지할 수 있다.

어렵쇼! 사고가 '일 좀 제발 잘하는 방법'으로 넘어가려 한다. 이것도 빨리 정리 좀 해서 후배들에게, 그리고 자연인 클라이언트들에게 설명 좀 해줘야 하는데. 일단 싸던 똥이나 마저 싸도록 하자. 가만있자? 어디까지 썼더라?

먼저 그러한 소위 기업 전략(corporate layer strategy) 수립의 문제는 크게 부각되지 않는다. 이는 중요하지 않다는 의미가 아니라, 매우 중요한 사안이긴 하나 빈번히 일어나는 일이 아니고, 정치적 의도만 없다면 기업체 스스로도 충분히 수행할 수 있다는 말이다. 정작 그들의 문제는 한 단계 더 파고 들어가야 나올 수 있으며, 그 맥락하에 To-Be에서 다뤄져야 하는 것은 선택의 문제가 아니라 '창출' 혹은 '생성'의 문제이다.

"자, 우리도 스펙 좋은 애들이 많아졌고요. 그래서 예전과 달리 중장기 전략을 내부적으로 수립하고 리뷰도 해봤어요. 이제 현 위치에서 새로운 위치로 이전 혹은 확장하기 위한 패스(path) 선정이 중요한데, 이 역시 우리가 알아서 할 수 있답니다. 어차피 이것도 선택의 문제니까요. 직선 최단 거리로 갈 거냐 아니면 곡선을 그리며 우회할 거냐? 한 번에 갈 거냐 아니면 단계적으로 갈 거냐? 대다수 조직에게 형성된 관성은 우회하면서 단계적으로 나아가는 거죠. 분명히 단점도 있겠지만요. 하지만 이것도 우리가 컨설팅에 절실히 바라는 문제는 아니에요. 정말 골치 아픈 문제는 바로 그 아래에 있어요. 그 패스가 곡선이 됐건 직선이 됐건 새로운 위치로 가기 위한 대안은 과연 뭘까요? 추상적인 거 말고 구체적인 거 말이에요."

그것은 비즈니스 모델을 다루는 문제가 될 수도 있고, 마케팅을 다루는 문제가 될 수도 있고, 주류 경영에서는 한 번도 다루지 못했거나 않았던 생판 다른 사안으로 터치해야 할 굉장한 창의성이 요구되는 문제일 수도 있다. 어떻게 보면 일반 기업과 컨설팅의 역할이 뒤바뀌는 과정일 수도 있다. 여하튼 대다수 기업들에게 정말 필요한 것은 주관식적인 구체적 아이템의 창조이다. 물론 모순이기도 하다. 기업이라는, 특히 대기업이라는 존재는 그것이 창의적인 것이건 아니건 간에 개인기를 조직기로 승화시키고 간헐적인 사안을 프로세스화, 내재화시켜 지속화하는 것이 핵심 관건이기 때문이다. 한번 빅 히트 치고 나서 아무런 후속타도 터지지 않으면 소위 한방에 훅 가는 것이 기업, 특히 대기업이기 때문이다. 모토로라와 그의 대표작 레이저*를 보라. 햇볕은 쨍쨍했으나 모래알은 단 한 번만 크게 반짝거리는 데에서 그치지 않았던가? 따라서 그들에게 정작 요구되는 것은 히트 서비스가 지속적으로 나올 수 있는 강건한 체계이고, 이를 상투적인 메타포로 표현한다면 한두 마리 물고기를 낚는 게 중요한 것이 아니라 잘 낚을 수 있는 방법을 제대로 아는 게 중요한 것이다. 그런데 오늘날의 자연인 클라이언트들은 죄다 전자를 갈망하고 있다. 방법은 차치하고 그냥 그때그때 끊임없이 낚아 줘라. 그 지속성을 강건한 프로세스가 아닌 외부의 즉각적 활용을 통해 담보하고자 한다. 사실 이도 나름 일종의 확장된 사업 체계일 수 있기에 에코 시스템이니, 크라우드 소싱이니, 오픈 이노베이션이니 하는 것들과 궤를 같이할 수 있다. 물론 전통적 컨설팅의 입장에서도 후자적 측면으로 기여하는 게 핵심이었긴 하나 분명히 시대는 변하고 있다. 왜냐? 디테일과 창의력을 필요로 하는 반면, 체계니 방법론이니 하는 것들에 대한 의혹은 점차 커지고 있기 때문이다. 과연 물고기를 잘 낚을 수 있는 '방법'이란 게 존재하는가? 그렇기에 기업의 딜레마는 점점 더 심화되

---

* 모토로라의 대표적 피처 폰으로, 2000년대 중반 전세계적으로 히트했다. 이후 제대로 된 후속작을 내지 못한 모토로라는 2011년 구글에 인수되었으며, 최근 레노버에 재인수되었다.

나는 발가벗은 한 시간 동안 자유로와진다. 그래, 나는 딜레탕트다!

고 있고, 이에 기생하는 컨설팅 역시 갈팡질팡하고 있다.

현재에 의거해서 미래를 상상할 수밖에 없는 게 인간이다. 그래서 현재가 극히 암울할 경우 미래 역시 그렇게 느껴지고, 반대로 현재가 극히 환희롭다면 미래 역시 그럴 거라 예견하게 된다. 이도 일종의 심리적 관성인데, 그 암울이니 환희니 하는 것들은 순전히 정신적인 문제만은 아니기에 해결이 난망하다. 즉, 객관적이고 물리적인 것들이 수반되지 않는 이상 그 자체로는 빛 좋은 개살구에 지나지 않는다는 말이다. 가령 사업을 하다가 동료의 무능력이나 배신으로 엄청난 금전적 손실을 본 사람은 '내일은 해가 뜬다'는 전인권의 노래를 자조 섞인 웃음으로 바라보게 된다. 반면 역량도 있긴 하지만 무엇보다 운도 따라서 사업이 번창하는 사람은 내일도 낙관적 시각으로 바라보게 된다. 무엇이 옳고 무엇이 그른가를 논하고자 하는 것이 아니다. 그냥 사실이 그렇다는 얘기다. 현재에 기반하지 않는 미래. 그것은 정말 논하기 어렵다. 대기업도 일종의 유기체로 본다면, 이런 점에선 자유롭지 못하다. 왜 섬씽 뉴를 외치면서도, 혁신을 이야기하면서도, 구태와 현실에서 벗어나지 못하는가? 왜 As-Is 데이터를, 숫자를 갖고 설명할 수 없는 To-Be는 도외시하는가? 패러다임 시프트를 주창하면서 왜 현재와의 단절을 금기시하는가? 이 궁금증에 대한 일견의 답이 될 수 있을 것 같다.

L2   역시나 퍼실리테이팅은 어렵다. 설사 그것이 나만 데리고 하는 혼자만의 침묵 브레인스토밍이라 하더라도.

L1   자, 문제는 구체적 아이템이고, 이는 새로움이 요구되는 사안이고, 결국 창조와 도전의 문제이다. 그렇다면(사실 전혀 그렇지 않지만) 논리만큼은 갑인 컨설팅 펌들이 연역 추론만으로 이 문제를 해결할 수 있을 것

인가? 전혀 그렇지 못하다. 별칭인 진리 보존 추론이라는 말에서도 알 수 있다시피 연역의 치명적 한계는 지식 확장에 기여하지 못한다는 점이다. 경영학보다 고민이 수천 년 먼저 시작된 철학은 물론 과학계에서도 당연히 이를 먼저 감지하였다. 압축 겸 정리해본다면 그 무렵은 17세기이고, 대표적 인물은 프랜시스 베이컨이고, 그의 대표작 『신기관』에서 이는 적나라하게 까발려지고 있다(『신기관』이란 제목은 연역을 강조한 아리스토텔레스의 『기관』에 맞대응하기 위해 붙인 이름이다). 물론 지금의 시선으로 베이컨을, 그리고 『신기관』을 본다면 '이 양반 논리적이라기보다는 꼼꼼한 게 아닐까?'라는 생각이 들 정도로 좀스러워 보이는 구석이 있긴 하다. 움베르토 에코야 궁극의 리스트 어쩌고 하면서 칭송할지도 모르지만, 적어도 난 아카데미보다는 실사구시 관점을 견지해서 그런지

L2   너 스스로는 진정 하늘을 우러러 한 점 부끄럼이 없는가?

L1 참 조야한 일에 시간 낭비한다는 생각이 드는 게 사실이다. 여하튼 중요한 점은 귀납주의가 간판으로 대두했다는 점이다. 귀납은 연역과 달리 전제들이 참이라고 해서 결론도 참이라고 할 수는 없다. 다만, 일반화의 과정에서 전제에 포함되지 않았던 새로운 내용이 추가된다는 것이 고유의 장점이다. 이른바 새로운 지식의 확장. 고로 귀납은 '내용 확장적 추론'이라는 별칭으로도 불린다. 한편, 베이컨은 귀납을 강조하는 와중에 지금으로 치면 인지적 편향(cognitive bias)에 해당하는 경종 또한 울리는데, 종족의 우상, 동굴의 우상, 시장의 우상, 극장의 우상이 그것들이다. 이 사안은 현 맥락에서 그다지 중요하지도 않고 또 많이 알려져 있기에 부연을 달지 않겠다. 참고로 이 우상론은 베이컨이 '방법 그 자체

나는 발가벗은 한 시간 동안 자유로와진다. 그래, 나는 딜레땅트다!

에는 잘못이 없다. 다만, 그걸 적용하는 사람이 문제다'라는 주장을 관철시키기 위해 굳이 언급한 것이다. 뭐, 전적으로 동의하지는 않지만, 분명히 김유신 같은 작자는 깊이 새겨들어야 할 것이다. 난 이미 그의 목을 수차례 벴다.

「꽃집의 아가씨는 예뻐요」란 노래가 있다. 어느 이름 모를 노총각의 관점에서 살펴보자.

사례 1: 꽃집의 아가씨는 예쁘다.
사례 2: 담배 가게 아가씨는 예쁘다.
사례 3: 옆집 아가씨는 예쁘다.
결론: 이 동네의 모든 아가씨는 예쁘다. 새로운 진리의 탄생!

성격이 약간 다른 예를 하나 더 들어 보겠다. 이번엔 칠면조와 칠면조 사육사의 사례인데, 칠면조 관점에서 살펴보자.

사례 1: 99일 전, 주인이 아침에 맛난 사료를 주었다.
사례 2: 98일 전, 주인이 아침에 맛난 사료를 주었다.
(중략)
사례 98: 어제, 주인이 아침에 맛난 사료를 주었다.
사례 99: 오늘, 주인이 아침에 맛난 사료를 주었다.
결론: 주인은 매일 아침마다 맛난 사료를 준다. 새로운 진리의 탄생! 고로 난 내일 아침에도 맛난 사료를 먹을 수 있다. 어여 푹 자고 일어나서 맛나게 실컷 먹어야지.

그러나 다음 날 아침, 사육사는 살이 오를 대로 오른 칠면조의 목을 벴다.

어떤가? 노총각과 칠면조가 올바른 추론을 했다고 볼 수 있는가(물론 칠면조는 오류를 범해 죽었다고 내 미리 밝히긴 했다만)? 우리에게 익숙한 관점으로 보면 명백한 하자가 보인다. 이른바 '과일반화의 오류'. 어제도 그랬고, 오늘도 그랬으니 내일도 그럴 거라는. 그 지역에서도 그랬고, 저 지역에서도 그랬으니 이 지역에서도 그럴 거라는. 케이스 스터디 및 벤치마킹의 한계를 그대로 시사한다. 더불어, 강조한 작금의 기업 환경을 고려하면 속된 말로 이와는 비교조차 할 수 없을 정도로 가혹해질 수밖에 없다. 되풀이해 말했듯, 기업이 원하는 것은 디테일 아이템 수준이고, 이는 컨설팅에 있어 전략의 시대는 갔고, 장표에 도형이나 찍찍 그리는 추상적 비즈니스 모델의 시대 또한 갔음을 의미한다. 터치 가능한 구체적 서비스 이미지까지 그릴 수 있어야 비로소 컨설팅이 일말이나마 기업에 기여 할 수 있게 됐다. 여기서 '일말이나마'라는 수식어를 붙이게 된 이유는 기업의 다급한 문제 중 하나가 실천, 실행 측면에 있기 때문이다. 기업이 수십억, 수백억을 들여 컨설팅을 해도 성공하지 못하는 이유는, 사실 플래닝 측면에 문제가 있을 수도 있지만, 그 결과를 실행으로 옮기는 와중에서도 부지기수로 발생하기도 한다. 따라서 컨설팅이 진정한 기업 문제 해결자가 되기 위해서는 그동안 고수해왔던 '우리는 기획만 해요'란 식의 주장은 버려야 한다. 오히려 새로운 시대에 걸맞은 마인드나 준비 체계로 중무장하지 않으면 필멸의 길을 걷게 될 것이다. 이는 어중이떠중이 군소 업체에만 해당하는 이야기가 아니라 컨설팅 업 전반에 걸친 보편적 이야기이다. 그렇기에 주지했듯, 정작 혁신이 시급한 자들은 일반 기업들에 앞서 그들에게 혁신하라고 부르짖는 컨설팅 펌 바로 당신들이다.

자, 다시 귀납의 한계 측면으로 되돌아오자. 과일반화의 오류. 수백 년 동안 수많은 철학자가 이 문제에 천착해 오고 있다. 주지했다시피 데

나는 발가벗은 한 시간 동안 자유로와진다. 그래, 나는 딜레탕트다!

이비드 흄도 물론 예외는 아니었다. '관찰된 몇몇 사례로부터 경험적 일반화로 나아가는 것은 그 수가 아무리 많다 해도 논리적 오류'라는 게 그의 주장인데, 개인적으로는 한가지 난제를 더 추가하고 싶다. 어디까지 파고 들어가야 비로소 근인이라 할 수 있으며, 조건부와 결론부 간에 어느 정도의 인식적 갭까지 허용될 수 있는가? 즉 비약이 아닌 자연스러움으로 체감될 수 있을 것인가? 지극히 주관적이면서 실존주의적이기도 하다.

〔인과 관계의 해부: 근인이란 무엇인가?〕

$p \to q$
'$\to$' 부분을 확대해 들여다보면 다음이 있다.
$p' \to q'$
'$\to$' 부분을 확대해 들여다보면 다음이 있다.
$p'' \to q''$
'$\to$' 부분을 확대해 들여다보면 다음이 있다.
$p''' \to q'''$
'$\to$' 부분을 확대해 들여다보면 다음이 있다.
……
$p^{n-1} \to q^{n-1}$
'$\to$' 부분을 확대해서 들여다보면 다음이 있다.
$p^n \to q^n$

우리는 어디까지 파고 들어가야 하는가? 어디에다 종결 선을 그어야 하는가? 어디까지를 직접적 원인-결과로 볼 수 있을 것인가? 어디까지가 모사(시뮬레이션)이며 행동주의적인가?

사실 이 문제는 일반적인 문장의 나열에서도 발생한다. 앞 문장과 뒷 문장이 의미적으로 어느 정도까지 근접해 있어야 비약으로 느껴지지 않을 것인가? 사람마다 다를 것인가? 같은 사람이어도 상황마다 다를 것인가?

이러한 귀납의 문제를 극복하기 위한 논리적 대안은 크게 두 개로 나누어 볼 수 있다. 하나는 귀납이라는 시스템을 폐기하고 동일 수준에서 다른 대안을 찾는 것이고, 다른 하나는 귀납 시스템 내에서 대안을 찾는 방법인데, 꼼꼼한 논리실증주의자들은 당연히 이 두 개 측면 모두를 고민했다. 바로 이때 등장한 것이 세 번째로 말하고자 하는 칼 포퍼의 반증주의다. 이해를 돕기 위해, 그전에 대두되었던 과도기적 대안을 잠시 살펴보기로 하자.

귀납의 문제로 골머리를 앓던 논리실증주의자들은 '가설연역적 방법론'을 들고 나왔다. 내용인즉슨 경험적 가설은 귀납 추론에 의해 형성되지 않고 다양한 방법을 통해 창안된다는 것이다. 그러니까 창조적 아이디어가 편견 없는 관찰이나 실험을 통해서만 나오는 것이 아니라 꿈 같은 다소 황당한 소스를 통해서도 나올 수 있다는 말이다. 너무나도 유명한 아르키메데스의 '유레카!'도 이에 대한 하나의 사례로 볼 수 있고, 스티븐 스필버그의 「마이너리티 리포트」역시 마찬가지다. 영화 속 범죄 예방 시스템의 근원은 세 명의 예언자들이고, 그들은 자신들의 환영에 의존해 범죄 발생을 예측한다. 100%의 정확성이 있다 해도 객관적으로 납득시킬 수 있어야만 사실로 인정되므로(존재주의적 관점 전제), 발발 전까지는 환영이라고 할 수밖에 없다. 이 대목이 시사하는 바는 '시스템의 시작이자 핵심은 과학의 원리로 밝혀낼 수 있는 성질의 것이

나는 발가벗은 한 시간 동안 자유로와진다. 그래, 나는 딜레탕트다!

아니고, 과학은 단지 이 신비로운 현상을 가져다 시스템을 운영할 때에만 유용할 뿐'이라는 것이다. 요컨대 가설연역주의는 '1) 일단 문제 해결을 위해 수단과 방법을 가리지 않고 가설을 수립한다. 2) 새로운 관찰과 실험 결과들을 통해 그 가설을 연역 추론하고, 그 결론을 경험에 비추어 테스트한다'로 정리될 수 있는데, 엄격한 과학의 원리를 적용할 경우 이 역시 미봉책 그 이상이 될 수는 없다. 즉, 눈 가리고 아웅 하는 거지, 귀납의 문제가 고스란히 유전되고 있는 것이다. 이는 이른바 검증(verification)의 문제를 야기시켰고, 그래서 입증(confirmation)이라는 편법이 등장하게 됐다. 그러니까, 그냥 '가설이 검증됐다 안 됐다.' 여부가 아니라 가설을 '얼마만큼 지지해주느냐?'라는 사안으로 한걸음 물러났다는 얘기다. 하지만 이것도 매우 갑갑한 이야기가 아닐 수 없다. 고전 물리학에서 양자 물리학으로 넘어간 것도 마찬가지긴 하지만, 확실성에서 확률성으로, 맞건 틀리건 명확함에서 이러지도 저러지도 못하는 우유부단함으로 넘어갔으니 말이다. 당연히 문제가 해결됐을 리는 만무하고, 그래서 수많은 철학자의 구토를 야기시켰다. 그 구토 대열에 동참한 사람 중 한 명인 브로드는 자포자기의 심정으로 '귀납은 과학에는 영광이요, 철학에는 스캔들!'이라고 외치고 남들보다 훨씬 많이 토악질을 해댔다고 한다.

자, 이상에서 살펴보았다시피 비즈니스 삼위일체는 아무 생각 없이 과학스러운 접근을 추구해 왔지만(엄밀히 말하면 테일러와 닻 내리기 효과라는 인지적 편향 때문에), 당연시 여겨 묻지도 따지지도 않는 것들은 사실 본질적 한계를 지닌 매우 위태로운 것이다. 더욱이, 조작이 있을 수는 있긴하나 그래도 과학은 실험과 관찰을 통해 팩트를 찾으려 하지만, 이들 삼위일체의 각 구성요소들은 인터뷰나 단순 서베이 결과만으로도 팩트라고 우기니 실로 상황이 심각하지 않을 수 없다. 일종의 함수라 할 수 있는 접근 방법도 문제요, 독립 변수의 값도 할 수 있는 팩트 또한 문제니 말이다. 모르지 뭐, 부정에 대한 부정은 강한 긍정이라 했던가? 확률은 지극히 낮을지언정 구조도 문제고 그 구조에 적용될 독립 변숫값도 문제라면 되레 더 멋진 대안이 나올 수도? 모르긴 몰라도 아마 그럴 가능성은 비행기 부품이 흩어져 있는 어떤 지역에 허리케인이 불어 완벽한 747 비행기를 조립해내는 확률보다도 낮을 것이다.

L2   덜컹덜컹, 4호선을 타고 동작대교를 건넌다. 목적지는 밤이면 밤마다 욕설과 싸움과 피칠갑을 볼 수 있었던 인덕원. 이른바 하극상에 따른 유배 프로젝트 중이었다. 밤낮없이 열정을 갖고 임한 결과는 배신 그리고 유배. 무엇이 올바른 것인가? 인생 세간에 대한 혹독한 가르침. 일은 일이 하는 게 아니다. 일은 사람이 하는 것이다. 배신감의 크기는 기 형성된 신뢰감의 그것에 비례한다. 여하튼 그 무렵 4호선 지하철 안에서 나와 늘 함께 한 이가 있었으니, 그가 바로 『추측과 논박』의 칼 포퍼다. 씨익. 그다지 매력적이지 않은 그분, 이제서야 등장하는군.

L0   배경 없는 객체의 찰나적 출몰. 허공을 유영 중인 초록색 때 수건이 마치 UFO마냥 나타났네? 라고 감각되자마자 이내 사라져 버린다.

L1   '귀납의 문제는 결코 해결할 수 없다. 다시 연역에 관심을 기울여 보자. 반증을 통해.' 귀납의 문제로 다들 맛탱이 가고 있을 때 포퍼는 반증주의를 들고 나왔다. 솔직히 내가 보기에는 이것도 논리실증주의자들이 그렇게도 혐오하는 말장난과 다를 바 없다. 시작은 가설연역주의와 마찬가지다. '1) 일단 주어진 문제들을 제법 잘 설명하는 듯한 가설을 제시하라.' 그러면 그다음에서 차별화가 이루어진다. 말장난의 진수.

나는 발가벗은 한 시간 동안 자유로와진다. 그래, 나는 딜레탕트다!

'2) 가설에 반하는 사례가 발견되면 가설을 기각하라. 그렇지 않다면 그 가설은 유지된다.' 이때 유의할 점이 있다. '가설이 유지됐다는 것은 검증 완료를 뜻하는 것이 아니다. 단지 혹독한 시험에서 버텨냈다는 것만을 의미할 뿐.' 사실 말이 좀 어렵긴 하다. 어찌 보면 인문학 특유의 젠체에 기인할 것일 수도 있다(아니면 번역상의 문제인가?). 쉽게 말해 기각 가능한 경험 사례가 나오기 전까지는 그 가설은 반증에서 살아남은 것이니 계속 받아들이라는 거다. 여전히 어렵나? 지극히 현실 타협적이기에 맘에 들지 않는다. 여하튼 컨설팅이 무지몽매하게 의존하고 있는 과학철학계에는 이러한 큰 사건이 있었다.

물론 이 반증주의도 수많은 문제점을 양산했다. 가장 심각한 것은 경험에 의해 시험 되는 가설은 하나가 아니라 항상 여러 명제로 이루어진 전체 집합이라는 점과 따라서 가설들은 전체적이고 복합적으로 테스트 되기 때문에 반증 사례가 나와도 그 중 어떤 부분이 틀린 건지 딱 꼬집어 얘기할 수 없다는 점이다. 이른바 논리곱과 논리합이 연상되는 지극히 형식적인 접근이지. 이를 콰인은 「경험주의의 두 가지 독단」이라는 논문에서 '경험적 전체론'이라 칭했다. 이에 포퍼가 보인 반응은 가관이다. '얘들아, 다른 가설들은 잘 확립된 배경 지식이니까 그냥 두고, 문제가 되는 가설만을 시험해 보자꾸나.' 참으로 어처구니없는 일이다. 철저함을 부르짖던 포퍼가 이 웬 말인가? '남이 하면 바람이요, 내가 하면 로맨스'라는 가식에 전적으로 일치하는 작태가 아닌가? 이러니 내, 비트겐슈타인과의 부지깽이 스캔들을 떠나서도 포퍼를 좋아하려야 좋아할 수가 없지. 어떻게 이토록 어설프고, 자기 기만적일 수 있는가? 게다가 분석의, 환원주의의 한계를 제대로 간파하지도 못했으니, 원······ 하지만 치명타는 아직 남아 있다. 바로 귀납과 똑같은 문제다. 비록 반증을 여러 번 견뎌냈다 하더라도 그 이론의 개연성, 즉 일반화 가능성이 커지는 것은 아니라는 사실. 다시 말해 신이 아닌 인간의 관점에서는 단지 시한부적 참에 불과하다는 것이다. 존재적 사실과 무관하게 인식할 수 있는 딱 그만큼까지만 허락된.

L2   선거 개표 실황 중계는 참으로 재미있는 이벤트다. 이미 존재적으로 결과가 다 나와 있건만, 사람들은 인식적인 시차의 문제로 몇 시 몇 분 현재 누가 몇 표를 얻어 앞서 나가고 있느니 역전했느니 하면서 좋다고 외치고 흥분도 한다. 사실 현재 앞서 있다 혹은 역전했다는 말이 타당하려면 투표하는 시점으로 되돌아가야 한다. 그때야말로 누군가가 어떤 후보에게 표를 던지느냐에 따라 앞서고 뒤지고 여부가 진행되는 것이다. 개표 혹은 집계는 이미 모든 것이 결정되어 있는 상황에서 단지 알아가는, 인식해 가는 과정일 뿐이다. 어리석은 대다수 대중은 존재와 인식을 전혀 구분하지 못하지만, 언론에는 두 가지 가능성이 존재한다. 하나는 그들도 어리석은 대중과 다름이 없다는 것이고 다른 하나는 이런 어리석은 군중의 존재-인식 헷갈림 현상을 이용해서 돈 좀 크게 벌어 보려 한다는 것이다.

L1   이처럼 귀납의 문제를 해결하겠다고 나선 반증주의도 실은 그렇고 그럼이 밝혀지자 1950~60년대에 이르러 논리실증주의에 대한 비판이 한층 더 심해졌다. 바로 이때 혜성처럼 등장한 히어로가 있었으니, 컨설턴트들이 제대로 알지도 못하면서 무척 많이 사용하는 용어 '패러다임 시프트'의 주인공 토머스 쿤이다. 『과학혁명의 구조』와 쿤을 설명하기에 앞서, 재미있는 발견 사항부터 언급하겠다. 연역 → 귀납 → 가설적 연역까지는 사실 방법론 그 자체만 다루어졌었다. 그러나 반증주의가 대두하면서 방법론을 적용하는 과학자라는 인간 개인 수준(과학하는

사람의 태도 혹은 자세)으로 무게 중심이 이동되었으며, 패러다임 시프트에 이르러서는 급기야 과학자 사회라는 그 위의 수준으로 점핑-업 됐다는 사실이다. 따라서 단순 논리적 도구에서 출발해, 인간 '개인'의 심리적 요소, 즉 제한된 합리성에 해당하는 부분이 추가되고, 더 나아가 인간 '집단'으로서의 사회까지 반영되면서 한결 복잡다난해지고 이성과 비이성이 넘나드는 이러지도 저러지도 못하는, 절대성은 애초에 사라진 아사리판으로 변질되고 말았다. 결국, 카오스에서 코스모스로 가는 듯 보이다가 다시 카오스로 돌아간 셈이다.

쿤에 따르면 과학 지식이 누적적으로 성장한다는 생각은 잘못이며, 오히려 과학의 역사는 개념적으로 서로 다른 지식 체계가 교체되는 과정으로 이해되어야 한다. 이성에 가장 철저한, 가장 논리적으로 돌아가는 이 과학 세계도 그러한데, 제한된 합리성, 숱한 변덕, 광기, 음모 등이 점철돼 있는 비즈니스계는 과연 어떠하겠는가? 이 먹히지도 않고, 먹힌다고 해도 딱히 좋지 않을 이 논리라는 존재자를 맹신하는 게 과연 잘하는 짓일까?

요컨대, 경영학은 자신들이 올바르게 일한다고 생각하고 있지만, 이는 천만의 말씀이다. 그 절대적 기반은 이처럼 파고 들어가면 갈수록 꼬리에 꼬리를 물고 튀어나오는 혼돈과 맹렬히 싸우고 있으나, 승부 결과는 지극히 불투명하다. 정말 파이어아벤트의 말대로 춤이나 마술이 과학과 동일시될 수도 있다.

L2　　다소 과격해 보이지만 이 같은 파이어아벤트의 주장은 내 견해와도 상당 부분 일치한다. 사실 과학이라는 후발 주자가 미신이나 마법 등의 선점자들을 압도하고 쫓아낼 수 있었던 이유는 숱한 자연 현상들의 근본 원인을 찾아, 이를 기반으로 일관되고 정확하게 미래를 예측, 설명할

수 있었기 때문이다. 인과율, 좀 더 세분할 경우 신뢰성(일관성)과 타당성(정확성)이라는 고유한 특장점을 갖고 있었기 때문이다. 따라서 이러한 차별화 요인이 계속 위력을 발할 수 있다면 모를까 그렇지 않다면 과학 입장에서의 상황은 심각해진다. 즉, 일관성이 파괴되고 정확성이 결여된다면 여타 분야와의 차별화가 희석되는 바, 다시금 미신 등과 대혈투를 벌여야 할지도 모른다는 말이다. 그런데 양자 물리 사례를 통해서 알 수 있듯 인간의 인식 범위가 확장되면서 인과율이란 녀석은 치명타를 맞게 되었고, 이와 더불어 이성의 힘만으로 한정된 자유도 하에 선택지적으로 대안을 찾아도 충분했던 '형식 혹은 구조의 시대'에서, 감성과 이성이 망라된 융합의 힘을 통해 무한 자유도의 백지 공간을 창조적으로 채워야 하는 '의미 혹은 내용의 시대'로 넘어오면서 거의 그로기 상태에 다다르게 되었다. 요컨대 본질적으로나 실존적으로나, 미시적으로나 거시적으로나 과학의 아성이 흔들리고 있는바, '예외 없는 법칙은 없다'는 과학의 변명에 대한 세인들의 너그러움은, 그 예외의 범위가 지나치게 확장되자 비판으로 변하였다. 이러니 조만간 소위 '겐또', 직관, 마법, 점 등이 슬며시 고개를 들고 나올지도 모를 일이다. 어찌 됐건 과학과 철학 등 모든 학문은 역시나 일종의 시스템이고, 시스템이란 하나의 인프라로서 일정 수준까지만 사회적 기여가 가능한 한정적 존재자임에 틀림이 없다. 앞으로의 세상? 분명히 시스템 그 이상을 요구할 것이다.

L1   그러나 우리의 경영학은 이를 전혀 인지조차 못하고 있다. 과연 그 헛된 사고로, 망상으로, 접근으로 정말 고객이 만족할 수 있는 제품 혹은 서비스를 만들 수 있으며, 조직 내에 산적한 문제들을 스스로 슬기롭게 해결할 수 있을지 의문이다. 게다가 논리라는 것은 인간의 합리성

을 전제로 한 반면, 사이먼과 카네만을 통해서도 알 수 있듯 인간은 실상 제한된 합리성을 보유하고 있기에 심각한 문제에 대한 답을 구할 때에도 휴리스틱에 적잖이 의존한다. 이것이 시사하는 바가 무엇인가? 시장에 참여하는 주요 플레이어들은 완전한 합리성, 즉 논리에 의거해 활동하지 않는다. 바꿔 말해 제한된 합리성으로 인해 광기, 감성, 변덕, 시기, 꼼수, 음모, 비도덕 등이 마구 뒤섞인 채 큰 비중으로 작용하고, 이들은 논리의 장점이라 할 수 있는 인과율을 무용지물로 만들어 버린다. 따라서 논리 기반의 접근은 비즈니스에 있어 기본적으로 자명한 한계를 갖고 있으며, 더욱이 한 기업이 유아독존할 수 없는 최근에는 좀 더 비참한 몰골로 변해가고 있다. 사태가 이렇게 심각한데, 경영학은 계속 논리에 집착해야 하는가? 설사 그렇다 하더라도, 논리를 제대로 알고나 있는가? 이제는 논리에 대한 맹목적 믿음을 버리고 대안을 찾아야 할 때이다. 물론 이는 과학의 고질적 문제인 만큼 경영학이 과학을 계속 따르겠다는 전제하에 통용될 수 있는 이야기이다. 경영학은 어쩌면 근 100여 년을 잡고 온 과학이란 밧줄을 놓아야 할지도 모른다.

두 번째는 분석의 한계이다. 분석이란 과연 무엇인가? 분석은 말 그대로 나누고 쪼개는 것이다. 즉, 거대한 문제 덩어리가 있을 경우 그걸 단박에 해결코자 하면, 상당히 막연하고 무리가 따를 수밖에 없다. 그러다 보니 자연스럽게 취하게 되는 방법이 한 단계 한 단계 쪼개가면서 원래의 문제 덩어리를 원자 수준으로 파편화시키는 것이다. 이 맥락에서 MECE해야 한다 어쩐다 하는 것은 중요하지 않다. 왜냐하면, 지금은 '분석을 어떻게 잘할까?'가 아니라 그것을 잘하든 못하든 '분석이 태생적으로 갖고 있는 한계가 무엇인가?'를 고민하고 있는 중이기 때문이다. 모든 게 다 그렇듯 이 역시 서구 과학에서 비롯됐다. 고대 그리스에서도 데모크리토스가 원자론을 이야기했고, 이는 현대에서도 막강한 힘을 갖고 있다(물론 양자 물리가 나오면서 더 세분되고 여러 가지 불확실하고 답답한 사안이 출현됐지만, 경영학의 한계를 지적함에 있어 이 부분까지 빌어 올 필요는 없을 것 같다). 자, 거대한 문제 덩어리를 계속 나누고 쪼개 결국 원자 수준의 문제들만 남게 되고, 이에 대한 답을 찾는 것도 그만큼 한결 수월해진다. 이처럼 잘게 쪼개어 상대적 저(低) 난이도의 문제들로 만든 후, 이에 대한 답을 찾아 역으로 합하면 본 문제가 해결된다는 것이 바로 분석의 정의이자 당위성이다. 언뜻 보면 꽤 그럴듯한 말 같지만 까놓고 보면 한계가 자명하다. 비단 환원주의이기 때문에 문제시하는 것이 아니라 '네트워크 효과의 소실'이라는 점에서 문제시 할 수밖에 없다. 실 세계의 문제라는 것의 대부분은 원자 수준의 문제 근인 각각 때문에 발생하는 게 아니라, 이들 간의 상호작용 때문에 발생하는 것이다. 하지만 분석은 문제 혹은 문제의 근인 간 관계를 무시한 채 각 근인을 독립적으로 바라본다. 요컨대 분석을 대변하는 대표적 명제는 다음과 같다. '부분의 합은 전체이다.' 여기서 또 하나의 재미있는 점을 발견할 수 있다. 전략의 아버지로 불리는, 꼼꼼한 분석광 이고르 앤소프. 그가 만든 경영 용어 중 '성공 요인(success factor)'이라는 것도 있지만 가장 히트한 작품은 '시너지(synergy)'가 아닐까 싶다. 그런데 시너지의 원칙은 어떻게 되는가? '부분의 합은 전체가 아니다'이다. 구체적으로 비용 관점에서는 '부분의 합은 전체보다 작다'이고, 수익 관점에서는 '부분의 합은 전체보다 크다'이다. 즉 주류 경영학 안에서도 주류에 속하는, 그러면서도 분석광인 그가 자신도 모르게 이처럼 모순된 행태를 보이고 있다. 여하튼 중요한 것은 분석만으로는 근인들 간의 상호작용을 통해 야기되는 사안을 제대로 파악할 수 없다는 점이다. 이에 우리가 앞으로 고민해야 할 것은 쪼갬의 미학이 아닌 통합의 미학, 즉 홀리스틱 접근이다. 경영학은 이를 위한 구체적 'how-to?'를 신속히 개발해야 할 것

나는 발가벗은 한 시간 동안 자유로워진다. 그래, 나는 딜레탕트다!

이다. 물론 이 역시 논리와 마찬가지로 과학이 갖고 있는 고질적 문제인 만큼, 과학을 그 기반으로 계속 고수하겠다는 전제 하에서다.

이상이 경영학이 과학을 어설프게 따라 하기에 필연적으로 발생할 수밖에 없는 구조적 문제들이다. 기타 나머지 사안들은 기술적 문제에 국한되기에 이쯤에서 마무리 짓기로 하고, 적용상의 문제를 두 개 정도 만 덧붙이겠다.

첫째, 경영학 스스로 그들의 현 펀더멘털이자 앞으로도 그럴 가능성 이 높은 과학철학을 주목해야 할 것이다. 그래서 과학철학을 제대로 응 용하던지, 아니면 그것의 미래가 우려되거나 자신들의 추구 포인트와 잘 맞지 않는다면 다른 사상적 기반을 찾아야 한다. 무릇 경영학이란, 그것이 임기응변이 아닌 이상 스스로 무언가를 만들어낼 능력이 전혀 없으므로 직접 만들고자 하는 우는 범하지 않는 게 좋겠다.

둘째는 인간과 관련된다. 최초의 경영학은 테일러 주의에서도 언급 했듯 인간을 울퉁불퉁한 근육을 가진 기계로 봤다. 이후 한계에 봉착하 자 엘턴 메이오의 인간 중심 경영이 대두되긴 했으나, 이것도 기실 생산 성 향상 혹은 효율성 증대를 위해 부려 먹어야 할 수단으로 인간을 바라 본 것에 불과하다. 약간의 시간이 더 흘러 노동자의 권익 및 복지 문제 가 대두되고, 소비자들의 교섭력이 커지고 이에 따라 기업 간 경쟁이 본 격화된 이후에 등장한 전략 경영(이는 아직도 경영학의 헤게모니를 쥐고 있 다) 역시 인간을 수단으로 본다. 인적자원관리, 조직행동론이 여전히 핵 심 커리큘럼으로 떡 하니 자리 잡고 있는 것도 이에 대한 증거라 할 수 있다. 인간이 자원이라고? 전략에서 흔히 내뱉는 '이 타겟 고객군을 공 략하라!'라는 공격적 표현도 매한가지고. 고객이 적이냐? 가치를 줘야 지 왜 공략해?

하지만 지금이 어떤 시대인가? 지금은 '삼성의 시대'다. 대한민국의 그 잘난 굴지의 대기업 삼성이 아니라 1) 구체성, 2) 진정성(혹은 도덕성), 3) 창의성 등 이른바 세 개의 '성'이 요구되는 시대다. 어설픔과 추상으로는, 음모나 편법, 꼼수를 부려서는, 상투성과 베끼기로는 생존하기 어려운 시대다. 향후에는 인간을 착취의 대상으로, 돈을 뜯어내기 위한 대상으로 삼아서는 백이면 백 다 고사할 수밖에 없다. 테일러 시대에 인간을 기계로 봤고, 엘튼 메이어 이후 지금까지 인간을 인간으로 봤으나 수단으로 대했다면, 이제는 인간을 목적으로 대해야 한다. 인간을 목적으로 대한다? 그게 뭔 소리냐고? 수단으로 대하는 게 비즈니스 정의상 어쩔 수 없는 정답 아니냐고? 그래? 그렇다면 기업 외부에 존재하는 인간, 즉 고객을 예로 들어 양자를 비교해 보자꾸나. 먼저 인간을 수단으로 이용하는 경우부터.

'계속 성장하면서, 마진도 최대한 많이 남겨야 해. 그렇다면 돈을 많이 벌어야 하고, 비용은 가능한 최소로 들여야겠지. 그러기 위해서는 새로운 역량 개발을 위해 투자하기보다 기존 역량을 재활용하는 게 좋을 거야. 물론 현재의 역량만으로 안 된다면 울며 겨자 먹기로 투자를 해야겠지만 말이야. 그렇다면 지금의 역량만으로 우리가 할 수 있는 건 과연 뭘까? 그리고 이것만 갖고도 쉽게 돈을 거두어들일 수 있을만한 고객들은 과연 누굴까? 여하튼 이 봉 같은 존재자들을 최대한 공략해야지.'

고민의 시작점은 목적으로서의 '돈'이고 끝은 수단으로서의 고객(인간)인데, 이는 아직도 당연한 상식으로 받아들여지고 있다. 지난 100여 년 동안 여러 세대를 거쳐 오며 고정관념화됐으니 당연히 그럴 수밖에 없을 거다. 반면, 인간을 목적화한다는 것은 다음과 같다.

'인간에게 있어 행복 혹은 쾌락이란 무엇일까? 어떠한 행복, 쾌락들이 존재할 수 있을까? 어떻게 해야 사람들이 진정으로 보다 더 행복해질 수 있을까? 이미 많은 것을 누리고 있기에, 여간 해선 쾌락을 체감할

나는 발가벗은 한 시간 동안 자유로와진다. 그래, 나는 딜레탕트다!

수 없을 텐데 말이야. 우리는 사람들의 행복 증진에 있어, 새로운 쾌락 경험에 있어 어떻게 기여할 수 있을까? 우리의 현 역량만 갖고 실현 가능할까? 그렇지 않다면 우리는 어떠한 것들을 보완하는 게 좋을까? 어떻게 보완하는 게 효과적일까? 그리고 상기 제반 활동에 대한 정당한 대가이자 우리 임직원들의 행복한 삶 향유를 위한 적정 마진을 어느 수준으로 책정해야 할까?'

보다시피 고민의 시작점은 목적으로서의 인간이 누리는 '행복'이자 '쾌락'이고, 끝은 수단으로서의 돈이다. 이것이 바로 인간을 목적화한다는 것인데, 인문학이, 인간 중심의 통섭, 융복합이 중용될 수밖에 없는 여러 이유 중 하나가 바로 여기에 있다. 관성에 찌든 절대다수의 시각에서 본다면 상당히 생경하고 몽롱하게 보이긴 할 거다.

자, 이제 자연스럽게 경영학의 윗단, 기업의 문제로 넘어간다. 상당 부분이 경영학에서 이미 언급됐으므로 딱 한마디만 덧붙이고자 한다. 바로 창의성이다. 우리가 왜 창의성에 신경 써야 하는 건데? 정부가 강요해서? 언론에서 떠들어서? 학자를 포함한 전문가라는 작자들이 하도 짖어대서? 뭐, 그렇다고 치자. 하지만 그건 현상이자 결과이기에 우린 '그들이 왜 호들갑을 떠는 걸까?'에 대해, 즉 근인을 알아야 하며(아직은 인과율이 대접을 받고 있으니까), 이를 위해서는 먼저 고객-기업 간의 관계 변천사부터 짚어 볼 필요가 있다.

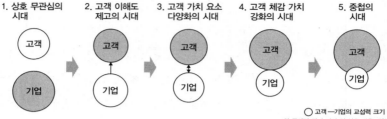

1. 상호 무관심의 시대

2. 고객 이해도 제고의 시대

3. 고객 가치 요소 다양화의 시대

4. 고객 체감 가치 강화의 시대

5. 중첩의 시대

고객 / 기업 → 고객 / 기업 → 고객 / 기업 → 고객 / 기업 → 고객 / 기업

○ 고객—기업의 교섭력 크기
←→ 양 주체간 관계 거리 및 상호 작용 방향
회색 원은 상대적 교섭력이 우월한 주체를 의미함

고객-기업간 관계의 변천

그림에 나와 있다시피 두 개의 원은 기업과 고객의 교섭력 크기를, 이들 사이의 선은 기업과 고객 양자 간의 관계 거리 및 상호작용 수준을 의미한다. 이 기호들을 갖고 과거부터 현재까지를 다섯 개의 단계로 구분할 수 있는데, 1단계는 기업의 상대적 교섭력이 더 크고 양자 간의 거리가 제법 떨어져 있는 일명 '상호 무관심의 시대'라 할 수 있다. 두 원 사이에 어떠한 화살표도 그려져 있지 않듯이, 이때에는 양자 간에 아무런 유의미한 관계도 형성되지 않았다. 기업은 소비자가 누구인지에 대해 알 필요 없이 그냥 제품을 찍어냈을 뿐이고, 소비자도 공급자와 상관없이 필요한 물건이면 구매력이 허락하는 범위 내에서 그냥 사다 썼을 뿐이다.

2단계에 접어들면서 경기가 한풀 꺾이고, 기업과 고객 간의 거리가 약간 좁혀졌으며, 양자 간의 교섭력은 비등비등해졌다. 그러면서 기업에서 고객으로의 단방향 화살표가 형성됐다. 일명 '고객 이해도 제고의 시대'라 할 수 있는데, 불경기 상황에서 양자 간에 힘의 균형이 이루어짐에 따라 기업은 자연스레 '유효 고객'에 관심을 갖게 되었다. 말 그대로 균형 상태이기 때문에 아직까지는 고객에게 휘둘리거나 그러지는 않

나는 발가벗은 한 시간 동안 자유로와진다. 그래, 나는 딜레탕트다!

았다. 따라서 이 단계에서 기업들은 효율성 제고 차원에서 '우리가 적은 노력으로 비교적 쉽게 유인할 수 있는 고객은 과연 누구일까? 그리고 그들의 니즈는 과연 무엇일까?'에 관심을 갖게 되었고, 그러다 보니 때마침 등장한 데이터베이스 기술을 이용, 고객을 최대한 세분화해서 심층 분석하는 데에 집중하게 되었다.

3단계에 이르자 경기는 어느 정도 회복되었고, 고객의 교섭력이 보다 커졌다. 양자 간의 거리도 한층 더 가까워졌으며, 양방향의 화살표가 그려졌다. 일명 '고객 가치 요소 다양화의 시대'로 불릴 수 있겠는데, 이때는 고객의 교섭력이 한층 커진 상황인지라 기업은 울며 겨자 먹기 식으로 고객의 비위를 맞출 수밖에 없게 되었다. 게다가 경쟁도 한층 심화됐기에, 고객의 이탈은 단순히 우리 회사에서 벗어나는 것에 그치지 않고 경쟁자의 품 안에 들어가는 이중의 손실을 의미하게 됐으니, 절실함이 그만큼 클 수밖에 없었다. 이에 따라 기업은 자신에게 적합한 고객을 확보, 유지하기 위해 그들을 이해하는 수준을 넘어 그들이 사방팔방에서 떠들고 요구하는 니즈를 충족시킬 수 있는 수많은 기능적, 감성적 가치들을 제공하는 데에 매진해야 했고, 그 결과 '다양한 오퍼 풀(offer pool)의 구축'이 이 단계의 핵심으로 급부상 되었다.

4단계에 돌입하자 고객의 교섭력은 더욱더 커졌다. 그러면서 양자 사이의 화살표는 사라져 버렸다. 이러한 화살표의 소멸은 양자 간의 관계 단절을 의미하는 게 아니라 이 두 개의 원이 서로 접하게 됐음을 의미한다. 이제 교섭력이 약한 자가 강한 자와 '터치'하게 된 것이다. 따라서 약한 자는 마치 강한 자의 마음속에 있는 듯 강한 자가 '나 이거 필요해.'라고 직접 이야기하지 않더라도 스스로 파악해 무의식적 욕구까지도 충족시켜 줄 수 있어야 했는데, 이를 일명 '고객 체감 가치 강화의 시대'라 할 수 있겠다. 그렇다면 이 단계에서의 핵심 포인트는 과연 무엇인가? 이를 파악하기 위해 인지상정의 한 사례에 대하여 잠시 숙고해 보도록 하자. 누군가를 기분 좋게 해주기 위해서는, 그가 매우 힘들어하는 사안을 헤아려 제거 혹은 약화시켜주거나 아니면 좋아 할 만한 사안을 잘 헤아려 강화 혹은 생성시켜줄 수 있어야 한다. 그렇다면 그 효과를 극대화하려면 어떠한 것들이 수반되어야 할까? 위에서 언급했듯 사람들은 자기 자신의 바람을 잘 모르는 경우도 허다하므로, 미처 요구하지 못했던 부분까지 헤아려 제시할 수 있어야 한다. 그러면 '아하!'라는 효과에 '뜻밖에'라는 효과까지 더해지면서 그 누군가는 행복에 겨워 날뛸 수도 있을 것이다. 우리는 이러한 보이지 않는 욕구를 보이는 욕구, 즉 니즈와 차별화하기 위해 인사이트라는 표현을 써 소통한다. 좋다. 그러면 이 인사이트를 파악하기 위해서는 어떻게 해야 할까? 이의 시작점이 바로 고객 관점의 견지인데, 솔직히 말이 쉽지, 실천은 무척 어렵다. 멀리서 찾을 필요도 없다. 당장 우리 자신을 봐도 그렇잖아? 내가 차 안에 있을 때, 그곳이 비록 횡단보도고 녹색 신호등이 켜져 있다 해도 뭉그적거리며 건너는 인간들을 보면 짜증 나잖아? 반면 내가 길을 건널 때 횡단 보도 앞 정지선에 살짝 걸치면서 정차하는 차를 봐도 그 운전자를 족치고 싶잖아? 그렇기에 100% 고객처럼 생각하고 행동할 수는 없어도, 그네들에게 최대한 동화되기 위해 활용하는 도구가 BEC이고, 이를 토대로 고객이 우리 서비스 혹은 제품을 사용하면서 체감하게 되는 pain point들을 발견, 이들의 근인 수준에서 해소시키는 것이 그 방법이 될 수 있겠다. 이때 유의할 점은 '우리는 세심하게도 구체적 가치 요소까지 제시하고 있어요'라고 공급자가 힘주어 외쳐봤자 아무 소용 없다는 것이다. 실로 중요한 사안은 공급자가 준비한 가치 요소가 무엇이건 간에 소비자들이 이를 '어떻게 제대로 혹은 그 이상의 가치로 체감하느냐?'라는 것이다. 설사 기능적으로 우수한 제품

나는 발가벗은 한 시간 동안 자유로와진다. 그래, 나는 딜레탕트다!

이라 해도 소비자 입장에서는 가치가 전혀 체감되지 않을 수 있는 반면 기능상 다소 처지는 제품이라 해도 소비자에게 큰 가치로 체감될 수도 있는데, 기업들은 바로 이러한 면에 신경을 써야 한다. 즉, 상식과 달리 best technology, best product, best seller 간에는 등식 관계가 아닌 부등식 관계가 존재하며, 이들 중 우리가 주목해야 하는 것은 바로 best seller 측면이다.

L0   솔직히 지겹다. 머리에서 쥐가 난다. 뭐, 보는 사람도 없는데 그냥 물을 확 쏟아 버릴까? 장인 정신을 갖고 피땀 흘려 한땀 한땀 배열한 때와 머리카락을 흩뜨려 버릴까? 하지만 내 안에는 표 간호사 외에 운동주 또한 서식하고 있기에 어쩔 수 없이 지속할 수밖에 없다.

L1   5단계에서는 한 걸음 더 나아가게 된다. 급기야 고객의 교섭력은 더욱 커지고, 반대로 기업의 교섭력은 더욱 작아졌다. 그리고 양자 간 상호작용의 범위는 한 점이 아니라 일정 크기를 지닌 면이 되었다. 그림에 나와 있듯 이른바 '중첩의 시대'라 할 수 있겠다. 이는 곧 가치 사슬 상의 일정 기능들에 있어 고객과 기업 간에 동반자적 관계가 형성됐음을 의미하며, 이에 따라 소통의 중요성이 보다 중요해졌다. 수많은 고객이 어느새 빅 마우스가 돼 버렸기에, 그들이 언제, 어디서, 무슨 말을 어떻게 하느냐에 따라 제품이 흥할 수도 망할 수도 있는 시대가 된 것이다. 즉, 일부 우량 고객들이 부지불식간에 각 기업의 마케터 혹은 영업맨의 역할을 수행하게 되었기에 기업들은 이들을 파트너로 끌어안는 데에 신경쓸 수밖에 없었고, 따라서 이들과 효과적으로 협업하기 위해 무엇보다 '대(對) 소비자 신뢰 및 상호작용 강화'에 집중하게 되었다. 현재 우리가 숨 쉬고 있는 위치는 아마 이 단계가 아닐지 싶다.

그렇다면 여기서 자연스레 의문이 떠오른다. 변천의 다음 단계는 과연 어떻게 될 것인가? 이를 위해, 잠시 숨을 고르며 역사를 반추해 보자. 먼저 고객의 교섭력을 의미하는 원은 단계를 거쳐옴에 따라 점점 더 커지고 있는 반면 기업의 그것은 작아지고 있다. 양자 간의 거리는 점차 좁혀지다가 이제는 아예 중첩돼버렸다. 마지막으로 존재하지 않았던 상호작용은 단방향 관계로 형성됐다가, 쌍방향을 거쳐, 네트워크화돼 버렸다(도식 상에서는 표현되지 않았지만, 중첩 단계에서는 다대다 상호작용이 발생하며 이는 복잡한 쌍방향 네트워크로 표상될 수 있다). 자, 그러면 추후의 핵심 사안들을 짚어보자.

먼저 원의 크기, 즉 양자 간의 상대적 교섭력은 어떻게 될 것인가? 1) 기 형성된 관성대로 고객 교섭력의 원은 더 커지고, 기업의 그것은 더 작아질 것인가? 아니면 2) 현 수준에서 정지할 것인가? 이도 아니면 3) 반동이 일어나 역으로 고객의 그것은 작아지고 기업의 그것이 커질 것인가?

두 번째, 양자 간의 거리와 상호작용 수준은 어떻게 될 것인가(거리 이야기를 함으로써 자연스레 상호작용 측면까지 머금을 수 있다)? 마찬가지로 1) 기 형성된 관성대로 기업의 원은 중첩을 지나 아예 고객의 원에 흡수될 것인가? 아니면 2) 현 수준에서 멈출 것인가? 아니면 3) 반동이 일어나 두 원이 다시 접하게 될 것인가?

나는 발가벗은 한 시간 동안 자유로와진다. 그래, 나는 딜레탕트다!

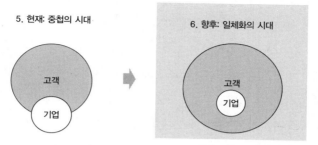

5. 현재: 중첩의 시대

6. 향후: 일체화의 시대

고객

기업

고객

기업

회색 원은 상대적 교섭력이 우월한 주체를 의미함

고객-기업간 관계의 향후 모습

결론부터 말한다면 1)과 1)이 될 것으로 예상한다. 즉 고객 교섭력의 원은 더 커지고 기업 교섭력의 원은 더 작아지며, 전자가 후자를 완전히 머금게 될 것이다.

이른바 고객 중심의 '일체화의 시대'가 도래할 것이다. 이는 비록 거시경제의 저성장 기조는 지속되겠지만, 기세등등해지는 고객이라는 존재자의 니즈가 점차 고도화, 다양화될 뿐만 아니라 스마트화, 능동화까지 현저해질 거라는 점에서 그 가능성이 꽤 높다 하겠다. 구체적으로 개인의 자존감, 보람을 만끽하고자 하는 경향이 점차 커지고 있는데, 이는 공교롭게도 개인적 차원을 넘어 정의, 사회적 가치, 탈권위 등 공공적인 부분과도 밀접하게 연계되어 있다. 여기에 국경과 업의 경계를 넘어선 경쟁, 협업이 빈번해지고 심화되고 있다는 점과 기술의 발전 또한 상품 및 서비스의 스마트화, 라이프 사이클 단축에 지대한 영향을 미치고 있다는 점, 그리고 공공 서비스 주 제공자로서의 정책 당국도 소비자 권익 향상 및 공정 거래에 무게 중심을 두고 있다는 점 등도 그 가능성을 높여주고 있다. 요컨대 고객 앞에 서 있는 기업의 모습은 보다 초라해질 수밖에 없으며, 산적한 도전적 과제들을 해결하기 위해서는 상당 부분 고객 파워에 의존할 수밖에 없게 될 것이다.

바로 여기서 창의성의 문제가 다시 한 번 대두될 수 있는데, 이제 기업이 직면하게 될(업종에 따라 이미 직면했을 수도 있다) 도전은 다음과 같이 요약할 수 있다. 1) 고객 파워는 지속적으로 증대되고, 2) 이러한 와중에 충족시켜 주어야 할 고객의 니즈는 고도화, 다양화되며 심지어 싫증, 변덕까지도 심해지고 있으며, 3) 이에 따라 제품 혹은 서비스의 라이프 사이클이 현저히 단축되고 있는데, 4) 당연히 이는 거시 수준은 물론 미시 수준에서의 치열한 경쟁까지도 야기시키고 만다. 이른바 경쟁과포화다. 이는 자연스레 고객 파워를 한층 증대시키기에 결국 기업 입장에서는 달갑지 않은 악순환이 되풀이될 수밖에 없다. 그렇다면 기업은 어떻게 대응해야 할 것인가? '뭐, 어떻게 되겠지?' 하고 손가락만 빨고 있어도 충분한가 당연히 아니다. 누누이 이야기했듯 감나무 밑에 가서 언젠가는 열매가 떨어지겠지 하고 누워 있다가는 둘 중 하나로 인해 세상을 하직하게 될 것이다. 하나는 아사요, 다른 하나는 뇌진탕이다. 즉 가만히 누워만 있어서는 안 되고 그 나무 위에 올라가거나, 그 나무를 베거나, 아니면 다른 나무를 찾아가거나 하는 영민함을 보여야 한다. 이러한 관점에서 고려 가능한 대안 방향을 정리해 보자. 자, 위의 악순환을 해석해 보면, 기업이 눈을 부릅뜨고 봐야 할 포인트는 4개로 정리될 수 있다.

1) 창조적, 파괴적 혁신 실천
2) 고객 인사이트에 대한 정확한 이해
3) 매력적 상품·서비스의 지속적, 안정적, 효율적 개발·출시 및 판매
4) 자발성에 의거한 고객의 적극적 의사 표현 및 집단 지성·행동 성향 예의 주시

나는 발가벗은 한 시간 동안 자유로와진다. 그래, 나는 딜레탕트다!

1)~3)이 의미하는 바가 과연 무엇인가? 결국, 창의성이다. 뭐, 1)이야 아예 대놓고 창조를 들먹거렸고, 거기다 기존의 관성을 깨부수는 리스크까지 감행해야 한다는 것이며, 2)는 고객 자체도 미처 헤아리지 못하거나 표현하지 못하는, 하지만 그의 마음속에 간직된 그 마음을 읽어낼 수 있는 독해력, 창의력이 있어야 한다는 거고, 3)은 그것의 총체적, 구체적 결과물로서 상품, 서비스가 나와야 하는데, 모토로라처럼 스타에서 똥개로 전락하지 않기 위해서는 반드시 이를 시스템화해야 한다는 것이다. 4)는 잠시 보류하도록 하자.

자, 주지했다시피 관건은 창의성이다. 고민 좀 해보자. 솔직히 내, 조금 전까지는 최대한 가식적으로 '비즈니스 프렌들리'하게 이야기했었는데, 이제 자연스러운 솔직 모드로 돌아가고자 한다. 과연 기업에서, 특히 대기업에서 창의성을 꽃피울 수 있을 것인가? 결론부터 말하면 '자기 혼자 아등바등 한다면 답 없다'가 내 생각이다. 왜냐? 많은 학자(경영학자들 제외. 그들을 절대 학자가 아니다)와 내 견해를 종합해 보건데, 창의력에 필요한 요건은 크게 네 개로 요약 가능하다.

첫째는 학제 혹은 통섭이다. 알다시피 학제, 통섭을 위해서는 내 고유 분야도 중요하지만 남의 분야도 중요하다는, 일종의 '중심이 확고한 경청'의 자세가 핵심이기에 오픈 마인드가 필수적이다(그렇다고 모든 분야가 다 중요한 건 아니다. 경영학만 봐도 그렇지 않은가? 사전 옥석 가르기는 반드시 거쳐야 한다). 거기다가 타자의 지식을 스펀지처럼 쫙 빨아들여 내 재화할 수 있다면 금상첨화다. 특정 관점만 고수하는 것이 아니라 이 관점, 저 관점을 자유자재로 넘나들며 고민하고 답을 찾고자 하는 열정과 그것을 내 것으로 소화해낼 수 있는 자질. 내, 여러 번 강조했던 천재이자 자유인, 즉 학제적 개인이 그 대표적 예라 할 수 있으며, 분석의 대안으로 제기했던 전일적 접근의 한 방편으로 볼 수 있을 것 같다. 그러니까 덩어리 하나 있으면 그것을 원자화하는 것이 아니라 이 관점에서 보고 저 관점에서 보고 그러다가 이내 저절로 형성되는 복합적인 관점으로 조망해야 한다는 것이다.

두 번째는 사고의 수발이다. 사고의 수렴과 발산. 어떤 사건이나 이슈가 발발할 경우 말이 되건 안 되건 일단은 관련된 사고를 전후좌우로 마구 발산시켜 보는 것이다. 그렇다고 한없이 뻗어 가는 사고를 무작정 방치할 수는 없는 노릇이고, 중간중간 한데 모으고 정교화하려는 시도를 해야 한다. 이후 다시 이러한 발산과 수렴, 정교화의 사이클을 수차례 되풀이해야 한다. 무엇이든 한 번에 해결되는 경우는 거의 없기 때문이다.

세 번째는 다양성인데, 이는 학제의 충분조건이라고도 할 수 있다. 그렇다면 사실 따로 분리할 건 아니네? 다른 것으로 바꿔 보자. 뭐가 좋을까나?

L0   크크, 이런 게 바로 '인식적 세계에서 글쓰기'의 장점! 내 머릿속 생각만 바꾸면 된다.

L1   이는 바로 인간에 대한 이해이다. 우리가 결국 창조라는 행위를 통해 이루고자 하는 것은 창조자 관점에서는 창조의 쾌락을 누리기 위함이고, 피창조자 관점에서는 다양한 창조물들을, 필요할 때마다 만끽하기 위함이다. 그렇다면 창조자는 누가 될 것인가? 그리고 피창조자는 누가 될 것인가? 외계인이 될 것인가? 동네 똥개가 될 것인가? 물론 그네들 모두가 될 수도 있다. 사이먼의 『인공과학』에서도 언급됐듯 개미의 무작위적 움직임도 아름답고 기하학적인 패턴을 만들어 사람들의 탄성을 자아낼 수 있으니까. 하지만 이는 극히 낮은 확률의 이야기이자 무

의미한 결과에 불과한 거고, 결국은 인간의 몫이다. 그런데 이처럼 창조를 매개로 양면의 쾌락을 누려야 하는 인간을, 우리는 그간 기계로만 대해왔다. 수단으로만 대해왔다. 인간 개개인의 내면보다는 외면에 관심을 갖고 시장 참여자 간의 상호작용 측면에 대해서만 조망해 왔다. 그러나 인간에게는 외면을 결정짓는 내면이 있고, 내면과 외면 간의 상호작용이 있다. 그리고 예의 외면과 타자(사물 포함)와의 상호작용이 있다.

이렇듯 우리는 다차원적으로 인간을 조망해야만 하는데, 이때 한 가지 유의할 점이 있다. 경영학의 모든 의사(擬似) 이론들은 이렇게 주장한다. 상대적 비주류라 할 수 있는 김위찬 교수도 같은 주장을 피력하고 있다. 기업 경영에 있어 '고객 현장 밀착은 필수적이다.' 이는 만고불변의 절대적 진리가 아니다. 단기 비즈니스 아이템 발굴 및 서비스 개선이 필요한 경우에만 맞는 말이다. 이때 니즈만으로 부족해 인사이트까지 관심을 기울여야 하는 것은 맞다. 하지만 중장기를 지향하고 혁신이 필요한 상황이라면? 이 경우에는 이야기가 달라진다. 고객 밀착은 인간을 고객으로만 바라보게 만드는 까닭에 역시나 닻 내리기 효과에서 벗어날 수 없다. 고로 진정한 혁신을 위해서는 인간을 고객으로만 바라보는 시각을 버려야 한다. 이것이 곧 인간에 있어 소위 블루 오션인 셈이며, 이렇게 해야 목적적 인간을 위한 가치제안이 마련될 수 있다.

마지막으로 네 번째는 근원적 사고, 이른바 펀더멘털이다. 창의성은 발상의 전환에서 나오며 발상의 전환은 곧 패러다임 시프트를 의미한다. 패러다임 시프트는 이미 견고하게 형성된 그 무언가에서 점진적이고 소소한 변화를 모색하는 것이 아니라 그것을 발본색원하여 그 자리에 새로운 뿌리를 심는 급진적 변화를 추구하는 것이다. 그러다 보니 기존 패러다임을 고수하려는 입장에서는 일종의 파괴로 여겨지게 되고 그래서 창조성과 파괴성은 거의 쌍으로 몰려다니는 경우가 많다. 근원적 사고, 펀더멘털에 대해서는 데카르트도 인용해 가면서 수차례 강조했기에 더 이상 부연하지 않겠다.

요컨대 창의성 혹은 창조성은 학제, 사고의 수발, 인간에 대한 이해, 근원적 사고 등으로 환원될 수 있는데, 이들이 따로국밥이 돼서는 아무런 효과도 발할 수 없다. 필히 통합되어야 한다. 분명히 쉽지 않은 일이다. 그 쉽지 않음이 낯설어서 그런 것도 있지만, 이번에는 정말 어렵기 때문에 쉽지 않다. 헉, 동어 반복. 그렇다면 창의성의 발현이 왜 어려운가? 특히 기업, 그중에서도 대기업에서 말이야. 두 가지 이유만 제시해 보겠다. 1) 시간이 얼마나 걸리는지 통 알 수 없다는 것과 2) 인과율이 좀처럼 통하지 않는다는 것. 사실 2)의 문제가 해결될 수 있다면 1)의 문제는 사소한 문제로 조정될 수도 있다. 자, 각각을 자세히 살펴 보기로 하자. 먼저 시간의 문제. 상기 사항에 충족되기 위해서는 아이들 타임(idle time), 즉 게으른 시간이 필요하다. 그러니까 늘 하던 익숙한 관점, 방식, 일, 납기의 압박 등에서 벗어나 빈둥빈둥 놀아야 한다는 것이다. 사람이라는 종자는 본디 호기심이 많기 때문에 하는 거 없이 빈둥빈둥 놀다 보면 지루함에 지쳐 무언가 찾고자, 만들고자 하게 된다. 창의성은 바로 거기에서 무규칙 적으로 비롯될 수 있다. '아, 너무 심심한데 이거 어떻게 해결해야 하나?' 심심해 미치거나 아니면 고민고민, 이 시도 저 시도 하다가 결국 유의미한 결과를 만들어 내는 것이다. 두 번째로 인과율. 창의성이라는 게 이 짓 저 짓 하다 보면 언젠가는 반드시 샘솟는 확실성만 보장된다면야 아무런 문제 될 게 없다. 그런데 어떨 때는 고생 해도 안 나오던 게, 어떨 때는 놀다가 똥 한 번만 싸도 툭 하고 튀어나온다. 이게 정말 사람을 미치게 하는 건데, 무슨 기제 때문인지 무슨 이유 때문인지 우리의 과학적 사고와 법칙으로는 도저히 알아낼 수 없다. 즉 창의성의 발현은 진동을 보이는데, 제아무리 입력 변수를 조정한다 하더라도 패턴이 감지되는 게 아니라 무작위성을 띈다. 여기서 데이비드 흄을 또 한 번 떠올리게 된다. '이 세상에 인과율은 없다. 우리가 인과율로 생각하는 그것까지도.' 이 역시 귀납에 대한 챌린지에서 나오는 것이다.

이 점에서 난 기업이, 특히 대기업이 창의성을 발휘하는 데에는 한계가 있을 수밖에 없다는 냉소적인 판단을 내리게 된다. 대기업을 상징하는 키워드는 누가 뭐라 해도 매니지먼트(management), 즉 관리다. 가내 수공업이어서 아들, 딸, 엄마, 아빠가 한데 모여 일하면 얘기가 달라지겠지만, 서로가 서로를 잘 모르는 수만 명, 수십만 명을 다뤄야 하는데 어찌 관리에 신경 쓰지 않을 수 있겠는가? 그러다 보니 그들에게는 이른바 관리의 중추가 필요한 거라. 즉 그들에게 요구되는 것은 기존과의 안정적 연계, 연속성, 지속성, 효율성, 표준화, 시스템화, 내재화, 프로세스화, 개인 역량의 조직 자산화 등이다. 사실 다 그렇고 그런 비슷한 말들이긴 하다. 그런데 이들과 창의성의 본질을 한번 비교해 보라. 창의성은 일반적으로 발상의 전환이고, 안 하던 짓을 함이고, 발현의 무작위적 오르내림이 말해주듯 하이 리스크이고, 정규 분포의 극단이며, 방법론이 없으며,

L2   만일 제대로 된 방법론이 있다면, 이를 활용하는 비슷한 수준의 사람 혹은 기업들은 100%까지는 아니어도 상당히 유사한 산출물을 내놓아야 한다. 그런데 현실이 어디 그러한가? 그리고 설사 그렇다 해도 그 방법론은 순간 의미가 있을지는 모르지만, 두 가지 문제가 필연적으로 발생한다. 첫째는 결과물의 균질화 문제이다. 균질함이란 곧 동일함을 의미하는데, 창의성은 기본적으로 차별화가 전제되어야 가치를 지니게 된다. 그런데 동일하다고라? 내 아이디어와 타자의 아이디어가 동일해

지는 순간 창조의 의미는 퇴색되고 만다. 둘째는 방법론 개발 원천에 대한 문제이다. 그 방법론을 만드는 방법론은 어떻게 만드는 것이고, 그 방법론의 방법론의 방법론의, …… 즉 근원적 방법론을 찾아가다 보면 거의 무한 탐색에 빠진다. 이 어디까지 신경 써야 할지 모르지만 그래서 문제라는 것이 아니라 대다수의 경우가 그렇듯 그 시작은 비 방법론적이고 비 객관적인 측면으로 귀결될 수밖에 없다는 게 문제다. 결국, 달갑지 않은 가설연역주의나 반증주의가 재림하는 셈이다.

L1 조직기가 아닌 개인기에의 종속이다(개인기에는 소규모 팀플레이도 포함된다). 조직기는 핵심 역량이 기업에 녹아 들어가 있음을 의미하기에 시스템화와 궤를 같이한다.

　　아무튼 봐라. 이와 같은 이유들 때문에 대기업과 창의성은 본질적으로 상생하기 어렵다. 그렇다면, 최고위 경영층이 마음먹고 '오케이, 특공대 꾸려. 시간 많이 줄 테니 마음껏 빈둥빈둥 거리며 소신대로 해보라고 해'라고 등 두드려주면 본질적 한계를 극복하고 성공할 수 있을까? 쩝, 설사 그렇게 기회를 줘도 총수 혹은 경영진 또한 인간이기에 오랫동안 기다려주지 못하고 변덕을 부리게 된다. 한 입으로 두 말한다는 건데 이 역시 어쩔 수 없는 인지상정이다. 모 통신사의 대표적 사례도 있잖아? 'HCI(Human Centered Innovation) 그룹이란 조직을 만들어서 수천억 원을 투자하겠다.' 하지만 다음 해에 즉시 말을 바꿨지. 예산, 조직 규모 모두 축소(누누이 이야기하지만 뭐 문제만 생기면 턱 하니 조직을 만들어 알아서 하라고 하는 거, 정말 큰 문제다). 사람이란 게 본디 하루 기다려줬을 때, 한 달 기다려줬을 때, 1년 기다려 줬을 때, 10년 기다려 줬을 때 상대방에 대한 마음가짐이나 신뢰도는 달라질 수밖에 없거든. 당연히 아무런 성과 없이 시간만 질질 끌수록 '이것들 닭짓 하는 거 아니야?', '돌대가리 아니야?', '사기 치는 거 아니야?' 이런 생각들을 떠올리게 된다. 그런데 창조물이란 건 시간이 오래 걸릴 수도 있는 만큼 언제쯤 유종의 미를 거둘 수 있는지 장담할 수 없다. 반대로 단숨에 튀어나올 수도 있는 게 창조물이다. 또한, 안 나오건, 오래 걸리건, 단숨에 튀어나오건, 그 원인을 명확히 규명할 수 없는 게 창조물이다. 고로 한번 대박 난 사람이라고 해서 훗날 대박 날 거라는 보장은 없으며, 여태껏 단 한 차례의 성과도 없었다는 이유로 그 누군가를 무작정 무시할 수도 없는 노릇이다. 그럼에도 불구, 노하우니 경험이니 어쩌고저쩌고 하면서 대박 났던 자는 '또 한 번'이라는 기대를 한몸에 받는다. 하지만 역시나 여지없이 말아 먹고 말지. 그 어떤 도메인에서나 쉬 볼 수 있는 우스운 현상인데, 이 역시 인지적 편향이다. 자, 어찌 됐건 총수가 마음 수련을 통해 대오각성하여 기다림이라는 기적을 일구어냈다고 치자. 그러면 문제가 해결될 수 있을까? 역시나 '아니올시다'이다. 이유인즉슨, 제아무리 총수라 해도 요즘 세상에 무작정 종업원들을 억누를 수는 없는 노릇이다. 최소한 정도 경영이니 시스템이니 프로세스니 하는 그럴듯한 변명이 있어야만 무마시킬 수 있다. 바로 여기서 공정한 절차(fair process)의 문제가 발생한다. 즉 극소수 특공대원에게 고액 연봉과 기존 업무로부터의 자유를 부여한다면, 나머지 절대다수는 불만을 품게 된다. 물론 정당한 불만도 있을 수 있으나, 역시나 여기엔 인간의 본성인 시기심이 발동한다. 그렇기에 제아무리 선발 과정이 공명정대해도 이같은 문제는 필연적으로 발생할 수밖에 없다. '저 인간이 뭐 잘났다고 저렇게 대접해주나? 대체 난 뭔가?' 제외된 자들은 프로세스가 엉망이라며 회사의 불공정 처사에 치를 떨게 된다. 특히 야심 차고 능력 있는 친구들이 더욱더 그러한데, 그 결과 자존감에 상처를 입게 되고, 회사에 로열티가 높았던 이라 하더라도 180도 선대칭 돼 가장 적대감이 높은 사람으로 변하게 된다. 그러고는 부정적인 소문을 사내·외에 퍼뜨린다. 물론 퇴사할 수도 있다. 그러면 비밀 조직으로 갖고 간다. 말도 안 되는 소리다. 이 시대에 가능하지도 않을뿐더러, 밝혀졌을 때의 부정적 후 폭풍은 무엇을 상상하던 그 이상이 될게 자명하기 때문이다.

요컨대 윗 대가리들이 정말 독하게 마음먹고 중심 잡아도, 아래 것들 때문에 제대로 될 수 없는 게 대기업이다. 그러면 전 직원의 특공대화? 그게 뭐 특공대냐 보공대지? 그리고 보공대를 구성했다 치자고. 그렇다면 현재 돌아가고 있는 비즈니스는 어떻게 할 건데? 다들 손 놓고 창조라는 것에만 매달리는 짓은 골로 가는 지름길이다. 이러니 대기업과 창조성은 논리적으로나 현실적으로나 함께 나아가기 어렵다. 하지만 일말의 가능성을 제시하자면, 분사나 협력 업체들을 활용한 이른바 건전한 에코 시스템의 구축을 생각해 볼 수 있다. 거기에 약간의 욕심을 더 낸다면, 우린 타임머신을 타고 가까운 과거로 돌아가야 한다. 그러니까 내가 아까 '향후 고객-기업 간 관계가 어떻게 될 거냐?'라고 문제 제기했었잖아? 그러면서 기업들이 주목해야 할 네 가지 포인트를 이야기했었잖아?

1) 창조적, 파괴적 혁신의 실천
2) 고객 인사이트에 대한 정확한 이해
3) 매력적 상품·서비스의 지속적, 안정적, 효율적 개발·출시 및 판매
4) 자발성에 의거한 고객의 적극적 의사 표현 및 집단 지성·행동 성
   향 예의 주시

그러면서 4)는 일단 보류하자고 했었잖아? 이제 이에 대한 이야기 좀 해보려고. '4) 자발성에 의거한 고객의 적극적 의사 표현 및 집단 지성·행동 성향 예의 주시', 바로 이점에 입각하여 가치 사슬 구석구석에 있어 고객들과 손을 잡아야 한다. 즉, 보편적인 가치 사슬을 상품기획

나는 발가벗은 한 시간 동안 자유로와진다. 그래, 나는 딜레탕트다!

(plan) > 자원조달(buy) > 제조/양산(make) > 물류(move) > 판매/서비스(sell)로 정의할 경우, 여태껏 고객은 하류인 판매 즉 마케팅 단에 있어 많이 관여됐었는데, 이를 상류로 확장시켜야 한다. 그것이 대형 장비를 필요로 하지 않는 소프트웨어 같은 것이라면, 상품 기획은 물론 제조 단계에서까지도 개별 고객을 활용할 수 있어야 한다. 경우에 따라 바보일 수도, 사기꾼일 수도 있고, 상대적으로 주인 의식이 미흡할 수밖에 없는 고객들이기에 통제와 예측 가능성의 난이가 존재하긴 하나 관련 사안의 본질과 인간의 본성을 복합 고려할 경우, 결국 이 방법밖에는 없다. 창조의 원천을 외부 의존적으로 갖고 가야 하고, 내부적으로는 이들과의 소통과 관계되는 부분을 제외하고는 엄한 짓 하지 말고 늘 하던 일을 해야 한다. 그러면서, 동일한 녀석이 동일한 프로세스를 타고 동일한 일을 하더라도 뜬금없이 창의적 제품 혹은 서비스가 튀어나오게 되는 '우연'이란 게 있긴 하니 이를 기대해야 한다. 바꿔 말하면 조직 내, 외부적 포트폴리오를 잘 갖고 가라는 건데, 물론 이는 대기업 유지를 전제로 하는 말이다. 그렇다면 어느 규모의 조직까지 창의성 발현이 가능할 것인가? 그건 나도 잘 모르겠다. 그렇게 계량으로 재단하려 하지 마라. 그것 자체가 창의성과 담을 쌓는 행위이다. 내 목놓아 외쳤지만, 측정이 된다는 것은 함수화가 가능하다는 것이고, 함수화가 가능하다는 것은 예측할 수 있다는 것이고, 예측이 가능하다는 것은 준비할 수 있다는 것이다. 하지만 창의성은 절대 그렇지 않다. 창의성은 양자 물리학과 같다. 그 점에서 아인슈타인에 맞짱 뜨게 된다. '신도 주사위 놀이를 좋아한다.'

마무리 차원에서 창의성이 아닌 의사(擬似) 창의성 실현 방안. 바로 삼성식 전략이다. 여기서의 삼성이란 위에서의 삼성과 달리 대한민국 굴지의 기업 삼성을 말한다. 이른바 양 지향, 소위 돈 지랄, 가능한 모든 포트폴리오 갖추기 전략. 하지만 우린 이를 무작정 비난해서는 안 된다. 반복해 말했듯 창조물이란 우연성의 산물이고 확률의 산물이기에 능력만 된다면 고려 가능한 모든 분야(아이템이 아니라 '분야'다. 즉 구체물이 아니라 '범주'다)를 다 질러 보는 게 효과적일 수도 있다. 좀 추상화시켜보자면 '생성'의 문제를 '선택'의 문제로 변형시켜 보자는 거다. 가령 분야라는 게 열개 있다면 이 중 아홉, 여덟 개는 실패하고 한, 두 개만 성공해도 되는 거다. 그런데 이를 위해서는 그 기저에 수많은 인력과 시간, 자원 투입 등에 따른 막대한 돈이 필요하긴 하다. 여하튼 이렇게 하다 보면 100% 보장은 못 해도 외부에서 볼 때 창의적 제품이 지속적, 안정적으로 나오는 것으로 체감될 수는 있다. 사실 체감만 그런 게아니고 실제 지속적으로 나오는 게 맞을 수도 있는 거고. 어떻게 보면이것이 여타 다른 기업, 심지어 애플까지도 따라올 수 없는 삼성만의 핵심 역량일 수 있다. 고로 다른 건 다 손가락질하더라도 이점만큼은 삼성을 절대로 비난해서는 안 되며, 오히려 부러워해야 한다. 자, 그럼 최종적으로 정리 한번 해보자. 창의성, 그러니까 '어떻게 대기업이 창의적제품을 꾸준히 내놓을 수 있을까?'라는 질문에 대한 답은 다음의 3개로설명될 수 있다.

1) AtoZ형. 삼성처럼 돈으로 승부해라. 비록 장르 메이커가 될 수없다는 근원적 핸티캡은 안고 있다만.

2) 가치 사슬 전반을 위한(특히 상류 쪽) 에코 시스템을 제대로 구축하라. 벤처 기업 등 조직뿐 아니라 이율배반적이자 실존적 존재자인 소비자 개인 수준까지도 편입시켜서. 블랙박스가 때려죽어도 블랙박스라면 어쩔 수 없는 노릇 아닌가? 기저의 작동 기제가 아닌 현상에 의존하는 행동주의적 접근을 견지할 밖에. 적어도 그 주체가 아카데미가 아닌비즈니스 상에 존재한다면 말이다.

3) 실상 2)항에서 새끼 친 것으로 볼 수 있긴 한데, 분사시켜라. 전 직원이 서로 잘 알 수 있고 관리의 부담을 최소화할 수 있는 규모로. 인간 본성상 이질적 계급보다는 동질적 계급에서, 이방인보다는 친인척에서 시기심이라는 게 더 많이 발동되긴 하지만 이때는 소규모 조직만의 특성이라 할 수 있는 감성이나 소위 '유도리'로 터치해야 할 것이다. 즉 논리니 규율이니 프로세스니 하는 것들이 아니라 술과 눈물과 족구가 그 대안이 될 수 있다.

자, 이제 마지막으로 비즈니스 삼위일체의 세 번째 축, 컨설팅이다. 컨설팅은 경영학의 속·특성을 머금고 있으며, 기업의 상황을 제대로 알아야 한다고 말했다. 그러나 액션은 기업의 그것과는 달라야 한다고, 아니 다를 수밖에 없다고 이야기했다. 이제 이를 언급하면서 비즈니스 삼위일체에 대한 어쩌면 강박일지도 모르는 글쓰기 작업을 갈무리 짓도록 하겠다. 내 마음대로 될는지 잘 모르겠다만. 아, 아무래도 괜히 시작한 것 같아. 이게 웬 생고생이야?

아까 언급되었던 삼성: 구체성, 창의성, 도덕성. 여기서 도덕성은 일반 기업에서 요구되는 그것과 별반 다를 게 없고, 창의성은 결국 기업이 원하는 창의성 파트너 중 하나가 되어야 한다는 것으로 갈음될 수 있다. 여하튼 이 창의성에 관한 한, 컨설팅이 기존에 추구해왔고 누적해 왔던 그런 류의 역량, 즉 논리니 분석이니 하는 것들과는 사뭇 다른 것들이 요구되기에 실질적 정체성 변화는 이러한 역량들을 대체하기 위한 구체성까지 수반되어야 유의미하게 이루어질 수 있다. 노파심에서 한 번 더 이야기하자면 경영학의 제반 문제는 이들에게도 그대로 적용되나, 동어반복이니 언급을 아니하는 거다. 그러니 착각하지 말기를.

구체성은 둘로 나뉜다. 협의의 구체성과 실행. 바로 이것이 실질적 정체성과 연계된다. 여태껏 정통 컨설팅에 있어 핵심은 전략이었다. 그

리고 그것이 충분히 통했다. 왜? 기업들이 원했으니까(그런데 기업이 그
것을 특정 개인의 야심이 아닌 법인 관점에서 진정으로 원했던 것이고, 컨설팅은
진정성을 갖고 이에 적극적으로 대응해 왔는가? 할 말 많지만, 이는 논외로 하고
논의를 지속해 보자). 그러나 예전과 달리 이제 전략만으로는 기업들의 실
질적 문제를 해결해 줄 수 없다. 단언컨대, 컨설팅에 있어 이제 전략의
시대는 갔다. 전략의 시대는 논리와 분석의 중무장을 필요로 했다. 지금
까지 살펴봤던 연역이니 귀납이니 반증주의니 패러다임 시프트니 이런
수준까지의 디테일한 논리를 의미하는 것은 아니고, 그냥 쉽게 말해 구
조적 사고가 필요했던 것이다. 왜냐하면, 전략이라는 것은 번번이 언급
했듯 방향을 정립하고 거기에 걸맞게 자원을 배치하는 것이기에, 도달
할 위치와 그에 도달하기 위한 길로서 경우의 수만 따지면 됐기 때문이
다. 그리고 그 경우의 수로 설정된 대안 풀들의 장단점을 분석해서 장점
이 단점보다 가장 많은 대안을 선택하면 됐기 때문이다. 그러니까 대안
분류 기준을 잘 설정해서 경우의 수를 MECE하게 잘 쪼개고, 그다음
각 경우의 수를 올바르게 비교하기 위한 팩트 수집 및 분석을 잘하면 됐
다. 그러고 나서 마지막으로 최적 대안 선택! 보다시피 드라마틱한 창
의성을 필요로 하지 않고, 극단적으로 말하면 오로지 사고만 구조적으
로 잘하기만 하면 됐다. 그러나 오늘날의 기업을 볼까나? 귀에 걸면 귀
걸이 코에 걸면 코걸이 같은 전략의 본질을 이제 고객도 알게 됐다. 그
리고 전략이 정말 유의미한 것이라 해도 이미 웬만한 기업에서는 이 기
능을 잘 수행할 수 있는 인력들이 상당수 배치돼 있다. 그런데 그럼에
도 불구하고 비싼 돈 주고 외부에 이 역할을 맡길 이유가 있을까? 혹 있
다면 이는 자신들이 더 중요한 일을 해야 하거나 귀찮아서 주는 것이다
(정치적 이유는 제외하기로 하자). 뭐, 객관적 시각 어쩌고저쩌고 운운하
는 것은 괜한 말이다. 그런데 그렇게 된다면 말이다. 이는 컨설팅 입장

에서 교섭력의 저하를 의미하므로 몸값은 당연히 떨어질 수밖에 없고, 어쩌면 거의 노비 수준으로 전락할 수도 있다. 그렇다면 컨설팅이 예전의 화려했던 시절을 계속 유지하려면? 지극히 상식적인 이야기인데, 이에 대한 답은 기업의 핵심 pain & happiness point에 입각하여 변신을 꾀하라는 것이고, 난 지금 그 이야기를 하는 중이다. 이제 구체적 서비스 이미지의 시대가 왔다. 프로젝트 수주를 원한다면 컨설턴트들은 제안 내용에 다음의 것을 담을 수 있어야 한다. 추상적이고 가치 없는 의사(擬似) 이론과 유리하게 마사지한 사례들, 두리뭉실한 시사점 그리고 있어 보이는 용어나 문장이 아닌, 구체성을 띈 가설적 비즈니스 모델을 담아야 한다. 그래서 다행스럽게도 자연인 고객과 의견합일을 이루게 되면 이를 검증 기반으로(사실 이 방법도 과학적 접근에 대한 흉내이긴 하다) 활용해서, 구체적 모습까지 담긴 서비스 오퍼링을 핵심 산출물로 내놓아야 한다. 이때 유의할 점은 논리의 파괴, 예술적 반영이 있어야 한다는 건데, 이때 고객 설득이라는 곤란을 겪을 수 있다. 주지했다시피 일이 잘 돌아가기 위해서는 아이디어도 그렇지만 자연인 고객과의 소통 또한 잘 돼야 하나, 양쪽 공히 창의성에는 젬병이기 때문에 쉽지만은 않을 것이다. 가령 숫자로 말하기, 과거와 현재에 집착하기 같은 것들 말이다. 고객이나 컨설팅이나 깨긴 깨야 할 부분이나 오랫동안 지속해온 관성이자 습관이기에 역시나 적지 않은 시간이 필요할 것이다. 그런데 컨설팅이 솔직히 이런 류의 일을 잘할 수 있을 거냐의 의문에 대해서는 회의적이긴 하다. 왜냐하면, 그들은 전혀 창의적이지 못한 논리 기계에 불과하기 때문이다. 그런 그들이 창의력을 어느 정도 지닌 인재로 거듭나기 위해서는 역시나 기나긴 시간이 필요할 것이다. 아니, 이건 매우 드물듯한 행복한 경우고, 아마 상당수는 충분한 시간이 부여된다 해도 잔뜩 오염된 상태에서 절대로 헤어나지 못할 수도 있다.

여하튼 컨설팅은 선생님 소리를 듣던 자문가에서 진정한 문제 해결자로 탈바꿈해야 하는데 그 첫 번째 요건은 주지했듯 전략에 대한 미련을 버리고 고객의 창의성 파트너가 되는 것이다. 옵션은 이렇게 구분될 수 있다. 1) 창의적 서비스 혹은 제품에 대한 구체적 아이디어를 제시해 주던지, 아니면 2) 고객사 스스로 창의적 서비스를 지속적으로 만들어낼 수 있는 프로세스를 설계해 주던지, 아니면 3) 고객사의 조직원들에게 창의력을 심어 주던지. 풋, 이 역시 말만 번지르르할 뿐 실속은 전혀 없는 논리적 접근. 1) 창의적이고 구체적인 서비스에 대한 아이디어는 솔직히 컨설턴트에게 언감생심이기도 하고, 설사 있다 해도 그러면 자기가 갑질하지 왜 을질을 하겠어? 돈 때문에? 리스크 때문에? 그리고 2) 프로세스. 창의성에 관한 실질적이고 디테일한 방법론은 절대로 있을 수 없다고 누누이 이야기했었고. 3) 그러면 자연인 클라이언트들 개개인에게 창의력을 심어준다? 이 역시 어림 반 푼어치도 없는 소리지. 본질적으로도 불가능에 가깝지만 설사 가능하다 해도 전자적, 중간자적 능력도 없는 것들이 어떻게 이런 위대한 일을 할 수 있겠어?

L2   창의력 배양을 위해서는 개개인이 가정 등 일 터 밖에서의 시간을 어떻게 보내느냐가 결정적이라 할 수 있지. 즉 창의력을 쌓을 수 있는 다양한 행위가 일상적 삶으로 체화돼 있어야 한다는 건데, 가령 퇴근 후 자발적으로 동기부여가 돼서 인지과학 서적을 파고든다든지 그래야만 가능성의 빛줄기를 일말이나마 볼 수 있는 건데, 그게 사실 굉장히 어려운 일이야. 특히 '자발성'이라는 것과 '동기 부여'라는 거 말이야. 누가 시켜서, 수단적 차원에서 억지로 하면 그 효과는 반감을 넘어 역효과를 야기시킬 수 있어. 이 역시 자존적 동물로서의 인간 본성 때문이지.

나는 발가벗은 한 시간 동안 자유로와진다. 그래, 나는 딜레탕트다!

L1 두 번째는 바로 실행이다. 창의성과 더불은 기업의 핵심 pain point 들 중 하나가 바로 실행력이다. 이게 안타까운 것은, 설사 좋은 아이디어를 갖고 있다 해도 실행이 제대로 되지 않는 경우가 허다하기 때문이다. 가치 사슬의 어떤 포인트에서 왜곡되는지, 대체 왜 그런 것인지 진단하고 처방전만 내놓을 게 아니라 실제 자연인 고객들과 같이 발로 뛰면서 그 해결 과정에 동참해야 한다. 이는 조직의 역량 미흡에 기인할 수도 있으나, 종업원의 동기부여 미비나 불만에 의한 것일 수도 있고, 정치 역학에 의한 것일 수도 있다. 물론 조직 특유의 복지부동 때문일 수도 있다. 이러니 내, 경영학 관련자 중에 그나마 김위찬 교수를 칭찬하는 것이다. 그의 공정한 절차와 티핑 포인트 리더십(tipping point leadership)은 비록 수박 겉핥기식이긴 하나 나름 이 사안에 대한 고민의 흔적이 엿보이긴 한다.

이처럼 기업이 힘들어하는 창의성 기반의 디테일과 실행력 제고를 위해, 이제 컨설팅은 문제 해결자로서 책상에 앉아 폼만 잡던 구태를 버리고 그들의 진정한 파트너가 되어 손발까지 부지런히 움직여야 할 것이다. 더불어 동적이어야 할 것이다. 그래야 살아남을 수 있다. 이쯤에서 스토리의 연쇄 좀 정리해 볼까?

논리는 전략을 잘 짜기 위한 수단이다. ─→

전략은 선택을 잘하기 위한 수단이다. ─→

선택은 선택할 대상이 존재해야만 비로소 존재 의를 지니게 된다. ─→

대상은 사람들의 쾌락을 충족시킬 수 있어야만 존재 의를 지니게 된다. ─→

쾌락은 심리적 사안이기에 한계 효용 체감의 법칙이 적용된다. ─→

시간이 흐름에 따라 저절로 극복될 수 있는 한계 효용 체감의 법칙

이 있지만, 그렇지 못한 한계 효용 체감의 법칙도 있다. −→

비즈니스는 저절로 극복될 수 없는 한계 효용 체감의 법칙에 주목해야 한다. −→

결국, 쾌락의 특히 나선형 쾌락의 문제로 환원된다. −→

현대는 이미 낡아 빠진 쾌락들의 과포화 상태에 빠져 있다. −→

남루한 쾌락의 과포화 상태에서 하루빨리 벗어나는 게 핵심 관건이다. −→

경험했던 쾌락 거리는 이전 대비 그 강도가 훨씬 세져야 한다.

그리고 경험하지 못했던 새로운 쾌락 거리가 창출돼야 한다. −→

전적으로 창의력의 몫이다.

창의력이 제대로 발현된다면…… −→

경험하지 못했던 새로운 쾌락 거리가 창출된다.

그리고 경험했던 쾌락 거리의 강도가 이전 보다 세진다. −→

남루한 쾌락의 과포화 상태에서 벗어난다. −→

저절로 극복될 수 없는 한계 효용 체감의 법칙이 극복된다. −→

사람들의 쾌락이 충족된다. −→

대상이 존재 의를 지니게 된다. −→

선택할 대상이 풍부해진다. −→

선택이란 것이 존재 의를 지니게 된다. −→

전략이 필요해진다. −→

논리가 유의미해진다.

이렇게 되면 선순환 고리가 형성되는 건데 말이야.

아이고, 머리야. 마치 『논리철학 논고』를 보는 것 같구나.

L0 윤동주고 서시고 이젠 더 이상 못하겠다. 처음에야 사드 운운하며

나는 발가벗은 한 시간 동안 자유로와진다. 그래, 나는 딜레탕트다!

거울에, 물 위에 신 나게 마구 휘갈겼지만, 바닥에 때와 머리카락을 일일이 나열했지만, 이제 진저리가 난다. 머리에 쥐도 난다. 토할 것 같기도 하다. 이런 변덕쟁이 같은 이라고! 그로 인한 환기. 대체 왜 난 목욕하러 와서까지 이런 짓거리를 하고 있나? 이건 『이불동 이야기』와 다를 바가 없으니 힘들거나 지치거나 싫증 나면 다른 생각을 해도 되잖아. 철저한 주관의 세계, 내 자유 아니던가? 모든 게 내 마음대로고 내가 곧 신인데 말이야. 되려 이런 모습은 자연스러움과는 거리가 멀잖아. 스스로 판단하기에도 작위적이야. 그런데 보편과 다르다고 해서 모두 다 작위적인 건가? 그렇다면 페티시도 작위적이고, 마이너리티들의, 아웃사이더들의 개성도 작위적이란 말인가? 작위적으로 행동해서 그들이 얻을 수 있는 효익이 뭔데? 그들은 관계적 매저키스트여서 왕따나 편견의 시선을 즐기기에, 그것들이 그들에게 가치 혹은 효익으로 다가오는 것인가? 어이구, 어이구. 대체 이놈의 사고 발산과 내부 분열은 좀처럼 사그라지지 않는다.

L1   사고의 완전 통제는 불가능하다. 잠을 잘 때에도 꿈을, 그것도 수평적으로 여러 꿈을 꾸거나 아니면 수직적으로 층화 꿈을 달고 사니 뇌란 녀석이 쉴 틈이 없다. 적어도 육체가 잠을 자는 순간만큼은 녀석도 잠을 잤으면 한다. 꿈 따위를 꾸면서 자신을 혹사해서는 곤란하다. 당사자에겐 미안한 생각이지만 24시간 뺑뺑이는 마당쇠, 즉 심장 하나로 족하다. 마음 같아선 이 친구 역시 쉬게 해주고 싶으나, 이는 곧 존재론적 죽음을 의미하기에 함부로 그럴 수도 없다. 부디 심장이 나의 이 간절한 마음을 헤아려 줬으면. 여하튼 뇌마저 이렇게 혹사하다 보면 내 삶의 종착에 있어 축지법이 발동되지나 않을는지 걱정이다. 흔든다. 머리를. 적어도 자유가 보장되는 상황에서는 그냥 꼴리는 대로 사고해야 한다는 사실은 안다. 그러나……

L2　최근 들어 꿈속에서 꿈을 꾸는 충화된 꿈을 자주 꾸고 있다. 오늘 새벽도 예외는 아니었는데 하나의 꿈속에서 세 가지 테마의 충화된 꿈을 또 꾸었다.

1. 병원과 돌아가신 외할머니 관련

2. 택시 강도 사건. 사당동에서 택시를 탔는데 기사가 이상한 길로 갔고, 도중 2명이 합승했는데 강도 일당이었다. 난 그들에게 질질 끌려 다녔다.

3. 민음사 김수영 전집 산문 248쪽. 꿈속의 꿈에서 본 내용을 아예 외워 버렸다. 왜냐하면, 요즘 충화된 꿈을 자주 꾸는 나이기에 나를 둘러싼 상황과 그 안에서 발생하는 이벤트가 꿈인지 현실인지 확신할 수 없었기 때문이다(희몽이고 악몽이고를 떠나 꿈을 회의한다는 사실은 개인적으로 상당한 비극이다. 영화를 볼 때 '내가 영화를 보고 있구나', 책을 읽을 때 '내가 책을 읽고 있구나'라고 나 자신을 객체화시켜 나의 행위를 바라본다는 것은 소위 문화에 대한 몰입 장애를 의미하기 때문이다. 하물며 오락가락 비몽사몽 상태인 꿈속에서마저 몰입을 못한다는 것은 정말이지 삶의 큰 부분 하나가 송두리째 빠져나가는 것이다).

다시 돌아가서 꿈속의 꿈에서 깨어난 나는 김수영 전집 산문 248쪽을 보았다. 내용이 얼추 비슷한 것 같았다. 나열된 한자도 그런 거 같고. 그러나 확실하게 존재적 현실이라고 인지할 수 있는 그 상위의 꿈에서 깨어난 나는 다시 한 번 확인해 보았다. 꿈과 꿈속의 꿈에선 248쪽이 왼쪽에 있었는데 오늘 아침 내가 존재적 현실에서 확인해 본 결과 248쪽은 오른쪽에 있었다. 물론 내용도 사뭇 달랐고.

L0　귀납 추론에 희망을 걸어본다. 도난에 대한 리스크를 감안해서 구석 자리로 향한다. 먼저 한 켠에 쌓여 있는, 색이 제법 바랜 그리고 가장자

나는 발가벗은 한 시간 동안 자유로와진다. 그래, 나는 딜레탕트다!

리가 너덜너덜한 파란색 플라스틱 대야 겸 바가지를 두 개 챙긴다. 하나는 크고 다른 하나는 작다. 수도꼭지를 큰 각도로 돌려 두 개 모두 '빡빡' 닦는다. 이후 물기를 탈탈 털어 그 중 큰놈 안에 때질 수건, 비누질 수건, 비누, 샴푸, 목욕 가방을 집어넣는다. 이제 투명 목욕 가방 안에는 돌돌 말려진 새 수건만 유일하게 담겨 있다. 녀석은 물 작업 완료 후, 잠시 세상 구경을 하게 될 것이다. 대야 더미 지척의 의자 하나도 집는다. 빨간색인데 색 바램과 낡음은 매한가지이다. 마찬가지로 강력하게 수도를 틀어 '빡빡' 닦는다. 수압 좋은 물은 '꽉꽉' 소리를 내며 맹렬히 튀고, 난 이를 벗 삼아 '쁘드득쁘드득' 문지른다. 이때 비누도 사용된다. 아리땁고 정갈한 젊은 여성도 아니고, 연령을 불문한 남성이라는 달갑지 않은 짐승들이 수차례 사용했던 물품이기에 이를 그냥 이용한다는 것은 곧 자살을 의미한다.

L1   아니지, 혹시 고마우신 정호탕 사장님께서 우수 고객인 나를 위해 서비스 차원에서 남탕, 여탕 의자를 매번 상호 교체해 주시지는 않을까? 그것도 가장 청결하고 아름다운 여성이 사용했던 걸로 말이야. 이를 위해 여탕에는 진작부터 카메라가 설치돼 있었겠지? 과대망상. 순간 그 의자는 존재적으로는 여전하나 인식적으로는 변해버린다. 갑자기 달리 보이는 것이 비접촉식 원격으로 내 엉덩이를 마구 잡아당긴다. 아니야. 낮다 못해 제로와 다름없는 확률에 넘어가선 안 돼! 이건 요즘 너무나 굶주린 너를 향한 세이렌의 유혹이라고. 정신 차려! 난 오디세우스처럼 내 몸을 어딘가에 묶는다. 알고 보니 허공이다. 허공에 묶인 채 대롱대롱 거리고 있다. 아, 허공에도 묶일 수 있구나. 묶임의 효과랄까? 다시금 척력이 작용한다. 세이렌은 열탕에 뛰어들어 죽었다. 그런데 모를 일이다. 고객 서비스 차원이 아니라 사장님의 개인 취향 때문에라도

다른 사장님 몰래 거사를 은밀히 벌일 수 있다. 어쩌면 셔터 내려 껌껌한 목욕탕 안에서 사장 부부가 우연히 마주칠지도 모른다. 현상적으로는 초창기 농심 라면적 상황이다.

"아니 아우, 이 밤중에 왜?"

"아, 형님께 쌀을 갖다 드리려고요. 그런데 형님은 왜?'

"아, 아우에게 쌀을 갖다 주려고."

우애 깊은 형제와 달리 떳떳하지 못한 어색한 만남 속에서 이 부부는 각각 어떻게 대처할 것인가?

LO 게다가 배설물을 분출하는 그 역겨운 구멍과 그대로 접촉하는 불쌍한 녀석 아니던가! 간접 접촉하는 나도 불쾌하지만, 녀석은 또 뭔 죄란 말인가? 손 없는 녀석과 달리 손이 건강한 나는 어린아이 씻기듯 녀석을 씻겨준다. 고마워서 그런 건지 아니면 나의 행위를 애무로 착각해서 그런 건지 녀석은 입을 동그랗게 헤~ 벌린 채 나를 보며 활짝 웃는다. 하도 크게 웃어 눈은 사라지고 예의 그 동그란 입만 남는다. 순진한 녀석, 그간 수많은 경험을 해왔을 텐데 이러고 있는 걸 보니 캉디드 혹은 도리* 같은걸? 뭐, 신참일 수도 있고. 아, 신참은 아니겠다. 좀 낡은 걸로 봐서. 아니지. 사장님이 비용 절감 차원에서 중고를 구입했거나, 아니면 다른 목욕탕에서 슬쩍 집어 온 걸지도. 에이, 중고라면 원래 있던 곳에서 이미 다 경험해 봤을 거 아냐? 그럼 신참이라 할 수 없지. 아니야. 다른 용도로 쓰이면서 낡아졌을 수도 있잖아? 다른 용도가 뭔데? 그게 뭐냐 하면 어, 그러니까……. 억지와 억측의 발산. 물론 내게 박애 정신이

---

* 앤드류 스탠튼 감독의 애니메이션 「니모를 찾아서(Finding Nemo, 2003)」에 등장하는 블루탱 종(種) 물고기. 3초 전 일을 기억 못해 주인공 니모 아빠를 곤욕스럽게 만든다. 2016년 「니모를 찾아서」 시리즈의 후속으로 「도리를 찾아서(Finding Dori)」가 개봉될 예정이다.

나는 발가벗은 한 시간 동안 자유로와진다. 그래, 나는 딜레탕트다!

란 게 있긴 하지만 넌 곧 네 얼굴을 내 엉덩이에 밀착해야 할 거야.

구석에 자리를 마련하고, 이제 본격 작업을 위해 몸을 돌려 샤워기로 향한다. 갓 깨끗해진 바가지 속에는 비누와 비누질 수건이 담겨 있다. 목욕탕 내에서는 내 자리와 샤워기 간의 거리가 가장 멀 수밖에 없다. 대각선의 끝과 끝이니 말이다.

"착.착.착."

물기 찬 발이 물기 고인 바닥을 몇 차례 밀어내자 내 몸은 어느덧 샤워기 앞에 위치한다. 오른쪽에는 차가운 물, 왼쪽에는 뜨거운 물을 나오게 하는 수도꼭지들이 박혀 있다. 이들을 적절히 배합해야 적정 온도를 맞출 수 있다. 잘못했다가는 오한이 일어날 수도 있고, 경우에 따라 화상을 입을 수도 있는데, 설사 감기에 걸린다 해도 전자가 낫긴 하다. 두 꼭지 틀기를 위한 타이밍의 미학 없이 단일 꼭지 회전만으로 어떻게 좀 안 되려나? 회전 방향은 역시나 오른손잡이에게 편리한 구조이다. 손을 살짝살짝 넣었다 뺐다 넣었다 뺐다 하며 온도를 확인한다. 수차례 반복 끝에 내 몸이 만족할 만한 온도에 수렴한다. 한 스텝 밟아 가느다란 폭포 줄기 속으로 들어간다. 이제 몸 전체가 물줄기를 느낀다. 환경에 적응하기 위해 빛을 끈다. 깜깜하다. 정말이지 아, 이 순간만큼은 너무 편안하다.

눈 위 근육이 찌그러진다. 비누질할 때나 머리를 감을 때, 그리고 세수할 때면 저절로 인상이 구겨진다. 이 모습이 과연 어떠할까? 두 개를 동시에 조망한 적은 없지만, 똥 쌀 때 표정과는 사뭇 다를 것이다. 비누질하거나 머리 감을 때에는 상대적으로 힘이 많이 들어가지 않으니까 말이다. 수많은 물줄기가 머리를 때리며 눈을 타고 흘러내린다. 그러니까 이 맥락에서의 인상 씀이란 현상은 물의 두부 가격과 눈 후비기, 그리고 내 손놀림에 따른 압착에 기인하는 것이고, 후자, 즉 똥 싸기 맥락에서의 인상 씀이란 순간 엄청난 힘의 추진 시도에 기인하는 것이다. 그러니 같은 인상 쓰기여도 상황에 따라 다르게 나타날 수밖에 없다. 뭐, 둘 다 지 몸 깨끗해지기 위한 몸부림이라는 것은 매한가지이긴 하다. 거울이나 광택성 물질을 매개 삼아 확인한 것은 아니지만 체감되는 근육의 움직임을 통해 표정이 적잖이 일그러져 있음을 자각한다. 일종의 촉각을 통한 시각화라 할 수 있겠다. 이게 일반화되고 수많은 세월이 흐른다면 아마 감각 기관의 선두 주자, 인류의 눈은 퇴화되겠지? 고로 눈은 자신의 행복한 노후를 위해 미리미리 다른 역할을 찾아야 할 것이야.

"쏴아~!"

"부시럭."

"덜컥."

"싹싹싹싹."

"긁긁."

"팍팍팍팍."

어두움 사이로 다양한 음향들이 순차적으로 출현해 중첩된다. 빛이 없으면 깜깜해진다. 깜깜함의 경계는 어디부터 어디까지이며, 그 모양은 어떠한가? 원형? 사각형? 전제는 무한 공간. 아니, 빛이 100% 완벽히 차단됐는데 무한이고 유한이고 무슨 상관? 혹 지각의 주체가 이동 중이라면 모를까, 정지해 있다면 전혀 상관없잖아? 그리고 설사 이동이 있다고 해도 시각에 직접적 영향을 미치는 것은 없을 텐데? 어떤 음향은 도중에 사라지기도 한다. 이 와중에 예상보다 따갑지 않은 거품의 틈으로 거울을 살짝 들여다본다. 얄쌍하게 뜬 두 눈은 거품의 심리적, 육체적 무게로 파르르 떨리며 진동한다. 손님은 오직 나 하나뿐이고 물을 튼 지 얼마 안 됐기에 아직 거울에 김이 두껍게 서리진 않았다. 역시 근육 움직임의 느낌 그대로 내 얼굴은 예상한 모습과 상당히 흡사한 형태

나는 발가벗은 한 시간 동안 자유로와진다. 그래, 나는 딜레탕트다!

로 일그러져 있다. '쏴아~!' 소리가 원체 압도적이라 병행되는 나머지 소리를 거진 다 삼켜 버린다.

물과는 다른 보다 질퍽한 것이 손 마디마디, 머리와 이마를 통해 감지된다. 일부는 눈과 코와 입을 지나 턱으로 향하고 있다. 앞이 깜깜하다. 아무것도 보이지 않고, 약간의 빛 기운만 느껴질 뿐이다. 머리 감을 때만큼 시각이 제 역할을 수행하지 못할 때가 있을까 싶다. 기껏해야 불 끄고 잠자리에 누웠을 때 정도? 고로 이 순간만큼, 주된 감각은 시각이 아닌 청각이다. 축하한다, 청각아. 파이팅, 귀야. 기득권층이 엎어진 것 같아서 이 순간 나도 기쁘다. 가만, 내 콤플렉스나 시기심이 유독 심한 걸까? 왜 전복을 환영한다지? 아니다. 전자는 맞을 수도 있지만, 후자는 그렇지 않다. 새로 권력잡은 이를 난 지금 진심으로 축복하고 있지 않은가? 더군다나 감각의 우선순위를 정할 수 있다는 점에서 난 다른 차원의 신이 된 것 같다. 물론 추상적으로 사고할 수도 있기에 나를 지배하는 것은 시, 청각 모두 아닐 수 있다. 생득적이지만 별로 활용이 안 된다고 착각하는 또 다른 무엇일 수도 있다.

L1 헤어림의 홍두깨에게 잘려나갈 때와는 달리 무언가를 분명히 느꼈다. 모즈 헤어 켈리 지점장의 가위 놀림이 내 왼 귀 위에서 사각거리고 있을 때 정말이지 소름이 쫘악 끼쳤다. 가슴도 콩닥콩닥 뛰었다. 두 눈을 감고 있었다. '아, 이거 내 왼 귀에 뭔 일 생기는 거 아니야?' 시종일관 긴장했으나, 다행히 아무 일도 없었다.

그러나 안심은 금물, 사건은 이내 터지고 말았다. 작은 체적이지만 오른 귀의 윗부분이 잘려나갔고 순식간에 내 귀는 피로 얼룩졌다. 전율이 일었다. 미용사 켈리에 대한 분노도, 피를 본 두려움도 아니었고, '어떻게 나는 이 사건을 몸으로 예측할 수 있었는가?'라는 데에 기인한 전율이었다. 분명히 무언가가 있긴 있다. 이게 바로 육감이라는 거다. 이 육감을 기존하는 오감처럼만 활용할 수 있다면, 즉 통제할 수 있다면 인간의 감각, 지각의 지평은 한결 넓어질 거고, 따라서 인식의 범위, 경험의 범위도 한층 광활해질 것이고, 급기야는 세상이 뒤바뀌거나 혁신적으로 진보된 멋진 신세계를 창출할 수도 있을 것이다. 물론, 신 또한 새로운 음모를 꾸미겠지?

L0   수도꼭지를 반대 방향, 동일 각도로 돌리고 역시나 두 손의 도움으로 머리카락을 이마 아래에서부터 위로 넘기며 눈을 뜬다. 나임이 확연한 얼굴이 나를 바라보고 있다. 이번엔 거울에 김이 약간 서려 다소 희끄무레하다. 물에 흥건히 젖어 누워 있던 머리칼들이 삐죽삐죽 일어설 기미를 보인다. 일어선다. 아래 것들부터 윗것들까지 순식간에. 오른손 주먹을 쥐고 가위바위보 자세로 도장 찍듯 거울에 자욱을 남긴다. 그리곤 오른손 검지로 그 위에 다섯 개의 점을 찍는다. 왼쪽부터 데크레센도 스타일로. 익명의 애기 발 출현. 귀엽다. 발 도장 찍는 도중, 배에서 소리가 난다. '꾸르륵'이라는 익숙한 소음, 즉 의성어가 아니라 '마이 보이'라는 의미를 지닌 소리이다. 그것도 볼륨이 제법 크게. 만일 인류가 무리를 이루던 극 초기부터 입을 먹는 데에 쓰고 배를

L1   엄밀히 말하면 뱃가죽은 껍질에 불과하고 발음의 주역은 위(胃) 등 내장이 된다. 그러니까 이제는 내장들도 신체 오퍼레이션 기능에만 집중하는 데에서 탈피, 타자와의 상호작용 용도로도 활용되는 멀티 플레이어가 되는 것이다. 그러면 소화 시키기와 재즈 노래 부르기가 동시에 이루어질 수 있을까? 초기에는 어렵겠지만, 노력을 전제로 세월이 흐른다면야 가능하지 않겠어? 그렇담 라마르크의 용불용설에 따라 위의 형

상이 달라질 수도 있겠군.

LO 말하는 데에 썼다면, 지금 모든 사람이 배로 말하고 있지 않을까? 의도
는 전혀 없었으나 분명히 '마이 보이'라 했겠다? 부디 자유자재로 컨트
롤할 수 있음 좋겠다. 그렇게 된다면 입의 용도는 먹기와 토하기가 주가
될 것이고, 요즘 TV 방송에 만연하는 오디션 프로그램을 보면 출연자
들 모두 배를 까놓고 배꼽을 노출한 채 노래할 것 같다. 그러면 배를 클
로즈-업 해줄 텐데, 감정에 푹 빠진 배는 어떤 모습일까? 이때에는 어
쩔 수 없이 카메라를 얼굴로 옮겨야 하나? 아니면 두 개를 같이 잡아야
하나? 아무래도 감동하였음을 보여주기 위해서는 얼굴을 주로 잡을 수
밖에 없겠지? 정명화의 첼로 연주 실황 중계를 봐도 첼로 단독 장면보
다는 얼굴 장면과 첼로-얼굴 동시 장면이 많이 나오니까. 아닐까? '오
랫동안'이라는 전제가 있으니 뱃살의 움직임에도 충분히 감정이 살아
있을 수 있고, 이미 사회 문화 전반으로 배 권하는 사회가 형성됐을 수
도 있다. 그러니 내 추측은 잘못된 것이다. 환경은 고정됐음을 전제하고
개체 자체의 변화에만 초점을 부여했으니 말이다.

늘 느끼지만, 첼로는 참으로 섹시한 악기다. 엄밀히 말하면 섹시함
을 조장하는 악기다. 다른 관점에서 피아노도 섹시하기는 매한가지다.
전자가 메이저러티적이면 후자는 마이너리티적이다. 따라서, 후자가 섹
시한 이유는 아마 이에 해당하는 소수만이 이해할 수 있을 거다.

며칠 전이었다. 당연히 그날도 꿈을 꾸었다. 그 꿈속의 세계는 완전
히 비현실적인 세계였다. 그 안에서 또 꿈을 꾸었다. 그 꿈속의 세계는
현재 나의 환경, 자원들로 이루어진 지극히 현실적인 세계였다. 만약 거
기서 한 단계 더 깊은 꿈을 꾸었다면 진동이 발생하여 다시 비현실적인
세계에 다다랐을까, 아니면 나의 이 짓거리가 그저 무모한 룰 세팅 시도

였음을 깨닫게 되었을까? 전자라면 검증 차원에서라도 그 안에서의 꿈의 결과가 다시금 궁금해질 것이고, 후자라면 무모함을 인정하고 돌아섰던 내 발걸음이 다시 내 몸통을 멈칫하게 만들 것이다. 그런데 만일 거기서 또 한 수준 깊이의 꿈을 꾼다면 오줌이 마렵거나 아니면 꼬추와 관련된 다른 이유로 잠에서 깨어날 것 같다. 따라서 그 이상의 인지적 노력은 나의 머리와 몸뚱어리가 원치 않을 것이다. 잠 세상에서만이라도 좀 노곤함을 덮어 버릴 수 있도록, 어여 처리하고 완전 타 차원의 꿈을 꾸라고 말이다.

L1   그가 말했다.

"어떻게 댁은 오줌을 연상하면 오줌을, 똥을 연상하면 똥을 쉽사리 쌀 수 있는 거죠? 그건 때가 돼 육체적으로 마려워야 가능한 거 아닌가요?"

무척이나 신기해했다. 하나 내게는 꼬꼬마 시절부터 형성된 일종의 산출규칙이었기에, 오히려 그런 질문을 한다는 사실이 더 신기하게 느껴졌다. '본디 마음과 몸은 하나이거늘, 마음만 먹으면 다 되는 거 아닌가? 다른 사람들은 그렇지 않다는 건가?' 그러니까 남들이 유통만 할 수 있다면, 난 제조와 유통 모두 할 수 있는 셈이다.

L0   역시나 오줌이란 말을 수차례 되뇌었기 때문일까? 어딘가 씰룩쌜룩 조짐을 보이더니 달갑지 않은 일이 발생했다. 마렵다. 오줌이. 마음의 강요 때문인지 자연스러운 타이밍인지 지금 무척이지 쉬를 하고 싶다. 하지만 당황스럽지는 않다. 이전에도 여러 차례 경험해 봤었고, 지금 이곳에는 오직 나 혼자만 있으니 말이다. 문가로 다가가 현관을 바라본다. 아무도 없다. 귀를 쫑긋 세웠으나 현관 밖에서 다행히 아무런 인기척도

감지되지 않는다. 다시 샤워기 앞으로 돌아온다. 두 꼭지를 돌린다. '쏴아' 소리와 더불어 강력한 물줄기들이 또다시 나를 때린다. 물의 뭇매를 체감하며, 얼굴을 위아래 혹은 아래위로 문지르며 쉬를 때린다. '푸루푸루푸루푸루' 소리가 난다. 아무도 없으니 맘 편히 신 나게 갈긴다. 뜬금없이 「Just a Gigolo」가 흥얼거려진다. 역시 새미 해거보다는 데이비드 리 로스가 반 헤일런의 리드 싱어로 제격이다.

콧소리로 음정만 흥얼거린다. 가사를 잘 모르기 때문이다. 영어이기 때문이다. 한국에서 태어났기 때문이다. 더불어 영어를 하찮게 여겼기 때문이다. 하지만 춤이란 언어에 의해 촉발되는 게 아닌 법, 콧노래에 맞춰 엉덩이 또한 흔든다. 얼굴 문지르기를 잠시 멈추고 살짝 내려다보니 인식적 가늠이 쉽지 않은 초미세의 시차를 두고 꼬추가 엉덩이의 운동을 좇아간다. 그러다 보니 종속체의 종속체가 돼버린 오줌 줄기는 독립성의 희석화로 갈팡질팡 헛갈려 하고 있다. 재밌다.

엉덩이 정지. 샤워의 물줄기가 제법 세지만 꼬추로부터 발산되는 물줄기 또한 이에 못지않다. 내겐 아직 튼튼한 개구쟁이 어린아이처럼 내뿜는 힘이 충분히 있음이다. 두 방향의 물줄기가 수직을 이루며, 무수한 직각 다각형들을 찍어낸다. 만일 오줌싸기와 관련된 이 옵션을 포기했더라면, 난 탕 문을 '드르륵' 열고 마룻바닥 위에 몇 조각의 물 뭉치와 서린 김을 남기며 또 다른 문을 '삐걱' 열고 냄새 그윽한 화장실에 들어서야 했다. 거기서 온몸에 물기가 잔뜩 묻어 서늘함을 느끼며 선 채 좌변기에 볼일을 봐야 했다.

L1   예전 화장실에는 쭈그리고 앉아 잘 조준하여 큰일을 봐야만 하는 동그란 구멍이 있었고, 악취를 무릅쓰고 얼룩진 구멍 안을 들여다보면 그렇고 그런 덩어리들이 질퍽하게 쌓여 있었는데, 이것을 복개해준 것만

으로도 정호탕 당국이 얼마나 고맙던지. 정호탕이 고객 관찰에 입각한 인사이트를 발휘해서 이 핵심 pain point들을 해결해 주었기에, 이곳을 애용하는 수많은 고객은 가치를 크게 체감할 수 있었을 거다. 특정 고객이 아니라 보편 고객에 대한 공통성(commonality)일까? 나 같은 사람이 많을까? 만일 그렇다면 이것이 진정 가치 혁신이다.

L0 볼일을 다 본 후 왼편에(오줌 싸기가 아닌 똥 싸기였다면 오른편이었을 거다) 마련된 줄을 위에서 아래로 당겨야 했다. 그러면 거센 물살이 몰아쳤을 거고, 이로 인해 누리끼리 배설의 흔적은 사라졌을 것이다.

L1 B가 화장실에 들어갔는데 그의 입장에서 누군지 모를 A의 똥이 남아 있는 것을 발견하고 그냥 돌아서는 그 순간 C가 들어 왔다.
그럼 C는 문제의 똥을 싼 이가 누군지 모를 A라는 사람으로 생각할 것인가? 아님 B라고 생각할 것인가?
괴로움에 돌아선 B가 막 들어서는 C와 맞닥뜨릴 때,
결백하기에 당당하게 바라볼 수 있을 것인가? 아님 '저 새끼 분명히 내 똥이라고 생각할 텐데'라고 지레짐작하고 고개를 숙일 것인가?
마지막으로 똥 싸고 물을 내리지 않은 장본인 A는 누군지 모를 B와 C에게서 발생할 수도 있는 이런 류의 일을 상상할 것인가? 아니면 물을 내리지 않은 사실을 망각할 것인가?

사람이란 모름지기 쉬, 응가 할 때 많은 생각을 하게 된다. 그 사유의 발로는 분명히 의식적인 논리 과정으로 설명할 수 없다. 그냥 공리나 우주처럼 까닭 모를 발로에서 비롯되는 경우가 허다하다. 그러니 인과율 지상주의의 세상에 사는 사람으로서 답답하기가 참으로 그지없다.

모르건 몰라도 라이프치히 서클에서 하이젠베르크와 카를 프리드리히와 대화를 나눴던 그레테 헤르만도 마찬가지의 심정이었을 거다. 지극히 주관적인 표현을 쓰자면 이 역시 꼬추 간지러움이다. 자꾸만 되풀이되지만 「마이너리티 리포트」처럼 처음은 미신스럽건 아니건 간에 그냥 받아들이고, 그다음이 돼서야 스스로 문제를 진단하고 답을 내리는 과정에서 논리라는, 지금은 어쩔 수 없이 떠받들어야 하는 그 형식 체계를 도입할 수밖에 없다. 이른바 가설연역주의 혹은 반증주의. 이 모순 아니던가? 아니, 그 잘난 과학적 접근의 근원도 알고 보면 신비한 마법이 아니던가? 아직은 어쩌면 과학이 숨 쉬는 한 영원히……

L2　　　우주도, 생명도 마찬가지로 그 기원을 도무지 알 길이 없다. 어쩔 수 없이 비겁하게 신을 찾게 될 뿐이다. 칸트의 말처럼 말이다. 씨에서 뿌리를 내려 줄기가 뻗고 가지가 뻗고 꽃과 잎이 피고 지는 계(系) 안에서만 살아가는 존재자는, 땅이 파이고 씨가 뿌려지고 흙이 덮이고 첫 번째 물방울이 뿌려지는 그러한 차원이 다른 계(系)에 대해서는 제대로 상상할 수 없으리라.

　　1. 시간이 과연 독립변수가 될 수 있을까?

　　그에겐 힘이 없어 안 된다. 공간과 마찬가지로 단지 다른 양태를 지닌 가능성의 무대만 제공할 뿐이다. 여기서 의미하는 힘은 「강원도의 힘」(망각의 힘)의 그것과는 분명히 다르다. 돼지가 우물에 빠졌다. 정말 확률도 낮을뿐더러 녀석의 몸부림을 보기 위해 수많은 사람이 우물가로 몰려와 고개를 쭈욱 내밀고 그 안을 들여다본다. 하지만 소식 듣고 찾아온 때는 이미 늦은 순간이다. 돼지는 몸부림치다가 진작에 익사했고, 볼 수 있는 것은 물 위에서 투명하게 흔들거리는 자신들의 모습이다. 「돼지가 우물에 빠진 날」은 바로 그런 의미이다. 무언가 특별한 줄 알고 부산 떨며 살펴봤더니만 결국은 내가 보이고 또 네가 보이는 지극히 평범한 일상이라는 거.

L3 내게 있어 일상이란 그 어떤 것보다도 중요한 것이며, 실상은 특별이란 것을 일상화시키는 것이 곧 나의 꿈이기에 특별하기도 합니다. 그렇기에 하나의 특별을 일상화시켰다면, 또 다른 새로운 특별을 찾아 길을 나설 것이고, 뒤이어 그 특별함을 일상화시키기 위한 노력을 시도하겠죠. 요컨대 인생이란 특별함을 일상화시키며 순환 전진하는 일종의 나선형 운동인 것 같습니다. 하지만 종국에 찾아오는 특별함이 내가 잊고 지냈기에 특별함이란 이름을 붙여줄 수 있었던 과거의 소소한 일상이었다면 인생은 나선형 운동이 아니라 '도넛 상에서의 맴돎'이라는 게 보다 적합한 표현이 되겠죠. 그런데 일생을 구성하는 환경과 자원들은 단수가 아닙니다. 복수로 구성되어 있죠. 즉 경우에 따라 상황에 따라 어떤 것은 나선형이고 어떤 것은 도넛일 수 있으며, 어떤 것은 스크류바일 수 있는 것입니다.

일상이란 참 재미있는 소재거리입니다. 단편 영화에서 일상이란 단골 소재입니다. 단편 영화에서 일상이란 일상이란 말이죠. 하지만 장편 영화, 특히 메이저급 영화에서 일상을 다룬다면 이는 특별한 경우입니다. 즉 장편에서 일상이란 특별입니다. 왜? 그들에게 가장 중요한 것은 드라마틱한 내러티브, 다시 말해 극적 구조가 스타 시스템 못지않게 상당히 중요한 관객 유인책이기 때문입니다. 좌우 살피면 다 볼 수 있고, 또 내가 경험했거나 하거나 할 수 있는, 너무나 익숙해서 가끔은 일탈해 보고 싶은 그런 일상은 적어도 일상을 살아가는 사람들에게 전혀 매혹적이지 않은 거고요.

나는 발가벗은 한 시간 동안 자유로와진다. 그래, 나는 딜레탕트다!

2. 3층의 무계획과 1층의 무계획 사이에 존재하는 2층의 계획

　　층의 구분은 결과로 나타난다. 결과 이전의 행위는 잘 관찰해보면 두 덩어리로 나타난다. 그래서 층은 세 개인데, 레이블은 두 개다. 1층은 정말 나이브한 것이고 3층은 자동화, 체화되어 있기에 계획하지 않은 상태다. 현재 우리네 세상은 2층에 몰두하고 또 이를 강요하는 세상이다. 객관, 과학, 계량주의, 코딩 등등. 물론 관심에 따라 계단은 수직 수평으로 더 세분될 수도 있다.

　　3. 양자 물리학 특성과 인터넷 특성과의 연결

　　적어도 이 문제를 인터넷에 적용할 경우 난 '리얼'이니 '사이버'니 하는 말을 무척 싫어한다. 사이버는 본디 리얼에 의존적인 개념이 될 수밖에 없는데 인터넷의 실상은 그렇지 않다. 사이버(인터넷)는 그렇게 불리는 그 존재자가 실상은 구현을 위한 '어나더'('디 아더'가 아니다. 또 다른 표상 방식이 개발될 수도 있기 때문이다) 채널이기 때문에 등가일 수밖에 없다. 이때 리얼이라는 개념 역시 수정해야 한다. 굳이 쓰고 싶다면 광의의 리얼을 공간으로 정의하고 협의의 리얼은 도구니 수단이니 채널이니 하는 다른 용어를 사용해야 할 것이다. 각설하고 그나마 타협할 수 있는 온라인 대 오프라인 구도로 본다면(봐라. 이 경우에는 온라인이 주가 되고 오프라인이 객이 되는 느낌이 든다. 어떤 용어를 쓰느냐에 따라 그 무게감이 달라진다. 일관성의 부재인지 아니면 음모인지는 적용자가 잘 헤아려야 할 문제이다). 온라인이 오프라인 쪽을 액면 그대로 모사하고 구현해야 할 이유가 없다. 그것은 오히려 비효과, 비효율을 야기시킬 수 있다. 온라인에는 오프라인이 따라올 수 없는 온라인 고유의 장점이 있기 때문이다.

L1 목욕하는 이 순간 나는 존재와 인식뿐 아니라 인식 내에서도 본 수준과 메타 수준을 넘나들고 있다.

L0 게다가 거기에서는 더러운 개나 소나 다 공유하는 플라스틱 슬리퍼를 신고 문제를 해결해야 한다. 따라서 이건 정말 탕 내 인구 밀도가 높을 경우, 고육지책으로 쓸 수밖에 없는 옵션이다. 물론 옷장의 경우와 마찬가지로 그곳이 여탕 내의 화장실이고, 비치된 이후로 아름답고 깔끔하고 젊은 여성들만 사용했다는 말도 안 되는 우연만 전제된다면 난 당연히 샤워기 아래에서 편하게 쉬하기보다는 귀찮아도 많은 것을 만끽할 수 있는 이 옵션을 택했을 것이다. 그리고 그곳에 머무는 시간은 길었을 거고, 본연의 목적 이외에 파생 목적까지도 달성하고자 몸부림쳤을지도 모른다. 아니 분명히 그렇게 했을 거다.

샤워기 앞에 앉아 오른손으로는 하얀색 아이보리 비누를 쥐고, 오른 무릎 위에는 하얀색 바탕의 양 가장자리에 폭 2cm가량 되는 두 개의 핑크색 줄이 하나씩 길게 그어진 비누질 수건을 올려놓는다. 비누질 수건은 가로로 한번, 세로로 한번 접혀 있다. 길게 양면이 순차적으로 노출되다가 한쪽 면이 오른 무릎 위에 밀착된다. 직후 공기에 맞닿은 면에 비누를 수차례 문지른다. 문지름의 횟수는 카운트하지 않는다. 고로 정확히 몇 회 문질렀는지 알 수 없다. 수건을 뒤집어 똑같은 행위를 한다. 마찬가지로 정확히 몇 회 문질렀는지 모른다. 비누질 수건에 거품이 모락모락 일어나다 급기야 넘친다. 아, 이 은은한 향기~ 있잖아, 난 아이보리 비누 내음이 정말 좋아. 늘 생각하지만, 비누는 영어 같고 택시는 한자어 같다.

비누를 내려놓고 오른손으로 비누질 수건을 잡는다. 이제 본격적

나는 발가벗은 한 시간 동안 자유로워진다. 그래, 나는 딜레탕트다!

인 1차 비누질 시작이다. 목욕의 메이저 프로세스는 1차 머리 감기 −→ 1차 비누질 −→ 때 밀기 −→ 2차 비누질 −→ 2차 머리 감기의 5단계 수미쌍관 구조로 설계되어 있다. 참, 난 세인들에게 있어 '대중탕의 전략 캔버스'로 통할 수 있는 '탕'이란 곳에는 절대 들어가지 않는다. 인쓰들과 시간 누적적으로 물을 공유하는 곳인데, 어떤 놈이 어떤 상태로 들어갔는지 전혀 알 길이 없는 상황에서 대체 내가 왜 들어가겠는가? 게다가 그것들이 그 안에서 뭔 짓거리를 했는지도 모르잖아(수영장도 마찬가지 이유로 꺼리게 되나, 그곳에는 이를 상쇄하고도 남을 멋진 여성들이 함께 하기에……)? 역시나, 그렇고 그런 여자들만의 자취가 있다면 모를까? 여하튼 이 5단계가 인지·인간 공학적으로 최적인지, 그리고 왜 이런 프로세스를 따르게 됐는지 나도 잘 모른다. 다만, 확실한 것은 분석이 아닌 그냥 꼴림에 의거한 것이며, 그것이 수차례 반복되다 보니 마침내 관성화, 습관화 돼버렸다는 사실이다. 때 밀기를 기준으로 한 선대칭 구도라고도 볼 수 있는데, 액티비티만 본다면 맞긴 하지만 활용되는 도구까지 고려한다면 그렇지 않다. 1차 머리 감기에는 비누가, 2차 머리 감기에는 샴푸를 활용하기 때문이다. 비누와 달리 샴푸는 아무거나 쓴다.

난 왼손잡이다. 그래서 비누질은 '고귀한 왼손을 청결하게 만들기'부터 시작된다. 그러니까 왼손 목적화가 왼손 수단화보다 먼저 진행되는 셈이다. 비누질 수건으로 감싸진 오른손은 왼쪽 어깨부터 팔꿈치까지 아래위로 거품을 입힌 채 소프트한 마찰을 일으킨다. 접촉이 용이한 면부터 시작하되, 왼팔 뼈를 축 삼아 왼팔을 반 시계 방향으로 서서히 돌린다. 인간의 팔이 정상적인 경우 360도 회전할 수 없기에 일단 자연스럽게 돌릴 수 있을 때까지만 돌리고 이후는 오른손을 왼팔 아래로 집어넣어 수평 운동을 계속한다. 말이 수평 운동이지 왼팔을 앞으로나란히 자세로 하면 그렇게 되고, 만세 자세로 하면 수직 운동이 되는 것이다. 그러니 이 세상에 절대적인 것은 없고, 상대적인 것만 있다. 그 상대성의 발로도 인과율을 따르지 않거나 사건 같지도 않은 사소한 사건에 좌지우지될 수도 있고 말이다. 하지만 사람들은 절대적인 것, 대칭, 비례, 상징, 뭐 이따위들에 목숨 걸면서 하찮은 것들에도 별의별 의미를 다 부여한다.

어깨부터 팔꿈치까지 완료됐다면 이번엔 팔꿈치부터 손을 대상으로 동일한 행위가 반복된다. 회전 방향이나 오른손을 왼팔 밑으로 넣기 과정도 동일하다. 다만, 팔이 단순한 두 개의 원기둥들로 구성됐다면 손은 한 개의 직육면체와 열네 개의 원기둥을 갖고 있기에 여기선 규칙을 넘어서는 자유도가 존재한다. 큰 수준에서만 지침(guiding principle)이 제시되고, 상세 수준에서는 왼손에 그냥 맡기는 것이다. 즉, 이 열다섯 개의 객체가 비누질 상황에 최적 부합하기 위해 자율적으로 움직이는 그 양태를 그냥 놔둔다. 그들에겐 높은 자유도가 부여됐지만, 오른손과의 협업을 위해 도에 지나친 행위를 하진 않는다.

이제 왼 어깨부터 손까지 잘 닦였고, 탕 한가운데에 있는 공동탕에 오른손으로 바가지를 넣어 물을 뜬다. 팔목이 후들거린다. 젠장, 헬스 다닐 때 손목 운동도 좀 열심히 할 것을. 바가지를 놓칠세라 서둘러 왼 어깨 위에 붓는다. 물은 파열되며 몇 가닥의 흐름으로 갈려 어깨부터 몸을 서서히 감싼다. 주로 어깨에서 손으로 향하지만, 일부는 왼 가슴을 따라 배 한가운데에 있는 홈으로 흘러간다. 재차 물을 뜬다. 의도한 바는 아니었으나 이번에는 아까보다 소량이다. 그럼에도 불구 손목은 여전히 버거워하며 떤다. 다시 한 번 끼얹는다. 길이 트였기 때문인가? 절묘하게도 조금 전과 아주 똑같은 양태로 흘러내린다.

L1   '똑같다'는 내 판단에 대한 오차의 한도는 과연 얼마나 될까?

    나는 발가벗은 한 시간 동안 자유로와진다. 그래, 나는 딜레탕트다!

L0 천장을 째려보는 셈이 된다. 수많은 물방울이 박쥐처럼 거꾸로 매달려 있다. 그 중 머리가 점점 커지던 몇몇 녀석이 수직으로 하강한다. 시멘트 바닥으로 떨어지는 녀석들은 '틱틱' 소리를 내고, 탕 속의 물 위로 떨어지는 녀석들은 '툭툭' 소리를 내며, 내게 떨어지는 녀석들은 '픽픽' 소리를 낸다. 바닥과 나는 고체라는 공통점이 있기에 소리의 구성성분이 비슷한가 보다.

아직 비누질의 1/6만 끝난 셈인데, 벌써 따분하고 졸렵기 시작한다. 기지개를 편다. 내 두 팔은 위로 향하고 고개도 뒤로 젖혀지고, 인상은 입 근처에서부터 구겨진다. 다른 포유류들과 별반 차이 나지 않는 굉음을 내뿜는다. 한숨을 내쉬고 왼손에 비누질 수건을 넘긴다. 이제 오른편이 서비스받을 차례다. 놀아야 한다. 재밌게 놀아야 한다. 이렇게 노곤할수록 아주 아주 재밌게 놀아야 한다.

L1 〔인공지능의 한계 = 논리학의 한계〕

난 강인공지능주의자들의 의견에 동의하지 않지만 강인공지능주의자들의 꿈이 실현될 그날을 위해 살고 싶습니다. 이게 바로 일종의 지향성이고, 이는 알고리즘화가 불가능한 경우의 한 예입니다. 현재 논의되고 있는 인공지능은 마음의 계산주의 관점(혹은 인간 정보처리 관점)에 근거를 두고 있고, 이는 또 논리학에 근거를 두고 있습니다. 그렇다면 논리학이 인간의 모든 것을 표상할 수 없다면, 당연히 거기서 비롯된 현재의 인공지능 패러다임에 내재하는 무수히 많은 한계를 극복하기 또한 어려울 것입니다. 아니 불가능할지도 모르죠.

제 소견으로는 논리학의 한계는 크게 두 가지로 구분할 수 있을 듯합니다. 첫째는 현실에서 통용되지만, 수학(논리학)의 엄격성으로 인해 그냥 대상으로 편입시키지 않은 수많은 반쪽 명제들입니다. 가령 아름다운 사람들의 집합, 키 큰 사람들의 집합 등과 같은. 하지만 이는 응용 목적이고 실질적으로는 퍼지 논리 같은 대안이 있으니까 어느 정도 한계를 극복했다고 볼 수 있습니다. 그리고 사실 인공지능의 한계와 직결되는 부분도 아닌 거 같고요.

문제는 바로 두 번째입니다. 바로 명제의 몰정보성(몰의미성)이지요. 괴델 어르신 같은 경우는 논리학이 구문론이라는 말을 극구 부인했다고 하는데요. 그보다 턱없이 지식이 부족한 나는 아무래도 논리학을 구문론으로 볼 수밖에 없습니다. 아무리 봐도 논리학은 스타일이자 형식이지 의미를 지닌 것은 아니거든요. 만일 형식의 조작만으로 의미의 표출이 가능하다면 제가 말한 논리학의 한계도, 또 인공지능의 한계도 사르르 녹아 버릴 것입니다. 하지만 우리 경험적으로 생각해 보자고요. 가장 쉬운 예로 인지적 편향의 전형적인 예로 나오는 린다의 직업 맞추기를 들어 보겠습니다.

린다는 철학과를 나왔는데요. 페미니즘에도 관심이 많답니다. 반핵 운동에도 앞장섰지요. 자, 이거 보고 질문에 답해 보세요. 다음 중 어떤 것이 가능성이 높을까요?

1. 그녀의 직업은 은행원이어요.

2. 그녀의 직업은 은행원이고, 여성 단체 총무랍니다.

당연히 휴리스틱의 한계를 넘지 못하는 대다수 사람은 지문의 내용(의미) 때문에 2번을 선택하게 됩니다. 물론 우리가 배워 온 논리학에 있어서는 1번이 정답입니다. 이른바 'AND' 조건 때문이죠. 바로 이것이 명제의 몰정보성이라는 겁니다. 인간들은 지문 및 답의 형식을 보고 의사결정을 내리는 것이 아니라, 그 의미, 내용에 더 비중을 두게 된다는 거죠. 자, 우리의 논리학이 과연 우리네 인간처럼 이러한 자연스러움을 실천하는 기제를 만들어 낼 수 있을까요? 우리처럼 의미 때문에 헷갈려서 형식 분석 없이 그릇된 의사결정을 내리게 될까요? 물론 제대로 코딩됐다는 전제 하에서 입니다. 이것이 명제의 한계, 이른바 몰정보성(몰의미성)의 한계입니다. 이 문제를 해결하기 위해 어쩌면 우리는 컴퓨터도 박살 내고 논리학을 '휙' 휴지통으로 던져 버려야 할지도 모릅니다.

L0   내 잠시 사유의 쾌락을 만끽하는 동안 비누 거품은 내 왼다리에 하얗고 투명한 바지를 입히고 있다. 그러면 이제 엉덩이를 포함, 두 다리와 발만 문지르면 인고의 절정인 때 밀기에 돌입하게 된다. 혹시 누락된 부위는 없을까? 인식에서 존재로의 복귀 시 우려되는 문제가 바로 이점이다. 소위 정신 줄이라는 게 다른 세계에 가 있는 동안 존재에서 무슨 일이 벌어졌는지는 사후 추론을 해야 제대로 파악할 수 있다. 물론 내 몸을 100% 신뢰하지 못할 경우이다. 내 몸을 완벽하게 신뢰한다면 사후 추론해야 할 하등의 이유가 없다. 때 수건이 현재 내 신체 어디에 놓여 있는지만 알면 된다. 하지만 그것이 공중을 유영하는 중이라면 벗겨진 때가 어디에 있는지 추가 확인해야 한다. 이미 물을 끼얹어 때가 발견되지 않는다면? 물기가 많은 곳을 찾아야 한다. 물은 아래로 흐르는데? 아니면 피부가 좀 붉게 상기된 부분을 찾으면 되겠지. 젠장, 고만 좀 따져라. 탕 내에서의 답답함은 때 밀기에서 최고조가 되며, 바꿔 말하면 이를 정점으로 점차 완화된다. 참고로 고행 중 고행은 단연 등 밀기. 그렇기에 이것만 끝나면 사실상 모든 게 마무리된 걸로 느껴진다. 나머지는 큰 부담이 없으니까……

L1   '어떻게 계산주의를 초월할 것인가?' 내게 있어 가장 강력하며

지속성이 있는 일생일대의, 훗날 내 후손들도 동의만 해준다면 자자손손 도전하고 싶은, 핵심 질문이다. 물론 멋진 대안을 찾을 수 있다면 더할 나위 없을 것이다. 이건 현실과 전혀 타협할 수 없다. 반면 f-business에서는 현실과의 타협이 꽤 많을 수밖에 없다. 말 그대로 비즈니스니까. 구체적 'how-to?' 제시를 넘어 실천까지 할 수 있다면, 싫증 없이 나날이 증폭되는 쾌락의 절정을 맛볼 수 있을 것 같다. 어쩌면 너무나 황홀한 나머지 심장 마비로 즉사할 수도 있으며, 일정 기간 후 발생할지도 모르는 달갑지 않은 허무의 방문이 두려워 자살할 수도 있다. 이런 생각은 자연스레 저런 생각을 이끌어 낸다. 쾌락이란 무언가 목표를 설정해 놓고 달려가는 도중 좌절도 간간이 맛보며 이를 무릅쓰는 과정에서 느낄 수 있는 희열이며, 막상 그 목표에 도달한 때에는 극도로 허무에 빠질 수밖에 없다는. 물론 일정 기간 존재하는 성취의 잔재도 당연히 맛볼 수 있을 거다. 즉 쾌락이란 어쩌면 결과가 아닌 도전의 과정 상에 존재할지도 모른다는 말이다. 그렇다면 쾌락이란 영원한 진행형? 펼치긴 했으나 아직 많이 넘기지 못한 『피네간의 경야』가 압박으로 다가온다.

세부 목적 및 수단은 상이하나 궁극 목적은 예나 지금이나 동일하다. 상황, 맥락이라는 변수는 궁극 목적을 바꾸지는 못한다. 이들은 수단만을 바꿀 수 있을 뿐이다. 즉, 가변적인 것은 'what?'이 아니라 'how-to?'다. 궁극 목적을 제외한 나머지는 그것이 어떤 이름을 갖고 있건 간에 수단-목적의 연쇄 관계로 설정돼 있다.

이처럼 양지에서 솔직히 이야기하기는 곤란하지만, 내게 있어 이에 버금가는 축을 제시한다면, 그것은 페티시다. 전자의 부작용은 고독과 타인들의 질시지만 후자는 사회 전반의 편견과 쪽 팔림이다. 순서를 이렇게 읊는 게 맞다. 여기선 대구적 위치보다는 대칭적 위치가 적합하다.

나는 발가벗은 한 시간 동안 자유로워진다. 그래, 나는 딜레탕트다!

그렇다면 양자 간의 결합이 궁극 쾌락이란 말인가? 잘 생각해 보면 그럴 것 같진 않다. 양자의 파장이 맞지 않을 경우 간섭 현상으로 밋밋해질 수 있으며, 맞을 경우는 증폭 현상으로 쾌락의 강도가 배가 되니 그 순간은 좋을지 모르나 굳이 하강기를 논하지 않더라도 뒤이을 허무를 생각한다면 역시나 부정적일 수밖에 없다. 그런데 이것들을 과연 동일한 차원에서 조작할 수 있기는 한 걸까?

L2   인간에게 두 부류의 쾌락이 존재한다. 하나는 삶의 궁극적 목표를 향해 그 무언가를 반복하며 진화시켜 나가는 나선형 쾌락. 이때 진화 혹은 진보를 하지 못하면 싫증, 지겨움 등의 이유로 이는 결국 사그라지고 만다. 또한, 실천 자체도 무척 어려울뿐더러 많은 시간을 요구하는바, 일생을 걸고 달려들어야 한다. 반복해서 말하지만, 시간이나 구현 기술 등의 문제로 무언가 달성이 요원하다면 개인 차원을 넘어 가계 차원으로 확장할 줄 아는 유연성이 필요하다. 즉, 대물림이란 대안을 고려해야 한다는 것이다. 우리가 인간으로 살아가는 동안에 내 몸뚱어리를 이루는 수많은 세포가 죽어가고, 생겨나고 있다. 고로 단일 세포 수준이라면 현재의 표준 상태인 인간 수준보다 수명이 짧을 것이다. 마찬가지로 사회적 공감대가 없어서 그렇지 인간 수준을 넘어 가계 수준으로 생명을 간주하게 된다면 개별 인간이 살고 죽음 역시 소소한 문제로 전락될 수 있다. 이 문제의 해결이 난망하다면 생명에 대한 정의를 이렇게 상위 차원으로 전이시키는 것이 필요하다. 이 역시 일종의 레벨스 어프로치로 볼 수 있다. 세포수준(cell layer) --→ 인간 수준(person layer) --→ 가계 수준(pedigree layer). 물론 이를 위해서는 인간 개인 수준의 감각, 인지의 주체로서 내가 부단히 노력해야 한다.

L3   이런 생각들을 할 때 내 머릿속에서는 대체 어떠한 일들이 벌어질까? 추상적 사유? 추상적으로 생각한다는 게 과연 무엇일까? 내가 지금 하는 이런 거? 지금 내 머릿속에서는 마치 튜링 머신의 테이프마냥 텍스트들이 한 줄로 쭉 흘러가고 있다. 그런데 시각적일 뿐 아니라 청각적이기도 하다.

L2   다른 하나는 진화가 필요 없는 단순 순환형 부류다. 이는 무언가의 절정을 체감한 직후 싫증을 느끼게 되지만 일정 시간이 흐르면 다시금 갈망하는 그 어떤 것이다. 고로 여기에는 진보니 진화니 하는 개념들이 굳이 필요하지 않다. 어떻게 보면 전자가 새로운, 더 맛있는, 더 분위기 있는 음식을, 더 편안하고 우아하게, 끊임없이 만들어 먹고자 하는 행위라면, 후자는 그냥 밥을 먹는다라는 단순 행동으로 볼 수 있다. 시간이 흘러 배가 고프면 밍숭밍숭한 주먹밥도 맛있게 먹게 되고, 직후 배가 부르면 산해진미라도 먹기 싫어지는. 이렇듯 전자와 후자는 표피와 내피처럼 결합되는 경우도 있지만 상호 간 독야청청(獨也靑靑) 하는 경우도 태반이다.

L1   난 정규 분포상에서 극단에 위치한 사람인 것 같다. 페티시스트니까. 하지만 변태는 아니다. 그 양 극단에 있는 사람들만 모아놓고 하부 정규 분포를 그릴 경우, 정 중앙에 위치할 테니 말이다. 진정한 변태는 극단 안의 극단에 위치해야 한다. 즉, 이성의 겨드랑이털이나 배설에 관심 많은 사람처럼, 똬리를 튼 정규 분포 곡선에서 늘 극단에 자리 잡고 있어야 진정한 변태라 불릴 수 있다.

특유의 호기심에, 페티시에 있어 몸이 앞서냐 마음이 앞서냐라는 고민도 많이 해보고 실험도 적지 않게 해보았다. 그 결과 마음이 앞선다는 결론을 얻을 수 있었다. 즉, 난 아무런 물리적 자극도 없이 생각만으로 거사를 이루어낸 적이 많았다. 하지만 지금 곰곰이 다시 생각해보니 그렇다고 보기도 애매모호하다. 이는 '내 사고 속에서 과연 무슨 일이 벌어지고 있는가?'라는 점을 헤아려 본다면 자명해진다. 표상은 단순 이미지나 운동, 즉 이미지의 연쇄로 이루어지며, 이로 인해 핵심 메시지나 스토리가 형성된다. 그러나 관능을 추구하는 마당에 메시지니 스토리니 하는 것들이 해당 맥락에 있어 주된 관심거리가 될 수 없으니, 그 순간을 지배하는 것은 단일 이미지나 이들의 연쇄가 맞다. 그 이미지나 이미지 연쇄 속에 필수적으로 나타나는 것은 내가 만끽할 대상인 여성 신체 중 애착 부위이다. 모든 부위가 다 나타나긴 하나 지배적인 곳은 당연히 정해져 있기에, 그곳이 집중적으로 드러나게 된다. 나머지 부위는 그저 구색일 뿐이다. 내 신체 또한 나타날 수 있으나 이는 필수 사항이 아니다. 정리해 보건대 필수는 그녀의 몸이다. 특히 내가 좋아라 하는 부위다. 생각 속에서 일단 시각적으로 느낀다. 이후 상상력을 엄청 끌어올려 촉각으로 확장한다. 내게 쾌락을 선사하는 정도는 아마 그 두 개가 비등하지 않을까 싶다. 난 어느 하나도 포기하고 싶지 않다. 그러니 객관적, 존재적 세계에서는 비극이기도 하다. 앞의 감각들과 큰 격차가 존재하나 그 뒤를 잇는 순서는 미각, 후각, 청각 순이다. 좀 전에 밝혔듯 내 몸은 선택 사항이다. 재미있는 사실을 고백하자면 내 몸에서는 애착 부위가 아닌 촉각을 느끼고 싶어하는 정도에 따라 부위 간 우선순위가 매겨지며, 최우선은 얼굴이다. 보편적인 성기보다 얼굴이 앞에 있다. 촉각은 무게와 온도, 감촉으로 세분된다. 단편적 이미지가 사진적 표현이라면 이미지의 연쇄는 영화적 표현이라 할 수 있겠다. 아직 내 능력으로는 완전한 추상으로 거사를 치르진 못하고 있다. 사실 추상이 뭔지도 잘 모르겠고.

딜레마다. 분명히 난 물리적 자극 없이 사고만으로 거사를 치를 수 있다고 만인들에게 온갖 잘 난 척을 해댔다. 그런데 실상 그 사고 속에서는 인식 기반의 물리적 자극이 존재적 현실보다 강력하게 일어나고 있다. 그것도 오감을 총동원해서 말이다. 그곳은 인간을 말살해도 되고, 신들을 압살해도 되는 나만의 세상이기에 난 별 지랄을 다 떨며 엄청난 자극을 양산하고 있다. 그렇다면 그것이 실현되는 공간만 다를 뿐, 결국 몸이 마음을 앞선다는 이야기 아닌가? 페티시에 있어서는 '존재론이냐 인식론이냐'라는 고민의 여지가 그리 크지 않을 것으로 생각했었는데 아무래도 그게 아닌 것 같다. 그 기반이 존재론이냐 인식론이냐는 차이만 있을 뿐 콘텐츠는 추상적이지 않고 다분히 구체적이다. 구조적, 보편적으로 그럴 수밖에 없는가? 아니면 나라는 주관에만 국한되는 개인적 인식 능력의 한계인가? 이도 저도 아니라면 이 역시 상황, 맥락에 따라 다른 것인가?

L2 피아노 치듯 키보드를 친다. 인상도 쓰고 머리도 흔들며 눈도 감고 고개를 흔들거나 돌리기도 한다. 마치 감성을 다루듯 이성을 다루고 있으며, 예술을 하듯 철학을 하고 있다. 감성의 최정상이 예술이라면 이성의 최정상은 철학이다. 그렇다면 예술 철학이라는 말은 말이 안 되는 소리인가? 아니면 상호 간의 화합 여지는 남아 있는가? 즉 예술도 극에 달하면 철학적 경지에 도달했다고 할 수 있고, 반대로 철학도 극에 달하면 예술적 경지에 다다랐다고 할 수 있는 건가? 그런데 이게 끝이 아니다. 이성은 계량화가 가능하고 측정이나 평가가 가능하고 따라서 서열화가 가능한 반면, 감성은 본디 그것으로부터 동떨어져 있지 않은가? 그렇다면 감성의 최정상이란 말이 모순될 수밖에 없기에 다시금 찝찝해진다. 감성, 예술, 너무나도 어려운 일이다.

L1　　나는 일관된다. 하지만 가끔, 아주 가끔 이런 생각이 들기도 한다. 내가 인식, 주관의 세계에 천착하는 이유는 존재, 객관의 세계에서는 나선적, 순환적 쾌락을 만끽할 수 없기에, 설사 가능하다 하더라도 불완전할 수밖에 없기에 고육지책으로 마련한 비겁한 대안이 아닐까? 이럴 때는 당연히 비극스럽기에 밤잠을 설치게 된다. 이것은 아마 내 개인만의 문제가 아니라 인류 보편의 문제일지도 모른다. 어쩌면 많은 작가가 이 때문에 글을 쓰는 것일 수도 있다. 그 세계의 장점은 아까도 생각에 젖었듯이 누군가를 죽여도 하등 문제 될 게 없다는 점이지만, 정말 중요한 것은 기술적 제약이나 사회 문화적 제약, 그리고 물리적 시공간의 제약에서 자유로울 수 있다는 점이다.

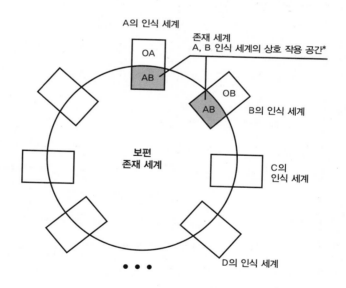

존재적 세계를 통한 인식적 세계들 간의 상호작용

A와 B가 있다. 그러면 둘 사이에 존재하는 세계는 세 개가 된다. 하나는 only A(OA), 다른 하나는 only B(OB), 마지막은 AB 공존(AB). 따라서 OA나 OB에서 벌어진 사건은 각각 B와 A가 알 수 없다(물론 여기에 숨겨진 전제는 '존재론적 입장 견지'이다). 맞건 틀리건 알 수 있는 방법은 A와 B가 각각 AB에서 소통하는 것이다. 단 방향일 수도 있고 양 방향일 수도 있다. '절대 사실'이라는 것이 존재하고 그것을 진리라 말한다면, 진리는 참일 수도 있고 거짓일 수도 있다. 물론 AB 자체에서 발발하는 사건이 있을 수도 있다. 따라서 OA를 A가 B에게 언급(이 순간 OA는 자연스레 AB로 변한다)하지 않았음에도 불구, 회상을 요구한다면 B는 참으로 기가 막힐 수밖에 없다. 마치 보르헤스의 「또 다른 죽음」적 상황이다. 그분이 오신 김에 미로란 단어를 삽입해볼까? 가장 벗어나기 힘든 미로는 어쩌면 인식과 존재가 어우러져 만든 미로일 것이다. 그리고 여기서 벗어나기 위한 최선의 방법은 메타 수준으로의 차원 이동이고, 차원 이동을 위한 구체적 'how-to?'는 그때 그때 다를 것이다.

구체적 예를 들어보자. A와 B가 통화 중이다. 지금은 늦은 밤에서 새벽으로 넘어가는 순간이고 둘 다 일과 시간 중 격무에 시달렸기에 게다가 운동을 통해 1시간~1시간 30분가량 땀을 흘린 이후이기에, 몹시 피곤한 상태다. 그 둘이 지금 통화를 한다. 정확히 말하면 지금 막 통화를 시작했다. 시간이 흐른다. 둘 다 비몽사몽에 빠져간다. A는 이 세계에서 B와 통화하는 동시에 저 세계에도 이미 발을 들여 놓았기에 저 세계 사람인 C와도 대화하고 있다. 물론 B도 마찬가지로 이 세계에서 A와 통화하는 동시에 또 다른 저 세계의 사람인 D와도 대화를 나누고 있다. 바로 여기서 혼란이 발생한다. 시간, 공간, 대상은 상이한데 이를 한 점에 몰아서 상호작용함으로써 야기되는 혼란.

A는 B에게 저 세상(이제부터는 의미를 명확히 해야 할 듯하다. 여기서 말하는 세상의 개념엔 시간, 공간이 모두 포함된다. 물론 대상도 포함된다. 편의 상 이 세 개로만 구분해 보자. 그렇다면 이 세상과 저 세상이 완전히 동일해질 확률은 극히 미진하다. 그러니까 시간을 초 단위로 쪼개고 공간을 제아무리 지구로 한정시켜 1제곱미터 블록으로 단위화해도, 대상을 인간으로 국한시킨다면 일치 확률은 매우 낮아진다. 뭐, 이 세 요소를 듬성듬성 나누는 것도 좋지만 신뢰 구간을 넓히면 유의미한 가설 검증을 할 수 없듯, 아마 별 영양가가 없을 것이다. 흠, 이 것도 불확정성원리의 기본 개념이랑 연결 지을 수도 있으려나? 그러니까 내 말은 이 세상에 존재하는 이에게 저 세상 이야기를, 저 세상에 존재하는 이에게 이 세상 이야기를 하면 필연적으로 혼란이 야기될 수밖에 없다는 것이다) 이야기를 하고 C에게는 이 세상 이야기를 한다. 반면 B는 A에게 저 세상 이야기를 하고 D에게는 이 세상 이야기를 한다. 그렇다면 현존하는 세상은 A 와 B가 공존하는 이 세상, A와 C가 공존하는 저 세상 1, B와 D가 공존하는 저 세상 2, 이렇게 세 개가 된다. 물론 '저 세상 1 = 저 세상 2'일 수도 있지만, 위에서 이 세상과 저 세상에 대해 언급한 마찬가지의 이유로 그 가능성은 희박하다. 하지만 이때 A와 B가 정신 바짝 차리고 중간 매개인으로서 역할을 잘 수행한다면 비록 상이한 세상이긴 해도 이 세 가지 세상이 자연스레 한데 어울릴 수 있을 것이고 그렇다면 여간 해선 누리기 힘든 재미난 경험을 할 수 있을 것이다. 그러나 아쉽게도 이 역 시 확률이 낮을 수밖에 없다. 왜냐하면, A와 B가 중간자 역할을 제대로 하기 위해서는 정신이 맑아야 하는데 근본적으로 이 세 가지 세상이 자 연스레(A, B의 의도가 아닌) 통합되려면 A, B 모두 비몽사몽이어야 하 기 때문이다. 비몽사몽 상태에서 정신이 맑아질 수 있다면 이는 비몽사 몽이 아니라는 말이고, 비몽사몽이라면 꿈으로 인해 정신이 흐릿흐릿한 상태를 의미하는 것이므로 이는 모순이 될 수밖에 없다.

나의 꿈과 상대방의 꿈을 통합하는 방법은 없을까? 아니면 한발 양보해서 그의 꿈속에 내가 덜컥 들어가는 방법은 없을까? 약간 궤를 달리하지만, 시청각의 순열을 통해 촉각을 창출할 수는 없을까? 이 역시 내가 고민하는 f-business 거리들이다.

LO   오른팔, 하얗고 가는 때. 왼손 그리고 초록색 때질 수건. 파랗고 작은 바가지. 그 안에 물. 그 위에 흔들리는 내 얼굴. 사라진 샤워기. 언제 이 자리로 돌아왔지? 그렇구나. 난 때를 밀고 있었구나. 진도도 제법 나갔네? 다행이다. 오른팔 한복판에 유독 튀는 시커멓고도 긴 털이 있다. 굵기로 보나 길이로 보나 머리카락과 다를 바 없다. 혹시나 하는 생각에 왼팔 또한 눈앞으로 대령시킨다. 오호라! 왼손잡이라 그런지 여긴 두 가닥이나 피어 있다. 오른팔의 그것보다 훨씬 억세 보인다. 돌연변이 녀석들. 그런데 왜 녀석들이 이리도 쑥쑥 자라는 동안 전혀 감지하지 못했단 말인가? 잠시 때질 수건을 벗어 놓고 왼팔 위의 그것을 입에 넣어 빨아본다. 수분을 갓 빨아먹은 털이라 그런지 맹맹한 맛이 난다. 깨물어 본다. 깨문 채 턱을 뒤로 살짝 당겨 본다. 오른손 엄지와 검지로 비벼본다. 힘을 약간 들여 당겨 본다. 내 머릿속은 '뽑을까 말까? 뽑을까 말까?'의 갈등에 휩싸인다. 참 별거 아닌데, 그래서 그간 전혀 감지조차 못하고 있었건만, 우연히 시각에 확하고 들어오니 이 갈등 상황에서 벗어나기가 좀처럼 쉽지 않다. 뽑아 버리고 싶은 마음과 뽑힌 후 나타날 허무가 대립하고 있다. 그래서 계속 당기고 있긴 하나 힘을 잔뜩 주지는 못한다. 탈디지털적 상황. 흔한 표현으론 우유부단.

역시 인간이나 털이나 주변 사람들이나 털들하고 비슷한 모습으로 살아가야 한다. 튀면 절대로 살아남지 못한다. 왜? 누군가의 눈에 팍하고 꽂히거든. 그러다 보면 아무런 이유 없이 그냥 손이 가거든. 모르긴 몰라도 저 털들, 조만간 세상을 뜨지 않을까 싶다. 미운 오리 새끼 마냥 환경이 바뀌어야 해결되겠지만, 내 몸(특히 동일 구역인 두 팔)의 짧고 가는 무수한 털이 동시에 길고 굵은 털로 변하는 기적이 일어날 리는 만무하지 않은가? 내가 이 때문에 돈 들여 털이나 피부 이식 수술을 받을 하등의 이유도 없고.

털들이 촘촘히 박혀 있는 두 팔을, 바닥을 디딘 채 세워져 있는 두 다리가 각기 하나씩 떠받치고 있다. 바닥이 인지됨과 동시에 그에게 미안한 마음이 생긴다. 그러다 보니 엉덩이와 바닥 사이에 끼어 있는 빨간색 의자도 인지된다. 의자에게도 미안하다. 또 그러다 보니 바닥이 다시 인지된다. 바닥에게 또 미안하다. 무릇 두 다리가 생겨난 이유는 목욕할 때 두 팔을 얹어놓기 위해서였겠다? 이에 대한 논리적 근거는 대철학자 팡글로스의 권위 있는 한마디 말씀이다. '사람의 코가 지금의 모양대로 생기게 된 것은 안경 받치기를 편하게 해주기 위해서이다.' 대철학자께서 그렇게 주장하셨는데 감히 누가 토를 달겠어? 어이, 열 번 쓰러지면 열 번 일어나는 집안의 함박스테이크, 좀 더 그럴싸한 권위를 원하나? 좋아. 내 자네의 부탁을 들어주지. 권위의 절정, 아리스토텔레스의 일갈. '이 무지한 놈들, 돌멩이를 구성하는 원소들의 자연스러운 위치가 지구 중심이기 때문에, 낙하하는 돌멩이는 지구를 향해 운동하는 거라고!'

무릎과 무릎. 그리고 그 사이. 꼬추다. 꼬추가 사라진다. 동시에 거울이다. 거울이 얼굴을 담는다. 젖은 머리, 젖은 얼굴. 맛탱이 간 듯, 멍하니 쳐다본다. 몸. 나는 오른쪽으로 비켜나 사라진다. 얼굴이 담긴다. 보이는 각도가 좀 전과 다르다. 젖은 머리, 젖은 얼굴, 그리고 몸. 얼굴이 들어온다. 시간만 빼고 체감 가능한 모든 것은 원상 복귀. 그러나 이 역시 찰나. 그냥 스쳐 지나간다. 왼쪽으로 비켜나 사라진다. 온탕과 냉탕이 들어온다. 맑은 거울 네댓 개가 한몸이 돼 동시에 들어온다. 뒤집어진 대야와 바가지, 똑바른 의자들의 붉은 거탑이 들어온다. 잠시 멈춤. 존재와 부재가 수차례 반복된다. 물론 아주 짧은 시간이다. '톡'. 잠시 후 또다시 '톡'. 가볍고 청아한 소리가 절대 고요의 적막을 깬다. 절대 고요의 순간에는 한 종류의 독특한 소음이 들린다. '쓰와'? '쏴'? 젠장, 제아무리 의성어로 표현코자 해도 언어화가 불가능하다. 이것도 촘스키 이론으로 설명 가능할까? 직전까지의 풍경들이 광속으로 일제히 하강한다. 하강의 성분은 직선뿐만은 아니다. 곡선 성분도 있으나 올곧은 원의 일부는 아니다. $y = -x^2$의 궤적을 따른다. 관찰자의 위치는 원점이고, 그는 지금 무한히 뻗어 있는 X축 양의 방향 쪽을 바라보고 있다. 보다 정확히 말하면 4사분면이다. 군데군데 가늘거나 굵은 벼락이 박혀 있는 푸른 하늘. 이 벼락은 여타 벼락과 달리 가변형이 아닌 고정형이다. 출몰 여부는 물론 그 모양과 크기까지도. 다만, 거기서 끊임없이 새끼를 치며 세를 확장하는 정도의 변화는 있다. 이러다 보면 언젠가 푸른 하늘은 가루가 돼 비처럼 내릴 것이다. 그러면 하늘 자리는 텅 빌 거고, 난 알몸으로 태양과 또 다른 푸른 하늘을 맞이하게 될 것이다. 그날이 궂은 날이라면 먹구름과 비로 대체되겠지. 저 원수 같은 놈의 태양 때문에 뫼르소는 죽음을 맞이했겠다? 답답하고도 억울하고도 무기력한 요제프 K. 역시나 문제는 시스템이다. 일개 개인과 견고한 시스템 간의 싸움은 그 결과가 뻔하다.

시저스 펠리스도 비너스 포트도 아니다. 하늘에 촘촘히 박혀 있는 다양한 크기의 빗방울, 그리고 이슬방울들. 여전히 거꾸로 매달린 박쥐마냥 지상의 지척 향(向)으로 훨씬 더 볼록해진다. 임박했다. 난 지금 무방비 상태인데, 그들은 일제히 공습을 서두르고 있다. 하늘을 우러르는 내 눈을 쪼개려는 듯하다. 예전 어느 날, 나름 각오가 돼 있었음에도 불

나는 발가벗은 한 시간 동안 자유로워진다. 그래, 나는 딜레탕트다!

구, 훨씬 더 작은 몸뚱어리로, 작은 위치 에너지만을 품은 단 한 방울의 안약이 침투할 때에도 찔끔찔끔 저렸었거늘, 21cm 킬힐을 신은 야오밍이 만세 자세로 허리를 곧추세우며 형성할 위치 에너지로, 수많은 큰 몸뚱어리의 H_2O가 광속으로 내 눈을 향해 돌진한다면? 눈두덩과 눈썹이 과연 연약한 망막을 지켜줄 수 있을 것인가? 몽글몽글 아등바등하던 녀석 중 하나가 일그러지더니 급낙하한다. 뒤따라 다른 녀석들도 일제히 공세를 취한다. 파상 공격이다. 난 재빨리 눈을 감고 고개를 숙이고 몸을 움직인다. 두 손은 다급히 얼굴과 머리를 보호한다. 놀고 있네. 안면도에 괜찮은 두부전골집이 있으려나? 완벽한 방어 태세에 힘입어 머리와 얼굴은 공습을 피한다. 민방위 훈련을 성실히 받길 잘했다. 가만 있어봐. 민방위는 교육 아닌가? 예비군이 훈련이고.

녀석들은 몸을 타고 흐른다. 그들의 종착지는 꼬추. 녀석들이 정자였다면, 천정을 타고 벽을 뚫어 저 옆방에 있는 고탄력 구멍들로 향했을 텐데. 번지 수를 착각했거나, 동성애 기질이 다분한 것들이다. 정자도 남성을 사랑할 수 있다? 차원이 다른가? 꼬추 끝에서 물방울이 파열된다. 나이 찬 남자의 꼬추라 갓 태어난 사내아이의 그것처럼 그 끝이 뾰족하진 않다. '파앗!' 짜릿한 소리가 울린다. 기습이다. 정자가 좀 더 내구성이 강하고, 똘똘했더라면.

L1 　웅성웅성. 모든 걸 망각했을 무렵이라 기회니 기대니 하는 개념들을 떠올릴 수 없다. 그렇다면 이런 표현을 쓴다는 것은 모순이다. 무의식을 사용해볼까? 하지만 역시 모순이다. 그렇다면 내가 취할 수 있는 대안은 딱 두 개다. 이실직고하고 수정하거나 혹은 삭제하거나. 어떻게 할 것인가?

결국 수정을 택한다. 내가 택한 수정 대안은 시제 조정이다. 이것만

과거형으로 간다(이미 반영했다). 거기에 이 말을 추가한다. '이라고 생각했다.'

　갑자기 두 개의 4번에 제법 묵직한 무언가가 느껴진다. 그 본원지는 다른 발원지의 두 개의 5번이고 이와 연결된 다른 4번도 느껴진다. 숨이 막힌다. 대체 이게 몇 년 만인가? '이대로 시간이 멈췄으면 좋겠어요.' 신세경의 바람을 내뱉을까? 아니다. 좀 더 뻑 가는 상황에서 외치자. 하지만 이 와중에 야속하게도 사라졌다. 제약 조건으로 인해 온도와 감촉은 느끼지 못하나 무게감과 미동은 충분히 감지 가능했는데, 아쉽다. 물론 이 순간 촉각 성분의 비교 우위는 무게감에 있다. 그 본원지에서는 아무런 변화도 없이 자연스럽고 그냥 그렇고 그런 아무렇지도 않은 일상으로 간주하는 듯하다. 이 얼마만의 경험인데 찰나로 산화되다니. 야속, 원망, 분노, 그리고 갈망. 야속, 원망, 분노, 그리고 갈망, 야속, 원망, 분노, 그리고 갈망, 야속, …… 뼁뼁이, 뼁뼁이, ……

　헉, 재림이다. 한계효용체감이 아니라 체증이다. 아, 힐끔 양 눈동자를 우밀한다. 역시 본원지에서는 아무런 동요도 없다. 그렇기에 이 이상야릇한 흥분은 한층 더 배가되고 있다. 그렇다면 이쯤에서 신세경의 바람을 나도 한번? 아니야, 좀 더 심화될 수 있을 거야. 그리고 신세경을 따른다면 내 눈은 컬러를 포기해야 하고, 곧이어 죽음의 나락으로 떨어지고 말 거야. 게다가 내 옆엔 이지훈[*]도 없잖아. 그냥 현실을 받아들이자. 그리고 속으로만 기원해보자. 그런데 그게 예술이라며? 당연히 느낌이 전제이다. 된장, 역시나 또 떠나간다. 아예 시작하질 말던가. 그러나 아직 시간은 충분하다. 존재적으로 최소 1시간은 더 대기할 수 있다.

---

[*] 김병욱 PD의 시트콤 「지붕 뚫고 하이킥(2009~2010)」의 주요 등장 인물. 탤런트 겸 영화배우 최다니엘이 분했다. 극중 신세경(신세경 분)이 짝사랑한 외과의사로, 이 둘은 교통 사고에 의해 최후를 함께 맞이한다.

그런데 시간이란 기회의 가상 공간일 뿐, 나의 노력이 없다면 있으나 마나 한 것. 난 노력해야 한다. 하지만 어떻게? 지금 내가 취할 수 있는 능동성이란 어떤 거지? 나약한 정신과 육체의 노비. 종속된 자. 쾌락과 자책 사이에 골이 깊이 패인다. 라흐마니노프 「피아노 협주곡 2번 2악장」이 끝없이 반복되고 있다. 에릭 카멘, 「All by Myself」, 이종환의 디스크 쇼, 이문세와 더불은 공개 방송의 인기 게스트 이택림, '반월 공단에 구공탄, 응암동에서 온 이희경 씨, 그 이빨 사이를 꿰매면 안 되나?', …… 다른 가지로도 발산. 세시봉, 노랑, 석희 아줌마, 1960년대 동갑 혹은 연하의 남자, 자살, …… stop! 가만있자, 언제부터 그랬지?

불현듯 '빰! 빰! 빰! 빰! 빰! 빰! 빰! 빰!' 베토벤의 「합창」이 천지를 진동시킨다. 내 심장은 천지의 보잘것없는 일부이다. 진정 강력한 재림이다! 그런데 이번엔 아까와 사뭇 다르다. 두 개의 5번과 4번이 이번엔 우측 3번에 착륙했다. 녀석들은 더듬이를 가동해 서서히 기어오며 탐색하다가 목표물을 발견하고 비비듯 바다에서 육지로 올라온 게 아니다. 이미 좌표가 따져 있는 상태에서 하늘을 날다가 불시착하듯 그대로 거칠게 착륙했다. 앞의 두 번에서 우측은 우측이, 좌측은 좌측이 다가오고 환대했었다면, 이번엔 우측이 둘 다 맞이한다. 앞의 두 번에서 우측은 우측의 아웃사이드를 좌측은 좌측의 인사이드를 담당했었다면, 이번엔 우측이 우측의 아웃사이드와 좌측의 인사이드를 모조리 독점한다. 지정학적 억울함이 있었지만, 그렇기에 경쟁에서 패배할 수밖에 없었지만, 좌측은 눈물을 곱씹을 수밖에 없다. 세상은 그런 것이다. 적당한 운빨과, 불공평이 개입되는 것이 세상이다. 둘 다 나지만 난 왼손잡이이기에 기분이 그다지 좋지만은 않다. 안착은 여성스럽고 섬세하고, 불시착은 남성스럽고 화끈하다. 결론은 각자 나름의 장점을 보유하고 있기에 양자 모두 좋다는 건데, 그래도 난 힘을 좀 더 선호하는 것 같다. 체화된 인지. 지척이다. 이게 나에 더 가깝다. 그래서, 그래서 만족하지 못하고 더 갈구한다.

LO   만일 보장된 자유의 공간, 집의 욕실이었다면 자의적 폭발이 있었을 것이고, 난 다리에 매달리거나 땅바닥에서 괴로워하며 꿈틀거리는 그 것들을 매몰차게 쫓아 보냈을 것이다. 샤워기를 찬물 극대로 끌어 올린 채. 극한의 수압. 지금 구현할 수 있는 최고의 힘이다. 그들은 단말마를 외치며 구멍으로 사라졌을 것이다. 그 무렵의 나라면 이러한 살생에 대해 죄책감을 별로 느끼지 않았을 거다. 사람들은 고기를 먹는다, 나는 사람이다, 고로 나는 고기를 먹는다. 하지만 그들이 좀 더 인텔리전트하고 힘이 셌더라면 그리고 자의식을 갖고 있었더라면, 난 감히 그들을 단순 고기 취급하진 못했을 거다. 그러나 지금 내가 발가벗고 있는 이곳은 잠재된 불안의 공간 혹은 불완전한 편안함의 공간 대중탕이다.

아, 이상타. 또다시 쉿기의 엄습. 아니, 얼마나 됐다고? 하지만 어느덧 나의 고된 때 밀기는 종지부를 찍었고, 피곤은 하지만 내 몸과 마음은 약간 가벼워졌다. 그러니까 이제 비누질하고 샴푸로 머리만 감으면 난 이 공간을 벗어날 수 있다. 쉬하고 서둘러야겠다. 비누질과 머리 감기에 이용될 도구들을 챙겨 샤워기 근처로 간다. 시각의 입장에서는 샤워기가 내게로 오는 거다. 즉 나는 내가 감을 확신하나 시각은 샤워기가 옴으로 판단한다. 즉 주체이자 종합자로서의 나는 메타 수준을 견지하고 상대성을 체감하는데, 부분자인(주체라 할 수 있는지에 대해서는 판단 못 하겠다.) 시각은 자신의 절대성만을 고수해 샤워기가 오는 것으로 이해한다. 둘이 섞인다. 시각은 전일적으로 나에게 귀속된다. 그래서 눈은 그러한 정보를 줬지만 나는 '내가 감'으로 판단한다. 역시 시각은 참

유별나기도 하다. '착.착.' 걸음으로 인한 발의 촉각에는 이러한 상대성이 존재하지 않는다. '쓱싹쓱싹' 때 미는 소리, 역시 청각에도 상대성이 존재하지 않는다. 상대성인가 비대칭성인가? 이도 저도 아니면 상충인가?

낙후된 정호탕의 장점 중 하나는 소음 차단이 제대로 돼 있지 않기에 저 벽 너머 소리도 미약하게나마 들을 수 있다는 것이다. 소음 차단의 열악함에 따른 효과는 비단 이뿐만이 아니다. 방심은 금물. 역시나 문가에 귀를 기울인다. 이런, 매표소에서 웅성웅성 소리가. 잠깐 이야기 나누러 온 사람인지 손님인지, 후자라면 남자인지 여자인지? 소머즈가 아닌 이상 그것까지 파악하기에는 역부족이다. 여하튼 확실히 누군가 오긴 왔다. 그 누군가가 이곳 남탕으로 들어올 가능성이 있다. 그렇다면 나의 오줌 싸기 양상도 달라져야 한다. 내 주위에는 여전한 불확실성과 시간이 존재한다. 전자는 부정적이고 후자는 그나마 긍정적이다. 확인후 구석 쪽 샤워기로 발길을 옮긴다. 양손 동시 모드 발동. '쏴~' 손 살짝 넣다 뺐다 반복. 흡사 곰 발바닥 개 발바닥 같다. 난 '고 백 점프'의 대가인데. 쓰블, 이럴 때가 아니다.

아이 씨, 제발 빨리 좀 미지근해져라. 지금 PC 끄고 침대를 향해야 하는데 그 싸가지 없는 윈도우가 '업데이트 중 1/13, 그러니 전원 끄지 마'라는 시건방진 메시지를 날리고 있다. 빌 게이츠의 대가리를 부수고 싶다. '째깍 째깍 째깍' 시간이 마구 줄어들고 있다. 이제 더 이상 시간도 긍정적이지 못하다. 오케이! '끼이이이익' '쏴아아아아아악~' 벽으로 막혀 현관이 아니 보이건만, 그럼에도 내 고개는 자꾸만 그곳을 향한다.

쉬한 지 얼마 안 됐기에 꼬추의 물줄기가 이전만큼 강하진 않다. 게다가 샤워기의 강력한 물살을 맞으며 오른손에 눌려지기까지 하니, 오줌 발은 뻗지 못하고 단지 다리를 감싼 채 흘러내릴 뿐이다. '으하하. 감쪽같지? 비록 신이 와도 내가 지금 쉬하고 있다는 사실은 전혀 모를 거다.' 전일적 나의 뿌듯함. 하지만 부분적 꼬추는 슬프다. 아까처럼 자신감에 넘쳐 샤워의 물줄기와 직교 놀이를 하고 싶기에. 미안 미안. 전일적 관점에서 무사히 거사를 완수했다. 전체적 최적화는 이루어졌으나, 국소적 최적화는 좌절됐다. 그럼 된 거 아냐? 이런 몹쓸 놈의 전체주의적 발상!

다시금 까치 발을 한 채 문가로 다가간다. 오른쪽 귀 밀착. 아무런 소리도 나지 않는다. 확률을 높이기 위해 잠시 그 자세를 유지해 본다. 여전한 적막. 잠시 후 김국진이 나타나 딱 한마디만 하고 사라진다.

"어라?"

그냥 잠시 스쳐 가는 이였단 말인가? 젠장, 나는 왜 마음을 졸였으며, 가엾은 꼬추를 짓눌렀단 말인가? 왜 그 나름의 존재감인 물줄기의 찬란한 배출을 가로막았단 말인가? 아무래도 분석적으로는 누군지 모를 혹시(뇌?), 하지만 전일적으로는 나임이 확실한 나에게 반란 세력들이 나타날 것 같다. 이 짧은 순간에도 벌써 눈과 꼬추의 마음을 상하게 하지 않았던가! 눈 따로 몸 따로 뇌 따로 논다면, 그리고 그 따로 놈이 태업이 아닌 왜곡된 감각 정보 제공으로 전개된다면, 그것이 더 위험한 일일 수도 있고(물론 존재론 관점) 동시에 그 자체가 하나의 인식론적 세계가 될 수도 있다. '난 이렇게 파악했어요. 그래서 이렇게 반응한 거죠. 그래서 이렇게 움직였답니다. 블라 블라 블라.' 그렇다면 그 감각들을 인식론적 세계로 끌어들이기 위해 인위적으로 부추길 수도 있다는 얘긴데?

L1   새벽 2시가 조금 넘은 시각. 조금 전까지 '제발 나 좀 들어줘!'라고

나는 발가벗은 한 시간 동안 자유로와진다. 그래, 나는 딜레탕트다!

외치던 음악마저 삼킬 정도로 시끌벅적했던 사람들의 소음은 거진 사라졌다. 벽을 대고 'ㄷ'자 형태로 이루어진 경계 선상. 네 명이 위치하고 있다. 모두 남성. 물론 얼굴을 제외한 내 몸 또한 보이기에 나 역시 카운트됐다. 경계 밖에는 아무도 없으며, 경계 안에는 2명. 모두 여성이다. 고용 사장인 IX 씨와 알바 아가씨가 그들이다. 개그맨 고명환을 닮은 일행 없는 내 또래임직한 사내, 시종일관 혼자서 계속 술을 푸고 계신 가운데 머리가 파여 대머리에 가까운 아저씨, 그리고 우리 둘, 이들이 위태로운 경계 위에 놓인 자들이다. NoNo에 울려 퍼지는 선율은 엄지손가락이 뭉뚝한

L2 손이 참 착하게 생겼어요 −−→
분홍 립스틱 −−→
하이킥 3 −−→
안 터져요!

L1 IX 씨의 배려이자 센스로 인해 어느덧 우디 앨런의 세계로 흠뻑 젖어든다. 틈틈이 나와 이야기하며 다운로드하고 정리해 놓았던 음악 리스트가 아직 유효하다면 분명히 이 순서대로 고즈넉해진 NoNo의 밤 공간이 채워질 거다.

낡아 빠져 양 모서리 바닥 부분이 뜯어진 갈색 가방에서 큰 수첩을 꺼낸다. 작은 수첩도 덩달아 튀어나오려 하지만 감히 어딜. 작은 수첩의 반항을 짓누르고, 큰 수첩 21페이지를 펼친다. 흠모하는, 그렇기에 지향하게 된 4인방의 이름이 적혀 있다. 쿠르트 괴델, 앨런 튜링, 폰 노이만, 그리고 로저 펜로즈. 모두 다 연필로 쓰여지긴 했는데 펜로즈의 폰트는 다소 다르다. 흑백이지만 색도 다르다. 수첩의 선을 무시한 채 대략 세

칸 정도 아래에 또 다른 네 명의 이름이 적혀져 있다. 우디 앨런, 스탠리 큐브릭, 팀 버튼, 그리고 데이빗 크로넨버그. 역시나 연필이며, 마찬가지로 제일 뒤에 있는 데이빗 크로넨버그의 폰트는 조금 다르다. 흑백이지만 색 역시. 이들 역시 내가 흠모하는, 그러나 내가 걸어가는 트랙의 사람들이 아니기에 지향하고 싶은 욕망은 없다.

L2   없다라고라? 사실 헷갈리긴 하다. 석사 시절 잠시 일탈했듯 또다시, 아니 이번에는 진정 영화로 전향할 수도 있는 것 아닌가?

L1 그냥 내 쾌락에 도움을 주기에 감사할 따름이다. 괴델이 제일 앞에 있듯이 우디 앨런이 제일 앞에 있다. 1935년생. 젊었을 때보다 지금이 더 귀여운 당신을 요즘 난 매일매일 걱정한다. 신문에 기사라도 나면 가슴이 철렁한다. 본격적인 스토브 리그 시즌, 저승이라는 리그의 여러 팀이 호시탐탐 그를 스카우트하려 하기 때문이다. 그곳에서 최우선시되는 스카우팅 포인트는 인생 경험, 연륜 등이기에, 어지간하면 이와 정비례 관계에 있을 수 있는 척도, 즉 나이를 가장 중시하는 것 같다. 그도 아마 이승 리그의 소속 팀에 곧 FA(Free Agent)를 신청할 것 같고 그렇다면 이승이 그의 이적을 막긴 어려울 것 같다. 그래서 더더욱 불안하다.

   22페이지부터는 가로, 세로가 뒤바뀐 메모가 빼꼼히 적혀 있다. 역시 연필이다.
애니 홀 (옆에 '마셜 맥루한, 기습 등장'이라고 적혀 있음.)
   • Sleepy Lagoon
맨하탄 (옆에 '언제나 가볼 수 있을까?'라고 적혀 있음.)
   • Rhapsody in Blue

- Someone to Watch over Me
- He Loves and She Loves
- Embraceable You
- But Not for Me

스타더스트 메모리즈 (위에 'CIS 교수님이 최진실로 보였다'고 쓰여 있음.)

- Easy to Love
- Brazil
- Body & Soul
- Moonlight Serenade
- Stardust

브로드웨이의 대니 로즈 (옆에 'Agita는 모닝콜 음악으로 좋을 것 같다'와 '델리카트슨에 가 보고 싶다'고 메모 돼 있음.)

- Agita
- My Bambina
- Funiculi Funicula
- All of You
- You're Nobody Till Somebody Loves You(옆에 '김춘수'라고 쓰여 있음.)

한나와 그 자매들 (아래에 '별로 비싸지 않은 브랜드, 폴로'라고 적혀 있음.)

- Bewitched, Bothered, and Bewildered
- Just You Just Me
- Where or When
- I Remember You
- You Are Too Beautiful
- If I Had You

- The Way You Look Tonight
- It Couldn't Happen to You
- Polka Dots and Moon Beams
- Isn't It Romantic
- Bach – Harpsichord Concerto No. 5 in F Minor BWV 1056

라디오 데이즈 (옆에 '불법 DVD를 산 내가 잘못이지'라고 돼 있음.)

- You're Getting to Be a Habit with Me
- Frenesi
- South American Way
- If You Are But a Dream
- I Don't Want to Walk without You
- They're Either Too Young or Too Old
- That Old Feeling
- (There'll Be Bluebirds over) the White Cliffs of Dover
- I'm Getting Sentimental over You
- Take the 'A' Train
- You'll Never Know
- The Sailor's Hornpipe

중년의 위기 (옆에 '한글 제목 그지 같다'라고 끄적여 있음.)

- I Dream Too Much
- Moonglow
- I Remember You
- Moonlight Becomes You

나는 발가벗은 한 시간 동안 자유로와진다. 그래, 나는 딜레탕트다!

- Darn That Dream
- Mack the Knife
- Flight of the Foo Birds
- We Wish You a Merry Christmas

부부일기 (옆에 '빙신 같은 MBC 편성표에 우디 앨런의 「우디 앨런의 부부일기」라고 나온 적이 있지'라고 적혀 있음.)

- Mahler – Symphony No. 9 in D Minor
- Makin' Whoopee

그림자와 안개 (옆에 '난 왜 보기 전에 로맨틱 코미디라고 생각했을까? 다들 제목 보면 연상되는 게 칙칙함과 어두움이라던데'라고 적혀 있음. 더불어 '카프카 냄새가 남'이라고도 적혀 있음.)

- Moritat from the Three Penny Opera
- When the White Lilacs Bloom Again

맨하탄 살인 사건

- I Happen to Like New York
- The Best Thing in Life Are Free
- I'm in the Mood for Love
- Out of Nowhere
- Guy & Dolls: Overture (옆에 「시네마 천국」의 엔니오 모리꼬네가 「아가씨와 건달들」을 살짝 표절한 게 아닐까?'라고 적혀 있음.)
- Misty

브로드웨이를 쏴라 (제법 긴 메모가 근처에 적혀 있음. 대충 두 개로 요약되는
데, 하나는 '우디 앨런에 호감이 생기게끔 한 영화로 극장
에서 처음 본 작품'이라는 게 주요 골자고, 다른 하나는 '플
롯의 정석'이라고 돼 있음. '심플한 주제에서 여러번 쪼개
흥미로운 스토리로 정교화'라는 부연이 수반됨.)

- Ma (He's Making Eyes at Me)
- Poor Butterfly
- Let's Misbehave
- You Took Advantage of Me
- Crazy Rhythm
- Thou Swell
- Who

마이티 아프로디테 (옆에 '우디 앨런 것 중 가장 좋아하는 작품으로 시사회 포
함 네 번 관람, 코아아트홀과의 인연'이라고 메모돼 있음.)

- Manhattan
- Penthouse Serenade(When We've Alone)
- Li'l Darlin'
- Walkin' My Baby Back Home
- Whispering
- You Do Something to Me
- FAO Schwarz Clock Tower Song(Welcome to
  Our World Toys)
- When You're Smiling(The Whole World Smiles
  with You)

Everyone Says I Love You ('이건 절대로 한글 제목으로 쓸 수 없다'고
적혀 있음.)

나는 발가벗은 한 시간 동안 자유로와진다. 그래, 나는 딜레탕트다!

- I'm a Dream, Aren't We All?
- I'm Thru with Love
- Venetian Scenes
- Cuddle Up a Little Closer
- I Can't Believe That You're in Love with Me
- What a Little Moonlight Can Do
- You Bought a New Kind of Love to Me
- Hooray for Captain Spaulding

스윗 앤 로다운

- When Day Is Done
- Speak to Me of Love(Parlez – Moi D' Amour)
- After You're Gone
- Shine
- There'll Be Some Changes Made
- Viper Mad
- Indiana(Back Home Again in)
- Aloha Oe
- 12th Street Rag
- All of Me
- Just a Gigolo
- Nevertheless(I'm in Love with You)
- Liszt – Liebestraum No. 3
- Wrap Your Troubles in Dreams
- Hot Lips
- You Were Meant for Me
- Sweet Sue, Just You

스몰 타임 크룩스

- Fascination

애니씽 엘스 ('이 무렵의 우디 앨런 영화들은 이상하게 기억이 잘 안나'라고 적혀 있음.)

- It Couldn't Happen to You
- The Way You Look Tonight
- There'll Be Another Spring

멜린다 앤 멜린다

- Igor Stravinsky Concerto in D for String Orchestra: 2-Arioso Andantino
- Will You Still Be Mine
- Love Me
- Memories of You
- Somebody Stole My Gal
- Don't Get around Much Anymore
- I Let a Song Go Out of My Heart

매치 포인트 ('스칼렛 요한슨은 코엔 형제의 「그 남자는 거기 없었다」에서 제일 맘에 들었다'라고 옆에 적혀 있음.)

- Una Furtiva Lagrima
- Mia Piccirella

스쿠프 (메모는 없고, 그냥 뒤에 정체 모를 얼룩이.)

- Johann Strauss II-Anren Polka
- Johann Strauss II-Tritsch-Tratsch Polka
- Gayaneh-Suit: Sabre Dance
- In the Hall of the Mountain King Dengozo

나는 발가벗은 한 시간 동안 자유로와진다. 그래, 나는 딜레탕트다!

왓에버 웍스 ('우디 앨런의 까메오 출연. 바로 그 장면에서 나랑 비슷한 생각을
　　　주인공이 블라 블라 블라. 경범죄도 사형을 시켜야 한다'라는 메모
　　　가 둘러 싸고 있음.)

- If I Couldn't Be with You(One Hour Tonight)
- Auld Lang Syne
- Salty Bubble
- Happy Birthday to You ('J Rabbit + 권진원: 옥상 달빛
　　　　　에 박세진이 있다면 여기엔 정혜선
　　　　　이 있더라'라고 적혀 있음. 잘 안
　　　　　쓰는 이모티콘 ^^까지. 귀여워하
　　　　　나 봄.)

- Desafinado
- Spring Will Be a Little Late This Year
- Menina Flor

환상의 그대 (옆에 '피노키오가 보고 싶고, 디즈니랜드에 가고 싶다'라고 적혀
　　　있음.)

- When You Wish upon a Star
- When My Baby Smiles at Me
- If I Had You
- I'll See You in My Dreams
- Mozart-Serenade No. 6 in Major K.239 III Rondo
　Allegretto
- Only You
- My Sin

미드나잇 인 파리 ('마리 꽁띠아르는 아마 「인셉션」 때문에 캐스팅됐을 것, 난
                     이 양반이 팀 버튼 「빅 피쉬」의 며느리였다는 사실을 얼마 전
                     에 알았음'이라는 메모가 있음.)

- Si Tu Vois Ma Mere
- Je Suis Seul Ce Soir
- Recado
- Bistro Fada
- Let's Do It(Let's Fall in Love)
- You're Got That Thing
- I Love Penny Sue
- The Charleston
- Ain't She Sweet
- Parlez-moi d'Amour
- Barcarolle from 'the Tales of Hoffman'
- Ballad du Paris

로마 위드 러브 (연로한 감독의 건강을 우려하는 메모가 적혀 있음.)

- Nel Blu Dipinto Blu(Volare)
- Arrivederci, Rome
- Non Dimenticar le Mie Parde
- When Your Lover Has Gone

물론 난 NoNo에서 이 곡들을 처음부터 끝까지 들은 적이 없다. 당연히 집에서도 끊임없이 연속적으로 들은 적도 없다. 계산은 해보지 않았지만 그러기 위에서는 아마 몇 날 며칠 날밤을 까야 할 거다.

갑자기 TKX가 조르바처럼 춤을 춘다. 그렇다면 그 순간만큼은 내

나는 발가벗은 한 시간 동안 자유로와진다. 그래, 나는 딜레탕트다!

가 카잔차키스가 되는 건가? TKX의 춤사위에 맞춰 7층 창 밖으로 내다보이는 어둡고 소박한 홍대의 개성적 밤 풍경이 아지랑이인 양 묘상히 흐물거리며 변하고 있다. 주변의 가장 나지막한 건물들부터 들썩들썩 꽤 빠르게 용솟음치더니 체적 또한 엄청난 변화를 보이기 시작한다. 무한 마리의 거대 크기 용들이 꿈틀거린다. 드디어 지구가 멸망하는 건가? 아, 내, 아직 끝내지 못한 많은 일이 남아 있건만. 하지만 뉘앙스에서도 알 수 있듯, 무섭지만은 않다. 은근히 호기심도 작동한다. 이렇듯 변덕이 죽 끓고 있는 와중, 어둠의 자리는 이내 반짝이는 무한의 빛으로 대체됐고, 아기자기, 개성보다는 위엄, 번영의 상징이 떠오르는 형상으로 탈바꿈되고 있다. 내 있는 곳도 흔들흔들 거리며 덩달아 솟구쳐 오르는 느낌이다. 예전 선셋 피싱 때에는 승선자 중 오직 나만 멀미를 해 창피했었는데, 다행스럽게도 이번 수직 항해 때에는 현기증이나 멀미가 생기지 않는다. 수직? 그렇다면 이거 수위가 높아지는 걸 수도 있으니, 혹시 기독교도들에 있어 노아의 방주? 난 기독교도가 아닌데 어찌 내게도 구원의 손길을 뻗으셨을까? 사람이 아니라 동물로 분류된 건가? 그래도 파트너는 있어야 하잖아? 노아를 찾아 물어봐야겠다. 아니면 줄리언 반스에게 물어보든지. 분명히 이 공간도 같이 솟구친 것 같은데, 그새 구조나 인테리어가 완전히 변해 버렸다. 내 주변인 네 명 또한 흔적도 없이 사라졌다. 나를 빼놓곤 오직 한국인 조르바 녀석만 있을 뿐이다. 창 밖을 내다보니 저 건너편에 커다란 밸런타인 데이 하트 조명도 보인다. 좀 더 줌-인한 채 고각을 높여보니 샘*, 애니**, 그리고 그녀

---

* 노라 에프론 감독이 연출한 영화 「시애틀의 잠 못 이루는 밤(Sleepless in Seattle, 1993)」의 남자 주인공으로, 톰 행크스가 분했다.

** 같은 영화의 여자 주인공으로, 샘과 운명적 만남을 갖게 된다. 당시 뭇 남자들의 연인이었던 맥 라이언이 분했다.

로부터 곰 인형 하워드를 건네받는 조나*도 어렴풋이 보인다. 사람셋과 인형 하나가 행복한 표정을 지으며 무언가 이야기를 나누고 있다. 그 속삭임을 배경 삼아 현악기의 선율로 「An Affair to Remember」가 은은히 흐른다. 경비원 아저씨가 엘리베이터 앞에서 '으흠'하고 눈치 주는 소리도 어렴풋이 들린다.

지각의 대상을 창안으로 급히 빨아들인다. 오렌지빛 조명은 여전한데, 바가 이룬 경계 내부는 청록빛 물로 가득 채워져 있다. 그 옆에는 반대 방향으로 오픈된 또 다른 'ㄷ'자 모양의 책장이 있고 안에 큰 책상이 놓여 있다. 이동식 화이트 보드 역시 지척에 있고, 난 왼손엔 폭탄주를, 오른손엔 보드 마커를 들고 있다. 책상에 기댄 채 서 있는 한국인 조르바도 오른손인지 왼손인지 헷갈리지만, 좌우지간 폭탄주 잔을 들고는 있다. 대지 같이 광활한 책상 위는 폭탄주에 적합한 잔으로 빼꼼히 채워져 있다. 모든 잔에 노란빛 액과 약간의 거품이 담겨 있는 걸로 보아, 내 왼손에 들려진 잔이 아마 첫 잔인 것 같다(아니면 누군가가 그때그때 채워 놓고 있나?). 아, 이제 막 시작한 거로군. 폐구간 적 상황 속의 난, 과거가 아닌 미래를 통해 현재를 인지한다. 설마 다 마신 잔을 창 밖으로 집어던진 건 아니겠지?

L2   술이란 마음속에 있던 것을 증폭해 외부로 표출시키는 것이다. 그러니까 진실을 왜곡하는 것이 아니라 진실을 과장(오버)한다. 그러니까 테마나 콘텐츠, 내용, 의미에는 거짓이 개입되지 않고, 스타일, 표현, 구조, 형식 측면에서 거짓이 개입되는 것이다. 그러니까 f-business적으로는 진실이고, e-business 적으로는 거짓인 셈이다.

------

* 샘의 아들로, 로스 맬링거가 분했다.

L1   내가 먼저 정적을 깼다. "여우의 신포도처럼 시작된 일이, 우리를 여기까지 이끌었네요."

TKX가 동참했다.

"그러게요. 여하튼 덕분에 우리 Yestomorrow**도 UI니 UX니 한때 유행했던 디자인의 피상성에서 벗어날 수 있었고 말이죠."

동시에 똑같은 말을 내뱉었다. 그리곤 우연 같지 않은 우연에 크게 웃었다.

"모든 것에 있어 펀더멘털은 필수적이다."

지각의 대상을 창 밖으로 다시 내밀었다. 잠시 후 껌뻑껌뻑 밝음과 어둠이 반복된다. 틀림없이 뉴욕이다. Yestomorrow가 드디어 뉴욕 마천루에 오피스를 마련한 것이다. 그것도 풀이 딸린 펜트하우스 층에 말이다. 감개가 정말 무량하다. 난 인식적 세계에서만 가능할 줄 알았건만, 존재적으로도 실현한 것이다. 인식으로 인해 존재 의를 얻었다. 뭔가 아이러니 같으면서도 자연스러운 이 느낌.

L2   "열 밤만 자면 아빠가 미국에서 돌아올 거야. 선물 잔뜩 들고. 아저씨보다 더 많이……"

"아홉 밤만 자면 아빠가 미국에서 돌아올 거야. 선물 잔뜩 들고. 아저씨보다 더 많이……"

"여덟 밤만 자면 아빠가 미국에서 돌아올 거야. 선물 잔뜩 들고. 아저씨보다 더 많이……"

"일곱 밤만 자면 아빠가 미국에서 돌아올 거야. 선물 잔뜩 들고. 아저씨보다 더 많이……"

** G_AI의 추구를 위해 '나'가 창설한 조직. 이를 기반으로 '나'는 인식 기반의 비즈니스, 즉 f−business를 전개해 나간다.

"여섯 밤만 자면 아빠가 미국에서 돌아올 거야. 선물 잔뜩 들고. 아저씨보다 더 많이……"

"다섯 밤만 자면 아빠가 미국에서 돌아올 거야. 선물 잔뜩 들고. 아저씨보다 더 많이……"

"네 밤만 자면 아빠가 미국에서 돌아올 거야. 선물 잔뜩 들고. 아저씨보다 더 많이……"

"세 밤만 자면 아빠가 미국에서 돌아올 거야. 선물 잔뜩 들고. 아저씨보다 더 많이……"

"두 밤만 자면 아빠가 미국에서 돌아올 거야. 선물 잔뜩 들고. 아저씨보다 더 많이……"

"내일이면 아빠가 미국에서 돌아올 거야. 선물 잔뜩 들고. 아저씨보다 더 많이……"

엄마 뱃속에서 불완전한 생명체로 서식할 때를 제외하고는 단 한 번도 경험할 수 없었던 아빠 혹은 아버지라는 존재자. 당신은 결코 돌아오시지 않았고, 난 진실을 육감을 통해 이미 감지하고 있었기에 공식 통보의 순간에도 전혀 충격받지도 실망하지도 않았다.

어릴 적부터 '정의'에 유난히 집착하던 난 어느 날 TV를 통해 원더우먼이라는 여성을 소개받았다. 그날 난 정의의 용사라는 나름 오래된 꿈을 버리고 인구 대다수와 달리 직업보다는 속성이나 행동 기반의 꿈을 새로이 품게 되었다.

L1   뉴욕의 마천루에서 폭탄주를 마시고 있는 지금도 마찬가지여서, '내 꿈은 대통령이야, 과학자야'라는 식의 직업 기반으로 꿈을 말하는 이들을 경멸하고 있다. 직업이란 꿈을 실현하기 위한 일종의 수단으로 봐야하는 거야. 하물며 생계를 위해 어쩔 수 없이 갖고 있는 직업이라면 더

　나는 발가벗은 한 시간 동안 자유로워진다. 그래, 나는 딜레탕트다!

말할 나위도 없지. 이런 수단-목적 구분도 못 하는 한심한 놈들!

L2   바로 원더우먼과 결혼해 같이 사는 것 혹은 미국 여자와 결혼해 같이 사는 것.

"엄마, 원더우먼 같은 미국 여자랑 결혼하려면 어떻게 해야 해?"

"외교관이 돼야 해."

"그게 뭔데?"

"응, 미국 같은 나라에 가서 일하는 공무원들이야. 그 사람들은 미국 여자를 자주 만날 수 있어서, 미국 여자랑 쉽게 결혼할 수 있지."

"헉!"

그 무렵 아이들 대다수가 그렇듯 난 엄마 말에 추호의 의심도 하지 않았다. 물론 공무원이 뭔지 몰랐다. 그냥 막연히 '어감이 참 맘에 들지 않는다' 정도였다. 그래도 외교관과 연결된 키워드가 미국 여자로 확연히 드러났기에 사소한 다른 것들은 죄다 내던져 버렸고, 그날 이후로 '외교학과 입학하기'가 개인적 미션이 돼 버렸다. 본질은 희미화, 현상은 명료화. 당연히 고3 모의고사 때에도 내가 지원한 학과는 일관됐고, '자네 정도면 무난히 들어갈 수 있지'라는 점수도, '어이, 웬만하면 다른 데 좀 알아보지?'라는 점수도 받아 보았다. 운 때문인지 아니면 실력 때문인지 아니면 운칠기삼이라는 말이 있듯 이 두 개가 얽히고설켰는지 몰라도, 난 다수의 친구가 대학에 들어가던 해에 자의와 상관없이 대학을 멀리하였고 이듬해 대체로 1년 늦게 태어난 족속들과 함께 입학하였다. 내가 선택한 학교 및 학과는 전적으로 엄마의 영향이었다.

"내 알아보니 신림동이 막혔다는구나. 반면 신촌은 열려 있고."

"작년처럼 사람 조금 뽑는 학과 지원하지 말고, 가급적 많이 뽑는 학과에 가라."

그 결과 난 정원 외 입학생을 포함, 총 440명을 뽑는 경영학과에 입학했고, 나름 재미있는 학교생활을 누렸다. 미국 여자와 결혼하겠다는 꿈? 그건 억지로 생각해내지 않는 한, 거의 잊고 지냈다.

그 무렵 경영학에 왜 '학'자가 붙어야 하는지에 대한 의구심은 상존했으나, 논리적 사고, 수(數), 컴퓨터, 그리고 소위 가오와 말빨을 다루는 경영학과가 그리 징글맞지는 않았다. 오히려 적성에 맞는 것 같기도 했다. 그런데 어느 날 뜬금없이 웬 진부한 질문이 내 뇌리를 때리더군. 왜, 누구나 다 입시의 굴레에서 벗어나면 단골 레퍼토리로 채택하게 되는 거 있잖아? '인간은 왜 사는가?' 나 또한 예외가 아니었다. 이것도 몹시 자연스러운 본능인가? 하지만 던져진 핵심 질문들은 타인들과 동일했을지언정, 답을 찾기 위한 접근과 답 그 자체는 표준과 사뭇 달랐다.

L3　내 의사결정에 따라 존재론적 세상에 태어난 게 아니듯, 경영학 전공 또한 내가 직접 내린 의사결정이 아니었다. 모두 다 엄마의 작품이었다. 엄밀히 말하면 전자는 엄마–아버지 간 협의의 결과이긴 하다. 물론 그들은 자식이라는 존재자를 갖겠다는(물론 이 자식이라는 존재자는 어쩌면 쾌락 충족의 부산물일 수도 있다) 의사결정만 내리고 실행한 거지, 지금의 내 스펙까지 죄다 의사결정해 실행에 옮긴 건 절대 아닐거다. 그런데 이러한 세부 스펙까지도 디테일하게 설계하고 통제하고자 하는 게 인류의 욕망이긴 하다. 특히 기득권층. 그래야 지네의 기득이 영원할 수 있걸랑? 하지만 이건 하나만 알고 둘은 모르는 거니 한심한 노릇이지. 『1984』나 『멋진 신세계』가 괜히 나왔겠어?

L2　더군다나 학교라는 것이 내게있어 예나 지금이나 수단이지 목적은

아니기에, 궁극 목적부터 설정해야 한다는 결론에 도달했다.

L3   어찌 보면 학교도 시스템, 표준화, 효율화, 방법론의 패러다임 안에서만 유의미한 존재자가 아닐까? 시대가 바뀌면 당연히 변해야만 하는. 내 생각엔 테마에 따라 스승-제자 관계가 급변하게 되는 동적 세상에서는 학교가 해체되는 게 맞다고 봐. 학교는 고체 덩어리면서도 고착된 산물이기 때문이지. 저기 저 어설픈 교수라는 작자들이 박사 논문 심사장에서 지들보다 좀 더 어설플 가능성이 높은 한 마리 어린 양을 갈구며 으쓱 대고 있는 꼴 좀 보소. 대체 학교라는 이 무겁고 남루한 플랫폼을 어떻게 손 봐야 하나?

L2   '왜 사는가?'에 대해 수많은 밤낮을(이 주제로 처음 고민한 때는 분명히 밤이었다. 그래서 낮밤이 아니라 밤낮이다) 고민 끝에 내린 결론은 '쾌락'이라는 키워드로 귀결됐다. 인간에게 자유와 능동성이라는 것이 주어진다면, 살아가며 행할 모든 사고와 행동들은 다 즐겁자고 하는 것이다. 즐겁기 위해 투자하는 것이다. 하지만 이는 보편적, 일반적, 추상적 이야기인 거고, 이를 오직 나에게 맞게끔 연역해서 구체화한다면 어떻게 될 것인가? 즉, 내게 있어 궁극의 쾌락이란 과연 무엇일까? 그러면서도 변덕이 덜한, 나름 일관성을 보일 수 있는 쾌락은 과연 무엇일까? 당연히 즉각적인 답을 내놓기는 불가했으며, 매번 되새김질만 하였다.
    대학 초년병 시절, 산고 끝에 형성된 내 삶의 궁극 목적에 대한 견해와 쾌락론은 약간의 업데이트만 이루어졌을 뿐 주요 골자는 지금도 여전하다. 주지했다시피 쾌락에는 두 종류가 있다. 순환하며 일정 방향으로 성장해 나가는 나선형 쾌락과 진보 없이 제자리에서 반복되는 단순 순환형 쾌락. 내 말을 듣거나 혹은 글을 보는 사람은 이쯤에서 머릿속에 추상적인 이미지가 그려질 것이다. 특히 사고의 구조화가 잘 되어 있는 사람일수록 머릿속에 그려지는 이슈 트리와 박스들이 명료할 것이다. 여인의 모습이나 풍경 같은 구체가 아닌 추상. 나름 세계적 석학인 제이콥 브로노우스키도 희대의 천재였던 폰 노이만에게 굴욕당했던 적이 있었지.

"아저씨, 그것을 제발 추상적으로 생각해 보세요."

L3 　　난 아직도 모르겠다. 추상적으로 사고하는 게 뭔지. 좀 더 정확히 말하면 추상적 사고를 할 때, 그 추상에 대한 상(象)이 존재할 수 있는 것인지? 존재한다면 그건 추상물이 아니라 구체물이라고 해야 하는 게 아닌지? 추상화라는 것이 존재하므로, 추상과 상이 모순되는 게 아닐 수도 있다. 그렇다면 피카소의 추상화를 머릿속으로 떠올린다면 이는 추상이 아니고, 아무런 소스 없이 추상화에 대한 이미지를 내 뇌리 속에서 형상화한다면 이는 추상적 사고가 되는가? 피카소의 그림을 액면 그대로가 아닌 나름의 주관적 사고 개입을 통해 변형된 모습으로 떠올린다면 이는 추상이라 할 수 있는가? 하지만 기억하는 과정에 있어 자의건 타의건 발발하게 되는 왜곡은 필연이 아니던가? 만일 그렇다면 추상은 상이 맺혀진 결과만으로 판단할 수 있는 것이 아니라 입력되고, 프로세싱되고, 그 결과로 맺혀진 상까지 포괄해야 한다는 것인데, 이 경우 추상은 과정과 결과를 총망라하여 판단할 수 있는 것이자 100% 주관적일 수밖에 없는 인식의 소산이 된다. 그렇다면 의식적인 소스 없음 혹은 변형(AND 조건이 아니라 OR 조건이다)이 추상의 요건이 될 수 있다는 말인데 맺혀진 상 관점에서도 자격 요건이 있지 않을까? 가령 소녀시대 유리의 사진을 보고 그대로 떠올린다면(물론 그대로 떠올림은 역시나 불가능하다.) 이것은 추상이 아니다. 왜냐? 소스가 존재하고 내가 의식하는 바

의 전체를 그대로 반영했으니 말이다. 그래서 난 지금 소녀시대 유리의 두 눈과 코의 위치를 일부러 바꿔 본다. 이마 아래 눈썹, 눈썹 아래 코, 코 아래 두 눈, 그 아래 입. 그렇담 이는 변형 요건에 해당하므로 추상이라 할 수 있을까? 만일 그렇다면 이는 외부 표출 또한 가능하므로 소위 영화 패러디 등의 뽀샵질 사진은 다 추상이라 할 수 있다. 하지만 우리는 이를 추상으로 인식하지 않고 구체물로 인식한다. 그렇다면 변형 요건에 임계치가 존재한다는 말인가? 그러나 템플릿 자체를 바꾼다면 임계치란 말은 아예 사라지고 만다. 머리가 돌기 시작한다. 피카소의 추상화는 주관적 추상을 객관화시킨 것이다. 그 순간 그것은 구체물이 된다. 꼬추가 간지러울 지경이다. 추상적 사고의 상은 과연 어떠할 것인가? 그리고 절대적 정의가 존재한다면, 폰 노이만이 브로노우스키에게 이야기했던 추상적 사고는 이 절대적 정의와 궤를 같이하는 것인가? 아니면 그 자신만의 정의인가? 그 말을 들은 브로노우스키는 이를 어떻게 받아들였을까? 다시 말하지만, 추상적 사고 그 자체도 그렇지만 추상적 사고 중에 형성되는 상이 궁금하다. 인간이 머리에 떠올릴 수 있는 상은 정(靜) 혹은 동(動)의 이미지, 텍스트(사실 이 모든 것들이 다 이미지로 통합된다. 상은 곧 이미지가 아니던가?), 이게 다가 아닌가 싶다. 새 소리를 떠올리면 저절로 새의 지저귐이 그려지고, 방귀 냄새를 떠올리면 그 주체가 암인지 수인지는 알 수 없어도 여하튼 엉덩이 이미지가 그려지고, 짜장면의 맛을 떠올리면 완두콩 세 개가 올려진 아직 비비기 전의 짜장면 이미지가 떠오른다. 달팽이의 매끈매끈한 촉감을 떠올리면 엉기적엉기적 달팽이의 움직임이 떠오른다. 모든 게 시각화된다. 횡사수고(橫思竪考). 달갑진 않지만, 반증주의에 입각하여 이렇게 잠정적 결론을 내려볼까나? 그래, 추상적 사고는 가능해. 하지만 그때 형성되는 상은 구체야. 가령 기하학의 증명을 머릿속으로 진행한다면, 이는 추상적 사고인 거야. 그때 내 머릿속에 맺혀지는 상, 기호 조작의 연쇄는 구상이야. 상이란 개념 자체가 곧 구상을 의미하는 거야. 상하면 떠오르는 상은? 그때그때 달라지는 무한의 이미지지. 기호 조작. 노트 위는 물론 머릿속(용량 제약과 휘발성이 무척 강함)에도 기록될 수 있는 기호. 그런데 그 기호에 의미와 내용을 넣었다 뺐다 하는 것은 아직까지는 전적으로 인간의 몫. 지금 이 순간 기표, 기의를 언급하는 것은 무의미하지. 그러니까 G_AI가 실현되려면 의미를 자의적으로 넣었다 뺐다 하는 그런 행위를 주체 스스로가 할 줄 알아야 해. 중요한 건 '자의'라는 거야. 그런데 그 자의가 무작위 시뮬레이션에 의거한 거라면 곤란해. 그건 자의가 아니라 작위야. 끊임없는 사고의 발산, 즐겁긴 하나 결론을 못 내리니 그저 꼬추가 간지러울 수밖에. 누군가 강력하게 긁어 줬으면 좋겠어. 그런데, 미안한데 추상적으로 사고하는 것은 시각이 아닌 청각으로 진행되는 게 아닐까? 지금 내 관점에서 오른편에 앉은 내가 왼편에 앉은 나에게 겁먹은 표정으로 질문한다.

"나 지금 뒷북치고 있니?"

L2　단순 순환형 쾌락은 사람 간에 큰 차이가 없다. 이것은 결핍에 따라 발생하는 측면이고, 인간과 동물 사이에도 그다지 차이가 없다. 사실 먹는다는 '행동', 잔다는 '행동', 싼다는 '행동', 섹스한다는 '행동', 즉 '행동' 자체만 본다면 사람이나 개나 다를 게 없지 않은가? 여기에 아이템, 편의성, 맛, 질, 무드 등에 대한 욕구가 파생되면서 비로소 인간과 동물 사이에 차별화가 이루어지게 되고 인간 내에서도 대체로 돈에 의해 좌지우지되는 계층 간 구분이 이루어진다. 개는 개 줄에 걸려 개밥그릇에 담긴 사료 혹은 인간이 먹다 남은 찌꺼기 음식을 혀로 튕겨 먹는 행동을 한다. 노숙자들은 왁자지껄 시끄럽고 남루한 공원에서, 봉사 단

나는 발가벗은 한 시간 동안 자유로와진다. 그래, 나는 딜레탕트다!

체가 무료로 제공해 주는 따스한 밥이 담긴 식판을 간이 테이블에 올려 놓은 채, 삐걱거리는 의자에 앉아 수저를 들고 퍼먹는 행동을 한다. 대기업의 화이트칼라들은 구내식당에서 기본 메뉴에 기호를 반영한 선택적 메뉴를 추가하여, 은은한 음악이 흐르는 비교적 깔끔한 인테리어 공간에서, 재질 좋은 식판에 담긴 음식들을 수저 혹은 나이프와 칼을 이용해 떠먹는 행동을 한다.

L3   기업 구내식당에 가면 『16세기 문화혁명』을 새삼 떠올린다. 젊은 여자 영양사는 이론이 강한 아카데미 세계를 대표하고, 연세 지긋한 주방 아주머니들은 경험으로 다져진 직인 세계를 대유한다. 페스트가 창궐하고 각종 전쟁이 난무하던 그 시절, 아는 거라곤 히포크라테스와 갈레노스밖에 없음에도 많은 존경을 받았던 의대 교수들보다, 민중과 살을 부비며 생활했지만, 무시를 넘어 천대까지 받았던 이발사들(외과의사)의 실질적 기여가 실로 훨씬 더 컸었다. 그들의 의료 행위가 딜레탕트적이라고 조롱받았지만, 말이다. 21세기 대기업 구내식당 월드에서는 누가 더 기여하고 있는 걸까? 그리고 너희랑 나랑 누가 더 세상에 소금 같은 존재가 될 수 있을까?

L2   같은 시간 대기업 CEO들은 소위 귀빈과의 약속 때문에 고급 세단을 타고 고품격 레스토랑(일개 사원이면 모를까? 모름지기 CEO의 점심이라면 음식점이라고 칭해선 곤란하다. 품위가 한없이 격하된다. 한글은 변방의 언어고 영어는 중심의 언어이기 때문이다. 그래서 사장이 아니라 CEO인 거고, 엉덩이가 아니라 히프인 거다. 사실 성스러운 영어를 저질스러운 한글로 표기한다는 것 자체가 큰 문제야. 가오가 안 살잖아, 가오가? 어렵쇼? 이제 일본어까지? 그래도 일본 역시 선진국이니, 뭐……)에서 똑똑한 비서를 통해 미리 예약한

맛 난 음식을, 은밀하고 세련된 룸에서, 고상한 음악을 배경 삼아, 종업원들의 헌신적 시중을 받음과 동시에, 가식적 표정과 웃음으로 수저를 나부끼며, 입에 셀프 딜리버리하는 행위를 한다(이분들 좀 더 편안하시라고 누가 좀 씹어서 입에 넣어주면 안 되려나? 맛은 파괴되지 않은 채로 말이지. 만일 CEO가 남성이고 대신 씹어주는 도우미들이 매력적이고 젊은 여성들이라면, 아마 다들 쌍수 들어 환영할 텐데 말이야. 이럴 수도 있겠지. CEO 따위에 전혀 관심 없던 사람들도 청순하고 아리따운 여성들이 씹어준 음식을 느끼고 싶다는 이유만으로 당장 이를 장래 희망으로 삼을지도. 그녀들의 침에 물씬 젖은 음식의 맛은 과연 어떠할까? 분명히 이 또한 인식이 존재를 넘어설 것이다). 메뉴에 따라 수와 저 대신 칼과 포크를 활용할 때도 있다.

요컨대 단순 순환형 쾌락은 허기, 갈증, 성욕처럼 일단 충족된 이후 완전히 소멸됐다가 어느 정도 시간이 지나면 다시 갈구하게 된다. 그러면 이를 충족시키기 위한 행위들을 다시 하게 되고. 이는 인간마다 큰 차이가 없다. 하지만 나선형 쾌락은 삶의 중추이며, 타인과의 차별화가 명료하다. 사실 아예 없는 인간도 있긴 할 거다. 나선형 쾌락을 이해하기 위해서는 우선 발전이라는 개념부터 정리할 필요가 있는데, 이는 진화와도 연결되므로 시간이라는 변수를 도입해 정의 내려야 한다. 발전이란 t 시점과 $t+1$ 시점이 있을 때 t에서 $t+1$로 시간이 흘러감에 따라 현존 쾌락의 가치가 증가하는 것, 그리고 현존 쾌락에서 파생된 새로운 쾌락 요소가 창출되는 것을 의미한다. 즉, 강도도 크면서 지속성, 확장성까지 띠어야 한다는 말이다. 결국, 인간의 자존감이나 성취감은 이러한 나선형 쾌락에서 이루어지며, 이에 몰두할 수 있도록 환경을 조성해주는 기반이자 그 자체로서 정체성도 머금고 있는 것이 바로 단순 순환형 쾌락인 것이다. 고로 그들의 속, 특성을 매개 변수화한다면 인식 : 나선형 쾌락 = 존재 : 단순 순환형 쾌락이라 할 수 있겠다. 여기에서도

나는 발가벗은 한 시간 동안 자유로워진다. 그래, 나는 딜레탕트다!

내가 인식주의자임이 확연히 드러나는군.

　이러한 나만의 쾌락론을 만들기 위해 수많은 나날을 고민했다. 내일 당장 치러야 하는 경제원론 II 시험은 전혀 중요한 게 아니었고, 무드의 단절을 피하기 위해 그날도 난 이 고민을 토대로 노트에 그림을 그렸다. 내가 짜릿함을 강하고 오래 느낄 때는 과연 어떠한 때인가? 생각해 보니 이건 고민할 사안이 아니었다. 그냥 튀어나오는 것이 진정성 있는 것이기 때문이다. 만일 장고가 그 대안들 간의 우선순위를 평가하기 위한 거라면 모를까? 아이데이션 자체 때문에 고민한다는 것은 그것이 진정 내게 짜릿함을 주는 거라고 볼 수 없다. 난 이 부분을 컨설팅할 때 떠들 듯 인사이트 관점에서 해석하고 싶지는 않고, 본능으로 믿고 싶다. 그것이 더 자연스럽기 때문이다.

　깨달음이었다. 나의 나선형 쾌락은 타자와의 관계성에서 나온다. 나 혼자 고립돼서는 절대로 만끽할 수 없다.

L3　너도 마찬가지니?

L2　여기서 타자란 나를 제외한 지구의 인간이 될 수도 있고 우주라는 전체 집합에 있어 지구 인간의 여집합이 될 수도 있다. 좌우지간 자각한 나의 최우선이자 지속적 쾌락은 내가 타자를 마음대로 통제하고 타자는 나를 경외하는 그러한 관계를 몸소 체험하는 것이었다.

L3　토머스 모어의 『유토피아』 관점에서 보면 참으로 무의미한 짓거리이긴 하지만 개는 개고 나는 나다. 솔직히 개도 개소리 많이 했잖아?

L2　여기에 약간 보충한다면 난 타자들을 직접 지각할 수 있지만, 타자

들은 나를 직접 지각하지 못하는 것이 더 짜릿할 것 같다는 생각인데, 이러한 속성을 충족시켜줄 수 있는 이 세상의 개념 모델은 과연 어떠한 것일까? 우선 완전히 새로운 것을 창조하기보다는 기존하는 것에서 찾아보았다. 그래도 이 역시 답을 구할 때까지 꽤 긴 시간이 흘렀고, 고심 끝에 찾게 된 모델은 바로 '신'이었다. 그래, 난 신이 되어야 해. 그렇다면 신이 되기 위한 수단은? 역시나 많은 시간이 또다시 흐르고 흘렀고, 간추려진 대안은 1) 신흥 종교를 만들어 교주 되기. 그러면 수많은 아리따운 여성 신도들의 발목을 늘 맛볼 수 있다는 덤까지도!, 2) 소설이 됐건 희곡이 됐건 시나리오가 됐건 아무튼 글로 먹고사는 작가 되기, 3) 아니지. 작가는 평면적이야. 입체 및 직접적 공감각이 가미된 영화감독이나 PD 되기, 4) 됐고! 인공지능 전공을 통해 'Make Another World!'로 압축되었다. 이후 면밀한 분석 끝에 결국 내게 가장 적성이 맞을 것 같은 인공지능을 선택! 하지만 로보틱스로 간다면 녀석과 나는 동일한 차원의 세계에 사는 거잖아? 그러면 녀석은 날 직접 지각할 수 있다는 말이고. 그런데 우리가 신을 막연히 느끼지만, 신과 동일한 공간 혹은 세계에서 숨 쉬고 있는 건 아니잖아? 오감으로, 객관적으로 느낄 수 없잖아? 그럼 나의 짜릿한 쾌락을 위해 우리의 공간과 다른 공간 안에 내 피조물들을 탄생, 서식시켜야 해. 우리가 아날로그 공간에 있으니, 녀석들은 디지털 공간, 즉 컴퓨터 안에 넣어야 할까? 아니지. 그럼 가장 근원적인 문제 해결을 포기하는 셈이 되는 거야. 계산주의의 망령. 컴퓨터만큼 이가 논리에 충실한 존재자가 과연 어디 있겠어? 흉내쟁이는 정말 싫다고! 고로 난 이가 논리의 대안뿐 아니라 별도의 공간, 세계도 만들어야 해. 그래야만 진정한 'Make Another World!'가 실현될 수 있어. 그곳이 어디일지는 몰라도 그 세계에 존재하는 피조물은 페티시 성향도 가질 수 있고, 나처럼 사고하고 사유하고 고민도 할 수 있

나는 발가벗은 한 시간 동안 자유로워진다. 그래, 나는 딜레탕트다!

어야 해. 오기나 시기심도 있어야 할 거고, 창조력도 있어야 할거고. 물론 자의적으로 말이야. 인과율에 안주해선 안 되고 반드시 초월해야 할 거야.

가만있어 봐. 지금 이 관성대로 흘러간다면 우리가 신이 된다 해도 우리 피조물의 시시콜콜한 수준까지 알 수는 없을 거야. 이를 유추해 보면 우리의 신도 우리의 상세 수준까지는 알지 못할 거라는 결론을 내릴 수 있는데, 정말 그럴까? 그렇다면 소위 전지전능이란 말과 모순이 되는 거잖아? 그래서 그는 나나 말랴노프 같은 사람들에게 수작을 부리는 건가?

그 결과 송추 방위 이후의 나는 이전의 나와 많이 달라지게 되었다. 즉, 태어나서 처음으로, 나에 대해 직시하고 그 결과를 토대로 미래 방향을 설정하는 독립적인 거사를 완수한 것이다. 그대는 오롯이 혼자서 핵심 질문들을 정의하고, 타당한 근거를 찾아 실질적인 답을 찾았을 때의 희열을 아는가? 엄청난 동기부여가 창궐한다. 이것만 발동된다면 정말이지 이 세상에 불가능이란 없게 된다. 인공지능. AI. 난 신이 되기 위한 수단으로서의 이 딜레탕트적 AI에 차별화된 브랜드를 붙일 거야. 기존의 계산주의 방식으로는 절대 인간 같은 피조물을 만들 수 없어. 즉, 제도권의 그것은 실상 'Quasi' AI에 불과한 거지. 그래 그렇담 기존과 대비되는 개념으로 'Genuine' AI, 즉 G_AI라고 부르자. 난 이것을 반드시 이루어내야 해. 디지털, 컴퓨터를 벗어나 사고해야 해. 근원적으로 논리를 초월하여 사고해야 해.

L3   중성화. 지극히 이가적인 생각입니다. 우리는 남성이 여성스러워지고, 또 여성이 남성스러워지면 중성화되어 간다고 하지요. 이를 인공지능 분야에 적용한다면 기계의 사고는 비구조화되기를 바라고, 또 사람

의 사고는 구조화 되기를 바라는 것도 바람적 구조화가 아닌가 싶네요.
물론 바람의 주체가 기계, 사람으로 구분된 것이 아니라 모두 다 사람에
게 몰려 있긴 합니다만. 아직까지는 말이죠.

L2   일단 내 소속학과인 경영학과에서 인공지능과 조금이라도 관련
된 과목에 집중하게 되었는데, 당시 조야한 수준에서는 수학과 컴퓨
터 관련으로 요약되었다. 그래서 이들의 동시성을 추구할 수 있었던 계
량경영학(Operations Research) 분야에 치중하게 되었고, 이 분야에
서 절대 흔들림 없이 중심 잡고 제 갈 길을 가시던 LLI 교수님 연구실
에 자리를 마련하게 되었다. 당시 MIT 전기공학과 소속이었던 D. P.
Bertsekas의 「Linear Network Optimization」이 주요 연구 테마
였으며, 난 밤을 지새우며 그의 알고리즘을 분석하고 변형하고 프로그
래밍하고 테스트하며 빠져들었다. 이에 교수님은 든든한 후원자가 되어
책도 많이 사주시고 장학금도 자주 주셨다. 교수님의 고마운 점은 무언
가 문제를 만들어가거나 만들어진 문제에 대한 솔루션을 제시하면 구두
격려와 함께 장학금으로 50만 원을 주셨다는 거다. 그런데 정확히 50만
원에 일치한 적은 거의 없었고, 대다수의 경우 49만 원이었다(51만 원이
었던 적은 단 한 번도 없었다). 이게 받는 사람 입장에선 마이너스이기에
더 강력하게 체감됐을 수도 있는데, 여하튼 교수님은 그렇게 꼼꼼한 분
이 아니었기에 만원의 오차는 음으로 자주 발생했었다. 디폴트가 49만
원이었으려나? 하지만 그게 뭐 중요해? 중요한 건 인공지능 때문에 달
려든 나에게 진정성 있는 후원자가 뒤에 떡 하니 버티고 있다는 사실이
었다.

　'남들이 TOEFL이니 GRE니하는 것들을 공부할 때, 이 군은 계
속 Bertsekas의 알고리즘을 파고들게.', '양으로 승부하지 말고 질로

승부해야지. 페이퍼는 10장 이내면 충분해.' 이런, 보르헤스 같은 양반이라고. '그러면 MIT나 스탠퍼드에 충분히 갈 수 있을 거야. 나를 믿게나.' 그 말씀은 'why?'에 대한 설명이 없어도 전적으로 동의했으며, 난 그대로 실천했다. 그러던 어느 날 문제의 『괴델, 에셔, 바흐』란 책을 접하게 되었다. 내가 떠드는 인공지능은 전문가 시스템(expert system)을 만들고 신경망(neural network) 전산으로 구현하고 이를 위해 수학, 특히 논리학, 집합론, 선형 대수를 철저히 공부하는 게 아니었다. 내가 고민해야 할 것은 한, 두 개에 국한될 수 없었다. 기본적으로 철학, 논리학, 언어학이 필요했으며, 인간 같은 피조물을 만들기 위해 신학, 심리학, 신경과학을 알아야 했고, 수학과 전산 역시 필요했다. 그런데 이것들을 언제 어떻게 다 고민하고 연구할 수 있을 것인가? 막막해졌다. 요컨대, 『괴델, 에셔, 바흐』덕에 시야가 트였다는 짜릿함은 만끽할 수 있었으나, 이걸 어떻게 주체해야 할지에 대해서는 좀처럼 갈피를 잡을 수 없었기에, 망망대해 위 난파된 배에 홀로 갇힌 장님과 같다는 암담함을 지을 순 없었다. 확실한 것은 그것이 경영학과건, 전산학과건, 철학과건, 심리학과건, 생물학과건, 언어학과건, 현존하는 단일 학과만으로는 인공지능을 제대로 구현하기 위한 팁(tip)을 얻을 수 없다는 사실이었다. '그럼 난 독학자가 돼 여러 학과를 여행해야만 하는 건가? 학위라는 라이센스 없인 죽도 밥도 만들 수 없는 게 대한민국의 학계인데?' 그렇게 방황하던 어느 날 경영학과 게시판에서 오아시스를 발견하게 됐다. '국내 최초인지과학 학생 모집' 컴퓨터과학, 철학, 언어학, 신경과학, 심리학 등등이 한데 어우러져 인간의 마음에 대해 탐구 블라 블라 블라.

L3 인터뷰와 재현이 왔다갔다합니다. 자, 그럼 프로그램 촬영 시~작! 먼저 인터뷰 장면부터. PD의 큐 사인이 떨어지자마자 카메라가 내 앞으로 다가온다.

"그 순간, 한마디로 뻑이 간 거지요."

L2   이게 바로 인공지능을 구현하기 위한 지름길이다. 난 이 트랙만 밟아 나가면 내가 꿈꾸는 지금과 다른 또 다른 세상을 만들 수 있으며, 그럼 곧 신이 되는 거다. 그러면 난 나만의 나선형 쾌락을 이룩하게 되는 셈이지. 아, 떨린다. 불현듯 불안한 생각도 감돌았다. '그런데 만약 내가 꿈꾸던 인공지능을 구현한다면, 그다음엔 무얼 해야 하나? 신과 피조물이라는 관계가 형성되면, 그 관계를 누리면서 여생을 사는 데에 싫증 없이 충분히 만족감을 느낄 수 있을까? 분명히 또 다른 무언가를 찾으려 하지 않을까? 좀 불길한 소리처럼 들릴 수 있겠는데, 일생일대의 꿈을 이루는 그 순간 정말이지 드라마틱한 쾌락을 느끼겠지만, 절정의 쾌락 직후 급수직 강하해서 극도의 허무감에 빠져들지 않을까? 재림. 사고의 수렴. 그렇다면 결국 죽음을 택한다는 얘긴데, 일생을 걸고 수십 년 만에 성사시킨 일을 단 1초만 누린 채 세상을 자의적으로 뜬다는 것은 엄청난 비극 아닌가? 아니지 이걸 존재적 시간 길이로 생각하는 계량적 사고는 문제가 다분해. 아, 아무것도 시작하지 않았는데 먼 훗날, 그것도 확률이 극히 낮을 수밖에 없는 사안을 갖고 걱정하는 건 현명치 못한 일이잖아? 아니야, 주도면밀하지 않으면 엄한 방향으로 잘못 갈 수도 있어. 고민하다 보면 내 궁극이자 지속적 쾌락이 지금 내가 믿고 있는 그것이 아닐 수도 있어. 고민은 더 해봐야 하는 거야. 생각의, 생각의, 생각의 실타래는 상반되는 씨실과 날실로 자꾸 꼬여만 간다. 외할머니 말씀에 꼬인 실을 제때 풀어놓지 않으면 지옥에 간다던데. 누군가 선을 그어줄 필요가 있다. 머릿속으로 머리를 흔들었다. 인식의 참 의미를 몰랐던 그 시절.

L3   "솔직히 당시 마음이란 테마에 대해 큰 매력을 느끼진 못했어요. 구성 학문들 개개에 대해 동일한 애착을 갖고 있던 건 아니었지만, 그들 중 제가 좋아하는 학문들이 분명히 복수로 존재했고, 또 컴퓨터과학 파트의 중점 주제가 인공지능이란 말을 확인하곤 옳다구나 했던 거죠. 전얼른 대학원 사무실에 전화를 걸었답니다. 저 아무리 친한 사람이라 해도 전화 거는 건 되게 꺼리는 성격이거든요. 그럼에도 불구하고 즉시 전화했다는 건…… 무슨 말씀인지 아시겠죠? 어떤 남자 교직원(이하 '교'로 표기)이 받더라고요."

상황 재현. 편의상 그리고 재미 상, 평어체로 회고.

나: 대학원에 인지과학과 생긴다며? 거 어디 소속인데?

교: 어, 그건 특정 학과 소속이 아니라 대학원 직속이란다.

나: 아, 그런 것도 있었나?

교: 아니, 이번에 처음 생기는 거야. 인지과학이랑 비교문학이 같이 생기지. 아마 국내 최초일걸?

나: 그럼 그거 주도하는 사람은 경영학과 LKX 교수지?

교: 아닌데? 심리학과 DDT 교순데?

나: 어? 이상하다. 이번 학기 경영학과에 신임 교수로 온 사람 중에 그거 전공한 사람이 있다던데?

교: 글쎄, 난 자세한 건 모르겠는데, (서류 뒤적뒤적 거리는 듯한 소리) 여하튼 주임 교수가 DDT 교수로 돼 있어.

나: 그렇구나. 잘 알겠어. 고맙다. 알려줘서.

교: 하하하, 뭘 그런 걸 갖고. 더 궁금한 거 있음 DDT 교수를 직접 찾아가봐. 친절하게 대해줄 거야.

"대학원에 계신 교직원 분과의 통화를 마친 후, 심리학과 DDT 교수라는 분에게 전화를 걸었어요."

따르르르르르릉~

"그때는 삐삐의 시대였어요. 이건 좀 나중 이야기지만 그래서 인지과학 사무실이 채 장만 되기 전까지, 전 움직이는 사무실 차원에서 삐삐를 늘 허리춤에 차고 다녔지요. 과정 사무실이 없었기에 주로 도서관에 머물렀었는데요. 여덟 분의 교수님들은 저를 필요로 하실 때마다 제 삐삐에 연구실 번호를 남기셨죠. 그럼 전 상대에 갔다가 공대에 갔다가 문과대에 갔다가 심지어는 산 넘고 물 건너 저 멀리 있는 의대까지 가곤 했답니다. 마치 황금박쥐처럼 말이에요. 아, 그 삐삐요? 초대 주임 교수였던 DDT 교수님이 자비로 사주신 거였어요. 015 나래이동통신."

다시 재현. 갈등 좀 하긴 했는데, 그래도 예의상 평어체 포기.

나: 안녕하세요? 저 경영학과 4학년 학생인데요. 인지과학 석사 과정에 입학하고 싶습니다. 한번 뵙고 설명 좀 들었음 하는 소박한 바람이 있는데.

D: 오, 그래요. 그래요.

"그땐 존댓말이었습니다."

D: 내가 수업할 때만 아니라면 언제든지 좋아요.

나: 흠, 그렇담 설날 새벽 3시 25분 11초에 가도 될까요? (라고 하려다가 초면에 결례가 될 듯하여) 아, 그렇군요. 그럼 지금 당장 가겠습니다.

D: 그래요. 내 연구실은 인문관 6층. 그러니까 엘리베이터 타고, …… 오른쪽으로 쭉, ……

나: 예, 지금 당장 가겠습니다.

"문을 열었습니다. 사실 처음 접하기 전(그러니까 전화도 하기 전)에는 상당히 샤프한 외모를 연상했었습니다. 그런데 전화로 목소리를 들은 이후에는 '흠, 아마 이리저리 생기신 분일 게야'라고 수정하게 됐죠. 역시나 맞았습니다."

D: 어, 어서 와요. 방금 통화했던 경영학과 학생인가?

나: 예, 선생님, 만나 뵙게 돼서 반갑습니다.

"당시 선생님의 연구실은 아담했습니다. 지금이야 심리학과가 독립적인 공간을 확보해서 비교적 넓은 공간을 쓰게 된 거지, 당시 문과대 교수의 연구실은 경영학과 교수 연구실에 비할 바가 못 됐죠. 원색으로 범벅이 된 그림들, 착시 현상 유발 사진 및 그림, 에셔의 그림, 선생님 해외 가셨을 때 찍은 사진 등등, 그래도 잘 정돈된 듯 보였습니다."

D: 그래요. 반가워요. 여기 좀 앉지.

나: 예, 감사합니다.

D: 그래. 경영학도가 어떻게 인지과학에 관심을 갖게 됐는지?

"기억이 가물가물하지만 처음 뵐 때는 존대였다가 본격적인 이야기를 나눌 때에는 반말로 바뀐 듯합니다."

나: 예, 선생님. 선생님을 비롯해서 많은 분이 경영학에 대한 선입견을 품고 있습니다.

"요즘은 모르겠는데 당시 경영학과와 의대는 타 학과 교수 및 학생들이 싫어했었고 이러한 우리 학교의 특수성을 떠나 경영학 자체에 대해서도 다들 선입견을 품고 있었습니다."

나: 선생님은 어떻게 생각하실지 모르겠는데 경영학은 관리를 위한 학제적 학문입니다.

"모집 게시판을 대충 읽어 보니 '학제'적 어쩌고가 나오길래 참고했습니다. 솔직히 당시에도 경영학을 학문으로 보지 않던 저였지만, 처음 뵙는 분 앞에서 누워서 침 뱉기를 할 수는 없더라고요."

나: 경영학을 이루고 있는 제 학문을 주춧돌부터 지붕까지 간략히 설명해 드리자면 최하단 부에 수학, 사회학, 심리학, 전산(프로그

래밍 및 몇몇 알고리즘)이 있고, 그 위에 몇 가지 조합을 통하여 계량경영학(수학＋컴퓨터과학으로 구성), 조직행동론(사회학＋심리학으로 구성), MIS 등이 형성되고, 그 위에 이들의 조합을 통해 재무관리, 인사관리, 생산관리, 마케팅 등이 형성되고, 최상부에는 경영전략이 존재합니다. 전 이러한 학제적인 경영학에서 수학과 전산으로 접근하는 계량경영학에 특히나 매력을 느꼈고, 그래서 나름대로 열심히 파고들었습니다. 그런데 계량경영학을 공부하다 보니 인공지능, 즉 전문가 시스템과 신경망을 자연스레 접하게 됐습니다. 특히 선형이건 비선형이건 네트워크를 좋아하는데, 신경망을 보고 '아, 난 전산을 해야 한다'라고 다짐하게 된 거죠. 그렇다면 이를 경영학과에서 하는 것이 좋을까 아님 전산과에서 하는 것이 좋을까라는 고민을 좀 더 하게 됐습니다. 그 와중에 인지과학 학생 선발 안내 공고를 보게 되었고, 이 두 개를 모두 머금은 인공지능을 단순히 전산이 아닌 다양한 백그라운드를 기반으로 연구할 수 있다는 점에 혹해서 결심했습니다. 그래서 좀 전에 대학원에 문의를 했고, 선생님의 연락처를 알게 돼 이렇게 달려오게 된 거죠. 헉헉헉.

D: 그렇군. 그럼 경영학과 인지과학의 차이는 뭐라고 생각하나?

나: 음, 아직 인지과학을 제대로 학습한 적이 없어서 잘 모르겠습니다만…….

"이라는 식의 화법을 난 무지 싫어해요. 뭐 외람된 말씀 '이지만' 어쩌고저쩌고. 아니, 외람된 말이라는 생각이 들면 하질 말든가? 누구 엿 먹이는 것도 아니고. 아무튼."

나: 이런 것 같습니다. 그러니까, 학제라는 점은 분명히 유사합니다. 첨예한 차이점은 두 개 정도로 요약 가능한데요. 하나는 인지과

나는 발가벗은 한 시간 동안 자유로워진다. 그래, 나는 딜레탕트다!

학은 인간을 목적으로 다루는 데에 반해, 경영학은 수단으로 봅니다. 어떻게 임직원들을 통제해야 생산성을 높일 수 있을 것인가? 어떻게 소비자들을 현혹시켜야 마진을 많이 남길 수 있을까? 사실 제 전공이긴 합니다만 씁쓸합니다. 반면 인지과학은 어떻게 해야 인간이 편해질 수 있을까? 쾌적할 수 있을까? 행복할 수 있을까? 쾌락을 누릴 수 있을까? 그러다 보니 인지과학은 인류 전체를 인간이라는 하나의 그룹으로 묶어 이들에게 공통된 가치를 부여하고자 노력하는 학문 같습니다. 제 전공인 경영학은 인간을 두 그룹으로 나누죠. 극소수의 자본가와 절대다수의 기타 등등. 물론 월급쟁이 CEO를 포함한 대기업 임직원 같은 온실 속의 화초들도 죄다 후자에 들어가게 되는데요. 목적화 되는 인간은 오로지 전자고요, 후자는 수단에 불과합니다.

두 번째로, 경영학은 어떠한 계(系) 내에서 인간의 외적인 측면에만 관심을 부여합니다. 내면에 대한 관심은 상대적으로 많이 떨어지죠. 하지만 인지과학은 그렇지 않다고 봅니다. 안팎에 고루 관심을 부여하고 있다고 생각합니다. 학제라는 것도 그 와중에 위력을 발하게 되는 것이고요. 가령 나라는 주체가 있다면 나에게는 세 가지 포인트가 존재할 수 있습니다. 하나는 나의 내면, 다른 하나는 외연, 마지막 하나는 내면과 외연 간의 상호작용. 마찬가지로 타인에게도 똑같은 기제가 존재할 것 같습니다. 다만, 타인의 경우는 내가 그 내면 깊숙이까지 직접 지각하기 어려운바, 내 관점에서는 그의 외연만 보일 것입니다. 그러면 이를 주관적 관점에서 아주 간단한 형식 시스템으로 본다면, 중요 포인트는 5개로 정리됩니다. 나의 내면, 외연, 양자 간 상호작용, 타인의 외연, 그리고 나와 타인 간의 상호작용. 이렇듯 인지과학은 인간의 안팎을 고루 다루는 반면, 경영학은 뭐, 대충 수박만 겉핥고 있죠. 정말 속상한 건 존귀한 인간을 기계나 수단으로 간주한다는 것이고요. 인간이기에 앞서 인적자원, 인간이기에 앞서 고객, 인간이기에 앞서 주주.

> D: 오~ 인지과학에 특화된 인재로군! 하하하. 자넬 환영하네. 반갑네. 반가워!

"그러고선 이런저런 많은 이야기가 오고 갔습니다. 시간이 제법 흐르고 이제 일어설 때가 됐습니다."

> 나: 그럼 전 이만 가보겠고요. 내일부터 원서 접수니까요. 일찌감치 접수하도록 하겠습니다. 그럼 다음에 다시 뵙도록 하죠.

> D: 어, 그래. 그래.

"'그래요. 그래요'로 시작해서 '그래. 그래'로 끝났죠. 말에 관한 한 반복이 체화된 분 같았어요. 아무튼 전 신이 나서 룰루랄라 거리며 연구실을, 인문관을, 그리고 교문을 나섰습니다. 그날 밤 무지무지 행복했습니다. '아, 이런 학문도 있었구나?' 시애틀은 아니지만, 충분히 잠 못 이루는 밤이었습니다. 합정동의 잠 못 이루는 밤이랄까요?"

L2 예전 인터넷을 통해 신천지를 발견했을 때에 버금가는, 아니 이를 넘어서는 큰 희열! 내게 있어 나선형 쾌락 : 인공지능 = 단순 순환형 쾌락 : 페티시. 인공지능 > 페티시. 고로 나선형 쾌락 > 단순 순환형 쾌락. 정말? 인공지능 > 페티시라고? 아닌 것 같은데? 네가 지금 그쪽으로 굶주린 상황이어봐. 그 반대의 답이 나올 걸? 단순 순환을 잘못 인지해서는 곤란해. 어쩌면 이것도 일종의 인지적 편향일지도 모르겠다. 이거 봐. 이 글을 쓰는 와중에도 자꾸만 그렇고 그런 사진이랑 동영상을 슬쩍슬쩍하고 있잖아?

나는 발가벗은 한 시간 동안 자유로와진다. 그래, 나는 딜레탕트다!

LO　　비누 거품이 뽀글뽀글 일어서고 있다. 사실 아무도 봐주지 않아서 그렇지 존재적으로는 진작에 시작됐을 것이다. 이제 종형 곡선의 하강부가 진행 중이다. 종의 정점을 기준으로 수직선을 그으면 좌우 대칭이 된다. 정점을 기준으로 좌측 대비 우측의 차이점은 이미 묵직한 때를 벗겨 낸 이후이기에, 몸은 한없이 가벼워져 있고 이에 따라 마음 역시 부표마냥 둥둥 떠다니기 시작한다는 것이다. 따라서 정점을 향해 올라갔던 시간과 노력에 비해 정점을 찍고 내려가는 시간과 노력은 한결 적게 든다. 그러니까 나의 토요 목욕 의식은 이중의 종형 곡선으로 모델링될 수 있다. 즉 가고, 하고, 오는 단계가 메이저(major)가 되는 셈이고, 이 중 '하고' 단계가 쪼개져서, 머리 감고, 비누질하고, 때 밀고, 비누질하고, 머리 감는 서브(sub)를 이루게 된다. 목욕은 잘해야 한다. 하지만 때 밀기 이전과 때 민 이후의 '잘'은 상이하게 해석된다. 상황에 따른 차이이며, 그렇기에 이 역시 폴리모피즘이라 할 수 있겠다. 전자에 있어서는 세척의 우선순위가 높으며, 후자에서는 속도의 우선순위가 높다.

　　머리 감기를 마침으로써 마침내 5단계 프로세스는 마무리된다. 다시 원래 자리로. 가방에서 고이 접혀 있던 하얀색 수건을 꺼낸다. 가로로 길게 해서 양손으로 위쪽 두 꼭짓점을 잡는다. 혹 몰라서 고개를 돌리고 두 눈을 꼭 감은 채, 거세게 세 번 턴다. '팡! 팡! 팡!' 내 표정 꾸깃, 꾸깃, 꾸깃. 듣기 좋다. 보기 싫을 듯. 한바탕 털고 난 후, 글자나 문양이 프린트되지 않은 면을 가볍게 얼굴에 댄 채, '탁탁탁' 두드린다. 이후 수건의 면을 바꿔 머리를 덮고 마구 문지른다. '팟팟팟팟팟팟팟!' 수건에 머리카락이 제법 많이 붙어 있다.

　　사드라면 이것들을 갖고 분명히 또 글을 썼을 거다.

　　또 한 번 세게 턴다. '팡! 팡! 팡!' 다음, 같은 면으로 꼬추 털을 닦는다. 꼬추가 흔들리자 두 개의 구슬도 덩달아 덜렁거린다. 실버 벨~.

L1   '거리마다 오고 가는 많은 사~람들, ……' 오월의 어느 봄날 아침, 난데없는 크리스마스 캐럴.

L2   이정현*은 한여름에 크리스마스를 찾았던가? 허진호는 좀 더 구체적이어서 8월에 찾았고. 이 양반은 어떻게 된 게, 홍상수와 달리 날이 날이 갈수록 작품이 나빠지냐?

L1   빙 크로스비의 그것도 좋지만, 내겐 어린 시절 뽀미 누나 왕영은 버전의 「실버 벨」이 단연 최고다. '였다'가 아니고 '다'에서 눈치챌 수 있다시피 지금까지도 그렇다. 그러고 보니 그 어린 시절 「뽀뽀뽀」 방영 시간에도 난 앉은 채로 눈을 깔며 시청했던 것 같다. 그것의 역사와 전통이 꽤나 오래되었구나.

L0   그러나 보이는 거에 비해 종소리는 그리 크게 들리지 않는다. 역시나 같은 면으로 겨드랑이털을 닦는다. 그러니까 여기에 적용되는 룰은 '유모(有毛) 부위는 유문(有文) 면이요, 무모(無毛) 부위는 무문(無文) 면이라'인 것이다. 이러함에 특별한 이유가 있는 건 아니다. 꼬추를 털 때보다 한결 고요하다. '변태 같은 놈들. 세상에 어디 좋아할 데가 없어 여인의 겨털을 좋아하는 거냐고.'
    오케이, 털 털기 임무도 완료됐다. 꼬불꼬불한 털 몇 가닥이 역시나 수건에 바싹 붙어 있다.
    그 양반, 이것들 또한 가져다 쓰겠지?
    하나하나 뜯어내 '후~' 불어 떨어뜨린 후 다시 수건의 면을 바꾼다. 오른손으로 수건을 쥐고 왼팔을 닦는다. 어깨부터 차근차근 아래로.

---

* 1980년대 후반 인기 가수로, 「그 누구보다 더」, 「한 여름의 크리스마스」 등의 히트곡이 있다.

나는 발가벗은 한 시간 동안 자유로와진다. 그래, 나는 딜레탕트다!

이후 왼손으로 수건을 쥐고 오른팔을 닦는다. 손목부터 차근차근 아래로. 이상하게 오른팔을 건조시킬 때에는 항상 '선생님, 저요.' 자세가 취해진다. 어릴 때부터 습관이 돼서 그런가 보다. 몸을 약간 앞으로 숙인다. 완전 직립 상태에서 약 20도 정도일지 싶다. 수건을 세로로 해서 양어깨부터 등에 걸친다. 이후 양손으로 등을 두드린다. 먼저 왼팔을 반시계 방향으로 돌려 접촉 가능한 부분을 두드린다. 손바닥 기준이다.

"어이구 어이구."

자세 때문인지 신음이 절로 새나온다. 팔 바꿔 이번엔 오른팔이다. 물론 일관성 견지를 위해 손바닥 기준이다. 혹시나 하는 노파심에 첨언하면, 이때 손바닥은 트위스트 돼 있지 않고 자연스러운 모습 그대로를 전제로 한다. 이번엔 시계 방향으로 돌려 등에 착지한다. 마찬가지로 접촉 가능한 부분을 두드린다. 다 됐는가? 그렇담 등 아래에서 허리 부위까지의 공략이다. 아직 오른편의 관성이 남아 있기에 이번엔 오른팔이 먼저다. 반 시계 방향. 두드린다. 완료. 이번엔 왼팔 시계 방향. 동일한 방법 적용. 완료. 다시 수건을 세로로 세워 양손으로 양 꼭짓점 근처를 잡는다. 강력하게 삼세번 털기. 이후 몸을 뒤로 살짝 굽힌다. 뒤로 하는 건 앞으로 하기보다 어렵기에 약 10도 정도만 굽힌다. 이후 역시 세로 형의 수건을 양어깨에 걸침과 동시에 가슴을 덮는다. 그리곤 두드리며 문지른다. 두드림의 강도는 등에 적용할 때보다 약해야 한다. 가슴이나 배를 등처럼 세게 두드리면 아프기 때문이다. 잘못하면 토할지도 모르고, 최악의 경우 죽음까지도 맞이할 수 있다. 이때 눈동자와 턱은 자연스레 목적 부위인 배를 향하게 돼 이번에도 턱이 묵직한 게 두 턱으로 변했음을 자각한다. 순간적으로 새로 생겨난 턱이 목을 만진다. 목이 깜짝 놀란다. 낯선 존재자의 생경한 터치감이 느껴졌기에. 만일 내가 강동희에 필적할만한 신체 구조를 갖고 있었더라면 그 순간 세 턱이 됐을 것이며, 제일 아래에 일시적으로 생겨난 턱은 목이 아닌 가슴과 다이렉트 접촉됐을 것이다. 좌우지간 촉각의 시각화다. 디테일은 떨어졌어도 핵심 개념은 충분히 인지 가능하다. 지금 이 순간 내 턱엔 일시적 가로줄이 형성되어 턱 살이 이 층으로 돼 버렸다는 인지. 예전부터 시각 경험이 쭈욱 누적돼 왔기 때문에 촉각과 시각이 연합된 것이다. 그러니 일종의 함수로 봐도 무방하겠다. 만일 단 한 차례의 연합 경험도 없었더라면? 손을 대기 전까지는 그냥 묵직함만 느꼈을 뿐, 두 턱이 됐음은 인지하지 못했을 수도 있다.

이후 마찬가지 방법으로 수건을 삼세번 털어준 후, 왼 허벅지를 감싸 문지르며 아래로 내린다. 별로 크지 않게 '스윽 스윽' 거린다. 내 몸과 닿는 수건의 면은 여전히 글자나 문양이 프린팅되지 않은 면이다. 발목에서 종료. 직후 오른 허벅지를 감싸 문지르며 아래로 내려간다. '스윽 스윽.' 역시나 발목에서 종료. 이제 거의 마지막에 임박. 엉덩이를 문지른다. 오른손의 주도로 똥침 놓는 부위마저 문지른다. 이때 너무 세게 하면 그것이 밖으로 나올 수도 있기에 조심해야 한다.

이를 끝으로 마침내 집에서 준비해온 하얀색 수건은 미션을 완수했고, 이에 난 또다시 삼세번 턴 후, 세로로 한번 접고 돌돌 말아 목욕 가방에 잘 집어넣는다. 이미 샴푸니, 비누니, 때질 수건이니, 비누질 수건이니 하는 애들이 구석구석 다 자리 잡고 있다. 녀석들도 나 못지않게 빨리 집에 가고 싶은 듯하다. 왼손엔 파란색 작은 대야를, 오른손엔 빨간색 의자를 들고 원래 녀석들이 있던 곳으로 간다. 각자 뒤집어 제자리에 위치시킨 후 뒤돌아 내 자리로 돌아온다. 얼른 왼손으로 파란색 큰 대야 안에 있던 목욕 가방을 든다. 이후 오른손으로 큰 대야를 든다. 이동하여 역시나 제자리에 놓고, 드디어 마루를 향한다. 나가기 직전, 다시 한 번 샤워기를 튼다. 찬물만 살짝 틀어 왼발, 오른발을 순차적으로

나는 발가벗은 한 시간 동안 자유로와진다. 그래, 나는 딜레탕트다!

들이댄다. 이 역시 삼세번. 팔짱을 끼고 자세를 낮춰 팔짝거린다면 테트리스의 춤 추는 아저씨와 비슷해 보이겠지? 그 아저씨 몇 판을 깨야 처녀 등장하더라?

"웃, 차가워!"

그냥 내뱉은 말이 아니다. 정말 차갑다. 소름 끼침을 감내하면서도 이런 행위를 하는 이유인즉슨 내 자리에서 탕 입구까지 걸어오는 동안 이곳을 거쳐 간 숱한 남생이들과 더러운 바닥을 누적적으로 공유했기 때문이다. 생각만 해도 심히 불쾌하다. 바닥 전체에 중첩되어 층층이 쌓인 시커멓고 커다랗고 징그럽고 더러운 발자국들이 흉포하게 다가온다. 토할 거 같다. 물론 여기서도 예외는 아니어서 무의식적 상상으로 잠시 릴렉스하곤 한다. 내가 오기 전까지 정말로 무지무지 아리따운 젊은 여성들만 이 바닥을 밟았더라면, 옷장이나 화장실에서 그랬듯 나의 행동은 사뭇 달랐을 거다. 발을 닦긴 왜 닦아? 그녀들과의 간접 접촉 기운이 희석되게시리. 오히려 난 며칠 동안 발을 씻지 못할 것이다.

L1   어쩌면 코코몽처럼 행동했을 수도 있다. 들어서자마자 아무도 없음을 확인, 목욕은 무슨 목욕! 처음부터 '데굴데굴 굴러라, 데굴데굴 굴러라', 공동탕을 중앙에 두고 난 통행 가능한 타원의 원주를 따라 데굴데굴 고루고루 구르며 공전한다.『구르브 연락 없다』

그러면서 오감으로 느낀다. 특히 촉각이 아주 디테일하게 느낀다. 누누이 말하지만, 촉각을 한 단계 쪼개면 감촉과 온도와 무게로 나누어진다. 이 세 개 측면 모두를 고루 만끽하나 특히 무게에 천착한다. f-business를 위해 이것들을 하루빨리 빛에 실을 수 있어야 한다. 아니면 다른 대안을 찾아내던가.

그녀들이 벗어 놓고 간 체중까지도 느낀다. 수많은 그녀가 자신들의 발과 바닥의 상호 작용을 통해 흘려 놓았을 그 무게들이 무작위로 마구 마구 튕겨 솟는다. 그러면서 아래에서 위로 나를 차고 밟고 올라선다. 그녀들은 아래에서 위로 순차적으로 뛰어오른다. 지구의 중심은 아래가 아닌 위쪽에 있다. 만만찮은 소프트웨어적 무게와 피타격감이 느껴진다. 그런데 그 맛이 그 맛일까? 난 인식주의자이기에 상관없다고 이야기하고 싶지만, 인식주의자는 동시에 메타주의자다. 그래서 이 세계 저 세계를 왔다 갔다 하긴 한다. 하지만 이런 방황도 잠시, 다행스럽게도 그 무게는 고스란히 내게로 전달된다.

L2   여기서 상상력 부족한 외계인들은 또 한 번의 대략 난감을 느끼게 된다. 무전기를 통한 그들 간의 대화.
    "이상합니다. 아까 그놈이 발가벗고 타원을 그리며 바닥 위를 빙빙 돌고 있습니다."
    "오잉? 뭐 잘못 처먹었나? 미쳤나? 아님 무슨 성(聖)스러운 의식을 거행하는 건가? 거, 너 지구 가기 전에 미리 스터디 했었잖아? 거기 뭐 짐작할만한 내용 없었니?"
    미래에 대비하기 위한 야비한 표현.
    "글쎄요. 소위 제도권의 사전이나 교과서, 참고서 그런 거엔 원래 표준만 언급돼잖아요. 메이저러티 중심이고. 그래서 저런 마이너리티의 희귀 행동 케이스는 언급이 안 돼요. 그냥 보편 진리 중심으로 관찰자가 상상의 나래를 펼쳐야 하나 봐요."
    "헉!"
    "왜?"
    "그런데 녀석 발기를 하고 있어요. 꼬추가 엄청 커지고 있어요! 과장 좀 보태자면 선 키보다 엎드린 키가 더 큰 것 같아요."

나는 발가벗은 한 시간 동안 자유로와진다. 그래, 나는 딜레탕트다!

"그래? 그럼 저 행위는 뭔가 성(姓)적인 의식인 게 틀림없군. 거봐, 내 말이 맞잖아? 내 아까 성스러운 의식 같다고 이야기했었잖아? 나 대단하지 않냐? 하여간 저 새끼 졸라 이상해. 아무래도 우리 별로 데려가서 심층 조사 좀 해봐야겠어."

한국말 대화이기에 모순되지 않는 문장. 이젠 둘 다 적응이 된 듯, 비속어도 제법 능수능란하게 구사한다.

"그게 좋겠네요. 아무튼 저 인간은 타일 바닥 페티시임에 틀림이 없습니다."

"흠, 그럴 가능성도 다분하겠구먼. 그런데 저 '쿵쿵' 거리는 소리는 뭐지?"

"아, 말씀드렸다시피 녀석이 엎드린 자세를 취했을 때에는 딱딱한 기둥 때문에 몸과 바닥 사이에 엄청난 공간이 생기거든요. 그래서 데굴데굴 구르는 와중에 엎드렸던 상태가 누운 상태로 바뀔 때마다 뒷머리가 바닥에 부딪혀 나는 소리입니다."

"하하, 재밌네. 쿵쿵거리면서 도는 거. 녀석 물건이 제법 큰가 봐."

"예, 처음엔 여잔 줄 알았는데 발기되니까 장난이 아니네요. 경도도 제법이에요. 크크. 그런데 걱정이에요. 그러다가 뇌진탕 걸릴까 봐 말이에요."

"야, 쟤랑 너랑 무슨 상관있다고 걱정하니?"

"에이, 그래도 오랫동안 지켜봐서 그런지 정이 든 것 같아요. 제가 원체 다정다감하잖아요."

L1   지금 나 혼자다. 계속 구른다. 헤어숍에서 그랬듯 육감으로 느낄 수는 없을까? 그런데 그건 내 자유의지가 아니었잖아? 통제될 수 없는 육감이란 게 과연 의미가 있는 걸까? 통제될 수 없는 지각이란 것은 정의

상으로도 모순인데 말이야. 머릿속에서 분열된 자아들 간의 논박이 지속되건 말건, '저 관념의 망령들은 항상 저 지랄'이라고 비난하며 순박한 몸뚱어리는 계속 뒹군다. 그러면서 맛본다. 그 맛은 무의식에서 느낀다. 지칠 때까지 뒹굴고 또 뒹군다. 대체 언제 집에 가려나? 가방 속 식구들이 저리도 재촉하고 있는데.

탕을 나서려 미닫이문에 손을 대는 순간, 누군가 뒤에서 왼쪽 어깨에 손을 올린다.

"헉!"

누군가 숨어서 나를 계속 관음하고 있었던 겐가? 화들짝 놀라 고개를 시계 방향으로 돌린다. 보편에 반하는 위치에서 얼굴이 '팟!' 하고 튀어나오자 어깨에 손 올리고 있던 자가 적잖이 놀라 움찔거리며 뒤로 물러선다. 동시에 눈 흰자위가 검은 눈동자로 꽉 채워진다. 마치 매번 실패하는 구애 활동으로 스트레스받은 구피 눈 같다. 이내 침착해진 그는 시커먼 정장에 넥타이를 답답하게 맨 글로벌 오퍼레이션 컨설턴트다. 여유로운 척 씨익 웃으며 내게 한마디 건넨다.

"제가 쭉 지켜봤는데, PI(Process Innovation) 프로젝트 좀 하셔야겠어요."

"예?"

"목욕 효율성이 너무 떨어지는 것 같아요. 군데군데 크리티컬 바틀넥(critical bottleneck)들이 도사리고 있더라고요. 목욕하는데 전체적으로 대략 50분 정도 소요되는 것 같은데, 제 말씀만 잘 들으시면 35분까지 줄일 수 있습니다."

암기 과목처럼 일하는 놈들에겐 개 무시로 대응하는 것이 정답이나, 예의상 반응을 보여준다.

나는 발가벗은 한 시간 동안 자유로와진다. 그래, 나는 딜레탕트다!

"그럼 뭐가 좋아지는데요?"

"자그마치 15분이나 시간이 단축 된다니까요. 더 이상 무슨 효과를 말씀드릴 수 있겠어요? 시간을 줄여준다는데."

또 당황한다. 잔대가리를 굴리고 있나 보다. 두 눈동자가 흰자의 가장자리에 붙어 수차례 공전한다. 마침내 좋은 답을 찾아냈다는 듯, 갑자기 큰 소리로 말한다.

"그럼 점심도 15분이나 빨리 먹기 시작할 수 있는 거고요."

밥의 논리? 다시 목소리가 사그라진다. 말해놓고 보니 지도 구차하다는 생각이 드나 보다. 약간 버벅거리며, 재무적인 답을 제시한다. 하지만 더 궁색하게 들린다. 오히려 사태를 악화시킨다.

"게다가, 만일 그 시간에 하늘에서 시급 1,000원짜리 별을 따다 알바를 뛴다면 하늘에서 250원이나 달을 따다 벌 수 있습니다. 그 속에 거기다가 15분 담아두어 더 목욕하다 보면 근육 소진량이……요."

대체 뭔 소리야? 난 누군가 또 여긴 어딘가? 나 역시 황당함의 극치에 멍 때리다가 간신히 정신 줄을 되감는다. 그는 여전히 침을 튀기며 뜨거운 똥을 싸대고 있다. 천장에서 떨어지는 물방울과 그의 침이 뒤섞여 내 얼굴로 쇄도한다. 횡수는 극을 향해 치닫고 있다.

"종합적인 쓸쓸하던 경제적 이 골목을 손실이……"

이건 과일반화의 오류가 아니다. 데이비드 흄의 회의론을 의식할 이유도 없다. 하나를 보면 열을 안다의 차원이다. 다시 한 번 대한민국 컨설팅의, 경영학의 무가치함을 강력하게 체감하게 된다. 획일화된 잣대. 상황이니 맥락이니 고객의 마음이니 이런 것들은 헤아리지도 않거나 그저 형식적으로만 더듬은 채, 오로지 목욕 시간만 줄이면 장땡인 거다. 그것도 매뉴얼대로만 진행. 정말 중요한 것은 사람의 쾌락이거늘. 그 쾌락은 시간 줄이기에서 나오는 것이 아니라 자유롭고 자연스러운 사유에서 나오는 것이거늘.

한 꼬마가 머리에 잔뜩 힘을 준 검은 양복의 신사에게 고액 수표를 건네며 말한다. 딱 한마디.

"아저씨, 나 지금 A에서 B로 가려고요."

"옷, 그래요? A 지점에서 B 지점까지 갈 수 있는 길은 총 5개가 있는데요. 이 중 3번 길로 가는 게 최적입니다. 왜냐하면, 직선 길이라 시간이 제일 적게 소요되거든요. 도로의 폭도 제법 크니 도보보다는 차량을 이용하시는 게 좋을 것 같은데요, 여긴 버스 전용차선 구간이잖아요? 그러니까 대중교통을 이용하는 게 최적입니다. 만일 제 가이드대로 가신다면 목적지까지의 예상 소요 시간은……"

what? why? how-to?로 이어지는 심플 커뮤니케이션. 정말 교과서에 나온 그대로 실행했군. 자네, 엘리베이터 보고에 소질 있을 것 같아. 하지만 그 꼬마는 신사의 말을 무시하고, 꼬불꼬불 2번 길을 택했다. 지불한 돈도 엄마가 주라고 해서 어쩔 수 없이 줬을 뿐, 무지 아까웠다. 차라리 장난감 뽑기를 하고 말지. 2번 길은 폭도 좁으며, 시간도 가장 오래 걸리긴 한다. 하지만 아기자기한 캐릭터 피규어 샵들이 몰려 있어, 구경하며 걷기에 안성맞춤이다. 그 꼬마 고객이 지금 필요로 한 것은 빠른 시간 내 도착하는 것이 아니라 시간 즐기기, 즉 킬링 타임이었다. 목적지에도 도착은 해야 하나, 그 가는 과정 자체도 즐기고 싶었던 거다. 그런데 검은 양복의 신사는 그 꼬마의 인사이트를 전혀 간파하지 못하고, 통상적인 시간 절약만 운운했다. 지금의 비즈니스 삼위일체에게 이러한 상황이나 맥락을 기대하는 것은 무리일까? 시간 줄이고, 인원 줄이고, 비용 줄이고 그러는 것이 절대적인 장땡일까? 거기서 과연 섬씽 뉴가 나올 수 있을까? 사람들이 쾌락을 만끽할 수 있을까? ……

고개를 하늘로 향해 젖히고 한참 동안 쳐다본다. 구름 한 점 없는 맑은 날씨. 그럼에도 그 빌딩의 끝은 도무지 가늠할 수 없다. 그렇다면 이게 바로 그 유명한 바벨탑? 언어 때문에 완성을 못 했다는 것도 다 헛소리였군. 이렇게 딱 하니 버티고 서 있으니 말이야. 내 비록 벽돌 나르기엔 참여하지 않았으나, 몇 층인지 함 헤아려 보리라. 1층, 2층, 3층, ……, 젠장, 까먹었다. 다시 처음부터. 1층, 2층, 3층, 4층, 5층, ……, 망각. 기계가 아니다 보니. 역시나 끝없는 반복. 난 기계가 아니니 그냥 멈춰야겠다.

이 끝을 알 수 없는 빌딩에 수많은 업체가 입주했다지? 그러니 엘리베이터에 대한 민감도가 당연히 높을 수밖에 없을 거야. 그래서 그런지 입주업체 임직원들이 건물주에게 자주 항의한다는 거 아니야.

"야, 우리 비싼 돈 주고 입주했는데, 대체 엘리베이터가 왜 이 모양이야? 기다리다가 답답해 돌아가시겠다!"

건물주는 고민 끝에 산업공학을 전공한 세계 최고의 최적화 전문 컨설턴트를 불렀지. 그에게 비싼 돈을 주고 엘리베이터 라우팅 프로젝트를 맡긴 거야. 물론 세계 최고의 컨설턴트가 왔으니 문제는 해결됐겠지? …… 라고 생각하면 오산. 맞아. 엘리베이터 대기 시간이 줄어들긴 했어. 하지만 사람들의 불만은 날이 갈수록 더 심해져 갔지. 그럼에도, 계약서에 명시된 성과 지표대로 컨설턴트가 임무를 완수한 건 사실이기에 건물주는 고액의 컨설팅 피(fee)를 지급할 수밖에 없었어. 오히려 입주 업체들이 증가함에 따라 문제는 더욱 심각해졌는데 말이야. 병신, 계약 조항 좀 제대로 만들지. 물론 그게 사태의 본질은 아니지만. 그런데 백인 건물주의 다크서클이 몸 전체로 퍼져 마침내 흑인으로 변한 어느 날, 꽃 배달 온 어떤 황인종 알바생이 지나가는 소리로 아이디어 하나를 하나 툭 던진 거야.

"엘리베이터 문 사이사이에 거울을 부착하심이?"

여느 때 같으면 건물주가 콧방귀를 뀌었겠지. 하지만 당시에는 지푸라기라도 잡아야 하는 절박한 상황이어서 조언대로 함 시도해 본 거야. '뭐 큰돈이 드는 것도 아니고 하니, 그리해볼까?' 그 결과 뜻밖의 일이 벌어졌어. 남성들은 넥타이를 고쳐 매느라, 여성들은 머리와 옷매무새를 다듬느라(심지어 옆에서 누가 보건 말건 가벼운 화장까지 고치는 여성도 있었지), 전혀 엘리베이터를 기다리고 있다는 존재적 사실을 인식하지 못한 거라. 답답함을, 지루함을 느끼지 않았던 거라. 결국, 거울 몇 장 부착하는 선에서 골머리 앓던 문제가 일순 해결된 거야. 문제의 본질은 시간 줄이기가 아니었던 거지. 본질은 사람의 마음, 즉 지루함을 어떻게 희석화시키거나 재미로 전환시킬까 하는 거였어. 그러니까 시간을 극복의 대상이 아닌 기회의 발판으로 활용했던 거야. 솔직히 전형적인 경영학자나 컨설턴트들은 이런 데에 익숙하지 않아. 만에 하나 익숙하다 하더라도 문제는 구체적 대안을 만들어 낼 능력이 없다는 거지. 거울을 붙인다, 어쩐다 하는 대안을 제시하는 것은 그들이 즐겨 하는 체계적, 구조적 사고로는 턱도 없거든. 이런 건 상상력이나 창의력이 있어야 하고, 어떨 때는 X선이나 포스트-잇처럼 우연의 산물이 될 가능성도 다분하니까.

LO "드르륵."

미닫이문을 연다. 아까 들어올 때에는 분명히 '왼손잡이 중심이네.'라며 좋아했었거늘. 약 50분 후를 전혀 예상하지 못한 난, 역시나 한 치 앞도 내다보지 못하는 바보인 거다. 한두 번 경험해본 것도 아니건만. 이 주제에 난 목욕탕 안 빨간색 의자에게 측은지심과 더불어 한심함을 느꼈던 거라(미닫이문의 양쪽이 다 고정되어 있지 않다면 상관없는데, 정호탕의 경우 한쪽 문은 늘 고정되어 있다. 그걸 풀려면 고리에 힘을 가해 돌려 내려야 하므로, 그냥 오른손을 사용해 문을 여는 것보다 더 힘들고 귀찮다). 들어올 때 왼손이 편한 구조라면 나갈 때에는 당연히 오른손이 편한 구조가 될 수밖에 없다. 조삼모사의 응용편이렸다? 합리성을 제한해 일반화시켜 보면, 원숭이나 인간이나 다를 바가 없음을 여실히 느낀다.

발레리노 자세로 수건 더미에 다가가 맨 위의 것을 들춰내고 그 아래 것을 집어 든다. 마룻바닥에 깐다. 맨 위에 있던 수건은 그간 먼지가 자욱자욱 쌓였을 것이리라. 마룻바닥 위 수건에 올라선다. 집에서 갖고 온 것과 마찬가지로 하얀색이다. 몸을 숙여 양발의 발가락들 사이사이 물기를 닦아낸다. 뽀송뽀송. 임무를 완수한 수건은 회수 바구니로 장렬히 투신 되고, 난 다시 발레리노 자세를 취해 종종걸음으로 42번 옷장으로 간다.

L1   내, 무용수가 될지언정, 발레리노나 치어리더는 전혀 되고 싶지 않다.

L0   나온 지 얼마 안 됐으나 그새 바닥과 접촉했던 발가락들이 점점 더 러워지는 느낌이다. 오른쪽 발목에서 열쇠를 되찾은 후, 42번 회색 자물쇠의 윗 틈새에 넣었다 뺀다. 이후 자물쇠의 오른편에 있는 돌출 부위를 왼손 엄지손가락으로 누른다. '틱!' 소리를 내며 문이 '끼이익~' 열린다.

예상대로 여태껏 참고 있었다는 듯 광풍이 일순간 퍼져 나온다. 누리끼리한 악취를 담은 광풍이다. 벗겨진 옷들에서 지글지글 모양의 누런 연기가 피어나고 스멀스멀 벌레들이 꿈틀거린다. 아, 결국 우려했던 일이…… 열린 옷장 문의 모서리에 목욕 가방을 걸어 두고, 팬티를 꺼낸다. 있는 힘을 다해 세 차례 턴다. '펑! 펑! 펑!' 어깨가 빠지는 것 같다. 수많은 연기, 먼지 조각들과 벌레들이 나가떨어진다. 저것들 정신 차리면 엉금엉금 기어와 내 발에 붙을 텐데.

생각해 보라. 발레리노의 발끝 자세로 구부정하게 팬티를 터는 모습을. 순간 포착을 한다면야 나체로 하는 마이클 잭슨의 「빌리 진」 공연의 한 장면이 연상될 수도 있겠지만, 이미지의 연쇄로 본다면 몹시 구리다. 집에서 그랬듯, 양 구멍에 왼발 오른발 순차적으로 담근다. '스윽' 추어올린다. 이제 옷장 안 최상부는 러닝셔츠다. 마찬가지로 수차례 강력히 털고 가장 큰 구멍에 머리를 넣는다. 구멍이 머리에 감지되자 절로 눈이 감긴다. 깜깜하다. 그 어둠은 좁은 구멍을 목이 완전히 통과할 때까지 지속된다. 중2 시절 별명이 ET였던 내 목은 여전히 길기에 어둠의 시간 또한 제법 길 수밖에 없다. 얼마쯤 지났을까? 눈을 뜬다. 올챙이가 개구리로 변하듯 왼쪽 팔이 쑤욱하니 튀어나온다. 직후 오른팔도 쑤욱 튀어나온다. 역시나 러닝셔츠는 네 구멍 모두 널찍하니 통과하기 참 쉽다. 그 순간 다시 풍기는 악취. 내 진짜 다음번엔 꼭 비닐 갖고 오고 말테다! 푸훗, 곧 망각될 다짐. 너 언젠 안 그랬더냐? 이제 옷장 안 최상부는 티셔츠다. 마찬가지로 수차례 강력히 털고 가장 큰 구멍에 머리를 넣는다. 구멍이 머리에 닿는 순간 눈이 절로 감긴다. 깜깜하다. 그 어둠은 좁은 구멍을 목이 완전히 통과할 때까지 지속된다. 눈을 뜬다. 왼쪽 팔이 쑤욱 튀어나온다. 직후 오른팔도 쑤욱 튀어나온다. 이번엔 제법 타이트한 게 러닝셔츠만큼 호락호락하진 않다. 이제 옷장 안 최상부는 바지다. 마찬가지로 수차례 강력히 털고 구멍에…… 라면 잘못된 거고, 난 양말 먼저 신는다. 바지를 먼저 입으면, 양말 신을 때 바지 끝자락이 걸리적거려 불편하기 때문이다. 집에서 준비할 때에도 양말이 바지를 앞서지 않았던가? 그렇다고 해서 갓 목욕해 깨끗할 대로 깨끗한 내 엉덩이를 장 바티스트 그루누이가 태어난 생선 가게 바닥 못지않은 이곳 마

나는 발가벗은 한 시간 동안 자유로워진다. 그래, 나는 딜레탕트다!

루에 밀착한 채, 양말을 신을 순 없는 노릇이다.

L1   그 녀석 엄마 불쌍하다. 고생은 고생대로 하더니 그만……

L0 팬티만 살짝 걸쳤을 뿐이니 말이다. 결국, 나의 대안은 직립 착복으로 수렴됐다. 이때 절대로 방심해서는 안 된다. 사건 사고라는 것은 일상의 사소한 부주의 때문에 비일상적으로 발생하는 게 아니던가? 내 이런 소리도 늘 달고 다니잖아. 평상시와 다른 '예상치 못했던 1초 후가 사람의 인생을 좌지우지한다'고. 지금이 바로 그런 순간이 될 수도 있다. 그러니 난 긴장해야 한다. 얼마 전 MKT 차장도 큰일을 당했었잖아?

L1   프로젝트 첫 날, 월요일이었다. 사업부장으로부터 팀원으로 두 명을 할당받았는데, 그날 아침 한 명만 출근했다. 오후가 돼서야 나머지 한 명이 출근했는데, 얼굴 곳곳에 상처가 있고 마치 캐산처럼 거대 마스크로 입을 가리고 있었다. '이 인간 주말에 어디서 술 처먹고 싸움질 했구먼?' 생각은 이러면서도, 놀랐다는 표정을 지으며 의례적인 질문을 던졌다.

"아니, 어쩌다가? 주말에 무슨 사고라도 당하셨나요?"

"저, 그게……"

"아, 말씀해 보세요. 제가 명색이 이번 프로젝트의 책임자인데, 상황 봐서 불가피하다 싶으면 사업부장님께 얼른 인력 교체 요청해야죠."

"아, 저 잘할 수 있어요."

"그건 M 차장님 생각이고요. 전 만일의 사태까지 생각해야 해요. 가뜩이나 프로젝트 기간도 짧은데, 혹 자주 병원에 가야 한다던가 해서 자리를 많이 비우게 되면 골치 아파지거든요. 게다가 M 차장님 얼굴

곳곳 상처를 보면 저 역시 걱정도 많이 되고. 형수님이 많이 놀라셨을 텐데."

"예, 사실은……"

"편안하게 말씀해 보세요."

"그러죠, 뭐. 어젯밤이었어요."

힘들게 입을 연 그의 스토리는 다음과 같았다. 안방에 딸린 욕실에서 목욕을 다 하고 나왔어. 안방 문을 걸어 잠근 채(마루에 손님들이 계셨다 그랬지? 친지 분들), 수건으로 몸의 물기를 다 닦아내고 옷을 입는 도중, 보다 구체적으로 말하면 바지를 입는 도중 왼발을 구멍에 넣으려는데, 글쎄, 발이 구멍으로 곧장 들어가지 않고 허리춤에 걸렸다나 봐. 순간 무게 중심이 앞으로 쏠려 버렸고 입부터 세디세게 방바닥에 그냥~ '퍽!' 치아도 몇 개 나가고, 아랫입술도 치아들에 의해 몇 군데 뚫렸다나 봐. 으~ 샤바 샤바 아이 샤바 얼마나 울었을까? 완치될 때까지 내 앞에선 절대로 마스크를 벗지 않았어. 사실 나 역시 이에 필적할만한 사고를 겪은 적이 있지.

L2   산악용 오토바이를 타고 전속력(60km/h)으로 달리다가 그만, 정면에 떡하니 버티고 있던 나무를 정통으로 박고 잠시 하늘 날기. 'I belive I can fly~' 그러다가 얼굴부터 착지했고, 난 얼굴의 촉각으로 피의 흐름을 감지했지. 그 사건 이후로 곧디곧았던 코가 약간 휜 것 같기도 해. 타인들은 아니라고 말하지만, 너희가 내 얼굴을 언제 자세히 쳐다봤다고 그런 소릴 하니? 코가 휘어 부정 타서 그런지, 그 이후로 자꾸 재수 없는 일만 생기고 있다고.

L0   아, 소름 끼친다. 머리를 세게 흔들어 안 좋은 기억들을 털어낸다.

나는 발가벗은 한 시간 동안 자유로와진다. 그래, 나는 딜레탕트다!

떠올리고 싶지 않은 순간들도 일단 한 번 뇌리에 포착되기만 하면 마구 마구 퍼져 나가니 문제다, 문제. 고로 이후 선 채로 조심스럽게, 아주 조심스럽게 양말을 신는다. 물론 양말도 이미 강력히 털린 이후다. 먼저 왼발. 오른발로 버티며 구멍 안으로 천천히 집어넣는다. 동시에 '혹 불상사가 생기면 팔이나 손목이 부러지는 한이 있더라도 무조건 팔을 앞으로 내미는 거야'라고 마음속으로 되뇐다. 다행히 팔들도 이러한 내 계획에 흔쾌히 동의해준다. 버팀목이 돼주는 오른 다리가 후들후들 떨린다. 자세가 불안정하자 약간의 깽깽이 현상도 발생한다. 긴장하다 보니 땀이 흐르나 보다. 이마 왼쪽에서 뭔가가 느껴진다. 휴~ 무사 통과했다. 하지만 방심은 금물. 예전 헤어숍에서도 경험해 봤잖아? 이번엔 오른발 자세. 좌우가 바뀐 채 동일 프로세스가 진행된다. 좌우 대칭의 예외는 오직 하나. 이마 부근 땀방울의 위치이다. 땀 방울의 연쇄는 여전히 왼쪽에서만 이루어지고 있다. 아무래도 난 왼이마잡이인가 보다. 휴~ 무사히 양말을 다 신었다. 하지만 여전히 방심은 금물이다. 마지막 바지 입기가 남아 있기 때문이다. MKT 차장도 바지를 입다가 사고 난 거였잖아? 장고 끝에 바지를 양 발치부터 돌돌 만다. 이후 상체를 폴더형 핸드폰처럼 숙여 낮은 위치에서 왼발, 오른발 차례로 구멍에 넣는다. 혹 넘어져도 땅에 닿는 것은 얼굴보다는 머리일 것이며, 높이가 낮기 때문에 치명적인 부상으로 이어질 가능성은 낮다. 그리고 내 머리도 나름 딱딱하니 쓸 만하잖아? 그러니 혹 실패해도 내 모습은 '쿵!' 소리를 수반한 약간의 두통과 원산폭격 이미지, 이 이상을 넘어서진 않을 거다.

오케이, 두발 다 구멍을 통과했고, 폴더를 폄과 동시에 바지를 위로 쭈욱 당긴다. 조심하자. 잘 못하면 꼬추를 먹을 수도 있다.

고개를 흔든다. 머리 밖으로. 허리를 삼키고자 청룡이 광속으로 승천한다. 용의 눈빛에 압도된 나는 이글거리는 그 시선을 피하기 위해 고개를 뒤로 젖힌다. 짐작건대, 그 모습이 꼭 천정을 바라보며 소름 끼치게 짓는 「레옹」 속 게리 올드만 특유의 표정에 가깝지 않을까 싶다. '아, 그렇구나. 정호탕 마루의 천장이 이렇게 생겼구나. 금도 제법 간 게 정호탕의 이미지와 딱 들어맞네? 탕 안도 그렇더니만.' 당연히 별 감흥은 없다. 단지 우연히 감각됐을 뿐이다. 허리띠를 단단히 조이고, 거울로 향한다. 가위 형태로 포개진 두 개의 때 낀 빗들에게 또다시 시선을 날려준다. 저것들은 지겹지도 않나? 더럽고 못생긴 것들이 약 한 시간 내내 저렇게 엉겨 붙어 있다. 저 둘, 정말 사랑하는 사이인가 보다. 오른손이 다가간다. 설마? 그 옆에 있는 꽁꽁 매달려진 헤어드라이기를 터치하려 한다.

L1   드라이기에 대한 어포던스(affordance)는 '손으로 감싼다'이다. 만일 내가 개라면 '코를 댄다'거나 '혀를 댄다'겠지? 전자면 좀 신중한 놈이고 후자면 비교적 지르고 보는 놈. 그런데 어포던스는 공통성, 보편성과 궤를 같이할 텐데, 이런 기질상의 차이를 반영해도 되려나? 사실 여기에도 상황 논리가 들어가긴 하지. 배부른 멍멍이와 배고픈 멍멍이의 차이.

L0   이런, 내가 지금 뭐 하는 거지? 깜짝 놀라 손을 뒤로 급히 뺀다. 비록 목욕 이후 사용되는 거라 해도 그 더운 바람 속에서 짐승스러운 남성의 악취가 풍겨 나올 거 아냐?
    그러나 존재적 사실이 어떻건 간에 모든 게 다 마음먹기에 달린 것. 조금 전, 종교인처럼 말 한 나 자신이 좀 재수 없게 느껴진다. 역시나 아름다운 여성을 떠올리면 모든 게 다 좋게좋게 바뀐다. 그래서 거울 속에 비추어진 내 표정이 진동하고 있다. 규칙적 진동. 샛눈 뜨고 음흉한 웃

나는 발가벗은 한 시간 동안 자유로워진다. 그래, 나는 딜레탕트다!

음을 짓다가, 눈을 크게 뜨고 입을 크게 벌리는. 이 또한 여지없이 무한
반복되고 있다. 예외 없이 상상력이 부족한 외계인들의 무선 통신도 덩
달아 바빠지고 있다. 또 지네들끼리 내 표정의 주기적 변화를 리포팅하
고 브레인스토밍하고 그러고 앉았다. 저런 머리를 갖고 어떻게 지구까
지 왔는지 몰라?

　왼손으로 옷장 문에 걸려 있던 목욕 가방을 낚아챈다. 그리곤 오른
손으로 신발을 든다. 저벅저벅. 몸을 반시계방향으로 돌려 이음매로 성
큼 내려간다. 다시 반시계방향으로 몸을 틀고 신발을 세게 내던진다. 내
지금, 신발이 미워 패대기치는 게 아니다. 옷장 속 더러운 기운을 완전
히 떨쳐내고자 어쩔 수 없이 내던지는 것이다. 그러니 오해 마라, 운동
화들아. 내 마음도 무척 아프다. '타닥!' 집에서와 달리 이번엔 시차가
발생한다. 발과 바닥의 힘으로 운동화를 신고 자유로운 오른손으로 문
을 민다. 손잡이 부근에는 'Push'라고 쓰여 있다. 그렇담 이번엔 내가
그 단어를 읽고 시키는 대로 행한 거게 아니게? 내면까지 속속들이 잘
알고 있는 주관은 아주 쉽게 정답을 찾을 수 있지만, 겉보기만 가능한
객관으로서는 판단하기 참 어렵다. 그러나 튜링 테스트 결과, '인간처
럼 지능이 있다'라는 판정이 내려진다. 사실 문의 UI를 어포던스에 입
각해 만들었다면 'Push'니 'Pull'이니 하는 말들을 굳이 쓰지 않아도
되거늘. 바깥 편 계단을 내려와 매표소의 측면에 도착한다. 동공이 커진
다. 하지만 애써 태연한 척(아무도 신경 안 쓰는구먼, 대체 왜?), 42번 열쇠
를 반납하고 정중히 고개 숙여 인사한다.

　"안녕히 계세요."

　"어, 학생 와 있었네? 그래요, 다음 주에 봐요."

　'흠, 나 학생 아닌데.'

　"예. 주말 잘 보내세요."

"어, 그래. 그래."

아저씨가 웃으며 답한다. DDT 교수도 아니거늘, 언어 반복을 즐기고 앉았다.

그러니까 아까 나를 잠시나마 긴장시켰던 웅성거림은 부부간 임무 교대로 인해 야기된 소음이었던 것이다. 소심함. 여기엔 마음 심이 들어간다. 마음은 곧 심장이렷다? 그렇다면 결론은 작은 심장 탓. 고로 작은 심장은 자기로 인해 좌절하게 된 꼬추를 볼 면목이 없다.

나는 발가벗은 한 시간 동안 자유로와진다. 그래, 나는 딜레탕트다!

L0   면목없는 심장 대신 나름 떳떳한 눈이 꼬추를 바라본다. 가랑이 사이 묵묵히 매달려 있는 얇은 둔덕의 실루엣, 그 아래 망원동의 땅바닥이 떡하니 존재감을 드러내고 있다. 결코, 아름답다 할 수 없는 무미건조한 회색의 천지. 패턴을 발견하려야 발견할 수 없는 랜덤의 울퉁불퉁함. 색은 단 하나이나, 요철의 높이와 형상은 제각기 다르다. 추상화는 개체들의 동일화고, 동일화는 같음에 집착한다. 역사를 통해서도 알 수 있듯, 같음에 대한 인간의 애착은 사고나 행동에 있어 거의 디폴트가 아닐지 싶다. 반면 구체화는 구별이고, 구별은 다름에 천착한다. 고로 같음은 표준이고, 다름은 개성이다. 따라서 전자는 객관을 지향하고, 후자는 주관을 추구한다.

L1   '객관'의 정의가 시대에 통용되는 보편타당이 아니라 '지구 상에 현존하는 모든 사람의 생각'으로 한정한다면, 이 모든 사람이 기적적으로 동시에 같은 생각을 하는 그 순간만큼은 '객관 = 주관'이 되는 것인가? 그렇다면 주관이 압도하는 세상을 꿈꾸는 나로서는 대안의 풀 안에 '객관의 주관화'라는 새로운 아이템을 하나 더 추가할 수 있을 것 같다.

L0   목욕 후 가뜩이나 가벼워진 몸과 마음에 소박한 아이디어가 착상되니 그 정도가 한층 배가된다. '다름'은 한 번 더 짚고 넘어갈 필요가 있다. 보편적으로 회자되는 다름은 개체 간의 차이이다. 즉, 개체가 처해 있는 상황이나 맥락이 고려되지 않는다. 나는 이를 '얕은 차이'라 부른다. 하지만 동일한 '나'라 해도 똥 마려울 때의 나와 배고플 때의 나는 다른 나이며, 이때 다름의 최우선적 판단 요소는 해당 개체의 욕망 혹은 욕구 등이 된다. 이를 '깊은 차이'라고 부를 수 있겠다. 개체 간의 구별을 넘어 동일 개체가 직면하는 상황 및 맥락에 따라 해당 개체를 좀 더

깊이 파고들어 가는 것. 그러니까 얕은 차이에는 시간이라는 변수가 개입되지 않지만, 깊은 차이에는 그것이 반영된다. 그렇다면 다름의 철학은 어불성설이 아닐까? 철학은 개념의 학문이고 개념이라면 역시나 추상화, 일반화와 불가분의 관계잖아? 하지만 방법이 없진 않지. 메타 수준으로 올라가는 것. 진리라는 것은 메타 수준에 올라서야만 발견할 수 있는 거 아니겠어?

　잠깐만. 아니지, 아니야. 누가 얕고 깊음의 기준을 각각 개체와 동일 개체의 상황적 차이라고 규정할 수 있겠어? 그렇다면 이 역시 내 말과 모순이 될 수밖에 없다. 왜냐? 나는 상대성과 변화 가능성을 주창하고 있건만, 앞에서 내뱉은 생각은 절대성과 고정성에 부합하는 것 아닌가? 고로 이 부분도 수정이 필요하다. 즉 어떠한 경우에는 차이를 분류하기 위한 첫 번째 기준으로 개체가, 두 번째 기준으로 상황이 고려될 수 있지만, 다른 경우에는 그 순서가 역전될 수 있다. 그러고 보니 난 '선 개체-후 상황'에서, 절대성에 대한 반감으로 '선 상황-후 개체'를 생각했건만, 어제 작위적인 경우의 수마냥 자연스럽지 못해 전자에 힘을 싣는다. 전자, 후자 모두 100% 만족스럽지 못하다는 말이다. 그렇다면 어떻게 갈무리 짓는 것이 최선인가? 이 부분 역시 매트릭스의 활용이 필요할 것 같다. X축을 개체 차이로, Y축을 상황 차이로 정의 내리면, 다양한 경우를 상정할 수 있다. 가령 X축 상의 특정 값 a_1에 대해 Y축 상의 특정 값 b_1이 존재한다면, 이는 a_1이라는 개체가 b_1이라는 상황에서 보이는 깊은 차이가 되고, a_2가 Y축 상의 모든 값을 관통한다면 이는 a_2라는 개체가 상황과 무관하게 표출하는 보편 특성, 즉 얕은 차이가 되는 것이다. 반면 Y축 상의 특정 값 b_2에 대해 X축 상의 모든 값을 관통하는 무언가가 존재한다면, 이는 b_2라는 상황에서 모든 개체가 공통적으로 보이는 특성을 의미한다. 이도 얕은 차이라고 볼 수 있으니, 얕은 차이는 결국 두 가지가 있는 셈이다. 그래, 이게 좋을 것 같다. 역시나 기저에는 상황, 맥락의 상대주의가 깔려 있고, 그 위에서 상황에 맞게 분류 기준의 우선순위가 결정되는 거지. 어떨 때에는 개체 간 차이가, 다른 어떨 때에는 상황적 차이가 우선적으로 고려되는.

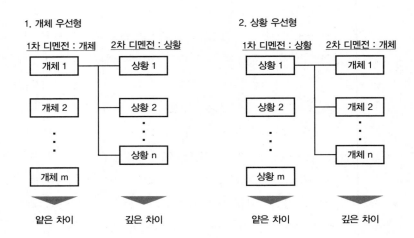

나는 발가벗은 한 시간 동안 자유로와진다. 그래, 나는 딜레탕트다!

3. 가변형

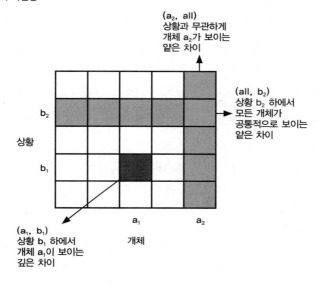

(a₂, all)
상황과 무관하게
개체 a_2가 보이는
얕은 차이

(all, b₂)
상황 b_2 하에서
모든 개체가
공통적으로 보이는
얕은 차이

상황

b_2

b_1

(a₁, b₁)
상황 b_1 하에서
개체 a_1이 보이는
깊은 차이

개체

a_1 a_2

깊은 차이 vs 얕은 차이의 표상

　하지만 내 귀납 추론으로는 선 개체 – 후 상황의 빈도가 더 높을 것 같기도 하고 자연스러울 것 같기도 하다.

　왼손 엄지와 검지가 티셔츠 가운데 끝을 살짝 들친다. 여자의 발목을 잡을 때와 달리 이번엔 중지가 소외된다. 뭐, 이런 것쯤이야. 중지는 스스로 위로한다. 그런데 사실 위로가 필요한 상황이 전혀 아니다. 오히려 동정은 여성의 발목은 감히 터치하지도 못하면서 쓰잘머리 없는 옷자락만 줄곧 만지작거리는 검지에게 주어져야 한다. 녀석의 입은 이미 예전부터 댓 발 튀어나와 있었다. 동시에 눈동자는 아래를 향하고, 턱은 당겨지니 살이 유난히도 없는 얼굴도 두 턱으로의 변화를 막진 못한다. 물론 인간 신체 구조상 두 턱의 주체는 이를 근육 주름의 느낌으로 감지하며, 뒤따라 오는 오른손의 도움으로 확신한다. 두 턱, 입, 그리고 코가 하나의 패키지로 통합하여 은은한 향을 찾아 티셔츠 안을 비집고 들어 간다.

L1 　　오른손 바닥에 눈이 있었더라면 이 모든 일련의 행위들을 직접적 시 각으로 인지할 수 있었을 텐데. 오늘따라 유난히 손바닥에 눈이 자주 박 힌다. 그러나 현상은 같되 그 기폭제는 매번 다르다. 이런 게 바로 깊은 차이인 거지. 아까와 같이 눈 박힌 손이지만 아까와 달리 새로운 미션이 요구된다. 여기서 또 하나의 중요한 시사점이 도출된다. 소위 깊은 차이 는 사고의 주체에게만 적용될 수 있다는 것. 눈 박힌 손은 주어진 명령 에 따라 그저 행위만 할 뿐이다. 내 지금 자본과 노동의, 기획(planning) 과 실행(execution)의 분리를 논하고자 함이 아니다. 그는 사고하지 못 한다. 그래도 나는 그를 대접한다. 그래서 '그것'이 아니고 '그'인 것이 다. 행위를 지시하고, 그 지시 결과를 받아보는 사고의 주체만이 비로 소 깊은 차이를 논할 수 있다. 눈 박힌 손이 스스로 사고할 수 있다면 모 를까 그렇지 않다면 이 같은 존재자에게는 '깊은'이니 '얕은'이니 하는 수식어가 아무런 의미도 없다.

　　그렇다면 인지적 충돌이 일어나겠지. 주체로서의 나가 아니라 객 체로서의 나로 느껴질 테니까. 몸은 주체적인데 눈은 객관적이다(그렇 지, 몸이니까 '체[體]'가 맞아. 눈이니까 '관[觀]'이 맞고). 하지만 이는 천만 의 생각. 그게 『변신』처럼 어느 날 자고 일어났더니 갑자기 벌레가 돼버 렸다면야 그럴 수도 있겠지. 그렇지만 초기엔 낯섦 때문에 인지적 충돌 이 그리 크게 체감되지 않을 거야. 그리고 아주 오래전부터 인간의 신체 가 그렇게 구성됐더라면 주관, 객관에 대한 인식이 지금과 판이하게 달 라져 있겠지. 주관과 객관이 융합된 다른 인식 세계가 펼쳐져 있을 수도

390　　나는 발가벗은 한 시간 동안 자유로와진다. 그래, 나는 딜레탕트다!

있고, 어쩌면 주관이니 객관이니 하는 것들의 정의도 사뭇 달라졌을 수 있어. 아니지? 어쩌면 이런 개념들이 아예 존재하지 않을 수도 있겠네?

L2　아직도 진화 중인 인간의 눈은 자기를 보지 못하고, 코는 자기를 냄새 맡지 못한다. 귀는 자기를 들을 기회가 없으며, 입 역시 자기를 맛보지 못한다. 인간 육체 진화의 궁극은 과연 무엇일까? 궁극이란 게 과연 존재할 수 있기는 한가? 존재하기 위해서는 전제가 붙어야 하지 않을까? 외부 환경 변화와 무관한 소위 완전체가 존재할 수 있는가? 그렇다면 그는 혹시 바퀴벌레?

L0　바람대로 체온과 한데 섞인 따뜻한 아이보리 비누 향이 콧구멍 속으로 달콤하게 스며든다. 향에 취해 왼손으로 왼 볼을 비빈다. 엄밀히 말하면 손은 고정돼 있고, 볼이 마치 놀이 공원의 바이킹마냥 반 시계-시계 방향으로 몇 차례 왔다갔다한다. 하지만 속도는 매우 느리다. 앞은 보이지 않되, 뽀얀 기운이 감돈다. 이도 일종의 자위인가? 새끼손가락이 나머지 손가락들과 제법 거리를 둔다. 여전히 고개를 좌로 우로 작게 돌리고 또 돌린다. '툭'. 새끼손가락이 은연중 왼 콧구멍을 터치한다.
　　대다수 자연물에 있어 무언가의 기원이란 것들이 신비로운 베일에 가려 있듯, 콧구멍 크기 확인하기 의식(儀式) 또한 그러하다. 의도적이건 우발적이건 새끼손가락이 왼쪽 콧구멍을 스쳐 지나가면 반드시 오른쪽 콧구멍에도 그 손가락을 스쳐야 마음이 편해진다. 여기에도 삼세번 룰이 작용됨은 물론이다. 왼손 새끼손가락으로 왼쪽 콧구멍 끝을 세 번 건드려 본다. 들어가지 않는다. 다행히 콧구멍이 커지지 않았군. 그럼 이번에는 오른쪽. 오른손 새끼손가락으로 오른쪽 콧구멍 끝을 세 번 건드려 본다. 들어가지 않는다. 다행이다. 두 콧구멍 모두 커지지 않았다.

콧구멍이 크면 보기 흉하다. 거기다 들창이면 더 흉하다. 그 안에서 시커먼 혹은 새하얀 코털

L1   흰 코털은 엄밀히 말하면 무색이다. 다만, 코털의 형체가 자신과 외부를 식별 가능하게 만들었고, 이것이 코털을 흰색으로 느끼게 할 뿐이다. 경계. 그러고 보니 경계도 둘로 나뉠 수 있을 것 같다. 하나는 그림의 액자 같은 인위적 경계, 다른 하나는 이 코털 같은 자연스러운 경계. 그렇다면 이 세상은 온갖 자연스러운 경계들의 천지라 할 수 있다. 나 혹은 확장된 나로서의 우리와 환경 간의 경계, 나 혹은 확장된 나로서의 우리와 타자 간의 경계, 타자 혹은 타자들과 환경 간의 경계. 경계는 다분히 시각적이다.

L2   그렇다면 청각적 경계는 어떻게 이루어질까? 시각과 마찬가지겠지? 음의 구분 자체가 곧 경계일 테니.

L1   따라서 누가 관찰자에 보다 가까이 있느냐가 중요하다. 내가 나무보다 앞에 있으면 내 몸뚱어리의 가장자리가 나와 나무를 구분하는 경계가 될 것이며, 내가 나무 뒤에 서 있다면 나무의 가장자리가 경계가 될 것이다. 나는 돌출을 우선시하는 경향이 있다. 하지만 여기에 변수가 하나 더 추가돼야 한다. 이른바 자유 의지이다. 대개, 난 내 의지에 따라 나무 앞에 설 수도, 뒤에 설 수도 있다. 전자일 경우에는 논란의 여지가 없지만, 후자일 경우에는 다분하다. 즉 내 의지로 내가 나무 뒤에 섰기에 현상적으로 경계는 나무가 형성하게 되나, 이는 나의 의도에 입각한 단순 실행 결과에 불과하므로 경계 형성의 진정한 주체는 내가 된다. 경계를 그리도록 한 자와 경계를 그린 자 간의 차이. 그렇다면 이 경우 역

나는 발가벗은 한 시간 동안 자유로와진다. 그래, 나는 딜레탕트다!

시 액자와 같은 인위적 경계의 형성으로 볼 수 있지 않을까? 좀 더 생각해보니 화가와 나무가 동일해질 수도 있겠다.

이런 경우도 가능할 것 같다. 액자 안에 돼지 몸통이 그려져 있어. 액자 밖 벽면에 돼지 얼굴이 그려져 있어. 그러면 그 액자는 경계가 될 수 없어. 그건 단지 춘향이 목에 걸린 칼과 같을 뿐이야. 그러니까 그 액자는 돼지 그림과 더불어 전경이 되는 거고, 이들의 통합적 윤곽이 진정한 경계가 되는 거지.

L0 까지 삐죽 나오면 더더욱 흉하다. 갓 목욕한 몸 내음을 제대로 만끽하고자 서서히 눈을 감는다. 체취에 대한 음미는 계속 진행된다. 천천히 아주 천천히. 그윽이 아주 그윽이. 주변을 둘러본다. 감독의 눈도 카메라도 없지만, 난 지금 커피 CF 촬영을 위한 피사체이다. 커피 빛(물에 타기 전에는 '색'이고, 탄 이후에는 '빛'이다)과의 연동 및 새치 감추기라는 이중적 목적으로 내 머리는 진작에 염색돼 있었다. 그러니까 염색의 목적 역시 상황, 맥락적인 것과 개체 자체적인 것으로 구분이 되는구나. 재밌구나, 정말 재밌어.

L1 이럴 때마다 내가 확증 편향에 빠진 게 아닐까라는 우려감이 드는 것도 사실이다. 그래서 뇌에게 무척 미안하다. 존재와 인식, 그리고 메타 수준을 넘나들다 보니 사고의 질과 양이 장난이 아니다. 분열된 자아들은 또 어떠한가? 시도 때도 없이, 심지어 꿈속에서마저도 귀에 걸면 귀걸이 코에 걸면 코걸이 식일 뿐 아니라 패러독스에 준하는 질문들을 마구 던지고 답을 해대고 있으니 이 얼마나 힘들겠어? 그래서 미안한 마음 한편에 대견한 마음 또한 자리 잡고 있다. 인간이기에 망정이지 컴퓨터였다면 아마 과열로 인해 진작에 폭사했을지도 모른다. 확실히

인공지능에 있어 계산주의를 고수하는 한 그 인공지능은 절대로 인간을 넘어설 수 없다.

L0   목욕 후 느낄 수 있는 맛. 그래, 맞아. '깨끗이 씻고 이부자리에 엎드려 장롱에서 꺼낸「소년 중앙」냄새 맡으며 읽기'가 사라진 게 아니었어. 여기에 흡수 통합된 거야. 그렇다면 왜 '깨끗이 씻고 이부자리에 엎드려 장롱에서 꺼낸「소년 중앙」냄새 맡으며 읽기'가 흡수의 주체가 되지 못하고, 객체가 될 수밖에 없었을까? 혹 시간의 문제가 아닐까? '깨끗이 씻고 이부자리에 엎드려 장롱에서 꺼낸「소년 중앙」냄새 맡으며 읽기'는 잡지 제목에서도 암시하듯 소년기라는 특정 시기에만 적용될 수 있는 거야.

L1   가만있자. 언제부터 정호탕에 다녔더라?
"꼬마야, 너 몇 살이니?"
완벽한 대변인 엄마가 대신 대답한다.
"5살이에요."
꼬마는 엄마 뒤에 숨어 얼굴만 빼꼼히 내밀고 말끝을 흐리며 이야기한다. 숫기가 무척이나 없는 녀석이지만 할 말은 소신껏 다 한다.
"어, 아닌데? 나 6살인데?"
매표소 할아버지는 허허 웃고, 엄마는 볼빨간이 돼버렸다. 대한민국에 거주하는 여느 엄마와 아이들도 갖고 있을법한 추억, 순수 국내파인 내게도 당연히 있었다. 7살보다는 어렸을 적 같은데 정확히 기억나진 않는다. 확실한 것은 엄마 도움 없이 홀로 목욕탕에 다니기 시작한 때가 7살이었다는 거다. 그 무렵 예의 그 성룡 형을 처음 만나게 된 거고.

L0   반면 '목욕 후 옷 속으로부터 따뜻한 향기 흡입하기'는 특정 시기에만 국한하지 않아. 즉, 긴 시간을 관통하거나 아니면 초월한다는 거지. 그러니 이것이 흡수의 주체가 될 수 있었던 거야. 시간의 스펙트럼이 훨씬 무궁무진하거든. 하지만 그새 정호탕이 망할 수 있지 않을까? 네가 대중탕이란 것을 아예 끊을 수도 있고. 내 비록 전제들의 난무 때문에 경제학이란 학문을 싫어하지만, 어떻게 그 가능성을 100% 배제할 수 있겠니? 네 반문은 되려 전제가 돼야 할 거야. 전제란 녀석은 비겁한 구석이 없진 않지만, 소통 측면에서 본다면, 불확실성 및 복잡성으로 넘치는 세상에서 필수불가결한 존재자거든(하지만 실질적 문제 해결 측면에서는 회의적이지). 사실 그래야 상황이니 맥락이니 하는 개념들도 존재할 수 있는 거고, 무엇보다 중요한 사실은 진리의 상대성이 절대성을 무찌를 수 있다는 거야. 넌 과학적 반 실재론자잖아. 그래서 포퍼보다는 쿤을 좋아하고, 『푸코의 진자』도 이런 맥락에서 해석한 거고. 강원도의 힘은 있으나, 푸코의 진자는 없다며? 그런데 어쩌면 이런 사변들이 사족일 수 있어. 정호탕에 가지 않고 집에서 목욕을 한다 해도, '목욕 후 옷 속으로부터 따뜻한 향기 흡입하기'는 지속될 수 있기 때문이지. 네 성격에 목욕을 안 할 리는 전혀 없으니까 말이야. 그 장소가 어디건 간에 목욕은 지속될 거라고.

옷을 입었기에 좀 전보다 무게는 늘어났지만 목욕하러 갈 때에 비한다면야, 뭐.

L1   무거움이 항상 악은 아니다. 제아무리 무겁다 해도 그 무거움이 미녀로 인한 것이라면 그것은 선(善)이다. 하~ 여기서마저도 상황, 맥락, 그리고 상대성이 존재하는군. 그러나 당연히 한계는 있다. '모든 것에는 한계가 있다?' 이것만큼은 절대적 진리가 아닐까? 여하튼 여기서의

한계는 공간적 측면과 무게적 측면으로 구분할 수 있다.

내 몸의 표면이 얼마나 많은 여인을 동시에 수용할 수 있을 것인가? 여자들이 어떤 자세를 취하느냐에 따라 달라진다. 그녀들은 서 있을 수도 있고, 앉아 있을 수도 있고, 누워 있을 수도 있고, 엎드려 있을 수도 있고, 물구나무 서 있을 수도 있다. 그리고 지들끼리 포개질 수도 있다. 그렇다면 이 조합에 의거한 경우의 수는 무궁무진해진다. 내 단면적이 그리 크지 않은 만큼 그녀들이 서 있는 채로 겹겹이 쌓여 있는 것이 최선일 것 같다(이때 유의할 점은 맨 아래층 여자들만 똑바로 서 있고, 그 위층 이상의 여자들은 반드시 물구나무 자세로 서 있어야 한다는 것이다. 난 여자가 여자를 밟고 있는 것을 무지 싫어하기 때문이다. 여자는 필히 남자만 밟아야 한다. 남자 간에 밟고 밟힘에 대해서는 그러거나 말거나 아무런 관심도 없다). 그럼 바벨탑처럼 무한히 올라갈 수 있을 것이다(그녀들끼리의 균형 잡기 및 무게의 압박은 논외로 한다. 중요한 것은 나와 그녀들 간의 관계니까). 그런데 문제는 이와 'AND' 조건으로 연결되는 무게에서 비롯된다. 제아무리 나비처럼 가녀린 여자라 하더라도 그녀의 무게가 0이 아닌 이상 무한을 곱하면 무한이 된다. 즉 한 명, 두 명, 세 명, ……, 이렇게 올라감에 따라 어느 순간 나의 뼈는 으스러질 것이고, 내장은 파열될 것이며, 혈관은 끊길 것이고, 눈과 뇌는 터질 것이다. 그러면 난 더 이상 이 긍정스러운 무게를 만끽할 수 없게 된다. 물론 임계치를 넘어가는 순간부터는 파괴 직전까지 수반될 고통 또한 감각할 수 없다는 장점이 있긴 하다. 이러다가 이내 사망해 버리겠지. 그렇다면 단면적과 무게를 고려했을 경우 최적 수용 요건은 과연 어떻게 될 것인가? 이에 관한 한계 효용 곡선은 기형적 반종형이 될 것이다. 우상향하다가 정점에서 급락, 0이 된다. 0은 주체의 느끼지 못함이다. 여기서 좀 더 나가면 좌표가 아예 없어진다. 이는 주체의 죽음을 의미한다. 만일 육체가 없다면 한계 효용 곡선은

나는 발가벗은 한 시간 동안 자유로와진다. 그래, 나는 딜레탕트다!

$y=x^2$의 1 사분면 부분이 될 수 있을까? 육체가 없다면 무게 자체를 느낄 수 없다. 더 중요한 사실은 내 육체가 없다면 타자의 육체도 없을 거라는 유추가 가능하며, 그렇다면 여성의 육체가 내 육체에 올라서는 것 자체가 성립할 수 없다. 객체가 없는데 어찌 그의 속성과 작용이 있을 수 있단 말인가? 물론 인식적 세계에서는 가능할 수 있다. 그러나 이 경우에도 육체적 경험이 전제되어야 한다. 아무리 상상력이 풍부하다 하더라도 미경험 분야에 대해서는 한계가 존재하기 때문이다. 가장 짜릿할 수 있는 존재론과 인식론 간의 통합이 이루어지는 건 아니다. 트래이드 – 오프가 분명히 있다.

LO   한층 가벼워졌다. 고전 물리학 수준에선 극히 체감하기 어려운 극소량이긴 하지만 원자 물리학 수준으로 보면 사실상 무한대다. 인간은 존재적으로는 고전 물리학 수준을 체감하며 살아가고 있으나, 인식적으로는 고전과 원자를 얼마든지 넘나들 수 있다. 무한 세상에서 무한히 공존할 수도 있다. 육신이 가벼우니 마음 또한 가벼워진다. 그러니 몸과 마음은 본디 연계돼 있다는 게 맞는 말인 것 같다. 그 발화의 근원은 몸이 될 수도 있고 마음이 될 수도 있는데, 지금 맥락에서는 때와 머리카락, 털, 비듬, 각질 등의 이탈에 기인한 만큼 몸이 독립 변수임이 자명하다. 물론 두 차례의 오줌 싸기도 크게 일조하였다. 그러나 '마음이 동(動)해서 목욕한 거고, 그 결과로서 때가 벗겨진 게 아니냐?'라고 같은 존재자 안의 다른 인식 주체가 힐난한다. 맥락을 주도하던 인식 주체는 답을 않고 무시한다. 왜? 그의 말 앞에 자신의 주장을 지지하는 시나리오를 얼마든지 갖다 붙일 수 있거든? 그것도 아주 부드럽게 말이야. 또한, 같은 존재자 안에 존재하는, 하지만 이를 어떻게 시각화해야 할지 모르겠지만, 분명히 다른 차원에 자리 잡은 또 다른 인식 주체는 이 상황을 관조하고 있다. 그렇다면 존재를 전제할 경우, 이 관조자는 뚜렷한 역할이 없는 그저 무기력한 주체일 수밖에 없다. 왜? 존재적 세상에선 언어를 포함해 객관적으로 체감 가능한 결과물을 내놓고 어필해야만 그 진가를 인정받을 수 있기 때문이다. 본 수준의 두 주체가 비난을 쏟아 부을 수 있고, 메타의 메타 수준에 있는 그 누군가가 이를 관조할 수도 있다. 그렇다면 이런 위계는 결국 무한으로 치닫게 되고, 무한 루프(loop)에 빠지게 된 내 인식의 세계는 엄청나게 복잡해져 무한의 무게를 지닐 수밖에 없다. 요컨대, 마음이 무거워진다. 그래서 난 고개를, 미리 고개를 흔들어 반문의 씨를 애초에 말려 버리고자 한다. 물론 마음대로 통제되진 않는다. 마음대로? 여기에서의 마음이란 또 무엇이란 말인가?

이제 나의 몸과 마음은 가벼움이란 천칭에서 균형을 이루고 있으며, 그래서인지 정호탕을 향할 때 시종일관 내 입을 점유했던 욕지거리는 거의 다 사라지고 콧노래마저 간헐적으로 흘러나온다. 이유는 역시나 모르겠다. 그리고 이 유쾌함이 얼마나 오래갈지도 확신하지 못하겠다. 여하튼 지금 이 순간만큼은 콧노래가 절로 나오는 게 사실이다. 정말이지 최근 십 년 동안 단 한 번도 불러보지 않았던, 아니 생각조차 떠올리지 않았던 듀런 듀런의 「Is There Something I Should Know?」가 뜬금없이 내 입가를 맴돌고 있다니! 혹시나 해서 고개를 우측으로 돌린다. 그다지 예쁘진 않지만, 무척이나 상냥한 ZT 누나가 운영하는 영 레코드에서 나오는 소리가 절대 아니다. 난 그 누나의 발목 굵기를 전혀 모른다. 무척이나 굶주렸던 중고교 시절부터 단골이었다는 점을 감안한다면 어렴풋이나마 알고 있어야 정상인데, 기억이 전혀 없다. 뭐, 둘 중 하나겠지. 시도 자체를 안 했거나 쉬 망각했거나. 좌우지간 결론은 (누나에겐 좀 미안한 얘기지만) 극도의 결핍상태에서도 다가가지 않을 정도로 매력과는 거리가 멀었다는 거. 온 힘을 다해 귀 기울여보니, 그곳

나는 발가벗은 한 시간 동안 자유로와진다. 그래, 나는 딜레탕트다!

에서는 지금 엘가의 「위풍당당 행진곡」이 울려 퍼지고 있다.

L1　　매우 좋아했지만, 제목을 도통 알 길이 없었다. 그렇다고 내 성격상 이 세상에 있는 레코드판을 몽땅 샀으면 샀지, 타인들 앞에서 "자, 한번 들어 보세요. '따다다 다다다다 딴딴딴' 난 이 음악이 담긴 레코드를 갖고 싶어요. 제목 좀 알려주세요."라고 말한 후 허밍하거나 휘파람을 불리는 만무하다. 너무나 알고 싶다. 곡명만 확실하면 지금 당장 영 레코드에 가서 사올 텐데. 사올 텐데, 사올 텐데, …….

　　장한나가 무언가를 연주하고 있다. 그러더니 연주를 급중단하고 갑자기 말한다.

　　"오빠가 제목 몰라서 막 괴로워하는 거, 지금 내가 연주하고 있는 바로 이 곡이에요. 하이든의 「첼로 콘체르토 1번 1악장」. 어여 꿈에서 깨어 영 레코드 ZT 언니에게 가보세요. 어때요? 금쪽같은 정보를 줘서 무척 고맙죠?"

　　그리곤 웃는다. 예전부터 느꼈지만, 그 모습이 참 합죽이 같이 생겼다. 그렇지만 지금만큼은 구원의 미소를 짓는 귀여움으로 다가온다. 여신 장한나 머리 뒤에 동그란 후광이 환하게 빛나고 있다.

　　손을 빗 화(化)하여 부스스 머리를 대충 가다듬고, 서둘러 영 레코드로 향한다. '얘, 갑자기 자다 말고 어디 가니?'라는 엄마의 말을 뒤로 한 채, 뜀박질을 내디딘다. 고개를 숙인 채 눈을 감고 혹시나 곡명을 까먹을까 웅얼웅얼 되풀이하며 달린다. 하이든 「첼로 콘체르토 1번 1악장」, 「첼로 콘체르토 1번 1악장」, 「첼로 콘체르토 1번 1악장」, 코딩. 「첼콘 일레븐」, 「첼콘 일레븐」, ……, 한 번 더 코딩, 「첼 일」, 「첼 일」, …… 헉 헉 헉 헉. 도착하자마자 얼른 하이든의 디코딩. 그리고 한 번 더 디코딩, 「첼로 콘체트토 1번 1악장」이 담긴 레코드판을 뽑아들고, 돈을 지불한다. 사근사근 안부를 물어보는 ZT 누나 발(發) 음향. 하지만 이를 무시하고 후다닥 집으로 돌아온다. 인켈 턴테이블에 고대하고 고대하던 그 음반을 올려놓는다. Down 쪽으로 가느다란 바를 당긴다. 바늘이 천천히 아주 천천히 하강한다.

'두근   두근   두근'

"툭"

'두근 두근 두근'

"지지지직"

'두근! 두근! 두근!'

'뒌! 뒌! 뒌!'

L2　"CD 같은 디지털이 결코 따라올 수 없는 아날로그만의 묘미! 바로 이 먼지 소리지."

놀고 있네.

"스크린에서 비가 내려야 비로소 영화 보는 진정한 맛이 나. 특히 흑백 영화일 경우."

어절씨구리. 쌍으로 놀고 자빠졌다. 젠 체하지 말라고. 당연히 맑은 음질, 깨끗한 스크린이 좋은 거지, 뭔 궁상스런 개 소리야? 그런데 그런 것들이 젠 체로서의 위력을 발할 수나 있나? 진정성이 없다면 허세에 불과한 문사철과 어떻게 연결되려냐? 무드적인 것이니, 인과의 연쇄를 논하지 말라고?

L1　바늘 갈 때가 다 된 것 같다. 그러고 보니 먼지 탓만 할 수도 없는 게, 얼마 전 띠동갑 사촌 동생 지지배배가 와서 레코드 바늘을 판 위에다가 뭉갠 적이 있었잖아? 그때 바늘과 더불어 호되게 당했던 음반은

The Cars의 『Heartbeat City』였던 것 같은데, 맞나? 젠장. 먼지 소리 속, 긴장으로 인해 말라붙은 입술에 침을 축이며 수초 후를 기다린다. 지금 내겐 립밤이 필요하다.

'빰', 첫 번째 음절. 오~ 드디어 나온다, …… 두 번째, 그리고 세 번째 음절, ……

심장 소리가 이완된다. 양 콧구멍을 통해 큰 바람 한 무더기가 탈주한다. '흠!' 소리가 병행된다. 엄한 걸 샀다. 그러고 보니 아까 장한나의 웃음은 미소가 아닌 썩소였던 것 같다.

"음악도 잘 모르는 병신아, 약 오르지? 메롱~"

그 표정, 그 웃음과 정말 잘 매치되는 대사다. 그날 이후로 난 장한나를 증오하게 되었다. 대신 그다지 관심 없던 장영주가 단지 '장'이라는 매개어로 인해 급부상했다. 사람을 좋아하고 싫어함은 이처럼 자연스러운 인과율이 아닌 신비로움과 어처구니없는 연쇄에 좌지우지되는 경우도 비일비재하다. 혐오의 대상이 된 입장에서는 억울해할 수도 있으나 무슨 상관? 그새 위풍당당함은 논개에 안겨진 왜장처럼 요한 슈트라우스의 「아름답고 푸른 도나우 강」 속으로 빠져 버렸다. 도대체 이놈의 한강은 언제쯤 아름답고 푸르러질 것인가? 이순자도 더욱더 싫어졌다.

클래식도 클래식이지만 중학 시절 팝에 중독돼 있던 나는, 특유의 숫자 장난과 더불어 순위 놀이에도 빠져 있었다. 트렌드와 상관없이 순전히 내 음악적 기호에만 의거한 '마이 차트', 이와 '빌보드 차트'의 순위를 1:1 비중으로 혼합한 이른바 '디스 윅 토탈 차트'(「아메리칸 탑 40」의 영향을 받아 1위부터 40위까지 집계되었다. DJ 케이시 케이슴, 국내 진행은 김광한과 정미홍. 남자 솔로로는 릭 스프링필드가 편애를 받았고, 여자 솔로로는 올리

비아 뉴튼 존과 쉬나 이스턴, 그리고 그룹은 듀런 듀런이 전폭적인 지지를 받았다. 절대 권력자인 나에게 말이다)라는 것을 만들어, 『학원 별곡』이라는 소설, 『풍자돌이』라는 네 컷 만화, 「뮤직 퍼레이드」라는 카세트테이프와 더불어 반 친구들에게 판매했었다. 주간지였고 가격은 50원이었다. 아, 「뮤직 퍼레이드」는 판매가 아니라 대여해주는 거였지. 제작은 내가 직접 한 게 아니고 친구 녀석에게 외주를 줬었고, 녀석, 아주 탁월했거든. 당시 녀석의 방문 위에는 HBS 가정 방송국이라는 작은 간판이 붙여져 있었고, 요즘도 웬만한 가정에서는 보기 힘든 큼직한 믹싱(mixing)장비를 두 개나 갖추고 있었다. 특유의 저음 목소리도 매력적이었고 진행 솜씨 또한 뛰어났기에, 박원웅, 김기덕, 이종환, 전영혁, 김광한, 황인용, 김세원, 장유진 등등 당시 내로라하는 인기 DJ들을 압도하고도 남았다. 아무리 그래도 우리는 아마추어이자 딜레탕튼데 말이야, 돈 주고 사 보는 놈들이 꽤 있더라고. 비록 선생님에게 적발돼서 얼마 못 가 폐간되긴 했지만. 나름 잘 나갔었는데, 『학원 별곡』과 『풍자돌이』에서 교실 소란의 근인을 선생님들의 차별 대우 때문이라고 주장했던 게 잘못이었나 봐.

L0   그런데 말이다. 재밌는 건 지금 청각의 대상은 분명히 듀런 듀런인데(「위풍당당 행진곡」은 끝났고 지금은 듀런듀런의 「Hungry Like the Wolf」가 나오고 있다), 시청각의 대상은 사이먼 르본, 존 테일러, 로저 테일러, 닉 로즈의 한데 어우러짐이 아닌 괴델, 튜링, 폰 노이만과 그들의 박장대소다. 가만있자. 이런 감각 간의 충돌 경험이 최근에 또 있었던 것 같은데?

L1   롯데로 팔려간 두산의 땜승회가 잠실 야구장의 만원 관중 앞에서 호

투하는 장면과 모카의 「Happy」가 동시에 떠오른다. 뮤직 비디오 등 다양한 사례가 존재하듯 시각과 청각 이미지가 동시에 자연스레 결합. 그래서 이번엔 앞의 동영상 장면에, 나와 괴델이 대화 나누는 동영상을 접붙이려 시도한다. 그런데 무지 답답. 잘 안되네? 물음은 다음과 같이 던져진다. '동일 감각 자극이 주어질 경우, 인지적 제약으로 인해 병렬 처리가 어려운 건지 아니면 자극 정보 간 서로 간섭하면서 반대편 정보를 파괴하는 것인지?(물론 이도 광의로 보면 인지적 제약일 수 있다)' 하지만 같은 시각 정보라 해도 무조건 병렬 처리가 어려운 것은 아니다. 그렇다면 땀승회의 투구 장면과 잠실 야구장의 녹음, 환호 혹은 탄식하는 관객석이 한데 어우러지는 것도 불가능해야 할 것 아냐? 요컨대, 상황, 맥락 혹은 스토리로 연계될 수 있다면 동일 감각 자극 병렬화도 가능하다. 상황과 맥락. 제도권에서 소위 과학적으로 연구했건 말건, 나의 독자적 사고 실험 끝에 내린 결론이다. 이제 여기에서조차 thinkability, 펀더멘털 등의 냄새가 나는 것 같다.

무언가 기쁜 일이 있는 것 같다. 내가 존경 혹은 흠모하는 세 어르신이 한데 모여 밝은 모습으로 대화를 나누고 있다. 결국, 꽃미남 듀런 듀런의 흔적은 이내 사라졌고 이들 삼인방 지척에 툭 툭 한두 명씩 터져 나오더니, 지금은 수많은 사람으로 득시글거리고 있다. 게 중 내 얼굴도 보인다. 그들 사이에 끼여 호탕하게 웃고 있다. 정말이지 무척이나 행복해 보이는군. 내, 저 친구 라면 먹을 때를 빼놓곤 저렇게 쾌락해 보이는 모습은 처음 본다. 정확한 물리적 위치는 모르겠으나 눈 부신 햇살을 훼방 없이 그대로 통과시켜주는 대형 유리창이 벽면 하나를 가득 채우고 있고, 밖은 원시적 녹음으로 우거져 있다. 거리의 똥개들이 들어와 새끼를 마구 낳고 쏘다녀도 모를 판이다. 풀 벌레 소리도 은은하게 들려오는 것이 모든 게 싱싱하고 자유롭고 평화로워 보인다. 천장은 꽤 높아 쾌적하기 그지없다. 흠, 그래. 마천루보다는 이런 녹음 속의 공간이 좋은 거야. 창조라는 개념과도 잘 부합하고, 나란 놈에게도 잘 어울려. 그러니한국 본사는 이렇게 꾸미고 뉴욕 지사는 지난번 보고 왔던 그 마천루로결정하자. 유리창을 가운데 두고 책장이 좌우로 길다랗게 놓여 있다. 마호가니 색이고 6×20의 매트릭스 구조다. 이게 양옆에 있으니 총 240칸의 공간이 존재하는 것이며, 책의 장르 및 두께에 따라 달라지지만 칸당 20여 권 정도가 들어간다고 보면 약 4,800권 정도가 꽂혀 있을 것이다. 「바벨의 도서관」은 언감생심이나, 그래도 도전은 계속하고 있는 것같다. 단기적으로는 빨리 5,000권을 돌파했으면 하는 바람이다. 물론 난양보다 질을 따지는 사람인지라 단순 숫자 놀음에 집착하진 않는다.

벽면이 반시계방향으로 90도 회전한다. 오~ 여기에도 책장이? 이면은 문 자체가 책장이다. 이 방은 정사각형이 아니기에, 그면은 6×15 매트릭스 구조로 채워졌다. 물론 여기에도 책은 100% 공간을 점유하고있다. 책 꽂기의 꼴 사나움 중 하나라 할 수 있는 '세로로 꽂힌 책 위에가로로 책 올려놓기'는 다행히 하나도 발견되지 않는다. 그러니까 이방에는 약 6,600권의 책이 있는 셈이며, 내 단기 바람은 200권 추가에서400권 추가로 정정된다. 끝이 딱 떨어지는 게 좋거든? 나도 인간이니까. 책장 세 뭉텅이와 대형 유리창 사이의 정 가운데에, 두 면은 좁고 나머지 두 면은 넓은 직사각형의 작업대와 부속 의자들이 놓여 있다. 의자의 경우 등받이가 있는 일인용 여섯 개가 작업대의 한 긴 면에 접해 있으며, 반대편에는 등받이가 없는 긴 것 하나만 놓여 있다. 층간 소음을신경 쓸 필요가 없음에도, 의자의 발바닥에는 코르크 같은 것이 부착되어 있다. 두더지를 위한 배려인가? 역시나 깔 맞춤 차원에서 마호가니색 옷을 입은 작업대는, 물푸레나무로 만들어진 것 같다.

몇 안 되는 그 의자들 위에 무수한 사람이 앉아 있다. 내 좋아하는 사람들도 있고 그냥 그런 사람들도 있고, 싫어하는 사람들도 있다. 저 사람 누군가 싶은 사람 또한 있다. 삼인방 괴델, 튜링, 폰 노이만 등을 필두로, 허버트 사이먼, 마빈 민스키, 더글러스 호프스태터, 존 캐스티(이 양반은 시말서를 쓴 상태다. 연구 불량이 그 이유인데, 요즘 하는 꼴을 보니 곧 잘릴 것 같다. 막대한 연구비와 시간, 똑똑한 조수가 할애 됐음에도 불구, 고작 『대중의 직관』 따위를 만들어 냈기 때문이다. 한때는 『인공지능 이야기』, 『컴퓨터, 장자의 꿈』, 『괴델』 등의 좋은 책도 많이 저작했었는데, 안타깝기 그지 없다), 로저 펜로즈(삼인방의 틈을 호시탐탐 노리고 있다고 들었다. 주변 사람들에게 삼인방에 자기를 추가해 '판타스틱 4'라고 이야기하고 다닌단다), 존 로크(조지 버클리가 늘 꽁무니를 쫓아다녔었는데, 버클리 이 양반은 나름의 야심작 『하일라스와 필로누스가 나눈 대화 세 마당』에 대한 세간의 평이 그저 그래서 결국 임용되지 못했다), 지그문트 프로이트, 루드비히 비트겐슈타인, 노암 촘스키, 움베르토 에코, 아서 밀러(『세일즈맨의 죽음』과 『시련』을 쓴 극작가가 아니다. 『천재성의 비밀』, 『아인슈타인과 피카소』를 쓴 과학철학자다), 토머스 쿤, 데이비드 흄, 마르틴 하이데거(이 양반은 몸이 투명하고, 흐물흐물하다. 뒤편 책장에 꽂혀 있는 『존재와 시간』이 뚜렷하게 보인다. 신기하다), 모리스 메를로-퐁티, 에릭 스노우, 장 폴 사르트르, 호르헤 루이스 보르헤스, 파울 파이어아벤트, 베르너 하이젠베르크, 로베르트 무질, 조지 버나드 쇼, 제임스 조이스, 프란츠 카프카, 버지니아 울프, 윌리엄 포크너, 알랭 로브-그리예, 미셸 뷔토르, 토머스 핀천, 칼 포퍼, 야마모토 요시타카, 버트런드 러셀, 제이콥 브로노우스키, 스티븐 와인버그(이 양반은 오자마자 과학철학자들 멱살을 잡으며, 소동을 일으켰다. 파이어아벤트가 나름 중재하려 했으나 역부족이었다), 마르크-앙투안 마티외(유일한 만화가), 매튜 스튜어트, 그리고 x - person…… 이상이 'surlogic* 인지과학 프로그램'의 교수진이다. 다치바나 다카시도 지원했으나, 『뇌를 단련하다』를 빼놓곤 딱히 업적이 없기에 물망에 올랐다가 그냥 반려됐다고 한다. 그러니까 이 프로그램은 교수의 수가 학생의 수보다 훨씬 많고, 모든 게 양방향 다대다(多對多) 토론 위주의 네트워크 플레이로 이루어진다. 중요한 사실은 이들이 각자 한 명씩만 있는 게 아니라는 점이다. 가령 28세 괴델과 55세 괴델이 있고, 55세 괴델도 3월의 괴델이 있고 11월의 괴델이 있다. 11월의 괴델도 13일의 괴델이 있고, 30일의 괴델이 있다. 30일의 괴델도 오전 7시의 괴델이 있고 오후 11시의 괴델이 있다. 오후 11시의 괴델도 30분의 괴델이 있고, 45분의 괴델이 있다. 45분의 괴델도 11초의 괴델이 있고 35초의 괴델이 있다. …… 이런 식이니 같은 괴델이라 해도 무한히 존재하며, 각각의 외모, 건강, 지식수준, 정서적 상태 등이 다 다를 수밖에 없고, 그 결과 자기들끼리 다투고 가르치고 마음 상하고 그러는 경우도 비일비재하다(깊은 차이를 전제한다면 '자기들끼리'라는 표현은 모순이 된다). 결국, 토론에 참여한 교수진의 수는 무한인 셈이다. 아무래도 바벨의 교수와 세미나실이 되어야 할 것 같다. 여기선 책이 무한이 아니라 인간(교수)이 무한이다. 사실 교수나 책이나 그게 그거긴 하다. 그렇기에 무한 공간이 부담스럽다면 그들을 믹서기에 넣어 하나로 혼합해야 한다. 그게 좋을 것 같다. 이들 면면을 보자면 각자 자신의 전공 분야가 있는 사람들이기에, 진정한 학제적 개인으로 만들려면 그 방법이 최적일 수 있다. 운영자 입장에선 월급이 많이 나가지 않아도 된다는 현실적인 장점도 있고 말이다. 일종의 시너지라 할 수 있지. 정신 : 육체 = 무한 : 1. 따라서, 육체 × 무한 = 정신 × 1. 정신

---

* '논리의 초월'을 의미하며, G_AI의 구현을 위한 필수 요건이다. 저자의 이메일 계정이기도 하다.

나는 발가벗은 한 시간 동안 자유로와진다. 그래, 나는 딜레탕트다!

= 육체 × 무한. 정신 = 무한. 다시 제자리로. 시공을 초월해 존재했던, 존재하는, 존재할

L2   과거 – 결정론 – 고전, 미래 – 비결정론 – 양자, 그렇담 현재는? 현재는 존재하는가? 미분을 전제할 경우, 현재는 존재할 수 없다. 현재는 없거나 설사 있다 해도 그냥 사건 발발의 준비 과정일 뿐. 그나마 찰나에 지나지 않는다. 난 그녀의 발목에 손을 댄다. 대기 전까지는 미래. 대자마자 과거. 그러니까 기준은 경험의 기미(旣未) 여부고, 존재할 수 있는 것은 과거와 미래뿐이다.

L1 육체들을 모두 합하면(합이나 곱이나 상관없다. 어차피 무한이다. 골치 아프게 칸토어를 찾진 말자), 오롯이 하나의 정신이 된다. 하지만 우려란 언제나 따라오기 마련. 통합 과정에 있어 상극인 부분끼리 겹침으로 인해 중성화 돼버리면 어떡하나? 그럼 범인(凡人)으로 전락할 수도 있을 텐데. 언어도 각자가 가장 선호하는 것을 고집한다면 이를 합할 경우 소위 외계어가 돼버릴 수 있고. 어떻게 보면 공간의 무한 문제보다 배합의 문제가 더 심각할 수 있다. 그러나 여기에서도 다른 양상의 무한 문제가 여지없이 대두된다. 입력이 무한으로 한없이 이루어지기 때문에 그 결합체도 끊임없이 업데이트돼야 한다는 점이다. 이는 시간의 무한이다. 유일한 학생인 나는 상황에 따른 무한의 복수로 존재하지 않는다. 일찌감치 하나로 통합돼 있다. 일종의 배려일 수 있다. 그렇지 않으면 이 상황을 바라보는 관점조차 무한대가 되어 버리기 때문에 난 미쳐버릴 수밖에 없다. 또한, 난 유일한 필멸의 존재이기도 하다. 만일 내가 불멸이 되고 싶다면, 'surlogic 인지과학 프로그램' 교수진에 들어가야 한다. 이러한 구조이기에 난 영원한 'work – in – progress'와 논

의를 하는 셈이다. 강의 시간이 종료되면 입력은 중지될 것이고, 그때 work-in-progress는 그 상태를 다음 논의 시간까지 유지하게 된다. 이렇듯 이 프로그램은 기존 학문 체계를 인정한다 하더라도 특정 학과나 단과대에서 운영할 수 있는 수준을 넘어섰기에 학제적 과정으로 개설되었다. 과거에는 '협동 과정'이라는 표현을 썼던 것 같은데 타이틀의 정합성이 떨어져 최근에 변경했다고 한다. 과정 사무실 직원은 배유정(조교가 아니라 교직원이다)이고, C. P. 스노우가 학문적 결실보다는 그의 왕성한 터프함 때문에 주임교수로 스카우트되었다고 한다. 물론 『두 문화』란 책에서도 노출됐듯 나름 학제적 고민을 한 점도 높이 산 듯하다.

하지만 아쉽게도 이제 스노우의 주장은 아웃 오브 데이트되었다. 지금은 네 문화로 분열된 시대이다. 따라서 단절된 이 문화라는 구슬들을 꿰어 보배로 만들어줄 수단이 필요하며, 그 유력 대안이 바로 인지과학이다. 정말이지 이미 그릇된 길로 너무나도 오랜 시간 동안 많이 걸어왔기에 무척이나 꼬여버린 극난이도의 문제가 돼버렸다. 즉, 인지과학은 개, 소, 말, 양 등 아무나 나서서 할 수 있는 성질의 것이 절대 아니라는 말이다. 이른바 학제적 개인인 천재들이 주도해야 하고, 나머지 범인들은 천재를 위해 호흡하는 특정 분야의 데이터베이스 혹은 사전 역할에 만족해야 한다. 여기엔 나름 권고안을 제시하는 전문가나 시스템도 시건방이 될 수밖에 없다. 이 점에서 제도권에 있는 의사(擬似) 인지과학자들은 반드시 정신을 차려야 한다.

한편, 이 x-person이라는 자는 신학에 정통한 사람이라 하는데 뚫어져라 쳐다봐도 누군지 잘 모르겠다. 아, 혹시 토마스 아퀴나스? 그래, 그일 가능성이 농후하다. 특히 목소리 큰 제임스 조이스와 움베르토 에코가 교수진에 있다는 점을 감안한다면 개연성이 높다. 배유정의 경우,

학생 중에 영어 회화가 약한 사람이 있을지 몰라서 통역 좀 하라고(그럼 학생은 나 하나뿐이니 나를 위한 배려로군), 더불어 영화도 잘 알고 심리학을 전공했기에 스카우트됐다고 한다.

L2   한동안 매일 밤 그녀의 목소리와 동침했었다. 당시 그녀는 고(故) 정은임 아나운서의 후임으로 영화 음악 프로그램을 맡고 있었는데, 방송 초기의 어느 날 한 청취자가 보낸 사연을 소개하면서 키에 대한 이야기를 꺼냈다. 엽서의 내용인즉슨 키가 작아 속상하다는 것. 배유정은 '자기도 키가 무척 작다. 그래서 늘 굽 높은 킬힐을 신고 다니며, 지금도 신고 진행하고 있다'고 말했다.

두꺼운 커튼까지 쳐져 빛이라곤 오직 라디오가 'on' 상태임을 알려주는 빨간 점 빛이 전부였던 잠자리에서, 난 호기심에 녹슨 DJ 석 철제 책상 앞부분을 아이스케키 하듯 말아 올렸다. 분명히 신고 왔다는 것은 사실인 듯하다. 붉은빛이 감도는 킬힐 한 쌍이 발치에 널브러져 있었다. 시간을 시각으로 압축해 하나의 장면으로 만들어 살펴보니 1시간 가까이 그 상태 그대로 유지돼 왔다. 그러니까 그녀는 거짓말을 한 셈이다. 엄밀히 말해 킬힐을 신고 진행하는 건 아니었기 때문이다. 초가을이고 방음을 위한 카페트가 깔렸으니 발이 그다지 시리지는 않겠으나, 다들 신발을 신고 비비는 바닥을 접촉한 고로 적잖이 더러워졌을 텐데 괜찮을지 모르겠다. 두 발을 꼰 채, 왼발 뒤꿈치가 오른발 발등을 살포시 밟고 있다. 은밀히 이루어진 관음이라 아마 그녀는 전혀 몰랐을 거다.

L3   제프리스*처럼 개고생 하지 않으려면 조심해야지. 그런데 재수 좋

---

* 알프레도 히치콕 감독이 연출한 영화 「이창(Rear Window, 1954)」의 남자 주인공으로, 제임스 스튜어트가 분했다. 무료함을 달래기 위해 인근 아파트를 상습적으로 훔쳐 보던 한 사진

으면 로이* 같은 일이 생길 수도 있는 거잖아? 로이 녀석, 물론 끝이 안 좋긴 했지만…… 그런데 이를 관음 탓으로 돌릴 수 있을까?

L2 게다가 엄청 껌껌하기까지 하니. 물론 더러운 바닥은 기분이 좋았을 것이다. 달갑지 않은 신발류의 훼방 없이 그녀의 피부와 직접 접촉했으니 말이다. 비록 왼발은 느낄 수 없었고, 무게의 상당수를 의자에게 빼앗기긴 했지만 그래도 평상시보다 훨씬 더 좋았던 건 사실이잖아? 앞 굽이 높은 그 킬힐은 내 맘에 들지 않았다. 대체로 여자의 구두가 섹시하기 위해서는 뒷굽이 적당히 높고 가늘어야 한다. 앞 굽은 낮으면 낮을수록 섹시함이 배가된다. 요컨대, 여자의 구두란 모름지기 최대한 모든 부분에 있어 가늘어야 하며, 발을 많이 노출 시켜줄수록 매력이 증가하게 된다.

L1   예전 어느 날 밤, 나와의 이러한 단 방향 섬씽이 있었던 그녀가 지금은 교직원 신분으로 수업에 들어와 야릇한 미소를 날리고 있다. 그 미소의 의미는 과연 무엇일까? 나의 프라이버시에 대해 무언가 잘 알고 있다는 얄궂은 눈빛. 몹시 신경 쓰인다. '난 지금 너를 위해 킬힐을 벗고 있단다.' 발가락 꼼지락 꼼지락. 그 옆에 그때와 동일한 패턴으로 널브러져 있는 빨간빛 킬힐. 우연인가? 의도인가? 아니면 인간 인식 능력의 한계인가? '내 오늘 신고 온 킬힐의 스펙은 네 취향에 100% 부합할 거야. 그때처럼 어여 책상 앞부분을 아이스케키해 내 발목, 발, 그리고 킬

기자가 우연히 살인을 목격하면서 겪게되는 서스펜스를 다뤘다.

* 우디 앨런이 연출한 영화 「환상의 그대(You Will Meet a Tall and Dark Stranger), 2010」의 남자 주인공으로, 조슈 브롤린이 분했다. 의사 자리를 박차고 소설가가 된 로이는 데뷔작으로 호평을 얻었으나 후속작이 변변찮아 의기소침해 있던 중, 아파트 앞 동의 디아(프리다 핀토 분)를 훔쳐 보다가 연인 사이로 발전한다.

힐을 확인해 보렴.' 헉. 알고 있었던 거다. '오늘만큼은 네 오감 모두에 있어 오픈해 줄게. 네 능력이 허락한다면 육감까지도.' 꿀꺽, 이런 의미? 그렇다면 괴델이고 뭐고 오늘 수업은 빨리 마쳐야 하나?

그런데 저 여자는 왜 로브-그리예와 파이어아벤트 사이에 앉아 있는 거야? 아, 맞다. 동시 통역이었지? 영어뿐 아니라 불어, 독어도 가능한가? 그렇다면 외계어는?

다른 분들에 대한 모심의 변은 필요 없을 것 같다. 사실을 고백하자면 난 학생이면서 이 프로그램의 조직위원장이기도 하다. 정말 운이 좋았고 과분하게도 내게 많은 재량이 주어져 저승에 간 사람이랑 이승에 머문 사람이랑 시·공간에 얽매이지 않고 부지런히 스카우트할 수 있었는데, 잠재적 학생들이 마음에 들어 할지 모르겠다. 그래도 시간적으로 너무 많이 거슬러 올라가지는 않았다. 헤라클레이토스니, 플라톤이니, 아리스토텔레스니, 에피쿠로스니 하는 사람들이 없는 걸 보면 알겠지만 말이다. 이제 나와 내 후예들은 이들과 힘을 합해 G_AI를 구현하면 된다. 나중에 이를 학문적으로 계승할 사람들은 G_AI A(Academy) 트랙에 서면 되고, 비즈니스 응용 쪽으로 몰두하고 싶은 사람들은 G_AI B(Business) 트랙에 서면 된다. 참, 이들에 대한 스카우트 비용은 하나도 들지 않았다. '왜 이 프로그램에 조인했냐?'는 물음에 한 분 빼고 이구동성으로 한다는 말이 'I'll join this program because of you'였고, 나머지 한 명은 이렇게 말했다. '너 보고 왔다.' 바로 배유정인데 내가 못 알아들을까 봐 한국 말로 대답했다는군. 여하튼 대단한 자존감, 실력, 개성의 소유자들이라 그들 사이에 잦은 싸움이 일어날 것 같다. 더군다나 한 공간에 다 모여 이루어지니 말이다. 주지했듯 그 공간은 방이 될 수도 있고 개인이 될 수도 있다. 그러고 보니 젊은 비트겐슈타인과 늙은 비트겐슈타인 간의 싸움도 엄청 불꽃이 튀겠군. 전기와 후기의 생각이 판이하게 다르니 말이야. 물론 사르트르도 마찬가지고.

L2 　흠, 안경이나 연지곤지를 이용하건, 홀로그램을 이용하건, 나노 기술을 이용하건, 감각들을 순열 조합하건, 아니면 직접적 뇌 자극을 행하건, 이 사고 놀이 또한 f-business화 해야겠다. 오래전부터 이에 대한 비전을 설정해 놓았건만, 타인들에게 설명하기 쉽지 않았다. 내 표현상의 문제일 수도 있지만 어쩌면 이 비즈니스 자체가 언어를 초월한 것이기도 하고 또 시대에 너무 앞선 몽상으로 여겨졌기에 그럴 수도 있다.

　자연계에는 중력, 전자기력, 약력, 강력의 4대 힘이 존재한다. 인간의 3대 소프트웨어적 힘으로는 창의력, 이해력, 그리고 설득력 등이 있는데, 이들의 상대적 중요도를 어림짐작의 법칙으로 평가해보면 창의력 > 이해력 > 설득력 순이 되지 아닐까 싶다. 물론 내 지론이 상황, 맥락주의이기 때문에 이러한 우선순위는 유동적이라고 생각하지만, 비중을 고려하여 서열을 매겨 본다면 이럴 것 같다는 얘기다. 이중 설득력은 능력자가 가져야 할 필수 성분은 아니다. 왜냐하면, 상대방의 역량이 일정 수준에 미치지 못한다면 설득 자체가 불가능하기 때문이다. 가령 천재의 도메인에서 범인들은 당연히 설득될 수 없다. 설사 된다 하더라도 그것은 천재라는 후광에 기인한 상대방의 설득된 '척'일 뿐, 진정한 설득 됨은 아니다. 또한, 설득은 설득당하는 자의 능력뿐 아니라 성격, 음모, 정치적 상황에도 많은 영향을 받을 수 있다. 세상의 쾌락, 행복, 가치 파이가 커지려면 창의력으로 아이디어를 만들고, 이를 표현하고 소통하고 공감하며 실현해야 하는 건데, 참으로 걱정이다. 걱정.

L0 　그러고 보니 정호탕의 연인 빨래 아낙이 배유정을 살짝 닮은 것 같

　나는 발가벗은 한 시간 동안 자유로와진다. 그래, 나는 딜레탕트다!

기도 하다. 혹시나 하는 마음에 정호탕을 품은 골목을 반 시계 방향으로 120도 회전시킨다. 마침내 위태로이 잠복해 있던 프톨레마이오스와 코페르니쿠스 간의 긴장이 폭발하고 만다. 후폭풍으로 인해 시각이 삐딱선을 탄다. 무엇이 중심이 되어야 하는가? 중심이 있어야 푸코의 진자도 흔들릴 수 있는 거잖아. 그녀, 지금 없다. 살랑거리는 바람, 그 덕분에 나부끼는 빨래들만이 한때 그녀가 거기에 머물렀음을 암시할 뿐이다. 허공에 흩어져 있는 그녀의 잔상이라도 긁어모아 형상화하고자, 예의 배경이 시야에서 벗어나는 그 순간까지 계속 고개를 뒤로 한 채 저벅저벅 걷는다.

"뭐야, 이거!"

왼쪽 운동화 바닥 발(發) 끈적끈적한 이물감이 느껴진다. 껌? 누가 뱉은 거야? 당근 망원동 주민이겠지. 하긴 뭐, 그러니 망원동이지 달리 망원동이겠어? 왼발잡이의 제기차기 자세로 왼발이 올라온다. 이광모의 「아름다운 시절」의 한 장면 같은 이 광경을 보라. 폭이 좁고 구질구질하며 모래 먼지가 황량이 흩날리는, 그렇지만 앞뒤로는 시원스레 쭉 뚫린 골목 한가운데에 삐쩍 마른 놈이 외발로 서 있는 거야. 그 장면이 어떤 그림을 연상시키지? 참으로 이상한 것은 제기 찰 때 두 팔이 그리는 동그란 움직임이다. 입은 또 왜 그렇게 벌어지는지? 하지만 지금은 제기에 신경을 곤두세워야 할 때가 아니어서 그런지 입과 손은 제삼자인 양 여유롭게 구경만 하고 있다. 목욕 가방은 오른손에 매달려 약하게 흔들거리고 있다. 역시 껌이었다. 어떤 인간인지 풍선 껌을 2~3개 뭉쳐 씹은 것 같다. 개.새.끼. 이럴 땐 암수 구분 없이 남성으로 통합된 욕지거리를 날리게 된다. 크기가 장난이 아니다. 넘어지지 않고자 깡충깡충거리며 바라보니, 군데군데 빨간색이 묻어 있는 것이 고춧가루 범벅인 음식을 먹고 나서 씹은 것 같다. 어디 보자. 검은 것도 좀 있는데? 후춘가? 더러운 놈. 다른 동네 같았으면 아예 원인 제공조차 하지 않았을 수도 있으나, 망원동의 그나마 다행인 점은 돌멩이, 나무 조각, 소형 플라스틱 등 짜잘한 쓰레기들이 '유비쿼터스'하다는 것이다. 망원동은 다른 동네와 달리 개똥도 약에 쓰려면 있다. 쓰레기 더미에서 한쪽 끝이 제법 얇고 날카로운 빨간 색 플라스틱 조각을 집어 들어 후벼 판다. '오케이 캐시 뭐'라고 쓰여 있다. 같은 회사에서 나온 기프티 모시기라는 서비스는 아예 낙전이 수익 모델이라지? 참 내 원, 대단한 회사야. 대단한 그룹이고……

생각보다 쉽지 않다. 파는 김에 그간 나 몰래 박혀 있었던 작은 돌멩이들도 함께 제거한다. 이왕 시작한 거, 오른쪽도 한번 검사해 볼까나? 이제 오른발을 제기차기 자세로 올린다. 당연히 왼발은 착륙된다. 비록 왼발잡이이긴 해도 어지자지도 자주 했기에 오른발을 올리는 것도 전혀 어색하지 않다. 잘도 올라간다. 왼손으로 왼발 바닥을 파는 것보다 왼손으로 오른발 바닥을 파는 것이 훨씬 수월하다. 손과 발이 엇갈려야 자연스러워진다. 역시나 경험에 입각한 귀납 추론이다. 사례의 증가로 내 삶의 지식이 약간 더 확장된 것 같다.

L1   추상적으로 사고한다. 주는 시각화된 청각이고, 보조는 시각 그 자체이다.

전문가 시스템 = 심벌리즘 = 연역·공리 = 진리 보존적 추론 vs
신경망 = 커넥셔니즘 = 귀납·경험·학습 = 내용 확장적 추론

L0   그래, 맞아. 조금 전에도 가방을 왼손으로 옮기고 오른손으로 팠어야 했어. 오늘을 교훈 삼아 다음부터는 꼭 그렇게 해야지. 자, 파생 미션까지 완수했고, 다시 집을 향하자꾸나. 가벼움이 사람을 낙관적으로 만

나는 발가벗은 한 시간 동안 자유로와진다. 그래, 나는 딜레탕트다!

드는 건 아니다. 그러나 덜 냉소적으로 만드는 것은 사실이다.

"하하하, 난 껌을 밟았어, 껌을. 똥이 아닌 게 어디야. 똥이 아닌 게 어디냐고!"

L1   어릴 적 똥은 더러운 존재인지 아니면 무서운 존재인지 갈피를 잡을 수 없었다.

좀 커서 똥은 더러운 존재이지 무서운 존재는 아님을 깨닫게 되었다.

그러나 나의 대처는 확실치 않았다.

더 커서 똥이 더러운 존재임을 당연히 인식하고 있었다.

아울러 똥은 더러운 것이기에 피한다는 확실한 대답을 내릴 수 있었다.

그러나 아직 그것이 똥인지 아닌지는 알 길이 없다.

나중에 똥이 과연 더러움을 무서움이라고

무서움을 더러움이라고

개인적 똥을 사회적 똥이라고

사회적 똥을 개인적 똥이라고

헛갈려 하는 악순환은 되풀이될 것이다.

똥에 대한 나의 이미지와

똥에 대한 세인의 이미지가 큰 괴리를 보이는 한 말이다.

오줌은 똥을 똥으로 알까?

휴지와 휴지통은 똥을 똥으로 알까?

변기와 변기 안에 고인 물은 똥을 똥으로 알까?

그들을 담고 있는 화장실은 똥을 똥으로 알까?

정화조를 통해 똥은 똥과 만난다.

그러나 거리에 내버려진 개새끼들의 똥과 기저귀에 뭉개진 애새끼들의 똥은 정화조를 겪어간 똥과 만날 수 있을까?

같은 하늘 아래, 같은 땅 위에 양산된 똥이라면

이 지구란 곳에 공존한다는 자체가 이미 똥은 똥끼리 모였음을 의미한다.

같이 있음은 경계가 확실한 것은 아니다.

백과사전에 몇 미터 이내에 같이 있어야 진정 같이 있는 거라고 기술되어 있지 않다.

기준은 정하기 나름이다.

내가 한국에 있고 그가 미국에 있다.

갈라진 국가에 있다.

그러나 지구라는 혹성에 같이 있음은 사실이다.

똥은 똥끼리 모인다.

분명히 똥은 똥끼리 모이긴 하지만

오줌과 식량도 같이 모임을 부인할 순 없다.

레벨스 어프로치, 레벨에 대한 기준을 어떻게 잡느냐가 중요하다.

이에 따라 결과가 달라지기 때문이다.

경우에 따라 장광설이 될 수도 있는 G_AI에 대한 나의 변은 확고부동했다. 몽상가는 아니기에 현실적 제약 같은 것도 헤아려 보았다. 그 결론은, 역시나 인공지능을 하는 게 인류나 나 개인에게 가장 좋을 듯하다는 것. 하지만 내 꿈을 실현시키기 위해서는 엄청난 시간이 요구된다. 물론 내 생전에 이루어지지 않을 수도 있고. 인공지능을 제대로 연구하려면, 특히 자칭 참 인공지능(G_AI)을 제대로 연구하려면 일단 신학, 철학, 논리학, 언어학 등이 병렬 선행되어야 한다. 솔직히 제도권 학자들이 인지과학의 중심이라고 떠드는 심리학은 제외되어도 무방하다. 신학의 경우 필수는 아니지만 나 같은 동기를 가진 사람은 참고 해서 나쁠게 전혀 없다. 무슨 말인고 하니

L2   예전 어느 날, 누군가가 내 열변을 듣고는 아시모프의 로봇 공학 3원칙에 대해 언급한 적이 있었다. 먼저 1, 2, 3원칙을 이야기한 후 그보다 전제되어야 할 0원칙이 있는데 그건 지금 기억이 잘 나지 않는다며, 마구 괴로워하고 그랬다. 생각하려던 걸 생각해내지 못하면 치매 걸리기 십상이라며, 기억나지 않는 그 테마뿐 아니라 기억나지 않는 그 상황까지 곁들여 괴로워하고 그랬다. 생각해 보니 참으로 웃긴데, 그 양반 잘 지내는지 몰라? 어렵쇼! 그런데 그 양반이 누구였는지 잘 기억나지 않는다.

아무튼,

1) 로봇은 인간에게 해를 끼치지 않는다. 혹은 위험을 지나침으로써 인간이 해를 입도록 하지 않는다.

2) 로봇은 인간의 명령에 복종해야 한다. 단, 첫째 원칙에 반할 경우에는 그렇게 하지 않을 수 있다.

3) 로봇은 자기 자신을 방어해야 한다. 단, 그것은 첫째와 둘째 원칙에 반하지 않는 경우로 한정된다.

훗날, 또 하나의 기본 전제가 추가됐다.

0) 로봇은 인류에게 해를 끼치지 않는다. 또는 위험을 지나침으로써 인류가 해를 입도록 하지 않는다. 이에 따라 1, 2, 3 원칙도 조금씩 수정되어야 한다.

이상과 같이 정리될 수 있다. 그런데 만일 또 다른 펀더멘털이 반영돼야 한다면 이번엔 넘버링부터 다 바꾸고 전제를 추가, 수정해야 하는

비효율이 발생할 것이다. 따라서 이런 경우에 대비, 공식(formula)화 해 두는 것이 좋다. 이때 이들 가조물 축을 인간이라는 개인과 인류라는 집단으로 구분한 것처럼(여기서 그친다면 이는 인간 중심의 관점에 머무르기 때문이다) 피조물축 역시 개물과 집물로 구분해야 하며(이래야만 공식화될 수 있기 때문이다), 이렇게 되면 관계 측면에서 네 개의 경우의 수가 형성된다(조합은 4C2 = 6이지만 같은 그룹 내에 존재하는 관계는 무의미하기 때문이다).

가조물 개별 – 피조물 개별

가조물 개별 – 피조물 집단

가조물 집단 – 피조물 개별

가조물 집단 – 피조물 집단

어찌 보면 태생적으로 비대칭이기에 대칭을 이상으로 갈구할 수밖에 없는 인간의 몸부림으로 판단될 수도 있겠지만, 올바른 형식 시스템이 되기 위해서는 어쩔 수 없지 않은가? 객관적이고 가능하다면 메타 수준에서 내려다봐야 하니까. 여하튼 이렇게 공식화된다면, 우리는 가조물 그룹에 신을, 피조물 그룹에 우리네 인간을 대입할 수도 있다. 그럼 그것이 인간공학의 3원칙이 될 수 있을 것인가(여기서 말하는 인간공학은 우리가 흔히 접하는 인간공학, 그러니까 저열한 에르고노믹스와는 다른 것이다)? 아시모프의 원칙과 에르고노믹스는 인간 중심의 관점을 견지한 것이고, 내가 언급한 원칙은 이에 국한하지 않는다.

L1 신학이 동기 측면에서 선택적으로 필요하다면, 철학은 실현을 위한 펀더멘털로 반드시 필요하다. 여기에서는 인식, 존재, 의미, 형식, 현실, 가상, 계산 등이 주 관심 키워드가 될 것이다. 그렇다면 자연스레 논리학과 연결이 된다. 그러니까 아까 언급했던 키워드 중에서 의미, 형식,

나는 발가벗은 한 시간 동안 자유로와진다. 그래. 나는 딜레탕트다!

계산이란 키워드가 철학과 논리학을 이어주는 것이다(논리학을 철학의 하부로 이해해도 무방하나, 녀석의 비중이 꽤 큰 까닭에 따로 꺼내는 것이 더 바람직할 듯하다). 언어학 역시 마찬가지다. 그렇다고 내가 여기에 뛰어든다면, 현재의 내 역량과 열정이 잘 비벼진다는 전제하에서도 한 3년은 소요될 것 같다. 짧게 잡은 게 결코 아니다. 왜냐하면, 난 철학과 학생처럼 철학과에서 요구하는 커리큘럼을 모두 따라야할 의무가 없기 때문이다. 즉, 내가 설정한 펀더멘털의 펀더멘털과 인공지능 관점에서의 필요 분야를 선별해 내재화하면 되기 때문이다. 위에서 언급한 분야에 대해서는 충분한 선별 기준이 존재하니까 이는 구조적으로 어려운 작업도 아니며, 3년 이내에 해내기 어려운 것도 아니다. 즉, 내겐 헤겔이나 칸트, 그리고 후설의 미학까지 파고들 이유가 없다는 말이다. 알면 좋기야 하겠지만, 인간은 필멸하며, 이 세상 대다수가 무지막지하게 기회비용을 요구하는 상호 배타 덩어리니까 말이다. 모든 게 다 제한된 시간에 대한 점유 싸움이다.

L2   얼마 전부터 나의 심야 시간은 구피와 다슬기가 장악하고 있다. 그만큼 율리시스의 덩치는 점점 작아지고 있다. 물고기와 책은 경쟁 관계다.

L1   중요한 문제는 연구 시간이 아니다. 정작 중요한 것은 다음과 같이 둘로 요약된다(파생 문제는 제외하기로 한다).

첫째는 학교 커리큘럼이다. 단도직입적으로 말해 인공지능 혹은 인지과학을 제대로 하려면 현존하는 인지과학 과정에 들어가서는 안 된다. 그냥 신학과를 들어가 6개월 정도 개인 커리큘럼에 맞추어 공부하다가 얻을 걸 얻고 난 후(사실 교수라는 직업을 갖은 자들에게 얻을 수 있는 것은 거의 없다. 얻음의 주체 및 객체는 모두 다 학습자 자신인 것이다), 그다음 철학과에 들어간다. 여기선 1년 공부한다. 이후 논리학과를 간다. 논리학과가 없으면 철학과에서 이쪽 분야를 1년 정도 더 판다. 여기서 유의할 점, 내 지금 직렬적, 선형적으로 이야기하고 있는데 실상은 병렬적, 비선형적이다. 인공지능을 제대로 하려면 학제적 개인이 돼야 하기 때문에 가능한 동시성을 추구해야 한다.

뭐, 대충 이런 식으로 해야 하는데 이게 가능할까나? 물론 내겐 학교니 학위니 하는 제도권 커뮤니티의 회원권이나 라이센스는 전혀 중요하지 않다.

둘째는 돈이다. 내가 1단계에만 전념해도 3년이 후딱 지나간다. 2단계 구현은 채 시작도 못 했는데 말이다. 그러니까 이 동안에 어떻게 먹고 자고 입는 것들을 해결할 수 있느냐가 이슈로 대두된다. 그럴싸한 프로젝트 제안서를 작성해서 돈 많은 사람에게 보여주고 연구비랑 생활비를 후원받는다? 이건 무척 힘든 일이다. 성공 여부도 불투명하고 성공해도 무지 많은 시간을 필요로 하는데, 누가 선뜻 돈을 주겠나? 게다가 난 아직 아무것도 아닌 노바디이자 언더독 아니던가?

그래서 질질 끌어온 게 수년. 난 용기가 없기에 대안으로서의 돈벌이를 택해 지금까지 살아오고 있다. 그렇다면 높은 연봉은 아니더라 해도 좀 여유로운 곳에 가서 연구 시간을 어떻게 쪼개 보는 게 현명할 수 있는데, 이놈의 성격이……

이러한 고민에 빠져 있던 무렵, 난 이 세상에서 가장 혐오하는 인간 중 하나를 만났고, 그 인간으로 인해 여우의 신포도 기제를 발동시키게 됐다. 내가 여기서 그 인간을 추억하면 그 순간도 괴롭거니와 그것이 내 뇌리에 보다 강력하게 각인될 수 있기에, 의도적으로 지운다. 화제를 바꾼다. 거적때기를 둘러쓴 초(超) 똥적 냄새가 나는 그 썩은 암퇘지 대가

나는 발가벗은 한 시간 동안 자유로와진다. 그래, 나는 딜레탕트다!

리도 마찬가지 맥락에서 의도적으로 지운다. 하지만 지우기 위해 어쩔 수 없이 잠시 떠올렸으나 그새 토악질이 덤비려 한다. 자연스러운 망각에 대한 확실성이 담보되지 않으니 내, 의도적 인출로 찰나의 고통을 감내하리라. 이건 확실성의 사안이니까.

LO   가만있자. 껌 붙은 플라스틱을 어떻게 했더라? 내 비록 합정동 사람이지만 합-망 경계상에 살고 있기에 망원동의 기(氣) 또한 흐르고 있는 건 아닐까? 망원동스럽게, 망원동스러운 분위기에 일조했던가? 아님 망원동의 패러다임 시프트를 위한 소승 불교적 행위를 했던가? 그런데 소승 불교적 행위와 패러다임 시프트는 상호 모순 아닌가? 그런 면에서 하이젠베르크가 나치를 지지하는 한 학생에게 막스 플랑크 운운하며, '기존 세계를 전복시키기보다는 취약한 틈새를 메꾸는 데에 집중해야 한다. 문제를 해결하기 위해 노력하고 조금씩 수정, 보완해야 한다'라고 한 주장은 전혀 공감되지 않는다.

그렇다. 이렇게 사고를 빙빙 돌리는 것을 보니 불과 존재적으로 수 초 전의 일이었음에도 불구, 난 잊어버리고 만 거다. 그 새 영겁의 인식이 끼어들었던 것도 아니다. 인식 또한 찰나였다. 만일 그 인식이 영겁이었다면, 존재 관점에서는 비록 찰나였다 하더라도 기나긴 우주여행을 거친 이후이기에 망각의 발발이 어색할 상황은 전혀 아니다. 하지만 이 경우는 그렇지 않다. 더 심각한 것은 내 삶의 철학 그 자체이다. 난 존재를 일종의 좌표축으로 바라본다. 좌표축이 있어야 점도 그릴 수 있고, 선도 그릴 수 있고, 면도 그릴 수 있고, 체도 그릴 수 있고, 그들의 위치는 물론 크기까지도 알 수 있다. 이것들은 모두 인식의 소산이다. 그런데 인식의 세계가 존재의 세계에 영향을 미친다면 이것은 모순될 수밖에 없다. 그렇지 않은가? $y=x$라는 직선 때문에 X축, Y축이 영향을 받

는다면 말이 안 되잖아? 좌표가 독립 변수를 한정하고,

L1   아, 이것도 문제다. 존재는 인식을 한정할 수 없다. 다만, 인식 발동에 있어 하나의 촉발제가 될 수 있다. 하지만 모든 주체자에게 있어 최초의 인식이 발동하기 위해서는 최소한의 존재가 반드시 전제되어야 한다. 그래, 좌표를 일종의 메타포로 보면 무방할 거야. 인식의 최초 시점에 대한 메타포라고 생각하니 고통이 약간 사그라지는 것 같다.

L0 독립 변수는 종속 변수에 영향을 주고, 종속 변수는 좌표에 영향을 준다. 순환이자 변형의 잠재다. 영향을 준다 해도 무조건 문제는 아니다. 어차피 시간은 그 축에 반영되지 않았기에 인식의 시간에 따른 영향력을 존재에 부여하는 것은 문제가 되지 않는다. 아니지, 동일한 테마를 고려했다면 그 시간이 짧을 때보다는 길 때 발생하는 인지적 용량 과부하 문제가 더 심각할 수밖에 없다. 즉 시간은 기회의 장을 제공할 뿐이고 중요한 것은 인지적 용량, 노력 등 과부하의 문제이다. 과부하가 발생하면 그 직전에 있었던 존재 단독 세계에 대한 지식이 망각될 수도 있으므로, 내 존재-인식의 관계에 대한 존재의 메타포를 변경해야 한다. 어차피 인프라란 표현을 쓴 것도 일종의 메타포니 각각의 정체성과 그 관계의 정체성 자체에 대한 수정을 피할 수 있을 것이다. 시간도 공간으로 환원될 수 있고, 기하는 축에 영향을 미치게 된다. 그런데 그 축은 다시 기하에 영향을 미치게 되고 여기서도 달갑지 않은 무한 루프에 빠져야 한다. 그런데, 그런데 말이다. 이게 변형이 수반되기에 위에서 내려다보면 직선이 되고, 앞에서 바라보면 원이 되고, 옆에서 바라보면 나선이 되는, 그러니까 나선형 쾌락과 단순 순환형 쾌락은 사실 하나의 몸체이고, 조망하는 뷰에 따라 나선, 단순 순환 등이 결정된다. 여기

나는 발가벗은 한 시간 동안 자유로와진다. 그래, 나는 딜레탕트다!

서의 뷰는 일종의 상황, 맥락으로 봐도 무방하겠지? 뷰에 의거한다 함은 절대성의 파괴와 주관주의를 지지하는 것이다. 뷰의 주체는 나고, 위치 및 시각을 포함해 내가 바라보는 환경이 곧 상황이자 맥락이다. 유레카! 그렇다면 이게 바로 분석의 한계를 극복하기 위한 전일적 접근 아니런가?

L1   사고의 수발. 긍정적으로 발동된 사고는 무수히 발산되고 수렴된다. 발산은 협의의 발산과 진동으로 구분된다. 진동은 패턴과 무작위로 재차 구분된다. 패턴은 질서고, 무작위는 무질서다. 무질서는 또다시 둘로 구분된다. 하나는 절대적 무질서, 나머지 하나는 실상은 질서이나 아직 인간들이 패턴을 발견하지(인식하지) 못했기에 무질서로 간주되는 잠재적 질서. 그러니 잠재적 질서냐 절대적 무질서냐의 여부는 인간의 인식, 측정과도 밀접히 연관된다. 다분히 플라톤적이면서도 상대적인 것이다. 아마 아인슈타인도 이러한 미련에서 끝내 벗어나지 못했던 것 같다. 이처럼 사고라는 존재자는 막 뿌려지기는 하나 저장 되지 않으니 누적의 힘에 따른 발전에는 한계가 있다. 왜? 아까 물에다 글을 썼듯, 공기 중에 쓰면 되지 않을까? 아하, 보안 때문에? 그건 말 되네. 허구한 날 메모지를 갖고 온다 갖고 온다 다짐하면서도 까맣게 잊고 마는 이 어리석음. 같은 인식 세계 내에서도 내가 수초 전에 무슨 말을 했는지 정확히 기억하지 못할 때도 있다. 따라서 경우에 따라 모순덩어리 횡설수설이 될 수도 있고 끊임없는 동어반복의 나락에 빠질 수도 있다. 인공물 없이 이동 중인 자의 한계. 분산 인지의 불가. 그렇담 즉흥적 언어유희라도 느낄 수 있으면 좋으련만. 비트겐슈타인과

L2   어른에게 무척이나 잘 보이고자 늘 억지웃음을 지었던 어린 비트겐

슈타인은 『인간 실격』을 빨아들인다. 비트겐슈타인의 명성 형성에는 풍족한 집안 환경도 충분히 한몫했을 것이다. 사실 요조*의 경우도, 집안이 비트겐슈타인만큼은 아니어도 조금만 더 넉넉했더라면 해피 엔딩으로 마무리될 수 있었을 텐데. 물론 모든 어린아이가 부모나 조부모에게 잘 보이려고 하는 것은 본능이지만, 비트겐슈타인이나 요조처럼 표정으로 보여줘야 한다고 강박에 시달리는 경우는 그리 흔치 않다.

L1   그를 추종하는 비엔나 서클 원들이 썩소와 동시에 독설을 날린다. '말할 수 없으면 침묵해라.' 난 대답한다. '너나 잘하세요.'

L2   이영애는 확실히 과대 포장됐다. 솔직히 뭐 볼 게 있어?

L1   당연히 그들에게 배운 것도 많고, 많은 점이 그들과 일치하긴 하나, '많은 점'이라는 것이 전부를 의미하는 것은 아니다. 난 필요할 때 필요한 부분만 가져다 쓰면 된다. 고유로운 뿌리는 소중한 나의 것이기 때문이다.

  이를 새옹지마로 해석해야 할지 적자생존으로 봐야 할 지 좀 헷갈리긴 하다. 하지만 그 발로는 여우의 신포도가 맞긴 맞다. 'G_AI를 아카데미에서만 추구해야 할 이유는 없어. 그 펀더멘털만 따른다면 얼마든지 비즈니스에서도 할 수 있지.' 그게 아직 풋풋하던 시절 내가 Yestomorrow라는 조직을 고안하게 된 계기이다. 이름은 정말 기가 막히게 잘 지은 것 같다. '그래(Yes), 미래(Tomorrow)는 내거야!' 그리고 '과거(Yesterday) + 현재(Today) + 미래(Tomorrow)를 통틀어 가장 멋진 조직을 만들겠다'는 불타는 의지.

---

* 다자이 오사무의 소설 매우 안쓰러운 『인간 실격(1948)』의 주인공.

나는 발가벗은 한 시간 동안 자유로와진다. 그래, 나는 딜레탕트다!

[참동지들과 만들고 싶은 이상적 조직상]

1. 정의로운 조직
2. 정직한 조직
3. 선한 조직
4. 깨끗한 조직
5. 지식 조직 – 깊은 지식, 장기적 안목, 연구 개발 중시
6. 이타적 조직 – 상대주의적 태도
7. 체계적(?) 조직
8. 하늘을 우러러 한 점 부끄럼 없는 조직
9. 일관된 조직
10. 넓은 시야
11. 냉철한 경영
12. 하나를 지킨다.
13. 초기 저임금 기간에 조직원의 인센티브 고양을 위한 프로그램 개발
14. 일이 목표인 사람과 일이 수단인 사람 모두를 위한 조직
15. 고객, 조직원들과의 약속은 반드시 지킨다.
16. 조직원들의 자율성, 인격 최대한 북돋운다.
17. 매 시점 뒤돌아 보고 반성한다.
18. 나와 너, 우리와 고객 간의 신뢰는 캡 중요
19. 무식하게 행동하지 않는다.
20. 우리 조직원은 유능한 사람이어야 한다.
21. 인간성 정말 중요
22. 윤리적 인간

23. 달고 쓰고 가 삼킴의 기준이 되어서는 안 된다.

24. 절대로 상대방을 강요하지 않는다.

25. 유연성 중요

26. 할 일 다하면 조기 퇴근 가능

27. 월요일이 기다려지는 조직

28. 팀워크 캡 중요

29. 복지 지상

30. 비판적 조직 – 고객, 타사에 대한 비난 금물

31. 논리가 살아 있는(?) 조직

32. 철학이 숨 쉬는 조직

33. 구상은 철저히 구현은 신속히

내 삶의 근원은 분명히 쾌락이다. 고로 모든 게 현실적 쾌락으로 환원되며, 삶의 일부로서 f-business 역시 현실이란 개념에서 시작된다.

L2　무엇이 현실이란 말인가? 나, 지금 방안에서 이불 덮고 잠자며 존재하고 있다. 하지만 잠자고 있음을 인식하지 못한다. 여기저기 날아다니며 인식하고 인지한다. 하지만 나의 물리적 고깃덩어리는 여전히 이불과 요 사이에 있을 것이다. 존재론이냐 인식론이냐 하는 고민도 일종의 사유일 뿐, 무엇이 리얼이고 무엇이 사이버인지 모르겠다. 만일 물리적 현실에 무게를 둔다면 후자는 사이버가 될 것이나, 사유 시점에 있어 내게 생생함, 현실감을 주는 그 공간에 '사이버' 자(字)를 붙이기가 너무 애매하다. 반면 후자에 무게를 둔다면 전자는 사이버란 말보다 현실을 위한 기반이란 표현이 더 어울리게 된다.

1인칭 가상 현실 경험이 과연 가능할 것인가? 여전히 나의 관심 분야이자 고민거리 중 하나는 가상 현실에 관한 것으로, 견해는 다음과 같다. A가 주관적, 인식적 현실에 빠졌을 경우, ~A가 판단, 파악하는 A에 관한 객관적, 존재적 현실이 가상 현실이 아닐까? 따라서 소위 리얼과 사이버의 구별을 위한 잣대로 '아(我)'라는 주관과 '비아(非我)'(집합적 개념으로, 절대로 단수가 될 수 없다. 단수가 된다면 이는 객관이 아닌 또 하나의 이질적 주관일 뿐이다)'라는 객관, 그리고 인식론과 존재론이라는 사상적 기반, 이것들의 조합으로 표상할 수 있을 것 같다.

L1   발동된 사고의 발산은 좀처럼 수그러들지 않는다. 난 잠시 메타 수준으로 이동했다. 그래서 이를 관찰할 수 있다. 다양한 주제, 존재적 시간, 그리고 양태. 매개체를 종잡을 수 없고, 심리적 동요도 거의 없다. 그런데 나의 사고는 마구 튀고 있다. 이것이 절대적 무질서인지 잠재적 질서인지 도통 알 길이 없다. 그저 묻지도 따지지도 않고 무작정 따를 뿐이다. 이게 다 'so what?'이라는 챌린지가 없기 때문에 가능한 일이다. 정말이지 'so what?'이라는, 'why?'라는 챌린지가 우리 사회에 있어 얼마나 많은 사유와 창의성을 도륙해 왔고, 하고 있는가? 그런데 난 이를 극단적으로 쏟아 버리는 도메인에서 돈벌이를 해왔겠다. 이 얼마나 이율배반적인가? 역시나 지금 이 순간에도 난 통제 불능의 쾌속정을 타고 메타와 복수의 인식 세계를 넘나들고 있다.

L2   왜 '등(登)'교이고 왜 '출(出)'근인가? 당연히 아무런 생각이 없다면 얕건 깊건 양자 간에 있어 어떠한 차이도 발견할 수 없다. 하지만 약간의 고민을 해보면 '오름'과 '나감'이라는 차이를 쉬 포착할 수 있다. 즉, 나를 현 수준보다 한 단계 이상 도약시킬 수 있는(다분히 확률적이

다) 것은 '배움'이고, 내가 이미 갖고 있는 것을 활용하는 것은 '일'이라는 것이다. 그렇기에 좀 더 성장된 나를 만들기 위해 학교에 가는 것은 '등'이고, 내가 딱 갖고 있는 만큼 활용하러 일터에 가는 것은 '출'이 된다. 그래서 같이 학교에 간다 해도 학생이 학교에 배우러 가는 것은 등교이고, 교수나 교사가 학교에 가르치러 가는 것은 출근인 것이다 (따라서 교수가 강의가 아닌 연구 목적으로 학교에 간다면, 사실 이는 등교로 간주하는 게 옳다). 그러나 한 번 더 고민하면 상황이 180도 달라진다. 이는 추상적, 형이상학적, 연역적, 이상적, 책의 세계를 고귀하게 평가하고, 구체적, 귀납적, 경험적, 현실적 세계를 폄하하는 풍조가 은연중 들어간 표현일 수도 있다. 사실 인간이 완전체에 가까워지기 위해서는 추상과 구체, 연역과 귀납(경험)이 조화되어야 하고, 이를 학교와 일터 관점으로 전환 시켜 조망하자면 실 경험은 일터에서 주로 일어나며 이를 통해서도 충분히 배울 수 있기에, '등'이니 '출'이니 하는 개념으로 차별해서는 안 된다.

L1   지금 나 정말 꼬추가 간지러운 건 말이야. 아예 무식할 때에는 좋았어. 그런데 공부를 하면 할수록(아, 이것도 불분명하다. '학습'이라 해야 할지 '공부'라 해야 할지?), 이런 생각이 자꾸만 드는 거야. 공간과 객체들은 마구 확장되고 있는 반면, 주체는 아무리 발버둥쳐도 거의 원자 수준으로 존재감 없게 찔끔찔끔 성장하고 있다는…… 그러니 공간, 객체들과 주체 간의 괴리는 점점 더 커질 수밖에 없는 노릇이지. 그러고 보니 어느 누군가에게 있어서도 세상과의 역량 차가 가장 작은 순간은 그의 탄생 시점이라는 보편 진리가 형성될 수 있을 것 같아. 아, 아니다. 어차피 그 차이는 무한이니까 무의미한 측정이 되겠네?

우주가 팽창하니 미경험의 분야들이 엄청나게 빠른 속도로 늘어나

나는 발가벗은 한 시간 동안 자유로와진다. 그래, 나는 딜레탕트다!

고 있고, 입자가 극미분화되니, 경험은 하되 인지하지 못하는 분야들 역시 빠른 속도로 늘어나고 있어. 즉, 알아야 할, 알고 싶은 것들이 매크로, 마이크로 하게 쌍으로 폭증하니 소름이 돋는 것 같아.

L2   존재론과 인식론, '론'과 '학', 그래서 현상학 이런 것들에 대한 나의 해석이 달라진다. 이것이 공부 혹은 학습량, 이해도와 정비례한다면 진동을 보이지 않고 발산을 보이지 않고 수렴해야 옳건만, 오히려 진동이 심화되고 있다. 놀라운 것은 그 진폭이다. 진폭이 사그라지지 않는다. 이게 철학의 특징이 아닐까? 정의 내리기에만 집착하여 2년 동안 아무런 진도도 못 나간 한심한 모 그룹의 한 계열사를 보며, 그냥 선언해 버렸다. 나만의 존재론과 인식론에 대한 정의를. 제도권 그들에게 나만의 정의를 노출했다. 다들 이견 없음이다. 다행이긴 한데 나 스스로는 패턴 없는 변덕을 보이고 있다. 그들은 나의 그때그때 달라지는 정의에 대해 역시나 매번 동의를 해주니 그들이 사이비가 아닌 이상, 왔다갔다 하는 게 맞는 것 같기도 하고 아까 뇌까렸듯 그것이 철학의 묘미이자 본질일 수도 있겠다. 사실 그런 점을 어설픈 경영학이 베끼기도 했고.

정말이지 경영학이란 참…… 요즘 들어 인문학 열풍이 부니 이의 껍데기를 갖다 쓰고 있고, 그전에는 과학을 어설프게 추구하려다 보니 과학이라는 물고기를 낚아 왔고(물론 과거형이 아니라 현재 진행형이다), 그러다 보니 녀석이 물고 있던 철학이라는 떡밥까지 같이 딸려 왔다. 사실상 경영학은 물고기를 먹는 와중에 그 물고기의 먹이까지 먹었으나, 스스로 머리가 좋은 것으로 착각하는 머리 나쁜 그들이기에 그냥 물고기만 먹은 것으로 알고 있을 뿐이다. 각설하고, 고로 내가 누누이 이야기하는 존재론, 인식론은 전적으로 내 식이다.

LO   탈 때에도 그랬듯 은연중에 인식의 쾌속정에서 내린다. 혼미. 상황 판단을 위해 잠시 두리번거린다. 아까와 다른 위치인 걸 보니, 내, 인식적 세계를 탐사하고 있을 때 내 다리는 존재적 세계를 부지런히 걷고 있었나 보다. 뇌는 분명히 사유를 유희하고 있었건만, 어떻게 다리는 자의적으로 지금 이곳을 중간 지향점화할 수 있었던 걸까? 인식은 곧 의식이니 무의식의 인도일까? 따지고 보면 무의식이란 말은 뇌 지상주의적 용어가 아니던가? 적어도 이 맥락에서는 말이다. 이건 뇌의 무의식이 인도한 결과가 아니라 몸의 자체적 판단 결과일 수도 있다. '어이, 친구. 늘 그랬듯 넌 인식을 즐기라고. 난 존재에서 부지런히 움직이고 있을 테니 말이야.' 존재와 인식과의 연계는 오로지 몸이라는 매개를 통해서만 가능하나(물론 눈을 포함한 모든 감각 기관은 몸에 포함된다), 한번 촉발된 인식은 꼬리에 꼬리를 물며 존재와 따로 놀 수 있다. 이때 주체는 인식만을 체감한다. 존재를 책임지는 몸 역시 활발히 움직인다. 이는 좋게 말하면 자유요, 나쁘게 말하면 방치다. 인식의 쾌속정에서 내리는 순간 존재와 인식은 해후한다. 그렇다. 해후가 맞다. 의도나 인과율의 개입이 없는 우연이기에 해후가 맞다. 사고나 의식은 주체 스스로 통제할 수 없는 것이기에 맞다. 의식이나 사고는 무한의 시간을 머금고 있기에 맞다. 역시나 그 해후의 존재적 시간은 길지 않을 것이다. 잠깐, 그렇다면 의식이나 사고도 신에게 있어 인간 같은 피조물이 아닐까? 우리네 인간 관점에서 본다면 말이야. 그럼 난 이미 내 꿈을 이룬 셈인데?

    망원동이기에 구조적 한계는 자명하지만, 길목 좋다는 모퉁이에 예의 제일약국이 떡 하니 자리 잡고 있다. 이곳은 불과 수십 미터 떨어져 있는 합-망 경계의 비룡약국과 더불어 오랜 전통을 자랑하고 있으며, 할머니 약사가 운영하신다. 그 지척에 아담한 가건물의 구두 수선소가 있다. 지금 그곳에서 얼굴에 까만 구두약을 묻힌 사장님이 망원동 출신

나는 발가벗은 한 시간 동안 자유로와진다. 그래, 나는 딜레탕트다!

으로 추정되는 한 여인에게 무언가 열심히 설명해 주고 있다. 차림새를 보니 사장님도 망원동 출신인 것 같다. 그 여인, 옷차림으로 봐서는 동네에 잠시 일 보러 나왔다가 들어가는 건 아닐 거다. 망원동스러운 순진한(시골과 도시의 경계라고나 할까?) 화장에 제법 꾸며 입기까지 했으며, 꺼려지는 구두 수선소의 낡고 지저분한 슬리퍼 위에 두발을 신세지고 있다. 하지만 그녀도 슬리퍼의 불결을 의식했는지 신었다기보다는 발등 부분에 마치 발레리나처럼 발가락 끝만 디디고 있다. 설마 강수진이나 김지영* 같진 않겠지? 그럼 안 되는데…… 상태는 김지영이 좀 낫긴 하다.

슬리퍼의 발등 부위는 남성인지 여성인지 몰라도 그나마 사람들이 덜 접촉했을 것이다. 아니지. 어쩌면 다들 바닥 부분에 대한 선입견 때문에 바닥보다는 거기에 두발을 살포시 얹어 놓았을 가능성도 있다. 그렇다면 그녀는 차라리 생각에 생각을 더해 바닥을 점유하는 게 나았을 수도 있다. 즉, 이 상황에서도 '죄수의 딜레마식'의 치밀한 분석이 필요한 것이다. 물론 그때에도 발끝으로 버티는 게 바람직하다. 아니면 집에서 구두 수선소에 올 때까지만이라도 양말을 신고 있는 게 좋을 수 있다. 그랬다가 수선이 완료된 자기 구두로 갈아 신을 때 양말을 벗으면 된다. 그 벗은 양말은 뒤집은 채 가방에 넣었다가 귀가 후 빨면 되고. 더 권장하고 싶은 방법은 비닐이나 종이를 준비하는 것이다. 일시적으로 발을 담궜다가 볼일을 완료한 후 인근 쓰레기통에 버리기만 하면 끝. 하지만 그녀는 의외로 그런 부분에서 깔끔을 떨지 않아서인지 아니면 준비성이 부족한 사람이어서 그런지, 아무런 준비 없이 그냥 맨발로 왔을 뿐이다. 설마 전자는 아니겠지? 슬리퍼의 바닥 부분이 아니라 인기척이 뜸한 발등 부분에, 신었다기보다는 살짝이 올려놓은 느낌이 드는 자세

* 국립발레단 수석 무용수.

를 취한 걸 보면 말이야. 자세히 들여다보니 슬리퍼와 그녀의 발 사이에 약간의 틈이 있다. 나노 단위까지 감지 가능한 빼어난 내 시력? 그렇다면 당연지사인 거고, 우리가 몰라서 그렇지 엄밀히 말하면 모든 인간은 공중 부양한 채로 살아가는 셈이다. 그게 아니라면 그녀는 지금 다리가 몹시 아플 것이다. 시간이 좀 더 지체되면 쥐가 날지도 모른다. 제발 그렇게 되라. 얼씨구나 하고 달려가서 마사지해줘야지. 그러면서 여기저기 다 부벼 봐야지. 히히. 서로 주무르려다가 사장님이랑 다툼이 생기게 되면 레프트 훅으로 아구창을 날릴 거야. 비록 판타스틱 셀은 아니지만, 최악의 셀도 아니기에 내 눈은 불에 타 이글이글거린다. 굽의 이상인지 다른 부분의 이상인지 잘 모르겠으나 사장님은 오른손으로 구두를 든 채 나름 열변을 토하며 무언가 이야기하고 있다. 그녀는 웃으며 고개를 끄덕인다. 그 웃음, 작위 같지는 않다. 이는 둘 사이에 소통을 넘어 공감까지 이루어지고 있음을 의미한다. 아뿔싸, 이렇게 흘러가다 보면 설사 그녀 다리에 쥐가 난다 하더라도, 닭 쫓던 개 지붕 보는 꼴이 될 텐데? 그렇다면 내가 개띠니까 사장님은 혹시 닭띠? 신경이 무지 쓰인다. 사장님의 목소리가 커지고 있다. '보관, 내구성, 색 바램, 윤기, 까짐, 굽, 끈, 깔창, 냄새' 등등의 관련 단어들이 두서없이 내던져지고 있다. 제법 거리가 떨어져 있을 때에는 내 특유의 본능이자 취향으로, 앉음으로써 노출 부위가 보다 넓어진 하체들을 힐끔힐끔 훔쳐 보며 그녀의 하체와 이에 접촉된 사물들에 감정 이입을 하고 있었으나, 가까워지자 상황이 달라진다. 유의미 언어들의 난무로 청각이 존재감을 과시하게 됐으며, 그 발원지인 구두 수선소 사장님의 입을 향하니 이미 '생활의 발견'이란 타이틀로 수많은 사람을 앉혀 놓고 열강하고 있더라.

L1   입추에 여지없는 계단식 대형 강의실. 첫 번째 강사, 작가이자 평론

가 임어당, 두 번째 강사, 영화감독 홍상수, 그리고 오늘의 피날레를 장식할 세 번째 강사, 구두 수선소 사장님! 사장님, 죄송합니다. 제가 성함을 몰라서요. 사장님 오른쪽 얼굴에 부착된 무선 마이크가 무척 잘 어울린다. 사장님은 강의장 이곳저곳을 누비며 열강을 하신다. 방청석까지 오르락 내르락 하는 것이 노련미가 장난이 아니다. 42년 동안 머리는 물론 몸까지 총동원해서 이루어낸 경험의 산실. 구두뿐 아니라 구두에 담긴, 구두를 통해 접한 사람들에 대한 관계, 소통, 공감의 심리학, 그리고 사회학. 청자들의 반응은 가히 컬트적이다.

L2   컬트에는 상한이 있다. 그리고 페티시에는 상한과 하한 모두가 있다.

L1   이렇듯 이제 주제에 따라 지적 소외 계층도 뛰어난 강사가 될 수 있고, 베테랑 심리학 교수가

L2   학자는 열정만으로 평가받아서는 안 된다. 무엇보다 실력이 있어야 한다. 최근 한 교수님을 접하고는 씁쓸함을 감출 수 없었다. 그의 한 마디 한 마디에서 열정은 엿보였으나 딱 거기까지였다. 주장에 대한 설득 논리가 없었으며 상당수가 비약과 억지였다. 독설 좀 하자면, 그건 열정이 아닌 것 같았다. 오히려 꺼져가는 자신의 지적 수명 감퇴에 대한 발악으로 보였다. 관성과 집착으로 보였다. 그런데 제자랍시고, 후배랍시고 그 옆에서 한 마디 한 마디 떠받들고 있는 그들의 추태는 또 어떻게 해석해야 할 것인가? 남출어청(藍出於靑) 인가? 아니면 폐쇄적 배려인가?

L1 열등한 수강생이 될 수 있는 그런 세상에 왔다. 물론 기득권층과의 뜨거운 한판이 필요하긴 하나, 낙관한다. 스마트한 우리들의 연대는 더욱더 견고해질 것이기에. 이건 예전 김대중 정권의 패착, 신지식인과는 질적으로 다르다. 여기에는 시간이라는 변수와 상황, 맥락 등이 반영되기 때문이다.

L2   MIT를 비롯한 세계 유수의 대학들이 교육 개방을 심화하면 정말 재밌어질 거예요. 0) 새로운 미래 환경에 부합하는 이상적인 모습을 찾기 위해 일을 벌였다고 생각하는데요. 이는 생존의 문제와도 연결돼 있을 거예요. 사실 오늘날 대학의 모습은 중세에 비롯된 전통적 대학의 그것과 크게 다를 바 없잖아요? 그저 산업 시대에까지만 적합한 형태일 뿐, 전혀 진화하지 못했어요. 그런데 그간 세상이 좀 많이 변했나요? 앞으로 그 변화는 더욱더 가속화될 거고요. 아무튼 그들은 1) 세계 최고라는 엄청난 자신감을 기반으로, 2) 표면적으로는 세계 최고의 교육을 전세계 70억 인구에게 직간접적으로 경험시켜주겠다는 CSR(Corporate Social Responsibility)적인 측면과, 3) 전 세계 식자층(이른바 오피니언 리더나 킹핀 역할을 할 수 있는)에게 MIT 컬러를 입히겠다는 음모적 측면을 동시에 추구하는 것 같은데요. 그러다 보면 이런 일도 경험할 수 있을 것 같아요. 마다가스카에서 소박하게 지내며 비제도권적으로 독학에 열중하던 로바라는 여자아이가 세계적 권위자인 MIT 인공지능 연구소의 마빈 민스키와 맞짱을 뜨고, 결국 승리하게 된다는 이성과 감동이 범벅이 된 희열의 드라마를.

L3   그런데 왜 나는 가상의 인물로 오지의 검은색 피부 소녀를 즉석에서 토해냈을까? 로버트 알트만 감독의 「캔사스 시티」. 재즈 영화이긴 하

나, 인권을 상징하는 다수의 장면이 나온다. 인권 회복이 시급한 최약 계층을 정의 내리기 위해 사용된 축은 인종, 연령, 성별. 인종에서는 유색, 연령에서는 어린이, 성별에서는 여성이 상대적으로 힘이 약하니, 이들을 조합하면 유색 인종의 어린 여자아이가 뚝딱 하고 튀어나온다.

L2   그러면 제도권 권위자의 권위는 바닥에 떨어지고 반대로 마다가스카의 여아는 글로벌 스타로 거듭나게 되겠죠. 그 결과 그녀의 경력이나 스펙과 무관하게 MIT 등 세계적 대학의 교수로 영입될 수도 있는 거고요. 이는 일종의 탈권위라고도 볼 수 있겠네요. 방법론의 부재 혹은 편재이기도 하고요. 동의이음을 허락한다면 '파이어아벤트 손들어주기'가 될 수도 있답니다. 즉, '주류와 비주류 혹은 제도권과 비제도권 사이에 과연 유의미한 차이가 있는 거냐?', '제도권의 전통이란 것이 과연 추앙받아 마땅한 거냐?'라는 본원적 물음을 던질 수 있다는 거죠. 물론, 16세기 유럽에서 벌어졌던 직인들의 아카데미화 및 실질적 사회 기여 현상의 재현도 지켜볼 수 있을 것 같고요. 아무튼 무지막지하게 재미있을 세상, 무척이나 기대됩니다. 그런데 이러한 현상은 비단 교육에만 국한되지 않고 사회 전 분야에서 고루 나타날 겁니다. 그러니 다들 개인 브랜드와 원 맨 컴퍼니에 대해서 보다 심각하게 고민하고 실천하는게 좋겠죠? 18세기 산업혁명의 잔재는 21세기 내에 필히 사라질 겁니다. 가변의 시대. 민중들 파이팅! 기득권과의 투쟁!

L3   근원적 촉발제는 인식의 확장과 기술의 발전. 아니지, 인식이 기술의 발전을 가져 왔잖아? 그러니 가장 근원적인 것은 인식의 확장, 그거뿐이지. 그렇다면 인식의 확장은 어떻게 가능 혹은 수월해진 건데? 기술의 발전 때문. 그렇다면 기술의 발전이 근원인 거니까 달갑지 않은 무

한 루프가 또 돌아왔네? 노! 그렇지 않아요. 모든 걸 순환, 인과율의 관점으로 보려 하니 그럴수밖에요. 이건 네트워크적 인터랙션이에요. 상호 간에 원인 – 결과가 어떻게 되냐 따지는 게 중요한 게 아니라 상호 간에 영향을 주고받으며 폭발적으로 동반 증폭한다는 사실이 중요한 거죠.

저기요. 혹시나 해서 하는 말인데요. 탈권위는 취약층이 무조건 기득권층과 맞짱 뜨겠다는 의미가 아니에요. 기득권층이라 할 수 있는 정부, 기업, 언론, 대학 등에 비하면 일반 민초의 힘이 얼마나 미약하겠습니까? 실력과 무관하게 그가 하는 소리는 무시당하기 일쑤고 말이죠. 즉, 그들 사이엔 이른바 수직적 관계가 형성돼 있었더랬어요. 그런데 이제는 어떤가요? 많이 변했고 또 변하고 있죠? 그 변화는 상하 계층 간 자리 바꿈을 뜻하는 것이 아니라 기존 관계 구조의 90도 회전, 즉 수평적 관계로의 전환을 의미하는 겁니다. 이게 바로 탈권위의 정확한 의미인 거죠. 그러니 우리는 제도권이라는, 책임은 적게 지며 많은 권리, 권한을 누리는 무리가 설계해 놓은 표준화된 정규 코스에 더 이상 목숨 걸 이유가 없어요. 목숨 걸면 오히려 다시 예전으로 돌아갈지도 몰라요. 왜냐하면, 기존하는 시스템이란 기득권 그들의 마지막 보루가 될거니까요. 요즘이 탈권위, 진정성 등이 부각되는 세상은 맞지만, 전통적 권위에 대한 종속도 쉬 감지될 수 있을 만큼 여전하긴 해요. 그런데 그 종속에 대한 진정성의 수위가 점차 낮아지고 있으니, 그 수위가 제로에 수렴한다면 이 또한 세상의 재미있는 구경거리 중 하나가 될 것 같아 기대되네요.

LO 웃고 즐기는 가운데, 3개 통신사 서비스를 모두 유통하는 대리점이 다가온다.

L1   후~, 며칠 있으면 드디어 JS텔레콤 대상의 교육 사업 제안이다. 그
간 참 많은 고민을 해왔다. 모든 제안이 다 그렇긴 하다만 이번에는 고
민의 시발 자체가 상당히 달랐다. 스토리가 중요한 게 아니었다. 주제가
교육 아니던가? 따라서 진정 중요한 것은 바로 사회성이었다. 즉, 이 사
회성에 의미를 부여하여 현 교육 패러다임을 바꾸는 쪽에 주안점을 둘
것이냐, 아니면 현 교육 패러다임 내에서 최적화할 수 있는 쪽에 주안점
을 둘 것이냐라는 근원적 갈등을 하게 되었다. 혹자는 내게 '일단 단기
적으로는 현 패러다임 내 최적으로 풀고, 중장기적으로 점차 전환하는
모델로 가면 되지 않겠냐?'는 지극히 뻔한 소리를 하는데, 참으로 답답
한 노릇이다. 이러니 컨설팅이 욕을 먹는 것이다. 열이면 열, 산업과 무
관하게, 회사와 무관하게 소위 큰 그림이니 로드 맵이니 하면서 무책임
하게 귀에 걸면 귀걸이, 코에 걸면 코걸이 식으로 내뱉는 말이 바로 그
것이다. 패러다임 시프트가 뭔지도 모르면서 그 단어가 풍기는 있어 보
이는 뉘앙스 때문에 그냥 나불거리는 헛소리에 불과한 것이다. 뿌리까
지 썩어 있는 상황에서는 점진적으로 같이 감이란 헛된 낭만 타령에 지
나지 않는다. 물론 패러다임이라는 게 작위적으로 노력한다고 되는 것
은 아니긴 하다만, 이 교육 같은 도메인에서는 의지를 천명하느냐 마느
냐가 상당히 중요하다. 책임감과 도전 정신이 중요하다. 난 적어도 잔대
가리 대마왕 브루스 핸더슨이 아니다.

　　대한민국 교육의 근본적인 문제점은 이율배반의 궁극 목적 간의 상
충에 기인한다. 한 축의 목적은 널리 인간을 이롭게 하자는 홍익인간 사
상의 발로임에 반해, 다른 한 축은 소속 조직을 위한 강력한 전사이자
병기를 만드는 것이 주요 목적이다(모든 기업이 인적자원, 인적자원하고 떠
드는 것을 봐선, 이들 역시 당연히 후자를 지지하고 있음에 틀림없다. 그러니까
전자는 단지 몽상이거나 얼굴마담에 불과한 거고 실질적으로는 죄다 후자 지향이

다). 따라서 이러지도 저러지도 못하고 갈팡질팡할 수밖에 없는 노릇인데, 사실 왕따, 묻지 마 범죄 등 잘못된 교육의 파급 효과까지 고려한다면 전자 쪽으로 수렴시키는 것이 옳다. 또한, 제도권에서 가르치는 커리큘럼 혹은 프로그램이 과연 합목적성을 띠고 있느냐 하는 것도 심각한 문제다. 국영수라는 과목이 과연 인간의 자질 및 능력을 평가할 수 있는 핵심 잣대가 될 수 있을까? 설사 그렇다 해도 현 교과서나 교육 체계가 정말 국영수의 촌철살인을 담고 있는가? 그렇다면 선생, 프로세스 등을 총망라한 평가 시스템은? 꼬리에 꼬리를 물고 의문의 조각들이 앞다퉈 쏟아져 나온다.

나의 결심은 이미 세워져 있다. 난 제안 PT 직전에 의사결정자에게 제안서를 흔들며 이 말부터 던질 것이다.

L2 "이건 회장님께 익숙할 만한 현 교육 패러다임 내에서의 최적화를 염두에 두고 만든 제안서가 절대 아닙니다. 그러면 스토리는 뻔해집니다. 전체 시장 크기는 어떻고, 학령별 시장 크기는 어떻고, 세부 시장별 핵심 성공 요인은 무엇이고, 그중 하나인 스타 강사가 어떻고, 해외 업체와의 제휴가 어떻고. 그래서 당황스러우실 수도 있겠지만, 정부 당국이나 학교에서도 똥오줌을 못 가리고 있다면 교육의 패러다임 시프트를 위해 차라리 교육에 관한 한 전혀 오염되지 않은 민간 기업에서 먼저 치고 나가자는 취지하에 작성됐습니다. 따라서 상식적인 내용에 대한 상세한 의견을 듣고 싶으시다면 전 그냥 돌아가겠습니다. 그렇다면 전 헛준비를 한 셈이거든요."

"그래요? 그럼, 안 들어도 되겠네요. 잘 가요. 컨설턴트 양반."

이런 피드백이 날라오면 난 그냥 본사로 돌아와야겠지. 그렇게 되면 이 PT 자리를 힘들게 마련한 담당 임원인 이 상무도 엄청 깨질 거고.

하지만 어쩔 수 없어. 이건 여타 프로젝트와 다르잖아. 돈만 좀 있다면 내가 직접 지를 텐데……

"어디 한번 들어 봅시다."

오호라~ 나름의 생각이 있는 양반인 것 같다.

"본격 제안에 앞서 교육 사업에 대한 제 견해부터 말씀드리겠습니다."

늘 그렇듯 최고 의사결정자와의 눈 맞춤으로 PT를 시작한다. 대형 스크린으로 참석자들의 시선이 모인다. 제목은 「사회적 가치 창출 및 JS텔레콤의 도약적 성장을 위한 교육 사업 혁신 전략 수립」. 내가 직접 마우스를 클릭해가며 진행한다. 번거롭긴 해도 호흡 안 맞는 똑딱이를 쓰는 것보다 혼자 하는 게 훨씬 낫다.

장이 바뀌면서 1페이지가 나타난다. 좌측 상단에 섹션 타이틀이 적혀 있다. '교육 사업에 대한 소고'. 이로부터 대각선 반대 방향, 그러니까 우측 하단에는 현재의 페이지를 의미하는 1이라는 숫자가 박혀 있다.

"현재 대한민국 교육 시장은 그야말로 모순된 패러다임의 이전투구 장입니다. 즉, 핵심 플레이어들이라 할 수 있는 교육 당국, 학습자, 학부모, 모두가 표리부동하게 행동하며 자멸의 길을 향해 치닫고 있습니다. 예를 들어 보겠습니다. 먼저 정책 당국부터 볼까요? 이들은 겉으로는 교육법 1조를 들먹거리며 홍익인간, 홍익인간하고 목놓아 부르짖고 있습니다만, 속내와 실질적으로 추구하는 바는 잘 아시다시피 되려 정반대입니다. 소속된 사회, 조직만을 위한 강력한 경쟁 무기 만들기에 혈안이 돼 있죠. 게다가 이 달갑지 않은 속내마저도 구체성, 현실성, 일관성이 미흡한 까닭에 실행에 있어 갈지자 행보를 보이고 있습니다. 그러면 반대편에 있는 학습자들이라고 해서 좀 깨어 있을까요? 뭐, 잘 아시겠지만, 별반 다를 게 없습니다. 이들은 이렇게 이야기합니다. 창의력이나 논리력을 배양하고 싶다고, 이를 통해 사회에 진정 기여할 수 있는 인재가 되고 싶다고. 하지만 등을 돌리자마자 점수 따기와 스펙 쌓기에만 집중합니다. 뭐, 점수와 스펙이 창의력과 논리력과 잘 연계된다면야 트집 잡을 이유가 없겠죠. 그런데 어디 그렇던가요? 당장 회장님 회사의 임직원들만 해도 미국 박사 등 스펙이 얼마나 화려합니까? 죄송스러운 말씀이지만 창의력과 논리력이 뛰어나다고 자신 있게 말씀 하실 수 있나요? 그리고 교육 사업의 큰 비중을 차지하는 영유아, 초·중·고의 경우 또 강력한 이해당사자가 있죠? 바로 학부모입니다. 이들도 겉으로는 이상과 정의를 추구하는 척합니다. 학력 지상주의 및 주입식 교육에 대해 날 선 비판을 가하기도 합니다. 더불어 사교육비의 부담감을 호소합니다. 하지만 이들도 마찬가지로 입시에 목숨을 걸고 있으며 그 결과 실력보다는 요령 위주의 학습을 선호하고 있습니다."

"또한 과시욕에 사로잡혀 있고, 기회만 된다면 아니 기회를 만들어서라도 조기에 학원도 보내고 과외도 시키고 웬만하면 유학까지 보내려 하고 있습니다. 자, 이런 문제들이 얽히고설켜 뒤죽박죽되어 있기 때문에 도대체 시스템의 어디부터 손을 대야 할 지 막막한 총체적 난국입니다.

그렇다면 이러한 주요 플레이어들의 니즈에 최대한 부합하면서 돈벌이를 극대화하고자 하는 기존 교육 사업자들은 어떨까요? 대다수 교육 업체들은 교육에 대한 진정성과 철학이 부재합니다. 사실 제가 이번 제안서 준비를 위해 몇몇 교육 전문 기업들의 수장들을 만나봤습니다. 하지만 그들 홈페이지에 쓰여 있는 나름 펀더멘털의 흔적들은 죄다 허위더라고요. 충격이었죠. CEO 인사말에 있는 내용을 꺼내자 다들 이렇게 말씀하셨습니다. '그게 뭐지요?'라고 말입니다. 제가 조금 전 돈

나는 발가벗은 한 시간 동안 자유로워진다. 그래, 나는 딜레탕트다!

벌이라는 표현을 썼었는데요, 말 그대로입니다. 이들은 돈의 논리와 밥그릇 지키기에만 혈안이 돼 있습니다. 그러다 보니 왜곡된 시장 질서가 점점 더 고착될 수밖에 없고 천편일률적 접근만 고수하게 됩니다. 아시다시피 그 결과는 자명했고요. 고객 가치 제고와 혁신이라는 말은 전혀 통용할 수 없는 암울한 현실이 돼 버렸습니다. 체감 가치가 늘어나지 못하니 시장 파이도 정체될 수밖에 없는 노릇이지요.

그러면, 이번에는 여러분에게 좀 더 가까운 이야기를 드려볼까요? 소위 전통적인 통신, 즉 망 사업자를 넘어서고자 하는 여러분을 포함한 ICT 업체들의 교육 사업 행태는 어떨까요? 여기에도 당연히 문제가 넘쳐 납니다. 여러분은 교육 사업을 콘텐츠 비즈니스 중 하나로 생각하고 계십니다. 회장님께서 임직원들에게 이런 말씀도 하셨다고 들었습니다. 콘텐츠 사업은 크게 두 개로 구분된다. 하나는 교육이요, 다른 하나는 엔터테인먼트다. 왜냐? 깨어 있는 사람은 놀거나 공부하거나 둘 중 하나를 하기 때문에. 하지만 잠시 후 자세히 말씀드리겠지만 교육은 콘텐츠 사업의 일부가 아닙니다. 되려 교육을 논할 때에는 콘텐츠를 교육의 한 구성요소로 이해해야 합니다.

또 다른 문제는 역시나 기존 업체와 마찬가지로 오로지 돈의 잣대로만 들여다본다는 점과 더불어 이미 차려진 밥상에 숟가락 좀 얹어 볼까란 식의 접근이 이루어진다는 점이고요.

세 번째는 여러분의 정체성과도 연관되는데 어설픈 기술 만능주의와 디테일의 빈약함이라고 말씀드릴 수 있겠습니다. 기술이면 다 된다는 황당한 말씀들을 하시면서도 정작 기술을 제대로 이해하지 못하고 계십니다. 게다가 기존 업체와 마찬가지로 현 시장 내 최적화에만 신경 쓰고 남들 다하는 접근 그대로 따라 하려다 보니, 역시나 판국은 고정된 파이 하에서 기존 사업자들의 몫을 조금씩 잠식하는 어리석은 몸부림으로만 비칠 뿐입니다. 이러니 기존 교육 업체와는 영원한 반목 관계에 놓일 수밖에 없고요, 돈은 돈대로 쓰면서도 소기의 목적은 점점 더 멀어질 수밖에 없는 노릇입니다. 아쉬운 점을 한 가지 더 덧붙여볼까요? 그간의 실패 속에서 교훈이라도 축적해 왔더라면 어제보다 나은 오늘을, 오늘보다 나은 내일을 기대할 수도 있었을 텐데, 물고기 마냥 그때그때 망각했기에 매번 제로 베이스에서 다시 시작할 수밖에 없습니다. 어떻습니까? 이 판에 뛰어든 모두가 잘못을 저지르고 있기에 너무나도 암울한 것이 오늘날 한국의 교육계입니다."

내 이야기는 계속된다.

"하지만, 이런 암울함이 앞으로 계속될 거고, 인위적 노력으로는 때려 죽어도 절대 해결이 될 수 없는 상당히 고질적이고 구조적인 문제라면, 제가 이 자리에 서 있지도 않겠죠?"

미소를 머금고 회장님을 중심으로 좌우에 앉아 있는 임원들의 눈을 맞춘다. 다들 그렇게 밝은 표정은 아니다. '당연하지. 지금 상당히 심각한, 그래서 풀리기 어려울 것 같은 복선을 깔며 진행해 왔는데.' 장표는 어느덧 2페이지로 넘겨졌고 내 이야기는 지속된다.

"그러나 다행스럽게도 교육을 향한 패러다임 시프트의 기운이 움트기 시작한다는 것을 느낄 수 있는 요즘입니다. 이는 일시적 현상이 아니라 앞으로 점점 더 공고해 질 것으로 사료되는데요. 한번 구체적으로 들여다볼까요? 먼저 교육은 물론 다수 산업에 있어 공히 나타나는 보편 사안부터 짚어 보겠습니다. 사회와 기술이라는 두 개 측면을 언급할 수 있겠는데요. 탈권위, 탈조직, 진정성·정의, 펀더멘털 추구, 자율·참여, 스마트화, 집단화, 다양화가 오늘을 살아가는 우리 사회의 키워드입니다. 이와 더불어 사회의 일부이자, 차세대 교육에 있어 중요한 영향을 미칠 기술상의 포인트는 무엇일까요? 바로 인간 중심, 인간 연대, 기계의 인간 대체를 위한 각종 기술의 진화입니다. 구체적 예로 여러분이 지겹도록 접하시는 SNS, 인공지능, UI, 인터랙티비티, VR(Virtual Reality)/AR(Augmented Reality), 빅 데이터, 클라우드, 스마트 디바이스 등을 들 수 있겠습니다. 한편, 교육 섹터 특화 메시지로는 제도권은 물론 재야의 진정성 있는 고수들이 자발적으로 서비스를 제작, 배포하고 흔들림 없이 운영하고 있다는 점을 들 수 있는데요. 그 결과 사회의 우호적이고 폭발적인 반응을 이끌어 냈다는 것이 하이라이트입니다. 대표적 케이스로 MIT 출신의 전 펀드 매니저 살만 칸이 운영하는 칸 아카데미는 이미 상식이 돼 버렸고요. 스탠퍼드 교수가 만든 유다시티, TED의 TED Ed, MIT, 하버드와 버클리가 협업하는 edX, 그리고 스탠퍼드, 버클리, 프린스턴, 펜실베니아, 미시간이 협업하는 코세라 등에 대해서도 이미 입소문이 많이 나 있습니다. 대한민국 또한 예외는 아니어서 나름 자랑스러운 서비스가 있는데요. 인천 지역 초등 교사 4인이 만든 학습 놀이터가 바로 그것입니다."

시연을 위해 편집해 놓은 동영상을 잠시 띄운다. 다들 자세를 가다듬는다. 동공은 커졌으며, 몸을 책상 앞으로 바짝 붙인 채 쳐다보고 있다. 관심을 보인다. 난 재빨리 3페이지로 넘겨, 일종의 워밍-업 성 커멘트를 마무리한다.

"자, 보셨다시피 우리의 교육산업은 시스템적으로 총체적 난국이기에 기존 것을 조금씩 조금씩 수정한다고 해서 될 일이 절대 아닙니다. 즉 새로운 패러다임의 설정이 필요한데, 다행스럽게도 시장의 기운은 이것이 아주 불가능한 바람이 아님을 상기시켜주고 있습니다. 즉, 우리는 이와 같은 상서로운 기운을 타서 진정한 패러다임 시프트를 위한 액션을 취해야 합니다. 크게 세 가지를 말씀드려보겠습니다. 첫째 본질을 터치해야 합니다. 이제 사업자들은 수익 모델을 논하기에 앞서, 사회적 혁신 및 진정성을 고민해야 합니다. 즉 경쟁보다 사회적 기여를 우선 시해야 한다는 말인데, 그래야만 수많은 똑똑하고 까칠한 사람들 속에서 시장 파이를 키울 수 있습니다. 둘째, 기술의 기여 역할을 충분히 고민해야 합니다. 우리가 ICT 회사라고 해서 무조건적인 기술 예찬 혹은 기술 만능주의에 빠져선 곤란합니다. 현실을 직시해야 한다는 거죠. 제가 볼 때 기술은 교육 자체를 대신할 수는 없지만, 분명히 그 효과는 배가시킬 수 있을 것이고, 따라서 어디에 기여할 수 있는지에 대한 명확한 포지셔닝이 필요합니다. 우리 동양에서 잘 쓰는 표현 있지 않습니까? 중용(中庸)이라는 거. 만일 기술 요소가 과잉된다면 이는 학습 후 아무것도 남지 않는 게임으로 전락될 것이며, 반면 결핍된다면 전통적인 텍스트 기반 교육과 달라질 바가 없습니다. 존재 의를 상실하게 된다는 말씀이지요. 마지막으로 세 번째로 차별적 시각 및 접근 견지가 요구됩니다. 잠시 전 말씀드렸듯이 교육은 콘텐츠 사업 중 하나가 아닙니다. 콘텐츠가 교육을 위한 하나의 구성요소일 뿐입니다. 따라서 현 시장 질서에 부합하기가 아닌 현 시장 질서 파괴에 포커싱해야 합니다.

제 제안은 바로 이상과 같은 맥락하에 준비되었습니다. 고로 천편일률적인 학령별 현 시장 규모 및 성장 가능성, 경쟁 상황, 진입 장벽, KSF(Key Success Factor) 등 여러분이 익숙할 만한 분석에 주력하는 대신, 교육의 사업화 요건, 목적, 지향점, 지향점에 부합하기 위한 기술의 역할 측면을 특히 장고(長考)하였습니다. 예고 드렸습니다만, 만일 저의 이러한 철학과 접근에 동의하실 수 없다면 지금이라도 말씀 주시기 바랍니다. 그러면 전 더 이상 여러분 개개인의 소중한 시간을 빼앗지 않겠습니다. 물론 저 역시 금쪽같은 저의 시간을 잘 지키도록 하겠고요."

다소 당돌하게 느껴질 수도 있는 발언이다. 물론 그들의 경청 태도

나는 발가벗은 한 시간 동안 자유로와진다. 그래, 나는 딜레탕트다!

를 보고 확신에 찬 것도 사실이긴 하나, 이건 나라는 사람의 소신을 넘어 진정성 차원의 문제이기에 확실히 선언한 것이다. 회장님은 미소를 지으시고, 여타 임원들도 고개를 끄덕인다. 시작이 반이라고 사실 머리말에 해당하는 내용만 말씀드렸음에도 불구, 거의 다 끝난 것 같은 기분이다.

다음 페이지는 목차가 들어 있는 간지다. 역시나 전형적인 전략 제안서에서 보기 힘든 구조라 간지난다. 특히 1, 2장이 많이 낯설긴 할 거다. 1. 교육을 '사업화함'의 의미, 2. 사업자로서 신경 써야 할 바, 3. JS텔레콤에 필요한 전략, 4. 폐사의 기여 포인트.

"자, 다들 공감하셨으니 저는 조금만 더 있도록 하겠습니다. 뜻을 같이해주셔서 감사합니다."

역시나 미소를 머금고 청중들의 시선을 쭈욱 한번 훑는다. '하하하!' 다들 큰 소리로 웃는다. 장표는 자연스럽게 다음 장으로 넘어갔다.

"교육과 교육 사업은 다른 이야기인데요. 이중 저와 여러분을 함께 맺어주는 맥락은 후자, 즉 교육 사업입니다. 자, 이 이야기부터 시작해보도록 하죠. 그렇다면 사업 관점에서 교육을 바라본다면 무엇이 필수적으로 고려돼야 할까요? 제 생각은 이렇습니다. 교육을 사업 관점에서 조망한다면, 이는 성장성, 수익성으로 대변되는 기업의 전통적, 재무적 성과는 물론 사회적 가치까지 충족시켜야 하는 상당히 도전적인 영역이라 할 수 있습니다. 사회 및 개인 측면 간의 조화를 통한 가치 실현이 성과의 핵심 관건인데요. 구체적으로 말씀드려 보겠습니다. 요즘은 전 산업에 걸쳐 기업의 사회적 책임 요구가 증대하고 있습니다. 이미 기업 가치와 경쟁력 평가를 위한 보편 요소로 자리 잡고 있고, 또 고객이 구매 의사결정을 내릴 때에도 주로 고려하는 기준으로 부각되고 있다는 사실이 이를 뒷받침하고 있습니다. 자, 하물며 의료, 복지, 환경, 에너지 등과 더불어 사회성이 강하게 요구되는 교육은 어떻겠습니까? 당연히 보편적 산업보다 훨씬 심하겠지요? 따라서 사회적 가치 실현 및 고객 체감 가치가 선행되어야만 괄목한 수익 창출을 기대할 수 있습니다. 즉, 돈을 우선 논하고 그 돈을 벌기 위한 수단으로서 교육을 생각한다면 여러분이 갈구하는 돈은 아마 꿈에서나 여러분 주머니에 들어갈 수 있을 거고요, 반대로 사회적, 개인적 가치에 목숨을 건다면 제아무리 거부한다 해도 돈은 여러분의 주머니를 향해 마구 쇄도할 것입니다. 노파심에 잠깐 한 말씀 드려 보겠습니다. 요즘 CSR이다, 착한 기업이다, 공정 무역이다 해서 비즈니스계 내에서 사회성 짙은 이야기가 많이 회자되고 있습니다. 그러다 보니 기업들이 CSR 활동들을 많이 하시더라고요. 그런데 여기서 눈여겨 봐야 할 바는 CSR과 비즈니스가 따로 논다는 점입니다. 양자가 분리되어 CSR이 단지 기업 이미지를 쇄신하기 위한 이벤트나 캠페인으로만 흐른다면 소기의 목적 달성이 어려워집니다. 오히려 진정성을 의심받게 되는 나머지 손해를 볼 수도 있으며, 대기업이 갈구하는 비용 효율성 측면에서도 문제가 발생할 수밖에 없습니다. 따라서 비즈니스 활동 자체에 CSR이나 등가류 들이 녹아 들어가야 할 것입니다. 자, 그러면 졸립지 않으신 분이라면 이쯤에서 당연히 궁금증이 떠오를 겁니다."

갑자기 목덜미도 땅기고 해서 자세를 좀 바꿔본다. 제스처도 쓰고 몇 걸음 움직여 본다. 이건 이건희 회장을 영전하는 삼성의 CEO 비서들처럼 미리 계획해 놓은 대로 연출하는 것이 아니라 실제로 목이랑 어깨가 뻐근해서 행할 뿐이다. 물론 내 PT에 대한 그네들의 집중 상태를 확인하기 위한 부수적 목적도 있다.

"사회적 가치와 개인적 가치라는 게 대체 뭘까요?"

사장 한 분이 웃으며 대답한다.

나는 발가벗은 한 시간 동안 자유로와진다. 그래, 나는 딜레탕트다!

"에이, 저기 장표에 써 있는데 우리가 왜 궁금하겠어요?"

"오, 좋습니다. 다른 분들도 그런가요? 그럼 저도 좋죠. 그냥 딱 펼쳐 놓고 5분 정도 기다렸다가 '다 읽으셨죠?' 확인하고 다음 장으로 넘어가고."

이번엔 부사장 한 분이 말씀하신다.

"에이, 그래도 설명을 같이 해주셔야."

"하하, 예. 그럼 제 목소리를 경청하실 수 있는 기회를 계속 드리겠습니다."

「분장실의 강 선생님」이 떠오른다. 안영미가 정경미와 김경아에게 늘 이렇게 말했지. '영광인 줄 알아 이것들아!' 그래서 난 피식 웃는다. 그들은 모를 거다. 그냥 자기들과 나의 상호작용 맥락에서 나오는 웃음인 줄 알거다.

"전 이 부분을 이렇게 생각해 보았습니다. 일종의 Y축으로는 관점의 수준을, 그러니까 사회 전반이냐 학습자 개인이냐로 나눠질 수 있겠죠? 아, 참. 잠시만요. 여러분, 교육과 학습의 차이를 아시는지요?"

예상대로 다들 조용하다. 각자 고개를 좌우로 돌리면서 작은 목소리를 자기들끼리 소곤거린다. 회장님은 팔짱을 끼신 채 계속 날 쳐다보고 있다. 솔직히 저 양반도 잘 모를 것 같은데, 마치 안다는 듯 근엄한 표정을 짓고 있군. 그런데 오~ 정말 아는 것처럼 보이긴 하네. 저 근거 없는 자신감은 대체 어디서 온 걸까? 아마 이런 포스 넘치는 연출력도 CEO 자리에 오르게 된 숱한 이유 중 하나겠지? 당신이 눈치 챘을 수도 있는데 난 지금 '저 양반 모르면서 아는 척한다'라고 생각하고 있답니다. 나의 이 근거 없는 의심은 어디서 온 걸까? 오랫동안 다양한 산업에 속한 임원들과 논의도 하고 또 그들에게 PT를 해오다 보니 긴장이 문제가 된다. 긴장을 해서 문제가 아니라 긴장을 안 해서 문제다. 적당한 긴장은 나태를 막고 성과를 높여 주건만. 그래서 지금 표출되듯 나의 사고는 회장님 앞에서도 여기저기 발산하며 휘젓고 다니고 있다. 미칠 노릇이다. 아니 이 중요한 자리에서 대체 「개그 콘서트」가 웬 말인가? 그리고 왜 타당한 근거도 없이 최고 의사결정자를 폄훼하는가?

　"교육의 주어는 학생이 아닙니다. 반면 학습의 주어는 학생입니다. 그것이 아주 큰 차이인 거죠. 우리는 편의상 광의의 교육에 협의의 교육과 학습을 다 포함시키고 있는데, 뜨거운 관심은 학습 쪽에 부여돼야 할 것입니다. 그리고 말 나온 김에 이와 궤를 같이하는 팁 하나 더 드리겠습니다. 저는 매트릭스화를 좋아하듯 삼위일체화도 좋아합니다. 얼마 전엔 모 그룹에 가서 비즈니스 삼위일체, 즉 경영학, 기업, 컨설팅을 비판한 적이 있는데요. 교육도 마찬가지입니다. 처음엔 트라이앵글이란 표현을 썼었는데, 일종의 근거 없는 맹목, 관성은 우상화의 부작용과 유사하기에 삼위일체로 바꿔 보았습니다. 교육의 삼위일체는 가르치는 자, 프로그램(커리큘럼, 교과서 등 매개체 및 콘텐츠 포함), 그리고 배우는 자로 구성됩니다. 그런데 이 세 개의 원소가 서로를 반드시 꼭 끼어안고 가야 할까요? 그래야 (광의의) 교육이라는 게 원활하게 돌아갈 수 있을까요? 절대 그렇지 않습니다. 극단적으로 말한다면 딱 하나의 존재자, 즉 배우는 자만 있어도 됩니다. 즉, 배우는 자가 동기부여 돼서 무언가 배우고 학습하고자 갈구하게 된다면, 기타 나머지 사안들은 가능성에서 효율성의 문제로 재정의될 수 있습니다. 그러니까 누구나 다 교육 신사업을 고민할 때 이 삼위일체를 고정시켜 놓고 고민하는데, 경우에 따라서는 이를 해체해서 학습자의 모티베이션 촉발 쪽에만 집중하는 게 바람직할 수 있다는 말씀입니다. 어쩌면 이런 접근을 견지해야만 블루오션이 창출될지도 모릅니다. 과거 한때 엠씨스퀘어라는게 인기 좀 있었는데, 성공 정도를 떠나 삼위일체에 고착되지 않은 보기 드문 케이스로 볼 수 있습니다. 다만, 그 사례의 키워드는 모티베이션이 아니라 집중력이었죠."

"자, 그러면 본 내용을 계속 말씀드려 보겠습니다. 전 매트릭스의 Y축에는 '사회'와 '개인'이라는 레이블을 부여했습니다. X축은 '교육 대상 그 자체 혹은 자기 자신과의 관계성'과 '타자와의 관계성'으로 구분해 보았습니다. 그러면 4개의 셀이 형성되고요. 각 셀의 요구 조건에 부합하는 키워드들을 추출할 수 있습니다. 먼저 사회 수준의 목표는 당연히 사회적 안녕이 될 것입니다. 이를 위해 개별 국민을 미래 지향적 핵심 인재로 육성해야 한다는 당위성이 나올 수 있는 거고요. 이때 핵심 인재에게 요구되는 조건은 자율성과 창의력입니다. 물론 현 교육 시스템의 문제인데요. 아까도 말씀드렸듯이 학생들뿐 아니라 여러분의 직원들을 보면서도 많이 느끼셨을 겁니다. 그네들은 주입식, 암기식에만 익숙하기 때문에, 스스로 알아서 문제를 잘 정의하지 못합니다. 문제 자체를 파악하거나 정의하지 못하니 창의적인 답이 나올 전제 요건조차 갖추지 못하는 거죠. 그리고 설사 어떻게 아등바등해서 핵심 문제를 잘 설계했다고 해도 그와 연관된 답이란 것들은 뜬구름이거나 천편일률적이거나 그런 경우가 허다합니다. 흠, 사실 여기 계신 임원분들 다들 훌륭하신 분들인 건 제가 알고 있습니다만 그래도 스스로 찔리시는 분도 아마 계실 거예요."

다시 쭈욱 훑어본다. 불쾌한 표정을 보이거나 얼굴 벌게지는 몇 명이 보인다. 고개를 숙이는 이도 없지 않다. 하지만 회장님, 우리 회장님은 여전히 팔짱 낀 채로 미소를 머금고 있다. 안경 렌즈에 반사되는 햇빛 때문에 그의 동공은 잘 보이지 않지만 역시나 예의 자신에 찬 모습이다. '저 근거 없는……' 다시 한 번 머릿속으로 머리를 흔들고 계속한다.

"자, 그러면 현상에서 본질 문제를 추출할 줄 알고, 이에 대한 창의적인 답을 이끌어낼 수 있는 그런 인재를 키웠다면 사회 관점에서 만점일까요? 아닙니다. 이것만 충족될 경우 오히려 불안감과 공포가 공존할 수밖에 없습니다."

그 양반들이 인지했는지는 모르겠지만 난 이 대목에서 「나이트메어」의 프레디 크루거나 「샤이닝」 속 이미 미쳐버린 잭 니콜슨의 목소리를 흉내 냈다. 전자는 배우의 이름을, 후자는 극 중 배역의 이름을 몰라 엇갈리게 캐릭터를 떠올리는 내 기억의 비일관성을 조소하며……

"불안감은 이 인재들이 어디로 튈지 몰라서, 즉 그 뛰어난 역량을 좋은 일에 쓸지 아니면 나쁜 일에 쓸지 사전 예측이 불가하다는 점에 기인하며, 공포는 그들이 나쁜 일에 에너지를 쏟아 부을 경우 발생할 수 있는 「마징가 제트」의 헬박사적 상황에 기인합니다."

사실 논리적으로 불안과 공포는 공존할 수 없다. 하지만 논리는 목숨 걸어야 할 목적이 아니라 단지 수단에 불과할 뿐이고, 이 맥락에서는 논리의 엄격함을 사수해야 할 하등의 이유가 없다.

"따라서 이들 외에도 윤리, 도덕성 함양이라는 것이 수반되어야 합니다."

"다음, 관계성 측면을 살펴보겠습니다. 일단 화두는 소외 계층 케어로 볼 수 있고요. 구체적으로 소득·문화 차이와 지역, 장애에 따른 기회 불균형 해소에 집중하는 것이 바람직합니다. 정말 잠재력있고 열정 넘치는 친구인데 돈이 없어서, 너무 오지에 있어서, 신체적·정신적 장애가 있어서 교육 기회를 제대로 얻지 못한다면, 이것은 개인의 문제를 넘어 사회적 문제가 될 겁니다. 일종의 알파 오류의 발생 가능성이라고 할까요?

자, 그렇다면 이번엔 개인 관점을 견지해 보겠습니다. 먼저 개인 수

나는 발가벗은 한 시간 동안 자유로와진다. 그래, 나는 딜레탕트다!

준의 목표는 뭐니 뭐니 해도 개인적 쾌락, 유희가 되겠죠? 무언가 알게 된 자가 앎 자체로서 느끼게 되는 기쁨, 앎의 파급 효과로서 느끼게 되는 짜릿함이란 그 어디에도 비견할 수 없죠. 이것도 자체와 관계 측면으로 나누어 조망할 수 있는데요, 전자의 경우는 키워드가 홍익인간의 추구가 되겠습니다. 순간순간의 앎과 깨달음을 통해 얻게 되는 환희, 다시 말씀드리지만 그 어느 것과도 바꿀 수 없습니다.

두 번째로 앎, 깨달음의 누적, 즉 지속적 학습 결과로서 자신의 성장을 체감하고 성취감이 고취되는 것. 전자가 파편적이고 단기적인 측면이라면, 이는 앎의 조각들의 연쇄를 통한 중장기적 자기 발전의 체감이라 할 수 있습니다.

마찬가지로 개인 수준에서의 관계적 측면을 살펴보겠습니다. 자존감 제고란 키워드 하에 타인이 내게 보내주는 찬사와 인정, 그리고 존경에서 얻는 파생적 환희 역시 그 무엇과도 바꿀 수 없습니다. 제가 보기에 극한적 상황에 놓이지 않는 이상, 인간은 경제적 동물이기에 앞서 자존적 동물이라 생각합니다. 자존적 동물에게는 이것만큼 큰 보상은 없죠. 사실 이렇게 되기 위해서는 각자가 대접받을 수 있는 실력을 갖추는 게 선행되어야 할 거고요. 반면 나로부터 타인에게로 방향 설정된 지식 배포·공유를 통한 행복감도 대단합니다. 잘 아실 겁니다. 누군가가 배설의 목적이 아닌 고민 해결의 목적으로 나를 찾아왔을 때, 대부분의 경우 그것은 귀찮음이 아니라 행복으로 다가옵니다. '아, 이 친구가 나를 진정 신뢰하는구나. 인간적으로나 역량적으로나' 이때 그에게 적절한 해결책까지 제시해 줄 수 있다면 '너 나한테 술사'가 아니라 오히려 내가 술을 사주고 싶을 정도가 되죠. 단순하게 계량적이거나 비즈니스적으로 보면 상당히 모순 같지 않나요? 내 소중한 시간을 쪼개 만나 준 거고 내 머리와 귀와 입을 총동원해서 해결책을 제시해 준건데, 그렇다면 내가 얻어먹어야 지당한 거 아니야? 그것도 왕창. 하지만 그렇지 않습니다. 아까도 말씀드렸듯 난 그 친구로부터 신뢰, 인정, 존경이라는 엄청난 선물을 받았고, 그에게 내 지식을 통해 솔루션마저 제시해 줌으로써 찌인한 보람마저도 느낄 수 있었습니다. 자존적 인간 관점에서 어떤 게 체감 가치가 더 클까요?"

여러 명이 작은 목소리로 대답한다.

"후자 아닐까요?"

몇몇 사람은 분위기에 휩쓸린 걸 수도 있다.

"맞습니다. 그게 바로 인간입니다."

마치 오케스트라 지휘자와 같은 적절한 손놀림이 수반된다.

"자 상당히 근원적인 교육의 사회적, 개인적 가치에 대해 나름 열변을 토하다 보니, 이게 사업 전략 제안인가 아니면 교육 사업에 대한 인문 경영 강의인가 저조차 헷갈리기 시작하고 있습니다."

물론 농담이다. 과학과 과학적 사고·접근을 똥오줌 못 가리는 아이마냥 구분 못 하는 비즈니스의 삼위일체, 이에 한 축으로서 자리를 차지하고 있는 이들에게 사실 매우 어려운 내용일 수도 있다. 아니 똥 볼차기로 와 닿을 수도 있다. 하지만 내가 보기에는 바람직한 기제의 울림이 아니기에 우려의 시선으로 바라보게 되는 작금의 인문학 열풍이, 나를, 나의 PT를, 도와주고 있는 것만은 사실이다. 그래도 확실한 것 하나. 적어도 인문학은 가치 부여의 대상을 돈을 지불할 고객이라 정의하지 않는다. 인간이라고 정의한다. 모든 게 인간 중심으로 풀리는 것이다. 이런 면에서 본다면 포터 식으로 최대한 잘게 쪼개서 STP(Segmentation Targeting Positioning)하는 것보다는 차라리 김위찬 교수가 주장하듯 공통성에 집중하는 것이 타당하다. 인간의 공유 가치, 보편성을 그윽한 눈으로 바라보는 게 중요하다.

나는 발가벗은 한 시간 동안 자유로와진다. 그래, 나는 딜레탕트다!

청중들을 보라. 모두 심각하면서도 새롭다는 표정 아닌가? 하긴, 제아무리 맥킨지 컨설턴트 중에서도 잘 나가는 놈들 데리고 와서 시켜봐. 누가 이런 식의 스토리를 만들 수 있단 말인가? 자화자찬은 모티베이션으로 이어졌고, 난 이제서야 옆에 있는 삼다수 뚜껑을 딴다. 원래 처음부터 목축이고 시작하는 게 내 스타일이건만, 오늘은 초장부터 열변을 토한 나머지 전혀 인지하지 못하고 있었다. 눈이 직무 유기를 하니 촉각이 손짓해 준 것이다. 고통의 촉각을 잡음의 촉각과 마심의 촉각으로 해결해 달라는.

"자 정리해 보겠습니다. 사회성이 매우 강한 교육만큼은 돈보다 가치를 우선시해야 한다는 것이 저의 첫 번째 견해고요, 이 가치라는 지극히 추상적인 표현을 두 개의 축, 즉 수준(사회, 개인)과 관계성(나 – 나, 나 – 타인) 측면으로 나누면 네 개 셀로 설명 가능하다는 것이 두 번째 견해입니다."

L3   이렇게 매트릭스의 축을 설정할 때면 내가 꼭 니체가 된 것 같다. 왜냐? 이건 소모적이고 시시콜콜한 분석에 의거한 도출이 아니라 어떻게 보면 개인적 영감과 통찰력에 의거한 선언이거든. 야, 그런데 이런 선언은 너 같은 미물이 하는 게 아니라 대가들이 해야 하는 거잖아? 뭐라고? 지금이 어떤 시댄데 넌 여전히 권위주의적 사고에 찌들어 있는 거니? 마치 오뚝이 자식을 보는 것 같구나. 한심한 놈 같으니라고. 지금은 탈권위의 시대야. 가변 권위의 시대야. 최소한 비빌 언덕은 있는 거라고!

L2   그 네 개 셀의 상세 내용은 방금 말씀드렸으니 인간 기억의 휘발성을 고려한다 해도 아직 여러분의 뇌리에 있을 거로 생각하고 더 이상 반

복하지 않겠습니다."

여유로운 미소, 그리고 장표는 다음 장으로 넘겨진다.

두 번째 장의 제목은 '사업자로서 신경 써야 할 바'다. 하부 섹션 타이틀은 공통적 지향점.

"자, 그렇다면 이상에서 말씀드린 그 본질을 터치하기 위해서는 어떻게 해야 할까요? 말씀드렸다시피 이것은 현상 단에서 몇 개 깨작거리며 고친다고 될 문제가 아닙니다. 아마 다들 그렇게 느끼셨을 거예요. 맞죠?"

대한민국 자연인 클라이언트 특유의 침묵이 흐른다. 이럴 경우 난늘 긍정적으로 해석한다.

"예. 다들 동의하신 것 같군요. 그래서 교육을 신경 쓰는 진정성 있는 사업자라면 기본부터 재고해야 함을 의미하고요. 앞에서 말씀드린 모든 것의 근원은 '전인 교육 추구'로 상정할 수 있습니다. 여기서 그것이 본디 교육 업체냐, 아니면 새로 진입을 시도하는 기술 기반 업체냐? 그게 중요한 게 아닙니다. 교육 그 자체가 중요한 겁니다. 이를 중심으로 세 가지 정도 더 신경 쓰셔야 합니다. 그것들은 각각 콘텐츠의 다양성 촉발, 접근성 제고, 동기 부여의 선순환 도모로 요약될 수 있습니다. 역시나 「친절한 금자씨」 못지않은 저이기에 구체적 부연을 달도록 하겠습니다."

청중들은 정말 헛갈리기 시작한다. 이게 사업 제안 발표인가? 인문학 강의인가? 아니 이건 분명히 나의 기우이다. 이들은 이미 플로우에빠졌다. 즉 몰입됐다. 모름지기 인간은 몰입될 경우 자기 자신을 잊게된다. 그땐 시간도 멈춘다. 그래서 몰아지경 혹은 무아지경이라 하지 않던가? 자, 저들을 보라. 다들 동공이 커졌음은 물론이고 입이 벌려져 있는 사람들도 부지기수다. 금니와 임플란트도 보인다. 어럽쇼, 침 흘리는

나는 발가벗은 한 시간 동안 자유로와진다. 그래, 나는 딜레탕트다!

분도 있네?

L3   몰아지경. 실시간 주관화(완전한 주관화)가 불가능한 전형적 예라고 느껴진다. 즉 나 자신의 몰아지경에 대한 나 자신의 주관화가 가능하려면 이미 그 순간을 벗어난 추후 시점 혹은 추측하는 이전 시점이 될 수밖에 없고, 나에 대한 관찰자로서의 객관화는 실시간으로도 가능하다. 약간 다른 성격의 말이지만 내가 세인들과 기쁨이나 슬픔을 같이 공유하지 못하는 것은 완전한 주관화의 불가능성 때문인지도 모른다. 아무리 다큐멘터리라 하더라도 완벽한 사실이라고 볼 수 없는 것은 시간이라는 태생적 한계가 존재하기 때문이다.

L0   그날 이렇게 풀어나가면 되려나? 인문학을 넘어 교양이, 교양을 넘어 인지과학이 절실히 필요한데 말이야. 여하튼 술술 잘 풀려 제발이지 수주 좀 했으면 좋겠다.

    어느덧 KF전자 대리점 앞을 지나고 있다. 그 건물의 2층은 치과인데 창 유리에 SNU 로고가 큼지막하게 박혀 있다. 여기 선생님도 제일약국의 약사처럼 노인이시다. 고로 당신께서 대학에 입학하실 때 치의예과의 사회적 위상은 현저하게 낮았을 거다. 그래서? 뭐 어쩌라고? 아니, 뭐 난 그저 '사람들은 현재로서 미래를 예측하듯, 현재로서 과거를 평가한다'라는 말을 하고 싶어서.

    망원동의 대다수 상점은 수시로 망하고 들어서고 망하고 들어서고를 되풀이한다. 하지만 유독 제일약국과 이 KF전자 대리점만큼은 언제나 그 자리에 건재하다. 물론 매장은 그대로면서 주인이 바뀌었을 수도 있다. 좁은 인도. 내, 정호탕에서 옷 입고 나올 때 확인한 시각이 오전 11시 18분경이었으니, 아마 지금이면 11시 23분은 족히 넘었을 거다. 어느덧 점심시간이 가까워 오자 근처 음식점들은 일제히 문을 열어 놓은 채 온갖 냄새로 호객을 하고 있다. 『상록수』의 채영신마냥 '아무나 오게! 아무나 오게!' 하지만 난 싫어. 으~ 이 비릿한 냄새.

L1   사람들에게는 책과 책장에 대한 환상이 있다. 그런데 이들은 브로치가 아니다. 따라서 이들을 그런 용도로 활용하는 허세 넘치는 인간들을 보면 구토가 쏠린다. 내게 있어 책장은 종속 변수이고, 독립 변수는 책이다. 그런데 이것이 합성 함수이기에 책은 종속 변수로도 쓰일 수 있다. 이 경우 내 의지의 발동이 독립 변수가 되는 것이다. 의지 발동의 근인은 무한이거나 없거나 둘 중 하나다. 그리고 없음은 진정 없음과 파악 불가로 나누어 진다. 그런데 '진정 없음'으로 단정 지어지면 정말 황당하게 된다. 논리의 근간인 인과율의 파괴라는 원폭스러운 점에서도 그렇고, 그것이 구조적 불가인지 상황적 불가인지 어떻게 판단할 것인가라는 수폭스러운 점에서도 그렇다. 좀 더 생각해 보니 후자는 괴델의 불완전성정리를 응용하면 증명할 수 있을 것 같긴 하다.
    물론 책도 귀향을 간다. 대학교 때 보았던, 컨설팅하면서 각종 방법론을 만들 때 참고했던, 그런 류의 책들은 진작에 거세를 당한 채 다른 공간으로 보내졌다. 하지만 책이 무슨 죄인가? 그 책을 쓴 연놈들과 그 연놈들이 그런 책을 쓰게끔 만든 사회 시스템이 문제인 거지.

L2   "김유신!"
    "아이씨, 왜!"
    "뭐? '아이씨'? 그리고 '왜'? 이 자식이!"
    "'I see'라고 대답한 거고요. 그다음에 '예'라 그런 거거든요?"
    남 탓만 하고 비겁한 변명만 하는 정말 싸가지 없는 놈. 거대 칼로 목을 내려친다. 그런데 이것도 매번 하니까 지겹다. 귀찮기도 하고. 그리고 반복되면 될수록 자식, 개전의 정이 점점 더 없어진다. 그러니 일단 자동화된 시스템을 구축하도록 하되, 죽임의 방법을 다양화시킬 필요가 있다. 그리고 그 방법 선택도 무작위적으로 이루어지도록 하자. 너무나도 혐오스러운 김유신이지만 인권이란 것을 감안해 치사하게 고문 따위는 하지 말자. 하긴, 사형도 치졸하긴 하지. 그 행위 자체가 치졸한 것이 아니라 가면을 썼기에 치졸한 거다. 사실 사형은 범죄 예방이라는 이성적 차원이라기보다는 공권력을 통한 대리 보복이라는 감정적 차원이 더 크잖아? 아무튼 유의 사항. 「유형지에서」에 나오는 처형 기계처럼 어설프게 만들지 말 것.

L1   내 책장의 책은 듀이 10진 분류법에 의거하지 않는다. 당연히 나만의 기준에 입각해 분류되어 있다. 먼저 G_AI 구현에 도움이 되는 책. 아무래도 인지과학이 가장 많고, 철학, 물리학(우주론 포함), 논리학, 뇌과학 들도 많은 공간을 차지하고 있다. 그다음은 소설이다. 순수 문학부터 환상, 추리, 공포, Sci-Fi, 역사까지 다양하게 구비되어 있다. 상호 배타가 아니기에 이들 중에도 G_AI에 충분히 도움될 만한 녀석들도 꽤 있으나, 그냥 소설 섹션에 꽂아 두고 있다.

L2   요즘 세상 돌아가는 걸 보면, 일제잘법을 뜯어고쳐야 할 것 같다.
    제1단계, '실존과 본질을 생각하라.' 수정 필요 사항 있어? 아니요. 오케이, 그럼 그냥 고.
    제2단계, '팩트를 수집하라.' 잠깐, 바꿀 게 있어요. '소설가가 돼서는 안 되지만 소설가적 기질은 다분해야 한다(사실 따질 구석이 많은 가언 명령이다. 하지만 이 명령은 비즈니스 삼위일체를 대상으로 내리는 것이니, 그냥 넘어가도 무방하다. 그게 나의 정신 건강에도 좋겠다. 만일 이것을 인공지능, 인지과학, 철학의 맥락에서 다루게 된다면 손댈 부분이 한두 개가 아니다).' → '반드시 소설가가 되어야만 한다.'

L3 전략의 시대는 갔다. 구조의 시대는 갔다. 디테일 비즈니스 모델의 시대다. 내용, 의미의 시대다. 약간의 변화만 반영된 비즈니스 모델은 무의미하다. 상상력과 창의력을 총동원하여 새로운 무언가를 만들어 내야 한다. 그것도 아주 상세한 수준까지. 구조만 알고 기계스러운 MBA 가이들이 하기엔 턱없이 부족하다. 아직 과도기스러운 제약이 곳곳에 도사리고 있다. 가장 큰 제약은 패러다임 시프트적 상황임에도 불구, 과거 및 현재를 기반으로 미래를 예측해야 한다는 그들의 무의식적 압박. 미래를 현재화, 과거화 하고자 하는 그들의 인습. 사후를 사전화하고자 하는 그들의 습성. 비경험을 경험화하고자 하는 그들의 억지. 이로 인해 현재의 숫자나 데이터에 집착할 수밖에 없는 그들의 현실. 파괴를 원하나 파괴를 전혀 하지 못한다. 비가 계속 오면 갠 날을 학수고대하지만 비는 그치지 않을 것 같고, 맑은 날이면 비를 갈망해도 맑은 날만 계속될 것 같다.

L4 그런데 이 세상은 비 오는 게 디폴트인가 맑은 게 디폴트인가?

L3 '절망에선 절망이, 희망에선 희망이'라는 인지적 고착, 그러나 '절망에서도 희망이, 희망에서도 절망이'라는 숱한 반례들, 그리고 그에 따른 일말의 가능성, 그러나 귀납의 한계로 인한 끝없는 꼬추의 간지러움. 인과가 아닌 우연이 한 몫 한다. 뜻밖의 결정적 1초. 대부분의 경우 사람은 1초 후를 예상할 수 있다. 하지만 예상치 못했던 1초 후가 그 사

나는 발가벗은 한 시간 동안 자유로워진다. 그래, 나는 딜레탕트다!

람의 인생을 좌지우지하게 된다. 인과율 파괴의 진실은 무지와 무의식 저 너머에 존재한다.

이 모든 게 과학, 그리고 과학적 사고에 대한 어설픔으로 야기된 것 인데, 어느새 인지상정으로 고착돼 버렸다. 그러니까 혁신, 리스크-테 이킹이란 결국 일종의 인지상정을 파괴하는 것이다. 그러나 무작정, 아 무 인지상정이나 멱살을 잡아서는 큰 코 다친다. 인지상정은 선천적 인 지상정과 후천적 인지상정으로 구별된다. 전자는 개인적 본능이고 후자 는 사회적 본능이다. 전자는 수신제가 차원이고, 후자는 치국평천하 차 원이다. 이제 시장, 아니 시장은 너무 협소해. 세상은 후천적 인지상정 의 과감한 파괴를 요구하고 있다.

L2 나머진 오케이.

제3단계, '제발이지 분석을 좀 알고나 해라.' 수정 필요 사항 있어? 아니요. 오케이, 그럼 그냥 고.

제4단계, '나만의 핵심 견해를 만들어라.' 너 누군가를 위해 대신 똥 누는 사람 아니잖아? 수정 필요 사항 있어? 아니요. 오케이, 역시나 그 냥 고.

제5단계, '맥락에 맞는 스토리를 구성해라.' 수정 필요 사항 있어? 아니요. 오케이, 그럼 그냥 고.

제6단계, '가독성 높게 문서화해라.' 문서란, 그리고 문자란 휘발 성 강한 말을 저장·공유하고, 관계자 간 원활하게 소통하기 위한 수단 일 뿐, 그 이상도 이하도 아니야. 그러니 장표, 장표하면서 쓸데없이 거 기에 목숨 걸지 말란 말이야. 장표를 일의 시작으로 생각하지도 말라고, 이 어린 중생들아! 수정 필요 사항 있어? 마찬가지. 끝. 여기서도 데리 다의 대리보충이. 그러고 보면 이 양반 말장난 굉장히 좋아하긴 해. 뭘 어렵게 대리보충이란 용어를 쓰고 난리야. 그냥 '수단 – 목적의 전도' 이러면 될 것을. 이것도 좀 어려운가? 그래도 대리보충보다는 상대적으로 쉽고 널리 활용되는 말이니까, 뭐.

L1 그다음은 기타 인문학이다. 수필이나 시, 역사, 미학, 평론 이런 것들이 있고, 여행, 영화 등 문화·취미 또한 이에 포함된다. 나머지는 교육 및 기타 등등이다. 화이트헤드, 러셀 등 교육 서적도 적지 않다. 현재는 책장의 수용 능력을 벗어나 일부 책들은 서랍장에 누운 채로 열악한 양계장의 닭처럼 덕지덕지 붙어 빽빽이 채워져 있다. 이들을 빨리 책권(冊權) 혹은 서권(書權)에 부합할 수 있도록, 책답게 살 수 있는 쾌적한 공간을 마련해 주어야 한다. 책 밑에 책 있고 책 위에 책 있으면 밑에 있는 녀석은 타자의 무게 때문에 육체적으로 힘들 것이요, 위에 있는 책들은 자신의 무게 때문에 정신적으로 힘들 것이다. 내 책들은 죄다 착하고 양심적이니까 말이다. 물론 책장을 늘린다 해도 빽빽함의 문제에서 해결되지는 않을 것이나, 전면은 개방되어 통풍이 잘된다는 점과 탈무게 할 수 있다는 장점은 특할 수 있다. 여기서 책장이 느끼게 되는 무게감과 마루가 느끼게 되는 무게감과 아파트 건물이 느끼게 되는 무게감과 땅이 느끼게 되는 무게감만 생각하지 않는다면 걱정할 바는 사라진다. 잠깐, 이러다가 또다시 내핵까지 내려갈지도 모르겠다. 대한민국의 반대편엔 아르헨티나와 우루과이의 앞바다가 있다.

여성의 발목 감싸기가 이상형 찾아 삼만리라는 테스트로서의 본연의 목적과 발목 살 만끽하기라는 파생 목적을 갖고 있듯이(아무리 생각해 봐도 '본연'과 '파생'이 뒤바뀐 거 같다), 책에도 본연의 목적과 파생의 목적이 존재한다.

나는 발가벗은 한 시간 동안 자유로와진다. 그래, 나는 딜레탕트다!

L2   역시나 자다 깨 잠 못 이루는 새벽, 달갑지 않은 한바탕의 쉬를 하고 거실로 발을 디딘다. 불은 깜깜하게 꺼져 있다. 오로지 빛이라곤 달빛만 숨을 쉬고 있는 그때, 얄쌍한 기운을 받아 은은히 모습을 드러내는 몇몇 책들과 책장을 보니 스르르 황홀경에 빠져든다. 우디 앨런의 「Alice」 분위기가 모락 피어오르기도 하고. 「중년의 위기」는 개뿔. 어떤 놈이 한글 제목을 이따위로 붙인 거야? 혹시 망원동에 사는 놈 아니야? 생크림이 들어간 번(Bun) 같은 보름달부터, 젊고 아리따운 여인의 왼쪽 발톱(다섯 개중 어느 것이어도 상관없다. 다만, 크기 및 형태상 엄지가 가장 잘 부합할 것 같긴 하다) 가장자리 같은 초승달까지 각자 나름대로의 개성을 뿜어 댄다. 유난히 빛을 받는 부분이 있으며 살짝 빛이 걸쳐지는 부분도 있고, 어렴풋이 존재를 느낄 수 있는 부분이 있으나, 그래도 사각지대는 엄연히 존재한다. 지금은 여인의 프렌치 페디큐어한 왼쪽 엄지발톱 끝자락 같은 달이 높이 떠 있는데, 희귀한 각도다. 초승달과 그믐달 등, 발톱 끝 형상의 달은 대개 오른쪽이냐 왼쪽이냐의 차이만 있을 뿐, 여인이 옆으로 비스듬히 누웠을 때의 모습을 하고 있다(상상력이 극도로 열악한 자는 맑은 밤하늘을 직접 경험하도록 하라). 그런데 지금은 천장을 바라보고 똑바로 누운 여인의 발톱 끝 형상으로 떠있다. 예전 월간 야구의 지면을 냄새 맡을 때, 김진숙 선수의 발치에서 종이 향 대신 여인의 맨살 향이 풍길 때와 마찬가지의 감각적 기적 상황이다. 그래서 그런지 지금은 책장의 고층 부분을 절묘하게 가로로 넓게 비추고 있다. 책장의 왼쪽 가장자리에는 보르헤스가, 오른쪽 가장자리에는 사르트르가 자리 잡고 있다. 엄밀히 말하면 『픽션들』과 『말』이다(『픽션들』의 오른편에는 『알레프』가 있으며, 『말』의 왼편에는 『구토』가 있다). 난 눈싸움 하듯 그들을 뚫어지게 쳐다본다. 그리곤 몸 전체를 반 시계 방향으로 180도가량 돌린다. 직후 몸은 그대로 유지한 채, 고개만 시계 방향으로 120도가량 돌린다. 다시 그들이 시야에 들어온다.

L3 "너 왜 야려?"

"어?"

본능적 공포감에 즉시 시정한다.

"예?"

자칭 고3인 그들은 자·타칭 고2인 나를 골목으로 끌고 갔고, 곧 몸수색을 시작했다. 내뱉는 말들이 하나같이 엄청 진부하다.

"너 주머니 뒤져서 돈 나오면 100원당 10대 맞는다."

"예."

사실 공포스럽진 않았다. 그러나 결코 유쾌한 경험도 아니었다. 불편했다. 그러니 난 앞으로 이래서는 안 될 것이야. 확고하게 결심한 이후로는 어린 유색 인종 여자아이의 눈도 제대로 쳐다보지 않았다. 못했다가 아니다. '않았다'이다.

L2　　존재적 존재자와 달리 인식적 존재자를 만만하게 여겼기 때문일까? 아니면 그들을 철저한 아군으로서 너무 믿었던 걸까? 순간 보르헤스와 사르트르가 고개를 숙인 채, 마치 「링」의 사다코처럼 책 표지들로부터 스으윽하고 기어 나온다. 그러더니 '이런!'이라는 외마디 비명을 외치며 바닥으로 동시에 곤두박질친다. '쿵!' 갈릴레이의 실험이자 서라운드 입체 음향이다. 소설 섹션은 책장의 높은 칸에 있으니 충격이 제법 컸을 거다. 잠시 후 몸을 추스르더니 이번엔 「살아 있는 시체들의 밤」의 좀비처럼 뭉그적뭉그적 일어나 코피를 훔치며 내게 걸어온다. 한 명은 왼쪽 끝에서, 다른 한 명은 오른쪽 끝에서 역시나 같은 속도로. 보르헤스 얼굴, 사르트르 얼굴, 그들을 마주 보는 내 얼굴이 절묘하게 이등변 삼각형을 그리고 있다. 그러나 그들의 시선은 종잡을 수 없다. 눈이 불편하신 두 어르신이기에. 내 얼굴과 그들 각각의 얼굴 사이에 그려지

　　나는 발가벗은 한 시간 동안 자유로워진다. 그래, 나는 딜레탕트다!

는 두 개의 등변. 그 길이가 점차 짧아진다. 이등변 삼각형의 면적이 점차 작아진다. 약간의 시간. 마침내 세 꼭짓점이 하나의 점에 모인다. 그둘이 계속 전진한다면 점의 개수는 다시 세 개로 늘어날 것이다. 점대칭 혹은 차원의 일시적 붕괴 및 복원, 과연? 과연? 멈출 것인가, 레일을 따라 궤도 이탈 없이 전진할 것인가? 2차원이 0차원으로 증발된다. 약간의 시간. 또 약간의 시간이 그렇게 흘러간다. 그리고 또또 약간의 시간. 충분히 기다려 줬건만 두 점의 탈주가 일어나지 않는다. 차원 승화나 점대칭은 없다. 구조적 문제인가? 아니면 적용상의 문제인가? 여하튼 난 시간이 없기에 진리 여부와 무관하게 더 이상 기다려 줄 수 없다. 그래서 이제 결론을 내린다. 그렇다. 그들의 엔진은 식지 않았다. 내가 블랙홀이었던 거다. 난 그들을 빨아들였고, 이내 내 것으로 만들어 버렸다. 내가 된 게 아니라, 내 것이 되었다. 내겐 강력한 유연성이 있음이다.

L3   사르트르는 아버지를 무척 일찍 여읜 관계로 엄마와 더불어 외가에 신세를 졌다. 그곳에는 절대 군주 외할아버지가 계셨고 다들 그에게 비위를 맞추기 위해 혈안이 돼 있었다. 물론 어린 사르트르 역시 예외가 아니었다. 그런데 그 외할아버지는 책과 서재를 사랑했고, 이에 사르트르는 글자를 전혀 읽고 쓸 줄도 모르던 유아 시절에도 외할아버지에게 잘 보여야 한다는 본능적 일념으로 그 책들을 한 권 한 권 한쪽 한쪽 꼼꼼하게 삼키곤 했다. 요조의 기괴한 웃음이 다시금 씁쓸하게 떠오른다. 에휴~ 나도 어렸을 적 만화책을 갖고 비슷한 짓거리를 했었기에 전혀 이해되지 않는 바는 아니다. 비록 이러한 습성을 관념론의 망령이었다고 뒤늦게 후회했지만, 그가 자기만의 뛰어난 우주를 만들어 낼 수 있었던 것은 외할아버지의 서재와 책들, 그리고 외할아버지가 형성해 놓은 학구적 무드 때문임은 부인할 수 없다.

보르헤스 또한 마찬가지다. 그러니까 '사르트르 : 외할아버지 = 보르헤스 : 작가 지망생 변호사 아버지'의 비례식이 성립되는데, 그에게 선 사르트르와 같은 인생의 180도 변신이 없었다는, 즉 형이상학으로 초지일관했다는 사실은 큰 차이점이다. 그러면서 나름 미로라는 국면을 핵심으로 삼은 개성적이고 위대한 작가가 되었지. 예의 미로, 원, 무한, 순환, 영원, 꿈, 환상, 그리고 메타 수준.

L2 만일 내가 태어나기 전에 아버지가 돌아가시지 않았더라면, 그리고 아버지가 사르트르의 외할아버지처럼 혹은 보르헤스의 아버지처럼, 지금의 나처럼 독특한 기준으로 책들을 모으고 서재를 설계하셨더라면, 그리고 어리디 어린 나를 자연스럽게 그 세상 속으로 인도하셨더라면, 그랬더라도 난 지금 이 순간 팔짱을 낀 채 초승달 빛을 받아 희미하게 빛나는 책장 부근을 어슬렁거리고 있을까? 합정동이나 서교동이나 성산동이나 망원동에서 말이야.

나는 독립 변수이자 종속 변수이다. 고로 타임머신 딜레마에 빠질 수도 있다. 무엇이 변하고 무엇이 그대로일까? 그리고 나의 이런 성향이 박차에 박차를 가해 왕성한 독서욕과 창작욕, 그리고 전수욕이 계속 정점을 갱신하게 된다면, 훗날 생길지도 모르는 내 자식들도 이 신비로운 경험에 기꺼이 동참할까? 낯설고 독특한 존재자들이기에 내, 그들을 영원한 이방인으로 생각하지는 않을까? 내 정자 덩어리 출신이니까 그렇지 않을 거라고? 글쎄, 난 내 정자라고 해서 특별히 친밀감을 느낀다던가 아끼거나 그러진 않는데. 그렇다면 내 어찌 그들을 무수히 죽여올 수 있었겠어? 자의건 타의건 여태껏 살아오면서 거의 말살 수준으로 그네들을 살육해 왔는데…… 이변이 없는 한 앞으로도 그럴 것 같고. 꿈

안에서든 꿈 밖에서든 말이야. 반면 타인의 정자는 맹세코 단 하나도 죽이지 않았다고. 그렇담 살해 여부로만 행동주의적으로 판단한다면, 난 남의 정자를 더 아끼는 거로구면.

L3   어느덧 아들은 6세, 딸은 4세가 됐건만, 여전히 난 그들의 이름을 잘 부르지 못한다. 그들의 할머니들도, 엄마도, 또 기타 수많은 지인들도 작명 이후부터 자연스레 잘도 부르는 그 이름을 난 왜 어색해하는 걸까? 굵직한 근인에 대해 곰곰이 생각해 보다가 마침내 아래와 같은 결론에 도달한다.

   의식 혹은 주의를 전제로, 내게 소위 개념이란 게 탑재된 이후 알게 된 사람들 거진 다는 1) 그들의 이름을 먼저 알고 후에 실체를 알게 됐거나 혹은 2) 그들의 이름과 실체를 거의 동시에 알게 된데 반해, 위의 두 녀석은 실체를 먼저 알고, 한참 후에나 이름을 알게 됐기 때문인 것 같다. 즉, 내 머릿속에의 선점 효과를 중용한다면 '[자연스런 실체를 통한 인지의 영향] > [인공적인 이름을 통한 인지의 영향]'과 같은 부등식이 성립하기 때문인 것 같다. 고로 능력이 된다는 전제하에 아이를 하나 더 낳겠다는 도전적 발상만 하지 않는다면, 이 세상에 그런 존재자는 더 이상 없을 것이다(물론 그 대상은 인간으로 한정한다. 개 같은 경우는 넘쳐나니까).

L2   녀석들은 'Make Another World!'의 주역이 될 수 있을 것인가? 그리 달갑지 않은 김윤환의 얼굴이 떠오르면, 보다 심원한 그렇지만 슬픈 고민을 하게 된다. '갓(God) 되기라는 꿈을 계속 꿔야 할 것인가 아니면 포기하고 갓 메이커(God Maker)로 수정해야 할 것인가?' 지금은 평일 새벽이며, 난 며칠 후 글로벌 빅3와 경쟁해서 중요한 프로젝트를 수주해야 한다.

원자 물리의 관점에서는 때의, 머리카락의, 털의, 비듬의, 각질의 무게가 무한대여서 그런지, 그들이 제거된 내 몸은 몹시도 가볍다. 더불어 몸과 마음이 본디 하나여서 그런지 마음 또한 가볍다. 그러면서도 무거움을 느끼기도 한다. '하나'라고 하면서 나는 지금 또 쪼개고 있다. 그리고 인과 관계를 절로 떠올리고 있다. 이 관성이란 거, 정말 무지막지하다. 계속 한숨을 쉬고 머리를 쥐어박고 자책을 해도 좀처럼 벗어나기가 쉽지 않다.

이상타. 토요일 오전인데 말이야. 점심때가 다가와서 그런가? 이곳 망원동보다 땅값이 비싼 동네를 향하는 도로가 꽉 막혀 있다. 신호등은 녹색으로 채워졌건만 모든 차가 그냥 서 있다. 반면 여기보다 싼 동네를 향하는 도로는 여느 때와 다름없이 시원스레 잘도 뚫려 있다. 틀림없이 사고가 난 게야. 오도 가도 못하는 7011번 버스를 무심코 쳐다본다. '무심코 쳐다봄'은 지각이 아니라 감각이겠지? 무주의는 무심의 부분집합일 테니 말이야. 붐비지 않기에, 기사를 포함한 사람 수와 좌석 수가 절묘하게 1:1을 이루고 있음을 쉬 감지하게 된다. 깔끔하다. 이븐(even)하다. 사람 쪽에서 보든 좌석 쪽에서 보든 잉여가 없다. 결핍이 없다. 딱 떨어지니 보기 좋다. 버스 정류장 근처라 그런지 앞문, 뒷문 다 열려 있다. 이점은 다소 신경 쓰인다. 제발이지 뒷문으로 버스 타는 인간들은 다 족쳐야 한다. 다른 사람들은 한참 동안 기다렸다가 앞문으로 차례차례 올라타는데 반해, 이것들은 뒤늦게 나타나서는 약삭빠르게 뒷문으로 후다닥 올라타 버린다. 그리곤 뒤쪽 좌석에 쇄도해 옳다구나 얼른 앉는다. 좀 경쟁이 치열하겠다 싶으면 눈에서 나오는 레이저 빔으로 찜하는 것도 모자라 가방을 던지기도 한다. 그 몰상식한 것들에겐 예외가 없다.

예민한 일부 승객들은 아마 조마조마할 거야. 버스 근처에 사람이 나타나기만 해도 아마 깜짝깜짝 놀랄걸? '아, 저 인간 타면 안 되는데.

이렇게 한두 연놈 태우다 보면 버스의 쾌적함이 사라져 버릴 텐데.' 단지 길을 건너려는 사람임에도 불구, 버스 타려는 사람으로 오인 받아 괜한 미움을 받고 욕을 먹는다. 재밌다.

고개를 우측으로 약간 더 돌린다. 역시나 맨 뒤 좌석도 권장 인원수 그대로 5명이다. 편각 원상 복귀, 고각 유지. 한 여성이 엄석대마냥 얼굴을 일그러뜨린 채, 체념한 듯 앉아 창 밖을 내다보고 있다(아. 오해는 마라. 생김새는 엄석대가 절대 아니다). 버스가 존재적으로 노출시켜준 그녀의 부위는 머리와 얼굴과 어깨를 동반한 약간의 상체이다. 내 관심 부위는 존재적으로 한없이 은닉돼 있다. 그녀와 맞닿은 유리 창문이 1/4쯤 열려 있다. 바람은 조금도 움직이지 않는다. 그녀는 미동조차 않는다. 차 역시 전혀 움직이지 않는다. 버스에게 형체의 일부를 절도 당한 주변 상점들에서도 인기척이 전혀 없다. 사진과 동영상이 동일하게 지각될 수 있는 보기 드문 상황. 1초 전이나 지금이나 똑같다. 감히 귀납 추론을 하자면 1초 후도 아마 마찬가지일지 싶다. 그래도 소음이 있는 까닭에 백그라운드 음향은 깔려야 한다. 지금 여기, 시각은 시각이지만 청각은 시간이다. 버스 유리 창문은 의외로 잘 닦여져 있기에 시각 경험에 별다른 지장을 초래하지 않는다. 삼중의 이미지가 포개져 있다. 긴 광고판, 그 아래 버스 본체의 옆면이 있고, 버스 본체의 안쪽에 그녀의 왼 다리가 바싹 붙어 있다. 오른 다리가 안 보이는 걸로 봐서 외다리 여인이거나 국민학교 시절 교과서에 나왔던 요리사의 거위처럼 품 안에 한쪽 다리를 숨기고 있는 여인이거나, 아니면 나노 수준에서도 오차 없이 절묘하게 두 다리를 겹친 채 왼 다리를 차 안에 밀착하고 있는 여인이리라. 그런데 첫 번째는 아닐 것 같다. 근처에 목발이 없다. 물론 보호자가 부축하여 승차했을 수 있긴 하다. 그렇다면 내릴 때는 어떻게? 기사나 승객에게 양해를 구하고 내려주십사 부탁할 건가? 그럼 하차 후

목적지까지는 어떻게 가지? 보호자도 동승했나? 혹 지척에 앉아 있는 이들 중 한 명이 보호잔가? 누굴까? 고개를 좌우로 돌려본다. 그런데 생각하면 할수록 많은 조건이 붙어야 할 것 같고, 그러다 보니 확률은 점점 더 제로를 향해 달음박질한다. 두 번째도 아닐 것 같다. 아크로바틱한 기술이 있어야 하는데, 동녘의 봄에 뜬 해가 아니고서야 쉽지 않을 거다. 게다가 그녀에게는 한 다리를 품을 만한 풍성한 신체 공간 또한 존재하지 않으니 말이다. 세 번째가 가장 유력하다. 오차 없이 절묘하게 두 다리를 겹친 채 왼쪽 다리를 차 안에 밀착하고 있음은 인간의 가시 범위를 감안한다면 충분히 있음직 하다. 내 박애심과 인식적 오지랖은 여기서도 작동된다. 그녀는 맨다리다. 그런데 차 안 벽면에 그 맨다리를 밀착하고 있다. 더러워질까 안절부절못한다. 이 걱정의 주체는 그녀가 아니라 나다. 그녀는 아무렇지도 않다. 안 예쁘다면 모를까, 예쁜 여자의 다리가 더러워지면 내 꼬추는 간지러워질 수밖에 없다. 그녀는 망원동에 산다는 것 말고는 죄없는 여자인데, 저렇게 방치되다니? 아니야. 볼 일이 있어 잠시 망원동에 머물다가 돌아가는 사람일 수도 있다. 그것도 아니라면 버스 노선상, 망원동을 그저 스쳐 지나가는 사람일 수도 있고. 그런데 차고지부터 여기까지 죄다 그렇고 그런 동네잖아? 어떤 존재자가 버스의 내벽에 불의의 흔적을 남겼을지 모름에도 불구하고, 그렇게 밀착해 있다니. 청초한 그 다리가 벽면에 눌려 넙적해지는 것도 싫지만 불결해지는 것은 더욱 싫다. '각선의 미학 및 보건적 차원에서 자세를 바꾸는 게 좋겠다'고 난 눈빛을 통해 진심 어린 권고 안을 날린다. 컨설팅 결과를 장표로만 딜리버리하려는 것들은 죄다 돌대가리들이다. 두둥실 다가간 그 눈빛을 받은 그녀가 몸놀림을 통해 화답한다. 고맙게도 내 말을 듣고 흔쾌히 자세를 바꾼다. 뿌듯하다. 이제 그녀의 맨다리에 얼굴을 부비고 있는 자는 오로지 차내 기체뿐이다. 물론 그 공기도

나는 발가벗은 한 시간 동안 자유로와진다. 그래, 나는 딜레탕트다!

오염되어 있기는 하나, 혐오스러운 고체가 나가떨어졌으니 내 마음은 한결 편해졌다. 할 바를 다했다는 보람찬 마음으로 씩씩하게 가던 길을 재촉한다. 그런데 이번엔 그녀가 내 뒤통수에 빛을 쏜다. 따가움에 뒤로 돈다. 그 빛을 구름사다리 삼아 그녀의 눈으로 매달려 가다가 메리언 크레인의 그것과 흡사한 동공 속 소용돌이로 휩쓸려 들어간다.

개짜증! 버스 앞에 죄다 승용차들뿐이다. 어떤 인쓰들은 창틀에 왼팔을 기대고 검지와 중지 사이에 담배를 낀 채 창 밖으로 도넛 모양 연기를 연방 내뿜고 있다. 심지어 가래침을 동반하며, 연소 상태의 담배를 길바닥에 던지는 인쓰들도 보인다. 난 마치 동네의 흔한 어르신인 양, 큰소리로 상투어를 내뱉는다. 조마조마. 심장이 두근거린다. 고로 목소리가 떨린다.

"어이, 자네들 집 안방이라면 이렇게 담배꽁초를 내 버릴 수 있겠는가?"

L1　늘씬한 몸매의 고혹적인 한 젊은 여성이 73세로 추정되는 검은 빛뿔테 안경의 168cm, 29.5kg 할아버지를 심하게 타격한다. 로킥, 미들킥, 하이킥 삼단 콤보에 니킥도 하고, 스탬핑, 심지어 사커킥까지 한다. 직후 페이스 스탠딩(face standing) 자세로 통화 중이다. 깔깔거리고 있다. 그 왜소한 노인은 이 와중에 무언가 읊조리고 있다. 젊고 탱탱한 몸의 무게를 죄다 위임받은 두 맨발에 코와 입이 일그러져, 무슨 소린지 잘 알아들을 수 없다. 어쩔 수 없이 좀 더 가까이 다가가 귀를 기울인다.

"존재적으로는 자명하지만, 인식적으로는 체감할 수 없는 그 무언가가 있다. 고로 존재는 인식을 넘어선다."

앞의 말은 충분히 공감되지만, 뒤의 말은 전혀 동의할 수 없다. 형식적으로 비약이기도 하고.

여하튼 구타에 피가 제법 튀어 그녀의 모습이 마치 돼지 피에 흠뻑 젖은 캐리 같다. 그러자 그 잔혹한 광경에 세인들이 한마디 한다.

"저런 못된 년, 지 부모라면 저렇게 하겠어?"

그러자 그녀는

"나는 내 것이라고 해서 혹은 내 가족이라고 해서, 특별히 더 챙기고 배려하고 그러는 사람이 아니오. 나는 자타 없이 모든 존재자를 동일하게 다루오."

라며, 이를 증명이라도 하듯 이번엔 자기 아버지를 데려와 똑같은 행위를 한다. 아버지도 그 노인처럼 무언가 중얼거린다. 역시나 가만히 귀 기울여 보니…… 아뿔싸, "중얼중얼"이라고 반복적으로 중얼거리는 게 아닌가! 그렇다. 그도 그 노인과 마찬가지로 뭔가 그럴싸한 말을 하는 것처럼 보이고 싶었던 거다. 이건 뭐, 예상을 뛰어넘었고, 기의가 수반되지 않은 기표 잔치이기에 동의도 반박도 할 수 없는 노릇이다. 여하튼 그러자 세인들이 또 손가락질하며 말한다.

"저런 반인륜적 패륜아 같은 것. 지 아버지를 패다니!"

그녀 입장에선 황당하다.

"나는, 당신들이 의심하는 듯하여 뭐라 해서 남과 내 가족을 똑같이 대우함을 증명했소. 가족이라고 특별 대우하지 않았소. 그런데 이렇게 공평한 나보고 대체 어쩌란 말이오?"

막후 진실 하나를 공개하자면, 그 할아버지는 사실 이를 갈망하고 있었다 한다. 물론 특유의 취향을 속으로만 꼭꼭 숨기고 있었기에, 인사이트 캐치 능력이 뛰어나면 모를까 그녀는 전혀 알지 못했다.

LO　그 매너 없는, 그렇기에 총살을 시켜도 모자랄 쌍놈들의 옆에는 똥은 똥끼리 모인다고 마치 수학 공식처럼 단 하나의 예외도 없이 쌍년들

나는 발가벗은 한 시간 동안 자유로와진다. 그래, 나는 딜레탕트다!

이 앉아 있다. 이것들 역시 똑같은 연놈임을 과시하는 듯 무매너를 보이고 있다. 놈들은 여전히 창틀에 팔을 기댄 채 담배 연기를 내뿜고 있고, 년들은 창틀에 오른 다리를 걸치거나 아니면 차 전면 유리에 두 발을 떡하니 밀착하고 있다.

L1 「데쓰 프루프」. 쿠엔틴 타란티노가 본다면 몹시도 환장하겠군.

L0 뒤통수만 보이니 얼굴은 알 길 없고, 혹시나 해서 들여다본 백미러에서도 감지가 잘 되지 않는다. 두상과 크기와 헤어 스타일로 추론해야만 한다. 물론 존재론적일 경우이다. 머리부터 발끝까지 죄다 혐오스럽게 생겼다. 지금 창 밖에선 담배 연기와 더불은 흉물스런 육체의 썩은 내가 진동하고 있다. 그 두 냄새가 섞이면 이른바 언어의 한계, 표현의 한계를 느끼게 되고, 이것은 인간의 어쩔 수 없는 한계로 다가와 고통에 몸서리치게 된다. 부시고 싶은 인간들. 단종시키고 싶은 인간들. 거대한 갈고리 로봇이 와서 이차 저차 할 것 없이 집어 들고 한강에다 마구 내팽개쳤음 좋겠다. 그러면 차 안은 물론 차 밖의 인쓰들과 지저분한 이 거리도 간단하게 청소되면서 자연스레 재개발에 들어갈 수 있을 텐데. 아, 안 되겠다. 그러면 한강이 오염되잖아? 그냥 난지도에다 던져 버릴까? 망원동에는 그것이 인간이건 건물이건 쓰레기가 너무 많아 탈이다.

L1 철학자나 소설가들을 보면 그들의 대표작이 과연 몇 살에 씌어진 것인지 살피게 된다. 그리고는 그것을 읽는 시점(처음이냐 아니냐가 중요한 게 아니다. 내게 읽히는 그 시점이 중요하다)의 내 나이와 비교하게 된다. 그래서 지금의 내 나이보다 어리다면 자책과 합리화를 하게 되고, 책 속의 주장을 잘 받아들이지 않게 된다. 질투하기도 한다. '어린놈이 뭘 알

겠어? 이율배반적 형이상학 덩어리 같은 놈.' 반면 내 나이보다 많으면 인정하고, 나보다 진도가 많이 나가 있음에 한숨을 쉬게 된다. 그러면서 도전 의식을 추스르게 된다. '책은 고정이다. 반면 난 가변이다. 고로 난 얼마든지 그 괴리를 좁힐 수 있다고, 아니 오히려 역전할 수 있다고.' 그런데 그 가변성 때문에 달갑지 않은 생각들도 병행될 수밖에 없긴 하다. 책들은 영원히 푸르름을 간직하게 되건만, 난 노화되다 급기야는 사라지게 된다는. 그들은 불멸이나 난 필멸이라는. 그래서 결심한다. 난 책을 써야 한다. 죽지 않는 책을 써야 한다. 책의 본질은 유형의 매개물이 아니라 무형의 콘텐츠다(물론 무형의 매개물도 존재한다. 바로 목소리다. 구전 문학을 생각해 보라. 당근 양자 간에도 크 차이가 존재한다). 고로 콘텐츠는 영원하다.

L2　　죽음은 육체를 벗는 것이다(벗는 것은 벗기는 것과 벗겨지는 것으로 세분될 수 있다. 가령 자살은 벗는 거다). 그러면 영혼만 남는다. 자유로운 영혼은 아무런 물리적 제약 없이 영원히 여기저기를 떠다닐 수 있다. 이 공간 저 공간을 동시에 활보할 수 있으며, 무한 복제가 가능하며, 벽도 뚫고 다닐 수 있으며, 과거와 미래의 여행 또한 부담 없이 즐길 수 있다. 단일 혹은 다수로서. 그렇다면 우리는 될 수 있는 한 빨리 죽는 게 현명하단 말인가? 그러나 간과할 수 없는 한계 또한 존재한다. 무언가 만질 수도, 또 만져질 수도 없다는 점도 있지만 가장 답답한 건 이놈의 존재적 세상 속에서 스스로 의미 표출을 할 수 없다는 게 바로 그것이다. 고로 살아 있는 누군가가 이를 대신해 주어야만 호부호형 불가라는 답답함에서 벗어날 수 있는데, 그렇다고 해서 모든 문제가 완벽하게 사라지는 것은 아니다. 이때에는 다분히 확률적이긴하나 또 다른 이슈, 즉 대리자 문제가 발생할 수 있다. 데리다가 아니라 대리자다. 사람이 아닐

　　나는 발가벗은 한 시간 동안 자유로와진다. 그래, 나는 딜레탕트다!

수도 있기에 대리인이 아니라 대리자다. 가령 한 영혼이 a라는 의도를 품고 있다 하자. 그런데 산 자들이 그 영혼의 자취를 더듬고는, '그의 의도는 분명히 b임에 틀림없다'고 자기들끼리 웅성거리다가 기정사실화한다. 이를 지켜보는 영혼은 답답함에 치를 떨지만, 아무런 항변도 할 수 없다. 그저 무기력하게 관망만 할 뿐, 어찌할 도리가 없다. 가위눌림으로 인한 고통, 그건 비교조차 될 수 없을 것이다.

L1   이것도 하나의 이유이다. 나 역시 젊은 나의 변형을 심어 놓고 싶다. 그렇기에 이제부턴 난 사고를 분명히 해야 한다. 말을 분명하게 해야 한다. 내 책이라고 불분명하게 이야기해서는 안 된다. 내가 읽은 책과 내가 쓴 책이라고 명확히 구분 지어 말해야 한다.

내가 읽은 책에는 연필로 그어진 줄이 있다. 샤프가 아니라 연필이다. 그리고 글과 그림이 있다. 여기엔 두 가지 목적이 있다. 물론 태어나서 책을 처음 접한 순간에 의도적으로 설정한 목적들은 아니다. 그 기원이 언제였는지 또 어떤 연유로 형성됐는지 잘 모르겠다만 이것만은 확실하다. 하나는 나를 위함이요, 다른 하나는 후손을 위함이다. 난 그것이 철학서건 가벼운 소설이건 책을 들 때면 항상 오른손

L2   난 왼손잡이지만, 글쓰기와 휴지로 똥 닦기의 디폴트는 오른손이다. 오른손 글쓰기는 모르긴 몰라도 꼰대들의 훈육에 기인한 것일 거다. 의아하게 여겨질 수 있는 것이 테니스도 다른 스포츠와 마찬가지로 왼손인데, 유독 탁구만 오른손이다. 하지만 막상 이유를 알게 되면 전혀 묘상하지 않다. 내가 처음으로 탁구를 하던 당시, 늘 함께하던 녀석이

L3   치사한 놈. 국민학교 5학년 때 담임은 역대급 외모를 지닌 젊은 여

성이었다. 그때는 교대가 아마 2년제였고, 교사가 되는 게 지금처럼 어렵지 않았으니 갓 부임한 그녀는 아마 22세? 우와~ 죽여주는, 그저 듣기만 해도 꼴리게 되는 나이. 여름 방학 때 우리 집 지척의 그녀 집을 방문한 적이 있다. 나의 탁구 파트너와 함께. 제아무리 초등학생이라 해도 명색이 첫 방문인데, 빈손으로 가기 뭐해서 둘이 돈을 합쳐 선물을 장만했다. 아이템은 전혀 기억나지 않는다. 아마 5:5의 비율로 마련했던 것 같은데 역시 기억이 정확하진 않다. 비율도 절대 금액도. 선생님은 어서 와라 반기며, 어린 애들이 돈도 없으면서 뭘 이런 걸 사왔느냐고 인사를 건넸다. 물론 의례였을 거다. 진정성이 느껴지지 않았다. 그런데 그때 그 얄미운 자식이 이랬던 거다.

"선생님, 제가 돈을 더 많이 보냈어요."

난 벌게진 얼굴로 켁켁 거리며 선생님 엄마께서 해주신 잔치 국수를 후루룩 먹고 후다닥 돌아왔다. 그 무렵 나의 편식은 상상을 초월했기에 비록 좋아하는 국수였음에도 불구, 넘기기 무척 힘들었다. 고로 난 이중의 고통을 겪게 된 셈인데, 때마침 이들 간의 네트워크 효과까지 작용해서 토사곽난으로 이어졌었다. 나쁜 놈.

그래도 국민학교 6년을 아니 고등학교까지 확장해서 12년을 다니면서 가장 예뻤던 선생님이었고, 또 그녀의 많은 신체 부위를 시각뿐 아니라 촉각으로도 경험할 수 있었기에(만끽 수준까지는 아니었다), 진정 행복했던 시절이었다. 당시 흔했던 국빈 방문 환영 행사 때 선생님의 젖가슴을 만져 보았으며, 엎드려뻗쳐 자세로 도미노 벌을 받을 때 살짝 피했다는 이유로 선생님의 맨발에 사뿐히 즈려 밟혀 봤으며, 소풍 때 발목 삐끗한 선생님을 걱정하는 듯하며, 아주 잠시 동안이나마 업어볼 수 있었다. 손은 뭐 자연스럽게 수시로 만져봤고. 봐라. 난 그녀의 손발을 경험해 봤고, 짧은 순간이고 일부분이긴 하나 그녀의 무게마저 느껴 보았다.

나는 발가벗은 한 시간 동안 자유로와진다. 그래, 나는 딜레탕트다!

그러니 내겐 정말 특별한 존재자일 수밖에 없지 않은가?

이듬해에 만난 6학년 담임도 한 외모 했었다. 5학년 담임보다는 나이가 10살가량 위였던 것 같다. 역시나 얼굴, 몸매 모두 받쳐주었기에 난 그녀의 발목이 적나라하게 노출된 날이면 수업 시간 내내 교과서 대신 그녀의 거시기만 뚫어져라 쳐다보았고, 수많은 인식의 세계들을 넘나들면서 허우적거리곤 했다. 그럴 때면 보다 못한 선생님이 늘 경고를 날렸으며, 이는 나를 인식적 세계에서 질질 끌고 나와 존재적 세계에 처박곤 했다.

"얘, 넌 왜 교과서는 안 보고, 자꾸 내 발목만 쳐다보니?"

"예? 저…… 어…… 그러니까……"

사실 선생님이 거명했던 부위가 다리 전반이었는지, 허벅지였는지, 종아리였는지, 발목이었는지, 발 전반이었는지, 발가락 전반이었는지, 엄지 발가락이었, 에이, 다시. 발가락이었는지, 발톱이었는지, 슬리퍼였는지 기억이 가물가물하다. 확실하게 기억나는 건 선생님이 즐겨 취하던 자세다. 상반신을 교탁에 기댄 채 두 손엔 교과서를 쥐고 있었다. 왼쪽 발은 약간의 굽이 있는 금빛 슬리퍼를 완벽하게 짓누르고 있었으며, 오른쪽 발은 슬리퍼를 벗은 채 칠판 아래 벽면에 밀착하고 있었다. 고로 바닥은 감촉을 전혀 느끼지 못했으나 무게를 강하게 느낀 반면, 벽은 무게를 약하게 느꼈으나 감촉을 강하게 느꼈다. 그렇다면 바닥과 벽, 이 둘 중 누가 더 행복했을까? 물론 둘 다 촉각의 부분 집합이다. 아무튼 그때 좀 더 노련했었더라면 그리고 지금처럼 폰카 촬영이 일상적이었더라면, 외롭고도 굶주린 나를 스스로 위로해주는 포트폴리오가 썩 괜찮았을 텐데. 시대를 잘못 태어난 게 무척이나 원망스럽다.

촉감은 어떻게 저장할 수 있을까?

L2 내게 부탁을 했다.

"내, 왼손잡이랑 탁구를 치려니 몹시 거북하다. 부디 오른손으로 쳐 다오."

난 추호의 주저함도 없이

"그러지 뭐."

그래서 난 탁구 칠 때만큼은 어색한 오른손을 늘 사용했으며, 결국 관성에 두 손을 들어 버렸다. 비록 대학 시절 탁구로 A 학점을 받았으나, 왼손을 사용했더라면 보다 압도적 기량을 뽐낼 수 있었을 텐데, 그 몹쓸 놈 때문에.

L1 에 연필을 쥐게 된다. 남들과 마찬가지로 줄을 긋고, 남들과 달리 생각 날 때마다 글을 쓴다. 창작을 하기도 하고 작가의 견해에 대한 글에 생 명을 부여, 토론하기도 한다. 물론 고마울 때에는 감사의 표시도 하며, 반대의 경우 엄청난 비난도 해댄다. 그러다 보니 내가 보는 중이거나 본 책은 나의 생각으로 온통 시커멓게 뒤덮였고, 마침내 전 세계 유일무이 한 책이 돼버렸다. 고백했듯 최초부터 두 개의 목적이 있었던 것은 아닌 데, 지금까지 말한 이 목적도 자연스러움의 발로에서 재미로 번졌다면 두 번째 목적도 마찬가지다. 처음엔 자식이나 후손들을 떠올리지 못했 었다. 하지만 나이가 먹어감에 따라, 그리고 약 7일 내지 10일가량 아무 런 조치도 취하지 않으면 꿈이라는 존재 – 인식 융합 기회를 틈타 여지 없이 좁은 꼬추 틈을 헤치고 나오는 젤리스런 녀석들을 경험하면서

L2   이들이 처음으로 세상을 구경하도록 부추겼던 기억 속의 공간은 어 느 바닷가 모래사장이었다. 시끌벅적하고 비치파라솔의 **빽빽함**이 나를 질식시키는 해운대 같은 그런 구토스런 바닷가가 아니라, 광활한 공간

나는 발가벗은 한 시간 동안 자유로와진다. 그래, 나는 딜레탕트다!

에 정말이지 생명체라곤 단둘(여기서도 내 얼굴은 보이지 않는다. 다만, 내 몸뚱어리의 일부만 보일 뿐이다. 사실 인식론적 세계이기에 보여도 비난할 이 하나 없는데 상황은 그러했다) 뿐인 그런 평화로운. 혹 사이판의 마이크로 비치?

바람은 약하나 분명히 존재한다. 파도의 움직임과 외침이 그 근거이다. 220㎜로 추정되는 발자국이 한 방향으로 줄줄이 찍혀 있다. 작고 볼이 좁다. 이상적이다. 남자건 여자건 뭐든 가늘어야 좋다. 추론하건데 그자는 무지외반증도 없고, 단지증도 없다. 평발도 아니다. 남자일까? 아님 여자일까? 여자일 가능성이 높긴 한데. 220이라는 기표 때문에 긴장은 놓고 있으나,

L3　기표 때문에 긴장을 놓을 수 있다는 것은 기의도 자동 고려됐음을 암시한다. 그런데 이 문장은 각주스런 본문 글이네요. 그렇죠?

L2 혹 남자일까 신경은 쓰인다. 파여진 모래의 깊이를 보니 몸무게도 가벼울 것 같다. 모래니까 당연히 경도가 낮다. 가슴 졸이며 그 발자국을 따라가다 주인공의 뒤태를 목격한다. 여자다. 휴~ 다행이다. 그녀는 전혀 모르는 것 같다. 누군가가 자신의 후면을 관음하고 있는 것을(어쩌면 즐기는 것일 수도 있다. 모르는 척일 수도 있고, 아무렇지도 않음일 수도 있다). 키는 166.661cm로 추정되며, 신장 대비 다리가 아주 긴데 오다리성으로 약간 아주 약간 휘었다. 실로 판타스틱이다. 난 금발을 좋아하는 데 금발이다. 난 긴 생머리를 좋아하는데 펄이 들어간 숏컷이다. 그래서 그녀의 뒷목이 그대로 드러난다. 백인이다. 원더우먼은 아닌 것 같다. 소머즈도 아닌 것 같다. 아직 뒤태다. 목은 그대로 노출됐으나 몸은 완전하게 타이트한 하얀색 옷으로 덮혀져 있다. 쫘악 달라붙은 것이 몸매가 그

대로 드러난다. 아직 뒤태다. 브래지어 끈은 보이지 않는다. 목부터 그녀의 몸을 감싼 하얀 옷 일부는 양 손목에서 끝이 난다. 손목과 손이 적나라하게 노출돼 있다. 손등은 작다. 손바닥도 작다. 손금은 생명선이 끊겨 있으며 막 졌다. 막진 손금이 좋다 했던가? 이제 미신과 과학은 동급이니 이는 신뢰해도 좋다. 손가락은 길고 예쁘다. 손톱은 길지도 않아 청결해 보이고, 짧지도 않아 매력적으로 보인다. 투명 매니큐어가 칠해져 있고, 큐티클

L3   어감은 영롱하나 실체는 구질한.

L2 하나 없이 깔끔하다. 손 모델인가? 그래서 손만 제대로 노출해 주는 건가? '퍼펙트!'란 감탄사가 절로 외쳐 친다. 정말이지 접촉에 가까운 지척에서 몹시도 크게 외치지만, 그녀가 부디 듣지 않기를 바란다. 다행히 그녀는 듣지 못했다. 아, 벙어리는 아닌 것 같다(일부로 그런 것일 수도 있고, 아무렇지도 않음일 수도 있다). 아직 뒤태다. 허리는 잘록하게 들어갔으며, 내 자랑스럽고도 얄쌍한 허리 27보다 더 가는 것 같다. 골반 위에서 다소 좌우로 표면적이 넓어졌다가 허벅지와 종아리를 거치며 폭이 좁아지고 있다. 우아한 아울렛. 역시나 하체도 타이트한 흰옷으로 덮여 있는데, 상하 단절이 없는 천의무봉 원피스다. 이걸 어떻게 입었는지 모르겠다. 전면에 단추나 지퍼나 찍찍이가 있으려나? 만일 없다면 이것은 기적의 옷이다. 틈이라곤 오로지 타이트한 5개의 구멍뿐인데 어떻게 입을 수 있었을까? 혹시?

L3   녀석은 나체 상태다. 녀석이 자기 신체 부위 어딘가에 있는 점을 누르자, 홀로그램 같은 것이 순식간에 온몸을 휘감는다. 소프트웨어 옷이

입혀진 것이다. 디자인은 다양한 UI를 통해 무한의 자유도로 선택될 수 있다. 'advisory', 'DIY', 'mixing' mode로 구분돼 있기에 전혀 어렵지도, 부담스럽지도 않다. 하지만 이 소프트웨어 옷이 시각만 충족시켜 주는 것은 아니다. 비·바람·눈도 막아 주며, 여름엔 시원하게, 겨울엔 따뜻하게 잘도 케어해준다. 감촉과 향기는 옵션이다. 충전 또한 걱정거리가 아니다. 녀석 자신을 포함, 에너지원들이 정적, 동적으로 사방 곳곳에 편재해 있기 때문이다. 그런데 확률이 1/2의 2,079,460,347 제곱에 불과하지만, 오작동 가능성이 잠재해 있긴 하다. 고로 길거리를 멋지게 활보하다가 갑자기 벌거벗은 임금님이 될 수 있음을 숙지해야 한다. 자매품으로는 소프트웨어 얼굴이 있다(모두 다 소프트웨어 패션이란 범주에 속한다). 이제 얼굴 변형을 위해 성형외과에 갈 이유가 전혀 없다(아무래도 얘네 의사들하고는 다양한 이유로 여러 번 싸우게 되겠구먼). 시시각각 내가 원하는 대로, 그가 원하는 대로 내 얼굴을 얼마든지 바꿀 수 있다. 당연히 얼굴엔 헤어도 포함된다. 그러다 보니 CCTV가 무용지물이 될 수도 있는데, 궁즉통이라고, 범죄 등 야기될 수 있는 문제들에 대한 해결 대안은 내가 직접 개입하지 않아도 알아서 잘들 만들어 내겠지, 뭐. 아, 참. 여기서도 동일 확률의 오작동 가능성이 존재한다. 고로 턱을 살짝 앞으로 내밀고 눈 내리깔고 도도하게 걷는 도중 갑자기 만천하에 민낯이 공개되는 개인적, 사회적 참사가 들이닥칠 수 있음을 명심해야 한다. 특히 당신 말이야!

L2   좀 더 내려가 허벅지와 종아리 사이의 굴곡이 입체적으로 느껴지고, 평면적으로는 예민한 사람만 느낄 수 있을 정도의 미묘한 O자 형태가 나타난다. 내 시선은 더듬듯 서서히 더 내려간다. 풀 샷인데 클로즈-업이다. 분명히 존재적 세계라면 모순이나, 인식적 세계이기에 말이 된다.

전신이 보이는데 보이는 데만 크게 보인다. 안 보이는 데는 전혀 보이지 않는다. 삐져나온 실오라기 하나 없이 완벽한 옷이다. 이 역시 발목 직전에서 그친다. 따라서 발목부터는 적나라하게 노출된다. 아직 뒤태이다. 발목에서는 가늘고 우아한 아치만 감상할 수 있다. 내 왼 엄지와 중지가 살며시 다가가 그녀의 왼 발목을 기습 체포하려 한다. 아뿔싸, 난 곧 중2가 되는데, 이때부터 이미 앵클 헌터(ankle hunter)로서의 자질을 보이고 있었구나! 자각의 탄성을 내던지고 계속 시선을 내리간다. 끝에 다다랐다. 맨발. 뒤꿈치. 풋샵에서 살다시피 하는지 각질 하나 없이 매우 깔끔하다.

L3   프리미엄 고객이니 전담자가 있을 듯한데, 그 친구 성별이 어떻게 되나? 당근 남자겠지? 그놈 뭐하는 놈이지? 뭐하는 놈이긴, 발 관리하는 놈이지! 그러게? 그놈 어디부터 어디까지 경험했을까? 그리고 향후 계획은?

L2 뒤꿈치에서 발견되는 이물질이라고는 오직 모래뿐이나, 밀착해 있으니 이마저도 황금 가루인 양 매혹적인 것이 그저 부럽기만 하다. 아직 뒤태다. 그녀의 앞모습이 보고 싶다. 그녀의 왼 모습이 보고 싶다. 그녀의 오른 모습이 보고 싶다. 그녀의 정수리가 보고 싶다. 그녀의 발바닥이 보고 싶다. 난 그녀를 둘러싼 여섯 면 중 오직 한 면만 스캐닝했을 뿐이다. 그녀를 1/6만 이해했을 뿐이다. 그것도 표피적으로만. 나머지도 어서 경험해야 종결된다.

L3   인식의 세계에서 1/6을 존재적으로 이해했으니, 나머지 5/6는 인식의 세계에서 인식적으로 이해하고 싶다? 그런데 말이다(인식적으로 이해한다는 의미가 무엇이지 대한 물음은 보류토록 하고). 결국 내가 궁극으로 원

나는 발가벗은 한 시간 동안 자유로와진다. 그래, 나는 딜레탕트다!

하는 것은 존재가 아닐까? 진정 원하는 것은 인식 속에서 인식함을 느끼는 것이 아니라 인식 속에서 무언가 존재함을 느끼는 것 아닌가? 그렇다면 수단-목적 관계를 상정할 경우, 목적은 존재며 그 목적에 다다르기 위한 패스가 두 개 있는 셈이다. 존재와 인식, 이렇게 말이다. 그러니까 대다수 사람이 아무 생각 없이 취하는 패스는 존재라는 수단을 통해 존재라는 목적을 달성하는 것이고, 내가 취하는 패스는 인식이라는 수단을 통해 존재라는 목적을 달성하는 것으로 볼 수 있다. 단지 과정상의 차이. 모로 가도 서울만 가면 된다? 그런데 그 서울은 존재적. 그러면 내가 십여 년간 주장해온 '가상 현실이란 소리는 말도 안 되는 소리!'라는 소리가 말도 안 되는 소리가 돼 버린다. 머리가 아파온다. 가슴이 뛴다. 식은땀이 흐른다. 내가 나를 잘못 알고 있었던 걸까? 나의 철학과 나의 세계관이 뒤죽박죽 엉켜 혼란스러워진다. 근원적 구성 성분들이 흔들리니 종합체인 정체성 또한 몹시 비틀거린다. 자, 당황하지 말고 차근차근 분석해보자. 뭐, 분석? 아, 씨발. 뭔 놈의 분석이야! 대체 왜 이러냐고? 왜? 왜!

검은 장막, 침묵 속 한 줄로 된 하얀 장탄식.

마음을 진정시키고 관성과 일정 부분 타협한다. 그 결과 매트릭스 하나가 자동 생성된다. X축은 존재적 세계에서의 파워(사회적 불만이나 기술력 등은 여기에 묻어갈 수 있을 것 같다)를, Y축은 창조력 혹은 상상력을 의미한다. 두 축 모두 각각의 레이블은 '풍부'와 '미미'라 붙여진다.

L4　인상 더러운 봉미미*는 원래 좋아하지 않았지만, 안경현 메치기 사건 이후에는 아예 혐오하게 돼버렸다.

---

* LG 트윈스 투수 봉중근의 예전 별명. 삼성 라이온즈의 전 용병 메존이 인터뷰 도중 봉중근의 메이저리그 시절에 대한 질문을 받자, '그런 미미한 선수까지 기억할 수는 없다'고 답변한 데에서 유래. 그러나 어떤 단어가 '미미'로 번역됐는지는 잘 모르겠다.

L3   역시나 네 개의 셀이 도출되는데, 이중 인식적 세계를 가장 갈구하는 사람은 상상력과 존재적 파워 사이의 괴리가 가장 큰 자, 즉 상상력은 풍부하나 존재적 파워가 미미한 자가 될 것이다. 반면 상상력이 미흡한데 존재적 파워가 넘치는 자는 당연히 존재적 세상에 만족할 것이다(아, 여기서 상상력이란 칸트가 말하는 '도식화하는 능력'에 국한되는 것은 아니다. 현존하지 않는 허상이나 공상까지도 머금는다. 참고로 그의 '도식', 즉 'schema'란 머릿속에 그릴 수 있는 상 혹은 이미지를 말하며, 이는 감성의 산물이다. 이렇듯 난 친절하다). 고로 전자는 인식을 통해 존재를 만끽하게 되며, 후자는 존재를 통해 존재를 만끽하게 된다. 하지만 정적 측면에 안주해서는 안 된다. 동적 요소를 가미해야 보다 현실적이기 때문이다. 또한, 만일 누군가가 무한의 상상력에 버금가는 무한의 존재적 파워를 갖게 된다면(무엇이든 상상할 수 있고, 상상하는 모든 것들이 이루어지는 세상. 돌아가신 아버지도 돌아오시고, 고대 그리이스에 가서 아리스토텔레스를 처단하고, G_AI도 완벽하게 구현되는 그런 세상?), 그는 더 이상 인식 지향자에 머물 이유가 없다. 바로 그게 전지전능이라는 무언가의 특성이며(속성이 아니라 특성이다. 유일하기 때문이다), 그 특성을 지닌 존재자는 오직 신뿐이다. 즉, 그는 신이 되는 것이다. 그런데 만일 그의 곁에 동일 수준의 신이 존재한다면(난 위계적 신 관을 갖고 있다), 이야기는 다시 원점으로 돌아오게 된다. 내가 상상하는 모든 것을 이루려는 순간 역시나 자신이 상상하는 모든 것을 이루려 하는 타자와 충돌이 일어날 가능성이 농후하기 때문이다. 그러면 전지전능함에 균열이 생기게 되고, 이 신과 신 간의 문제는 사람과 사람 간의 문제와 다를 바 없어진다. 역시나 해당 차원 내 존재적 힘의 논리가 화두가 되는 것이다. 이 경우, 힘 약한 자는 다시금 불만을 갖게 되고 상상력과 존재적 파워 간의 괴리가 커져, 존재로 가기 위한 패스로서 인식을 또다시 선택하게 된다. 요컨대, 그것이

신이냐 인간이냐의 입력 변수만 다를 뿐, 하나의 형식 시스템에 담길 수 있다.

아니야, 이러면 곤란해. 인식주의자들이 좀 비겁해 보이잖아. 존재 회피의 이유로 인식을 택할 수도 있겠지만, 사고의 속도 때문에 택할 가능성도 다분한데 말이야. 나도 후자에 가깝잖아?

소녀시대 유리를 보면서 그리고 그녀를 만지면서 활성화되는 내 심적, 물리적 상태 변화와 그 결과를 알게 된다면, 그것을 활성화 시키는 순열(조합이 아니라 순열이다)을 통해 대안적 입력값을 찾을 수 있다. 만일 그것이 지리산의 어떤 썩은 헛개나무를 보듬을 때 촉발된다면, 나는 그 나무를 보듬으로써 유리를 직접 만지지 않아도 유리를 총체적으로 만끽할 수 있다. 두 개의 세상. 하나는 유리를 만지기에 유리를 만지는 세상. 다른 하나는 지리산 헛개나무를 만지기에 유리를 만지는 세상. 이 맥락에서는 헛개나무를 만지기에 헛개나무를 만지는 세상은 없다. 여기서 유리를 만지는 것을 리얼로 볼 거냐 아니면 나무를 만지는 것을 리얼로 볼 거냐의 문제가 발생한다. 체감의 주체는 유리를 만지는 것으로 느끼나 그를 제외한 타자들은 그가 나무를 만지는 것으로 느낀다. 즉 나-뇌-손의 연합군과 타자-뇌-눈의 연합군 간의 혈투가 발발하는 셈인데, 이때 누구의 손을 들어 줄 거냐의 문제가 발생한다. 추가로 한 가지 재미있는 상황을 상정할 수 있다. 존재적으로 타자에게 나무를 직접 만지는 주체를 보여주는 것이 아니라 컴퓨터 그래픽 같은 조작을 통해 유리를 직접 만지는 주체를 보여주는 것이다. 그러면 주체와 이들 간접적 관찰자가 이해하는 현실의 사태는 같게 된다(물론 직접적 관찰자는 나무 만지기를 현실로 받아들일 것이다). 존재적으로 만끽할 수 없는 유리를 인식적으로 만끽하기 위해 난 헛개나무를 만지는 존재적 행위를 한다.

그러나 그 순간 헛개나무를 만지고 있으나 만지고 있다는 존재적 행위를 전혀 인지하지 못한다. 난 여기서 역명제의 진릿값이 본 명제의 진릿값과 항상 동일하다는 그릇된 전제를 도입했다. 하지만 이러한 비판은 인과율과 논리를 인정할 때에만 타당하다. 이 대체 무슨 소리인가? 하나의 명제를 자세히 들여다보면 너무나도 많은 문제를 안고 있기에 꼬리에 꼬리를 물고 문제가 복잡해져만 간다. 이들 다툼에 있어 결론은 좀처럼 나지 않는다.

심호흡을 길게 한다. 열 손가락으로 머리에 압력을 가하고, 잠시의 휴지기를 갖는다. 눈앞은 이미 어둡게 만들어 놓았다. 그리곤 다시금 이렇게 사유해 본다. 소녀시대 유리가 있음은 가치중립적 명제일 뿐, 이를 존재적 세상에서도 볼 수 있고 인식적 세상에서도 볼 수 있다. 궁극은 존재가 아니다. 유리는 그저 존재도, 인식도 아니거나 존재면서 인식인 특별한 허공에 붕 떠있는 추상체일 뿐이다. 이 또한 존재자라 부를 수 있는가? 그것을 객관, 물리, 생물을 끌어들여 만지면 존재가 되고, 주관, 정신, 마음을 빌려 만지면 인식이 되는 것이다. 아, 이러면 인식으로 치우치게 되는데, 내가 원하는 건 이게 아니다. 십여 년간 고수했던 관을 깨고 싶지 않기에 행하는 발악. 내게도 제도권이나 기득권층처럼 달갑지 않은 관성과 보수성이 작용하는 건가? 이 역시 인간의 본성인가? 좀처럼 명쾌한 답이 떠오르지 않는다. 죽겠다, 정말. 아, 아니다. 이것도 만족스럽지 않아. 꼬추가 간지러워 온다. 그것도 아주 심히. 숨 막히는 인식의 세계에서 '1/6'이라고 뇌를 잘못 놀리는 바람에 난 여기까지 왔다.

다시 백색 옷의 여인을 생각하자! 잘 안돼!!!
다시 백색 옷의 여인을 생각하자! 잘 안돼!!
다시 백색 옷의 여인을 생각하자! 잘 안돼!

나는 발가벗은 한 시간 동안 자유로와진다. 그래, 나는 딜레탕트다!

......

다시 백색 옷의 여인을 생각하자! 잘 안돼.

다시 백색 옷의 여인을 생각하자!

다시 백색 옷의 여인을 생각하자.

L2   순간 배꼽 아래가 꾸물꾸물 벅차오른다. 태어나서 단 한 번도 경험하지 못했던 낯선 느낌이다. 무언가 뻗치던 기운이 아래로 마구 내려간다. 발끝에서도 무언가 벅찬 기운이 솟구쳐 위로 돌진한다. 위아래의 생경한 기운이 마침내 꼬추 부위에서 전선을 형성하자 곧 강력한 뇌우가 발생한다. 난 아직 그녀의 얼굴을 보지도 못했다. 그녀의 발가락도 보지 못했다. 머리, 목, 손, 발목 및 뒤꿈치 등 뒤태만 봤을 뿐이다. 듣지도 못했다. 맡지도 못했다. 맛보지도 못했다. 터치도 못했다. 그럼에도 무언가 꿈틀거리다 대폭발을 일으키며 뿜어져 나왔다. 타이밍이 약간 달라졌다면 아마 꼬추 지척의 구멍, 배꼽에서 폭발했을 수도 있다. 우리 우주도 이렇게 탄생한 게 아닐까? 신들의 섹스? 신의 몽정?

L3   몽정은 인식적 세계와 존재적 세계 간의 가장 드라마틱한 상호작용이다. 이게 바로 f-business의 추구 포인트다.

한 잔, 두 잔, 그리고 세 잔. 취기가 서서히 오른다. 너무나 행복하다. 이승에서 이룰 건 이미 다 이루었으니 이제 저승을 정복하러 가볼까나? 창가에 다가간다. 문을 활짝 열고 창틀에 올라선다. 밤 바람이 참으로 시원타. 사방에 널려 있는 마천루들이 뽐내듯 앞다투어 휘황찬란한 조명을 내뿜고 있다. 언제부턴가 내면이야 어떻든 겉만 반지르르하게 잘 보이는 게 장땡 중의 장땡이라는 달갑지 않은 현실이 진리처럼 돼버렸다. 고개 숙여 아래를 바라본다. 백 수십여 층 아래, 수많은 가로등 불빛을 받아 환디 환한 바닥이 순간 '샤악' 하고 솟구치다 '팟' 하며 꺼진다. 아찔 그리고 움찔.

L4   줌 인 트랙 아웃 + 줌 아웃 트랙 인. 와~ 어르신, 「현기증」에서 제대로 묘사하셨구먼. 느낌이 살아 있네. 게다가 내겐 고소공포증이 있잖아.

L3 반사적으로 상체를 뒤로 젖힌다. 그렇다고 해서 「매트릭스」예의 그 자세가 되어서는 곤란하다. 창틀에서 방안으로 뒤통수부터 떨어지면 뇌진탕에 걸릴 수 있기 때문이다. 한때 잘 나가던 시카고 컵스의 최희섭도 뇌진탕 한방에 훅 간 거잖아? 그때 케리 우드와의 충돌만 없었더라면…… 다리는 후들후들. 순간 강한 바람이 밖에서 안으로 세차게 불어닥친다. 다행이다. 반대로 불었다면? 으~~. 이내 밀리는 듯 뒤돌아 내려온다. 그리곤 이렇게 씽크 얼라우드(think aloud)한다.

"아니야, 남아 있는 세상이 저승 뿐은 아니잖아? 난 존재주의자가 아니라 인식주의자인데 존재가 시시하다고 해서 굳이 저승을 찾을 이유는 없잖아? 그냥 나중에 몸값이 천정부지로 올랐을 때, 못 이기는 척하며 쳇 베이커나 질 들레즈를 흉내 내보자고."

그러자 어디서 나타났는지 평범해 보이는 한 인지과학도가 내 모습을 촬영하며, 발화 내용을 열심히 받아 적고 있다. 책상에 걸터앉은 한국인 조르바가, 보조 출연자인 인지과학도 따위에는 아무런 관심도 보이지 않은 채, 예상했던 바라는 표정을 지으며 씨익 웃는다. 그 친구 자리에는 어느덧 열한 개의 빈 잔이 삐뚤빼뚤 놓여 있다. '홀짝홀짝 잘도 마신다. 선배 몰래 잘도 마신다. 이~놈아 마~셨냐. 벌써 이리 마셨냐.' 얼씨구, 또 덩실덩실~. 내 자리로 돌아와 의자를 빼고 앉는다. 그러자 조르바 역시 이내 춤을 멈춘 뒤 내 앞으로 다가온다.

　조르바(이하 '조'): 형, 생각해 보니 힘들었지만 무지 재밌었어요. 그
　　렇죠?

　카잔차키스(이하 '카'): 맞아요. 아이데이션 측면에 있어서는 전혀 문
　　제 될 게 없었고, 기술적 제약 때문에 구현 측
　　면에서 약간의 난관에 부딪히긴 했죠. 그래도
　　구체적이고 명확한 지향점 하에

L4　사람들은 뭔가 대단히 착각하고 있다. 큰 그림과 디테일은 양립할
　수 없는 관계가 절대 아니다. 큰 그림이 유의미하기 위해서는 반드시 디
　테일이 수반되어야 한다.

L3　　　　　　　　　　　　필요 기술들을 적정 시점에 순차적으로 반영
　　　　　　　　　　　　할 수 있었으니 비교적 순조롭게 진행된 셈이
　　　　　　　　　　　　에요. 정작 힘들었던 건 세인들과의 소통, 그
　　　　　　　　　　　　것이었죠. 일반 대중은 물론이고 학제적 개인
　　　　　　　　　　　　이라 할 수 없는 소위 전문가란 작자들 말이
　　　　　　　　　　　　에요. 자기들 제도권에서 생각지도 못했던 이
　　　　　　　　　　　　야기들을 마구 쏟아내니 양 귀를 틀어막고 버
　　　　　　　　　　　　텼던 게지요. 벙 찐 표정의 그들 모습이 지금
　　　　　　　　　　　　도 눈에 선하네요. 이러니 민주주의가 안 되
　　　　　　　　　　　　는 거예요. 윤리적 성향이 다분하면서도 천재
　　　　　　　　　　　　적인 사람은 극소수에 불과하고, 대다수는 도
　　　　　　　　　　　　덕적으로나 두뇌적으로나 평범하거나 열악하
　　　　　　　　　　　　기 때문에 1인 1표를 주면 무조건 하향 평준
　　　　　　　　　　　　화될 수밖에 없어요.

L4   화이트보드에 기호들을 적는다. 기호 자체는 다분히 수동적이다. 고로 기호는 수많은 의미를 머금을 수 있으나, 그것이 자신의 자유 의지에 기반한 것이 아니기에 태생적인 한계를 갖고 있다. 기호에 의미를 입히고, 그 의미를 상황이나 맥락에 맞게 한정하여, 꺼내고, 해석하고, 이해하고, 활용하는 것은 당연히 능동적 존재자인 인간만이 할 수 있다. 아직 기계는 인간만큼 잘할 수 없다. 물론 인간이라고 해서 모두다 제대로 할 수 있는 것도 아니다.

L5   〔평준화〕

s: set
a: element 1(low qual.), b: element 2(high qual.)
l: level
u: utility

* case ^
l(s) ^, l(a) ^, l(b) −
* case v
l(s) −, l(a) −, l(b) v

* conclusion
u(s) ^, u(a) ^, u(b) v

− premise : omission

조: 아무리 생각해봐도 '존재적 세상에 쿠데타를 일으킨다!'란 말은 참 멋진 것 같아요. 그러니까 이런 거 잖아요. 사람들은 존재적 세상에 살아가고 있으나, 이를 전혀 인지하지 못한다. 그들이 흰둥이건 황둥이건, 거부건 거지건, 천재건 바보건, 암컷이건 수컷이건, 늙은이건 어린이건 그들은 스스로 인지하지 못하는 존재적 세계의 기득권자들이다. 우리 극소수 인식주의자들은, 존재의 시스템에 끌려다니는 주변적 기득권자들부터 하루 빨리 계몽시켜 존재적 세상도 실상은 수많은 세상 중 일부에 불과함을 깨닫도록 해야 한다. 고로 대안적 세계의 가치가 그네들의 쾌락 추구에 얼마나 기여할 수 있는지를 강력히 체감시켜줘야 한다. 이 와중에 존재적 세상의 중심부에 존재하는 핵심 기득권자들과 그들이 다져놓은 시스템과의 한판 승부가 일어날 것이다. 물론 그들 내에서도 새로운 무언가를 갈망하는 일부는 흔쾌히 마음을 열긴 할 거다. 이를 실현하기 위한 세상이 곧 인식론적인 세상이고, 이러한 세상을 맛보게 해주는 일종의 수단이 곧 f-business다. 그 아래에서 아이디어 생성의 기반 역할을 하는 것은 G_AI와 인지과학이고.

한잔 더 비운다.

카: 그런데 이 기득권이라는 표현은 논란이 될 수 있어요.

조: 예? 무슨 말씀이신지?

카: 가령 '기득권자가 100%라는 게 말이 되는 거냐?'라는 의문이 제기될 수 있어요. 이때 답할 수 있는 한가지 예는 지구적 관점에서 인간과 파리를 비교해 보는 건데, 지구에 한정 지을 경우 인간의 전체가 파리보다는 기득권자인 게 자명하니까 100% 기득권자라는 말이 어불성설은 아니겠죠. 하지만 핵심은 그게 아

니에요. 왜냐? 그것이 설사 맞는 말이라 쳐도, 유의미성 혹은 가치 측면에서 생각해 본다면 쉽게 이해할 수 있어요. 쓸모가 있으려면 인간과 다른 존재자 간의 비교가 아니라 인간 내 비교가 이루어져야 해요. 그렇다면 인간 내 100% 기득권 운운하는 것은 정말 무의미할 수밖에 없겠죠. 기득권이란 개념은 비록 가치의 파이를 키울 수 있다 해도 동일 차원에서는 상대적일 수밖에 없으니까. 일전에 이야기했던 정신적 희소성이란 것을 적용해 본다면 이해에 도움이 될 겁니다.

조: 흠, 듣고 보니 일리가 있네요. 그리고 보면 형은 맨날 입에 달고 다니시는 확증 편향에 대한 걱정은 안하셔도 될 것 같은데요? 형 스스로 형의 가설을 기각시킬 수 있는 문제들까지 끊임없이 고민하시니까요.

카: 그렇긴 하죠. 그런데 나의 이런 성향은 포퍼의 반증주의적 자세와 같이 올곧은 과학에 대한 열정이 있어서라기보다는 결벽증적 성격에 기인하는 것 같아요. 데카르트가 진리에 대한 천착 때문에 방법적 회의를 썼다면, 난 그저 꼬추가 간지럽기에 내 주장이 무너질 수도 있는 카운터 질문을 항상 찾게 되는 거죠. 그러니 적어도 내게는 자동적이고 자연스러울 수밖에 없는 거예요.

카: 그래서 죽겠어요. 내 주장을 채택하기 위한, 기각하기 위한 제반 문제들을 내 안에 존재하는 수많은 작은 나들이 마구 질러대고 있으니, 문제 해결률(해결된 문제 건수÷제기된 문제 건수)이 현저하게 낮을 수밖에 없거든요. 그래서 살짝 비겁하기는 하지만 여기에서도 난 여우의 신포도 전략을 쓴답니다. 소크라테스의 산파법 같은 거예요. '내가 어떻게 정답을, 진리를 알겠어? 진리가 있기는 한 거야? 그저 물음을 갖고 있는 내 안의 작은 나들을

나는 발가벗은 한 시간 동안 자유로와진다. 그래, 나는 딜레탕트다!

퍼실리테이팅해서 그 물음에 대한 대안을 스스로 찾을 수 있도록 도와주는 거지 뭐.' 그러니 초창기~절정기 컨설턴트들과 비슷한 일을 한셈이죠. 도메인 전문성? 그런 거 하나도 없고, 철저하게 구조적 관점에서 그저 고객 스스로 답을 찾게끔 도와주는 것. 어떻게 보면 메타주의자의 필요 덕목일 수도 있죠. 애써 좋게 본다면 브루스 핸더슨도 이런 점을 간파했다고 볼 수 있긴 해요. 내막이야 잘 모르겠으나.

카: 자, 철학과 남루해진 내 예전 직업을 연관시키는 것은 이쯤에서 멈추기로 하고요. 책상 2개만 간신히 들어가는 역삼동 구석의 오피스텔에서 뉴욕의 마천루 펜트하우스에 오기까지를 한번 반추해 보자고요. 지금은 그러자고 마련한 시간이니까.

카: 내가 이 얘기를 처음 꺼냈을 때 사람들의 첫 질문은 대체 'f'가 뭐냐는 거였지. 뭐긴 뭐야, 'e' 다음에 오는 알파벳 철자지. e는 누구나 알고 있듯, 비즈니스라는 명사와 붙으면 뼈, 구조, 형식, 메커니즘, 아키텍처로 대변되는 IT 비즈니스, 즉 e-business를 의미하게 되지요. 비즈니스에 한정 짓는다면, '이가'의 대명사, 아니 그 자체가 곧 이가를 의미하는 디지털이라는 녀석도 당연히 여기에 흡수될 수 있어요. 그런데 뭔가 느껴지지 않나요? 후후, 당연히 모르겠죠? e-business 그 자체만 보면 의미와 내용, 알갱이라는 게 없어요. 아까 기호 이야기를 잠시 했었잖아요? 그거와 똑같은 거예요. 즉 e를 통해 형식적, 구조적 효과의 극대화는 맛볼 수 있을지언정, 딱 거기까지라는 거지요. 하지만 사람의 욕망이라는 게 어디 그런 데서 멈추나요? 아니잖아요. 그 이상을 요구하잖아요? 구조로써, 형식으로써 사람을 행복하게 해주는 데에는 자명한 한계가 있어요. 그래서 난 e를 이을

진화의 다음 단계란 차원에서 f라는 철자를 유심히 살펴본 거랍니다. 아, 제가 비록……

조: 앗, 저에게 하시는 말씀은 아니죠? 전 수년 동안 들어왔기에 이미 인이 박힐 대로 박혀서리.

카: 아, 물론 아니에요. 이건 예전에 내가 불특정다수를 상대로 떠들었던 이야기들을 반추하는 대목이에요. 앞으로 내 이야기는 그대와의 대화나 나의 독백적 회상이 혼재된 채로 전개될 겁니다. 하하하. 사실 이 글 전체로 본다면, 일종의 인식, 그중에서도 상상이긴 하죠. 한 가지 재밌는 사실은, 보편적으로 상상은 미래에 관한 것이고 회상은 과거에 관한 거잖아요? 그런데 난 지금 현재가 아닌 미래 시점에서 미래와 과거를 모두 다루고 있어요. 고로 직전에 언급된 나는 책 밖의 내가 돼야겠죠? 책 안의 나에게는 이 모든 게 과거에 대한 이야기인 거고. 언더스탠?

조: 아, 예. 죄송해요. 제가 말씀 도중 리듬을 깨버렸네요. 형, 그런데 사실 또 헷갈리기 시작해요. 헤헤.

긁적긁적. 조르바가 머리를 긁는다. 그의 크고 긴 손톱 가장자리를 보니 검푸른 게, 무언가 이물질이 낀 것 같다. 이 양반, 머리 안 감았나?

카: 전혀 헷갈릴 이유가 없어요. 얼마 전에 내 비몽사몽에 관한 이야기를 했었잖아요. 졸면서 전화하는 두 사람 이야기 말이에요. 여기서 그 이야기를 떠올려 보세요. 지금 우리가 대화를 나누고 있는 세계는 작가의 관점에서 본다면 일종의 인식적 세계예요. 작가는 글쓰기라는 존재적 행위를 통해 인식적 세계로 슬그머니 발을 들여 놓고 있는 거죠. 그러면서 인식적 세계 속의 주체인 뉴욕 마천루에서 술 마시고 있는 나, 그리고 댁과 대화를 나누고 있잖아요. 어쩌면 그 작가는 지금 자기 자신을 포함한 우리 셋의

나는 발가벗은 한 시간 동안 자유로와진다. 그래, 나는 딜레탕트다!

시각적이지만 청각적이진 않은 대화를 빼꼼히 적고 있는 꼼꼼한 서기인지도 몰라요. 그러니 존재적 진위 여부와 무관하게 모든 게 그의 인식대로 묘사되겠죠. 말은 우리가 다 하고 그 양반은 한마디도 안 하지만, 알고 보면 우리가 놀아나는 걸 수도 있어요. 그가 우리가 말하는 그대로 기록하지 않을 수 있으니까요. 좀 더 깊이 들어가 볼까요? 우리가 나누고 있는 이 대화는, 몰라서 그렇지, 어쩌면 그의 유도 혹은 지시에 의한 것일 수도 있어요. 그렇다면 그는 신인 거고, 인정하기 싫지만 우리는 피조물에 불과한 거죠.

조: 그러네요. 이 역시 존재와 인식의 공존이네요. 아까 언급하셨던 존재 — 인식 다이어그램이 여기서 재등장하는 게 좋을 것 같아요.

카: 그나저나 남들이 보면 우리가 카잔차키스의 『그리스인 조르바』를 무척 좋아하는 줄 알겠어요. 기실 아닌데 말이에요. 그런데 열린책들 버전에 나온 사진을 보면, 카잔차키스는 자기 이름보다 조르바라는 이름이 더 잘 어울리는 게 생겼어요.

조: 오~나도 그렇게 느꼈어요. 단지 제가 조금 전에 춘 춤사위가 우연히도 소설 말미 조르바의 춤과 비슷한 느낌이 들어 그냥 갖다 붙인 이름인데 말이죠. 제 말이 맞죠, 형? 원래 작가나 영화감독이 아무 생각 없이 만든 대목도 평론가나 독자가 뭔가 있는 것인 양 만들어 버리는 게 이 세상이니까요. 그래도 탓할 수 없죠. 이 역시 예술의 묘미 중 하나니까 말입니다. 기호 혹은 상징 놀이라는 것의 특성일 수도 있고요. 그런데, 형. 혹시 제임스 조이스의 『율리시스』도 마찬가지 아닐까요?

잠깐! 마지막 말은 조르바가 속으로 한 말이다. 그래서 카잔차키스는 듣지 못했다. 괜한 말을 꺼냈다가 책잡힌 것 같아 구강계를 통하지 않고 말했던 것이다. 그러니 청자는 오직 조르바 자신 뿐이다.

> 카: 하하하. 맞아요. 그런데 내가 아까 어디까지 이야기했더라? 그래요. 내 비록 반실재론자고 쿤의 견해를 지지하고 있지만, e에서 f로 넘어가는 것을 패러다임 시프트로 보진 않아요. 왜냐? 이는 일종의 누적적 진화니까. 만일 패러다임 시프트로 생각했다면, 알파벳 연쇄라는 규칙을 파괴했겠지.

> 카: 아무튼 그래서 e 다음에 올 것이 f라는 것도 있지만, 정작 중요한 것은 시종일관 강조하는 인식의 문제랍니다. 여기서 f의 의미가 보다 명확해지지요. 즉, f란 판타지를 의미하며, 판타지란 한 주관의 인식적 세계 그 자체를 말하는 거예요. 그렇다면 자연스레 f-business가 정의될 수 있겠죠? '인식 지향의 서비스를 통해 이루어지는 비즈니스'. 어느 순간 누군가의 주관적 세계를 지배하는, 그래서 최소한 그에게 있어 그 순간만큼은 그것을 생생한 현실로 인지하게끔 만들어주는 서비스.

> 카: 판타지를 만들겠다는 사람들은 십중팔구 그리스·로마 신화 등부터 후벼 파죠. 그리고 머릿속에는 『해리 포터』나 『반지의 제왕』 같은 전형들을 박아 둬요. 즉, 그들에겐 '차이 자체'라는 게 없어요. 하지만 f-business는 그런 것들과는 사뭇 다르죠. 난 철학에서, 그것도 인식의 철학에서 시작해요. 이를 필두로 무한한 수단-목적의 연쇄 사다리를 타고 계속 내려가다 보면 언급한 그것들을 우연히 잠시 스쳐 갈 수는 있겠죠. 물론, 필연이 아니기에 만나지 못할 수도 있어요.

> 조: 이야기 전개의 편의상, 제가 잠시 '혹자'가 돼볼까요?

> 카: 아, 좋은 생각이네요.

나는 발가벗은 한 시간 동안 자유로워진다. 그래, 나는 딜레탕트다!

조: 예. 그럼 시작합니다. 그렇다면 인식론 중심의 서비스란 게 뭔가요? 손발이 오글거리네요. 아는 걸 모르는 척하면서 질문을 던지려니. 역시, 배우들 쉽지 않겠어요.

카: 그 질문에 대한 답을 '이미 수차례나 이야기했으니, 여기저기 뿌려져 있는 흔적들을 찾아보세요.' 라고 하면 까칠하다고 사방에서 욕지거리해대겠죠? 고로 다시 한 번 정리해 봅니다. 이번이 마지막이니 집중하셔야 할 거예요.

카: 먼저 이를 이해하기 위해서는 존재적 세계(이하 존재)와 인식적 세계(이하 인식) 간의 관계를 알아야 해요. 존재란 누구나 공히 이야기하고 동일한 것을 경험하게 되는 고전 물리적 세계를 의미합니다. 쉽게 말해 지금 우리가 모두 현실이라 믿고 체감하고 있는 이 세계인 거죠. 어때요? 당연히 객관적이겠죠? 누구에게나 다 똑같을 거고. 반면 인식이란, 무한의 전체 집합이 있다는 전제 하에 존재의 여집합으로, 누군가가 강력히 체감하여 몰입되어 있는 정신적 세계를 의미합니다. 따라서 주관적일 수밖에 없어요. 사람마다 다를 것이고, 설사 같은 사람이라 해도 상황마다 다를 수 있을 거예요. 물론 같아지는 경우를 완전히 배제할 수는 없는데, 이는 무시해도 좋을 만큼 가능성이 매우 낮겠죠. 여하튼 이 경우 의식의 주체는 인식적 세계를 현실로 인지하게 됩니다. 주지했다시피 경우에 따라 '존재=인식'이 될 수도 있고요. 또한, 존재와 인식을 바로 위 차원에서 관조하는 메타 세계가 존재할 수 있습니다. 이 메타 세계 상에 존재하는 자는 십중팔구 인식주의자겠죠? 왜냐하면 존재주의자는 인식주의에 무관심하거나 아예 그 자체를 모르기 때문이에요. 동일 차원 내에 자기들이 숨쉬고 있는 세계의 반대편이 존재함을 인지해야,

이 양측을 아우를 수 있는 대안을 고민하게 되잖아요? 존재주의자들에게는 이 세계가 오직 하나뿐이니, 굳이 다른 차원, 즉 메타 수준을 도입할 하등의 이유가 없어요. 고로 억지로 밀어붙인다면 그들에게는 개념·실체의 과잉 혹은 어불성설로 다가올 겁니다.

카: 하지만 인식주의자들은 어떤가요? 그들은 기본적으로 존재를 인정합니다. 따라서 최소한 두 개의 세계가 존재함을 인지할 뿐더러 무한 세계의 공존 가능성도 당연시하고 있습니다. 왜냐? 인식의 세계는 테마에 의해 형성되는데, 그 테마라는 것은 상상력과 창의력에 따라 얼마든지 무한히 존재할 수 있으니까 말이에요. 그렇다면 여기서 한가지 궁금증이 떠오를 거예요. 어떻게 메타주의자와 인식주의자가 구분될 수 있을까? 하지만 이는 쓸데없는 사족적 고민이에요. 주지했다시피 메타주의자는 생득적으로는 인식주의자일 수밖에 없으니까요.

조: 그렇죠. 여기서 바로 위치 정립이 이루어지는 거죠. 메. 타. 주. 의. 자. 이는 인식주의자를 자동 전제하므로, 굳이 인식주의자와의 이중성을 강조한다면 미필적 동어반복이 될 수밖에 없다는 거.

카: 지난번에 이런 이야기를 나눴던 적이 있죠? 현재 융복합, 통섭과 관련해서 정부나 학계가 생각하는 인지과학의 적용 방향 말이에요. 현안 해결 과제 쪽에 편중돼 있다고 말했었는데, 우리 인지과학이나 G_AI나 f-business는 여기에 그쳐서는 안 돼요. 그렇게 된다면 이는 존재 의가 희석되거나 사라지는 셈이거든요. 생각해 봐요. 기존의 수단만으로도 헤쳐나갈 수 있는 문제들이라면, 왜 굳이 새로운 걸 들먹거려 가면서 해결해야 하냐는

나는 발가벗은 한 시간 동안 자유로와진다. 그래, 나는 딜레탕트다!

거죠. 그간 하지 못했던 새로운 것을 실현할 수 있거나, 기존 수단 대비 획기적으로 효율성을 제고할 수 없다면, 이건 일종의 사회적 낭비가 될 수밖에 없어요. 아무리 징징거려도 수용될 수 없다는 거죠. 고로 우리 진영은 현안 문제의 해결보다는 사람들이 이전에 경험하지 못했던 '좀 더 빽 가는 세상 만들기' 쪽에 포커싱해야 해요. 이게 곧 인지과학, G_AI, f-business의 차별화 포인트가 될 수 있는 거예요.

조: 그럼 이제 이해도 제고 차원에서 인식 중심의 세계에 대한 예를 들어 보도록 하죠.

카: 그래요. 내가 존재적 세계의 침대 위에서 꿈을 확실히 꾸고 있을 경우, 이 세상 절대다수인 존재주의자는 내가 침대 위에서 자는 것을 현실이라고 말할 겁니다. 반면 인식주의자는 그 순간 꿈의 주체가 강력하게 인지하고 있는 세상을 현실이라고 말하게 됩니다. 고로 인식주의자의 경우, 보편적으로 통용되는 가상 현실이라는 말을 혐오하게 되죠. '그게 왜 가상이냐? 내겐 이게 더 생생하고, 극단적으로 말하면 어떤 경우에는 오로지 이것만 체감되는데 말이야.' 한발 양보해서 객관적 가상 현실이라는 말까지는 어떻게 수용할 수 있지만, 주관적 가상 현실이란 말은 절대 받아들일 수 없어요. 위 사례의 경우 객관적 가상 현실은 곧 꿈이 되는 겁니다. 그러니까 이런 거예요. 꿈속에서 너무 행복에 겨워 잠꼬대하는 어떤 사람이 있어요. 그 사람에게 꿈속 세상은 현실 그 자체인 거죠. 그런데 그 친구가 황홀경에 빠져 크게 웃으며, 무언가를 만끽하는 몸짓까지 하며 자고 있다고 생각해 보자고요. 그 모습을 녀석의 엄마가 본 거예요. 그때 엄마가 이렇게 말할 수 있다는 거죠. '짜~식, 웃고 잠꼬대까지 하고 그러

는 걸 보니, 재밌는 꿈을 꾸고 있구먼?' 혹은 '짜～식, 객관적 가상 현실에 들어가 즐기고 있구만.' 하지만 엄마를 포함한 타자는 그렇게 말할 수 있을지언정, 주체인 꿈 꾸는 자만큼은 예외라는 거. 그의 여집합들과 달리 그는 꿈속 세상에 지배되고 있으며, 고로 그에게는 그것이 곧 현실이라는 거. 방이나 침대는 현실을 위한 인프라에 불과하다는 거.

L4   아, 그렇다! 엄밀히 말하면 난 인식주의자가 아니다. 난 존재고 인식이고 구분 없이 모든 것을 다 인정하는 사람 아니던가? 상황에 따라 어떨 때는 인식을, 어떨 때는 존재를, 어떨 때는 혼재에 무게를 실어준다. 그렇다면 나를 가장 잘 설명해줄 수 있는 이념적 표현은 실상 '상황주의자' 혹은 '상대주의자'인 것이고, 상황을 구분함에 있어 가장 핵심적인 축으로 '인식이냐 존재냐, 그리고 메타냐?'라는 세계관을 적용하는 것이다. 여기서 '나'를 '현 존재' 전반으로 확대한다면 하이데거의 냄새가 풍길 수 있다.

L3   조: 아, 형의 '가상 현실'이란 말에 대한 두드러기의 원천이 바로 그거였군요.

     카: 맞아요. 수식어가 실종된 가상 현실이란 표현은 현재 기득권층이자 메이저러티라 할 수 있는 존재주의자적 견해이기 때문이에요. 절대 약자이자 극한의 마이너리티인 인식주의자 및 메타주의자의 관점에서는 존재적 세계도 단지 수많은 세계 중 하나에 불과하며, 당연히 인식의 세계는 3차원적으로 무한 생성될 수 있어요.

L4   그러고 보니 난 마이너리티의 마이너리티니, 정규 분포 극단의 극
단, 어찌 보면 변태인 셈이다. 겨털 혹은 배설 페티시스트들과 다를 바
없는.

L3   카: 인식 세계의 하부를 분류하기 위한 축은 다음과 같이 두 개로 정
의 내릴 수 있어요. 하나는 세계와 세계 간의 관계고, 다른 하나
는 존재적 시간이지요. 먼저 세계 간의 관계는 수평적 혹은 병렬
적 관계와 수직적 관계로 세분될 수 있는데, 전자는 연관을 맺은
세계들 간에 상호 독립성이 존재하는 경우를 의미하는 거고요,
후자는 이들 간에 종속성이 나타나는 경우를 말해요. 세계 속의
세계, 세계 속의 세계 속의 세계, …… 쉬운 예를 하나 들어볼게
요. 내가 지금 무슨 생각을 해. 그런데 그 생각 속에 어떠한 매
개가 존재해서 마치 층화 꿈인 양 생각 속에서 또 생각하게 되
는 거야. 이 경우가 바로 수직적 관계, 종속적 관계가 되는 거고
요. 의미적 관련도가 어떻건 간에 당연히 나중에 발한 생각이 먼
저 발한 생각에 종속되겠죠? 최소한 발생 시점에서는 말이에요
(아, 아닌가? 단지 순서상의 차이만 있을 뿐, 인과의 내역이 체감되지 않
는 상황에서는 감히 독립과 종속을 논할 수 없는 건가?). 물론 생각 속
의 생각 속에서 또 생각을 할 수 있어요. 이론적으로는 무한히.
반면 내가 어떠한 생각을 하다가 대충이건 완벽이건 일단락 져.
그리고 완전히 다른 맥락의 생각을 또 시작해. 이건 전후 간 병
렬, 수평 관계가 존재하게 되는 경우로 상호 간에 독립적 관계
가 형성되는 거죠. 전혀 어렵지 않죠? 아, 그리고 노파심에 한마
디 더 하자면, 양자가 통합될 수도 있어요. 수직적 세계의 하부
에 수평적 세계가 형성될 수 있는 거고, 반대로 수평적 세계 속

에 수직적 세계가 형성될 수 있는 거고. 혹시나 사족처럼 느껴질까 봐 주저주저했는데, 찜찜한 것보다는 욕먹는 게 나을 것 같아서 이야기해봤어요.

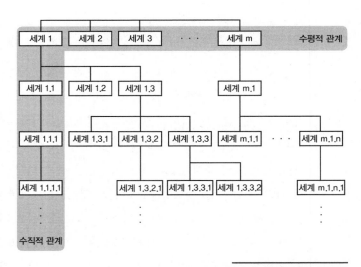

인식 세계들간의 관계 유형

그리고 존재적 시간은 고민에 고민을 거듭한 끝에 적용하게 됐어요. 즉, 호접몽이라는 장자적 고민을 인정하지 않는 이상 모든 인식의 최초 시작은 존재적 세계가 될 수밖에 없기에 시간적 좌표따기 차원에서 존재적 시간 또한 포함시킬 수밖에 없었다는 말이죠. 그러나 존재와 인식의 시간 스케일은 완전히 상이해요. 무슨 말인지 알죠?

조: 아, 그럼요.

카: 그럼 이 대목에서 대신 말씀 좀?

목이 탄다. 폭탄주 한잔이 필요하다. 지금은 술이 아닌 액체로서의 기본 역할만 하면 충분하다.

조: 그러니까 존재적 세계에서의 일분이, 그것에 대응하는 인식적 세계에서는 일 초가 될 수도 있고 천일이 될 수도 있다는 거잖아요? 그리고 형이 안타깝게 생각 하시는 것 중 하나가 인식적 세계에서는 묘사의 선형성이 파괴되고 무한의 메시지가 경우에 따라 한방에 표현될 수도 있지만, 이를 타자와 공유하기 위해서는 어쩔 수 없이 객관화된 존재적 방법을 쓸 수밖에 없다는 거잖아요. 텍스트의 한계. 언어의 한계. 그나마 이미지나 음악, 공연, 동영상 등이 대안이 될 수 있긴한데, 이들에겐 생생함이라는 장점이 있지만 해석의 자유도가 무지 높고, 또한 정밀성에 있어 텍스트에 필적할 수 없기에…… 형, 아무래도 꼬추가 간지러우시겠어요.

카: 하하하, 맞아요. 자, 그럼 펀더멘털로서 철학에 대한 반추는 여기서 마무리 짓도록 하고, 이번엔 사업적 관점에서 회고해 봅시다.

조: 설마 비즈니스 모델에 대한 일반론부터 강의하시진 않겠죠?

카: 당연하죠. 이제 정말 지긋지긋해요. 십수 년을 떠들고 다녔던. 그런데 우리의 대화가 마치 조카와 삼촌 간의 대화 같네?

조: 엥? 무슨 말씀?

카: 크크. 자, 기의는 일절 생각하지 말고 기표에만 집중해서 봐봐요. 무슨 말인지 쉬 알 수 있을 테니. 단, 읽기 정렬에 대한 회전적 사고가 필요합니다.

조: ……

카: 하하하. 아무튼 계속할게요. 우리의 타겟은 모든 인간, 즉 인류입니다. 물론 동물도 가능하죠. 개나 소나 STP를 외치는 이 세

상에 웬 닭소리냐 싶겠죠. 일단 우리 비즈니스는 존재에 의식적, 무의식적으로 (거의 100%) 빠져 있는 비고객을 고객화하는 겁니다. 여기서 자질구레한 세부 분석은 필요 없어요. 이건 인사이트 그 이상이니까.

카: 그들에게 제공하고자 하는 체감 가치는 바로 '누군가가 어떠한 쾌락을 원할 때 그것을 아무런 존재론적 제약(ex. 시공간, 개체의 유일성 등 물리적 한계, 인간 신체 및 감각의 한계, 제도적 압박의 한계 등등) 없이 만끽할 수 있도록 해줌.'으로 정의 내릴 수 있어요. 가치인 만큼 다분히 추상적이죠. 이때 내가 늘 강조하는 수단-목적 분석을 곱씹어야 합니다.

하나의 목적 달성을 위한 수단은 부지기수일 수 있고, 그것이 궁극 목적이 아닌 이상 그 목적은 수단이라는 정체성 또한 동시에 머금게 됩니다. 그러니 인지적 고착에 빠지면 절대 안 되는 거예요.

카: 하지만 추상적 사유만으로 어디 서비스를 제공할 수 있나요? 자기 혼자 책상에 앉아 공자 왈 맹자 왈만 읊어 보세요. 뭐가 변하겠어요? 고로 가치와 수단-목적 관계로 엮을 수 있는 유형화된 구체적 수단을 찾아야 해요. 그것이 바로 비즈니스 모델의 중요 요소 중 하나인 서비스 오퍼링이에요. 고객을 존재에서 벗어나 무궁무진한 인식의 세계로 안내해줄 수 있는 구체적이고 유형화된 매개 혹은 수단. 이는 약물, 책, 영화·연극·드라마, 그림, 음악, 종교, 게임, 꿈, 오감 통제, 기타 등등 다양한 양태로 형성될 수 있죠. 구체적 구현 방식은 고객의 선택에 따라 상이하게 이루어질 수 있고요. 가령 성의 쾌락을 갈구한다면, 이성(異性)과의 몸 섞임 없이 뇌의 자극만으로도 동일하게 느낄 수 있도록 해 주

나는 발가벗은 한 시간 동안 자유로와진다. 그래, 나는 딜레탕트다!

는 거죠.

조: 저, 좀 궁금한 게 성의 쾌락이라는 표현은 잘못된 거 아닌가요? 그러니까 수단–목적 관계가 잘못 상정된 게 아니냐는 말씀이에요. 환원주의적이긴 한데, 가령 A라는 쾌락이 있어요. 그런데 그 쾌락은 대체로 성행위를 통해 얻을 수 있는 거예요. 하지만 그 쾌락 요소의 실체를 알게 된다면 비(非) 성적인 방법을 적용해도 동일한 쾌락을 느낄 수 있다는 겁니다. 이렇게 된다면 성행위 역시 목적이 아닌 수단이 되는 거니까 성의 쾌락이라고 표현하면 어색해지는 거죠. 그러니까 '오르가슴을 쾌락의 한 뿌리로 가정한다면, 성행위란 오르가슴 체감이라는 목적 달성을 위한 수단 중 하나'가 적절한 표현이 될 수 있다고 봐요. 그런데 오르가슴이 막다른 골목 맞나요? 더 거슬러 올라갈 근원은 없을까요?

카: 지극히 맞는 말씀이에요. 내 의도를 제대로 읽으셨구먼. 그래서 난 인간 쾌락의 종류별이랄까, 유형별이랄까? 현존하는 뿌리 혹은 근원들을 총 정리하고 있어요. 그리고 '근원적 쾌락이라는 것들은 고정적일까 아니면 시간의 흐름에 따라 확장·소멸되는 것일까?'라는 고민도 하고 있죠.

카: 그건 그렇고, 말 나온 김에 보다 서비스에 가까운 이야기 좀 나눠 봅시다. 예전에 이런 아이디어를 공유한 적이 있었죠? 환상적인 인지과학 교수진. 그걸 토대로 교육 서비스도 만들 수 있어요. 그리고 예전에 허버트 사이먼이 GPS(General Problem Solver)라는 것을 만들었듯이 이 교육 서비스를 필두로 해서 GDM(General Delivery Model)*이라는 것을 만들어 낼 수도 있

* 주인공 '나'가 f–business의 전개를 위해 마련한 근간 모델로, 사람들이 단 한번

죠. 달갑진 않지만 전(全) 지구적 테크놀로지의 표준인 ICT를 기반으로 '어떻게 f-business 지향적 서비스를 딜리버리할 거냐?'라는 데에 주안점을 부여한 모델. 자세한 건 나중에 기회될 때 이야기하도록 하고요, 일단 교육 서비스에 집중해 봅시다. 간단히 말해서 교육의 효과가 극대화되기 위해서는 뭐니뭐니해도 학습자가 모티베이션 되는 게 가장 중요해요. 그런데 어떨 때 학습자의 눈빛이 가장 반짝반짝 빛나게 되느냐? 바로 자기가 존경하거나 흠모하는 사람과 함께 하는 그 순간이죠. 하지만 프로젝트 때문에 3박 4일 날밤 깐 직후에 그런 양반이 나타나 봐. 그래도 반가울까? 전혀. 오히려 '아, 저 새끼 왜 온 거야? 나 지금 자야 하는데.'라고 원망하게 되지. 그러니 교육 서비스의 핵심은 '내가 원할 때 원하는 자를 파트너로 모실 수 있어야 한다.'가 돼야 해요. 그런데 내 흠모의 대상은 이미 고인(故人)일 수도 있고, 설사 생존해 있다 해도 지금 이 순간 지구 반대편에서 잠을 자고 있거나 다른 사람들에게 강의하고 있을 수 있잖아요? 그럼에도 난 바로 지금 이 양반을 꼭 모시고 싶은 거라. 이런 걸 존재적 세상에서 존재적 방법으로 실현할 수 있을까요? 가령, 이 시각 오르한 파묵이 하버드에서 교양 특강을 하고 있는데, 내가 그와 '소박한 작가와 성찰적 작가'를 주제로 디스커션하고 싶다고 해서 당장 한국의 내 방으로 모실 수 있을까요? 절대 불가능하죠. 뭐 다양한 이유가 있겠지만 때려죽여도 안 되는 까닭인즉

도 경험하지 못했던 새로운 쾌락 창출을 지향한다. 사용자와 오감 기반 소통을 하기 위한 스킨(skin), 사용자의 수준, 성향 등을 파악하여 적절히 상호작용하기 위한 학습(learning), 특정 분야의 정보와 지식을 담고 있는 지식(knowledge) 등의 세계 모듈로 구성되며, 적용되는 산업에 부합하는 구체적 비즈니스 모델로 커스토마이징(customizing)된다.

슨 파묵이라는 사람은 '저 멀리 떨어져 숨 쉬고 있는, 세상 유일무이한 하드웨어'라는 물리적 제약 때문이에요. 거기다가 시차라는 시간적 문제까지 공존하니 뭐. 그러니 이를 평행 우주론으로 풀 수 있는 것도 아니고, 나노 기술이 보편화 돼 있다면 모를까 결국 우리는 소프트웨어적인 방법을 쓸 수밖에 없어요. 무한 복제가 가능하고, 거의 광속으로 아무 때나 지구 곳곳을 누빌 수 있는(마치 영혼 같네?). 거기다 변화무쌍하기까지 하고. 감이 좀 오나요? 아직까진 다분히 UI적 이야기만 했는데, 이건 학습자에게 생생함, 실재감을 주기 위한 표피적이고 감각, 지각적인 부분이고요. 그 기저에는 두 개의 원격 엔진이 장착되어 무선 통신을 통해 학습자와 양방향 인터랙션을 하게 된답니다. 하나는 지식 베이스로 중무장된 전문가 시스템이고요. 다른 하나는 학습자의 스타일, 취향과 수준에 맞게끔 상호작용 양태를 조정하기 위한 머신 러닝(machine learning), 즉 신경망 시스템이에요. 아, 여기서 머신 러닝의 러닝이란 흔히 말하는 공부로서의 학습이 아니라, 사용자에 대한 기계의 이해와 반응이라고 생각하면 돼요. 그러니까 상호작용해가면서 '아, 이 학습자의 수준이 이렇구나, 호불호가 이렇구나, 성격이 이렇구나.' 뭐, 이런 걸 파악해서 적절하게 대응해 주는 거죠. 물론 아직은 시뮬레이션 차원이에요. 누누이 이야기했지만 계산주의를 버리지 못한다면 항구적 시뮬레이션이 될 수밖에 없고요.

카: 다음은 양방향 상호작용이에요. 즉 단방향 강의보다는 양방향 디스커션이 학습에 있어 보다 효과적이라는 거죠. 그래야 잠도 안 오고 학습자 스스로 확실하게 내재화 시켜 완전히 자기 것으로 만들 수 있습니다. 여기에 연구·논의 공간 등 환경마저 원하

는 대로 조성할 수 있다면야 그 몰입도는 장난이 아니겠죠. 물론 학습을 지지리도 싫어하는 놈들은 이 서비스의 적절한 대상이 아닐 거예요. 그리고 인식주의에 대한 철저한 회의론자들도 몰입이 어려울 수 있기에 핵심 대상으로 선정하기에는 무리가 따라요. 그래도 기존하는 그 어떤 서비스보다도 훨씬 매력적이긴 하겠죠?

조: 예.

그냥 그렇고 그런 무미건조한 대답.

카: 좋아요. 그럼 시나리오를 한번 구상해 봅시다.

카: 그날도 난 자연인 고객 앞에서 열라 구라 치고 돌아왔지. 귀가 후 샤워하고 욕실에서 나왔더니 벌써 새벽 1시가 넘었더라고. 그렇지만 절대시간(absolute time)* 누리기 차원에서 괴델의 불완전성정리 좀 다시금 살펴보려 한 거야.

L4   내가 G_AI에 할애할 시간은 사실상 거의 없다. 하지만 거의 없음은 약간 있음의 다른 표현 아니던가? 너무나도 소중한 나만의 시간, 이른바 절대 시간. 퇴근 시간이 몇 시든 간에 샤워 후 새벽 2시까지는 무조건 G_AI를 통한 신 되기 준비에 몰입해야 한다. 그런데 안타깝게도 이를 만끽하기에는 적지 않은 장애가 존재한다. 대표적인 두 개 경우를 거론하자면, 먼저 상황에 따른 자연스런 변덕이다. 심야 시간에 초롱초롱 빛났던 G_AI를 향한 이 열정이 해 뜨는 순간 사치나 치기로 느껴지며, 난 프로젝트 수주와 계약에 집착하는 돈벌레로 변해 버리고 만다. 물론

---

* '나'가 G_AI 및 f-business의 실현을 위해 책정한 절대적이고 소중한 시간으로, 이 시간만큼은 다른 생각은 하지 않고, 오로지 마음이 시키는 연구에만 매진한다. 해당 시간 대는 매일 새벽 2시~취침 전으로, 관련 서적 및 논문 탐독과 사유, 집필 등을 행한다. 하지만 아쉽게도 이 시간은 '나'가 자유자재로 통제할 수 있는 보장 받은 시간이 아니다.

달이 뜨면 늑대 인간처럼 다시 제 모습으로 변신하긴 한다. 신과 맞짱 뜨고자 하는 '알흠다운' 파이터로 말이다. 이에 더불은 또 하나의 애달 픔은 기회의 원천적 박탈이다. 님을 봐야 뽕을 딸 터, 하지만 대한민국 컨설팅이라는 업의 인습상 새벽 두 시를 넘겨 퇴근하거나 밤샘을 하는 경우가 비일비재하다. 고로 이런 날은 시간을 되돌려 자유자재로 통재 할 수 없는 이상, '난 새벽 2시까지는 절대 시간을 누릴 거야.'라고 백 날 선언해 봤자 아무런 의미도 없다.

L3   그런데 빽빽한 책을 펴면 스르르 잠이 들 것 같아 책상 서랍에 서 성냥갑만 한 무언가를 꺼내 터치 했지. 거긴 디스플레이도 없고, 버튼도 없어. 빔이 나오는 듯한 구멍들은 좀 있더군. 난 익숙한 듯 어딘가를 터치했어. 그랬더니, 계기판(cockpit) 같은 2차원 평면 홀로그램이 책상 위에 쫙 펼쳐졌어. 드롭박스나 각 종 버튼이 있었는데, 학습 파트너로 괴델을 선택했지. 물론 음 성으로도 한번에 할 수 있어. 이렇게 말이야. '괴델 선생님, 어 서 와주셔요.'

과목이나 논의 주제도 따로 지정할 이유는 없어. 그냥 괴델 을 선택하면 그가 연구한 모든 것들을 갖고 자유 토론을 할 수 있으니까 말이야.

카: 그랬더니 내 맞은 편 의자 위에 3D 홀로그램으로 구현된 소프 트웨어 괴델이 '짜잔' 하고 나타난 거야. 위에서 봐도, 앞에서 봐 도, 옆에서 봐도, 뒤에서 봐도 괴델이 맞다 이거지. 난 더 이상 시건방지게 앉아 있을 수 없었어. 어떻게 그럴 수 있겠어? 이 세 상에서 가장 존경하는 분이 행차하셨거늘. 얼른 자세를 고쳐 앉 았지. 그러면서 약간의 욕심을 더 부렸다고. 매일 들락날락하는

우리 집 서재, 비록 내 원하는 대로 꾸렸긴 하지만 이제 좀 지겹걸랑? 애건 어른이건 인간에겐 싫증이란 본성이 있잖아? 물론 영악한 비즈니스는 이를 잘 이용해 빨대 꽂고 쭉쭉 빨아 먹고 있지. 그리고 보다 학구적 분위기를 조성하고 싶었던 거야. 그래서 난 터치 한번과 수차례의 손동작으로 몇 가지 사항을 입력했어. 아, 물론 이 단계에서도 음성을 통한 입력이 가능해. 그러자, 다시 한 번 마법 같은 일이 벌어진 거야. 신데렐라에게 요정이 찾아왔어요! 짜잔, 내 서재가 순간 프린스턴 풀드 홀 217호, 괴델의 숙소이자 연구실로 바뀐 거지. 참고로 괴델이 그곳에 머물던 무렵 225호에는 아인슈타인이 있었고, 아래 120호에는 폰노이만이 있었지. 가까이 있는데 이들도 부를까(참고로, 폰노이만은 112호를, 아인슈타인은 115호를 쓴 적도 있었다)?

보다시피 ICT냐 요술 지팡이냐라는 수단, 과정, 도구 상의 차이만 있을 뿐, 과학이나 마법이나 그 결과는 동일하다.

조: 말씀 도중 죄송한데요. 그 3D 홀로그램 속에 손을 갖다 대면 괴델을 촉감으로도 느낄 수 있는 건가요?

카: 굿 포인트! 그런데 이건 교육 혹은 학습 서비스에요. 그리고 파트너는 괴델이라는 남자죠. 알다시피 내 페티시스트이긴 하지만 남자 신체 부위를 더듬고 싶은 생각은 추호도 없거든요? 그러니 내 이 양반을 만질 이유도 없고, 고로 촉감은 느낄 수 없죠.

카: 다만 이를 섹스 도메인에 보다 적합하게 조정한다면 촉감의 중요도가 급상승할 겁니다. 사실 섹스의 본질을 생각하면 촉각에 관한 한 교육비즈니스보다 훨씬 더 섬세한 기술적 요소가 들어가야 하는 게 맞죠. 오감 센싱, UI나 인터랙션 기술 등이 굉장히 정교하게 터치 돼야 해요. 내 아까도 슬쩍 흘렸잖아요? 이 촉

감이라는 것도 한 단계 쪼개면 감촉, 온도, 무게로 나누어 질 수 있는데, 섹스 서비스에서는 이걸 제대로 구현하는 게 핵심 관건이에요. 생각해 보세요. 내 앞에 물리적 덩어리와 진배없는 소프트웨어 여성이 앉아 있어요. 물론 굉장한 미인입니다. 당연히 젊고요.

L4 이른바 surlogic식 튜링 테스트라고 할 수 있겠군. 아, 아니다. 내 비록 그를 존경하긴 한다만 종속되고 싶진 않아. 그러니 수정하자. 이건 surlogic 테스트다. 아, 이렇게 해도 그의 손바닥에서 완전히 벗어난 건 아니야. 그러니 그냥 없던 일로 하자.

L3 난 그녀의 손을 느끼고 싶어요. 그래서 그녀에게 손을 댔죠. 그랬더니 그녀의 부드러운 살갗의 감촉이 내 손 마디마디에 그대로 녹아드는 거예요. 어디 그뿐인가요? 몹시도 추운 어느 겨울날 얼음장처럼 얼어 있는 그녀의 차디찬 손을 내 따듯한 온기로 녹여주는 거죠. 차가웠던 그녀의 손은 점점 더 따사로워져 가고, 반면 내 따듯했던 손은 점차 체온을 잃게 돼요. 이때 느끼게 되는 보람찬 희열이랄까? '아, 내가 아름다운 그녀의 손이 따듯해질 수 있도록 일말이나마 기여했구나!'라는 뿌듯함을 맛보게 되는 거죠. 사실 이것도 아주 밋밋하고 냉소적인 관점으로 본다면 매저키스트의 코드로 읽힐 수 있는데, 이건 마음을 도외시하고 오로지 육체에만 집착할 경우 나타나는 현상으로 볼 수 있어요. 그리고 잘 아시다시피 난 무게에 대한 취향도 있어요. 그래서 책상 위에 포개져 있는 그녀의 가지런한 두 손 아래에 살짝이 살짝이 내 두 손을 밀어 넣어요. 조금씩 조금씩 그녀

의 손바닥 밑을 파고 들어가는 거죠. 그러면 그녀 손의 무게가 점차 내게 전달돼 오는 거 있죠? 그러다 마침내 손 무게의 절정을 맛보게 되고 난 그때야 비로소 파고 들어가기를 멈추게 돼요. 그리곤 눈을 감죠. 아마 미소는 덤일 거예요. 우린 지금 마주 보고 앉아 있고요. 그녀가 손바닥을 조금씩 좌우로 움직이며 내 손등을 애무해 주어요. 감촉, 체온, 무게, 모든 게 융합되는 순간인 거죠. 아, 정말이지 이대로 시간이 멈춰 버렸으면 좋겠어요.

L4   신세경의 그때 그 바람, 정말이었군.

L3   물론 섹스도 가능해요. 하지만 아직까지는 기술 구현 상의 제약이 있기에 그녀는 사랑 행위의 부산물을 빨아들이진 못해요. 책상이나 의자나 바닥에 그 흔적이 적나라하게 남게 되죠. 물론 발산의 그 순간엔 무수히 많은 그들이 하늘을 덮어 버리는 장관을 연출하게 돼요.

L4   곧 이은 떼죽음. 어떤 게 최우선적 사인(死因)일까요? 환경 급변? 추락?

L3   카: 규제 측면도 생각해 보세요. 삽입이 가능하고 조여짐이 가능하다면, 이건 그녀가 손으로 내 목을 조를 수도 있다는 거잖아요? 그렇다면 살인도 충분히 가능하다는 결론에 도달할 수 있게 되죠. 그럼 이게 조름의 세기 통제만으로 예방할 수 있는 거냐? 그렇지 않아요. 가령 급소 부위는 타격의 세기가 미약해도 상대방

을 쉽게 골로 보낼 수도 있어요. 그래서 어쩔 수 없이 적지 않은 제약 아래서 서비스를 제공하는 거죠. 기억나요? 빛에 무게와 온도와 감촉을 실을 수 있을지, 아니면 필수불가결하게 보조 장치를 사용해야 할지, 아니면 뇌와 직접 접촉하는 다른 대안을 찾아야 할지, 그게 궁금해서 I 박사에게 새벽 4시에 다짜고짜 전화 걸었던 거?

조: 맞아요. 그랬었죠. 하하하. 자다 깬 그 양반이 엄청 짜증 냈죠. 생각해 보세요. 그렇지 않아도 요즘 구조 조정에 대한 불안으로 늘 쪽잠만 자는 양반에게 꼭두새벽에 전화해 놓고 다짜고짜 한다는 말이, 맞아요. 미안하다는 말도 안 했던 것 같아요. '난 지금 빛에다 무게를 싣고 싶다. 질감도 얹고 싶다. 열은 그다지 문제가 될 것 같지 않다. 가능하다고 생각하냐? 그렇다면 구현까지는 얼마나 걸리겠냐?' 크크크. 그래도 그런 문제의식을 갖고 욕도 먹어가며 꾸준히 R&D했기에 여기까지 올 수 있었던 거죠.

카: 그렇죠. 그 양반 얼마나 황당했을까? 아무튼 그건 그렇고, 이렇듯 UI의 비중이 큰 만큼 대신 지식 모듈의 무게는 한층 가벼워질 수 있지요. 소프트한 그녀가 무슨 심오한 이론을 갖고 있는 것도 아니고 나 또한 그녀와 지적 유희를 나누고자 하는 건 아니니까요. 그럼 나머지 기저 엔진인 학습 모듈도 단순해질까요? 오, 전혀 그렇지 않죠. 그에 대한 압박은 역시나 교육 서비스 대비 더 늘어날 수 있어요. 비즈니스적 표현을 쓰자면, 머신 러닝은 다차원 맞춤형 서비스를 제공하기 위한 용도로 활용되는 거예요. 그러니까 여기서 다시 한 번 얕은 차이, 깊은 차이의 이야기를 꺼낼 수 있는 건데요. 개체 간 차이, 특정 개체에서도 상황

적 차이, 이런 미묘한 부분까지 다 파악해야 하기에 그러면서도 촉각적으로, 육체적으로 대응해줘야 하기 때문에 계산량도 그렇고 상당히 복잡 다난해질 수밖에 없어요.

L4 그러니까 맞춤형 서비스에 있어 진정 중요한 것은 예측이 아니야. 대상 개체의 실시간 변덕에 순발력 있게 대처할 수 있는 민첩성이지. 소위 쌩어로 말하자면 눈치코치라 할 수 있겠군.

L3 조: 압착감, 누르는 느낌, 눌려지는 느낌, 당겨지는 느낌, 비비는 느낌, 뭐 이런 것도 있어야 하지 않을까요?

카: 그건 무게, 감촉의 조합을 통해 파생해 낼 수 있는 거예요. 뿌리에 해당하는 건 무게, 감촉, 온도가 맞아요. 그리고 교육 서비스 예에서도 이야기했듯 정신적 투쟁이 필요한 사람들도 있어요. '때려죽여도 이건 실체가 아니다. 허상이다'라는 존재적 입장을 고수하는 사람들. 그런 사람들에게는 완벽한 서비스가 될 순 없겠지만, 그럼에도 아까와 마찬가지로 책이나 동영상을 보는 것과는 차원이 다른, 단 한 번도 경험해 보지 못한 뻑감을 느낄 수 있을 겁니다. 물론 나도 적절한 서비스 대상이 될 수는 없어요. 내가 존재, 인식에 대해 부단히 고민한다는 점도 있지만 내 희열 포인트 중 하나가 '상대방 입장에서 아무렇지도 않다는 듯이, 아무 일도 없다는 듯이 특정 행동을 취한다'는 것이기 때문이에요. 무슨 말인지 알죠? 아무튼 댁도 나와 비슷한 페티시 성향을 갖고 있어서 무척이나 반가워요. 솔직히 우리가 가까워진 이유가 비즈니스나 아카데미 같은 이성적 측면에 있는 건 아니잖아요? 페티시같은 감성, 똘끼, 광기 측면에 있지. 그렇지 않아요?

하하.

카: 자, 이야기가 잠시 샜는데 다시 교육 서비스 이야기로 돌아갑시다. 내가 만일 불완전성정리에 대한 고전적 질문을 던졌다고 생각해봅시다. 그러면 이것은. 흠, '이것'이라고 하니 웬지 죄를 짓는 것 같아 송구스럽네? 서비스명을 '디지털 프로페서'라고 합시다. 이 디지털 프로페서는 불완전성정리를 중심으로 기 구축된 전문가 시스템 모듈을 거쳐 내 질문에 답을 하게 돼요. 그런데 여기에 담긴 지식이 고정적인 거냐? 당연히 아니죠. 이 전문가 시스템은 그의 오리지널 불완전성정리를 기반으로 했되, 이후 전 세계 사람들을 대상으로 여러 차례 서비스를 제공하면서 학습된 내용도 반영된 거거든요. 물론 이 순간에도 실시간으로 업데이트되고 있고요. 그는 이렇게 강력한 자원들을 갖고, 나와 갑론을박하게 됩니다. 철저하게 논리를 전개해 나가나, 그 와중에 혹, 극복할 수 없는 맹점이 나타나면 약간의 고민 후에 자신의 견해를 수정하게 되죠. 디지털 프로페서의 표면적 고민 시간은 사실 검색의 시간이에요. 전문가 시스템 및 보편 지식 시스템(인터넷)에서 대응 지식과 논리를 검색하는 시간 말이에요. 이러한 광범한 검색에도 불구하고 해결 대안 인출에 실패한다면 결국 그는 내 의견을 받아들이게 되고, 그 순간 시스템은 실시간으로 자동 업데이트된답니다. 정말 죽여주는 서비스 아닌가요?

카: 우린 이러한 서비스로 우디 앨런과도 대화를 나눌 수 있고, 뭐 이게 1:1로만 이루어져야 하나? 내가 좋아하는 양반들 그냥 다 부르는 거야. 괴델, 조이스 등 우리 환상적인 인지과학 교수진은 물론이고 스탠리 큐브릭, 팀 버튼, 데이빗 크로넨버그까지. 그리고는 한바탕 다대다 난장을 벌이는 거지. 주제는 1) 쾌락, 2) 존

재, 인식, 그리고 메타 세계, 3) 상대성과 절대성 혹은 실존과 본질, 4) 인간 본성의 자연스러움과 자유로움, 5) 계산주의의 극복을 위하여, 6) 탈논리를 넘어 초 논리로, 7) 딜레탕트 vs 프로페셔널. 캬~ 죽인다.

L4   이런 거 몇 번 돌려보면 웬만한 사람들도 정말 학제적 개인으로 거듭날 수 있을 텐데 말이야. 그러면 확장된 인식의 힘으로 이 세상에 새롭고 보다 큰 쾌락을 선사할 무언가를 창조해낼 수도 있는 거고. 날로 발전하는 선순환. 이른바 나선. 후후. 이렇게 되면 교수들의 행위와 수익 모델도 달라져야 할 거야. 그들의 존재 자체가 붕괴되지는 않겠지만, 큰 변화가 초래되겠지. 지식 전문가는 필요하나 전통적인 교수와 대학의 가치는 희석되고. 법조계, 의료계 사람들은 죄다 쓸모없어지고. 이성과 구조는 가라. 이건 다 계산주의의 총아인 컴퓨터가 대체한다. 앞으로는 개인기와 감성, 창의성, 직관, 의미를 추구하는 예술가가 최고의 권좌에 오를 지어다.

L3   조: 그럼 이런 비즈니스를 대체 왜 해야 하는 걸까요?

    카: 의식적인 나의 답은 '하고 싶어서'예요.

    조: 왜 하고 싶은 걸까요?

    카: (이런, 인과율에 오염된 인간 같으니라고!) 아까도 말했듯 현안 문제를 초월한 발전적 이상의 체감을 위한 겁니다. 컨설턴트들이 좋아할 만한 식으로 표현한다면 '네거티브의 포지티브로의 전환' 혹은 '포지티브의 증대'라고도 할 수 있겠네요. 난 두 가지 보편 관점을 견지하고 있는데요. 먼저 서비스 제공자, 즉 내 관점에서는 신이 되기 위함이고요, 서비스 이용자 관점에선 완전

    나는 발가벗은 한 시간 동안 자유로와진다. 그래, 나는 딜레탕트다!

히 새로운 쾌락을 만끽하기 위함이지요. 물론 여기에도 신 되기 서비스가 포함될 수 있는데, 이건 직전에 말한 신과는 다른 거예요. 어떻게 보면 전자는 일종의 존재적 신인데 반해, 후자는 전적으로 인식적 신인거니까 말이죠. 물론 존재적 세계의 구조적 한계, 즉 물질적, 정신적 희소성에서 탈피해 보자는 바람도 들어 있어요. 특히 정신적 희소성.

조: 리스크랄까? 아니면 제약 조건이랄까? 어떤 것들이 있을까요?

카: 우리가 Sci-Fi 영화에서 봤듯, 기술과 관련되면 늘 따라오는 녀석이 있잖아요? 바로 그런 문제죠, 뭐. 이 비즈니스도 윤리적 문제에서 자유롭진 못할 거예요. 서비스 제공자의 도덕성 문제라던가, 같은 맥락이긴한데 전체주의의 부활? 그리고 아까 살해의 문제도 잠깐 짚었었죠? 하하. 그런데 이건 내가 꿈꾸는 수준에 100% 근접했을 때의 문제고요. 그전에는 윤리에 관한 한 크게 문제 될 게 없다고 봐요. 생각해 봐요. 조선시대에 가서 스마트 폰의 정신적 폐해를 논하고 있다면 어떻겠어요? 그리고 솔직히 이야기해 보자고요. 그 무대가 존재건 인식이건 간에 어떠한 의사결정이 내려지면 그것이 제아무리 최선이라 해도 부작용이 전혀 없을 순 없는 노릇이잖아요? 당연히 무언가 얻는 게 있다면 잃는 것도 있게 마련이죠. 그러니 유독 인식적 세계에서만 시시비비를 가리고자 각을 세우는 것은 옳지 않아요. 어쩌면 이 역시 존재주의의 핵심 기득권자들의 암묵적 횡포일 수 있어요. 대한민국에서 살인 사건이 일어났다고 해서 대한민국이란 나라를 없앨 순 없는 거예요. 사람이 사람을 죽였다고 해서 인류 전체를 멸할 순 없는 거예요.

조: 매력적 슬로건 '존재론상의 쿠데타'라는 것도 암시해 주는 게

있는 것 같아요.

카: 맞아요. 바로 기득권층의 방해 문제죠. G_AI의 현실에 있어서
도 결국 탄압의 주체는 이성 중심 사회의 기득권층이 될 거라 말
했었죠? 완벽한 논리, 계산을 추구하는 직업부터 하나하나 도태
될 것이다. 그런데 그 대표적인 것이 무엇이냐? 법조계, 의료계,
학계. 이들은 G_AI의 실현 징후가 보이면 원천적 차단에 돌입
할 거라고 했었죠? 진화의 과정에 있어 f-business는 이보다
훨씬 더 큰 난관에 봉착하게 될 겁니다. 아까도 말했듯 부자가
됐건 가난한 자가 됐건 죄다 존재주의자예요. 그러니 인식 기반
의 서비스가 제공된다고 하면 다들 거부감을 갖거나 사기로 느
낄 가능성이 농후해요. 그러면서 리스크-테이킹을 하지 않으려
하겠죠. 단 한 번도 경험해본 적이 없으니까. 그리고 이러한 인
간 특유의 보수성은 미경험 분야를 잘 수용하지 않으니까. 그런
데 아까와 마찬가지로 이 역시도 먼 훗날의 이야기일지 싶네요.
그런 행복한 고민들을 본격적으로 할 수 있는 날이 하루빨리 왔
으면 좋겠어요.

카: 기득권 박탈을 제외하고 궁극적으로 존재주의자들이 가장 우려
할 부분은 이런 걸 거예요. 많은 영화나 소설에서 다뤄졌듯 다수
의 사람이 인식적 서비스에 탐닉한 나머지, 존재적 세계에서는
거의 활동하지 않고 마치 태아처럼 캡슐 같은 곳에 몸을 쭈그리
고 누워있는. 물론 존재적 시각을 전제로 할 경우에요. 최소한의
영양분을 공급받으며 그들은 캡슐 안에서 자신이 원하는 인식의
세계를 누리고 있는 거죠. 배설까지 깔끔하게 처리해 주기도 합
니다. 그런데 중요한 건 영화를 보면 캡슐 안에 24시간 내내 누
워 있는데, 우린 그렇게 하지 않아요. 우리는 무의식과 의식을

구분해서 의식 쪽에 특히 더 집중하죠. 그럼 그때 무의식은 뭘 하느냐? 바로 존재적 필수 행동들을 하는 거예요. 때가 되면 밥을 먹고, 알아서 화장실도 가고, 잠도 자고. 유사 이래 기본적 행동에서 점차 세분화되면서 인간과 동물 간에, 인간 내 계층 간에 차이가 발생했었는데, 다시금 비차별의 상태로 회귀 되는 거예요. 질이니 편의성이니 무드니 멋이니 하는 그런 다양한 선택적 행위에서 필수적 행동으로. 그러다 보면 존재적 세계에 있어 사람들의 니즈는 기본화, 표준화, 단순화, 획일화, 비차별화 아니 무차별화 돼가고, 이에 따라 존재적 비즈니스 기회들은 엄청 줄어들게 될 겁니다. 극단적으로는 단 한 개만 남게 되겠죠. 아, 아직까지는 사실상 세상의 거진 다인 존재 기반 서비스 제공자들의 아우성이 들리네요. 우린 고객들이 존재적 생존을 위해 필히 해야 할 일들을 할 수 있게끔 도와주면서, 인식 세계를 생생하게 만끽하도록 해주는 것을 목표로 하고 있어요. 그러니까 우리 고객은 존재적으로 라면을 먹으면서 인식적으로는 명왕성 바닥을 매만질 수도 있는 거예요. 인식적 세계에서 더블린을 찾아간 말미잘이라는 이름의 녀석이 대뜸 조이스에게 시비 걸고 싸우는 동시에, 존재적 세계에서는 화장실에 똥 싸러 가서 깨끗하게 뒷정리까지 할 수 있게끔 처리해주는 거죠. 그러니까 캡슐, 잠, 꿈, 이런 데에만 사고를 고착시켜서는 안 돼요. 물론 내, 기술 제약 어쩌고 운운하긴 했지만, 그 수단 역시 디지털, ICT에만 국한시켜서도 안 되겠죠. 누누이 말했듯 글, 약물 등 다양한 수단이 있을 수 있으니까요.

카: 아, 말미잘과 조이스의 싸움 이야기를 하다 말았네. 계속할게요. 똥 싸고 바지를 올리는 동시에 그는

"야, 조이스. 보편적으로 글이 어려운 건 두 가지 이유 때문이야. 하나는 고도의 지식이 요구되는 경우고, 다른 하나는 글쓴이가 다분히 주관적으로 지 꼴리는 대로 막 갈겨 썼을 경우지. 난 네가 전자인 척하지만 실은 후자 쪽으로 나갔다고 생각해. 『율리시스』의 소위 '이타카'라 불리는 장을 보면 확연히 드러난다고. 이제 남은 장들은 '이타카'와 '페넬로페'뿐이겠다. 그런데 아직 과시하고 싶은 것들은 많이 남아 있겠다. 그러니 이쯤에서 왕창 싸지르자. 형식도 싸기 편안하게 Q&A 식(교리문답은 무슨?)으로 해보자꾸나. 꾹 참으면 과시욕 미배설로 인한 화병으로 급사할지도 모르잖아? 봐봐. 노숙 중인 콜린 윌슨이 내 견해에 고개를 끄덕이고 있잖아. 미소도 짓고 있군그래. 그런데 '이타카'는 재미 측면에 있어 『율리시스』 최고의 장이긴 하지만 학제적 개인 관점에서 본다면 너무 약했어. 그래도 고마우이. 즐거웠던 건 사실이니까 말이야. 으하하하하하하하하!"

그랬더니 표면적으로는 그렇게도 매너가 좋은 조이스가 급흥분을 하게 되죠.

L4   실비아 비치가 조이스 숭배자이기에 매너 남으로 묘사한 걸 수도 있어. 거트루드 스타인에 대한 그녀의 평을 한번 들어 보라고.

L3   "이 무식한 들보잡 놈이 뭘 안다고 감히 나에게!"

그러면서 말미잘을 마구 두들겨 패는 거예요. 스티븐과 번갈아 가며 돌리고 다니던 물푸레 지팡이로 말이죠. 조이스 아저씨 의외로 싸움을 잘하더군요.

L4   와우! 내 인식 세계와 조이스의 인식 세계가 마침내 오버랩 됐구나. 경이적 모멘트! 그의 준거 세계 역시 인식적 세계였다.

L3   그때 댈러웨이 부인을 아바타로 삼은 채 루시 대신 꽃 사러 나왔다가 급기야 더블린까지 건너온 그의 수개월 연상, 아니지, 일상(日上)이란 표현이 맞겠네. 아무튼 평상시 조이스에게 콤플렉스를 느끼고 있던 런던의 울프가
"쯧쯧쯧, 조이스 저 자식. 현학적으로 놀다가 저 꼴 날 줄 알았어"라며 썩소를 머금고 쳐다보는 거 있죠? 벅 멀리건과 헤인즈도 어깨동무한 채 조소를 보내고 있고요. 거티 맥도웰을 관음하며 딸 치고 있던 레오폴드 블룸도 웅성거리는 소리를 듣고는 팬티와 바지를 대충 추스르며 싸움 구경하러 왔지 뭐에요? 정력왕, 블룸. 대중탕에서 거사를 치른 지 얼마나 됐다고 또.

L4   내가 블룸이었다면 흥분의 최절정을 맛보진 못했을 거야. 왜냐? 거티는 나를 의식하고 행동했거든. 여자의 행동에 있어 '아무렇지도 않다는 듯이'라는 변수가 사라지게 되면 극한의 스코어에서 사정없이 감점이 들어갈 수밖에 없어.

L3   카: 하하하. 아무튼 먹고 자고 싸고 하는 중요한 존재적 삶의 행동에는 전혀 문제 될 게 없습니다. 그리고 다 생각하기 나름이에요. 자, 대중은 존재를 리얼이라 하고, 인식을 가상, 환상이라고 말하죠. 그러니까 주가 존재고, 보조가 인식이란 건데, 이를 존재가 보조(인프라)고, 인식이 주(리얼)다라고 생각하면 되는 거예요. 이렇듯 붕괴란 건 있을 수 없어요. 형이상학적 세계와 경험

적 세계가 조화를 이루어야 하듯, 존재와 인식 역시 섞여야 의미가 훨씬 더 커지는 거죠. 아니 그래야 양자 모두 생존할 수 있는 거예요.

L2 아니면 신의 자위? 솔직히 그 순간은 짜릿한 쾌락이었고 직후는 축축함과 찝찝함의 난장이었다. 그러니까 프리(pre)에서 온(on)까지는 한없이 치고 오르다가 정점의 온 직후 수직 낙하한 것이다. 존재로 돌아와 사건 발발 지점에 오른손을 투입 시켰다. 끈끈한 점액으로 엉겨 붙은 털. 꼬추와 털이 느낀 축축함이 이 바쁜 손에도 고스란히 전달됐으며, 불쾌감에 본능적으로 서둘러 욕실로 향했다. 총 다섯 개의 삼목을 기준으로 바깥쪽은 완전 노출(상호 간 간섭, 강화 가능), 안쪽은 실루엣 노출, 임어당이 이렇게 말했었던가? '철학자가 인생을 바라보는 눈은 화가가 경치를 바라보는 것과 같아 베일이나 안개를 통해서 바라보는 것이다. 그러면 사물 자체의 원래 모습은 가려지므로, 오히려 그 윤곽을 쉽게 짐작할 수 있다.'고 말이야. 거울 속 상(象)의 인식에 대한 촉각과 시각 간의 다툼. 임어당은 촉각을 승자로 보는건가? 난 몽정의 경험을 통해 이미 생활의 철학자가 돼버린 것 같아. 기득권층이 만들어 놓은 제도권에 들어가지 않았을 뿐, 그것도 이미 10대 초중반에 말이야. 그에 대한 반응, 천근만근 걱정과 궁금증, 혹시 질병에 걸린 건 아닐까? 내가 자유로이 통제할 수 있는 건가? 여하튼 이 축축한 상황에서 빨리 벗어나도록 하자. 졸리운 기운을 버리고. 그리고 수건을 들고서.

L1 난 아들과 딸, 손자와 손녀, 증손자와 증손녀, 고손자와 고손녀, ……
등을 떠올리게 되었고 결국 두 번째 목적이 확고부동해졌다. 내 서재, 내 책의 세계로의 동화(同化)를 내 후손이 흔쾌히 동의해주기를 바랄 뿐

나는 발가벗은 한 시간 동안 자유로와진다. 그래, 나는 딜레탕트다!

이다. 그 책을 펼쳐 들면 예전에 내가 썼던 글들을 만날 수 있다. 참으로 희한하고도 재밌는 점은 긴 시간이 흘렀음에도 불구, 나도 모르게 예전에 밑줄 그었던 그 자리에 또다시 밑줄을 그으려 하는, 예전에 썼던 내용을 뉘앙스만 약간 달리한 채 똑같이 쓰고자 하는, 그런 나를 발견할 수 있다는 것이다. 물론 가끔 예전의 나와 지금의 내가 생각이 다를 때도 있다. 그때는 나끼리의 디스커션이 촉발된다. 그러나 이전 것은 이미 화석화돼 있기에 존재적 양방향 논의 전개는 불가능하다. 그리고 가끔 예전 글을 보고 감탄할 때도 있고, 무슨 의미인지 도통 이해가 안 가 답답함에 식음을 전폐할 때도 있다. 이런 경험 덕분으로 예전이 키워드 중심의 메모였다면, 지금은 최대한 상세히, 더불어 예제 삽입 모드로 가고 있다. 메모한 일자까지 표기한다. 심지어 날씨까지도. 만일 이 책을 세 번째 보게 된다면 그리고 메모의 욕구가 생기게 된다면, 나끼리의 대화는 어느새 3인 규모로 늘어나게 된다. 이렇듯 나끼리의 대화를 유추하면 자자손손 이러한 게임을 즐길 수 있다는 결론에 도달하게 되는데, 그러면 여기서 시간을 축으로 한 이중 구조가 형성된다. 하나는 자신끼리의 수평적 대화, 또 다른 하나는 선조와의 수직적 대화. 저 멀리 떨어진 후손과의 대화는 존재적으로 불가능하다.

L2   이를 가능하게 만들기 위해서는 타임머신 같은 대안이 어서 실현돼야 한다. 물론 타임머신이 상용화되면 난 그리스를 제일 먼저 방문할 것이다. 그리고 아리스토텔레스에게 똥침을 날릴 것이다.

L1   이렇게 된다면 이 세상에 전무후무한 300년을 준비한 책도 나올 수 있다. 한 세대를 30년으로 간주하고 10대손까지 전해진다면 한 권의 오리지널 텍스트를 갖고 나끼리의 대화도 가능해지고 선조들과의 세대를

넘나드는 대화도 가능해진다. 따라서 이러한 텍스트 원문에 자리잡은 세대 간의 누적적 메모를 책으로 엮으면 실로 재밌는 책이 될 것이다. 어떤 부분은 전 세대에 걸쳐 몰 관심이 될 수 있으며, 어떤 부분은 특정 세대에서만 관심을 끌게 될 것이고, 또 어떤 부분은 전 세대를 관통해 관심을 얻게 될 수도 있다. 난 이 프로젝트를 하고 싶다. 그러니까 자손에게 책을 물려주면서 유언으로 이 프로젝트에 대한 원대한 야망을 남길 것이다. 그런데 이걸 장자 중심으로 가야 하나? 아니면 자식 간 분할을 해야 하나?

L2 순간 프랭크 설로웨이가 나타났다…… 급 돌아간다. 그냥 보내 좀 미안하다.

L1 남들이 유산으로 돈이나 권력 등을 물려준다면, 난 thinkability와 교양과 이 장기 프로젝트를 넘겨 주고 싶다.

L0 갑자기 퀴퀴한 매연 속에 뭔가 반짝하더니 빨개지다가 곧 어두워진다. 된장, 눈에 뭐가 들어왔나 보다. 담뱃재? 왕 먼지? 아무튼 이 망원동 종자란 것들은…… 왼쪽 눈을 비빈다. 물컹. 겁이 난다. 헉, 이거 뭐지? 이물질의 감촉. 오른 눈이 절로 꽉 감긴다. 내 인상은 코 풀고 난 휴짓조각처럼 마구 일그러진다. 왼 엄지와 검지가 자동 가동된다. 끄집어낸다. 이런! 뚱뚱한 파리다. 세상에 이런 일이! 어리바리 파리가 천천히 걷고 있는 사람의 눈에 급 날아들어 사망하다. 내 눈이 불이고 지가 나방도 아닌데 본능적으로 달려들었을 리는 만무하고 아마 실수였을 거다. 그렇다면 이는 원숭이가 나무에서 떨어지는 것보다 더 큰 특종이 아닐까 싶은데? 이제 왼 눈을 감고 오른 눈을 뜬다. 가능한 최대로 강하게

나는 발가벗은 한 시간 동안 자유로와진다. 그래, 나는 딜레탕트다!

감는다. 역시 얼굴은 코 푼 휴짓조각으로 변한다. 코 푼 휴짓조각은 반드시 휴지통에 버려야 한다. 아니면 주머니에 넣건 손에 쥐건, 갖고 다니다가 길거리나 집에 있는 휴지통에 버려야 한다. 이게 문화 시민의 바람직한 자세다. 그런데 지금의 휴지는 내 얼굴이며, 주변엔 휴지통이 없다. 그렇다면 이 휴지를 목으로 받쳐 들고 집까지 가서 집에 있는 휴지통에 버려야 한다. 물론 도중 휴지통이 발견되면 그곳에 버릴 수도 있다. 휴지통 입구는 제법 커야 할 거다. 그러나 이 특별한 휴지는 엔트로피 법칙에서 벗어날 수도 있으니 꼭 버리지 않아도 된다. 이건 전적으로 내 자유 의지에 달렸다.

저 앞에서 생면부지의 한 여인이 나를 향해 다가온다. 좀 전 눈 비빔의 순간에 웬 형체가 유령처럼 어렴풋이 보였는데 아마 그 무언가가 이 여인이었나 보다. 그렇담 이 여인은 짧은 순간 동안 나에 관해 많은 것을 목격했을 테지?

터버터벅 자신을 향해 걸어오던 한 남자가 있어. 그런데 갑자기 멈춰 서서는 왼 눈 한번 스윽 문지르고 오른 눈으로 윙크를 찌인하게 했다가 왼 눈으로 또 찌인하게 윙크하는 거야. 그것도 얼굴을 심하게 일그러뜨리면서. 그녀는 두리번두리번 주변을 살핀다. 그 남자 쪽으로 걷고 있는 이는 오직 자기 하나뿐이다. 그렇담, 나에게?

"아야!"

소리를 지르며 그녀도 멈춘다. 카메라 렌즈가 오랜만에 7011번 버스 안 그녀를 향한다. 그녀는 두 남녀가 마주 보고 서로에게 다가가다 남자가 먼저, 그다음엔 여자가 순차적으로 멈추는 모습을 유심히 지켜보고 있다. 저 자식 조금 전만 해도 나와 눈 맞춤 하더만 이젠 저 여자에게 수작 부리는 건가? 시간이 얼마나 지났다고. 정조 관념 없는 놈. 하여간 망원동 것들이란, 쯧쯧. 방금 저 여자가 저 새끼 보고 뭐라고 얘기한 것 같은데? 서로 마주 보고 있다. 차는 여전히 미동조차 않고, 멈춰 있는 차들 사이 사이로 비양심적 망원동 인들이 옳다구나 마구마구 무단 횡단하고 있다. 「쾌지나칭칭나네」에 걸맞은 춤사위로 건너는 이들도 있고, 마이클 잭슨의 문워크 자세로 건너는 이들도 있다. 나미의 「빙글빙글」을 연상시키는 몸짓으로 건너는 이들도 있다. 저런 것들은 불도저로 확 밀어버려야 해. 그래야 다시는 저런 짓 안 하지. 지금 차도는 무단 횡단이 마치 지역의 명물인 양, 차 반, 사람 반으로 가득 채워져 있다. 무슨 축제가 열린 것 같다. 좌우지간 내, 차 안에 있을 때 저렇게 무단 횡단하는 인간들을 보면 그냥 팍 회 떠버리고 싶다. 아무래도 오늘 모임 끝나면 일식 요리 학원에 등록해야겠어. 바다가 오염됐는데 회를 먹어도 되나? 아, 언제쯤 출발할 수 있으려나? 답답하고, 지루하고, 짜증 난다. 뭐 재밌는 거 없을까? 가만있어봐. 개성적인 시나 한 수 지어 볼까? 제목은 '시냇물은'.

x라 짜증 나는 오늘.

x라 맛있는 짜장면을 먹고.

x라 먼 곳까지 가서. 어, 다음에 할 말이……

x라 생각 안 난다.

휴~ 이것도 별 소용 없네. 쟤네들 구경이나 계속해야겠다. 아무래도 둘이 잘 아는 사이인가 봐? 그럼 저 자식이 아까 내게 던졌던 추파는 뭐지? 다다익선이라는 건가? 바람둥이 자식. 동의이음의 욕을 수차례 반복한다.

거리 위 그녀, 두툼한 차량 진입 방지용 기둥에 오른손을 올려 몸을 살짝 기댄다. 오른쪽 발에 무게를 싣고 왼쪽 운동화를 왼발로 흔들어 벗으려 한다. 운동화는 벗겨질 듯 벗겨질 듯 벗겨지지 않고 버티고 있다. 요놈 봐라? 더 세게 흔든다.

나는 발가벗은 한 시간 동안 자유로와진다. 그래, 나는 딜레탕트다!

버스 안 그녀, 이렇게 생각한다. 저 지지배는 왜 또 갑자기 '셔틀' 질이야? 좀 있다간 '잉여' 하겠네?

운동화 벗으려는 여자는 눈 비비던 남자 때문에 버스 안 여자에게 '지지배'라 불리고 있다. 운동화는 팔과 손을 내밀어 그녀의 발을 꽉 붙잡는다. 그 광경이 참으로 필사적이다. 그래, 저래야 해. 저렇게 악착같은 면이 있어야 성공할 수 있어. 아무래도 저 지지배는 신발을 벗지 못할 거야.

순간, 거리 위 그녀가 외친다.

"이 새끼가 미쳤나?"

그렇다면 운동화는 남성이란 말인가?

그런데 웬걸? 발악을 하니 운동화는 결국 떨어져 나간다. 아, 악착같은 면이 있어도 실패할 수 있는 거구나? 그래 맞아, 이런 게 바로 인생 세간이야. 악착같다고 다 성공한다면 말이 안 되지. 내 이럴 줄 알았다니까? 재수 없는 사후 설명 편향(hindsight bias). 떨어져 나간 운동화는 저리로 날아 버스 안 그녀 바로 옆 유리를 친다.

버스 안 그녀는 순간 오금이 저리다. 헉, 틀림없이 내 욕을 들은거야. 눈을 꼭 감고 부들부들 떨고 있다. 그 사이 운동화는 좀 더 날아올라 흔해 빠진 흉물 전봇대의 상단을 두드린다. 이후 급 낙하하여 바닥을 치고, 정말이지 거짓말처럼 주인의 발아래에 떡하니 멈춘다.

하얀색 양말을 신은 채, 그녀는 운동화를 강력하게 응징한다. 하나, 둘, 셋, 넷, …… 반복적으로 짓밟다 보니 하얀 양말의 군데군데에 흙과 때가 묻는다. 자세히 보니 원에 가까운 형태의 구멍도 뚫렸는데, 그 반지름이 점점 커지고 있다. 양말을 벗는다. 아직 분이 풀리지 않은 듯, 절묘한 쓰리 쿠션으로 돌아온 운동화를 이번엔 발목을 시계, 반시계 방향으로 수차례 돌리며 맨발로 처참하게 계속 짓이긴다. 떨고 있던 버스 안 그녀도 그 광경을 보고 잔혹함에 몸서리친다.

　내 세계에서도 두 손이 얼굴을 가린다. 너무나도 고통스러운 광경. 그러나 내 손가락 사이엔 적지 않은 틈들이 나 있다. 그 틈새로 훔쳐 본다. 틈새는 존재적으로 8개 혹은 9개이나 인식적으로는 2개다. 버스 안 그녀에게 처참함, 처절함으로 와 닿는 그 장면이 사실 내게는 너무나 강력한 유혹과 부러움으로 다가온다. 아, 저 운동화 녀석, 아하하아. 아하하아. 뽀얗고 가느다란 발목. 시각적 질감이 뽀송뽀송한 게 갓 목욕하고 베이비 로션을 바른 아가의 피부와 다름없다. 발목이 아가라면 '그러네, 보기 좋네.'에서 그치겠지만, 발목은 성인인데 피부와 향이 아가라면 이건 죽음이다. 꿀꺽. 아니, 이 누군지도 모를 여자가 왜 내게 교태를 부리는 거지? 그동안 인지하지 못하고 있었을 뿐, 이 여자 사실은 오래전부터 나를 관찰하고 분석해 온 스토커가 아닐까? 그래서 내가 정호탕에 갔다 오는 시점을 계산, 우연인 양 위장한 채 반대편에서 다가온걸 거야. 빨래 아낙에 대해 내가 그러듯 말이야. 순간, 인정하듯 그녀가 내 지척에서 고혹적 아치의 발목을 적나라하게 노출한다. 만일 내 추측이 맞다면 이건 연속되는 두 번의 경이적 모멘트다. 이 스토커가 싫지 않다. 오히려 고마울 따름이다. 고로 스토커가 아니다.

　스윽 왼손을 내민다. 조금 전 파리 만진 게 신경 쓰여 바지에 두, 세 차례 문지른다. 바지, 미안. 대신 나중에 뭔가 촉각 거리가 생기면 너도 챙겨줄게. 바지에게 눈웃음으로 말한다. '고마워, 형.' 바지 역시 주름이 자글자글한 눈웃음으로 화답한다. 눈이 대체 몇 개냐? 상당히 획기적인 일이다. 무릎을 꿇는다. 내 왼 엄지와 중지가 그녀의 왼 발목을 감싸 안는다. 그러자 그녀는 몸을 반시계 방향으로 틀어 차량 진입 방지 기둥에 나머지 한 손마저 얹는다. 그 손은 왼손이다. 이후 몸을 뒤로 비스듬히 한 채, 천천히 고개 들어 하늘을 바라본다. 이내 두 눈을 지그시 감고 나의 발목 포옹을 애무로서 인정한다. 그리고는 느낀다. 맥락 없는 이가 보기엔 참으로 기묘할 풍경. 이번엔 외계인이 보이지 않는다. 녀석, 귀성길에 올랐나? 밋밋한 일상에서 자극적 일이 벌어지니, 짜릿한 환경에서 자극적 일이 일어날 때보다 더 큰 흥분으로 다가온다. 환경과 사건의 엇갈림이 창출하는 독특한 무드. 나머지 경우의 수, 두 개는 건드리지 않는다.

"까악!"

저~기, 어쩌면 조금 전 그녀의 시야에 머물렀을 수도 있는, 전선 위 까마귀 눈을 빌려 이 장면을 한번 요약해 보자면, 한 여자가 말이야. 오른손을 차량 진입 방지 기둥에 올려놓고 있는 거야. 몸이 그쪽으로 기울어져 있으니 당연히 오른발에 체중이 실렸겠지? 그 자세로 여자는 왼발을 몇 차례 털어 운동화를 떨어뜨리려 했지. 하지만 좀처럼 벗겨지지 않았어. 그러자 그녀는 격분한 채 뚝심 있게 밀어붙였고, 결국 성공했지. 그런데 그 말 안 듣는 운동화를 그냥 뒀겠어? 마구마구 짓밟은 거야. 생긴 거와 달리 기가 무척이나 센 여자 같아. 그러자, 위아래로 여자를 훑으며 뭔가 씨부렁거리던 어떤 남자가 기다렸다는 듯이 무릎을 꿇고 왼손을 내밀어 그녀의 왼 발목을 애무하듯 감싸더라고. 엥? 이게 대체 웬 시츄에이션? '푸드덕'. 까마귀가 이제 미션을 완료했다는 듯, 전선을 벗어나 날아간다. 생색 좀 내고 싶은지 자꾸 나를 바라보며 뭉그적 거린다. 난 손을 흔들며, 인사한다.

"잘 가, 까마귀야. 도와줘서 고마워."

그제야 까마귀가 저 멀리로 날아간다. 한 점이 된다.

L1 동네 꼬마 녀석들 추운 줄도 모르고. 언덕 위에 모여서

L0   이내 사라진다. 바지도, 까마귀도 다들 우호적이다. 고마운 존재
자들.

버스는 여전히 요지부동이다. 그러나 곧 버스 안 그녀에게 희소식.
저 몇 대 건너 앞에 있는 검은색 승용차가 드디어 좌회전을 하기 시작했
다. 야호! 이제 곧 전진이다!

운동화 응징 녀는 왼발 제기차기 자세를 취한다. 환언하면, 안쪽으
로 맨발을 들어 올린다. 아크로바틱한 장관 연출. 약간 흔들거리며 그
발바닥을 왼손으로 더듬는다. 오른손은 여전히 그 기둥에 의존하고 있
다. 그러더니 왼쪽 엄지와 검지로 작은 가시 같은 이물질 하나를 빼낸
다. 아까 운동화를 마구 짓밟았으니 원래 상태보다 더 깊이 박혔을 거
야. 직후 왼쪽 눈 근처로 들고 와 자세히 들여다본다. 손목을 시계, 반
시계 방향으로 몇 차례 돌려 본다. 아하, 요놈 때문이었군. 어린아이들
이 코딱지를 만지작거리듯 검지를 엄지 아래로 말아 넣었다 튕겨 버
린다.

L1   튕기는 기술이 부족해서 그런지 애새끼들은 사방에 문지르거나 삼
켜 버리지.

L0   저런, 가시가 날아간다! 저 운동화보다 불쌍한 가시를 봐야 하나?
아니면 가시가 불안에 떨며 숨죽이고 박혀 있던 곳을 봐야 하나? 갈팡
질팡하다 난 두 마리 토끼를 다 놓치고 만다. 가시 제거 녀는 발을 내리
고, 발은 손의 도움 없이 스스로 신발을 신는다. 손의 도움으로 양말은
왼쪽 바지 주머니에 넣어진다. 신 나라 했던 운동화는 더욱더 흥에 겨워
쾌재를 부르고 있고, 혹시나 기대했던 양말은 좌절한 듯 구겨진다. 내막
을 알게 돼 망연자실한 나 역시 발걸음을 재촉한다. 이제 등과 등이 마

주 보고 있되 그것들이 형성한 틈은 점점 더 벌어진다. 슬쩍 고개를 돌려 보니 7부 바지 아래로 오른쪽 발목은 흰색 양말이, 왼쪽 발목은 투명 공기가 각각 감싸고 있다. 물론 이번 공기에는 한정이 없다. 아, 맞다! 그제야 한정이 있는 공기가 떠오른다. 버스 안 그녀를 찾는다. 그러나 그녀는 이미 사라진 지 오래. 차량 소통은 잘 되고 있고, 고로 다시 한 번 두 마리 토끼가 모두 다 떠나가 버렸다. 다시금 짜증이 확하고 밀려온다.

왼편 분식집에 제법 많은 사람이 삼삼오오 앉아 있다. 아직 11시 40분도 안 됐을 텐데 말이다. '칙칙폭폭, 칙칙폭폭' 문 앞 만두 찌는 공간에서 토마스 기차 소리가 나며, 덮어 놓은 뚜껑들이 '덜컹덜컹' 춤을 춘다. 침샘을 자극한다. 난 둥글둥글 보다 좌우로 길고 뾰족한 녀석이 좋다. 만두는 역시 명동 취영루가 최고긴 하다만.

광어 한 마리가 뜰채에 건져진다. 눈이 음매 소마냥 선하게 생긴 놈 혹은 년이다. 암수 구분이 쉽지 않다. 요동친다. 다가올 운명을 아는지 녀석의 몸부림이 제법 거세다. 녀석은 영문도 모른 채, 칼있으마 넘치는 아주머니의 손놀림 속에서 몹시도 잔인하게 난도질당하기 시작한다. 당연히 엄청난 피가 튀고 있다. 무서운 아주머니. 이제 그남 혹은 그녀의 목이 곧 떨어져 나갈 것이다. 내장이 제거될 것이다. 임신한 년이라면 알도 함께 제거될 것이다. 조제 알도. 아깝다, 정찬성. 깨끗이 씻겨질 것이다. 비늘이 벗겨질 것이다. 살과 뼈가 분리될 것이다. 회 떠질 것이다. 물기가 제거될 것이다. 분석될 것이다. 분석의 한계는 필히 극복되어야만 한다. 부분 부분 초고추장에 빠질 것이다. 부분 부분 그 누군가의 입속으로 빨려 들어갈 것이다. 햇빛을 담은 술과 함께 섞일 것이다. 어떤 인간의 입속에서, 식도 속에서, 그리고 위 속에서.

아주머니의 부지런한 칼놀림 뒤로 부채꼴 모양의 영상이 들락날락

한다. 두 벽에 직면해 있는 낡고 누리끼리한 4인 테이블. 세 명이 앉아 있다. 칼부림에 희생되고 있는 이 광어는 아마 저들의 입으로 들어갈지 싶다. 한 남자의 왼쪽 옆에 한 여자가 앉아 있으며, 그 여자 앞에는 덩치 좋은 남자가 앉아 있다. 좌우로 나란히 앉은 남자와 여자는 벽을 등지고 있고, 그녀 맞은 편의 남자는 칼잡이 아주머니를 등지고 있다. 당연히 그의 오른편 지척에 또 다른 벽이 있다. 얼굴이 보이는 남녀의 표정은 매우 밝다. 40대로 보이는데 둘 다 내가 좋아하는 타입이 아니다. 그러니 못생긴 거다. 재잘거림도 끝이 없다. 등을 보이는 남자의 목소리는 들리지 않는다. 대화를 주도하는 게 전혀 아니고, 그렇다고 해서 나란히 앉은 남녀 간의 대화를 경청하는 것 같지도 않다. 호응의 추임새가 전혀 없으니 말이다. 최소한 작은 몸동작이라도 있어야 할 거 아니야? 그의 자세는 고정돼 있다. 목 아랫부분의 테두리가 역삼각형 형태를 이루고 있으며, 이 도형의 상대적 상위 부분이 상대적 하위 부분보다 가깝게 느껴진다.

저 세 명 간의 관계는 어떻게 될까? 남편과 아내와 남편의 측근일까? 아니야. 그렇다면 얼굴 보이는 남자가 모서리여야 자연스러워. 그런데 지금 여자가 모서리잖아. 그렇다면 남편과 아내와 아내의 남자 친구? 여하튼 음모가 개입되지 않는 이상, 감성에 입각한 여자 중심의 자리 배치가 이루어져 있음에 틀림없다. 어쩌면 지금 테이블 아래에서 풋지(footsie)가 은밀히 진행되고 있을지 몰라. 여자가 왼쪽 구두를 벗고 발을 쭉 내밀어 맞은 편 남자의 꼬추를 때론 부드럽게 때론 강하게 문지르고 있는 거지. 문지름의 강약은 아마 무작위일 거야. 아니면 점층 후 점강일까? 그러니까 종형 곡선. 완전 다이렉트 접촉일까? 발과 꼬추의 만남에 있어 상식적으로 가능한 경우의 수는 그러니까 이렇게 된다. 발과 꼬추 사이에 아무것도 없는 경우. 그것이 곧 완전 다이렉트다. 그 사

나는 발가벗은 한 시간 동안 자유로와진다. 그래, 나는 딜레탕트다!

이에 낄 수 있는 존재자는 보편적으로 최대 3개다. 신발을 벗는다는 전제 하에서다. 그 3개는 여자의 스타킹 혹은 양말, 남자의 바지, 남자의 팬티. 그러니까 가하는 힘, 발놀림, 피 접촉 부위 등이 동일하다면, 상호 간에 있어 가장 밋밋할 경우는 여자가 스타킹을 신은 발로 바지와 팬티에 덮힌 남자의 꼬추를 비비는 것이고, 제일 민감할 경우는 여자가 스타킹 혹은 양말을 신지 않은 발로 남자의 지퍼 내린 바지 틈과 팬티의 쉬하는 틈을 삐집고 들어가 직접 꼬추를 애무하는 것이다. 그 사이에 조합적으로 6개의 경우의 수가 추가될 수 있다. 완전 다이렉트적 상황은 개중 최고의 쾌락을 선사하나, 효용에는 필히 이에 응당하는 대가가 따르는 법, 확률적 리스크도 충분히 감안해야 한다. 더군다나 지금처럼 열린 공간이 장(場)이라는 점을 고려한다면 더욱더 그렇다. 먼저 비위생적이다. 그리고 상처 날 수도 있다. 이건 그녀의 발톱 길이 및 가장자리의 형상, 그리고 발놀림에 영향을 받게 된다. 압착에 따른 통증이 유발될 수도 있다. 이 역시 발놀림의 문젠데 전자가 발가락의 섬세한 움직임에서 비롯된다면 후자는 발의 묵직한 힘과 타격에 기인한다. 물론 애무 되는 구체적 부위도 한 역할 할 수 있다. 마지막으로 발산 가능성이다. 여기서 뿜어져 나왔다고 생각해 보자. 뒤처리를 어떻게 할 것인가? 특히 축축함을 전혀 견디지 못하는 깔끔한 그라면 어찌할 바 몰라 안절부절못할 것이다.

맞아. 지금 테이블 아래에서는 이런 일이 벌어지고 있을 거야. 이를 위장하기 위해 여자는 옆의 남자에게 끊임없이 오버하며 나불거리고 있는 거고, 맞은 편 남자는 아무 일도 없는 척하기 위해 심하게 무관심한 자세를 취하고 있는 거지. 아마 시간이 좀 더 흐르고 평상시 괄약근 운동이 부족했다면 어쩔 수 없이 그의 자세는 바뀌겠지?

생각난 김에 나도 간만에 괄약근 운동 좀 해야겠다. "읍!"

그러니까 이번엔 역삼각형의 상대적 상위 부분이 상대적 하위 부분보다 멀게 느껴질 거야. 정말 그런지 알고 싶지만, 확인이 쉽지 않다. 일단 유리문을 통과해야 하고, 아주머니의 부단한 손놀림 때문에 4인 테이블은 계속 '디스크리트(discrete)'하게 출몰한다. '컨티뉴얼(continual)'이 맞는 표현일까? 확실한 건 '컨티뉴어스(continuous)'는 아니라는 거야. 여자는 구석에 앉아 있으며, 건장한 남자가 그 앞을 떡 하니 막고 있다. 각 또한 잘 안 나온다. 하지만 결정적인 이유는 힙합 바지 같은 테이블보가 테이블 아래 상황을 은폐하고 있다는 점이다. 테이블 보에는 다양한 사연을 지닌 각종 때가 꼬질꼬질하게 끼어 있다. 더러운 테이블 보 덕분에 존재적 참 상황은 마주 보고 있는 두 남녀만 알 수 있다. 여자의 오른편 남자는 알 수 없다. 식당 아주머니들도 알 수 없다. 그런데 신은 전지전능하니까 다 보이겠지, 뭐.

L1   네가 조지 버클리냐? 이 양반은 아일랜드, 데이비드 흄은 스코틀랜드, 존 로크는 잉글랜드.

L0   앗, 그렇다면 나도 신? 그런데 횟집에 왠 테이블 보? 그제야 주변의 다른 테이블들도 모습을 드러낸다. 역시나 다들 벗고 있다. 유독 문제의 테이블만 입고 있다. 그것도 길고 두껍게. 그러니 저 좌석은 분명히 이벤트를 위한 스페셜 좌석임에 틀림이 없고, 분명히 저 안에선 거사가 행해지고 있을 것이다. 그렇다면 식당 아주머니들은 알 수도 있다. 여자의 오른편 남자는 남편이고, 여자의 맞은편 남자는 여자의 애인이다. 그 애인은 한때 남편의 친구였다. 그래서 여전히 지인들 사이에선 남편의 절친으로 간주되나 실상 잠재적 철천지 원수다. 즉, 측정, 인식의 문제로 환원될 수 있다. 고로 존재적 진실을 알게 되는 순간 '잠재적'이라는 딱

나는 발가벗은 한 시간 동안 자유로와진다. 그래, 나는 딜레탕트다!

지는 떼질 것이다. 아, 물론 남편이 여전히 아내를 사랑한다는 전제하에서다. 단지 그녀의 고깃덩어리만이라도.

어둠 속에서 끊임없이 자극받던 등 보이는 남자가 자세를 바꾼다. 거 봐, 내 말이 맞잖아. 자, 어떤 일이 벌어질지 다들 한번 지켜보자고. 왼팔을 뻗어 검지로 남자와 여자 사이에 얼룩으로 점철된 벽면을 가리킨다. 나머지 손가락들은 죄다 접혀 있다. 만일 그가 중지도 펴고 있었더라면, 헷갈렸을 것이다. '흠, 테이블 속 상황이 절정에 치달은 것을 은폐하기 위해, 그리고 자기 몸의 흥분을 가라앉히기 위해 대각선 맞은편 남자에게 묵찌빠 배틀을 신청하는 거로구나. 가증스러운 놈. 하지만 부러운 놈. 내 타입이 아니어도 여자는 여자잖아.' 이렇게 생각했을 수도 있다. 하지만 다행히 그는 중지를 접었다. 이는 틀림없이 두 사람에게 어떤 포인트를 보라고 지시하는 것이다. 그 손가락 끝에서 시작되는 가상의 선이 벽과 마주치는 그 지점을, 벽을 등지고 앉은 두 남녀가 각자 고개를 돌려 바라본다. 남자는 왼쪽으로, 여자는 오른쪽으로. 직후 여자가 소리를 지른다.

"꺄악, 바퀴벌레!"

참, 생긴 거랑 안 어울린다. 내가 보기엔 바퀴벌레를 반찬 삼아 잘도 먹을 것 같구먼. 자세를 크게 바꿨으니 맞은 편 남자의 꼬추를 비비던 그 발도 어쩔 수 없이 원래 자리로 되돌아갔겠지? 지금 테이블 아래에서는 널브러진 구두를 찾는 왼발이 바닥 여기저기를 부산하게 더듬고 있을 거야. 발바닥 색깔도 점점 변해 가고 있겠지. 압정이 몇 개 떨어져 있으면 좋겠다. 맞은편 남자의 거시기 사이즈는 지금 어떻게 됐을까? 고개를 숙이며 급격히 작아졌을까? 아니면 아직은 여운의 잔상에 힘입어 꿋꿋하게 잘 버티고 있을까? 현기증 난다.

여자의 비명에 깜짝 놀랐는지 바퀴벌레는 미동조차 않는다. 낯설다.

내가 아는 바퀴벌레의 보편적 속성이 아니다. 그러니까 이는 바퀴벌레의 본질적 문제가 아니라 실존적 문제이다. 녀석, 아무래도 속으로 이러고 있나 보다. '젠장, 똥 밟았네. 내, 왜 밝을 때 너 나 할 것 없이 잘 볼 수 있는 곳으로 튀어나와 이 고생을 하고 있는 거지?' 그러면서 잠시 고민했을 거다. '우리 종족의 보편 스타일대로 쏜살같이 달려 어둡고 구석진 곳에 숨어 버릴까? 아니면 곰을 만난 사람처럼 자세를 고정 시킨 채 죽은 척할까? 난 개성 강한 년이니까 죽은 척 해보자.' 여자였다. 여자든 남자든 아무튼 그게 그녀의 패착이었다.

고추장의 흔적인지 피의 흔적인지 구분이 잘 안 되는 사다리꼴 형태의 벌건 색 얼룩 위에서 검은색 바퀴벌레가 움직이지 않고 있다. 여자 옆 남자가 조용히 일어선다. 여자도, 여자의 맞은편 남자도, 바퀴벌레도 움직이지 않는다. 그러는 동안 여자 옆에 있던 남자는 두루마리 휴지로 자신의 오른손을 네 번 말며 벽 쪽으로 몇 보 다가간다. 손가락이 희고 가느다란 손이 테이블보를 움켜쥐고 경련을 일으킨다. 벌리고 있던 다섯 개의 손가락을 너무 세게 그러쥐어 그 사이로 천이 말려 들어간다. 천은 네 가닥으로 주름이 잡혀 있다. 벽에서 휴지를 떼고는 발로 시멘트 바닥 위에 있는 무언가를 짓이긴다. 그러고 나서 자기 자리로 돌아와 앉는다. 동시에 회를 뜨고 있는 아주머니에게 한마디 한다.

"아주머니, 여기 위생 좀 신경 써야겠어요."

"아, 예. 죄송합니다. 세스코에 계속 전화해도 통 안 오네?"

이 시대에 만연한 표리부동. 그 아주머니, 속으론 이러고 있다. '미친놈, 망원동 식당에서 뭘 바라는 거야.' 그러나 객관화된 표정은 미소다. 겸연쩍으며 미안해하는 그런 미소말이다. 그러면서 잠시 칼을 내려 놓고 옆에 있던 신문지 한 장을 챙긴다. 이미 이차원화 돼버린 바퀴벌레에게 간다. 신문을 덮어 시신을 수습한다. 색이 좀 바랜 것이 제법 묵

나는 발가벗은 한 시간 동안 자유로와진다. 그래, 나는 딜레탕트다!

은 신문 같은데, 커피 자국인지 간장 자국인지 밤색의 다각형 얼룩이 딱딱하게 져 있다. 가만있자, 어렴풋하게 낯익은 얼굴이 보인다. 사진 위에 크고 진한 폰트로 '佛 누보로망 대표 작가 별세'라고 인쇄돼 있다. 당신이 돌아가신 무렵이 2008년 2월이었으니, 나름 오래된 신문이 맞군. 미셸 뷔토르 선생님은 부디 좀 더 오래 살아 주셔요. 조이스의 정신적 자식들. 그렇다면 그들은 곧 스티븐 디댈러스란 말인가?

L1   과학철학에 파이어아벤트가 있다면 문학에는 당신들이 있다. 각 원소의 중요도가 동일하다고 전제할 경우, 그 교집합의 범위가 넓은 사람을 선호하게 되는 게 인지상정이다. 자타가 구분되지 않는 사람들.

L0   잠시 옷매무시를 고친다. 꼬추를 덮은 바지 위에 오른손이 슬그머니 올라간다. 그 위로 왼손이 따라 올라간다. 만일 팔들이 굉장히 짧았다면 배꼽이 그 자리를 대체했을 것이다. 그리곤 자세를 바로한 채, 눈 감으며 고개 숙인다.

앞선 상황의 종료를 확인한 서점 성서림이 게걸음으로 내 옆에 다가온다. 쇼윈도. 여성 잡지 포스터가 덕지덕지 붙어 있다. 어떤 것들은 안쪽에서, 어떤 것들은 바깥쪽에서. 바깥쪽 것들은 일부가 찢겨 있다. 분명히 망원동 것들의 소행일 거다. 이렇게 포스터들이 찢어짐에도 불구 안쪽에 올인 하지 않고 안팎을 균형 있게 부착하는 까닭은 무엇일까? 오랜 단골로서 난 서점 문을 열고 들어간다. 삐쩍 말라 내 몸매와 견줄 만한 사장님께 직접 여쭤 본다. 난 그를 아저씨라 부른다. 그의 광대뼈는 엄청나게 도드라져 있다.

"아저씨, 왜 아시면서도 밖에 붙이시나요?"

껄껄 웃으신다.

"일종의 서비스지."

그 포스터 속 여성들은 대체로 가슴이 먼저 없어지고, 그다음 엉덩이가 없어진다. 그다음은 다리가 뒤따른다. 끝까지 남는 것은 얼굴과 발이다. 마치 회 뜨고 난 후 매운탕감이 되는 생선 찌끼와 같다. 사람들이 차마 얼굴은 안 뜯어 가는 것 같고, 발은 관심 영역 밖인 것 같다. 전자는 메이저러티의 코드고 후자는 마이너리티의 코드건만(물론 '종이'라는 매체 자체를 사랑하는 자는 변태다). 사장님은 이렇듯 생선의 대가리와 꼬리만 남았을 때 새 포스터로 교체하신다. 난 생선의 꼬리 부위를 가장 좋아하지만, 사회적 인식과 소심함 때문에 손을 댈까 말까 망설이며 그저 바라만 볼 뿐이다.

L1   그러고 보니 내 팔에 박혀 있던 머리카락을 닮은 털들이 아직도 건재한지 궁금하다. 어여 확인해 봐야겠군. 엥? 끊어졌군. 그대로 있거나 뽑히거나 둘 중 하나만 있을 수 있다고 생각했건만 예상 외의 경우가 잠복해 있었네? 끊.어.짐. 그러니 끊겨진 길이까지 고려한다면 무한의 자유도 존재하는 셈이다.

L0   이건 자린고비가 생선을 그냥 바라보기만 한 것과는 분명히 다르다. 줄리아 로버츠도 얼굴과 발만 남았다. 암묵적 규칙대로라면 사장님은 이제 새 포스터로 교체해야 한다. 아직 5월의 초엽이니 6월호 포스터는 아닐 거고, 5월호 것을 다시 붙일 것이다. 그래도 재밌네? 녀석들 절묘하게도 찢어 갔구먼. 얼굴과 발만 남겨두고 타조 알 마냥 큰 구멍이 있다. 구멍 속엔 쇼윈도가 있고, 쇼윈도의 안과 밖으로 상충된 이미지가 중첩된다. 안쪽 명당자리에 인기 영화 잡지가 비스듬히 누워 있다. 역시나 한 여배우의 전신사진이 표지를 장식하고 있기에 마치 워터 파크

나는 발가벗은 한 시간 동안 자유로와진다. 그래, 나는 딜레탕트다!

의 썬 베드 위에서 다리를 쭉 펴고 누워 있는 2차원 피규어 같다. 쇼윈
도 밖 표면에는 좁은 차도 건너편 발(發) 이미지가 희미하게 부착돼 있
다. 줄리아 로버츠가 품은 알 속에 썬 베드를 펼친 채 누워 있는 니콜 키
드먼, 그리고 그녀의 몸을 타월마냥 덮고 있는 개미굴의 상(象). 줄리아
로버츠가 타조 알 하나를 품고 있는데, 그 알의 껍질을 벗겨보니 개미굴
이 있는 거라. 그리고 그 굴을 파헤쳤더니 니콜 키드먼이 섹시한 자태로
누워 있는 게 아닌가? 늘 그렇듯 오전의 개미굴은 철문으로 단단히 잠
겨 있다. 햇살이 유난히 좋은 오늘이기에 유리도 눈이 부시고, 철문 또
한 눈이 부시다. 굉장히. 고로 난 눈을 꾹꾹 눌러 비빌 수밖에 없다.

한참을 비비고 나니 어느새 주변이 희미한 듯 어둑어둑해져 있다.
아뿔싸! 눈을 너무 세게 비벼 시력이 손상된 건가? 얼마 전 건강 검진에
서 녹내장 의심 판정을 받았기에 다분히 신경 쓰인다. 게다가 조금 전에
더럽디 더러운 왕십리 똥파리도 눈에 들어왔었잖아? 햇빛은 이미 사라
진 지 오래인 듯하고, 성서림도 어두컴컴해진 것 같다. 엄마 손 분식도
마찬가지다. KF전자 대리점도 어둑하다. 저 뒤에 있는 구두 수선소도
예외가 아니고 제일 약국 역시 매한가지다. 아, 이거 정말 눈이 손상된
거 아니야? 어쩌지? 갑자기 밤이 됐을 리는 만무한데. 내, 열두 시간 내
내 눈을 비빈 건 아니잖아? 제발 밤이 된 거여야 할 텐데. 물론 눈 손상
과 밤 됨은 상호배타적 관계가 아니므로 동시에 발생할 수도 있다. 불안
감에 고개를 좌로, 우로 마구 돌린다. 어쩐다? 이를 어쩐다?

1세트,

2세트,

3세트,

4세트,

5세트,

6세트,

7세트,

8세트,

9세트,

10세트,

11세트,

12세트,

13세트,

14세트,

15세트,

16세트,

17세트,

18세트,

19세트,

20세트,

21세트,

22세트,

23세트,

24세트,

25세트,

26세트,

27세트,

28세트,

29세트,

30세트,

나는 발가벗은 한 시간 동안 자유로와진다. 그래, 나는 딜레탕트다!

31세트,

32세트,

33세트,

34세트,

35세트,

36세트,

37세트,

38세트,

39세트,

40세트,

41세트,

42세트.

능동의 결과인지 수동의 결과인지, 좌우지간 신호등과 고깃집, 조개구이집들로부터 뽀얀 빛 덩이들이 날아온다. 다행이다. 내 눈엔 이상이 없어. 밤이 됐기에 어두워진 거였어. 하하하! 환한, 그렇지만 촌닭스러운 조명 틈에서 네모난 경계 주위로 정육점 빛이 풍겨 나온다. 개미굴. 회색의 철문은 따져 있지만, 그 안의 누리끼리색 나무 느낌 문은 여전히 굳게 닫혀 있다.

안도의 웃음을 호탕하게 짓는 동안 낯은 익지만 생경한 상황에 봉착한다. 한밤중, 파리 시내의 어떤 골목에서 비스듬히 누워 있던 길*은 그래도 1920년대식 자동차라도 타고 인식의 세계로 넘어갔지, 내가 직면

---

* 우디 앨런이 연출한 영화 「미드나잇 인 파리(Midnight In Paris, 2011)」의 남자 주인공으로, 오웬 윌슨이 분했다. 순수 문학에 대한 갈망으로 파리를 찾은 시나리오 작가 길은 매일 밤 클래식 푸조를 타고 환상적인 인식의 세계에 들어선다. 그곳에서 스콧 피츠제럴드, 어니스트 헤밍웨이, 거트루드 스타인, 파블로 피카소, 살바도르 달리 등, 흠모해마지 않았던 예술가들과 동료가 된다.

한 이건 대체 무슨 조화야? 내겐 아무런 매개도 없잖아? 혹시 눈비빔이란 행동? 아니면 고개 돌리기란 행동?

L1　　개미굴은 아현역 부근 국민은행 바로 옆에 자리 잡고 있다. 북아현동도 어감에서 느껴지듯 망원동 못지않은 특유의 구질구질함을 지니고 있다. 물론 압구정이란 이름도 구리긴 매한가지이긴 하나, 아니 사실 구림의 정상이었으나, 예전 모 정권의 도움으로 어느새 칙칙함을 떨쳐 버리고 세련됨의 아이콘으로 변신했다. 그러니 그 자체로는 운이다. 마켓 다이내믹스에는 대개 고객, 경쟁, 기술, 정책 범주의 여러 요인이 고루 영향을 미치게 되는데, 이놈의 대한민국이란 나라에서는 업종과 무관하게 정책의 힘이 초슈퍼울트라특급이다. 망원동과 북아현동에게도 과연 그렇게 빛 볼 수 있는 날이 찾아올런지?

L2　　오늘도 여느 때와 같이 자율(로 위장된) 학습을 마치고 언덕길을 터벅터벅 걸어 내려온다. 저녁은 한성분식에서 MKL과 함께 했다. 녀석은 돈이 많아 1,000원짜리 순두부를 먹었건만, 난 돈이 없어 참기름이 뿌려진 500원짜리 라면에 만족했다. 사실 1,000원이 있었어도 난 당연히 라면을 택했을 것이다. 한성분식은 새꼬막이 특히 맛있다.

　　5분여를 걸어 사거리에 도착, 난 여기서 우회전해서 아현동 방향으로 약 5분간 더 걸어가야 한다. 그러면 132번도 있고, 361번도 있고 7-1번도 있다. 코딱지만 한 동네를 경유하는 버스노선이 자그마치 3개나 있다. 이렇게 비아냥거리긴 하지만 세 개 노선을 하나로 묶어 본다면 배차 간격이 매우 짧은 하나의 우량 노선인 셈이기에 흡족하면서도 뿌듯하다. 물론 인쓰 많음과 늦은 시간 특유의 악취 진동은 구역질을 자아낸다. 술과 고기를 처묵처묵한 인간들. 정체불명의 컨버전스형 악취

　　나는 발가벗은 한 시간 동안 자유로와진다. 그래, 나는 딜레탕트다!

에, 혐오스러울 정도로 빨간 얼굴에, 그런 자들 특유의 고성방가와 실실거림.

차도 건너편, 국민은행이 군림하고 있다. 그리고 나름 개성적 거리를 형성한, 고기를 팔지 않는 정육점 불빛의 거시기들. 자본주의의 상징, 은행 바로 옆에 붙어 그 구역의 한쪽 경계를 알려주는 존재자가 있었으니, 바로 개미굴이다. 그 옆에 촛불, 언약, 너랑 나, 밤차, 조은 예감, 금성, 화조, L.O.V.E, 연인, 캔들, 목화, 예스, 꽃가마, 불나방, 야시, 마차, 세시봉, 미가도, 이슬, 수, 미로, 토마토, 자스민, 꽃마차, 하루, 애자, 뽕, 라차 등 다양한 국적의 업소들이 줄지어 문을 열어 놓고 있다. 다른쪽 경계, 라차 옆에는 완충지로서의 애완동물 샵이 있고, 그 옆부터는 좀 없어 보이긴 해도 어쨌거나 신부들의 로망, 웨딩 타운이 이어진다.

개미굴을 위시한 모든 업소의 문 앞에는 업의 표준을 따르는 듯 의자가 공히 하나씩 놓여 있으며, 그 위에 맨 허벅지의 상부마저 잔뜩 노출한 누나들이 다리를 꼬고 앉아 있다. 왼 다리가 오른 다리 위다. '꿀꺽!'「원초적 본능」의 샤론스톤은 저리 가라다(설마?). 몇몇 누나들은 서서 규칙적으로 왔다 갔다 하고, 담배를 꼬나물고 있는 누나들도 꽤 있다. 또 '꿀꺽!' 호기심, 꼴림, 그리고 공포가 한데 어우러진 침 삼킴이다. 차도를 사이에 두고 고개를 좌로 돌린 채 계속 걷는다. 차도는 내 왼편에 있다. 제법 큰 차도고 또 늦은 시간대인지라 건너편 그 누나들의 얼굴을 자세히 감지할 수는 없다. 따라서 헤어 스타일과 얼굴형, 몸매 등을 전일적으로 판단하는 수밖에. 그러니까 이 상황에서는 이광모 감독이 선호하는 샷밖에 나올 수 없다. 물론 배율 높은 고가의 렌즈를 장착한다면야 클로즈-업 할 수 있긴 하다만, 이 감독은 전혀 그럴 사람이 아니다. 철저하게, 멀리 떨어져 있는 제3자의 시각을 고수한다. 혹 스크린 속 누나 중 한 명과 눈이 마주쳐 그 누나가 '눈깔아, 이 새끼야!'를 외치며 나를 잡으려 해도, 동물원 사자 우리 울타리의 안전지대에 버금가는 큰 차도가 놓여 있기에 난 노골적으로 쳐다볼 수 있다. 표 간호사, 내 몸에서 당장 나가! 설마 「카이로의 붉은 장미」 같은 일이 벌어지진 않겠지? 그렇게 된다면 내 오른뺨에 귀싸대기가……

아저씨들도, 그리고 아줌마들도 그 누나들 앞을 지나간다. 아줌마들은 자유 통행에 전혀 지장 없다. 삼삼오오 짝지은 아줌마들은 멈칫하며 그 누나들을 힐긋힐긋 쳐다본다. 자기들끼리 뭔가 수군거린다. 그러나 아저씨들은 대학생들이 전경에게 불심검문 당하듯, 통행을 계속 제지받고 있다. 검은색 자켓이 당겨지고, 흰색 셔츠가 바지 밖으로 삐져나온다. 팔을 휘둘러 저항하며 가던 길을 계속 가는 아저씨들도 있고, 누나들의 팔짱 낌과 달라붙음을 은근 즐기는 듯 순한 양처럼 제 발로 따라 들어가는 아저씨들도 있다. 그런데, 그런데 말이다. 그들 사이에 웬 낯익은 녀석이 하나 있다. 돼지고기*다. 절친인 만큼 녀석에겐 예외적 클로즈-업이 허락된다. 굉장히 겁먹은 표정. 완강히 버티고 있다. 고개를 마구 젓는다. 개미굴에서 육중한 개미 한 마리가 더 기어 나온다. 여왕 개미는 아닌 것 같다. 그렇다면 일개미인 거다. 미리 나와 있던 슬림한 일개미와 육중한 일개미가 한데 힘을 합쳐 돼지고기를 정육점 불빛 속으로 끌고 들어간다. '찌이익……' 녀석의 운동화 밑창에서 소음과 더불어 스파크가 일어난다. 그 불꽃이 운동화 양옆의 나이키 마크를 부각시켜 준다. 이런 스파크를 잘 저장해 놓으면 에너지 절감에 도움이 될 텐데, 왜 그런 기술은 연구하지 않는 걸까? 다들 열심히 하고 있으나, 정보력이 미흡한 고삐리에 불과한 나이기에 잘 모르고 있는 걸까? 아니면 산업 시대이자 중앙 집권적 시대의 상징, 즉 석탄 에너지로 재물과

---

* '나'의 친구 KIZ의 별명

나는 발가벗은 한 시간 동안 자유로와진다. 그래, 나는 딜레탕트다!

권력을 축적한 기득권 세력들이 훼방을 놓고 있기 때문일까? 고민의 와중 녀석은 이내 사라진다. 개미굴이 아니라 개미지옥인 게야. 난 두려움에 얼른 고개를 돌렸고, 그 공포는 꼴림과 호기심을 압도했다. 아이고, 내 친구 돼지고기 어떡하나! 살아 있는 고기가 정육점으로 끌려 들어갔다. 정육점은 도살장이 아니니 별일 없을 거야라며 애써 합리화한다. 외면해 버린 미안함에서 슬그머니 비켜나 본다. 그나저나 지금 녀석과 통 연락이 안 된다. 돼지고기, 연락 없다.

　　뼈 빠지게 영업하고, 서비스하고, 고객 관리하는 이들은 바로 개미들인데, 이로 인해 몸과 마음이 망가지는 이들은 개미들인데, 실제로 자본의 잉여를 누리는 자들은 업소 주인들이다. 그들이 제공한 것은 밝게 조달했는지 어둡게 조달했는지 알 길 없는 시드 머니. 그들은 그것으로 업소를 마련하고, 개미들을 모으고, 초기 운영비를 댄다. 그리곤 개미들을 착취하고 돈을 갈취해 간다. 개미들은 주인에게 수입의 상당 부분을 바치나, 정작 자신들의 몸은 점차 늙어가고 정신은 황폐해져 간다. 업소 주인은 사탕발림으로 개미들을 현혹시키고, 선의의 경쟁이라는 미명 하에 개미들끼리 서로 시기, 질투, 증오하도록 이간질 시키고, 나름 위계 구조를 만들어 서로 감시하고 쪼고 갈구게 만들고, 편 가르기를 하고, 그 개미의 역량이 희미해지면 제아무리 충성도가 높다하더라도 매몰차게 폐기 처분한다.

L3　　대기업들 그리고 그 중심의 탱자탱자 재벌들. 그만큼 최초의 돈이 중요한 거라. 별의별 연놈들이 와리가리하기에 내키지 않는 고객 접점에 설 필요도 없다. 전략도 필요 없다. 펀더멘털도 필요 없다. thinkability도 필요 없다. 디테일? 이마저도 필요 없다. 그들은 당근과 채찍을 순환적으로, 기계적으로 휘두르기만 하면 된다. '지금은 위

기다. 신수종 사업에 뛰어들지 않으면, 허리띠를 바짝 조이지 않으면, 마누라 빼고 다 바꾸지 않으면, 5년 뒤 우리 그룹은 사라질 수밖에 없다.' 선문답스러운, 그러나 선문답이 절대 될 수 없는 단지 그저 그렇고 그런 영양가 없는 추상적 말장난. 기업이 제대로 돌아가기 위해서는 구체적 사고와 몸뚱어리의 부지런한 움직임이 필수적이건만 그들에게만큼은 예외다. '왜 소중한 나와 내 가족의 머리를, 몸을 혹사시켜야 하지? 이미 내 마음대로 할 수 있는 견고한 시스템이 만들어져 있겠다, 지네들끼리 알아서 수직적, 수평적으로 지지고 볶는 마당쇠들이 있겠다. 고로 나와 내 가족은 신인 양 그저 즐기기만 하면 되는 거 아니겠어? 가끔 나타나서 나와 내 후광을 마당쇠들에게 과시하면 될 뿐이야. 그러면 어린 중생들은 내 소유 빌딩의 대형 유리 창문에 더덕더덕 다슬기처럼 붙어 경외의 눈으로 나를 바라보겠지? 내가 손을 흔들어주거나 악수해주거나 등 한번 두드려 줘봐. 그것들은 흥분에 겨워 아마 까무러칠 거야. 정신 차린 후에는 이를 가문의 영광으로 삼고 평생 동안 자랑질 해대겠지. 아마 내 손이 닿았던 그 옷은 자자손손 가보로 대물림되지 않을까? 그 광경이 무척이나 아름답도다. 그런데 녀석들 나를 잘 볼 수 있는 명당자리 차지하려고 서로 다투다가 다치면 안 되는데? 그러면 자원 손실이 발생하는데?'

　　'우리 어르신께서 시드 머니를 대셨거든? 고로 너희가 일하는 이 사무실이랑 PC랑 다 내가 마련한 거와 진배없어. 그러니까 너희가 빡빡 굴러서 돈을 벌어 와도 그 돈의 상당 부분은 내가 가져야 해. 당연히 네가 만든 산출물에 대한 저작권도 다 내게 있지. 그러니 빼낼 생각하지 마. 죽는 수가 있어. 경제적 보상은 네가 얼마나 성실하게 일을 잘했는지 내, 객관적으로 공정하게 잘 판단해서 줄 테니까 넌 그저 묻지도 따지지도 말고 시키는 대로 열심히 일하기만 해. 무슨 말인지 알지? 다시

한 번 말하지만 일단 들어온 모든 돈은 무조건 다 내게 취합되는 거라고. 이후 내가 너희 능력이나 성실성에 준해 적정 금액을 던져 줄 거라고.' 그러면서 지 주머니를 터지도록 부풀린다. 당연히 그 인간이 챙겨 간 정확한 금액은 알 수 없다. 주머니가 터진다. 과도한 잉여를 발생시킨다. 뭐가 적정인지 객관적 판단을 내리긴 무척이나 어렵다. 사실 가능할 지도 모르겠다. 객관은 개뿔. 결국은 주관과 주관의 문제인데 시드 머니를 제공한 주관이 항상 주도권을 쥐게 된다. 반대편 주관은 그냥 맞겠거니 하고 멍 때리고 쳐다볼 뿐이다. 노사고 뭐고 만들어진 틀이나 원칙하에서 왈가왈부 떠드는 것이고, 그 틀은 자본주의를 기반으로 한다. 우린 억울해도 이념과 묶여 있는 이 기반 시스템을 감히 전복시키지 못하고, 단지 그 위에서 투쟁하거나 술 마시며 불평불만을 늘어놓을 뿐이다. 사실 돌이키기에는 너무 많이 걸어왔다. 무지하고 불쌍한 개미들은 주인님의 농간으로 오늘도 지네들끼리 편 가르기를 하고, 경쟁하고, 치고받고, 갈구고, 울고, 푸념하고, 하소연하고, 죽고 그런다. 진정 시스템의 파괴, 패러다임 시프트가 시급하다.

중소기업이라고 해서 예외가 될 수는 없다. 사실 이치들은 한술 더 뜬다. 사회적 예의주시로부터 비교적 변방에 떨어져 있다 보니, 시드 머니 제공자 혹은 유치자가 내키는 대로 무소불위의 만행을 저지르는 경우가 더 더욱 많다. '난 투자 유치를 했거든. 그러니까 별다른 능력이 없어도 대표야. 대표니까 접대비도 많이 쓸 수 있어.' 수주에 기여할 수 있는 접대면 모를까? 접대도 자기 스스로를 위로하는 접대를 많이 하는 것 같다. '난 대표니까 비행기도 꼭 퍼스트 클래스만 타야 해. 품격이라는 게 있는 거잖아.' 개인적 용무로 여행을 가도 계정 조작을 통해 공금을 쓰고 이때도 물론 퍼스트 클래스를 고집한다. 옆에 한 놈이 멍 때리고 앉아 있다가, 자기 이름이 거론되자 깜짝 놀란다. '나? 그래 맞아. 난 별 능력 없어. 그런데 난 대표랑 한 핏줄이거든? 그래서 그저 눈빛만 봐도 모든지 알 수 있걸랑? 그럼 된 거 아니야? 이인자로서의 자격이 충분한 거지, 뭐.' 이 사람들은 기사 딸린 고급 차를 굴리면서, 연봉을 가장 많이 챙겨가면서, 돈도 가장 많이 쓰면서, 하는 일은 거의 없다. 딱두 가지만 하지. 돈 세기와 최일선에서 개고생 하는 친구들 착취하고 갈구기. '더 열심히 해. 주말, 정퇴라는 말은 우리 사전 어디에도 없다고. 사전에 있는 말은 오로지 돈, 야근, 철야, 휴일 근무뿐이야. 실력이 안되면 몸으로라도 때워야지!' 임직원들이 수주를 위해, 딜리버리를 위해어제도, 오늘도 새벽 두세 시가 넘도록 졸린 눈을 비비며 브레인스토밍하고 있는 이때, 앗, 그래도 일말의 양심은 있는지 그들 역시 눈을 비비고 있네? 미안, 내 그동안 오해했소. 하지만 뚜껑을 열어 보니…… 이는 과일즙의 튐에 기인한다. 즙의 튐은, 그와 얼굴을 맞대고 있는 화장 찌인하고 야시시한 옷을 걸친 여인이 과일을 세게 깨물었음에 기인한다. 세게 깨물었음은, 그가 까칠하게 수염 난 얼굴을 화장 찌인한 얼굴에 비비며 그 여인의 입에 과일을 집어 넣어주었음에 기인한다. 그들은 그녀들의 어깨를 감싸고 있다. 2명의 남자, 3명의 여자,

L4 좌석 배치는 여 – 남 – 여 – 남 – 여로 돼 있으며, 낀 여가 이른바 에이스이다. 무릇, 에이스란 누구나 다 더듬고 싶어 하는 존재자다. 하지만 그녀는 하드웨어이기 때문에 둘로 쪼갤 수 없으며, 소프트웨어화(化)는 아직 요원하다.

L3 그리고 그들이 자아내는 질퍽함이 함께 하는 곳, 여기는 강남 사거리 두바이. 높이 높이 빌딩을 쌓는다. 존 캐스티, 뭐 하고 있는 건가?

L0   역시나 점심때에 근접하니 무법자들의 횡포가 한결 심해진다. 일방 통행 골목 곳곳에서 사정없이 역주행하며 튀어나오는 승용차들, 거의 편도에 가까운 폭임에도 불구하고 신호등이 무색하게 레이싱을 펼치는 버스들, 차도고 인도고 간에 거치적거리는 것들은 죄다 치고 가겠다는 박쥐스러운 오토바이들, 그리고 이에 별반 차이 없는 자전거들. 거의 노이로제 일보 직전이다. 온 감각을 곤추세운다. 엄밀히 말하면 세울 수밖에 없다. 왜냐하면, 집으로 무사히 살아 돌아가야 하기 때문에. 불쌍한 엄마가 실종 신고하게 만들어서는 곤란하잖아? 전후방 광경이 너무 힘에 겨워 잠시 회피코자 고개를 들어 위로 향한다. 하늘. 그리 맑진 않다. 회색빛이 반 시계 방향으로 핑핑 돈다. 그런데 가엾다. 내 시야의 한계는 어디까지인가? 그리고 그 가장자리들을 연결시킨다면 어떤 모양의 도형이 그려질까? 무한을 체감할 수 있기에 하늘이 좋다. 0을 체감할 수 있기에 하늘이 좋다. 이 점에서 극한의 어둠과 무한은 서로 통한다.

L1   학파와 상관없이 철학의 가장 큰 기여는 삼라만상에 대한 인간 인식 범위의 확장이 아닐까 싶다. 우주의 시공간은 이미 무한이면서도 확장을 멈추지 않는다. 오히려 그 속도를 계속 높인다. 구간 개폐의 차원이 아니라, 구간 창조의 차원이다. 그렇다면 대체 이러한 우주 확장의 에너지원은 무엇인가? 암흑 에너지의 정체는 무엇인가? 언제쯤 가야 암흑 에너지란 잠정적 타이틀 대신 제대로 된 이름을 부여할 수 있을 것인가? 이 역시 동일 차원 내에 원인과 결과가 존재해야 한다는 인과율적 사고의 부스러기. 여하튼 그래서 우주와 인간 인식의 간극은 갈수록 더욱더 벌어지고 있다. 물론 빅뱅 직후부터 그 괴리가 무한이었기에, 전혀 표가 나지는 않을 거다. 즉 메타 수준에서 보면 체감 절대 불가 사항이지만 주체로서 그 계 안에 존재한다면 실로 대단한 기여가 될 수밖에 없

다. 힐베르트들이 질러 주고 괴델들이 좌절감을 선사하는 와중에 도전할 테마가 형성되고, 그 테마에 대한 답을 찾고자 오랫동안 아등바등하던 선각자들이 먼저 깨닫게 되고, 그후로 긴 시간이 흐른 후에야 비로소 인류 보편 인식으로 정착된다. 이 역시 맥락은 상이하나 차별화 – 일반화(표준화)의 나선형으로 설명 가능하다. 즉, 일말의 추상성을 벗어 던진다면 일명 표준화의 딜레마로 표현할 수 있다. '차이는 개성이고, 차연은 궁극의 개성이다.' 기업은 이러한 두 부류의 개성을 통해 차별화하고 막대한 수익을 챙기게 되나, 후발 사업자들의 소위 스마트 팔로워, 카피 전략에 의해 언젠가는 그 위력이 감퇴된다. 그리고 그 주체는 달라질 수도 있지만, 숱한 노력 혹은 우연으로 업계에 다시금 개성이 꽃피워지고, 그것이 또 다른 후발 사업자들의 따라 하기로 인해 표준이 되고, 삶이란 이렇듯 개성(차이)과 몰개성(동일)의 순환이 되풀이되는 과정이다. 풋, 우습다. 상대적으로 비천한 비즈니스와 상대적으로 고결한 삶. 사유 대상의 수준이 현격하게 차이가 나니 골이 띵하기도 하다. 아닌가? 오히려 일관성을 찬미해야 하는 걸까? 무한 스케일에서나 코딱지 스케일에서나 동일한 메시지가 도출될 수 있다는 것에 대해. 하하, 이 역시 확증 편향에 말미암음일까? 상황은 전혀 변함이 없건만, 내 안의 여러 자아가 또다시 갑론을박의 기미를 보이기 시작한다.

L2   1+1=2라는 것도 마찬가지였을 거야. 인간 인식과 별도의 실재로 이 공리가 존재한다고 보는 게 주류이긴 하나, 그 실재(공리)와 실재의 연역을 통한 정리를 개발하려면 행위자의 최초 행위시 반드시 경험이 수반돼야 하는 거 아니겠어? 아무리 이상, 추상을 전제한다 하더라도 말이야. 그렇다면 결국, 이 세상 발전의 주류적 엔진 관점에서 인간의 강력하고 지속적으로 증폭되는 쾌락은 인식 범위의 지속적 확장이 아닐

까? 나는 비주류 마이너리티인가?

'도전 자체가 쾌락이다. 나선형 쾌락 말이다. 그렇지 않다면 궁극 목적 달성 후 찾아오는 허무로 인해 자살해야 할 것이다. 아니면 모순이 될 수밖에 없다.' 이 뜬금없는 친 존재론적 명제를 지식의 진보 관점에서 조망한다면 모순의 압박에서 자유로워질 수 있다. 왜냐하면, 어느 한 시점에서 궁극이라 작명한 것을 실제 이루고 나면 그 시점에서는 다른 눈이 뜨이거나 욕구가 샘솟기 때문이다. 즉, 제아무리 궁극이라 선언했다 하더라도 인간이 인식할 수 있는 만큼만 생각할 수 있다는 사실을 감안한다면, 결국 궁극이란 한시적 궁극(모순된 표현 같기도 하다)일 수밖에 없다. 그렇다면 절대적 궁극은 결코 존재할 수 없다는 말인가? 그렇지 않을까 싶다. 그럼 무언가를 궁극으로 정의 내려 추구하고 도전한다는 것은 무의미한 닭짓 아닌가? 그렇지 /// 이런! 내가 막 신의 농간을 비난하려던 차에 키보드에 이상이 생겼다. '/'가 저절로 한없이 타이핑됐다. 신 혹은 외계인에게 사주받은 누군가가, 내 깨달음의 결과에 대해 기록하는 것을 방해하려 키보드를 조작하고 있다.

방대한 중장기 목표를 설정하고 감내해 가다가 마침내 도달하게 되면, 또다시 새로운 목표를 설정하고 감내해 가고자 몸부림치고, …… 대체 이게 뭐 하자는 건가? 스케일에 있어 약간의 차이를 보일 뿐, 그냥 하루 벌어 하루 먹고사는 것, 찰나의 쾌락을 추구하는 것과 대체 뭐가 다르단 말인가? 너무 추상화시킨 건가? 추상화된 상황에서는 모든 이야기의 줄거리가 거의 똑같다. 사람이 태어났다. 살아왔다. 죽었다. 무언가 달라지기 위해서는 구체화가 필요하다. 어찌 보면 당연한 이야기일 수 있다. 추상화하면 인간이요, 구체화하면 개인 홍길동이기에, 그냥 순간을, 현재를 즐기는 것이 정답이다. 미래를 위한 비축, 투자, 이런 것들도 결국 현재를 위한 것이다. 그런 것들을 하지 않으면 웬지 불안하고, 불안하면 현재를 만끽할 수 없기에. 그렇다면 나의 쾌락론은 다시 수정되어야 한단 말인가? 미래를 보고 도전하면 재미가 있기에. 난 내게 가장 짜릿한 쾌락을 지속적으로 느끼고 싶어. 그런데 달갑지 않은 싫증이란 게 있어. 이걸 해결하려면 나날이 더 짜릿해지거나 아니면 한 번도 경험하지 않았던 새로운 짜릿함을 찾아내야만 해. 그러니까 여기서도 중첩이 일어난다. 계속해서 새로운 것을 추구하고 그 강도를 높이는 것. 기존 것은 강도가 높아지다가 결국 폐기될 것이고, 새로운 것은 계속 찾아 나가야 하는 것이고, 우상향의 다양한 라이프 사이클이 보인다. 도달시 맛보게 되는 성취의 쾌락, 새로운 탐색 혹은 설정의 쾌락, 도달해 나아가는 도전의 쾌락, 또 다른 도달시 맛보게 되는 성취의 쾌락, 새로운 탐색 혹은 설정의 쾌락, …… 당연히 굉장한 창의성이 요구된다. 새로운 것의 탐색, 설정 시에는 가장 강력한 창의력이, 기존 것의 강도를 높일 때에는 이보다는 약한 창의력이, 단순 순환형 쾌락을 추구할 때에는 가장 약한 창의력이 요구된다. 가령 섹스하기는 섹스다. 거기서 발휘할 수 있는 창의성은 그다지 많지 않다. 장소(공간이 아니다. 공간이란 추상은 시간과 마찬가지로 잠재적 기회만 제공해줄 뿐이다), 대상자, 매개신체, 체위, 도구, 무드, 인터랙션, 시간은 잘 모르겠다. 창의성이 비롯될 수 있을지. 역시 마이너 하긴 하나 단순 순환의 경우는 밥 먹기에서도 마찬가지이다. 봐라. 이것들은 나, 그리고 나와 가까운 사람이 직접해야 한다. 돈 주고 사는 것들이 아니다. 돈 주고 사는 것은 이 쾌락을 이행하기 위한 수단이며, 사후(事後)적으로 이루어지는 것이다. 즉 이

나는 발가벗은 한 시간 동안 자유로워진다. 그래, 나는 딜레탕트다!

창의성이라는 것은 내가 주인공이 되어야 하고 나는 곧 전 인류를 의미한다. 창의성 고양은 인류가 끊임없이 즐겁고 재미있게 살기 위한 숙명적 과제이다. 이러한 맥락에서 창의성이 다루어져야 한다. 개인도 쾌락을 극대화해야 하고 사회도 쾌락을 극대화해야 한다. 양자 간에 충돌이나 트레이드-오프가 일어나서는 안 된다. 그런데, 이런 일이 발생하는 이유는 두 개로 귀결된다. 한정된 파이와 희소성의 원칙. 물질적인 측면을 고려하면 양자는 정비례의 관계이다. 하지만 정신적 측면으로 보면 반비례의 관계? 아니 아무런 관계도 없다. 상호 완전 독립적이라는 것이다. 여기서도 마인드-바디 문제가 생길 수 있다. 아니, 어쩌면 이것 역시 신들의 농간, 즉 인식의 한계로 인해 이처럼 허무한 결론으로 가닥 잡히는 걸 수도 있다. 바꿔 말해, 그것은 만고불변의 진리가 아니라 인식의 한계 때문에 발생한다는 얘기다. 그렇다면 '인식에 한계가 있음'은 절대 진리일 수 있겠다. 그러나 이도 무턱대고 받아들일 수 없는 것이, 초기 크로마뇽인의 인식과 현생 인류의 인식을 보자 이거야. 인간 인식의 본질적 한계라면 그때와 지금간에 별 차이가 없어야 하는데 그들의 인식 범위가 지금 우리만큼 광활하다고 주장할 수 있을까? 그리고 동시대라 해도 개인 차라는게 엄연히 존재하고 있잖아? 개인 내 상황 차도 있고 말이야. 괴롭다. 괴롭다. 정말 괴롭다. 결말이 쥐뿔도 모르겠다로 치닫고 있다. 그냥 포기하던지 계속 찾던지 둘 중 하나다. 그 대안 말이다.

LO   오른 귀 편에서 쉴새 없이 빵빵거리는 클랙슨 소리가 인식적 세계로부터 '확'하고 나를 잡아 꺼낸다. 내, 무미건조하고 의지대로 할 수 없는 이 존재적 세계가 달갑지 않건만. 왼 귀에서는 나날이 맛과 친절함이 남루해지는 식당 우시야의 사장과 종업원 간에 격하게 싸우는 소리가 감지된다. 임금, 역시 그놈의 돈이 문제다. 주기로 한 돈을 왜 여태 안주냐며 종업원이 버티고 있다. 이제 사장 마누라까지 합세해 문제의 종업원 아주머니에게 제법 험한 소리마저 내뱉는다. 우에서 좌로, 좌에서 우로 그 듣기 싫은 소리가 흘러들어 머릿속 정 중앙에서 마구 뒤섞인다. 또 다른 지적의 구멍들 속으로도 쉴새 없이 무언가 빨려 들어온다. 자동차의 농 짙은 매연에, 나와 스텝을 같이 하며 반 발짝 앞뒤에서 담배 연기로 나를 죄는 인간들. 매연과 담배 연기 역시 머리 한가운데에서 만나 파열을 일으킨다. 개구멍마냥 늘 열어 놓고 지내는 네 개의 구멍, 해악스런 소음과 냄새로 인해 머리 정 중앙에서 거대 폭발을 일으킨다. '푸악!' 뇌간을 필두로 소뇌, 간뇌, 대뇌가 동시에 터져 버린다. 이제 곧 혈액 순환이 멈출 것이다. 호흡이 멈출 것이다. 내 몸뚱어리는 비틀거리다 이내 쓰러질 것이다. 눈이 있되 보지 못하고, 귀가 있되 듣지 못하고, 혀가 있되 맛보지 못하고, 코가 있되 냄새 맡지 못하며, 협의의 몸이 있되 느끼지 못할 것이다. 존재적 내부 연쇄 파괴로 인해 인식 또한 희뿌옇게 사라져 버린다. 남는 건 오로지 존재적 고깃덩어리로서의 나뿐이다. 난 전혀 인식할 수 없고, 타인들에게만 객관적으로 와 닿을 수 있다. 주체성이 소멸된다. 그러니 진정한 나라 할 수 없는 노릇이다. 내겐 나에 대한 존재 의식이 없으나, 3차원 좌표값이 존재하기에 타인들에게 있어 내 존재감은 자명할 것이다. 따라서 길에 누워 있는 나를 어느 누구도 밟고 지나가지는 않을 것이다. 그나마 다행일까? 그런데 사실 젊고 아리따운 여자……

하지만 이마저도 찰나에 그치고 말 것이다. 이런 데에 난 살고 있다. 이렇게 죽을 순 없다. 지옥을 능가하는 이곳에서도 살고 있다. 난 이렇게 죽을 수 없어. 그것도 정상적으로 살고 있다. 대단한 나다. 의식이 회복된다. 이런 아비규환 속에서 미치지 않고 잘도 사는 나라면 이 세상에

나는 발가벗은 한 시간 동안 자유로와진다. 그래, 나는 딜레탕트다!

못할 일이 뭐가 있겠는가? 제일 먼저 저 악의 무리로부터 처단하자. 김유신을 족치듯 벌하자.

　사투 끝에 마침내 예의 그 신호등에 앞에 다다른다. 전화번호 같은 노란색 글자를 크게 새긴 파란색 소형 트럭이 지나가며 떠든다. '고장난 PC, 에어컨, TV 등 가전 교체, 어쩌고저쩌고 팔아요오오오우우우와아아아~!' 얼씨구, 확성기를 통해 쩌렁쩌렁 힘차게도 울린다. 역시나 저런 식의 영업에는 독특한 가락이 있다. 대표적인 것들이 '칼 가라 여어오~와!'와 '우리 111호 열차, 열차아~ 곧 출발, 출발합니다 하.', '베게엣~쏘옥', '메밀묵 사리여~ 찹쌀~떡.' 등이 대표적 예라 할 수 있겠다. 그들은 대체 왜 이런 식의 독특한 소리를 내게 됐는가? 그래서 과연 효과를 봤을까? 궁금했던 그 누군가가 메밀묵 원조를 찾아가 질문을 했단다.

　"선생님, 억양을 왜 그렇게 하시는 건가요?"

　이미 백발노인이 된 전직 메밀묵 장사 아저씨는 잠시 뜸 들이다가 호흡을 가다듬고 이렇게 대답을 했단다.

　"난 원래 그래요~ 말투~가."

　그러니까 무슨 특별한 의도나 전략이 있었던 게 아니다.

　지금 이 순간만큼은 '음악은 문학이나 회화보다 못하다'라는 어느 독일인 철학자의 주장에 전폭적인 지지를 표명한다(난 이 말을 움베르토에코를 통해 접했기에, 그 독일인 철학자가 누구인지는 잘 모르겠다). 그런데 이를 시각이 청각보다 우월하다는 감각적 근인 차원으로 끌어내리면 동의하기 어려워진다. 오히려 시각 지상주의에 침을 뱉고 싶어진다. 하지만 지금 이 순간만큼은 내 의지와 무관하게 귓구멍과 콧구멍을 비집고들어오는 이 역겨운 자극들이 너무나도 싫어 괜스레 음악에 몽니를 부리게 된다.

귓구멍만 문제가 아니다. '킁킁.' 그런데 이거 무슨 냄새지? 왼쪽 콧구멍으로 싸하니 몹시도 독한 기운이 들어온다. 반사적으로 고개를 돌린다. 60대 근처로 사료되는 아주머니. 머리부터 발끝까지 '나는 유구한 역사를 자랑하는 이곳 망원동의 산증인이다!'라고 선언하는 듯한 패션이다. 눈? 물론 버렸다. 자유 의지의 발현으로 이렇게 고개를 돌려 그의 패션을 받아들였으니, 유쾌고 불쾌고 간에 내 책임도 어느 정도 있긴 하다. 하지만 코는 무슨 죄란 말인가? '동동구리무.' 태생적 한계를 지닌 불쌍한 코 입장에서는 자유 의지로, 선택적으로 그 냄새를 취한 게 아니었건만 억울하게도 의지에 반하여 계속 흡입하고 있다. 이를 피하려면 코로 숨 쉬지 말아야 한다. 그렇다면 입의 단독 도움이나 입과 손 간의 협업이 필요하다. 솔직히 동동구리무라는 것의 냄새를 맡아본 경험은 없다. 본 적도 없다. 다만, 이 찌인하고 촌스러운 냄새가 동동구리무라는 어감에서 풍겨 나오는 이미지와 제법 그럴싸하게 들어맞을 뿐이다. 그런 고로 난 지금 동동구리무를 떠올리게 된다. 완전 수평으로 잘도 뻗은 내 짙은 눈썹이 어느새 여덟 팔자 형상으로 변한 듯하다. 더불어 눈썹과 눈썹 사이 내천자가 아로새겨진 것 같다. 동시에 오른쪽 콧구멍도 간질간질 거린다. 때마침 동동구리무를 피하고 싶은 와중이라 얼른 우측으로 고개를 돌린다. 허허허. 진정 난 바보란 말인가? 역시나 아까부터 줄곧 반보 차이로 따라오던 그 자식이 내 옆에 밀착한 채 계속 끽연 중인 거라. 그 가늘고 흰 연기 뭉치가 내 오른편 코 바로 앞에서 수렴되며 구멍 속으로 쇄도한다. 아, 좋구나. 노려본다. 그 자식은 미안한 기색 하나 없이 뻐금거리다 결정타까지 날려주신다. 핸드폰을 귀에 바짝 대더니 버럭버럭 소리를 지른다. 난 에코가 말한 그 독일인 철학자를 다시 찾는다. 이번에는 공감이 아니라 지적질을 하게 된다. '아저씨, 하나 빠뜨렸어요. 귀만 그런 게 아니어요. 코도 마찬가지예요.' 코와 연결

나는 발가벗은 한 시간 동안 자유로와진다. 그래, 나는 딜레탕트다!

되는 예술 장르는 없나? 내손들은 순간 「에드워드 시저 핸즈」로 바뀌었고 녀석의 목을 한큐에 '척!' 하고 벴다. 피가 '팟!' 하고 튄다. 장관이다. 내 얼굴과 몸이 '촤악!' 하고 시뻘겋게 흥건히 젖는다. 순간 빨간빛을 모조리 빼앗긴 신호등이 당황하며 허겁지겁 녹색 빛을 방출한다. 색 혹은 빛으로 빚어진 파이는 그 크기가 한정되었단 말인가?

비록 지금 이 순간이 황홀하다 하더라도 12시 땡 치기 전에 궁전에서 빠져나와야 해요. 마법이 통하는 시간은 정해져 있거든요. 또 다른 민폐의 화신 동동구리무 여사를 처단할 일이 아직 남았으나, 어쩔 수 없이 다음 기회로 미룬다. 이미 녹색 빛들이 희미해지고 있기 때문이다.

신호등이 이미 빨간빛을 보전했을세라 난 직선 방향으로 달린다. 전속력으로 달린다. 나도 모르게 눈을 감고 고개를 숙인다. 꼬꼬마 시절부터의 습관. 세상사 대다수가 그렇듯 역시나 이것에 대한 기원 또한 잘 모른다. 다만, 막연히 추측만 할 뿐. '아마 누구에게도 내 일그러진 모습을 보이고 싶지 않아서 생긴 습성일 거야.' 그렇다면 이는 사실 나만의 착각이다. 왜냐? 실상 바닥이란 존재자는 떡하니 드러누워 팔짱 낀 채 내 일거수일투족을 다 관람하고 있거든? 나의 일그러진 모습을 보며 녀석은 능글능글 웃음 짓고 있거든? 하기사 고개 숙여 뛰는 이는 눈을 감고 있기에 바닥의 썩소를 목격하지 못한다. 만일 내, 뛰다가 기습적으로 눈을 '팍' 뜨면 어떻게 될까? 깜짝 놀라 서로 튕겨 나가려나? 그렇다면 바닥은 깊이 푸욱 파일 것이고, 나는 기마 자세를 취한 채 휙 하니 후상향(後上向)으로 날아가겠지? 사실 싱크 홀(sink hole)이란 건 그래서 생긴 걸 거야. '오랫동안 가뭄이 지속되거나 지나친 양수로 인해 지하수의 수면이 내려가는 경우, 동굴이 지반을 견디지 못해 붕괴되는 경우가 있다. 싱크 홀은 이럴 때 생기는 것이다.' 과학적 설명이니 이를 믿으라고? 놀고 있네. 꽤나 긴 시간 동안 눈 감고 있다가 갑자기 떠봐. 바닥이란 놈이 얼마나 놀라겠어? 이는 지지상정(地之常情)이야.

이 짧은 길을 건너는데 대체 왜 이리 오래 걸린단 말이냣? '팟!팟!팟!팟!' 전속력으로 달리다 보니 몸에 대한 통제력이 무뎌진다. 순간 맞은 편으로부터 시커먼 UMO가 쇄도한다. 엄밀히 말하면 쌍방 쇄도가 아닌 나만의 일방 쇄도이다. 좌우지간에. 이런, 난 멈춰야 해요!

"끼이익!"

"퍽!"

"촤르륵!"

"엄마야!"

"아야!"

둘 다 무척 아프지만, 경우에 따라서는 주체에 따라서는, 통증이라는 공통성 위에 달콤함이 얹혀질 수도 있는 충돌. 확인해 볼까? 아니나 다를까? 이번에야말로 진정 물리적 관성으로 인해 충돌이 일어난 거다. 달리던 나야 아픔과 흔들림이 다였지만, 그렇지 않은 듯한 여인이 내 앞에 주저앉아 있다. 손을 내밀어 일으켜 세워주고 싶으나, 역시나 내 안의 표 간호사가 발동한다. 고로 실질적으로 그녀에게 내밀어 진 것은 말로서의 목소리뿐이다.

"아, 죄송합니다. 괜찮으세요? 제가 경황 없이 뛰다 보니……"

대신 내 손은 조금 전까지 그녀의 품 혹은 손에 밀착해 있었음이 자명한 책 네 권을 서둘러 수습한다. 시몬 베유의『중력과 은총』, 윌리엄 워즈워스의『무지개』, 클라우스 바겐바하의『카프카 – 프라하의 이방인』, 폴 발레리의『해변의 묘지』. 흠, 장르에 무관하게 나름 책을 많이 읽어온 나이건만, 어째 죄다 모르는 것들뿐이다. '툭툭' 책에 붙은 먼지와 흙을 턴다. 입김으로 잔 먼지를 떼내는 척, 책에 코를 살짝 갖다 댄다. 입은 먼지를 부는 듯 약간 돌출됐으나 그건 머리가 시킨 위장이자

나는 발가벗은 한 시간 동안 자유로와진다. 그래, 나는 딜레탕트다!

가식이었고, 사실 난 '흠흠' 책 내음을 그윽하게 들여 마시고 있다. 감으면 이상할 듯하여 눈은 뜨고 있되, 초점을 의도적으로 상실해 감은 효과를 자아낸다. 이른바 존재적 조작을 통한 인식적 유희의 만끽이라 할 수 있겠다. 그러니 익명의 그들이 보기에 난 지금 눈을 뜨고 있으나 실상의 난 지금 눈을 감고 있는 것이다. 종이, 석유, 먼지, 흙냄새, 그리고 무엇보다도 그녀의 손 혹은 젖가슴으로 채워진 체취. 이상야릇하고도 묘하게 흥분되는 조합이다. 예전 「소년 중앙」 내음도, 그리고 갓 목욕한 내 몸의 따사로운 아이보리 내음도 여기엔 미치지 못하는 것 같은데? 느낌이 참 얄궂으면서도 색다르다. 그렇다면 이는 실로 중요한 선물인데? 이제 뻑감의 관용어를 바꿀 때가 된 건가? '묘령의 여인이 품고 있던 책에서, 융복합된 종이, 석유, 먼지, 흙, 그리고 그녀의 손과 젖가슴 내음 만끽하기.' 그 반대는 '꼬추 간지러움'으로 고정적이고 단순하건만, 기분 좋음의 관용어는 가변적이고 복잡한 편이다.

L1   쾌는 실존이요, 불쾌는 본질이라.

L0   그래서 누군가가 질문하면 난 가파른 호흡으로 길게 대답할 수밖에 없을 것 같다.

   '김수한무, 거북이와 두루미, 삼천갑자 동방삭, 치치카포 사리사리센타, 워리워리 세브리캉, 무두셀라 두루미, 허리케인에 담벼락, 서생원에 고양이, 바둑이는 돌돌이' 헉헉.

   "아니에요. 주변 확인 없이 책만 보며 길을 건넌 제 잘못이죠."

   이런, 착한 것 같으니라고. 순간, 그녀의 손이 들어온다. 희고 작다. 손톱과 그 안의 반달도 적당한 모양과 크기를 지니고 있다. 분홍색이며 약간의 광택이 있다. 큐티클은 전무하다. 손가락은 길고 가늘며, 손목 또한 가늘다. 손목이 저렇다면 발목도 기대할 만 하겠는걸? 한번 확인해 볼까? 잠깐, 그전에 먼저 헤아려볼 게 있어. 최홍만이면 모를까? 저렇게 작은 손이라면 한 권의 책을 볼 때 나머지 세 권을 한 손으로 쥐진 못할 거야. 그렇다면 손바닥 위에 책 세 권을 올려놓고 있었을까? 아니야. 길을 건너는 것은 움직임이고, 움직임은 필연적으로 불안정을 낳지. 게다가 단순 움직임도 아니고 시간에 쫓기는 다급한 움직임이었잖아? 주변엔 엔진 달린 흉기들이 튀어 나갈 준비를 하며 부르릉거리고 있고 말이야. 그런 상황에서 아무런 고정 장치도 없이 삼층석탑식으로 책을 쌓고 움직일 가능성은 거의 제로야. 그렇다면 대체 어떤 자세였을까? 아마 젖 가슴과 팔 사이에 끼었을 확률이 가장 높겠지? 그러니까 젖 가슴으로 받치고 손과 팔로 감싸는. 아니야, 이럴 수도 있지 않을까? 상대적으로 얇은 책 두 권을 한쪽 겨드랑이에, 나머지 두꺼운 한 권을 반대쪽 겨드랑이에 끼었을 수도 있어. 나름 고정도 된다고. 그렇다면, 조금 전 체취의 근원은 젖 가슴이 아니라 겨드랑이일 수도 있겠네?

네 권의 책을 넘겨받으며, 그녀가 미소를 짓는다. 잔잔한 바람이 불어 검고도 긴 생머리가 그녀 얼굴의 1/3을 가린다. 난 노출된 2/3만으로 그녀의 얼굴 전체를 복원한다. 예쁘다. 나머지 1/3이 드러나는 순간 극적 반전은 없겠지? 그럼 낭팬데.

L1   아사꼬와 나는 세 번 만났다. 세 번째는 아니 만났어야 좋았을 것이다.

L0   그녀를 판타스틱 셀에 넣어도 좋을지 확인하고자 서서히 고개를 숙인다. 순간 일제히 지나치게 신경질적으로 울리는 클랙슨 소리들, 거기에 웬 연놈들의 욕지거리가 한데 어울리고 있다. 클랙슨이 무슨 죄야.

자동차가 무슨 죄야. 저 인간노무 새끼들이 나쁜 연놈들이지. 스트라빈 스키의 「봄의 제전」 일부를 클랙슨에 맞게 편곡한 리듬. 이에 맞춰 차안 의 인쓰들이 갱스터 랩화 해 읊조린다. 가관이다. 차 안에서 내려 고개 를 닌자 거북이마냥 넣었다 뺐다, 구부정한 자세로 양팔과 손을 흐느적 거리되 비트는 있게. 엄청 많다. 신호등을 중심으로 앞뒤로 쭉 뻗은, 그 러니까 한쪽은 한강까지 다른 쪽은 서교동, 연남동을 지나 연희동까지 쭈욱 뻗은 양방향 길에 차들이 가득 채워져 있고, 그 주위에서 인쓰들이 미쳐 날뛰고 있다. 대체 몇 명이야? 1.4 후퇴 때 압록강을 건너 남하하 던 중공군보다도 많지 않을까 싶다.

"씨발놈 씨발년, 골로 함께 가고 싶어?"

"씨발놈 씨발년, 골룸한테 가고 싶어?"

깜짝 놀라 미처 발목 확인을 못하고 이내 길을 건너 버린다. 그녀도 총총걸음으로 길을 건넌다. 뒤늦게 깨닫고 혹시나 하는 마음으로 고개 를 돌린다. 상체는 의구하되 하체는 간데없네. 건장한 부부가 육중한 명 품 유모차를 끌고 절묘하게 그녀의 하체를 가리며 지나가고 있다. 고개 를 상하좌우로 넣었다 뺐다 마구 뒤틀어 봐도 그녀 하체를 관찰할 수 있 는 각이 나오질 않는다. 아, 이제 곧 그녀는 내 시야에서 완전히 벗어날 텐데. 또 한 번 무단 횡단으로 건너가 확인하고 와야 하나? 아뿔싸, 그 새 그녀는 사라지고 만다. 그 부부로 추정되는 인간들이 무척이나 원망 스럽다. 보복 차원으로 오데사의 계단 꼭대기에서 저 육중한 유모차를 굴려 버리고 싶다. 다시금 망원동 인간들의 배려심 부재를 원망하며 아 쉬운 고개를 돌린다. 그 순간, 여자의 목소리가 나를 때린다. 180도라고 생각될 정도의 엄청난 각도로 돌린다. 고개를 말이다. 이런, 목이 나간 것 같다. 그렇지만 그녀가 들어 왔다. 그런데 그녀는 건물 뒤에서 얼굴 만 빼꼼히 내밀고 있다. 내 지금 필요한 건 하첸데 말이다. 그녀가 크게 외친다. 거리의 온갖 소음에 파묻힐새라 상당히 큰 소리를 발악하듯 내지른다. 미소도 띄운다. 하지만 여전히 얼굴은 2/3만 노출되어 있다. 저놈의 바람은 왜 일관성이 없는지? 아까와 반대 방향으로 불고 있다. 놈의 방향에 일관성이 있었더라면 방향이 180도 바뀐 그녀의 얼굴인 고로 난 그녀 얼굴의 100%를 맛볼 수 있었을 것이다. 비록 시차가 있는 누적 기억의 조합이기에, 생동감이 약간 떨어지긴 하겠지만 말이다. 좌우지간 그녀가 외친다.

"저 경황이 없어서 말씀 못 드리고 그냥 길을 건너 버렸는데요."

인사를 하려나 보다. 그러지 않아도 괜찮은데. 난 기분 좋아 미소를 짓는다. '대신 눈부실 것으로 사료되는 당신의 고혹적 왼발목이나 내 눈앞으로 슬쩍 내밀어 주오. 때 이른 5월인 만큼 플립플랍 신은 발까지 동반된다면 금상첨화일 것 같소. 내 왼손 엄지와 중지가 사정없이 오글거린다. '요이 땅!'만을 기다리고 있다. 그녀의 입술에 다시 수평의 틈이 생긴다. 그래, 이번엔 발목 이야기를 꺼내겠지? 그러고 나서, 아……

'두근! 두근! 두근! 두근!'

"저 망원동 여자예요. 여기서 태어났고, 30년 가까이 이곳에서 살고 있어요. 앞으로도 여기서 쭈욱 살 거예요. 망원동은 좋은 곳이니까요."

그리곤 팍하니 꺼져 버린다. 오잉? 그랬구나. 그랬던 거구나. 20대 후반이었구나. 하하, 내 아까 내뱉었던 '묘령'이란 말을 거둬들여야겠네? 그게 전부…… 다? 이거 뭐지? 대체 왜 이리 허무하지?

몸을 왼편으로 돌려 다시 걷는다. 당연히 우측에 골목이 있다. 혹시나 인쓰가 조정하는 괴물의 기습이 있을까 고개를 쭈욱 빼고 좌우를 확인한다. 다행히 아무것도 없다. 서둘러 지나친다. 이제 부동산을 거쳐 제일약국의 영원한 라이벌 비룡약국 앞을 지난다. 고개는 절대 우측으로 돌리지 않는다. 약사 아저씨와 눈 마주치면 곤란하다. 말 시킬 게 분

나는 발가벗은 한 시간 동안 자유로와진다. 그래, 나는 딜레탕트다!

명하니까. 후다닥 지나친다. 부동산이다. 조금전에 부동산을 지나쳤는
데, 또 부동산이다. 가만있자. 나의 후다닥 방향이 수직이었나? 그렇다
면 난 방금 제자리 뛰기를 한 건가? 아니면 문워크로 백 스텝 밟았나?
커피숍, 미장원과 더불어 세상 곳곳에 편재해 있는 부동산. 이 사람들
은 대체 어떻게 먹고사는 걸까? 참 내 원, 너나 걱정 해. 지금의 나와 하
등 상관은 없지만, 매물들을 살펴본다. 이상하게 망원동임에도 불구, 가
격이 참으로 시건방지다. 오른쪽으로 몸을 튼다. 어린 시절 꿈의 구장으
로 사용됐던 골목. 난 투수, KT 누나는 포수. 내, 집을 나설 때만 해도
차량의 횡포가 이 정도는 아니었건만, 지금은 역시나 합−망의 명물, 불
법 주정차로 인해 야구는커녕 보행도 힘겨운 상황으로 전락해 버렸다.
고로 극 슬림 몸매를 자랑하는 나임에도 불구하고 어쩔 수 없이 몸을 옆
으로 틀어, 게걸음 자세를 취하게 된다. 왼손은 허리 뒤춤에 위치해 있
고, 오른손은 머리 위에 위치한 채 목욕 가방을 들고 있다. 차 사이로 들
어선다. 앞으로는 침을 '퇴퇴퇴퇴' 뱉으며, 뒤로는 대문 열쇠로 '찌이익
~' 그으며. 간신히 진입. 페어 플레이를 위해 자동차의 중간 지점에서
몸을 180도 돌린다. 역시나 앞으로는 침을 '퇴퇴퇴퇴', 뒤로는 열쇠를 '
찌이익~'. 다시 몸을 왼쪽으로 틀어 마침내 우리 집 대문과 상봉한다.
　　"컹컹!"
　　저스티스다. 불과 한 시간 전만 해도 세상에 없던 녀석이었건만, 지
금은 나의 무사 귀환을 큰 소리로 열렬히 환영한다. 고개 숙여 바닥을
살핀다. 역시나 합정동은 망원동에 전염된 게 틀림없다. 필요한 물건이
여기서도 쓰레기들과 한데 어울려 잘 놀고 있다. 그중 슬 어쩌고라고 인
쇄된 꼬깃꼬깃 더러운 찌라시 한 장을 든다. 눈 가리고 아웅하는 천하의
사기꾼. 진정성이라고는 눈꼽만큼도 찾아볼 수 없는 사회의 암적 존재.
돌돌 말아 막대기를 만든 뒤, 왼손으로 쥔다. 오른손 바닥 위로 세 차례

세차게 쳐 본다. 제법 튼튼한 게 쓸 만하다. 목욕 가방은 고리 줄에 의존한 채, 오른손목에서 흔들거린다. 다섯 발자국 전진하여 초인종을 누른다. 소리의 표준은 언제부턴가 '띵똥'에서 모 대학의 대표 응원가로 바뀌었다. 그래도 똥과 관련된다는 사실에는 변함이 없다. 듣기 싫은 음악 때문에 스트레스를 받는 찰나, 엄마가 조기에 음악을 끊어 준다. 무척이나 감사하다. 어머님의 정성은 지극하여라(이건 3절이다. 고로 아는 사람이 거의 없을 거다). 역시나 자식에 대한 엄마의 인사이트는 참으로 대단하다. 아, 참. 나 열쇠 갖고 있잖아? 열쇠의 주목적은 문 열기가 아니라 차에 상처 입히기였던 거다. 이건 정의의 발로다. 하지만 현명하지 못한 처사다. 왜냐? 차 그 자체는 나쁘지 않기 때문이다. 그 주인이 나쁜 년혹은 놈이기 때문이다.

"누구세요?"

"나."

"띠잉~"

"척!"

"끼익~"

"쾅!"

도둑이나 강도, 잡상인이 들어 오면 큰일 난다. 문이 제대로 잠겼는지 삼세번 확인해 본다. 그새 저스티스는 혀를 내밀고 헉헉거리며 점프한다. 직립보행한 채 무지막지한 두 앞발로 내 엉덩이를 짓누른다. 바지상단의 일부를 덮고 있던 티셔츠 끝자락에 달갑지 않은 문양이 두 덩어리 생긴다. 더러워진 옷은 빨리 빨아야 한다. 아까 그 못된 놈의 회사 찌라시 몽둥이로 녀석의 코를 '툭.툭.툭.툭.' 4연속 내려친다. 녀석은 인상 쓰며 뒷걸음질친다. 난 그 틈을 이용해 후다닥 현관으로 달려간다. 하지만 재빠른 저스티스 녀석, 내 목적지에 먼저 가 있음이다. 현관의

나는 발가벗은 한 시간 동안 자유로와진다. 그래, 나는 딜레탕트다!

철문에 코를 대고 떡 하니 버티고 서 있다.

"저스티스, 절로 가렴."

혹 저스티스가 삭발하고 목탁을 두드릴까 두려워, 명령을 보다 명확히 한다.

"저스티스, 저곳으로 가렴."

음성과 더불어 왼손 집게 손가락이 마당 안쪽 수돗가를 가리킨다. 나머지 손가락들은 다 접혀 있다. 그래도 녀석은 철문 앞에서 '킁킁'거리며 버티고 있다. 역시나 예상한 바다. 난 결국 거실 창가로 간다. 방충망을 열고, 투명 유리문을 열고, 반투명 유리문을 연다. 내용물들이 깨끗하게 세척된 목욕 가방이 잠시 유영한다. "팍!" 녀석은 단 한 번의 회전도 없이 마룻바닥에 착지한다. "뚜걱!" 아뿔싸, 비눗갑 뚜껑이 열리며, 김이 잔뜩 서려 불투명해진 목욕 가방 내부로 아직은 촉촉한 비누가 튀어나온다. 가방 지퍼가 잠겨져 있지 않았다면 마룻바닥으로 내동댕이쳐졌으리라. 그래도 다행히 가방 줄은 가방 본체 위에 놓여 있다. 만일 저 연약한 줄이 무거운 본체 밑에 깔렸더라면 내 꼬추가 무지 간지러웠을 거다. 마당을 바라본 채, 거실 창틀에 걸터앉아 발만의 힘으로 파란색 운동화를 털어 벗는다. 이후 마루로 들어가 창틀에 배를 댄 채 마당에 놓인 운동화를 줍는다. 시소. 다리 대롱대롱. 얼굴에 피가 쏠린다. 뻘게졌겠군. 얼른 운동화를 집어 들어 현관 안쪽에 가지런히 놓고 마룻바닥에 앉는다. 멀뚱멀뚱. 저스티스가 마당에서 마루 안을 들여다보며 아쉬움의 눈초리를 날린다. 끔뻑끔뻑.

"미안. 하지만 공차기할 시간 없어. 그리고 털갈이 중인 너를 마루로 들일 수도 없어. 난 곧 점심을 먹어야 하거든. 맛있는 라면 말이야. 다 먹고, 설거지하고 나서 놀아줄게. 오케이?"

알았다는 듯, 녀석은 컹컹거리며 머리 방향을 돌린다. 나무 밑으로

가 엎드린다. 눈을 감는다. 오늘은 토요일, 그러니까 목욕에 이은 또 다른 주말 행사, 라면 먹기가 곧 시작될 것이다. 천장이 위에서 내려온다. 바닥이 아래로 더 내려간다. 부엌이 앞에서 다가온다. 마루는 점점 더 뒤로 멀어지고 있을 것이다. 이 모두 폐구간이기에 벌어진 일. 난 그저 아까의 그 자리에서 아까의 그 자세를 변함없이 유지하고 있을 뿐이다. 라면 생각을 하니 행복에 겨워 웃음이 절로 나온다. 침도 가득 고인다. 11시 59분. 충분히 배고플 때가 됐다.

차분한 깡통 로보트의 대가리, 배 갈라진 생태에서 쏟아진 꼬불꼬불 고니를 바라보며, 턱을 괸 채 작업대에 앉아 갈등한다. '라면 먹자마자 시작하자. 그런데 어떤 걸 먼저 해야 할까?『나는 발가벗은 한 시간 동안 자유로와 진다』?『이불동 이야기』?『다리들의 천국』?『바운디드』?『1분』?『창작에 관하여』?『누가 딜레탕트를 무시하랴』?『관찰자』?『기적』?『내가 하니 로맨스』?* 그새 깡통 로보트의 뚜껑이 '위잉~' 거리며 들썩거리기 시작한다. 고민일랑 잠시 접어 두자. 이제 난 모든 걸 잊고 지금 이 순간에 충실해야 한다. 깡통 로보트의 머리에 주름 잡힌 뇌를 삽입해야 한다. 무척이나 중요한 일이다. 그러기 위해 일어선다. 신이 되기 위해 그 앞으로 한발 한발 다가간다.

-끝-

풋, 사실 이 모든 것이 인식이거늘. 심지어 존재마저도……

---

* 저자가 후속작으로 구상 혹은 집필 중에 있는 작품들.

나는 발가벗은 한 시간 동안 자유로와진다. 그래, 나는 딜레탕트다!

'나'의 인식적, 존재적 세계 관음자를 위한 안내문

2013년 5월 4일 오후 10시 19분, 한 통의 전화
'나' 그리고 L사 R 본부장

……

R: 그러니까 내 말은 책이란 게 타인과의 소통을 전제로 하는 건데,
   굳이 몰입하기 어려운 '의식의 흐름'을 적용해야만 하는 이유가
   있냐는 거예요. 요즘 사람들 가뜩이나 바쁘고 여유도 없어서, 쉽
   고 단순하지 않으면 어필이 잘 안될 텐데…… 더욱이 책에서 다
   루는 내용들도 호락호락한 것들이 아니잖아요. 그냥 대다수 사
   람에게 익숙한 서사 구조를 따르는 게 좋지 않을까?

나: 요즘 세태 중 하나가 '복잡한 것을 단순하게, 어려운 것을 쉽게
   표현할 수 있어야 진정 능력자'라는 거잖아요? 하지만 전 여기
   에 동의할 수 없어요. 뭐, 그 말이 맞을 때도 있지만, 그렇지 않
   을 때도 비일비재하거든요. 어떤 경우 복잡한 것은 복잡함 그 자
   체로 어려운 것은 어려움 그 자체로, 가감 없이 있는 그대로 소
   통해야 한다는 게 제 생각입니다. 즉, 상황에 따라 복잡함과 어

나는 발가벗은 한 시간 동안 자유로와진다. 그래, 나는 딜레탕트다!

려움이라는 고통을 감내해야 하는 경우도 분명히 존재한다는 말씀이지요. 이때 세태라고 해서 무조건 간단하게, 쉽게 만들겠다고 무리수를 둔다면 십중팔구 교각살우의 우를 범하게 됩니다.

R: 뭔 말인지 좀 아리송한데? 약간 구체적으로 이야기해줄 수 있소?

나: 좋습니다. 그럼 쉬 이해하실 수 있도록 비즈니스 맥락의 예를 하나 들어 보겠습니다. 지극히 상식적인 걸로 말이죠. 자, 기업이 끊임없이 성장하기 위한 핵심 요건은 무엇일까요? '1+1=2' 같은 얘기지만, 매력적 서비스들을 부단히 제공하는 겁니다.

R: 당연한 소리지.

나: 그렇다면 그런 매력적인 서비스 제공을 위해서는 어떠한 요건이 전제돼야 할까요?

R: 당연히 고객에게 충분한 가치를 줄 수 있어야겠지.

나: 그렇습니다. 그런데 더 정확하게 표현하자면, 그냥 가치가 아니라 '체감' 가치라 해야겠죠. 고객 각자가 서비스에 대해 '주관적으로 느끼게' 되는.

R: 크크, 이 양반 또 시작이구먼. 아무튼, 그 말이 맞긴 하지.

나: 아, 그럼요. 그렇다면 체감 가치라는 게 과연 어디서 비롯될까요? 잘 아시다시피 니즈와 인사이트입니다. 마음의 작용이라 할 수 있는.

R: 마음의 작용이라?

나: 기업의 분석 범위는 여기에 한정됩니다. 고객의 니즈에서 시작해서 가치를 거쳐 서비스까지. 그래서 비즈니스 모델링할 때에도 다들 이런 순서로 일을 진행합니다. 사실, 니즈나 인사이트보다 더 중요한 펀더멘털이 엄연히 존재하는 데 간과되고 있어요.

그러다 보니 사람들의 마음을 끌지 못하는 늘 그렇고 그런 서비스나 상품만 재생산하게 되는 겁니다.

R: 펀더멘털이라? 이 총괄이 평상시 많이 쓰는 단어인 것 같은데, 이 맥락에서는 어떤 의미요?

나: 설명해 드리죠. 어떤 사건이 발발하면 근인을 알아야 본원적 처방을 내릴 수 있듯, 마음을 제대로 헤아리기 위해서는 이의 펀더멘털을 필히 숙지해야만 합니다. 마음이란 인간이 무언가를 감각하고, 지각하고, 사고/사유하는 총체라고 볼 수 있는데요. 이 맥락에서의 펀더멘털이란 바로 감각 – 지각 – 사고로 이어지는 일련의 사이클로 이해하시면 될 것 같습니다. 그러니까 고객 체감 가치를 획기적으로 제고하기 위해서는 이 사이클에 대한 다양한 경험이 필수적인 거죠. 그런데 마음을 읽는다는 것, 이게 어디 쉬운 일입니까? 아마 세상에 이것만큼 복잡하고도 어려운 일은 거의 없을걸요?

R: 흠……

나: 마음이란 게 이렇습니다. 보다 구체적으로 얘기하자면 지각 및 사고/사유의 흐름이란 게 이렇습니다. 감각이야 객관적 사실이자 선형적이고 논리적이고 보편적일 수 있지요. 하지만 지각과 사고의 흐름은 비선형에 비논리적이고 주관적인 면이 강합니다. 어떠한 규칙도 없이 소위 꼴리는 대로 마구 변하는 경우가 다분하죠. 그러니 복잡다난하고 알 수 없을 밖에요.

나: 전 바로 이러한 취지에서 이 책의 기술(description) 방식을 결정한 겁니다. 한 인간의 감각에서 발동하여 지각을 거쳐 사고의 나래를 펼치게 되는 일련의 과정들을 독자들이 낱낱이 체험할 수 있도록 구성한 거죠. 당연히 익숙하지도, 쉽지도 않을 겁니

나는 발가벗은 한 시간 동안 자유로와진다. 그래, 나는 딜레탕트다!

다. 지루하거나 고통스러울 수도 있어요. 하지만 본부장님처럼 고객의 마음을 확 사로잡을 수 있는 서비스를 만들고자 하는 분이라면 이 점을 명심해야 합니다. 마음의 작용에 대한 연역적 설명을 경청하는 것은 물론, 마음 그 자체에 대한 경험을 귀납적으로 쌓아야 한다는 것. 그러니까 '사람들은 이렇게 생각한다. 마음에는 이러한 패턴이나 특성이 존재한다.'라는 식의 설명을 듣는 것뿐 아니라 이리 뛰고 저리 뛰는 사고의 흐름을 직접 경험하는 게 중요하다는 겁니다.

나: 요즘 유행하는 통섭, 인문과 관련된 책이나 강연을 생각해 보세요. 죄다 전자적 접근을 취하고 있어요. 하지만 특정 대상에 대한 내재화가 이루어지기 위해서는 이것만으로 불충분하죠. 연역과 귀납이 균형을 이뤄야 하듯 후자를 간과해서는 안 됩니다.

R: 오케이. 그러니까 쉽게 말한다면……

나: 또 그러신다. 어려운 건 어려운 거라니까요? 어려운 걸 무작정 쉽게 표현하려고 한다면 의미가 훼손될 수 있다니까요?

R: 아따 이 양반, 내 얘기 좀 들어봐요. 이거 뭐, 100분 토론의 매너 없는 패널도 아니고, 왜 상대방 말을 끊나?

나: 앗, 죄송합니다.

R: 나 같은 기업체 임원들은 그간 간과해왔던 펀더멘털, 즉 인간의 감각-지각-사고/사유의 사이클에 관심을 부여해야 한다. 그것도 원칙이나 법칙, 시사점 등의 설명에 집중하는 연역적 접근이 아닌 마음의 작용 그 자체를 다양하게 체험하는 귀납적 접근이 중요하다는 거 아니야? 그래야만 소위 인문학적 삶, 통섭적 삶, 학제적 삶이 가능해지고, 이것이 충족되어야 비로소 고객 체감 가치를 꽃 피울 수 있다. 그래서 이 총괄이 이런 식의 스토리 전

개를 고수한 거다. 맞죠?

나: 예. 아주 정확합니다. 그러니까 제 책은 독자에게 '지침'을 제시
　　한다기보다는 하나의 '경험 기회'를 제공한다고 보시면 됩니다.

R: 그래요. 그런데 참 그런 게 이처럼 이 총괄 설명을 들으면 쉽게
　　이해도 가고 공감도 되고 그러는데, 혼자서 밑줄 그어 가며 읽으
　　려면 진도가 영 안 나가는 게 무지 답답하더라고요.

나: 하하하.

R: 흠, 건 그렇고 하루키 현상만 봐도 알 수 있듯, 요즘 시장이 너무
　　어려워서 출판사가 작품을 선택할 때 상업성을 가장 먼저 고려
　　한다더니만? 사실…… 에이, 아니에요. 아무튼, 고생 많았고, 혜
　　안과 소신 있는 출판사를 잘 선택해서 고고싱 합시다. 아, 독도
　　출장을 다녀와서 그런지 무척 피곤하네? 내 나중에 또 전화할
　　게요.

나: 아 예, 감사합니다. 안녕히 계세요.

　　스피노자의 사상을 잠시 빌리자면 신의 가장 큰 특성은 절대 자유
며, 이에 부합할 수 있는 최적의 표현 방식은 아마 의식의 흐름과 자동
기술이 아닐지 싶다. 사실 이게 더 진솔한 답이 될 것이다. R 본부장의
질문에 대한……

***

　　이 책은 내용과 형식 모두에 있어 인지과학을 추구한다.

　　주제는 심플하게 표현될 수 있다.

　　'제가요. 상대주의적 세계관을 갖고 있긴 한데, 어쨌든 인식은 존재
보다 월등하다고 생각합니다.'

　　　나는 발가벗은 한 시간 동안 자유로와진다. 그래, 나는 딜레탕트다!

이러한 견해를 같이 나눌 수 있는 사람들에겐 2014년 2월 9일 일요일 오전 4시 39분 네이버 실시간 검색어 1위가 '아사다마오'인 존재적 세계가 더 이상 현실이 아니다. 인식적 세계가 현실이며, 존재적 세계는 이의 작동을 위한 인프라일 뿐이다.

존재는 객관이자 제약이며 고정이다. 일상이기에 대부분의 경우 무미건조하고 쉽게 싫증 난다. 존재적 세계에 있어 주인공 '나'는 타자가 만든 시스템에 억압된 채 하루하루를 부침 없이 그럭저럭 살아가는 무기력한 개체에 불과하다. 게다가, 부연은 안 하겠지만 '나'의 다수 속성을 고려한다면 심지어 마이너리티이자 아웃사이더이기까지 하다. 반면 인식은 주관이자 초월이며 가변이다. 통제 불능의 순간이 왕왕 있기는 해도 전반적으로 자유롭고 짜릿하다. 인식적 세계에 있어 '나'는 전지전능에 약간 못 미치긴 해도 좌우지간 신과 다를 바 없다. 고로 살아감에 있어 자신이 중심이 되어 무언가 강력하고 지속적인 쾌락을 만끽하기 위해 존재적 세상에 결코 안주하지 않는다. 또한, 인식적 세계로 월담해 한참을 뛰어놀거나 존재적 세계 군데군데에 인식적 요소들을 심고자 끊임없이 시도한다.

인식적 세계는 감각, 지각으로부터 영향을 받으나, 그 정도는 존재적 세계가 받는 그것과 별반 차이가 없다. 영향력에 있어 큰 차이가 발생하는 시점은 '사고'의 단계로 들어섰을 때이다. 인간은 몸을 통해 수많은 감각 정보들을 받아들인다. 그리고 주의(attention)라는 필터링 기제를 통해 이들 중 무관심 사안들을 떨구어 낸다. 이때 살아남은 것이 지각이며, 사고는 100%까지는 아니어도 상당 부분 지각에 의해 촉발된다. 즉 어떤 것(추상적이거나 형이상학적인 것도 가능하다)이 지각의 대상이 되느냐에 따라 사고의 초점이 형성되기도, 전이되기도 한다.

이 책의 이야기는 전적으로 주인공 '나'의 사고 수발, 즉 사고의 수렴과 발산에 의해 전개된다. 주지했듯 누군가의 사고는 지극히 주관적이기에 세상에 유일무이하고 그 주체만이 속속들이 제대로 체감할 수 있다. 펼쳐보지 않는 이상 타자는 알 길이 없으며, 혹 알게 된다 하더라도 범위가 국소적이고 적잖은 인지적 노력이 수반되어야만 한다. 따라서 사고란 사실상 주체에게만 노출돼 있는바, 당연히 여러 측면에 있어 지극히 자유롭고 변화무쌍하고, 그러다 보니 긴 호흡을 갖고 잘 구성된 플롯이나 논리적 일관성과는 자연스레 거리가 멀어질 수밖에 없다. 이런 것들은 다분히 확률적이다(여기엔 주체의 성격도 한몫한다. 자신을 타자화할 수 있거나 하늘을 우러러 한 점 부끄럼 없는 삶을 갈망하는 자라면, 그래도 논리적 일관성을 제법 견지한다). 극단적일 경우, 지겨운 반복, 비약과 상호모순, 용두사미와 사두용미, 그리고 분절된 횡설수설만으로 점철될 수도 있다. 사고의 수렴 및 발산 양태도, 대상 혹은 테마도, 표현 방식이나 문체도 각양각색이며 동적이다. 따라서 전형적인 스토리 전개를 기대하며 읽을 경우, 십중팔구 당황하게 된다. 이점이 바로 이 책을 재미있게 읽기 위한 첫 번째 팁이라면 팁일 수 있겠다. 감각, 지각, 특히 사고의 자연스러운 흐름에 대해 사고 실험하기. 이는 누구나 살아가며 끊임없이 경험하는 것들이기에 결코 어려운 것이 아니다. 다만, 주목하지 않았기에 낯설 뿐이다. 지그시 눈을 감고 잠시 사고란 것에 대해 사고해 본다면 충분히 공감할 수 있을 것이다.

　마찬가지의 이유로, 이 책은 소설스러운 면이 지배적이긴 하나 꼭 그렇다고 단정 지을 순 없다. 에세이 같은 구석도 있으나 역시나 '그렇노라!'라고 주장하긴 어렵다. 칼럼이나 논설적인 부분이 있긴 해도 제한적이며, 시나리오도 등장하지만 국소적이다. 시도 있긴 하되 한정적이다. 여기서 이 책을 재미있게 읽기 위한 두 번째 팁을 제시할 수 있다. 글 읽기에 있어 일종의 고정관념인 장르 구분의 압박에서 벗어나야 한

　나는 발가벗은 한 시간 동안 자유로와진다. 그래, 나는 딜레탕트다!

다는 것. 이 책은 이러한 관성에서 비켜나 있으며, 그저 주인공을 순간순간 장악하는 인식적, 존재적 세계의 흐름을 실시간으로 문자 중계해 줄 뿐이다(간헐적으로 이미지도 들어가긴 한다. 텍스트만으로는 표현상의 한계가 자명하기 때문이다. 물론 이 또한 턱없이 부족하긴 하다). 그러니까 적어도 이 책에서만큼은 인간의 사고를 중심으로 장르들이 뭉쳐진 것이지, 장르를 중심으로 사고들이 합종연횡한 건 아니다.

한편, 사고란, 주체의 오랫동안 통합되고 누적된 지각의 결정체이기에, 그 테마는 주체가 살아오면서 의식적, 무의식적으로 겪은 크고 작은 경험들에 기반을 두게 된다. 이들 중에는 텍스트와 눈의 상호작용, 즉 책을 읽거나 글을 쓰거나 그림을 그리며 형성된 것들도 있고, 컨텍스트와 몸 전체의 상호작용, 즉 입체적 환경 속에서 오감 혹은 육감을 가동시키면서 체화된 것들도 있다(이들 사이에는 영화나 연극처럼 부분적 공감각에 의해 형성되는 것들도 수두룩하게 놓여 있다).

'나'에게 있어 전자와 관련된 경험의 주 소재는 인공지능, 인지과학, 철학, 문학, 물리학, 영화, 경영학 등이며, 후자적 경험의 주 소재는 주류 비즈니스, 특히 대기업 비즈니스와 전략 컨설팅이다. 이 책에 빈번하게 등장하는 f-business는 후자에 속한다고 볼 수 있으나, 뿌리를 비롯한 상당 부분은 전자에 의존한다. 따라서 이에 대한 영역 구분을 하자면, 중간자 혹은 피융합자라고 모호하게 표현할 수밖에 없을 것 같다. 어찌 보면 이게 바로 흔히들 말하는 통섭, 학제의 속성일 지도 모르겠다.

이렇듯 이 책에 등장하는 사고의 테마들은 위와 같은 소재 풀에서 주로 조달되는데, 어떤 것들은 '나'의 정체성이자 삶에서 일관된 관심사이기에 주야장천 떠오르게 되고, 어떤 것들은 달갑진 않지만 근래에 스트레스를 많이 주는 사안이기에 떨쳐 버릴 수 없게 되고, 또 어떤 것들은 뜬금없이 튀어나와 논리가 몸에 밴 '나'를 당혹감에 빠뜨린다. 빈도나 중요도의 경중을 떠나서 말이다. 또한, 어떤 경우에는 인식적 사고까지 넘어오지 못하고 지각 단계에 머문 채, 그저 존재적 상황을 밋밋하고 차갑게 관찰, 묘사하는 데에서 그치기도 한다. 여기서 바로 세 번째, 네 번째 팁이 함께 도출된다. 세 번째는 위에서 언급된 제 분야에 대한 사전 지식이 있다면, 그만큼 더 많은 재미를 느낄 수 있다는 점이다. 하지만 그렇지 못하다고 해서 걱정할 이유가 없는 것이, 각각에 대해 심오한 수준까지 터치 되지는 않는다. 가령 괴델의 불완전성정리 같은 경우도, 정리 내용을 기호까지 나열해 가면서 수리논리학적으로 상세히 설명하지 않고, 괴델의 특이점이나 불완전성정리의 본질 및 대중적 세계에서의 시사점 정도로만 다루어진다. 네 번째는 이야기가 전개되는 환경을 고려한다는 사실이다. 다양한 분야에 대한 사고의 발산은 상당 부분에 있어 그 주체가 직면하는 상황이나 맥락에 의존하게 된다. 이 측면이 어쩌면 본 안내서의 맨 앞에서 떠든 상대주의적 세계관을 대변하는 것일 수도 있겠다. 여기저기 뛰어다니며 이 주제 저 주제를 들쑤시는 이 사고란 존재자에게 절대성과 완벽한 인과율이란 존재하지 않는다. 판단 불가의 경우도 있지만, 그렇지 않은 경우는 자의건 타의건 상황이나 맥락에 따라 가변적 양태를 보이게 된다. 이른바 상대성과 제한된 인과율이라 할 수 있겠는데, 이와 같은 측면까지 고려하며 들여다본다면 '나'에 대한 관음이 한결 흥미로워질 것이다.

요컨대 상대주의적, 실존적 세계관 및 인식 지향적 철학을 근간으로, 인간의 지각, 사고의 특성에 대한 이해와 학제적, 융·복합적 교양을 갖추고 있는 사람이라면, 이 책이 낯설긴 해도 어렵게 느껴지지는 않을 것이다. 아니, 남루한 쾌락 거리로 과포화된 오늘날에 있어 오히려 신선한 단비처럼 여겨질 수도 있다.

나는 발가벗은 한 시간 동안 자유로와진다. 그래, 나는 딜레탕트다!

끝으로, 굉장히 중요한 팁 하나만 더 남기고 마무리 짓도록 하겠다. 학제의 가이드가 아닌 학제의 실천으로서의 이 책은, 맑은 아침 잘 닦여진 창문이 있는 고요하고도 평화로운 공간에서 넘길 때 극도의 재미를 맛볼 수 있다. 거기다 전망까지 좋다면 금상첨화라 할 수 있겠다. 이 말을 듣고 혹 누군가가 '당신 또한 귀납의 한계에서 벗어나지 못했구려?'라고 지적한다면 난 그 즉시 꼬리를 내릴 수밖에 없겠지만, 나름 대조군까지 설정해 놓고 수차례 테스트해 본 결과다.

궁색한 변명일까? 그래서 그런지 솔직히 지금 이 순간만큼은 포퍼의 반증주의에 한 표 던지고 싶다.

2014년 2월의 어느 아침
전망이 제법 좋은 서교동의 한 창가에서
우디 앨런의 영화 음악을 들으며

이석준

그래, 나는 딜레탕트다!

초판 1쇄 발행일 2014년 4월 24일

지은이 이석준
펴낸이 박영희
편집 배정옥·유태선
디자인 김미령·박희경
인쇄·제본 AP 프린팅
펴낸곳 도서출판 어문학사
　　　서울특별시 도봉구 쌍문동 523 – 21 나너울 카운티 1층
　　　대표전화: 02–998–0094/편집부1: 02–998–2267, 편집부2: 02–998–2269
　　　홈페이지: www.amhbook.com
　　　트위터: @with_amhbook
　　　블로그: 네이버 http://blog.naver.com/amhbook
　　　　　　다음 http://blog.daum.net/amhbook
　　　e–mail: am@amhbook.com
　　　등록: 2004년 4월 6일 제7–276호

ISBN 978–89–6184–334–8　03130
정가 22,000원

이 도서의 국립중앙도서관 출판시도서목록(CIP)은 e–CIP홈페이지(http://www.nl.go.kr/ecip)와
국가자료공동목록시스템(http://www.nl.go.kr/kolisnet)에서 이용하실 수 있습니다.
(CIP제어번호: CIP2014010055)